Hartmut Häußermann · Ingrid Oswald (Hrsg.)

Zuwanderung und Stadtentwicklung

LEVIATHAN
Zeitschrift für Sozialwissenschaft

Sonderheft 17/1997

Hartmut Häußermann · Ingrid Oswald
(Hrsg.)

Zuwanderung und Stadtentwicklung

Mit Beiträgen von
Stephan Beetz, Matthijs Breebaart, Margaret Byron, Tsypylma Darieva, Kylza Estrella, Heinz Fassmann, John Friedmann, Andreas Goldberg, Kristóf Gosztonyi, Gerhard Hatz, Hartmut Häußermann, Felicitas Hillmann, Christiane Hintermann, Gerdien Jonker, Bill Jordan, Andreas Kapphan, Ute Angelika Lehrer, Dietmar Loch, Fiona McKenzie, Gila Menahem, Frauke Miera, Sako Musterd, Wim Ostendorf, Ingrid Oswald, Edith Pichler, Hedwig Rudolph, Rosemarie Sackmann, Faruk Şen, Walter Siebel, Nikola Tietze, Dita Vogel, Viktor Voronkov

Springer Fachmedien Wiesbaden GmbH

Alle Rechte vorbehalten
© Springer Fachmedien Wiesbaden 1997
Ursprünglich erschienen bei Westdeutscher Verlag GmbH, Opladen/Wiesbaden, 1997

Das Werk einschließlich aller seiner Teile ist urheberrechtlich geschützt. Jede Verwertung außerhalb der engen Grenzen des Urheberrechtsgesetzes ist ohne Zustimmung des Verlags unzulässig und strafbar. Das gilt insbesondere für Vervielfältigungen, Übersetzungen, Mikroverfilmungen und die Einspeicherung und Verarbeitung in elektronischen Systemen.

http://www.westdeutschervlg.de

Höchste inhaltliche und technische Qualität unserer Produkte ist unser Ziel. Bei der Produktion und Verbreitung unserer Bücher wollen wir die Umwelt schonen: Dieses Buch ist auf säurefeiem und chlorfrei gebleichtem Papier gedruckt. Die Einschweißfolie besteht aus Polyäthylen und damit aus organischen Grundstoffen, die weder bei der Herstellung noch bei der Verbrennung Schadstoffe freisetzen.

Satz: Martina Fleer, Herford
Umschlaggestaltung: Horst Dieter Bürkle, Darmstadt

ISBN 978-3-531-13097-2   ISBN 978-3-322-95611-8 (eBook)
DOI 10.1007/978-3-322-95611-8

Inhalt

Zur Konzeption dieses Bandes 8

Hartmut Häußermann / Ingrid Oswald: Zuwanderung und Stadtentwicklung . 9

Walter Siebel: Die Stadt und die Zuwanderer 30

Rosemarie Sackmann: Migranten und Aufnahmegesellschaften 42

I. Arbeit, Beschäftigung

Andreas Goldberg / Faruk Şen: Türkische Unternehmer in Deutschland. Wirtschaftliche Aktivitäten einer Einwanderungsgesellschaft in einem komplexen Wirtschaftssystem 63

Hedwig Rudolph / Felicitas Hillmann: Döner contra Boulette – Döner und Boulette: Berliner türkischer Herkunft als Arbeitskräfte und Unternehmer im Nahrungsgütersektor 85

Edith Pichler: Migration und ethnische Ökonomie: das italienische Gewerbe in Berlin 106

Andreas Kapphan: Russisches Gewerbe in Berlin 121

Gila Menahem: Ökonomische Restrukturierung und Wandel in der Beschäftigungssituation von sowjetischen Zuwanderern nach Tel Aviv 138

Heinz Fassmann: Die ethnische Segmentierung des Wiener Arbeitsmarktes . 157

Gerhard Hatz: Die Märkte als Chance für Ausländer – Ausländer als Chance für die Märkte 170

Christiane Hintermann: InderInnen in Wien – zur Rekonstruktion der Zuwanderung einer „exotischen" MigrantInnengruppe 192

II. Netzwerke, Illegale

Bill Jordan / Dita Vogel / Kylza Estrella: Leben und Arbeiten ohne regulären Aufenthaltsstatus. Brasilianische MigrantInnen in London und Berlin ... 215

Frauke Miera: Migration aus Polen. Zwischen nationaler Migrationspolitik und transnationalen sozialen Lebensräumen 232

Kristóf Gosztonyi: Route 22 – Lateinamerikanische Zuwanderer in einem Vorort von New York City 255

Felicitas Hillmann: „all'italiana": Wohnen und Arbeiten von ImmigrantInnen im Mailand der 90er Jahre 273

III. Wohnen und ethnische Segregation

Sako Musterd / Wim Ostendorf / Matthijs Breebaart: Muster und Wahrnehmung ethnischer Segregation in Westeuropa 293

Margaret Byron: Karibische Zuwanderer auf dem britischen Wohnungsmarkt 308

Viktor Voronkov: Die „Limitschiki": Zuwanderer in sowjetischen Städten. Konsequenzen sozialer Diskriminierung in der (post-) sowjetischen Gesellschaft 328

IV. Symbolische Repräsentation

Gerdien Jonker: Die islamischen Gemeinden in Berlin zwischen Integration und Segregation 347

Nikola Tietze: Moslemische Handlungsstrategien bei jungen Erwachsenen. Ein Vergleich zwischen einer deutschen und einer französischen Stadt .. 365

Stephan Beetz / Tsypylma Darieva: „Ich heiratete nicht nur den Mann, sondern auch das Land". Heiratsmigrantinnen aus der ehemaligen Sowjetunion in Berlin 386

V. Politik

Fiona McKenzie: Australien: Auswirkung der jüngsten Zuwanderung auf
die Lokale Politik 409

Ute Angelika Lehrer / John Friedmann: Migration, Lokalität und Zivilgesellschaft: Immigrationspolitik in Los Angeles 427

Dietmar Loch: Bürgerschaft in der Banlieue? Jugendliche maghrebinischer
Herkunft in Frankreich 446

Verzeichnis der Autorinnen und Autoren 469

Zur Konzeption dieses Bandes

Wenn wir heute den Zusammenhang zwischen Stadtentwicklung und Zuwanderung diskutieren, kommen fünf Themenbereiche in den Blick: die Bedeutung der Zuwanderung für die demographische Entwicklung, die Situation von Ausländern auf den Arbeits- und Wohnungsmärkten, Integrationsprobleme bzw. Kulturkonflikte sowie Fragen der Stadtpolitik. Die Problematik von Zuwanderung und Integration ist in unseren Städten aufgeteilt in den Zugang zu verschiedenen Subsystemen – und daher muß auch die Analyse des Zusammenhangs von 'Stadtentwicklung und Zuwanderung' aufgeteilt werden in Analysen zu den Problemen, die sich den Zuwanderern auf dem Wohnungsmarkt, auf dem Arbeitsmarkt und in der politischen Beteiligung stellen. Daß der Anteil von Bewohnern mit ausländischem Paß in den deutschen Städten kontinuierlich ansteigt, und daß er in der Zukunft weiter zunehmen wird, ist Anlaß für diesen Band. Zu genaueren demographischen Analysen liegen inzwischen zahlreiche Veröffentlichungen vor, daher haben wir solche nicht in diesen Band aufgenommen

Die ersten drei Beiträge behandeln allgemeine Fragen des Zusammenhangs zwischen Stadtgesellschaft und Zuwanderung. Analysen zu einzelnen Subsystemen bzw. Problembereichen sind in den folgenden Abschnitten thematisch geordnet. Während es im ersten Abschnitt ('Arbeit, Beschäftigung') um die Situation auf den formellen Märkten geht, enthält der zweite Abschnitt ('Netzwerke, Illegalität') Beschreibungen von Überlebensstrategien in der Illegalität. Den dritten Abschnitt ('Wohnen') bilden drei Untersuchungen zur ethnischen Segregation im Wohnbereich. Selbstdefinitionen und Fremdzuschreibungen von 'ethnischer Kultur' und deren Funktionen sind Thema der Beiträge im vierten Abschnitt ('Symbolische Repräsentation'). Politische Beteiligungsformen und lokale Politik gegenüber Immigranten werden in den Aufsätzen des fünften Abschnitts ('Politik') behandelt.

Wegen der thematischen Konzentration des Bandes auf die lokale Ebene haben wir Analysen von Ursachen, Zusammensetzung und Umfang internationaler Migration sowie Fragen der nationalen Zuwanderungspolitik und Gesetzgebung, zu denen eine wachsende Fülle aktueller Literatur vorliegt, weitgehend ausgespart.

H. Häußermann / I. Oswald

Hartmut Häußermann / Ingrid Oswald

Zuwanderung und Stadtentwicklung

Großstädte entstehen und wachsen durch Zuwanderung. Zuwanderung ist konstitutiver Bestandteil von Stadtentwicklung. Ohne Zuwanderung gibt es nicht nur kein Bevölkerungswachstum, selbst Stabilität der Bevölkerung würde es in Großstädten ohne Zuwanderung nicht geben. Dennoch bildet die Zuwanderung aus dem Ausland, die das quantitative Wachstum europäischer Städte heute ausmacht, anscheinend eines der größten Probleme für die Städte. Es sind vor allem Kommunalpolitiker, die immer wieder eine Begrenzung der Zuwanderung fordern. Die Parole „das Boot ist voll" spielte bei den Wahlkämpfen Ende der 80er Jahre in den alten Bundesländern ein prominente Rolle. In den neuen Bundesländern, aber nicht nur hier, ist Fremdenfeindlichkeit in erschreckendem Ausmaß verbreitet, weil sich dort viele Menschen heute selbst überflüssig vorkommen. An der Ostgrenze der neuen Bundesrepublik findet der Bundesgrenzschutz in der Bevölkerung bereitwillige Helfer und Denunzianten, wenn es darum geht, illegale Grenzgänger zu jagen, und in einer ostdeutschen Kleinstadt hatte der Bürgermeister sogar jugendliche Radikale dafür bezahlt, daß sie (ein noch nicht bezogenes) Haus für Asylbewerber anzündeten.

Die Beziehung zwischen Zuwanderern und Stadt scheint am Ende des 20. Jahrhunderts in eine tiefe Krise geraten zu sein. In allen reichen Ländern der westlichen Welt finden diejenigen Politiker, die fremdenfeindlichen Instinkten mit ihren politischen Programmen entgegenkommen, wachsenden Zulauf. In den Großstädten war das nicht immer so; der gegenwärtige Niedergang urbaner Zivilisation hat eine strukturelle Grundlage in der ökonomischen Krise, in die die Großstädte am Beginn ihrer postindustriellen Zukunft geraten sind.

1. Urbanisierung und Industrialisierung – Stadtwachstum durch Zuwanderung

Die modernen Großstädte bildeten sich im Übergang von der Agrar- zur Industriegesellschaft. Dabei wurden die schon vorhandenen Städte zu Kristallisationskernen einer neuen Stadtentwicklung, da in Europa nur wenige Städte bzw. Stadtlandschaften in den Abbaugebieten bestimmter Rohstoffe (Kohle, Eisenerz) neu entstanden. Die Städte waren die Motoren der weiteren Entwicklung „da sich in ihnen zugleich die Arbeitskräfte und die Absatzmärkte für die entstehende Industrie fanden. Hier entwickelten sich auch die Agglomerationsvorteile, die auf Arbeitsteilung und Spezialisierung und entsprechenden Austauschbeziehungen beruhen. Mit dem starken Zustrom der Bevölkerung vom Land entstand ein sich selbst nährender kumulativer Wachstumsprozeß.

Die Industrialisierung hat die Land-Stadt-Wanderungen und die Fernwanderungen in die neuen Industrierevieren nicht ursächlich hervorgerufen, da diese aufgrund der ländlichen „Überbevölkerung" ohnehin stattfanden. Dennoch wäre die Industrialisierung ohne diese Zuwanderung nicht denkbar gewesen. In der zweiten Hälfte des 19. Jahrhunderts wurde in den Städten in einem teilweise chaotischen Prozeß eine neue Sozial- und Raumstruktur entwickelt. Es handelte sich um einen ungeplanten, ungesteuerten Prozeß menschlicher Mobilität und ökonomischer Aktivitäten, der von den schlimmsten Befürchtungen zeitgenössischer Kulturkritik begleitet war. Spengler sah in der Großstadtbildung mit ihren nomadisierenden Massen bekanntlich nicht weniger als die Vorboten des Untergangs der „abendländischen Zivilisation". Entstanden aber ist die moderne Industriegesellschaft.

Zunächst wurden in den Städten die vorhandenen Freiflächen mit Fabriken und schnell hochgezogenen Wohnhäusern bebaut. Die Wohnungen waren teilweise dramatisch überbelegt, weil ansonsten die zuwandernden Massen überhaupt kein Dach über dem Kopf gefunden hätten. Noch gab es keine öffentlichen Verkehrsmittel, so daß zu Fuß gegangen werden mußte, wodurch die Arbeitstage noch länger wurden. Arbeitsverträge wurden meist nur über kurze Fristen abgeschlossen, so daß die meisten Arbeiter zu Recht als Tagelöhner bezeichnet wurden, und die Löhne waren niedrig. In der Gründerzeit entstanden für die Zuwanderer jene Quartiere, die von den bürgerlichen Wohnungsreformern lediglich als „Elendsquartiere" wahrgenommen werden konnten. Sie ließen keine „bürgerliche Existenz", also ein Leben in der Kleinfamilie unter hygienischen Bedingungen zu. Doch bessere und mit sanitären Ausstattungen bestückte Wohnungen hätten sich die Zuwanderer nicht leisten können.

Mit dem Aufbau eines öffentlichen Verkehrssystems (seit den 80er Jahren des 19. Jahrhunderts fahren Straßenbahnen, seit Mitte der 90er Jahre werden in den größten Städten U-Bahnen gebaut) sowie mit der Steigerung der Einkommen begann das Randwachstum der Städte. Die einkommensstärkeren Haushalte flüchteten regelrecht aus der überfüllten Stadt, in der die meisten Wohnungen klein, schlecht und teuer waren. Nun sank zwar allmählich die Bevölkerungsdichte in der Kernstadt, doch bildete sich eine großräumige soziale Segregation heraus, in deren Verlauf sich die beruflich Integrierten und bereits Seßhaften in die Randbereiche der Stadt zurückzogen und den Neuzuwanderern den zentralen Altstadtbereich überließen.

In den dicht bebauten und dicht bewohnten Altstadtquartieren sammelten sich die Zuwanderer in überfüllten, unkontrollierbaren Quartieren. Sie fanden Unterschlupf bei Bekannten oder bei „Beutelschneidern", die für die erste Zeit nach der Ankunft einzelne Betten oder Zimmer vermieteten. Diese Zuwanderer waren durchweg „Wirtschaftsflüchtlinge", die die ländlichen Verhältnisse flohen, weil es für sie dort gar keine Existenzgrundlage mehr gab. In der Stadt eröffneten sich dagegen viele Möglichkeiten zum Geldverdienst, sei es durch Gelegenheitsarbeiten, Aushilfstätigkeiten oder Kleinhandel, wobei der Übergang zur Illegalität oft sehr fließend war. Die bürgerliche Bevölkerung, die es zu festem Einkommen und festem Wohnsitz gebracht hatte, mochte die Zuwanderer schon damals nicht und versuchte mit allen Mitteln, die Segregation aufrecht zu erhalten. Die Besitzbürger, die die kommunalen Parlamente beherrschen, versuchten daher in der Regel, die Fabriken außerhalb der Stadt und möglichst weit entfernt von den „besseren" Wohngegenden zu halten. Mit Bauvorschriften und mit Hilfe der Wohnungsaufsicht wurde Front gegen kühl kalkulierende Bauunternehmer gemacht, die massenhaft schlechte und billige Wohnungen errichteten – in der Illusion, die elende und verelendende Bevölkerung aus der Stadt heraushalten zu können, wenn ihr nur die Wohnungen verweigert würde, die sie sich gerade noch leisten konnte. Da die Produktionsbetriebe aber die Zuwanderer als billige Arbeitskräfte benötigten, konnte sich dieses Abwehrregime nie durchsetzen. In einer Ökonomie, die noch vorwiegend auf die Produktivkraft der lebendigen Arbeit angewiesen war, war Bevölkerungswachstum eine Voraussetzung für das Wirtschaftswachstum.

Die Zuwanderer bildeten ein hochflexibles Arbeitskräftereservoir sowohl für die Industrie als auch für die Kleinbetriebe, die sich zwischen den Wohnhäusern und in den Hinterhöfen angesiedelt hatten. Diese dichtbesiedelte und verschiedenartigst genutzte Stadt bildete einen ökonomischen und sozialen Raum, der Neuzuwanderern einen ersten Zugang zum städtischen Arbeitsmarkt und zur städtischen Lebensweise ermöglichte. Gemessen an den Standards einer „gesicherten Existenz" waren insbesondere die Innenstädte Elendsgebiete, in denen Tagelöhnerei von Kriminalität, menschenunwürdige Existenzbedingungen von der ersten Stufe eines sozialen Aufstiegs oft kaum zu unterscheiden waren. Doch gerade weil eine städtische oder staatliche Kontrolle der Wanderungsbewegungen und der Existenzbedingungen in den Städten nicht möglich war, wurden die großen Städte zu gigantischen Integrationsmaschinen, in denen sich nach und nach die „moderne" Gesellschaft mit geregelten Arbeitsverhältnissen, gleichförmigen Wohnbedingungen und sozialstaatlicher Absicherung existentieller Risiken herausbildete.

Im letzten Drittel des 19. Jahrhunderts nahmen die Bemühungen um eine „Städtereform" zu, deren Grundmotive die stärkere Kontrolle und bessere Steuerung der baulichen Entwicklung der Städte waren. Sämtliche damals entworfenen Leitbilder für eine moderne Stadt waren durchdrungen vom Gedanken einer Sozial- und Gesundheitsreform, da als Ursache für die elenden und unübersichtlichen Lebens- und Arbeitsverhältnisse in den alten Stadtteilen in naiver Weise die gebauten Verhältnisse verantwortlich gemacht wurden (vgl. Böhme 1988). In einer Reform städtebaulicher Entwicklung wurde daher folgerichtig der Ansatz für eine Beseitigung der als soziales Elend wahrgenommenen Lebensverhältnisse der Zuwandererviertel gesehen (vgl. Hall 1988).

2. Die Modernisierung der Stadt und die Zuwanderung

Von nun an wurden Pläne dafür geschmiedet, wie die Stadt in Ordnung gebracht werden könnte. Mit dem Umbau von Paris seit Mitte des 19. Jahrhunderts war das weltweit bestaunte Vorbild geschaffen worden (vgl. Willms 1988; Jordan 1996). In Paris wurde die Mitte der Stadt „vom Pöbel befreit", indem man den Nichtwohlhabenden die Häuser wegnahm und an den Stadtrand verbannte. Dadurch wurde Platz geschaffen für übersichtliche Straßen, für bürgerliche Kultur, für Verwaltung und Handel. Alle großen Städte in Europa orientierten sich von nun an am Pariser Vorbild, das so zum Ausgangspunkt der ersten großen Sanierungsprojekte in der modernen Stadtentwicklung wurde. Die Tertiarisierung der Stadtökonomie, d.h. die Ausweitung des Einzelhandelsangebotes und der Beschäftigung in öffentlichen und privaten Verwaltungen sowie in spezialisierten Dienstleistungsbereichen, beanspruchte zentrale Standorte, weil die Verkehrs- und Kommunikationstechnologie eine dezentrale Struktur noch nicht zuließ. Innerstädtische Altbauquartiere wurden zu Einkaufszentren und Bürostandorten umgebaut, der „Central Business District" entstand und verringerte das Wohnraumangebot in den zentralen Lagen.

In der Geschichte der Stadtentwicklungspolitik ist die „Sanierung" von Paris allerdings noch ein primitiver Fall, weil man sich um das weitere Schicksal der aus der Stadtmitte Verbannten nicht kümmerte. Es ging vorläufig nur um die Schaffung eines bürgerlichen Wohn- und Geschäftszentrums. Die Absicht, die gesamte Entwicklung der Stadt, vor allem ihre Erweiterung am Rand einem sozialpolitischen Konzept zu unterwerfen, gewann erst mit der Wende zum 20. Jahrhundert an Boden. Dieses Konzept ist vor allem geprägt von dem Bemühen, die ungesunden und unübersichtlichen Verhältnisse der Stadt des 19. Jahrhunderts aus der Welt zu schaffen und sie bei der Stadterweiterung nicht wieder zuzulassen. Das entscheidende Instrument dafür war die „Zonierung", d.h. die Aufteilung der Stadtfläche in Einzelteile, denen jeweils möglichst nur eine Funktion zugewiesen wurde: entweder Gewerbe oder Verkehr oder Erholung oder Wohnen. Der Sinn dieses städtebaulichen Funktionalismus bestand darin, das Wohnen von allem „Unrat" und von allen Störungen zu befreien, sozusagen „reines Wohnen" zu ermöglichen (vgl. Häußermann/Siebel 1996). Den lohnabhängigen Stadtbewohnern sollten qualitativ bessere und größere Wohnungen angeboten werden, gleichzeitig wurde erwartet, daß sie sich aus den traditionellen Lebensverhältnissen der „Altstadt" emanzipieren und ordentliche Mitglieder eines gesellschaftlichen Kollektivs werden würden.

Mit der Herausbildung von Stadtplanung als Fachdisziplin vollzog sich ein entscheidender Wandel gegenüber dem 19. Jahrhundert und den Zeiten davor:

nun galt die Planung nicht mehr nur der infrastrukturellen Verbindung zwischen den einzelnen Teilen der Stadt, was sich vor allem in der Festlegung von Wegen erschöpft hatte, sondern dem gesellschaftlichen Zusammenleben insgesamt. Der erste große Plan für die Stadterweiterung von Berlin in den 60er Jahren des 19. Jahrhunderts ('Hobrecht-Plan') hatte sich noch darauf beschränkt, eine Aufteilung zwischen öffentlichen und privaten Flächen vorzunehmen und alles übrige den Aktivitäten der Privateigentümer zu überlassen. Hobrecht hatte zwar Vorstellungen davon, was und wie auf privaten Flächen gebaut werden sollte, machte dies aber nicht zum Gegenstand von Vorschriften. Einerseits standen ihm dafür keine rechtlichen Instrumente zur Verfügung, andererseits vertraute er wohl auch auf den sozialen Konsens des investierenden Bürgertums. Seine Vorstellung war, daß sich die funktionale und soziale Mischung von Aktivitäten und Bevölkerungsgruppen, die die „alte Stadt" geprägt hatte, im Laufe der Stadterweiterung von Block zu Block wiederherstellen sollte: Das Vorderhaus bzw. die größeren und teureren Wohnungen wären Bewohnern vorbehalten, die über ein festes und ausreichendes Einkommen verfügten, während im Hinterhof Wohnungen für eine Bevölkerung mit unstetem und niedrigem Einkommen sowie Räume für gewerbliche Nutzungen zur Verfügung stünden. Eine Zonierung nach Nutzungsarten oder eine großräumige „Sortierung" der Bevölkerung nach sozialer Zugehörigkeit war damit nicht intendiert. Die faktische Entwicklung verlief jedoch anders, da es den bürgerlichen Konsens über die soziale Konstruktion des städtischen Raumes nicht mehr gab. Mit der Ausweisung von großen Blockflächen hatte Hobrecht lediglich die Voraussetzungen für eine hochverdichtete Bebauung geschaffen, die dann dem Ruf nach Licht, Luft, Sonne und Ordnung um so größere Dringlichkeit verlieh. Die Konsequenz war, daß schließlich die Blockrandbebauung aufgelöst wurde, was zur radikalen Senkung der Bebauungsdichte und zur funktionalen Ausdifferenzierung des Stadtgebietes führte.

Die mit der „Städtebaureform" zu Beginn des 20. Jahrhunderts verbundenen städtebaulichen Prinzipien (vgl. Rodenstein 1988) beinhalteten aber nicht nur eine Verbesserung der Belichtungs- und Belüftungsverhältnisse. Zu den Übeln der überfüllten Altstadtviertel wurde auch der Verlust von „Heimat" gerechnet, dessen Folgen sich in bestimmten Vierteln in großer Mobilität (kurze Wohndauer) und im „Durcheinanderwohnen" zeigten, also in der Unmöglichkeit, dauerhafte Familienstrukturen und Nachbarschaftsbeziehungen aufzubauen. Für die Stadtplanung wurde daher „Nachbarschaft" zu einem Zentralbegriff (vgl. Hamm 1973). Diese Orientierung folgte zum einen der kulturpessimistischen Interpretation der Urbanisierung, nach der die Großstadtbildung mit einem Verlust von „Gemeinschaft" verbunden sei, was zu Werteverfall und sozialer Desorganisation führen müsse. Zum anderen wurde der Einfluß der amerikanischen Stadtforschung wirksam, die mit ihren ökologischen Modellen eine Naturgesetzlichkeit der „Community"-Bildung als Grundform der sozialräumlichen Gliederung von Großstädten behauptete (vgl. Park/Burgess 1925; Friedrichs 1977). Grundlage für die These, daß die Stadt ein Mosaik aus verschiedenen Kulturen und Lebensstilen bilde, war die amerikanische Erfahrung der Großstadtbildung durch Einwanderung. Die Hauptsorge der stadtsoziologischen „Chicago-Schule" galt der Gefahr, daß es in den unübersichtlichen Gemengelagen der Großstädte nicht mehr möglich sei, soziale Kontrolle über die Individuen zu behalten, was als Ursache für sämtliche Formen von abweichendem Verhalten, von „Sittenverfall" und Kriminalität angesehen wurde. Daher wurde der Community-Bildung, also der räumlichen Konzentration homogener Bevölkerungsgruppen so große Bedeutung zugemessen. Der Umstand, daß sich traditionelle Familienstrukturen und Verhaltensnormen in ethnischen Kolonien erhielten, sollte die Individuen vor dem Untergang im großstädtischen Dickicht bewahren. Gleichzeitig bildete die räumliche Separierung einen sozialen Puffer zwischen den Kulturen, da potentiellen Konflikten durch Absonderung begegnet wurde (vgl. Häußermann 1995).

Die Übertragung dieses Modell auf europäische Verhältnisse hätte die Bildung von räumlichen Einheiten mit einer ethnisch weitgehend homogenen Bevölkerung und einer stärkeren Binnen- als Außenintegration bedeutet. Damit wären die großstädtischen Massen gleichsam in überschaubare Einheiten gegliedert und implizit zur sozialen Schließung aufgefordert worden. Da aber die moderne Stadtplanung die alten Lager der Klassengesellschaft gerade nicht reproduzieren wollte, gesellte sich zum Nachbarschaftskonzept das Credo der „sozialen Mischung". Damit wurde das, was die Grundlage der „Community"-Bildung im sozialökologischen Modell darstellte, nämlich die kulturelle und soziale Differenz, negiert. Und daher „funktionierten" die geplanten Nachbarschaften auch so lange nicht, bis sich nicht über selektive, nicht zentral geplante Mobilität der Haushalte eine größere soziale Homogenität hergestellt hatte.

Die Zonierung der Stadt nach Nutzungsarten sowie die sozial-räumliche Gliederung in Nachbarschaften, beides Grundkonzepte des Städtebaus im 20. Jahrhundert, hatten allerdings einen Effekt, der die Integration von neuen Zuwanderern zu einem so großen Problem macht: In den Großstädten gibt es immer mehr klar definierte, funktional und sozial eindeutig festgelegte Räume, die es Zuwanderern zunehmend erschweren, sich einfach „unterzumischen". Im Zuge der Stadtsanierung und der Erweiterung zentraler Geschäftsbezirke sind jene Quartiere weitgehend verschwunden, in denen sich verschiedenste Funktionen überlagerten und sich unterschiedlichste Bevölkerungsgruppen ohne Dominanz einer einzigen nebeneinander aufhalten konnten. Das Baurecht, dessen Instrumentarium das Ziel der funktionalen Aufgliederung städtischer Funktionen zugrundeliegt, konnte zunächst nur für die Erweiterung der Städte ab den 20er Jahren angewandt werden: Je mehr jedoch die Stadtpolitik durch Sanierungsprogramme und durch die Neubestimmung von Flächen, die durch Fabrikschließungen frei geworden sind, in die „alte Stadt" eingreift, desto weitreichender bestimmt dieser ordnende Zugriff die soziale und funktionale Struktur der Städte.

3. Suburbanisierung, Deindustrialisierung und die funktionale und soziale Ordnung der Stadtregion

Im Laufe des 20. Jahrhunderts wurde die Suburbanisierung zum dominanten Muster der Stadtentwicklung. Suburbanisierung bedeutet eine Randwanderung von Gewerbe und Bevölkerung, jedoch nicht mehr lediglich als wachstumsbedingte Extension, sondern nun (auch) als Umverteilung innerhalb der Region. In Deutschland war der Höhepunkt der Urbanisierung bereits in den 20er Jahren überschritten und wurde durch ein langsameres, aber immer noch kontinuierliches Bevölkerungswachstum durch Zuwanderung abgelöst (vgl. Reulecke 1985). Im Prozeß der Suburbanisierung wird die Komplexität der industrialisierten Stadt in funktionaler und sozialer Hinsicht reduziert:

Durch den Ausbau des öffentlichen Verkehrsnetzes und insbesondere durch die Automobilisierung (mit entsprechendem Straßenbau) dehnt sich die Grenze für die gleichzeitige Benutzung von suburbanem Raum und zentralen Einrichtungen in der Kernstadt flächenmäßig aus. Die Stadtplanung fördert diesen Prozeß mit dem Konzept der Funktionstrennung. Es kommt zu einer Trennung von Arbeiten (in der Stadt) und Wohnen (in den Stadtrandgebieten), was sowohl ideologisch durch die „Wohnungsreform", als auch materiell durch den Ausbau eigener Verkehrsstraßen für PKW und die Förderung der Eigentumsbildung usw. und planerisch durch die Flächennutzungs- und Bebauungsplanung unterstützt wird. In Deutschland hat die geplante Suburbanisierung in den 20er Jahren begonnen, ist aber erst während des Wirtschaftsbooms nach dem 2. Weltkrieg zu einer massenhaften Bewegung geworden. Die Großsiedlungen des sozialen Wohnungsbaus, die vom Ende der 50er bis zur Mitte der 70er Jahre am Rande der Städte entstanden, waren nicht nur dazu gedacht, zusätzliche Einwohner aufzunehmen, sondern dienten auch der Umsiedlung von Bewohnern aus der Innenstadt, wo – z.B. im Zuge von Sanierungsprogrammen – die Einwohnerdichte stark gesenkt werden konnte.

Da die Abwanderungen ins Umland hinsichtlich des Einkommens und der Lebensstile selektiv sind, entsteht in den Stadtregionen eine großräumige soziale Segregation. Zum Beispiel verlassen Mittelschichtsfamilien in großer Zahl die Städte, um sich in den durchgrünten suburbanen Zonen vorwiegend im eigenen Haus niederzulassen. Da der Umzug ins eigene Heim gesicherte Einkommens- und stabile Familienverhältnisse voraussetzt, nimmt in den Städten der Anteil von Bewohnern zu, die freiwillig oder gezwungenermaßen allein leben, die nur über geringe oder sehr wechselhafte Einkommen verfügen und/oder in irgendeiner Art und Weise sozial nicht angepaßt oder nicht voll integriert sind. Bestand die Einkommenssegregation in der Zeit des starken Wirtschaftswachstums in einer vor allem ausbildungsbedingten Differenzierung zwischen hohen und niedrigen Haushaltseinkommen, so verläuft die trennende Grenze heute zwischen denen, die eine gesicherte Position auf dem Arbeitsmarkt haben und denjenigen, die nur zeitweilig oder gar keiner Erwerbstätigkeit nachgehen können. Die wachsende Zahl von Sozialhilfeempfängern verursacht in den städtischen Budgets steigende Ausgaben, während gleichzeitig aufgrund der hohen Arbeitslosigkeit die Einnahmen schrumpfen, die sich aus dem kommunalen Anteil an der Einkommensteuer zusammensetzen (vgl. Dangschat 1996).

Im Zuge des ökonomischen Strukturwandels, der die großen Städte seit den 70er Jahren nachhaltig ergriffen hat, verändert sich die Beschäftigungsstruktur der Städte. Ökonomisch starke Produktionsbetriebe suchen sich neue Standorte außerhalb der Städte, wo mehr Fläche vorhanden ist oder ein Anschluß an das Verkehrsnetz, wenn die Produktion nicht wegen der Lohnkosten gleich ins Ausland verlagert wird. Die Stadtplanung fördert den Auszug von produzierenden Betrieben aus den Städten mit Umweltschutzauflagen und bietet ihnen andere Standorte in neu erschlossenen Gewerbegebieten am Stadtrand an. Auch wenn die damit in der Regel verbundene Modernisierung der Betriebe diese konkurrenzfähiger macht, trägt eine solche Politik doch zwangsläufig dazu bei, das Arbeitsplatzangebot in den älteren Stadtvierteln weiter zu reduzieren und die dort historisch entstandene Nutzungsmischung abzubauen. Auch die Zahl der Läden in der Stadt nimmt aufgrund der Zentralisierungs- und Konzentrationsprozesse im Einzelhandel permanent ab, während ausreichender Platz für Verkaufshallen und Parkplätze für die neu entstehenden großflächigen Fachmärkte bzw. Einkaufszentren wiederum nur am Rande oder außerhalb der Stadt zu finden ist.

Durch die Randwanderung von erwerbsstarker Bevölkerung und Gewerbe nimmt das Kaufkraftvolumen in den Städten ab und sinken die Steuereinnahmen, die nun den Nachbargemeinden zugute kommen. Solange die suburbane Bevölkerung jedoch, was Arbeitsplätze und Versorgungseinrichtungen betrifft, auf die Kernstadt bezogen bleibt, sind die Städte in der Zwickmühle, aus den Steuereinnahmen einer schrumpfenden Erwerbsbevölkerung die immer anspruchsvoller werdende Infrastruktur für eine weit größere Bevölkerung finanzieren zu müssen.

Für den Arbeitsmarkt entsteht durch die anhaltende Deindustrialisierung der Großstädte außerdem ein strukturelles Problem: Wandern die Produktionsbetriebe ab oder werden geschlossen, fallen die Arbeitsplätze für die gering oder unqualifizierten Arbeitskräfte weg, die seit der Industrialisierung das wichtigste Segment für die Absorption von Zuwanderern gebildet hatten und wie es auch noch bei der Anwerbung der „Gastarbeiter" in den 60er Jahren der Fall gewesen war. Diese Zuwanderer siedelten sich vorwiegend in den Altbaugebieten der Großstädte an, mit steigender Aufenthaltsdauer und dem Zuzug von Familienangehörigen wurde aus der „Gastarbeiterbevölkerung" aber „Wohnbevölkerung mit ausländischem Paß". Das Arbeitsmarktsegment im Verarbeitenden Gewerbe, für das sie angeworben wurden, verschwindet jedoch nach und nach, und damit steigt die Arbeitslosigkeit unter den Zuwanderern, zumal freie Arbeitsplätze prioritär an Bewerber mit einem deutschen Paß vergeben werden.

4. Der Verlust der Integrationsfähigkeit der Stadt

In den Städten entstehen aufgrund des ökonomischen Strukturwandels neue Konkurrenzsituationen, denn Bevölkerungsabnahme und Reduktion gewerblicher Nutzungen führen keineswegs zu einer entspannten Bodennutzung. Im Beschäftigungssystem der Städte werden vor allem solche Arbeitsplätze geschaffen, die jenem hochdotierten Segment der Dienstleistungsökonomie zugehören, das offenbar nach wie vor auf die Agglomerationsvorteile der zentralen Standorte angewiesen ist. Diejenigen, die diese Arbeitsplätze innehaben, haben häufig einen stadtorientierten Lebensstil: Sie bevorzugen innenstadtnahe Wohnungen und können sich die höheren Miet- bzw. Kaufpreise auch für große modernisierte Altbauwohnungen leisten, wodurch der Flächenverbrauch auch bei sinkender Einwohnerzahl weiter ansteigt. Da der Immobilienmarkt auf diese Nachfrage reagiert, werden dem Segment des preiswerten, weil qualitativ schlechten Angebots durch Umbau und aufwendige Modernisierung (Gentrification) permanent Wohnungen entzogen (vgl. Blasius/Dangschat 1990; Friedrichs/Kecskes 1996). Gerade auf dieses dahinschwindende Segment aber wären die Stadtbewohner, die zu den Verlierern des Strukturwandels gehören, am meisten angewiesen, wobei die ausländischen Einwohner unter ihnen meist die schlechtesten Karten haben, weil sie selten über die sozialen und rechtlichen Kompetenzen verfügen, um sich gegen eine Vertreibung zu wehren. So nimmt die Konzentration ausländischer Haushalte in bestimmten Stadtteilen (wieder) ab, obwohl die Zahl ausländischer Stadtbewohner permanent zunimmt.

Der Umzug aus einer ethnischen Enklave in ein Neubaugebiet muß für erwerbstätige ausländischen Bewohner nicht unbedingt von Nachteil sein, denn die objektive Wirkung wie die subjektive Bedeutung bzw. Wertschätzung des Lebens in ethnisch homogenen Gebieten können sich mit der Zeit verändern. Schwierig wird die Situation jedoch in jedem Fall, wenn im Zuge der Veränderungen auf dem Arbeitsmarkt die bisherigen Erwerbsmöglichkeiten verloren gehen. In den funktionsarmen Großsiedlungen an den Stadträndern haben die Zuwanderer kaum noch Optionen einer aktiven Beeinflussung ihrer Lage, um so mehr, als sie besonders auf informelle Informationskanäle und ethnische Netzwerke bei der Arbeitsplatzsuche angewiesen sind. Auch der von vielen gesuchte Ausweg, sich im Kleingewerbe selbständig zu machen, läßt sich in einem Gebiet mit sozialer und funktionaler Mischung leichter beschreiten als in der randstädtischen Isolation.

Mit der Modernisierung der Stadt, die gleichbedeutend ist mit der Ausdifferenzierung von sozialräumlichen Strukturen und der Trennung von Funktionen, verbunden mit Flächenexpansion und Suburbanisierung sowie innerstädtischer Modernisierung der Bebauungsstrukturen, werden die komplexen urbanen Situationen, die für Zuwanderer seit je die idealen Zugänge zur großstädtischen Ökonomie und Lebensweise darstellten, beseitigt (vgl. Hoffmann-Axthelm 1993). Aus dem risikobeladenen und unplanbaren Urbanisierungsprozeß wurde im Zuge einer immer stärkeren Formalisierung sozialer Beziehungen ein gesteuerter und getrennter Prozeß der Verteilung auf Arbeits- und Wohnungsmärkte, in den vielfältige Kontrollen eingebaut sind. Diese Trennung macht Zuwanderer abhängig von Chancen-Zuteilungen auf beiden Märkten, womit die Integrationskraft der Stadt rapide nachläßt (vgl. den Beitrag von Siebel in diesem Band). Der Angelpunkt ist dabei der Nachweis eines Arbeitsplatzes, da ansonsten quasi sachlogisch Ausweisung oder Zuzugssperre drohen.

Eine zweite Konsequenz dieser Entwicklung besteht in den wachsenden Spannungen innerhalb der verbliebenen nicht-modernisierten Altbaugebiete. Das Angebot von preiswertem Wohnraum nimmt ab, während im Zuge der Polarisierung von Arbeitsmärkten und der quantitativen Abnahme von festen Beschäftigungsverhältnissen die Zahl der einkommensarmen Haushalte zunimmt. Diese Haushalte werden aus den sich in Aufwertungsprozessen befindlichen Stadtteilen nach und nach ausgefiltert und in den verbleibenden Inseln mit billigen Wohnungen zusammengedrängt. Dies sind gleichzeitig die Gebiete, in denen am ehesten ausländische Neuzuwanderer unterkommen können, womit sie zwangsläufig mit den „einheimischen" Verlierern des ökonomischen Strukturwandels in Konkurrenz und unter Umständen in Konflikt geraten. Solche Viertel gelten dann wegen der Konzentration von sozialen Problemlagen und wegen der daraus resultierenden interkulturellen Konflikte als „soziale Brennpunkte". Als Reaktion darauf werden in den Stadtverwaltungen stadtteilbezogene Strategien entwickelt, um die sozialen Verhältnisse in diesen Bezirken wieder zu verbessern. Tatsächlich wird dabei jedoch nur das wiederholt, was die Städtebaureform seit dem letzten Drittel des 19. Jahrhunderts versuchte: die Wohnungen so zu verteuern, daß das Elend verschwinden muß.[1] Damit wird unter anderem ein günstiges Feld für Ausbeutungsstrategien von Vermietern eröffnet und eine Situation geschaffen, in der einerseits die betroffenen Bewohner noch mehr unter Druck geraten, von der andererseits illegale Aktivitäten geradezu angezogen werden. Hauseigentümer, die nicht zu genau hinsehen, wer was in ihren Wohnungen macht, lassen sich diese Freiheit zur Illegalität gut bezahlen. Profitinteressen und die Versuchung, eine „schnelle Mark" zu machen, gehen daher häufig eine verhängnisvolle Verbindung ein: Überbelegte Wohnungen in verfallenden Häusern bieten Migranten ohne Aufenthaltsberechtigung vielleicht Schutz, doch werden sie aufgrund dieses Status geradezu in illegale Geschäfte gedrängt, die sie wiederum in die Hände organisierter Krimineller bringen können. Zwar könnten gerade diese Altbaugebiete ihrer Struktur nach diejenigen sein, in denen sich die unplanbaren Integrationsprozesse vollziehen, die zu den zivilisatorischen Leistungen der Großstädte

---

1 Ausnahmen sind allerdings jene Programme, in denen die Bearbeitung sozialer Problemlagen mit einer Verbesserung der städtebaulichen Situation bzw. der Wohnbedingungen verknüpft werden, wie das Nordrhein-Westfälische Programm für „Quartiere mit besonderem Erneuerungsbedarf" oder das „Hamburger Armutsbekämpfungsprogramm" (vgl. Froessler u.a. 1994).

gehören. Wenn jedoch aus allen und insbesondere den „besseren" Gegenden der Stadt die sozialen Probleme dorthin abgeschoben werden, führt dies zu einer Überforderung und damit zum Verfall dieser Bezirke.

Die Ordnung der Stadt durch Funktionstrennung und Auflockerung hatte eine Sortierung der Bevölkerung nach Einkommen und Lebensstilen zur Folge, die auf der einen Seite zu „funktionierenden" Quartieren geführt hat, weil die Bewohner dort „unter sich" sind. Der Preis für diese Ordnung ist aber auf der anderen Seite die Abschiebung von bzw. Abschottung vor „nicht passenden" – also fremden – Bewohnern in weniger stark kontrollierte Gebiete. So paradox es erscheint: durch die Modernisierung haben die Großstädte an Integrationskraft verloren. Der soziale Wert des modernen Stadtbürgers hängt ab von seiner erfolgreichen Integration in Arbeits- und Wohnungsmarkt, in Bildungs- und Sozialversicherungssystem. Eine Existenz, die sich „nur" in bestehende soziale Netze einhängt, ohne in den genannten Subsystemen eindeutig verortet zu sein, ist weder möglich noch zulässig.

Das „Ausländerproblem" der 60er und 70er Jahre bestand darin, daß den angeworbenen Arbeitskräften die Chancen auf den verschiedenen Märkten nicht durch diskriminierende Hindernisse verstellt werden sollten. Die Perspektiven der materiellen Integration waren günstig, das Restproblem erschien „nur kulturell". Heute, da die formellen Arbeitsmärkte weitgehend verschlossen sind, die Zuwanderung jedoch noch anhält, haben sich sowohl die Aussichten für die Zuwanderer als auch deren Strategien stark verändert.

5. Der Wandel von Migrationsformen

Weltweit sind zwar die zahlenmäßig umfangreichsten Migrationen Fluchtbewegungen, doch die Wanderungsbewegungen, die durch die Nachkriegsentwicklung der modernen westlichen Industriegesellschaften entstanden sind, setzen sich zum großen Teil aus mehr oder weniger gelenkten Arbeitsmigrationen zusammen. Diese wurden aufgrund des Arbeitskräftebedarfs in die großen industriellen Ballungszentren geleitet, die einerseits davon profitierten, aber andererseits mit großem Planungsaufwand reagieren mußten, um das Wachstum in einigermaßen kontrollierbaren Dimensionen zu erhalten. Der Verlauf der „modernen" Migrationen hat sich in den letzten zwei Jahrzehnten jedoch deutlich verändert und bewegt sich immer weniger innerhalb der Vorstellungshorizonte „unserer", trotz aller temporären Verwerfungen, vertrauten „alten" und „neuen" Welt und ihrer Entwicklungslogik.

Diese Veränderung läßt sich, zugespitzt, auf zwei Ursachenkomplexe zurückführen: Zum einen haben sich die etablierten Institutionen und Maßnahmen zur Integration der Zuwanderer nur teilweise bewährt, was sich am relativ marginalisierten Lebenszuschnitt „zweiter" und „dritter" Generationen ansässiger Zuwanderer demonstrieren läßt; zum anderen schieben sich über die gewohnten Zuwanderungen neue Migrationsformen, für die die etablierten Integrationsinstrumente keinen Sinn haben. Es sieht so aus, als handle es sich bei diesen „neuen" Migrationsformen nicht nur um vorübergehende Interferenzen, die durch „geeignete Maßnahmen" – erhöhte Kontrollen, genauere Bedarfsplanungen, Gesetzesanpassungen etc. – wieder aufgefangen und in gewohnte Bahnen gebracht werden könnten, sondern um etwas grundlegend Neues, das die etablierten Migrationsformen mehr und mehr überlagert. Das Neue zeigt sich in Formen großräumiger Mobilität, die sich seit den Wendejahren in Europa ebenso bemerkbar machen wie bereits in den USA und als „Wanderungsräume" (Morokvasic/Rudolph 1994), „Zirkulationsterritorien" (Tarrius 1994) oder „Transnationale Soziale Räume" (Pries 1996) beschrieben werden können. Der Akzent liegt dabei auf Mobilität.

Die traditionellen Migranten (Arbeitskräfte, Flüchtlinge oder Asylbewerber) wurden dadurch definiert, daß sie ihren früheren Wohnort mit einem neuen vertauschten, um dort mehr oder weniger erfolgreich die Integrationsmühlen der Aufnahmegesellschaften zu durchlaufen und zu bleiben („Zuwanderer") und gegebenenfalls nach einer gewissen Zeit, freiwillig oder nicht, wieder – endgültig – an ihren Ursprungsort zurückzukehren („Remigranten"). Die neuen Migranten sind dagegen eher als „Pendler" zu bezeichnen, die im Tages-, Wochen-, Monats-, Saisonrhythmus oder in ganz unregelmäßigen Abständen zwischen Herkunftsort und Zielgebiet(en) hin- und herreisen. Nach der weitgehenden Öffnung der Grenzen in Ost- und Ostmitteleuropa hat sich diese Migrationsform innerhalb kürzester Zeit entwickelt, wobei zum einen der nahräumige Handelstourismus zwischen Nachbarstaaten im „kleinen Grenzverkehr" gemeint ist, zum anderen aber auch weiträumige Vernetzungen über mehrere nationalstaatliche Grenzen hinweg (vgl. Oswald 1991). Die inzwischen nahezu allen zur Verfügung stehenden effektiven Verkehrs- und Kommunikationstechniken ermöglichen diese permanente Mobilität, so daß die Pendelmigranten die Ressourcen verschiedener ökonomischer Welten nutzen können, ohne sich dabei für eine entscheiden zu müssen – mit dem Vorteil der größeren Handlungsfreiheit, aber auch den Nachteilen nicht erfolgter bzw. nicht intendierter Integration.

Als Vor- und Nachteile stellen sich die Bedingungen für die neuen Migranten nur vor dem Hintergrund der – noch – bestehenden etablierten Migrationsbeziehungen dar, die sich jedoch gerade durch die neuen Verfahren ändern. Ohne daß neue „Migrationsregime" (Schwarz 1995) entstünden, also neue Systeme von Organisationen und Institutionen mit gemeinsamen Zielen, Normen und Durchführungsstandards und damit mehr oder weniger verbindliche Richtlinien und Orientierungen für kollektive Entscheidungen, verdichten sich die vielen individuellen – und individualisierten – Entscheidungen zu Mustern, die ihrerseits die Handlungsoptionen innerhalb der neuen Wanderungsräume strukturieren. Die Zwecke dieser Migrationen sind ohne Zweifel ökonomisch motiviert: Flucht vor Not, Hoffnung auf zusätzlichen Gewinn, Zweit- oder Drittbeschäftigungen, Ausweg aus Arbeitslosigkeit. Es handelt sich also um die gleichen Motive wie bei den Arbeitsmigranten, doch werden diese in den reicheren Ländern Zentraleuropas nicht mehr anerkannt, seit die Anwerbebüros geschlossen wurden. Der „Wirtschaftsflüchtling" ist – insbesondere in Deutschland – eine verächtliche und bedrohliche Figur geworden, seit als Migrationsgründe nur noch die „edleren" Motive gelten: individuelle Verfolgung und Notlagen aus außerökonomischen Gründen.

Die neuen Migranten müssen insbesondere über eine hohe Bereitschaft zur ständigen Mobilität verfügen, die zu ihrer wichtigsten Ressource geworden ist; daneben sind äußerste Flexibilität und hohe Anpassungsfähigkeiten – nicht zu verwechseln mit Integrationsabsichten – gefordert. Zwischen die Ansässigen und ihre Kommunikationskanäle werden die Netze der neuen Migranten, der Pendler und Gewerbetreibenden, der Händler, Touristen und Handelstouristen, der Arbeiter-Studenten und Kuriere, auch der Schmuggler und Schlepper, eingehängt. Dadurch ergeben sich wichtige Veränderungen, die die bisherigen Migrationsregime und Integrationsmechanismen zwar nicht sofort völlig verdrängen, jedoch mehr und mehr überlagern. Die bedeutsamste Veränderung ist sicherlich die, hinsichtlich Plan- und Kontrollierbarkeit, was sich insbesondere im Verhältnis von Legalität und Illegalität niederschlägt bzw. zeigt, wie unzutreffend die gewohnten rechtsstaatlichen Kategorien für die Erfassung dieses neuen Phänomens sind. Kehrt man nicht zu Grenzbefestigungen wie dem „Eiserner Vorhang" zurück, werden sich immer auch Personen über die Grenzen bewegen, die etwas anderes tun oder länger bleiben, als sie offiziell angeben. Dies quantifizieren zu wollen, ist sinnlos, zumal sich „Illegalität" häufig geradezu zwangsläufig aus den Unzulänglichkeiten der Regulatorien ergibt: So können Handelstouristen zwar auf ein gültiges Touristen- oder Transitvisum verweisen, müssen ihre Geschäfte jedoch illegal machen und können dadurch leicht kriminalisiert werden, selbst wenn, wie in einigen Grenzregionen, diese Geschäfte auf weitbekannten Märkten abgewickelt werden und allen Beteiligten nützen. Ein anderes Beispiel: einigen Untersuchungen (z.B. Brochmann 1994) zufolge scheint die Anzahl der sich legal oder illegal permanent aufhaltenden Zuwanderer gerade überall dort anzusteigen, wo die Kontrollen verschärft werden; der Grund liegt in der Erschwernis der Mobilität, so daß einmal – auch illegal – Zugewanderte auf jeden Fall bleiben müssen, von sich aus ihren Status gar nicht ändern können und Pendelmobilität nicht ohne das Risiko der endgültigen Unterbrechung praktiziert werden kann.

Da auch die weitaus meisten der neuen Migranten für ihren Lebensunterhalt arbeiten müssen, werden die Veränderungen vor allem auf dem Arbeitsmarkt bzw. den Arbeitsmärkten manifest: Statt regulierter Arbeitskräftetransfers, die in eine Reihe rechts- und sozialstaatlicher Maßnahmen eingebettet sind, setzen sich teils staatlich inszenierte, teils geduldete und teils verfolgte bzw. verbotene Deregulierungsprozesse durch. Die unteren Bereiche des sich vor allem in den Metropolen aufblähenden Dienstleistungssektors sind es, die nach der weitflächigen Deindustrialisierung noch Arbeitskräfte aufnehmen können, aufnehmen müssen, wobei immer neue Dienstleistungen erfunden werden. Neuzuwanderer heute, einerlei, welche „gates of entry" sie nutzen und über welche Berechtigungstitel sie daher verfügen, werden von vielen bereits länger Ansässigen mit in- oder ausländischem Paß als schärfste Konkurrenten wahrgenommen – und sind es auch. Die verschärfte Konkurrenz spielt sich jedoch vor allem in den unteren „Tarif"bereichen ab, wodurch Fremdenhaß und -abwehr scheinbar wie von allein in bestimmte soziale Schichten kanalisiert wird. In den oberen Regionen der Dienstleistungsgesellschaften, wo Konkurrenz nicht allein durch das Überangebot von billiger Arbeitskraft entschieden wird, lassen sich dagegen weniger direkte Maßnahmen der „Fremdenabwehr" anwenden, die zudem noch in angenehm distanzierte „Multikulti"-Rhetorik verpackt werden kann. Hier spielen vor allem die diversen Instrumente der Schließung von Teilarbeitsmärkten eine Rolle wie Beamtenrecht, Anerkennung von Qualifikationstiteln und Erhaltung diverser Ständeregeln, wodurch selbst gut- und hochqualifizierte Arbeitskräfte aus dem Ausland sich in den Billiglohnbereichen wiederfinden.

Eine weitere Folge der Veränderungen, wie sich Zuwanderer in Städten orientieren (können), stellt die Auflösung der „Communities" bzw. „ethnischen Gemeinden" dar – und zwar in dem Sinne, als daß das Idealbild, das diesen Begriffsbildungen zugrundeliegt, nämlich die solidarische Übersichtlichkeit von ethnisch mehr oder weniger homogenen Nachbarschaften mit eigenen Regel- und Kontrollwerken (vgl. z.B. Breton 1991), immer weniger den konkreten Lebenszusammenhängen von Zuwanderern entspricht. Dort, wo ethnische Communities sich bilden konnten, haben durch den Druck von Arbeitslosigkeit und Marginalisierung die ehemalige Solidarität und Binnenintegration oftmals so gelitten, daß die sozialräumliche Trennung von den „Einheimischen" keine nützliche Integrationshilfe in die Gesamtgesellschaft mehr darstellt, sondern die Stigmatisierung noch erhöht und das Schreckbild der „Ghettoisierung" heraufbeschwört. Das Für und Wider der Diskussion um die „ethnische Kolonienbildung" (vgl. z.B. Esser 1986) ist damit aber nur vordergründig entschieden. Dort, wo – wie in Deutschland – die Konzentration von Ausländerbevölkerung selbst mit rechtsstaatlich bedenklichen Mitteln, z.B. Zuzugssperren, verhindert werden sollte, sind die Integrationsdefizite höchstens weniger sichtbar, da sich die Zuwanderer in den städtischen Gesellschaften mehr verstreuen. Doch individuelle Integration, die hehre Zielbestimmung dieser „ghettoverhindernden" Maßnahmen, ist nur durch gleichberechtigte Partizipation an den „goods of modernity", insbesondere auf dem Arbeitsmarkt, möglich.

Diesen Veränderungen folgend ist auch der wissenschaftliche Blick inzwischen anders fokussiert und gilt nun weniger einer vermuteten Community-Idylle, sondern der „Netzwerk"-Bildung, was nur auf den ersten Blick ähnliche Phänomene sind. Eine intakte Gemeinde beruht auf einer dichten Vernetzung der Beziehungen möglichst vieler Mitglieder, doch umgekehrt sind Netzwerke heute nicht mehr unbedingt auf Community-Strukturen angewiesen, zumindest dann nicht, wenn diese auch räumlich bestimmt sind. Im Gegenteil scheinen die verbindlichen Verhältnisse kleinräumig verankerter Gemeinschaften Beziehungsformen gewichen zu sein, die zwar nicht als „instabil" oder „unverbindlich" zu bezeichnen, aber doch wesentlich lockerer sind und von fluktuierenden Interaktions- und Kommunikationszentren aus gemanagt werden. Auch die Institutionenpräsenz der Communities, die aus ihnen Sub-Gesellschaften oder eben Gemeinschaften machte (Breton 1964), wird damit weniger und weniger wichtig; die formale Hierarchie von (ethnischen) Assoziationen wird durch informelle Beziehungen überlagert, wenn nicht sogar ersetzt, was insbesondere bei der Untersuchung der (ethnischen) Teilökonomien diskutiert wird (z.B. Light/Rosenstein 1995; Birley 1985). Die Ausbildung der formalen Institutionen wird zudem in dem Maße weniger notwendig, als eine Integration in die Zielgesellschaft immer weniger aussichtsreich erscheint und/oder auch nicht mehr gewünscht wird. Die Netze mit ihren mobilen Zentren und Einsatzmöglichkeiten sind für diesen Fall flexibler. „Ethnisch" sind diese Netzwerke insofern, als die Beziehungen der ursprünglichen Knotenpunkte verwandtschaftlicher oder nachbarschaftlicher Art sind, doch die Inkorporation neuer Mitglieder kann nach den unterschiedlichsten Kriterien erfolgen, wobei auch rein funktionale Gesichtspunkte überwiegen können – durch die Notwendigkeit der Verankerung in neuen Regionen, der Rekrutierung bestimmter Fähigkeiten, der Arbeitsteilung etc. Das Netz wird jedoch durch einen bestimmten Kommunikationsstil gekennzeichnet und beherrscht, der es für Außenstehende „ethnisch" einfärbt. Durch die nicht verhandelbaren informellen Zugangsregeln bleibt es fremd und kann grundsätzlich jeder illegalen Weiterung verdächtigt werden, bis hin zu „clan"-artigen und mafiösen Verbindungen, die in ihrer Gesamtheit dann gerne als „uncivil economy" (Rose 1992) bezeichnet werden.

Daß sich in den Modi der Vergesellschaftung etwas grundlegend – und nicht nur auf Zuwandererbevölkerungen bezogen – geändert hat, zeigt sich auch an der Kommunitarismus-Debatte. Die Auflösung verbindlicher Teilgesellschaften (Nachbarschaften, Communities, Gemeinden) hat sich spätestens dann verstärkt in die Wahrnehmung geschoben, seit es selbst diejenigen traf, die dieser Vergesellschaftungsformen doch besonders bedürftig erschienen, zumal sie dem Mittelschichtsideal der bürgerlichen Individuation schon aus ökonomischen Gründen nicht entsprechen konnten, nämlich die Zuwanderer und andere „randständige" soziale Gruppen. Die, oft kaum wissenschaftlich verbrämte Anrufung von Gemeinschaftsidealen zeigt deren schwindende Kohäsionskraft, was auch nicht durch Verordnungen von oben behoben werden kann – seien sie nun direkter Art wie die Verschärfung sozialer Kontrollmaßnahmen oder indirekter Art wie die Verlagerung staatlicher Verantwortung auf private Schultern, wofür die Sozialexperimente in den USA wieder einmal das Vorbild abgeben können (vgl. Light/Rosenstein 1995).

6. Ethnische Ökonomie

Ein Phänomen, das die veränderten Migrationsformen seit jeher begleitet und sie gewissermaßen mit hervorgebracht hat, sind die „ethnischen Ökonomien". Auch regulierter Arbeitskräfteeinsatz kann dazu führen, daß ganze Arbeitsbereiche ethnisch besetzt sind; dabei handelt es sich jedoch um keine kulturalistisch zu erklärende Beziehung zwischen bestimmten Ethnien und ihren angeblichen Arbeitspräferenzen, sondern um ökonomisch bedingte Unterschichtungsphänomene: Einer oder einigen Zuwanderergruppen werden Arbeiten zugewiesen bzw. nur zu diesen der Zugang ermöglicht, die die bereits länger Ansässigen nicht bereit sind zu erledigen. Die Denkfigur der „ethnischen Ökonomie" dreht die Kausalität um: bestimmte ökonomische Teilbereiche „gehören" gewissermaßen zu bestimmten ethnischen Gruppen. Damit kehrt ein Phänomen wieder, das in der Moderne mit ihrem Anspruch der individuellen Zugangsberechtigungen zu Arbeitsmärkten und -plätzen doch schon überwunden sein müßte. Doch da, wo Qualifikationen aufgrund ethnischer Zugehörigkeiten entwertet werden, mutiert die hochkontingente Besetzung von „Nischen" zur ethnischen Offenbarung: die „Neigung" der Vietnamesen zum Zigarettenschmuggel, der Italiener zum Pizzabacken, der Pakistani zum Rosenverkauf oder der Türken zum Obst- und Gemüsehandel – wie die früher „übliche", weil notgedrungene Symbiose von Juden mit dem Geldverleih und von Zigeunern mit Kesselflicken. Bis zu einem gewissen Grade „stimmt" die Inversion heute jedoch so wie sie damals stimmte. Ex definitionem eignen sich Nischen nicht für alle, und unter den Bedingungen von verschärfter Konkurrenz und ethnisch begründeten Ausschlußregeln werden in die begrenzt zugänglichen Arbeitsbereiche zunächst Mitglieder des persönlichen und familiären Nahbereichs, des eigenen Netzes, eingegliedert. Deren Fähigkeiten werden, solange sie verwertbar sind, zwangsläufig zu „ethnischen": einem Nicht-Italiener, der Pizza backen kann, nutzt diese Fertigkeit in einer Atmosphäre der ethnischen Konnotation von Arbeitsfeldern wenig oder er muß zum „Italiener" werden; einem Italiener gereicht sie zur Ressource.

Dort, und das ist in zunehmendem Maße überall, wo die Segregation der Arbeitsmärkte nach ethnischen Kriterien voranschreitet, verschärft sich der Kampf um ethnisch-kulturelle Repräsentanz, muß sich sogar verschärfen, da es um die Verwertbarkeit von einmal als ethnisch definierten und damit nicht mehr frei zugänglichen Ressourcen geht. Es sind vorwiegend ökonomische Zwänge, insbesondere die zunehmende Konkurrenz auf dem Arbeitsmarkt, wodurch ethnische Zugehörigkeiten den Rang von Qualifikationen bekommen und dadurch zwangsläufig hierarchisiert werden. Liberale Forderungen nach „farbenblinder" Partizipation werden unter solchen Bedingungen hohl, während partikularistische Strategien Sinn versprechen.[2] Die scheinbar höchst liberale Diskussion um den Mul-

---

2 Die hier skizzierte Veränderung der Migrationsformen hat Auswirkungen auf die einschlägige theoretische Bearbeitung, was in diesem Rahmen jedoch nur angedeutet werden kann: Noch bis vor kurzem wurde, zumindest implizit, modernisierungstheoretisch argumentiert, indem angenommen wurde, daß in modernen Gesellschaften durch ihre Entwicklungsoptionen von Demokratie und Marktwirtschaft kulturelle Unterschiede sukzessive verschwinden würden und die Integration von Zuwanderern in einer immer stärker standardisierten Weltkultur kein dauerhaftes Problem darstellen müßte. Globalisierungsansätze gehen dagegen von einer multiplen Zentralisierung aus,

tikulturalismus leistet diesem Prozeß der ethnischen Segregierung von Arbeitsmärkten – wenn auch meist ungewollt – Vorschub, indem jeder ethnischen Gruppe ein besonderes Eckchen zuerkannt werden soll. Die ethnischen Gruppen sollen sich zwar ausschließlich kulturell als „besondere" präsentieren, doch verträgt sich dies mit den gleichzeitig erhobenen Integrationsanforderungen nicht. Solange nur kulturelle Repräsentanz erlaubt wird, gleichzeitig aber wichtige Partizipationsrechte vorenthalten werden, kann Integration nicht gelingen bzw. führt zu dem Zwang, daß unter dem kulturellen Banner andere Strategien verfolgt werden.

7. Stadtpolitik: Dilemmata in einem Nicht-Einwanderungsland – aber nicht nur dort

Die Stadt wird zu einem Raum, in dem sich ständig mehr Menschen aufhalten als hier dauerhaft gemeldet sind. Die Zahl der Menschen, die Pendelexistenzen über große Distanzen führen bzw. in permanenter Mobilität leben, wird voraussichtlich zunehmen. Zumindest ermöglicht die Verbesserung der verkehrs- und kommunikationstechnischen Infrastruktur diese Existenzform des Lebens in oder zwischen zwei Welten, wenn sie sich auch als eine historisch neue Vorstufe der Seßhaftigkeit erweisen könnte.

Allerdings ist die starke Fluktuation von Stadtbevölkerungen an sich nicht neu. Schon im 19. Jahrhundert war das Wanderungsvolumen etwa sechs mal so groß wie der Saldo der Zuwanderung. Die Zahl der Menschen, die in die großen Städte zu- und abwandern ist seit je in der Summe sehr viel größer als die Zahl derjenigen, die dauerhaft bleiben. In der Phase der Urbanisierung im letzten Drittel des 19. Jahrhunderts ebenso wie während der Gastarbeiterwanderungen in den 60er Jahren des 20. Jahrhunderts blieb (im statistischen Durchschnitt) von 6 Zuwanderern nur einer dauerhaft. Großstädte waren also schon immer Zentren der Mobilität, was sie sowohl für die alteingesessenen Bürger als auch für die in der Provinz Lebenden unheimlich und bedrohlich machte. Gleichzeitig war aber dieser ständige Wandel eine Quelle ökonomischer, sozialer und kultureller Innovationen und stellt damit gerade diejenige Qualität dar, die eine Großstadt zu einer Metropole macht.

wobei kulturell-ethnische Besonderheiten nicht mehr nur einfach „Lokalkolorit" sind, sondern in ihrer Bedeutung wieder aufgewertet und in die bestehende soziale Hierarchie eingebaut werden, ohne diese zu verändern. Gleichzeitig sind Partikularismen jedoch nichts Singuläres, das im Meer der standardisierten Kultur allmählich überwunden wird, sondern werden als universales Diskursphänomen überall dort, wo sie auftreten, als das Besondere thematisiert – „universalization of particularism" (Robertson 1990). Kulturelle Besonderheiten mutieren durch die erfolgreiche Betonung von Lokalkulturen zu „ethnischen Ressourcen" und können damit in andere Kapitalarten konvertiert werden. Kulturen sind immer weniger nur Kultur, sondern werden für die Ökonomien relevant und vor allem zum Politikum und damit als Herde kulturell konnotierter Spannungen virulent.

Im Rahmen der Stadtentwicklungspolitik, die im Rahmen ordnungsschaffender Planung allzu hohe Mobilität zugunsten stabiler (Teil-) Gesellschaften verhindern möchte, werden wachsende Ausländeranteile jedoch entweder als „soziale Probleme" behandelt oder – in einer „progressiven" Lesart – als Farbtupfer im Metropolengemälde, also entweder als Belastungsfaktor oder als folkloristische Zutat. Das kann angesichts der Rahmenbedingungen, die durch die nationalen Gesetzgebungen gesetzt sind, auch kaum anders sein. Die Städte müssen Ausländergesetze vollziehen und deshalb unerwünschte Personen aufspüren, schikanieren und abschieben; auch müssen sie die Kosten für eine Zuwanderungspolitik tragen, deren Ziele vor allem in Ausgrenzung und Abwehr bestehen. Für eine eigenständige Einwanderungspolitik haben sie kaum Spielraum. Lediglich unterhalb der Ebene rechtlicher Regelungen kann eine Stadt eine mehr oder weniger humane und nicht diskriminierende Politik gegenüber ihren ausländischen Einwohnern praktizieren. Die städtische Politik gegenüber Zuwanderern steckt in dem Dilemma, einerseits mit wachsenden Ausländerzahlen umgehen zu müssen und deren langfristige Integration sogar fördern zu wollen, andererseits aber keine wirkliche Einwanderungs- bzw. Migrantenpolitik betreiben zu können.

Dies wird augenfällig am Beispiel der Politik, die gegenüber der räumlichen Konzentration von Ausländern betrieben wird (vgl. den Beitrag von Musterd u.a. in diesem Band). Sobald der Ausländeranteil in einem Stadtteil eine bestimmte Höhe überschreitet, erklingen in den Stadtverwaltungen die Alarmsirenen. Ausländerkonzentration sollen behördlicherseits vor allem aus zwei Gründen vermieden werden. Zum einen wird mit dem angeblichen Interesse der Zuwanderer selbst argumentiert – das Zusammenleben mit anderen Einwanderern erschwere die Integration, da so Anreize zum Erlernen der Sprache und der Kulturtechniken des Gastlandes fehlten. Zum anderen wird mit der Rede um „Sozialverträglichkeit" die Toleranz der einheimischen Bewohner auf ein bestimmtes Maß festgelegt; dahinter steckt der Gedanke, daß Ausländer, die weniger konzentriert zusammenleben, weniger sichtbar sind und daher weniger Anstöße für fremdenfeindliche Projektionen oder Reaktionen bieten können. Wenn die vom einheimischen Gemüt bestimmte Zumutbarkeitsgrenze überschritten ist, sollen keine weiteren Ausländer in ein Haus, in ein Quartier oder in einen Bezirk ziehen dürfen – so die gut gemeinten Richtlinien ausländerpolitischer Sozialtechniker. Das Grundrecht auf freie Wohnortwahl wird unter diesem Blickwinkel noch nicht einmal suspendiert, da die Garantien der deutschen Verfassung für ausländischer Zuwanderer ohnehin nur eingeschränkt gelten.

Das gut Gemeinte an dieser Strategie ist, daß keine Ghettos der Benachteiligung entstehen sollen; der Irrtum daran ist, daß die Benachteiligung geringer sei, solange sie nicht massiv sichtbar ist. Der Versuch der Vermeidung von Ausländerkonzentrationen wird zudem noch ideologisch geweiht, indem auf die Notwendigkeit einer individuellen Integration in Ökonomie und Kultur der Aufnahmegesellschaft verwiesen wird. Doch auch dabei dürfte es sich um einen, sogar zweifachen Irrtum handeln. Die Integration in den Arbeitsmarkt vollzieht sich, wie man insbesondere aus der Erfahrung von Einwanderungsländern weiß, über kollektive Prozesse, da bestimmte Segmente des Arbeitsmarktes Zuwanderern eher offenstehen als andere und sie den Zugang aufgrund von Informationen und mittels der Hilfe aus ihrer ethnischen Gruppe bewerkstelligen (vgl. Waldinger 1986). Die Einbindung in die sozialen Netze der ethnischen Community ist also eine wichtige Voraussetzung für die individuelle Arbeitsmarktintegration. Außerdem liegen inzwischen aufschlußreiche Forschungsergebnisse vor, daß selbst in den Ländern, in denen die Einwanderung bewußt gefördert wird und entsprechende Eingliederungshilfen bestehen, Zuwanderer in der Regel erst nach frühestens 10 Jahren einen dem Durchschnitt der einheimischen Bevölkerung vergleichbaren sozio-ökonomischen Status erreichen, weshalb die Einbindung in soziale Netze ebenfalls notwendig ist. Die gegenwärtig praktizierte Politik der Desegregation läßt sich also letztlich nur mit den fremdenfeindlichen Empfindlichkeiten der Einheimischen begründen.

Die Individualisierungsstrategie gerät außerdem mit diesen Empfindlichkeiten in Konflikt. Die Maßnahmen zur bewußten Diffusion von Zuwanderern und damit zur Individualisierung ihrer Überlebensstrategien setzen nämlich voraus, daß auch Zuwanderer im Fall der Bedürftigkeit als Individuen überleben können, sie also voll in das soziale Sicherungssystem eingegliedert werden. Zumindest in der Bundesrepublik ist eine solche Bereitschaft gegenwärtig weniger denn je gegeben, schon deshalb, weil Fremdenfeindlichkeit mit der Kritik an „Schmarotzertum" von Zuwanderern breite Zustimmung findet. Damit ist das Dilemma perfekt: Die Großstädte sind auf Zuwanderung angewiesen, die Zuwanderer sollen aber die real existierende Gemütlichkeit nicht stören, weshalb sie keine sichtbaren Konzentrationen bilden dürfen. Ethnische Gemeinschaften wären jedoch eher in der Lage, mittellose Zuwanderer aufzufangen und auf ihrem Weg in eine gesicherte Existenz in der Stadt zu begleiten. Dafür müßten sie eine entsprechende Infrastruktur aufbauen und öffentliche Zuschüsse effektiv und autonom für selbstgesetzte Zwecke verwenden können. Diese Viertel und Kolonien wären Orte der Fremdheit für die Eingesessenen, aber Orte der Eingewöhnung und des Übergangs für die Fremden. Solche Orte hätten ihre eigenen Regeln (nicht nur bei den Ladenöffnungszeiten) und ihre eigenen Normen, sie würden sich aber, um ökonomisch erfolgreich zu sein, gegenüber der Stadt öffnen und diese bereichern.

Angesichts der gewandelten Migrationsformen und neuer, weniger lokal gebundener Netzwerkbildung ist jedoch die Bildung ethnischer Kolonien unter Umständen nicht das Hauptproblem der Zukunft der Städte. Vielleicht müssen sich die Städte auf eine noch mobilere Bevölkerung als bisher einstellen. Pendelexistenzen brauchen Orte für zeitweiligen Aufenthalt, sie bilden Lebensstile aus, die im direkten Gegensatz zur bürgerlichen Seßhaftigkeit im Einfamilienhaus stehen. Für einen solchen Lebensstil sind die Städte jedoch immer weniger geeignet, je mehr und je größere Teile der Innenstädte zu Einkaufs- und Erlebniszentren des gehobenen Konsums umgebaut werden. Die Räume für eine Bevölkerung, die nur eine höchst partielle Integration anstrebt, werden dadurch verengt und zwangsläufig konzentriert und verdichtet. Diese Tendenz wird sich auch noch verstärken, da Großstädte die Funktionen übernehmen müssen, die ihnen im Zuge der Globalisierung von ökonomischen und sozialen Beziehungen – zumindest angeblich – zugewiesen werden.

Unter den bestehenden Rahmenbedingungen bewegt sich die Stadtpolitik lediglich von einem Dilemma zum anderen. Diskriminierung wird systematisch erzeugt, wirksame Selbsthilfe systematisch unterbunden. Die kulturellen und ökonomischen Potentiale, die mit der Zuwanderung verbunden sind, werden in der Regel erst im historischen Rückblick anerkannt. Eine zukunftsorientierte Stadt kann allerdings nicht nur in den Sonntagsbeilagen ihrer Tageszeitungen weltoffen sein. Zu den wichtigsten Elementen der Großstadtpolitik in Europa am Ende des 20. Jahrhunderts gehört, für Zuwanderer mit der Bereitstellung noch nicht ein für alle mal funktional definierter Räume das möglich zu machen, was im Englischen so schlicht heißt: Making a Living.

Literatur

Birley, Sue, 1985: The Role of Networks in the Entrepreneurial Process, in: Journal of Business Venturing, Nr. 1, S. 107-117.
Blasius, Jörg und Jens S. Dangschat (Hrsg.), 1990: Gentrification, Frankfurt a.M./New York: Campus.
Böhme, Helmut, 1988: Stadtgestaltungslehre versus Stadtplanungswissenschaft. Zu den Anfängen der wissenschaftlich begründeten Stadtentwurfslehre, in: Die alte Stadt, Nr. 16, 141-163.
Breton, Raymond, 1964: Institutional completeness of ethnic communities and the personal relations of immigrants, in: The American Journal of Sociology, Nr. 70-2, S. 193-205.
Breton, Raymond, 1991: The governance of ethnic communities. Political structures and processes in Canada, New York/Westport: Greenwood Press.
Brochmann, Grete, 1994: „Festung Europa"? Einwanderungskontrolle, Krise des Sozialstaats und Fremdenfeindlichkeit, in: M. Morokvasic und H. Rudolph (Hrsg.), Wanderungsraum Europa. Menschen und Grenzen in Bewegung, Berlin: edition sigma, S. 47-61.
Dangschat, Jens, 1996: Zur Armutsentwicklung in deutschen Städten, in: Agglomerationsräume in Deutschland. Ansichten, Einsichten, Aussichten. Forschungs- und Sitzungsberichte, Band 199, Hannover: ARL, S. 51-76.
Esser, Hartmut, 1986: Ethnische Kolonien: „Binnenmigration" oder gesellschaftliche Isolation?, in: Jürgen H.P. Hoffmeyer-Zlotnik (Hrsg.), Segregation und Integration. Die Situation von Arbeitsmigranten im Aufnahmeland, Mannheim: Forschung Raum und Gesellschaft, S. 106-117.
Friedrichs, Jürgen, 1977: Stadtanalyse, Reinbek bei Hamburg: Rowohlt.
Friedrichs, Jürgen und Robert Kecskes (Hrsg.), 1996: Gentrification, Theorie und Forschungsergebnisse, Opladen: Leske + Budrich.
Froessler, R., M. Lang, K. Selle und R. Staubach (Hrsg.), 1994: Lokale Partnerschaften, Basel: Birkhäuser.
Hall, Peter, 1988: Cities of Tomorrow, Oxford: Blackwell.
Hamm, Bernd, 1973: Betrifft Nachbarschaft, Gütersloh: Bertelsmann.
Häußermann, Hartmut, 1995: Die Stadt und die Stadtsoziologie. Urbane Lebensweise und die Integration des Fremden, in: Berliner Journal für Soziologie, 5. Jg., Heft 1, S. 89-98.
Häußermann, Hartmut und Walter Siebel, 1996: Soziologie des Wohnens, Weinheim: Juventa.
Hoffmann-Axthelm, Dieter, 1993: Die dritte Stadt, Frankfurt a.M.: Suhrkamp.

Jordan, David, 1996: Die Neuerschaffung von Paris. Baron Haussmann und seine Stadt, Frankfurt a.M.: S. Fischer.
Krummacher, Michael und Viktoria Waltz, 1996: Einwanderer in der Kommune. Modelle für eine multikulturelle Stadtpolitik, Essen: Klartext.
Light, Ivan and Carolyn Rosenstein, 1995: Race, Ethnicity, and Entrepreneurship in Urban America, New York: Aldine de Gruyter.
Morokvasic, Mirjana und Hedwig Rudolph (Hrsg.), 1994: Wanderungsraum Europa. Menschen und Grenzen in Bewegung, Berlin: edition sigma.
Oswald, Ingrid, 1991: New Migration Patterns in the Former Soviet Union, in: Migration. A European Journal of International Migration and Ethnic Relations, Heft 3/4, S. 23-36.
Park, Robert and Ernest W. Burgess, 1925: The City, Chicago: University Press.
Pries, Ludger, 1996: Transnationale Soziale Räume. Theoretisch-empirische Skizze am Beispiel der Arbeitswanderungen Mexico – USA, in: Zeitschrift für Soziologie, Nr. 6, S. 456-473.
Robertson, Roland, 1990: Mapping the Global Condition: Globalization as the Central Concept, in: Mike Featherstone (Ed.): Global Cultures, London: Sage, S. 15-30.
Reulecke, Jürgen, 1985: Geschichte der Urbanisierung in Deutschland, Frankfurt a.M.: Suhrkamp.
Rodenstein, Marianne, 1988: „Mehr Licht, mehr Luft." Gesundheitskonzepte im Städtebau seit 1750, Frankfurt a.M./New York: Campus.
Rose, Richard, 1992: Towards a Civil Economy, in: Journal of Democracy, Nr. 2, S. 13-26.
Schwarz, Thomas, 1995: Displaced Persons in the Commonwealth of Independent States (CIS). Interim Report, Berlin: Berliner Institut für Vergleichende Sozialforschung.
Tarrius, Alain, 1994: Zirkulationsterritorien von Migranten und städtische Räume, in: M. Morokvasic und H. Rudolph (Hrsg.), Wanderungsraum Europa. Menschen und Grenzen in Bewegung, Berlin: edition sigma, S. 113-132
Willms, Johannes, 1988: Paris, Hauptstadt Europas 1789-1914, München: Beck.

Walter Siebel

Die Stadt und die Zuwanderer

Stadt ist der Ort, wo Fremde wohnen. Auf dem Dorf gibt es keine Fremden. In der Stadt ist man überrascht, ein bekanntes Gesicht zu sehen, und je häufiger dies geschieht, desto eher beschleicht einen das Gefühl, in der Provinz zu leben, nicht eigentlich in einer Stadt. Auf dem Dorf dagegen dreht man den Kopf nach jedem Fremden, und sieht man zu viele, fürchtet man, seine Heimat zu verlieren. Ohne Fremde, und das heißt ohne Zuwanderung, gibt es keine großen Städte. Das antike Rom wurde groß durch Zuwanderung, nicht zuletzt aufgrund großzügiger Asylgewährung. Die industrielle Urbanisierung im 19. Jahrhundert schwemmte eine proletarisierte Landbevölkerung in die Städte, wo sie – obwohl doch deutsche Staatsbürger wie alle – den Einheimischen wie eine fremde und bedrohliche Rasse erschienen, aber erst mit dieser Zuwanderung ist das Ruhrgebiet zur größten Industrieregion Europas und Berlin zur deutschen Metropole aufgestiegen. Heute verhindert nur die Zuwanderung aus dem Ausland ein Schrumpfen der deutschen Großstädte. Um die erwerbsfähige Bevölkerung konstant zu halten, müssen nach der Berechnung von Hof (1994) zwischen 1991 und 2020 jährlich 400.000 Menschen aus dem Ausland zuwandern, insgesamt also 12,4 Mio. in dreißig Jahren.

Die Fremden sind nicht nur Füllmasse, um die demographischen Lücken auf den deutschen Wohnungs- und Arbeitsmärkten und im Rentensystem zu schließen. Fremde waren immer auch das Ferment einer produktiven Stadtkultur. Wer in die Fremde aufbricht, tut dies meist gezwungen durch Hunger oder Krieg oder blanke Aussichtslosigkeit eines Lebens am angestammten Ort. Aber die sich zur Wanderung entschließen, sind meist die Beweglicheren, Intelligenteren und die Aufstiegsorientierten. Sie bringen neue gewerbliche Fähigkeiten wie die Hugenotten nach Hessen oder die Holländer nach Potsdam, neues Wissen, auch einen neuen Geschmack, sie bringen vor allem Differenz, und die Produktivität der Stadt beruhte immer auf Dichte, Größe, Arbeitsteilung und Heterogenität, eben Differenz. Das gilt einmal ökonomisch: innovative Milieus unterscheiden sich vom Filz dadurch, daß sie Netzwerke aus Vertrauen und Fremdheit bilden. Es gilt zum zweiten kulturell: Soziologen haben die urbane Qualität der Stadt immer als eine Kultur der Differenz definiert. Die urbane Stadt ist ein Ort, wo verschiedene Lebensweisen, Anschauungen und Kulturen nebeneinander existieren können und zugleich in produktiven Austausch zueinander treten (Bahrdt 1961).

„Fremd ist der Fremde nur in der Fremde" (Karl Valentin), aber die Fremde liegt in der großen Stadt ganz nahe, und auch das wußte schon Karl Valentin: „(...) manchem Münchener zum Beispiel ist das Hofbräuhaus nicht fremd, während ihm in der gleichen Stadt das Deutsche Museum, die Glyptothek, die Pinakothek usw. fremd sind" (Valentin 1978, S. 230 f.). Gerade das, was in der Stadtkritik stets kritisiert worden ist, ihre Dschungelhaftigkeit, Anonymität und Isolation, in der jeder dem anderen fremd ist, ist Voraussetzung für die Hoffnungen, die sich von je her mit der Stadt verbunden haben: daß sie ein Ort ist, wo man unbehelligt von Verwandten, Nachbarn und Polizei sein eigenes Leben leben kann. Die urbane Stadt bietet noch für die ausgefallensten Verhaltensweisen einen Ort, sie auszuleben, und noch für das seltsamste Bedürfnis die gewünschte Befriedigung. Die Anonymität der großen Stadt ist die Vorbedingung dafür, daß nicht jede Regung gleich zurechtgestutzt wird auf die Konvention. Daß einen keiner kennt, vermittelt zumindest die Hoffnung, sein Leben noch einmal von vorne beginnen zu können, ohne daß einen gleich lauter gute Bekannte auf die alte biographische Identität verpflichten können. Deswegen wohl verbindet sich mit dem Umzug in eine andere Stadt so häufig die Hoffnung auf einen neuen Anfang: es gibt dort niemanden, der einen kennt.

Der Prototyp des Städters ist der Fremde. Die Figur des Fremden ist der Kern aller soziologischen Definitionen von Urbanität. Die Stadt ist der Ort, wo Fremde zusammenleben. Bahrdt (1961, S. 47) spricht vom öffentlichen Raum der Stadt, der es ermögliche, daß trotz Fremdheit „Kommunikation und Arrangement zustande kommen". Die ersten soziologischen Theoretiker der Stadt, Simmel und Park, haben nicht zufällig auch Essays über den Fremden geschrieben. Der Fremde ist in der Formulierung von Simmel (1992, S. 764) „der, der heute kommt und morgen bleibt". Er kommt aus der Fremde, die seine Heimat war, und bleibt, wo andere ihre Heimat haben. Er ist der „marginal man" (Park), der Mensch, der auf der Grenze zwischen zwei Kulturen lebt. Es ist eine zugleich prekäre und produktive Existenz. Park wie Simmel haben die Fähigkeiten zu kritischer Reflexion und kultureller Erneuerung an die Figur des Fremden gebunden. Da der Fremde zwei Kulturen angehört, die, aus der er stammt, und die, in die er zugewandert ist, zugleich aber keiner von beiden ganz integriert ist, eignet der Rolle des Fremden eine besondere Freiheit und Objektivität, wie sie den Künstler und den Wissenschaftler, den Erfinder und den Unternehmer auszeichnen.

Die Rolle des Fremden ist ambivalent, so ambivalent wie die städtische Kultur: Er bringt neue Informationen und neue Arbeitskraft, besetzt die unattraktiven Positionen im Dienstleistungsbereich, zahlt die Renten einer alternden Gesellschaft und erweitert das Spektrum der Konsummöglichkeiten. Aber er ist auch bedrohlich, denn er stellt kulturelle Selbstverständlichkeiten in Frage. Park und Simmel haben in ihren Essays über die riskante Position des Fremden auch die Situation des Juden beschrieben zwischen reflexiver Distanz und Diskriminierung. Der „marginal man" (Park) bewegt sich auf Messers Schneide. Daß aus dieser prekären Existenz zwischen zwei Kulturen intellektueller Gewinn und ökonomische Produktivität resultieren statt sozialer Ausgrenzung und psychischer Krankheit, ist höchst voraussetzungsvoll. Simmel (1984) hat einige dieser Voraussetzungen als Merkmale des großstädtischen Sozialcharakters beschrieben: Distanziertheit, Gleichgültigkeit, Intellektualität und Blasiertheit. Er hat diese Eigenschaften als notwendige Selbstpanzerungen gegen die Überfülle fremdartiger Eindrücke in die Großstadt erklärt. Aber Intellektualität, Distanziertheit und Gleichgültigkeit sind mehr als nur Selbstschutzreaktionen. Sie sind die Voraussetzungen für die Entfaltung von Individualität, denn sie garantieren, daß jeder nach seiner Fasson selig werden kann, ohne von guten Nachbarn zur Räson gerufen zu werden, und sie sind Voraussetzungen für eine produktive Kultur der Differenz. Bahrdt spricht von der resignierten Toleranz des Städters, die sich zu einer urbanen Tugend entwickelt habe, weil sie auch dem, den man nicht versteht, eine gleichwertige Identität zugesteht.

Der großstadttypische Charakter ist also die erste Voraussetzung für gelungene Integration. Darunter wird hier nicht spurloses Aufgehen des Fremden in der einheimischen Kultur verstanden, sondern gerade die aufrechterhaltene Spannung zwischen verschiedenen Fremdheiten – aber reicht das? Genügt Toleranz? Zunächst einmal: der Appell an Toleranz führt schnell in Paradoxien, die sich nicht so ohne weiteres mit Blasiertheit, Distanz, Intellektualität und Gleichgültigkeit auflösen lassen. Resignierte Toleranz gegenüber allem und jedem kann zur Komplizenschaft werden. Mit dem Recht auf kulturelle Differenz kann nicht jede Erziehungspraktik, nicht jedes Verhältnis zwischen den Geschlechtern und nicht jedes Vorgesetztenverhalten legitimiert werden. Das Recht, anders zu sein, muß das gleiche Recht für alle auf Anderssein einschließen. Insofern ist ein Minimum an universell gültigen Normen zugrundegelegt, in denen das Anderssein seine Grenze findet. Ein Menschenrecht auf Differenz ist unvereinbar mit einer Haltung, die mit eben diesem Recht für sich den Anspruch begründet, anderen das Recht auf Anderssein zu verwehren (Apel 1994). Das Toleranzgebot hat Sinn nur als universelle Norm und eben darin liegt die Notwendigkeit begründet, der Toleranz Grenzen zu setzen.

Die damit begründeten Grenzen der Toleranz sind noch sehr weit gezogen, der „Prozeß der Zivilisation" (Elias) hat jedoch engere errichtet. Eine moderne, arbeitsteilige, urbanisierte Gesellschaft verlangt, um reibungslos zu funktionieren, ein extremes Maß an Affektkontrolle, die jedes Individuum in einem langwierigen Sozialisationsprozeß eingeübt haben muß, sie verlangt es unerbittlich und mit blinder Intoleranz von jedem, der mitspielen will. Spontaneität, die nicht auf habitualisierter Anpassung an die Verkehrsregeln beruht, kann im modernen Straßenverkehr das Leben kosten. Wer im ökonomischen System nicht nur am äußersten Rande stehen will, muß neben technischen auch moralische Qualifikationen erworben haben, in denen der Körper domestiziert und die Triebe sublimiert sind, so daß Uhr und Terminkalender den Lebensrhythmus bestimmen können statt Sonne, Lust und Leid. Solange die kapitalistische und bürokratische Organisation von Produktion und Reproduktion ohne Alternative sind, ist eine kulturelle Anpassung gefordert, für die der Verzicht aufs Kopftuch und die Teilnahme von türkischen Mädchen am Turnunterricht nur ein schwaches Symbol sind. Sobald das Recht auf Differenz auch mit Bezug auf die Disziplinforderungen des modernen Berufsmenschentums eingefordert würde, würde Toleranz in eine Naivität umschlagen, welche die reale Ausgrenzung mit kostenlosen Moralpredigten bemäntelt.

Unterwerfung unter dem Prozeß der Zivilisation als notwendige Voraussetzung für die Teilhabe am ökonomischen Reproduktionsprozeß verweist auf ökonomische Voraussetzungen einer Kultur der Differenz. Wenn der Fremde nicht als wohlhabender Rentier zugereist ist, wird er seinen Lebensunterhalt verdienen, also eine Rolle innerhalb der ihm fremden Kultur übernehmen müssen. „In Simmels idealtypischer Formulierung von urbaner Lebensweise wird *systemische Integration durch Arbeitsteilung und Geldwirtschaft* fraglos unterstellt (...) Der Großstädter, von dem Simmel spricht, ist entweder ein ökonomisch unabhängiger Eigentümer oder ein Bürger des ausgebauten Sozialstaats – unabhängig von 'gemeinschaftlich' strukturierten Kollektiven. Denn erst die materielle Unabhängigkeit erlaubt es dem Individuum, sich von moralischen Ansprüchen anderer freizumachen, ihnen 'gleichgültig' zu begegnen – und auch sie von moralischen Ansprüchen freizusetzen" (Häußermann 1994, S. 92, zum folgenden vgl. Häußermann/Siebel 1997). Resignierte Toleranz anstelle von Vorurteil und Aggression, Urbanität als produktiver Umgang mit Differenz setzen soziale Integration voraus. Diese soziale Integration beruht auf handfesten, ökonomischen Bedingungen: ökonomisches Wachstum, funktionierende Arbeitsmärkte und ein haltbares Netz sozialer Absicherung. Erst dadurch wird soziale Integration gesichert, indem die Gesellschaft jedem eine ökonomisch gesicherte Existenz und eine fraglos gesellschaftlich nützliche Rolle, d.h. einen Platz im Leben zuweist.

Heute aber filtern die Wachstumsgewinne nicht mehr nach unten durch und der Arbeitsmarkt als zentraler Mechanismus der Integration versagt. Die wachsende Zahl der dauerhaft Arbeitslosen, viele der neu Zugewanderten drohen in eine Randexistenz zu geraten, wo sie vom ökonomischen, sozialen und kulturellen Leben der Gesellschaft ausgeschlossen bleiben. Damit kann sich auch in Deutschland eine new urban underclass entwickeln, wie sie in den Ghettos US-amerikanischer Städte existiert: eine Minderheit von dauerhaft aus den Zusammenhängen der Gesellschaft Ausgegrenzten. Wenn aber die Stadtgesellschaft nicht nur hierarchisch gegliedert ist in ein Oben und ein Unten, sondern gespalten ist in ein Drinnen und ein Draußen, dann fehlt die soziale Integration, auf deren Basis erst sich eine Kultur der Differenz und eine produktive Auseinandersetzung mit dem Fremden entfalten kann. Dann drohen die urbanen Tugenden der resignierten Toleranz und Gleichgültigkeit umzuschlagen in Abgrenzung und Gewalt. Ökonomisches Wachstum und aufnahmefähige Arbeitsmärkte sind die zweite Voraussetzung für gelingende Integration.

Auch Robert Park, Schüler Georg Simmels und Begründer der „Chicagoer Schule" der amerikanischen Soziologie beginnt mit der Frage, wie Stadt als Kultur der Differenz und Ort der Begegnung mit dem Fremden möglich sein kann, und wie Simmel betont er die Gewinne individueller und intellektueller Emanzipation. Aber Park fragt auch danach, inwieweit Simmels „objektiver Mensch" eigentlich lebensfähig ist. Ist ein Leben neben sich und neben anderen, eine Leben dauernder Reflexion aus der Distanz lebbar und zwar im psychischen und nicht nur im ökonomischen Sinne? Park fragt nach den sozial-integrativen Elementen, die im Zuge der Urbanisierung verloren zu gehen drohen. Wie sind unter Bedingungen der modernen, von Immigration geprägten Großstädte Identifikation, Sicherheit und Vertrauen möglich? Wo bietet die anonyme Großstadt sozialen Halt, Schutz vor der anomischen Verarbeitung der Spannungen der Kulturen, einen Ort, den der Fremde kennt und an dem er wiedererkannt wird, einen Ort des Zuhause, also Heimat?

Park und die Soziologen der Chicagoer Schule entdeckten diese Ort in den „natural areas", den sozial und kulturell homogenen Stadtquartieren, in denen sich bestimmte Bevölkerungsgruppen eingerichtet haben: China Town, German Town, Little Italy, the Jewish Ghetto (...) Die Soziologen der Chicagoer Schule haben das Chicago nach der Jahrhundertwende als ein Mosaik von Dörfern beschrieben, in denen die verschiedenen Einwanderergruppen ihr gewohntes Zuhause finden und von denen aus sie täglich aufbrechen können in das Abenteuer der fremden Stadt. Es muß Orte der Identifikation geben, der Heimat, und Orte des Übergangs, der „unvollständigen Integration" (Bahrdt), öffentliche Räume, in denen trotz Fremdheit Kontakt und Arrangement zustandekommen. Die dritte Voraussetzung produktiver Integration des Fremden ist die Dialektik von Selbstausgrenzung und unvollständiger Integration, die sich in einer sozialräumlichen Struktur der Stadt abbildet, welche geschützte Räume des Rückzugs in die eigene Herkunftskultur und öffentliche Räume zwischen den Kulturen, die zones of transition, bereithält.

Die Integration des Fremden in eine produktive Kultur der Differenz, also in eine urbane Kultur, ist ein höchst voraussetzungsvoller und riskanter Prozeß. Er kann gelingen unter den Bedingungen resignierter Toleranz, universell gültiger Menschenrechte, ökonomischen Wachstums, expandierender Arbeitsmärkte und einer urbanen Stadt, die soziale Segregation und zugleich Räume unvollständiger Integration ermöglicht.

Aber auch wenn alle diese Voraussetzungen gegeben sind, bleibt Integration ein langwieriger, konfliktvoller und riskanter Prozeß. Parks marginal man lebt in „permanenter Krise". Er muß alte Vertrautheiten aufgeben, ohne sich schon auf neugeformte verlassen zu können. Der Konflikt der Kulturen findet im Kopf und in der Seele jedes Immigranten statt als Konflikt eines zwischen altem und neuem Selbst gespaltenen Ichs: „It is in the mind of the marginal man that the moral turmoil which new cultural contacts occasion manifests itself in the most obvious forms. It is in the mind of the marginal man – where the changes and fusions of culture are going on" (Park 1928, S. 893).

Simmels wahrhaft freier, „objektiver Mensch", der aus seiner Existenz auf

Messers Schneide die Fähigkeit zur kritischen Reflexion gewinnt, hat als Pendant den schizophren oder drogenabhängig Gewordenen. Der liberale Appell an die Toleranz der Einheimischen und die Verweise auf den produktiven Zusammenhang von Urbanität und Fremdheit können nur allzu leicht vergessen machen, welche Leistungen dabei verlangt sind.

Alfred Schütz hat die Leistungen des Fremden beschrieben: Handeln im Alltag funktioniert nur in Ausnahmesituationen auf der Basis resignierter Toleranz, bewußter Hinnahme von und Einstellung auf fremde Verhaltensweisen. Das Alltagsbewußtsein ist ein System vorbewußter Interpretationsmuster, verinnerlichter Normen und habitualisierter Verhaltensschemata, die im Verlauf von Geschichte entwickelt und im individuellen Sozialisationsprozeß angeeignet werden. Auch der Fremde verfügt über ein solches Repertoire an Werten, Orientierungswissen und Verhaltensregeln, aber sie sind nicht identisch mit denen seiner neuen Umgebung. Der Zugewanderte teilt weder die Erinnerungen der Einheimischen noch deren Alltagsbewußtsein. Seine Gräber liegen woanders und seine Vertrautheiten sind fremd. Schon seine bloße Existenz stellt daher die Selbstverständlichkeiten der einheimischen Kultur in Frage. Mehr noch geschieht dieses in Frage stellen durch die Art und Weise, wie der Fremde die Annäherung an die Kultur seiner neuen Umgebung versucht. Eine andere Kultur sich anzueignen stellt eine ähnliche, nur ungleich komplexere Aufgabe wie das Erlernen einer fremden Sprache. Erst der hat sie sich zu eigen gemacht, der in ihr beten, fluchen und Liebesgedichte schreiben kann, und das gelingt nur dem, der in ihr glaubt, liebt und wütend ist, der also in die Gesellschaft bereits integriert ist, deren Sprache er doch erst lernt. Wer erst als Erwachsener eine Sprache gelernt hat, wird immer als nicht eingeborener Sprecher erkennbar bleiben. Er muß über den Kopf reproduzieren, was andere mit der Muttermilch eingesogen haben. Dieser intellektualisierende Zugang ist unvermeidlich beim Erlernen einer neuen Kultur. Die Kultur der alltäglichen Lebenswelt beinhaltet nach Schütz ein Orientierungswissen, das nur in Ausnahmesituationen explizit gemacht werden muß, und das obendrein unvollständig, widersprüchlich und unzusammenhängend ist, aber dem Einheimischen selbstverständlich erscheint. Der Fremde muß nun nicht nur sich von seiner eigenen Kultur distanzieren, was ihn zur bewußten Reflexion und damit zur Entheiligung seiner Traditionen zwingt, er muß sich auch der neuen Kultur intellektualisierend annähern, indem er ihre Regeln bewußt lernt, ihren Sinn herauszufinden sucht und sich über ihre Ungereimtheiten wundert. Er benötigt einen Stadtplan, wo andere sich mit schlafwandlerischer Sicherheit bewegen. Ihm fällt auf, was niemanden stört, und gerade die selbstverständlichsten Dinge der Welt bleiben ihm unverständlich. Der Fremde kann nicht anders als fragend sich zurechtfinden. So wird er dem Einheimischen doppelt fremd: er bringt fremde Verhaltensweisen mit und er stellt in Frage, was doch die natürlichste Sache der Welt ist. Diese Haltung des sorgfältigen, distanzierten, intellektuellen Beobachters gegenüber dem Selbstverständlichen läßt ihn als grundsätzlich kritisch, unzuverlässig und potentiell illoyal erscheinen (Schütz 1972, S. 68). Der Fremde tritt dem Einheimischen notwendig als bedrohliche Zumutung gegenüber.

Auch unter den günstigsten objektiven Bedingungen bleibt die Integration des Fremden eine höchst riskante Gratwanderung, die auf beiden Seiten belastbare Identitäten voraussetzt. Die Forderungen nach politischer und ökonomischer Teilhabe für die Zuwanderer und nach dem Abbau von Diskriminierungen benennen notwendige Bedingungen, aber man macht es sich zu einfach, wenn man glaubt, damit seien bereits die Konflikte und Ängste, die sich mit der Immigration verknüpfen, aus der Welt. Auch der liberale Akademiker, der die multikulturelle Gesellschaft hochhält, solange er sie in Gestalt von libanesischen Restaurants, in denen Pakistaner Rosen feilbieten, erlebt, gerät, wenn der Pakistaner seine Tochter heiraten will, ins Grübeln, ob nun vielleicht von seiner Tochter jenes Rollenverhalten erwartet werden könnte, das er in strenggläubigen muslemischen Ehen vermutet. Allerdings sind in unserer Gesellschaft genügend Distanzen zwischen den sozialen Schichten aufgebaut, um vor solchen Grenzüberschreitungen zuverlässig zu schützen. Die soziale und räumliche Spaltung der Städte bewahrt jene, die die multikulturelle Gesellschaft predigen, gnädig vor der Notwendigkeit, sie auch in ihrem Alltag leben zu müssen. Die Arbeits- und Wohnungsmärkte filtern die Zuwanderer auf Arbeitsplätze und in Stadtquartiere, wo sie Deutschen benachbart werden, deren berufliche Existenz und deren Wohnsituation unsicher sind, und die nicht zuletzt aufgrund dieser existentiellen Ungesichertheit am wenigsten in der Lage sind, das Zusammenleben mit Fremden zu praktizieren.

Die Integration des Fremden ist ein langer, konflikthafter und widersprüchlicher Prozeß, der vor allem dem marginal man viel abverlangt, und er vollzieht sich in einer Dialektik von Abgrenzung und Integration. Die Geschichte der Ruhrpolen, die kürzlich von Johannes Rau als „Erfolgsgeschichte amerikanischen Ausmaßes" gelobt wurde, liefert dafür Anschauungsmaterial.

In der Tat gibt es heute, 120 Jahre nach Beginn der Zuwanderung der Polen ins Ruhrgebiet, kein „Polenproblem". Daß sie in die deutsche Gesellschaft integriert sind, zeigt sich auch darin, daß sie wenig aus der eigenen Geschichte gelernt haben: „Sie gehören jetzt zu den Etablierten und sind eifrig um die Absicherung ihrer Position gegenüber den neuen Außenseitern, den ausländischen Arbeitnehmern, bemüht. Sie unterscheiden sich in ihrer Reaktion und in ihrer Ablehnung der Gastarbeiter nicht von der Gesamtgesellschaft" (Stefanski 1991, S. 199). Wie ist die Integration der Polen im Ruhrgebiet verlaufen?

1. 1871 lebten im Ruhrgebiet 536.000 Einwohner, 1910 3 Mio., davon ca. 1/2 Mio. Polen. Die Stadt Bottrop hatte 1875 6.600 Einwohner, 1900 waren es bereits 24.700 und davon waren 40 Prozent Polen. 1915 betrug die Einwohnerschaft Bottrops 69.000 und die Einheimischen waren in der Minderheit.

   Die Polen fanden im Ruhrgebiet ein leeres Land vor, das mit ihnen und durch sie verstädtert und industrialisiert wurde. Es gab zu Beginn der Polenwanderung keine etablierte Stadtkultur und keine fest strukturierte Gesellschaft. Fast

alle waren, wie die Polen, Zuwanderer, und alle konnten ihre besondere Kultur einbringen in den Prozeß, in dessen Verlauf sich die neue Kultur der industriellen Gesellschaft im Ruhrgebiet erst entwickelte.
2. Die Polen kamen überwiegend aus ländlichen Gebieten Ostpreußens, es waren in ihrer Mehrzahl junge, unverheiratete Männer, von denen anfänglich die meisten später wieder zurück in ihre Heimatregionen wollten. Das war der wesentliche Grund, weshalb sie nicht in die USA gewandert waren. Das Ruhrgebiet erlaubte temporäre Rückwanderung, sei es in Zeiten der Arbeitslosigkeit, sei es in Zeiten der Ernte. Die hohe Rückkehrorientierung – und die dementsprechend hohen Überweisungen nach Hause – sanken erst, nachdem die preußische Landesregierung 1904 den Polen den Landerwerb verboten hatte. Erst nach 1904 beginnt denn auch ein nennenswerter Nachzug der Familien.
3. Die Polen konzentrierten sich zu 80-90 Prozent im Bergbau. Es gab Zechen, die sogenannten Polenzechen, in denen die Polen mehr als 50 Prozent der Belegschaft stellten. Im Bergbau wurden die Polen vergleichsweise wenig diskriminiert. Nach 10 Jahren waren Polen ebensooft Vollhauer wie ihre deutschen Kollegen.
4. Da die Polen zur Stammbelegschaft zählten, quartierte man sie in vergleichsweise gute Werkswohnungen ein. Sie wurden teilweise in ihren Dörfern angeworben und geschlossen in Kolonien im Ruhrgebiet angesiedelt. Von den 40 Prozent polnischen Einwohnern Bottrops um 1900 stammte die Hälfte aus nur zwei Kreisen: Rathebur und Rüthnick. Diese hohe Segregation war weitgehend freiwillig. Bei der Anwerbung in den Heimatregionen wurde oft versprochen, sie wieder geschlossen im Ruhrgebiet anzusiedeln.
5. Die Polen waren preußische Staatsbürger. Trotzdem gab es politische Diskriminierung. Preußen betrieb seit 1890 eine forcierte Germanisierungspolitik in seinen östlichen Provinzen, die bald auch ins Ruhrgebiet zurückschlug. Der Stadt Bottrop wurde u.a. mit dem Argument, daß ein hoher Anteil ihrer Bevölkerung Polen seien, das Stadtrecht vorenthalten. 1908 wurde es auch im Ruhrgebiet verboten, auf öffentlichen Versammlungen polnisch zu reden. Die Polen waren mit Ausnahme der Masuren Katholiken, aber die katholische Kirche verweigerte den Polen lange Zeit polnischsprechende Priester. Auch die Gewerkschaften waren nicht allzu integrationswillig, weshalb die Polen nach 1900 eine eigene Gewerkschaft gründeten, die bald zur drittstärksten im Ruhrgebiet aufstieg.

Vergleicht man das mit der heutigen Situation von Zuwanderern, lassen sich drei Unterschiede benennen, die zu Pessimismus Anlaß geben:

1. Die Polen kamen in eine „leere Region", fast alle waren Zuwanderer, es gab keine etablierte Gesellschaft, das Ruhrgebiet bot in der Tat eine Schmelztiegelsituation. Heute dagegen wandern die Ausländer in große Städte mit fest strukturierten Wohnungsmärkten, in eine Gesellschaft mit vergleichsweise homogener Kultur und festgezurrten gesellschaftlichen Strukturen, die Anpas-

sung erfordern. Obendrein bilden die heutigen Zuwanderer in den Städten nur kleine Minderheiten, die im Unterschied zu den Polen zahlenmäßig in ihrer Gemeinde kaum ins Gewicht fallen und schon allein deshalb kein politisches Gewicht haben.
2. Auch heute konzentrieren sich die Zuwanderer in bestimmten Branchen. Aber während die Polen in eine expandierende moderne Industrie kamen, konzentrieren sich die heutigen Zuwanderer in schrumpfenden altindustriellen Branchen, die ihnen langfristig schlechte Aussichten bieten auf dem wichtigsten Integrationsort, dem Arbeitsmarkt.
3. Ähnliches gilt auch für den Wohnungsmarkt. Die heutigen Zuwanderer filtern allmählich in die schlechtesten Segmente des Wohnungsmarktes, und ihre Segregation ist weit eher erzwungen als die der Polen es gewesen ist.

Diese drei Unterschiede begründen die Befürchtung, daß die zweite und dritte Generation der Gastarbeiter und die heutigen Zuwanderer zusammen mit den deutschen Langzeitarbeitslosen allmählich eine urban underclass bilden werden, eine Unterschicht der an den Rand der Gesellschaft Gedrängten, der dauerhaft aus dem Arbeitsmarkt, dem Wohnungsmarkt und den politischen und sozialen Zusammenhängen der deutschen Gesellschaft Ausgegrenzten. Wieso ist dies im Laufe der Zeit bei den Polen nicht geschehen? Weshalb gibt es heute keine marginalisierten Polen im Ruhrgebiet?

Die erste Ursache heißt Zeit. Es hat 80 Jahre und mehr als drei Generationen gedauert, bis endlich während der 50er Jahre der BRD die Integration der Polen gelungen war.

Die zweite Ursache heißt Repression: zunächst die massive Germanisierungspolitik des preußischen Staates, dann die Unterdrückung durch die Nationalsozialisten, die 1939 die polnische Elite bis hinunter zu den Ortsvereinsvorsitzenden ins KZ sperrte.

Und schließlich drittens und vor allem: inwiefern hat denn eine Integration überhaupt stattgefunden? Ein Großteil der Polen ist nämlich wieder abgewandert, nur eine Minderheit ist geblieben und hat sich integriert. Das hängt einmal zusammen mit der Staatsbürgeroption, die der Versailler Vertrag den Ruhrpolen einräumte. Sie konnten nach 1918 wählen, ob sie die deutsche Staatsbürgerschaft beibehielten oder die des neugegründeten polnischen Nationalstaats übernahmen. 10 bis 15 Prozent sind damals zurückgewandert. Daß es so wenige waren, hat viele Gründe, u.a. auch Diskriminierung der 'Bolschewiki Westfaliki' durch die konservativ-aristokratische polnische Gesellschaft. Die überwiegende Mehrheit ist aufgrund der politischen und wirtschaftlichen Lage in Deutschland nach Ende des Ersten Weltkriegs weitergewandert in die damals expandierenden belgischen und französischen Kohlenreviere. 1914 lebten 500.000 Polen im Ruhrgebiet, 1923 waren es 230.000 und 1929 nur noch 150.000, nach anderen, deutschen Zahlen nur noch 70.000. Es handelt sich also weniger um eine Erfolgsgeschichte der Integration als um massive Selbstselektion.

Dennoch läßt sich etwas aus der Integrationsgeschichte der Polen lernen: Die Polen haben, teilweise in Reaktion auf die Germanisierungspolitik, eigene Vereine gegründet, eigene Zeitungen, Kirchengemeinden und auch eine eigene Gewerkschaft. Sie haben sich als Polen organisiert und damit selber ausgegrenzt. Aber mit dieser Ausgrenzung entfaltete sich eine Dialektik der Separierung und Integration. Das Netz der polnischen Organisationen und die zahlenmäßige Stärke der Polen ermöglichten es ihnen, ihre Interessen zu artikulieren, gewerkschaftlichen und politischen Druck auszuüben und so ihre Außenseiterposition allmählich abzubauen. Zugleich beinhaltet die Gründung etwa einer eigenen Gewerkschaft, daß man sich in die Spielregeln der politischen Organisation, des Tarifrechts und der gewerkschaftlichen Auseinandersetzung einüben muß. Die Selbstorganisation der Polen war also ein zweifacher Schritt in Richtung auf Integration: Aneignung der Spielregeln, die in der deutschen Gesellschaft galten, und Durchsetzung eigener Interessen. Die Selbstorganisation der Polen beinhaltete Abgrenzung und zugleich Integration. Diese Dialektik läßt sich auch auf das stadtpolitische Thema der Segregation übertragen.

Historisch betrachtet weisen alle Städte mehr oder weniger scharfe Segregation auf. Die osmanische Herrschaftsstadt war strikt segregiert nach ethnischen Kriterien und sie war relativ konfliktfrei. Pogrome jedenfalls scheinen sehr viel seltener gewesen zu sein als in europäischen Städten. Grenzen gelten erst in marktförmig organisierten Stadtgesellschaften als dysfunktional (Schiffauer 1992). Aber sind sie es wirklich?

Für soziale Mischung, d.h. für den Abbau sozialer Segregation im Stadtteil bzw. im Wohngebiet werden üblicherweise angeführt: Mischung ermögliche Erfahrung anderer Lebensweisen und übe damit Toleranz ein; Mischung fördere die Übernahme erwünschter Verhaltensweisen der deutschen Mittelschicht, z.B. Besuch weiterführender Schulen; sie verhindere eine negative Etikettierung des Stadtteils und führe dazu, daß der Stadtteil gleichmäßiger durch die kommunale Politik berücksichtigt werde; und schließlich seien gemischte Quartiere regenerationsfähiger, da ihre Bewohner bei beruflichem Aufstieg sich nicht gezwungen sähen, umzuziehen.

Gegen soziale Mischung und für soziale Segregation werden angeführt: Der Druck, sich über seine Verhältnisse an die höheren Konsumstandards der Mittelschicht anzupassen, sei geringer; es gebe in homogenen Gebieten weniger soziale Konflikte aufgrund unterschiedlicher Lebensweisen; Homogenität sei wesentliche Voraussetzung für das Funktionieren informeller sozialer Netze, auf die gerade Zuwanderer besonders angewiesen sind; schließlich könne eine homogene Umwelt die eigene Identität stabilisieren und eine gesicherte Identität ist Voraussetzung dafür, daß man sich dem Neuen und Fremden öffnen kann.

Die Kontroverse ist alt und immer noch ungelöst, ein Hinweis darauf, daß die Frage falsch gestellt ist. Es ist doch auffällig, daß Segregation per se nicht als Problem gilt. Sonst müßte die Absonderung der Oberschicht in ihren Wohngebieten mit gleicher Besorgnis betrachtet werden wie die der Unterschicht. Eben das aber ist nie der Fall, und zwar mit dem guten Grund, daß es sich bei der Segregation der Oberschicht um freiwillige, bei der der Unterschicht um erzwungene Segregation handelt. Die sozialräumliche Segregation der Oberschicht ist womöglich sehr viel schärfer, aber je höher Einkommen, Bildung und sozialer Status, desto eher beruht Segregation auf Freiwilligkeit, und dafür gibt es gute Gründe: Segregation dient der Vermeidung von Konflikten, sie erfüllt den Wunsch, mit seinesgleichen zusammenzuleben, sie erleichtert gutnachbarliche Kontakte, den Aufbau von Hilfsnetzen und sie stabilisiert durch eine vertraute soziale Umwelt. Nicht also das sozialräumliche Phänomen der Segregation ist das Problem, sondern die Art und Weise seines Zustandekommens.

Die Fragen der Segregation bzw. der Mischung werden allzusehr aus der Perspektive der Verträglichkeit für Einheimische diskutiert. Um es polemisch zu formulieren: Es geht darum, wieviel Fremde eine Nachbarschaft verträgt, ehe sie zuschlägt, wieviel fremdländisch Aussehende im Straßenbild auftreten dürfen, bis sich die Deutschen bedroht fühlen. Diese Diskussion ist die Basis für die Festlegung von Höchstquoten und Schwellenwerten, für die Formulierung von Zuzugssperren und Strategien zur Verstreuung der Ausländer über das Stadtgebiet. Aber ist eine solche Politik forcierter Mischung denn im Interesse der Minderheiten und fördert sie langfristig überhaupt die Integration? Es gibt gute Argumente, diese Frage mit nein zu beantworten. Mischung zerstört informelle Netze bzw. behindert deren Aufbau und schwächt damit die ökonomische, die soziale und die psychische Stabilität. Diese aber sind Voraussetzung für gelingende Integration. Erst auf der Basis einer gesicherten Identität läßt man sich auf das Abenteuer des Neuen ein, und das gilt für Zuwanderer wie für Eingesessene.

Die multikulturelle Stadt ist eine Stadt, die fremde kulturelle Identitäten nicht bedroht, sondern sie stabilisiert und ihnen ermöglicht, gleichberechtigt das Eigene zur Entwicklung einer urbanen Kultur beizutragen. Multikulturelle Städte, und alle urbanen Städte heute sind multikulturelle Städte, gleich ob Paris, London oder New York, sind ein Konglomerat kulturell verschiedener Dörfer. Segregation ist ein notwendiger Schritt auf dem Weg dorthin zu einer Integration ohne Unterwerfung.

Die Gesellschaft kann auf den Zustrom der Fremden mit aggressiver Abgrenzung reagieren. Sie setzt dann auf die zur Not gewaltförmige Beherrschbarkeit der Ausgegrenzten bzw. auf deren Apathie. Die Alternative bestünde allein darin, sich auf die Dialektik von Integration und Abgrenzung einzulassen, und damit auf einen sehr langwierigen Prozeß, der Geduld und Konfliktfähigkeit von Individuen wie von der Gesellschaft verlangt, funktionierende Arbeits- und Wohnungsmärkte und sozialstaatliche Sicherungssysteme ebenso voraussetzt wie urbane Städte, die Zonen des Übergangs und öffentlichen Raum bieten sowie Quartiere für fremdartige Lebensweisen. Mit dem Zugang zu Arbeit, Wohnung, Bildung und sozialstaatlichen Sicherungssystemen und mit resignierter Toleranz gegenüber dem Fremden hätte die Gesellschaft das getan, was sie kann. Das Problem des marginal man wäre damit nicht gelöst, aber vielleicht wäre es leichter zu ertragen.

Die Dialektik von gegenseitiger Abgrenzung und Integration ist unaufhebbar. Sie zu leugnen führt notwendig zu Repression und zu wohlmeinenden Aufrufen zu Toleranz, die dann gerade von jenen praktiziert werden muß, die am wenigsten dazu in der Lage sind. Eine Gesellschaft, die einer Minderheit ihrer Mitglieder nicht ermöglicht, eine stabile Identität innerhalb der eigenen Kultur auszubilden, wird auch das Problem der Zuwanderung mit Ausgrenzung zu bewältigen versuchen. Aber, so hat es Freud formuliert: Eine Kultur, die eine große Zahl von Menschen ausgrenzt, hat keine Zukunft und verdient auch keine.

Literatur

Apel, Karl-Otto, 1994: Anderssein, ein Menschenrecht?, in: Blätter für deutsche und internationale Politik 9, S. 1062-1067.
Bahrdt, Hans-Paul, 1961: Die moderne Großstadt, Reinbek bei Hamburg: Rowohlt.
Häußermann, Hartmut, 1994: Die Stadt und die Stadtsoziologie. Urbane Lebensweise und die Integration des Fremden, in: Berliner Journal für Soziologie, 5. Jg., Heft 1, S. 89-98.
Häußermann, Hartmut und Walter Siebel, 1997: Stadt und Urbanität, in: Merkur 577, 51. Jg., Heft 4, S. 293-307.
Hof, Bernd, 1994: Möglichkeiten und Grenzen der Eingliederung von Zuwanderern in den deutschen Arbeitsmarkt, in: Aus Politik und Zeitgeschichte, B 48/94, S. 11-25.
Park, Robert E., 1928: Human Migration and the marginal man, in: American Journal of Sociology, Vol. 33, Nr. 6, S. 881-893.
Schiffauer, Werner, 1992: Die Fremden in der Stadt. Modelle sozialer Organisation, in: Kursbuch, Nr. 107, S. 35-49.
Schütz, Alfred, 1972: Der Fremde – ein sozialpsychologischer Versuch, in: Ders., Gesammelte Aufsätze. Band 2: Studien zur soziologischen Theorie, Den Haag, S. 53-69.
Simmel, Georg, 1984: Die Großstädte und das Geistesleben, in: Ders., Das Individuum und die Freiheit, Berlin: Wagenbach.
Simmel, Georg, 1992: Exkurs über den Fremden, in: Ders., Soziologie. Untersuchungen über die Formen der Vergesellschaftung. Gesamtausgabe Band II, Frankfurt a.M.: Suhrkamp, S. 764-771.
Stefanski, Valentina-Maria, 1991: Zum Prozeß der Emanzipation und Integration von Außenseitern: Polnische Arbeitsmigranten im Ruhrgebiet. Schriften des Deutsch-Polnischen Länderkreises der Rheinisch-Westfälischen Auslandsgesellschaft e.V., Band 6, Dortmund, Universität, Forschungsstelle Ostmitteleuropa.
Valentin, Karl, 1978: Die Fremden, in: M. Schulte (Hrsg.), Alles von Karl Valentin, München: Piper, S. 230-231.

Rosemarie Sackmann

Migranten und Aufnahmegesellschaften

Einleitung

Seit klar wird, daß viele Arbeitsmigranten nicht wieder in ihre Herkunftsländer zurückkehren werden, verstärkt sich das Interesse daran, wie das Zusammenleben unterschiedlicher ethnischer Gruppen in Deutschland zu gestalten ist. Das in diesem Zusammenhang häufig verwendete Schlagwort 'Multikulturalismus' hat allerdings viele Bedeutungen. „Wo die Einsicht in das Faktum der Einwanderung mit einer wenigstens wohlwollenden Haltung gepaart ist, steht heute im allgemeinen nicht der Assimilationsgedanke im Vordergrund, sondern eine *ethnische* Lösung: Integration nicht als Frage der Einpassung und Anpassung von einzelnen, sondern als Frage der Akzeptanz ethnischer Minderheiten in ihren jeweiligen sonderkulturellen Formen und ihren Gruppenstrukturen" (Bausinger 1982, S. 114). Dieser Anerkennung einer multikulturellen Realität wird von den Kritikern der 'ethnischen Lösung' entgegengehalten, daß mit der 'Ethnisierung' der Arbeitsmigranten eine Ausgrenzung ganzer Gruppen verbunden sei und sie der Verschleierung sozialer Ungleichheit diene (Dittrich/Radtke 1990; Bukow 1992, 1996).

Der vorliegende Beitrag ist eine Synopse von Forschungsergebnissen und theoretischen Konzepten zur sozialen und kulturellen Position von Migranten in der Aufnahmegesellschaft. Diese Positionen sowie ihre Veränderung werden als Resultat sowohl der Handlungsbedingungen im Aufnahmeland als auch des Verhaltens der Migranten bzw. Migrantengruppen aufgefaßt. Prozesse der Integration, Assimilation oder der Ethnisierung finden im lokalen Kontext statt, werden aber durch rechtliche Regelungen auf nationalstaatlicher Ebene erheblich beeinflußt. Der folgende Überblick über Forschungsergebnisse kann sich daher nicht auf lokale Prozesse und Regulierungen beschränken.

1. Gesellschaftliche Positionen von Migranten

1.1 Minderheitenposition

Die Situation von Arbeitsmigranten in einem Aufnahmeland ist durch drei Einflußfelder bestimmt, durch die rechtliche, die soziale und die kulturelle Position.

Die Besonderheit der *rechtlichen* Positionen basiert darauf, daß Arbeitsmigranten in der Regel nicht die Staatsbürgerschaft des Aufnahmelandes besitzen. Der rechtliche Status bestimmt zugleich mit den Arbeits- und Aufenthaltsrechten auch die Rechte auf wohlfahrtsstaatliche Leistungen. Die *soziale* Position umfaßt die Position auf dem Arbeitsmarkt, im Bildungs und Ausbildungssystem und auf dem Wohnungsmarkt. Die *kulturelle* Position von Migranten basiert zunächst auf den mehr oder weniger großen Unterschieden ihrer Sozio-Kultur zur Sozio-Kultur der Aufnahmegesellschaft. Die Relevanz dieser Unterschiede ist aber wesentlich davon abhängig, ob, wie und durch wen sie thematisiert werden. eine abwertende Haltung in der Bevölkerung der Aufnahmegesellschaft gegenüber Migranten, die auf kulturelle Differenz Bezug nimmt, schafft einen anderen Sachverhalt, als die Formulierung kulturell bedingter Interessen seitens der Migranten (Bauböck 1994; Penninx 1994).

– Soziale Position

Arbeitsmigranten wurden in ihrer Mehrzahl von der Bundesrepublik (und anderen Ländern) für solche Arbeitsplätze angeworben, die keine oder nur eine geringe Qualifikation erforderten. Die Situation war durch einen generellen Arbeitskräftemangel bestimmt, der es möglich machte, daß einheimische Arbeitskräfte diese Arbeitsplätze nicht mehr anzunehmen brauchten. Die generelle Lage auf dem Arbeitsmarkt entsprach also zumindest in der Anfangsphase der Situation der *Unterschichtung* (Hoffmann-Nowotny 1973, 1976; Heckmann 1992). Die Arbeitsmigranten wurden als Gruppe im unteren Bereich des durch den Arbeitsmarkt definierten Schichtungssystems eingeordnet, autochthone Gruppen erlebten, auch unabhängig von tatsächlichem eigenen Aufstieg, Aufwärtsmobilität (Fahrstuhleffekt). Für die erste Generation liegt der Grad der *Qualifikation* (schulisch und beruflich) in der Regel und im Durchschnitt deutlich unter dem Qualifikationsniveau der Aufnahmegesellschaft. Untersuchungen zu der Frage, wieweit Kinder von Arbeitsmigranten im System schulischer und beruflicher Bildung in vergleichsweise schlechter Position sind (Alba/Handl/Müller 1994; Hopf 1987; Seifert 1992), zeigen erstens generell eine Benachteiligung der Kinder von Migranten im Ausbildungssystems und zweitens erhebliche Unterschiede im Ausmaß der Benachteiligung (beispielsweise sind Italiener und Türken wesentlich stärker betroffen als andere Gruppen).

Die Wohnungsversorgung von Migranten war und ist deutlich schlechter als die durchschnittliche Versorgung der deutschen Staatsbürger (vgl. Häußermann/Siebel 1996, S. 199 ff.). Nach wie vor wohnen Arbeitsmigranten in Deutschland zumeist in mehr oder weniger sanierungsbedürftigen Altbauquartieren, in schlecht ausgestatteten Wohnungen, in relativ kleinen Wohnungen, in schlechter Wohnlage und in vergleichsweise teuren Wohnungen. Die Wohnungsversorgung von Migranten wurde in dem Maße zu einem allgemeinen Problem, als aus den (meist in Wohnheimen untergebrachten) Gastarbeitern durch Familiennachzug eine

Wohnbevölkerung wurde. Verbunden mit der Wohnungsfrage sind eine Reihe anderer Aspekte der sozialen Position. So kann die Wohnsituation Auswirkungen auf die Schulleistungen der Kinder haben, z.B. weil die Schulen im Wohngebiet sich an eine Konzentration ausländischer Schüler nicht erfolgreich anpassen (können). Die gute oder schlechte Anbindung an das Verkehrssystem ist von Bedeutung für die Erreichbarkeit von Arbeitsplätzen. In Extremfällen kann es zu einer Stigmatisierung des Wohngebietes kommen, die für die Migranten die Chancen in den Bereichen Schule, Erwerbstätigkeit und soziale Kontaktmöglichkeiten stark beeinträchtigt (Wacquant 1993, 1994).

– *Kulturelle Position*

Typisch für die Situation der Arbeitsmigranten ist, daß ihre Wanderung in den meisten Fällen ursprünglich nicht als dauerhafte geplant war. Die Konzepte der Aufnahmegesellschaften (Rotationsprinzip) und die Vorstellungen der Migranten stimmten dabei durchaus überein. Die Verstetigung des Aufenthalts führte zusammen mit dem Anwerbestopp (1973) zum verstärkten Familiennachzug. Mit ihm veränderte sich die Situation der Arbeitsmigranten nachhaltig. Wohnungsprobleme mußten nun gelöst werden, insbesondere aber war zu entscheiden, wo die Kinder zur Schule gehen, wo und wie sie sozialisiert werden sollten. Bis zu diesem Zeitpunkt galt für die Mehrzahl der Migranten, daß eine partielle Akkulturation ihren Bedürfnissen am besten entsprach (Kurz 1965; Esser 1980), weil der Alltag in der Anfangsphase der Migration einige Bedürfnisse, wie beispielsweise das der Religionsausübung, nicht auftreten ließ (Yalcin-Heckmann 1997; Nielsen 1992, S. 99 f.; 155 f.).[1]

Migranten aus unterschiedlichen Ländern zeigen typische Unterschiede in ihrer Haltung gegenüber der Aufnahmegesellschaft. So legen die Spanier in Deutschland (und auch in Belgien) z.B. großen Wert auf eine Integration ihrer Kinder in das Schulsystem des Aufnahmelandes (Kaminsky 1992; Roosens 1992). Italiener in Deutschland haben eine solche Integration weitgehend abgelehnt (Pichler 1992; Breitenbach 1982). Türken sind zwar nicht grundsätzlich gegen eine Integration in das Schulsystem, spezifische Probleme ergeben sich allerdings im Hinblick auf die Institutionalisierung eines islamischen Religionsunterrichtes[2] und

1 „In a study of Bengali Muslims in Bradford, Stephen Barton notes that the religious identity of the individual has tended to remain linked with the family. In other words, the locus of the family provided the focus of religious belonging. (...) Practically, this meant that while the family remained in the country of origin, the individual migrant, usually male, could reasonably clear distinguish between the secular sphere of the life of employment and society, which was in Europe, and the life of belief and piety, which was mostly at home. When the family came to join him, that distinction became more difficult to make" (Nielsen 1992, S. 100).
2 Hier bestehen nicht nur die Schwierigkeiten seitens der Aufnahmegesellschaft (islamische Religionsvereinigungen sind nicht als Kirchen organisiert und können nach deutschem Recht nicht die Verantwortung für den Religionsunterricht in Schulen tragen), sondern auch Schwierigkeiten innerhalb der muslimischen Gruppierungen, die sich gegenseitig eine Vertretungsposition in religiösen Belangen absprechen und so verhin-

hinsichtlich spezifischer Regelungswünsche aufgrund der Frauenrolle im Islam, was z.B. zu den bekannten Konflikten im Sportunterricht führt. Diese Beispiele deuten an, daß es für unterschiedliche Migrantengruppen ein unterschiedlich stark ausgeprägtes Bedürfnis gibt, Erfordernisse der ethnischen Identität im Aufnahmeland nicht nur privat und nicht nur symbolisch zur Geltung zu bringen. Zumindest einige Gruppen möchten die ethnisch-kulturelle Differenz zur Aufnahmegesellschaft aufrechterhalten.

1.2 Wandel und Persistenz von Minderheitenpositionen

Ausgehend von der Beschreibung von Minderheitenpositionen gilt in der einschlägigen Literatur folgender Wandel als wünschenswert: die Migranten sollen den Verhältnissen der autochthonen Gesellschaft entsprechend über Statuspositionen verteilt sein, sie sollen in gleicher Weise im Ausbildungssystem verankert sein, ihre Verdienststruktur sollte ebenso wie ihre Position auf dem Wohnungsmarkt gleich sein. Die soziale Position kann sich durch soziale Mobilität ändern oder als Ausgrenzung verfestigen.

Mit sozialer Mobilität ist grundsätzlich individuelle Aufstiegsmobilität gemeint, aber diese kann insofern Einfluß auf die Position der Gruppe haben, als aus der Aufwärtsmobilität eines relevanten Anteils der Minderheit auf eine Auflösung des Minderheitsstatus geschlossen werden müßte. Allerdings reicht der objektive Wandel des Status für einen derartigen Schluß nicht aus, vielmehr ist es nötig, daß auch die Wahrnehmung seitens der Autochthonen sich entsprechend verändert. Dies ist aber nicht in jedem Fall gegeben. Caglar (1995) weist beispielsweise darauf hin, daß dem Fall türkischer Aufwärtsmobilität bislang keine entsprechende Wahrnehmung in der deutschen Bevölkerung folgte.

Den meisten Migranten aus den Anwerbeländern wird heute eine weitgehende An- oder Einpassung in die bundesdeutsche Gesellschaft attestiert (z.B. Italiener, Spanier, Griechen; Thränhardt 1995).[3] Im Gegensatz zu diesen eher optimistischen Beschreibungen stehen im Hinblick auf Arbeitsmigranten theoretische Positionen, die von einer Persistenz von Minderheitenpositionen ausgehen: zum einen die Annahme einer dauerhaften Unterschichtung, zum anderen die Beschreibung eines 'ethclass-Systems'. Nach Hoffmann-Nowotny (1976) ist die Struktur der „interna-

---

dern, daß auch weitgehende Modelle zur Institutionalisierung eines islamischen Religionsunterrichtes in deutschen Schulen (unter der Bezeichnung „religiöse Unterweisung") bislang fehlgeschlagen sind (Roth 1992).

3 Betrachtet man allerdings einige Indikatoren, die geeignet scheinen solche Einpassung zu messen (Position auf dem Arbeitsmarkt, im Bildungs- und Ausbildungsbereich; Heiraten zwischen Arbeitsmigranten und Personen deutscher Nationalität), so sind deutliche Unterschiede zwischen verschiedenen ethnischen Gruppen festzustellen. Dafür liegen bisher keine überzeugenden Erklärungen vor, aber zumindest anzunehmen ist, daß die Orientierungen der Migranten selbst dabei eine wichtige Rolle spielen, wie z.B. eine geringere oder stärkere Rückkehrorientierung.

tionalen Gesellschaft" verantwortlich für die Arbeitsmigration und ihre Konsequenzen. „Die Wanderungen sind, auf einen Satz gebracht, einmal eine Folge der im internationalen System bestehenden *Entwicklungsunterschiede* und zum anderen das Ergebnis der Tatsache, daß diese Unterschiede vor dem Hintergrund einer *Wertintegration* als bedeutsames Charakteristikum dieses Systems in ständig zunehmendem Maße Bewußtsein und Verhalten der Mitglieder der Weltgesellschaft prägen" (Hoffmann-Nowotny 1976, S. 44). Arbeitsmigranten wählen den Weg des individuellen Abbaus von Benachteiligungen, indem sie das geringer entwickelte Land verlassen und in das stärker entwickelte Land einwandern. Die hochentwickelten Länder nutzen das Entwicklungsgefälle zur Rekrutierung von Arbeitskräften (industrielle Reservearmee). Die Migranten treten im Einwanderungsland in die untersten Positionen ein, und zwar auf allen entscheidenden Dimensionen wie berufliche Stellung, Einkommen und Wohnsituation. Die Schichtung der 'internationalen Gesellschaft' wird im Einwanderungsland reproduziert. Unterschichtung bedeutet, daß unter die bestehende Sozialstruktur eine „ethnisch fremde und politisch weitgehend rechtlose Sozialschicht mit Merkmalen geschoben wird, die nicht mehr dem allgemeinen Entwicklungsstand der aufnehmenden Länder entsprechen" (S. 46 ff.). Diese Konstellation wird insbesondere dann ein Problem, wenn nicht alle Autochthonen durch die Unterschichtung aufrücken, wenn also einige Personen(-gruppen) sich in einer Schicht mit den 'Fremden' wiederfinden. Diese Situation wird als Unterprivilegierung verstanden, da die Arbeitsmigranten qua Herkunft aus einem 'unterentwickelten' Land, also qua ethnischer Identität, im Schichtsystem unterhalb der Autochthonen eingestuft werden. Gruppen, die sich durch die Schichtungsveränderungen, die der Zuzug der Migranten im Land bewirkte, benachteiligt sehen, zeigen ein 'neofeudales' Verhaltenssyndrom: die Anwesenheit von Gastarbeitern wird zwar akzeptiert, die Integration und der volle Mitgliedschaftsstatus im Einwanderungsland soll ihnen aber aufgrund ihrer ethnischen Zugehörigkeit verweigert werden.

Gordon (1964) charakterisiert die soziale Organisation von Einwanderergesellschaften als ein Mosaik von Subgesellschaften und -kulturen. Die Zugehörigkeit zu den Subgesellschaften ist auf die Kombination dreier sozialstruktureller Merkmale gegründet: zum ersten soziale Schicht bzw. Klasse, zum zweiten rassische, ethnische oder religiöse Gruppenzugehörigkeit, und zum dritten die Wohnregion. Mit Personen derselben Klasse, aber einer anderen ethnischen Gruppe, teilt jemand ähnliches Verhalten, aber nicht dieselbe Auffassung von Zugehörigkeit – diese verbindet ihn mit der ethnischen Gruppe. Nur die ethclass verbindet beide Merkmale (Gordon 1964, S. 53). Anpassung erfolgt nicht an eine allgemeine Kultur, sondern an die „core-subculture" der ethclass. Ethclasses stellen in ihrer Kombination zweier Merkmale eine stärkere soziale Fragmentierung dar als Klassen und ethnische Gruppen.

Assimilation und Integration

Beim Wandel der kulturellen Minderheitenposition werden 'Assimilation' und 'Integration' unterschieden. Assimilation wird verstanden als die Übernahme der Kultur der Aufnahmegesellschaft durch die Zuwanderer. Sie wird heute zunehmend nicht mehr als geeigneter bzw. wünschenswerter Weg zur Auflösung einer kulturellen Minderheitenposition gesehen. Dem stehen einerseits gewandelte Vorstellungen in den Aufnahmegesellschaften entgegen, die durch Wertschätzung der Differenz gekennzeichnet sind, andererseits sind die Migranten selbst oft nicht (mehr) bereit, diesen Weg zu wählen (vgl. Hettlage 1996, S. 170 ff.).

Der Begriff der 'Integration' gehört zu den schillerndsten Begriffen in der Migrationsforschung. Integration bedeutet nicht notwendig Konsens, im Gegenteil kann auch Dissens eine Variante eines Integrationsverhältnisses sein (Schöneberg 1993; vgl. Schermerhorn 1970). Integration bezeichnet den Prozess der Einordnung von Individuen und Gruppen in ein vorgefundenes Ganzes. Der Eindruck der geglückten Integration einer Migrantengruppe geht oft mit einem flachen politischen Profil dieser Gruppe einher (Roosens/Martin 1992). Darauf, wie Einpassungsprozesse einer Zuwanderungsgruppe durch deren interne Organisation bzw. Orientierungen einerseits, durch Bedingungen, die Aufnahmegesellschaft setzt, andererseits beeinflußt werden, gehen wir im folgenden ein. „Assimilation" ist im Gegensatz zu „Integration" auf Individuen bezogen.

2. Organisationen und Kolonien

Migranten werden auf verschiedenen Wegen in der Aufnahmegesellschaft erst zu Gruppen. Anlässe für Gruppenbildung und -organisation liegen häufig außerhalb der Einflußmöglichkeiten einer Migrantengruppe, z.B. in politischen Entwicklungen im Herkunfts- oder in Aufnahmeland. Zu letzterem gehört die Organisation und Institutionalisierung von Gruppenvertretungen der Migranten, also z.B. die Einrichtung von kommunalen Ausländerbeiräten (vgl. Yalcin-Heckmann 1997). Insbesondere aber hat eine verstärkte Feindlichkeit der Umwelt einen großen Einfluß auf die Herausbildung eines kollektiven Wir-Bewußtseins (Werbner 1994), das aber kaum direkt zur Organisation, sondern eher zu einem Rückzug (bis hin zur tatsächlichen Rückwanderung) führt. Durch die Verstärkung des Wir-Bewußtseins können langfristig aber auch Organisationen begünstigt werden. Andere Ursachen für die Bildung von Migrantengruppen liegen in Bedürfnissen der Gruppe selbst – etwa bei einer kompensatorische Gemeinschaftsbildung (Migranten suchen den Kontakt zueinander, weil sie unter Landsleuten die vertraute Sprache sprechen und sich in gewohnter Weise verhalten können) – oder bei dem Wunsch nach Interessenvertretung, beispielsweise im Schulbereich.

Die Form der Migration, insbesondere die 'Kettenwanderung', hat entscheidenden Einfluß auf die Bildung ethnischer Organisationen, die ihrerseits die ethnische Identität stabilisieren. Zum einen basiert Kettenmigration auf relativ engen Kontakten in der Gruppe, zum anderen führt sie zur 'Koloniebildung' unter den Migranten. Koloniebildung, also segregiertes Wohnen einer größeren Zahl von Migranten, bietet nicht nur größere Kontaktmöglichkeiten in der Gruppe, sondern führt auch zur Installierung ethnischer Institutionen: Läden, Kirchen, spezielle Dienstleistungen, Clubs, eine eigene Presse etc. Diese Einrichtungen verstärken ihrerseits wiederum die ethnische Identität (Heckmann 1992; Massey 1985; Breton 1964).

Während die Effekte von ethnischen Organisationen für die Binnenintegration auf der Hand liegen, ist ihre Wirkung im Hinblick auf die Integration in die Aufnahmegesellschaft umstritten. Die Einbindung in eine ethnische Gemeinschaft kann ebenso wie die Einbindung in Organisationen der autochthonen Bevölkerung eine Form der Integration in die Aufnahmegesellschaft darstellen (Schöneberg 1993; Breton 1964), oder sie wird als entscheidende Voraussetzung bzw. zumindest als sehr hilfreich dafür angesehen (Elwert 1982; Portes/Zhou 1994). Im Gegensatz dazu gehen einige Autoren davon aus, daß ethnische Organisation und Koloniebildung immer Abgrenzung gegen über der Aufnahmegesellschaft zur Folge haben und einen Assimilationsprozeß zumindest verzögern, wenn nicht verhindern (Thomä-Venske 1981; Müller 1985; Stüwe 1982). Insbesondere in der ersten Zeit nach der Migration sind ethnische Gemeinschaften wichtige Hilfen zur Orientierung und zur Identitätsstützung, in der Folge allerdings können sie zum Integrations- bzw. Assimilationshindernis werden (Heckmann 1992; Esser 1980).

2.1 Organisationen

Organisationen von Migranten können in mehrfacher Hinsicht differenziert werden, allerdings sind die meisten Vereine multifunktional (Schöneberg 1993, S. 122). Organisationen (Vereine, Wohlfahrtsorganisationen, religiöse Vereinigungen, politisch orientierte Vereinigungen etc.) lassen sich danach unterscheiden, ob sie auf die Pflege der Kultur und/oder Freizeitgestaltung einerseits oder auf Interessenvertretung andererseits orientiert sind.

Als kulturelle Organisationen können solche bezeichnet werden, deren Hauptziel die Pflege von Geselligkeit und Kultur ist.[4] Neben reinen Geselligkeitsvereinen betonen andere die Kultur- und Gemeinschaftspflege in bestimmter Weise, so daß beispielsweise die Verpflichtung zu gegenseitiger Hilfe und die Erhaltung der eigenen Kultur (via Abschottung gegen Einflüsse von außen) ausdrückliche Vereinsziele sind. Ein Beispiel für Geselligkeitsvereine sind die jugoslawischen Vereine (Büdel 1985), Interessenvertretung gehört ebenso wenig zu ihren Zielen wie Dienstleistungsfunktionen, die über Geselligkeitsangebote hinaus gehen. Beim zweiten

---

4 Die hier vorgeschlagenen Einordnungen haben nichts mit der Namensgebung der Vereine zu tun, sondern sind auf ihre Ziele und Aktivitäten bezogen. Beispielsweise sind „spanische Kulturvereine" stark interessenvertretend ausgerichtet (Diaz 1987).

Typ kultureller Organisationen ist die Heimatorientierung bestimmend. Griechische Vereine scheinen zum großen Teil zu diesem Typ zu gehören (Schöneberg 1993, S. 124 ff.).
Mitgliedschaft in ethnischen Organisationen hat integrierende Funktionen für die Individuen. Sie ist eine Möglichkeit gesellschaftlicher Integration, insbesondere in der ersten Zeit nach der Migration. Wieweit ethnische Vereine diese Funktion dauerhaft erfüllen, ist abhängig von ihrer Bindungskraft (also beispielsweise davon, ob sie Bedürfnisse der Migranten befriedigen), aber auch davon, ob Bedürfnisse auf Dauer bestehen. So ging Breton davon aus, daß der Bestand ethnischer Organisationen vor allem unter der Bedingung weiterer Zuwanderung steht (Breton 1964, S. 205). Er unterscheidet Organisationen einerseits in solche, die soziale Bedürfnisse von Migranten befriedigen, andererseits in solche, die eher unternehmerische Funktionen ausüben. Im ersten Modell unterstützt die Organisation ihre Mitglieder im Umgang mit den Problemen, die diese in der Aufnahmegesellschaft haben, im zweiten Modell bildet die Zuwanderergemeinde eher einen Markt für ethnisch spezifische Dienstleistungs- oder Warenangebote. Beide Typen von Organisationen tragen zur 'community-formation' bei.

2.2 Kolonien

Mit Kolonien werden segregierte Wohngebiete bezeichnet, wenn sie ein gewisses Maß an ethnischer Organisation und speziellen Dienstleistungseinrichtungen (Einzelhandelsgeschäfte; Gastronomie; religiöse Organisationen usw.) aufweisen. Die Vorstellung einer Kolonie knüpft an das Konzept der 'natural areas' der sozialökologischen Stadtforschung an. Die Theorie ökologischer Konzentration und späterer Dispersion entsprechend der (individuellen) sozio-ökonomischen Mobilität ist auf die Beschreibung des ungestörten Ablaufs der Assimilation von Zuwanderern in amerikanischen Städten orientiert. Das Ausmaß der Segregation zwischen zwei Gruppen ist dabei zwar eine Funktion der sozialen, ökonomischen und kulturellen Distanz zwischen ihnen, das ökologische Modell geht aber vom Verschwinden dieser Distanzen aus, die Kolonie bildet einen Übergangsraum (vgl. Häußermann/Siebel 1993). Im ersten Drittel dieses Jahrhunderts wurden eine Reihe von Untersuchungen insbesondere von der 'Chicago School' durchgeführt, die die Entwicklung ethnisch segregierter Wohngebiete und die Prozesse der Dispersion zum Gegenstand hatten. In diesem Konzept stellt die 'Kolonie' für die Individuen einen Auffangraum dar, die Individuen verlassen sie im Zuge sozioökonomischer Aufwärtsmobilität, sie erhält sich jedoch als räumliches Phänomen durch weitere Zuwanderung.[5] Allerdings läuft dieser Prozeß nur ungehindert ab,

---

5 Hier ist eine Einschränkung zu machen: Für Schwarze und solche Gruppen, die ähnlich wie die Schwarzen diskriminiert werden (Puertoricaner), hat dieses Modell keine Gültigkeit, bei ihnen finden sich nicht die ihrem veränderten sozio-ökonomischen Status entsprechenden räumlichen Dispersionsprozesse (Massey 1985).

wenn er nicht durch einen geschlossenen Wohnungsmarkt behindert wird, und wenn die ökonomische Entwicklung der Stadt positiv verläuft (Massey 1985). Dafür, daß die Kolonie ein Übergangsphänomen ist, daß es also zur Akkulturation von Individuen bzw. Gruppen kommt, gibt Heckmann (1992, S. 184 ff.) verschiedene Bedingungen an. Die Art der Gruppenorganisation sowie der Grad des segregierten Wohnens sind wichtige Faktoren. Das Sozialisations- und Identifikationspotential der Kolonie ist für die einzelnen Migranten eine wichtige Voraussetzung für Akkulturationsprozesse, aber eine institutionell vollständige, stark segregierte Kolonie kann für Akkulturationsprozesse hinderlich sein.

Annahmen über eine stabile Koloniebildung gründen entweder auf der Annahme eines sich selbst verstärkenden Kreislaufs der Segregation, oder auf Überlegungen zu intra- bzw. interethnischen Kontaktmöglichkeiten, inklusive der möglichen Anreize für Konformität mit ethnischen Normen. Segregiertes Wohnen kann aufgrund der damit verbundenen 'sozialen Distanz' negative Auswirkungen auf die Assimilation von Minoritäten haben: ethnische Konzentration führt zur größeren Sichtbarkeit der Minorität, löst so ein Gefühl der Bedrohung bei der Majorität aus und führt zu sozialer Distanz; bei vorliegender Konkurrenz um knappe Ressourcen werden die Minderheiten diskriminiert, sie sind z.B. gezwungen, in Bereichen mit schlechter Infrastruktur zu wohnen. Die Folge ist eine geringe Assimilation, die Segregation verstärkt: freiwillige Segregation (Schutzraumfunktion) einerseits, unfreiwillige (mangelnde Wettbewerbsfähigkeit) andererseits führen zu stärkerer Konzentration der Minderheit und bewirken so in einen Kreislauf der Ausgrenzung (vgl. Alpheis 1990, S. 151).

Die Ergebnisse empirischer Forschung bestätigen nicht immer die theoretischen Konzepte. So kam eine Untersuchung am Beispiel der türkischen Untersuchungsgruppe in Hamburg zu dem Schluß, daß „das inter-/intra-ethnische Kontaktverhalten nicht von der ethnischen Zusammensetzung des Wohnquartiers beeinflußt wird, sondern hauptsächlich von individuellen Eigenschaften"[6] (Alpheis 1990, S. 181). Das könnte daran liegen, daß Migrantengruppen weniger homogen sind als vielfach unterstellt, d.h. die interne Differenzierung der Gruppen wird aufgrund der ethnischen Klassifizierung ignoriert; unter den Bedingungen der Großstadt sind aber möglicherweise intraethnische Kontakte und ethnische Kohäsion nicht von einer ökologischen Basis abhängig. In beiden Fällen wären individuelle Selektionskriterien für die Zusammensetzung des Kreises der Kontaktpartner verantwortlich (ebd., S. 181 f.). Zu einem teilweise gegenteiligen Ergebnis kommt eine Untersuchung von Nauck: türkische Familien in der BRD haben, je segregierter sie wohnen, um so mehr intraethnische Kontakte. Dabei ist dieser Effekt nicht auf eine größere Erreichbarkeit familiärer Bezugspersonen zurückzuführen. „Vielmehr scheint ein institutionell vervollständigtes ethnisches Milieu Prozesse der Identi-

---

6 Als entscheidende Faktoren für das interethnische Kontaktverhalten haben sich in der Untersuchung Sprachkenntnisse und soziales Milieu im Elternhaus erwiesen, während Schulbildung, Aufenthaltsdauer und Einreisealter keinen nennenswerten Einfluß hatten (Alpheis 1990, S. 165).

fikation und der sozialen Kontrolle zu fördern, die 'dichtere' außerfamiliäre Beziehungen begünstigen, wohingegen mit desegregiertem Wohnen eine selbstgenügsame, familistische Orientierung verbunden zu sein scheint" (Nauck 1988a, S. 320 f.). Die Zusammenhänge zwischen segregiertem Wohnen und Gruppenkohäsion sind entweder bislang unzureichend erforscht, oder aber – und für diese Annahme spricht vieles – es gibt keinen eindeutigen Zusammenhang zwischen Wohnsegregation, der Ausbildung einer Gruppenidentität und der Integration in die Aufnahmegesellschaft (vgl. Breton u.a. 1990).

3. Der Einfluß der Aufnahmegesellschaft

Die Situation der Arbeitsmigranten läßt sich in Anlehnung an Elias und Scotson als eine Etablierte-Außenseiter-Figuration auffassen (Elias/Scotson 1965; vgl. Elwert 1982; Mihelic 1984). Die Etablierten haben eine bestimmte Machtbalance aufgebaut. Zuwanderung ist ein neuer Einfluß, der für alle Ansässigen zu einem Anlaß wird, die bestehende Struktur zu bestätigen. Die ansonsten sich von einander abgrenzenden Einheimischen präsentieren sich daher als Einheit mit relativ hoher Gruppenkohäsion. Durch die Zuwanderung wird aber das Umfeld verändert, die Orientierungen müssen an die veränderte Situation angepaßt werden. Aus dieser Situation entwickelt sich auf beiden Seiten ein Abgrenzungsverhalten, das die Ausbildung von Vorurteilen und Diskriminierungen begünstigen und die Zuwanderer in eine Minderheitenposition bringen kann. Im Beispiel von Elias/Scotson führte der Zuzug einer Gruppe bei den Ansässigen zur Gruppenkohäsion, die Zugewanderten wurden, ohne eine zu sein, als Gruppe aufgefaßt und mittels der Verallgemeinerung anomischen Verhaltens einiger Zugewanderter stigmatisiert. Begünstigt wurde diese Abgrenzung durch die Möglichkeit, die Gruppen anhand ihrer Wohngegend zu identifizieren.

Migranten werden von der Aufnahmegesellschaft als eine Gruppe wahrgenommen, der bestimmte Eigenschaften zugeschrieben werden. Dies beeinflußt ihre Handlungsmöglichkeiten nachhaltig, denn sie werden in bestimmter Weise stigmatisiert. Die Migrantengruppen sind relativ machtlos, sie haben einen niedrigen Status und ihre Rechte sind im Vergleich zur Gruppe der Ansässigen deutlich eingeschränkt. Die Situation legt es nahe, daß die Gruppe der Ansässigen der Maßstab ist: sie haben die richtigen, d.h. die in der Aufnahmegesellschaft gültigen Werte, sie haben das angemessene Verhalten, die Migranten müssen sich daran orientieren. Das heißt auch: sie müssen die Richtigkeit, die Angemessenheit dieses Maßstabs akzeptieren, wenn auch nicht notwendigerweise assimilativ bestätigen.[7]

---

7 Es ist unklar, wenn auch zweifelhaft, ob diese Ausgangssituation das Potential für einen gemeinsamen Bezugsrahmen enthält, der auch Einflüsse der Migranten aufnimmt. Wir können davon ausgehen, daß der Einfluß der Aufnahmegesellschaft auf die Einwanderer unvergleichbar größer ist, als es der Einfluß der Migranten auf die Aufnahmegesellschaft jemals sein wird (Taft 1953, S. 51; vgl. Amersfoort 1982, S. 38).

Dieser der Situation innewohnende 'Zwang' ist nicht identisch mit einer emotional aufgeladenen Identifizierung der Etablierten mit den kulturellen Werten ihres Landes, der besonderen Qualität des 'Deutschen' oder des 'Engländers'. Sie ist auch nicht notwendigerweise mit einer allgemeinen und vollständigen Abwertung 'der Anderen' verbunden. Die Etablierte-Außenseiter-Figuration kann aber in diesen Formen ethnisiert werden. Die Situation der Migranten, grundsätzlich die einer Minderheit, wird dann zu der einer *ethnischen* Minorität, d.h. *Ethnie* wird zur grenzbestimmenden Qualität. Allerdings können die Migranten auch dazu übergehen, die eigene Identität 'kulturzentristisch' aufzuladen und für diese 'Wir'-Identität Anerkennung zu fordern. Die Etablierte-Außenseiter-Figuration ist als Ausgangssituation zu verstehen, sie ist nicht stabil. Entscheidend ist, welche Entwicklungsmöglichkeiten für die jeweilige Figuration gegeben sind bzw. gefunden werden.

3.1 Staatsbürgerschaft

Staatsbürgerschaftsregelungen werden bekanntlich nach zwei grundlegenden Prinzipien unterschieden, dem der Abstammung (ius sanguinis) und dem des Geburtsortes (ius soli). Ein Beispiel für das ius sanguinis bietet Deutschland, für das ius soli Frankreich. Deutscher ist, wer deutsche Vorfahren hat, unabhängig davon, ob die betreffende Person in Deutschland geboren wurde und dort aufgewachsen ist – und unabhängig davon, ob sie Deutsch spricht. Franzose ist, wer in Frankreich geboren wurde. Neben diesen Grundprinzipien kennen beide Länder die Möglichkeit, durch Heirat eines Staatsangehörigen sowie durch einen längeren Aufenthalt im Land einen Anspruch auf die Staatsangehörigkeit zu erlangen. In letzterem Fall muß ein Nachweis über Sprachkenntnisse erbracht werden und die finanziellen Verhältnisse müssen geordnet sein.

Patrick Weil hebt hervor, daß das französische ius soli weniger eine Frage des Geburtsortes ist, als vielmehr eine der Sozialisation. Bei 'doppeltem ius soli', d.h. in der zweiten Generation auf französischem Territorium geboren und aufgewachsen, steht einer Person die französische Staatsbürgerschaft automatisch zu, für die erste Generation ist der Zugang möglich, bedarf aber einer Willenserklärung, die zwischen dem 16. und 21. Lebensjahr zu leisten ist.[8] Daneben zählen auch solche Personen als Franzosen, die von französischen Eltern außerhalb Frankreichs abstammen und in französischer Sprache und Kultur erzogen wurden (Weil 1996, S. 79). Entscheidend ist also, daß die Sozialisation des Kindes in Frankreich (oder durch französische Eltern außerhalb Frankreichs) den Menschen zum Franzosen

---

8 „Von 1975 bis 1986 erwarben jährlich 120.000 bis 130.000 Personen die französische Staatsbürgerschaft, ein Drittel davon aufgrund einer Willenserklärung" (Dubet 1993, S. 113). „Wiesen im Jahr 1988 naturalisierte Bürger, die nicht aus EG-Staaten stammten, in der Bundesrepublik Deutschland einen Anteil von 0,4 % an der Gesamtbevölkerung auf, so waren es im gleichen Jahr in Frankreich 1,5 %, in den Niederlanden 1,7 % und in Großbritannien sogar 6,2 %" (Heinelt 1994, S. 20).

macht. Die Integration von Einwanderern zielt in Frankreich auf eine individuelle Eingliederung durch Assimilation in die republikanische Gesellschaft ab. Das republikanische Modell bietet generell kulturellen Identitätsbekundungen unter Einwanderern wenig Raum. Im Fall religiöser Bewegungen gibt es zwar eine generelle Freiheit der Konfessionen, das Gesetz über die Trennung von Kirche und Staat schließt aber aus, daß eine Gruppe auf der Basis religiöser Identität mit dem Staat Sonderrechte für ihre Anhänger aushandeln kann (Kepel 1993, S. 92). Die 'Tschador-Affäre' von 1989 ist ein sprechendes Beispiel für die Schwierigkeiten dieses Modells. „Ausgelöst durch die Weigerung des Rektors einer Sekundarschule, verschleierte Schülerinnen am Unterricht teilnehmen zu lassen, enthüllte diese Affäre schon bald die Identitätskrise, die die französische Gesellschaft anläßlich – oder unter dem Vorwand – der sich in ihr vollziehenden Affirmation islamischer Identität durchmachte" (Kepel 1996, S. 99). Das Befolgen göttlicher Gebote (Tragen des Schleiers) stieß mit einem zentralen republikanischen Wert zusammen, der weltanschaulichen Neutralität des Staates. Das französische Modell des ius soli hat aufgrund der Bindung an den republikanischen Universalismus Schwierigkeiten, ethnische Gemeinschaftsbildungen zu integrieren (vgl. Dubet 1993, S. 116 f.).

Die Gestaltung des deutschen Staatsbürgerschaftsrechts nach 1945 hatte ihre Begründung in dem Verweis auf große Teile des deutschen Volkes, die außerhalb der Grenzen der Bundesrepublik lebten, sie war insbesondere auf diejenigen Menschen deutscher Abstammung bezogen, die aufgrund der Kriegsfolgen von der Möglichkeit abgeschnitten waren, nach Deutschland einzureisen. Nach 1989 ist diese Begründung für die Gestaltung der deutschen Staatsbürgerschaft hinfällig geworden (vgl. Weil 1996; Fulbrook 1996).

Für Migranten stellen die Einbürgerungsrichtlinien hohe Hürden dar. Die Art, in der für sie 'deutsch sein' definiert ist, ist an sich schon abschreckend (Fulbrook 1996, S. 94). Von der direkten Beeinflussung der staatlichen Willensbildung in Wahlen sind die Ausländer in Deutschland ausgeschlossen. Meinungs- und Pressefreiheit, Koalitionsfreiheit und das Petitionsrecht sind allgemeine Menschenrechte und stehen mithin auch Ausländern zu. Versammlungsfreiheit und Vereinsfreiheit sind nach dem Grundgesetz nur Deutschen garantiert, sind allerdings durch einfache Gesetze auch Ausländern eingeräumt worden (im Fall der Vereinsfreiheit mit besonderen Auflagen). Ausländische Parteien sind unzulässig. Die politisch-rechtliche Position der Ausländer in Deutschland ist schwach. Ihre Lebenslage ist in starkem Maße davon abhängig, wie die Bevölkerung und wie relevante Vertreter dieser Bevölkerung ihnen gegenüber eingestellt sind. Besonders anschaulich wird dies in Berlin, wo eine andauernde Integrationspolitik nicht nur die Lage der Ausländer verbessern konnte, sondern auch ihre Auswirkungen in der Resonanz auf Einbürgerungskampagnen zeigte. „Aufgrund des Engagements der Ausländerbeauftragten und vieler Bezirksämter wurden in Berlin 1992 24 % aller Ermessenseinbürgerungen in Deutschland vorgenommen, obwohl in Berlin nur 6 % der Nicht-Deutschen in Deutschland leben" (Häußermann/Münz 1995,

S. 23). Dabei wurden 47 Prozent der Einbürgerungen unter Hinnahme der doppelten Staatsbürgerschaft durchgeführt. Von den derzeit in Berlin lebenden Nicht-Deutschen haben 10 Prozent einen Antrag auf Einbürgerung gestellt (ebd., S. 24).

3.2 Organisationen zur Interessenvertretung

Die Frage, ob Migranten die Möglichkeit haben, ihre Interessen als Gruppe zu vertreten, ist sowohl eine Frage institutioneller Regelungen als auch eine Frage der politischen Kultur. Beeinflußt werden die Möglichkeiten zur Gruppenvertretung zudem von der jeweiligen Situation bzw. von den Einschätzungen relevanter Akteure bezüglich der jeweiligen Situation.

Frankreich verfolgt eine Strategie der individuellen Integration über Assimilation in die Gesellschaft. In der Regel war diese Strategie erfolgreich (Kepel 1993, S. 91). Allerdings erfolgte die Integration – bis zur ökonomischen Krise – unter dialektischen Bedingungen: integriert wurden die Migranten über ihre Klassenzugehörigkeit, d.h. durch Aufnahme in die Arbeiterbewegung, was bedeutet, daß die Integration auf dem institutionalisierten Protest gegen die bestehende Ordnung basierte. Dieser Mechanismus greift nicht mehr, seitdem die Arbeiterbewegung in der Folge der ökonomischen Krise in großem Maß an Einfluß verloren hat (Kepel 1993, S. 91 ff.; vgl. Dubet 1993, S. 106 ff.). Generell dominiert in Frankreich Ablehnung gegenüber der Herausbildung vermittelnder Identitäten „zwischen dem Staatsbürger und der 'einen und unteilbaren Republik'" (Kepel 1993, S. 91). Diese Ablehnung betrifft auch Versuche kultureller Identitätsbekundungen unter Einwanderern. Die Staatsbürgerschaft ist aufgrund der französischen Tradition des ius soli relativ leicht zu erlangen, „doch der Preis für diese Tradition ist das Fehlen jeglicher spezifischen Vertretung der Ausländer. Entweder die Einwohner sind Franzosen und gehen in der Masse der Bürger auf, oder sie verfügen über keine besonderen Rechte" (Dubet 1993, S. 113). Dieses Modell wird zu einem Problem, wenn zwar Assimilation auf der Seite der Migranten erfolgt, ihnen aber dennoch mit Ablehnung und Ausschluß (z.B. auf dem Arbeitsmarkt) begegnet wird. Die Thematisierung dieser Ausgrenzung sprengt den Rahmen des Modells.

Gleichzeitig gibt es Beispiele für die Situationsabhängigkeit von Möglichkeiten der Gruppenvertretung. Für die muslimischen Einwanderer in Frankreich stellte ein 1975 begonnener Streik in den Wohnheimen, der sich gegen die Miethöhe richtete, die erste bedeutende soziale Bewegung der Einwanderer dar. „Von linksextremen Aktivisten gesteuert, bereitete sie der damaligen Regierung erhebliche Probleme. Die linksextremen Aktivisten forderten insbesondere die Eröffnung muslimischer Gebetssäle in jedem Wohnheim, denn ihrer Meinung nach würde der laizistische Staat diese Bitte ablehnen – und damit einen Vorwand liefern, um die Bewegung fortzuführen und den 'Rassismus' der staatlichen Institutionen anzuprangern. Nun sprachen sich jedoch die Leiter der Wohnheime, die zum großen Teil ehemalige Offiziere der Kolonialarmee waren, für die Einrichtung von

Gebetssälen aus: In einer Zeit, da der Islam noch als eine konservative Kraft erscheinen konnte (...), sahen sie darin eine Chance, religiöse Mittelsmänner, die sie für 'pflegeleichter' bzw. konformistischer als die Linksradikalen hielten, zu gewinnen. Als man diese Forderung im großen und ganzen erfüllte, wurde der Streik wenig später abgebrochen, und die linksextremen Aktivisten wurden von Imanen verdrängt" (Kepel 1996, S. 96 f.).

Generell sind die Möglichkeiten zur Gruppenvertretung in einem Land, das die Migranten weniger als Individuen sondern vielmehr als (kulturelle) Gruppe begreift, größer. Ein Beispiel sind die Niederlande, die – wechselnd in Abhängigkeit von den Migrantengruppen und Situationen – bis in die 90er Jahre hinein eher eine Gruppenintegration als eine Integration von Individuen anstrebten (Amersfoort 1982; Entzinger 1994; Doormernik 1995; Penninx 1996). In Deutschland sind die Möglichkeiten der Interessenvertretung für Migrantengruppen begrenzt. Politisch bleibt ihnen nur die Möglichkeit, in und durch deutsche Parteien vertreten zu sein. Die kommunalen Ausländerbeiräte (beratende Gremien) haben als Interessenvertretungen beschränkte Wirksamkeit. Auch im Bereich sozialer Dienste sind die Möglichkeiten von Migranten, auf die Lebensverhältnisse der eigenen Gruppe Einfluß zu nehmen, begrenzt (Puskeppeleit/Thränhardt 1990).

3.3 Einbezug in den Wohlfahrtsstaat

Die Frage, wieweit Migranten in den Wohlfahrtsstaat integriert sind, ist wichtig für die soziale Position im Vergleich mit der autochthonen Bevölkerung. Generell ist davon auszugehen, daß die spezifischen Ausformung eines Wohlfahrtsstaates Einfluß darauf hat, ob es zu Abgrenzungen gegenüber Migranten kommt. „So haben Zuwanderer in einem nach Esping-Andersen als 'liberal' zu kennzeichnenden Wohlfahrtsstaat – dem neben den 'klassischen Einwanderungsländern' USA, Kanada und Australien auch Großbritannien zugerechnet werden kann – keine oder nur fragmentierte Ansprüche auf wohlfahrtsstaatliche Leistung. Sie sind vielmehr weitgehend auf marktmäßige oder marktförmige Verhältnisse verwiesen (...). In 'liberalen' Wohlfahrtsstaaten' müssen deshalb Abschottungstendenzen nach 'außen' nicht dadurch bedingt sein, weil Zuwanderern Ansprüche auf wohlfahrtsstaatliche Leistungen einzuräumen wären. In ihnen können vielmehr unterschiedliche soziale Rechte sowie eine Mischung von 'relativer Gleichheit der Armut' unter einer Minderheit von Bedürftigen und einer nach Marktpositionen unterschiedenen Wohlfahrt bei einer Mehrheit (...) ko-existieren" (Heinelt 1994, S. 20 f.).

Andere Wohlfahrtsstaatsregime, in Esping-Andersens Klassifikation also der konservative bzw. stark korporatistische Typ (z.B. Deutschland) und der sozialdemokratische Typ (insbesondere skandinavische Länder), sind dadurch gekennzeichnet, daß sie ein Solidarprinzip zur Abwehr der Unwägbarkeiten von Marktabhängigkeiten installiert haben, das auf Mitgliedschaft beruht. Sie bilden geschlossene Systeme, „die 'Grenzziehungen' benötigen, um den Geltungsbereich allgemeingültiger Prinzipien sozialen Ausgleichs (resp. Umverteilungsprinzipien) festzulegen" (Heinelt 1994, S. 21).

Im Hinblick auf Migranten lassen sich vor allem zwei politische Logiken unterscheiden: Politiken der individuellen Gleichstellung (prägend in Frankreich) und auf Gruppen bezogene Minderheitenpolitiken (prägend in Großbritannien und den Niederlanden). „Beide Politikansätze sind mit Problemen verbunden. So tendiert die *multikulturelle Minderheitenpolitik* dazu, Konzepte wie 'Gemeinschaft', 'ethnische Minderheit' und 'Rasse' allzu selbstverständlich zu verwenden und institutionell zu verankern, soziale Prozesse und Probleme zu 'ethnisieren', die Unterordnung von Individuen unter Gruppenzugehörigkeiten zu erzwingen und durch die Hervorhebung von Partikularismen Tendenzen der Segregation, der Segmentierung und der Stigmatisierung zu fördern. Demgegenüber tendiert die *individuelle Gleichstellungspolitik* zu einer Unsichtbarmachung real bestehender Zusammenhänge und Besonderheiten, zur Durchsetzung einer assimilatorischen Eingliederung und zur Unterlassung positiver Förderungsmaßnahmen für benachteiligte Gruppen" (Schulte 1994, S. 133).

Deutschland ist faktisch ein Einwanderungsland geworden, die rechtlich-institutionellen Regelungen auf nationalstaatlicher Ebene gehen jedoch nach wie vor von einer klaren Unterscheidbarkeit zwischen Deutschen und Ausländern aus – und diese rechtliche Klassifizierung ist mit unterschiedlichen rechtlichen und sozialen Positionen verbunden. Sehr viel differenzierter ist dagegen die Situation auf lokaler Ebene. Städte, in denen inzwischen fast ein Drittel der Bewohner der Kategorie Ausländer angehören, müssen mit Formen einer multikulturellen Koexistenz experimentieren. So ergeben sich je nach lokaler Zuwanderungspolitik unterschiedliche Handlungsbedingungen für die Zuwanderer, die sich auch in unterschiedlichen Formen der Integration niederschlagen.

Literatur

Alba, Richard D., Johann Handl und Walter Müller, 1994: Ethnische Ungleichheit im deutschen Bildungssystem, in: Kölner Zeitschrift für Soziologie und Sozialpsychologie, 45. Jg., S. 209-237.
Alpheis, Hannes, 1990: Erschwert die ethnische Konzentration die Eingliederung?, in: H. Esser und J. Friedrichs (Hrsg.), Generation und Identität, Westdeutscher Verlag: Opladen, S. 147-184.
Amersfoort, Hans van, 1982: Immigration and the Formation of minority groups: the Dutch experience 1945-1975, Cambridge University Press.
Balke, Friedrich, Rebekka Habermas, Patrizia Nanz und Peter Sillem (Hrsg.), 1993: Schwierige Fremdheit – Über Integration und Ausgrenzung in Einwanderungsländern, Frankfurt a.M.: Fischer.
Bauböck, Rainer, 1994: Kulturelle Integration von Einwanderern, in: Journal für Sozialforschung, 34. Jg., S. 71-76.

Bausinger, Hermann, 1982: Assimilation oder Segregation?, Integrationschancen ausländischer Arbeitsmigranten in der Bundesrepublik, in: Die Türkei und die Türken in Deutschland (Kohlhammer Taschenbücher „Bürger im Staat", hrsg. von der Landeszentrale für politische Bildung Baden-Württemberg, Bd. 1061), S. 111-124.

Berliner Institut für Vergleichende Sozialforschung (Hrsg.), 1992: Ethnische Minderheiten in Deutschland, Berlin: Parabolis.

Breitenbach, Barbara von, 1982: Italiener und Spanier als Arbeitnehmer in der Bundesrepublik Deutschland. Eine vergleichende Untersuchung zur europäischen Arbeitsmigration, München/Mainz: Kaiser/Grünewald.

Breton, Raymond, 1964: Institutional Completeness of Ethnic Communities and the Personal Relations of Immigrants, in: The American Journal of Sociology, Vol. 70, S. 193-205.

Breton, Raymond, Wsevolod W. Isajiw, Warren E. Kalbach and Jeffrey G. Reitz, 1990: Ethnic Identity and Equality. Varieties of Experiences in a Canadian City, Toronto/Buffalo/London: University of Toronto Press.

Büdel, Dragica, 1985: Die Selbstorganisation der Jugoslawen in Dortmund. Ein Beispiel erfolgreicher Integration, in: Zeitschrift für Ausländerrecht und Ausländerpolitik, Nr. 4, S. 172-177.

Bukow, Wolf-Dietrich, 1992: Ethnisierung und nationale Identität, in: A. Kalpaka und N. Räthzel (Hrsg.), Rassismus und Migration in Europa, Hamburg/Berlin: Argument Verlag, S. 133-146.

Bukow, Wolf-Dietrich, 1996: Feindbild: Minderheit. Zur Funktion von Ethnisierung, Opladen: Leske und Budrich.

Caglar, Ayse S., 1995: German Turks in Berlin: social exclusion and strategies for social mobility, in: new community 21 (3), S. 309-323.

Cesarani, David and Fulbrook (Eds.), 1996: Citizenship, Nationality and Migration in Europe, London: Routledge.

Croon, Helmuth und Kurt Utermann, 1958: Zeche und Gemeinde, Untersuchungen über den Strukturwandel einer Zechengemeinde im nördlichen Ruhrgebiet, Tübingen: J.C.B. Mohr.

Dittrich, Eckard J. und Frank-Olaf Radtke, 1990: Der Beitrag der Wissenschaften zur Konstruktion ethnischer Minderheiten, in: E.J. Dittrich und F.-O. Radtke (Hrsg.), Ethnizität – Wissenschaft und Minderheiten, Opladen: Westdeutscher Verlag, S. 11-40.

Doormernik, Jeroen, 1995: The institutionalization of Turkish Islam in Germany and The Netherlands: a comparison, in: Ethnic and Racial Studies 18/1, S. 46-63.

Dubet, François, 1993: Integration, Assimilation, Partizipation. Die Krise des industriellen und republikanischen Modells in Frankreich, in: Friedrich Balke, Rebekka Habermas, Patrizia Nanz und Peter Sillem (Hrsg.), Schwierige Fremdheit – Über Integration und Ausgrenzung in Einwanderungsländern, Frankfurt a.M.: Fischer, S. 103-118.

Elias, Norbert and John Scotson, 1965: The Established and the Outsiders: A Sociological Inquiry into Community Problems, London.

Elwert, Georg, 1982: Probleme der Ausländerintegration. Gesellschaftliche Integration durch Binnenintegration?, in: Kölner Zeitschrift für Soziologie und Sozialpsychologie, 34. Jg., S. 717-731.

Entzinger, Han, 1994: Niederlande, in: Hubert Heinelt (Hrsg.), Zuwanderungspolitik in Europa. Nationale Politiken – Gemeinsamkeiten und Unterschiede, Opladen: Leske und Budrich, S. 195-219.

Esser, Hartmut, 1980: Aspekte der Wanderungssoziologie. Assimilation und Integration von Wanderern, ethnischen Gruppen und Minderheiten. Eine handlungstheoretische Analyse, Darmstadt, Neuwied: Luchterhand.

Fulbrook, Mary, 1996: Germany for the Germans? Citizenship and Nationality in a Divided Nation, in: David Cesarani and Mary Fulbrook (Eds.), Citizenship, Nationality and Migration in Europe, London: Routledge, S. 88-105.

Gordon, Milton, 1964: Assimilation in American Life. The Role of Race, Religion and National Origins, New York.

Häußermann, Hartmut und Rainer Münz, 1995: Migration und Minderheiten in den zentraleuropäischen Metropolen Berlin, Brüssel, Budapest und Wien, in: Migration, Berlin: Zuwanderung, gesellschaftliche Probleme, politische Ansätze, hrsg. von der Senatsverwaltung für Stadtentwicklung, Umweltschutz und Technologie Berlin, Referat für Öffentlichkeitsarbeit, S. 53-65.

Häußermann, Hartmut und Walter Siebel, 1996: Soziologie des Wohnens, Weinheim: Juventa.

Häußermann, Hartmut und Walter Siebel, 1993: Lernen von New York?, in: H. Häußermann und W. Siebel (Hrsg.), New York – Strukturen einer Metropole, Frankfurt a.M.: Suhrkamp, S. 7-26.

Heckmann, Friedrich, 1992: Ethnische Minderheiten, Volk, Nation. Soziologie inter-ethnischer Beziehungen, Stuttgart: Enke.

Heinelt, Hubert (Hrsg.), 1994: Zuwanderungspolitik in Europa. Nationale Politiken – Gemeinsamkeiten und Unterschiede, Opladen: Leske und Budrich.

Heinelt, Hubert, 1994a: Einleitung: Zuwanderungspolitik in Europa. Nationale Politiken – Gemeinsamkeiten und Unterschiede, in: Hubert Heinelt (Hrsg.), Zuwanderungspolitik in Europa. Nationale Politiken – Gemeinsamkeiten und Unterschiede, Opladen: Leske und Budrich, S. 7-32.

Hettlage, Robert, 1996: Multikulturelle Gesellschaft zwischen Kontakt, Konkurrenz und „accomodation", in: Berliner Journal für Soziologie, Heft 2, S. 163-179.

Hoffmann-Nowotny, Hans-Joachim, 1973: Soziologie des Fremdarbeiterproblems, Stuttgart: Enke.

Hoffmann-Nowotny, Hans-Joachim, 1976: Gastarbeiterwanderung und soziale Spannungen, in: Helga Reimann und Horst Reimann (Hrsg.), Gastarbeiter, München: Goldmann, S. 43-62.

Hopf, Diether, 1987: Herkunft und Schulbesuch ausländischer Kinder: Eine Untersuchung am Beispiel griechischer Schüler, Berlin: Max-Planck-Institut für Bildungsforschung.

Kaminsky, Annette, 1992: Spanier in Deutschland, in: Berliner Institut für Vergleichende Sozialforschung, Kapitel 3.1.7.

Kepel, Gilles, 1993: Zwischen Gesellschaft und Gemeinschaft: Zur gegenwärtigen Lage der Muslime in Großbritannien und Frankreich, in: Friedrich Balke, Rebekka Habermas, Patrizia Nanz und Peter Sillem (Hrsg.), Schwierige Fremdheit – Über Integration und Ausgrenzung in Einwanderungsländern, Frankfurt a.M.: Fischer, S. 81-102.

Kurz, Ursula, 1965: Partielle Anpassung und Kulturkonflikt. Gruppenstruktur und Anpassungsdispositionen in einem italienischen Gastarbeiter-Lager, in: Kölner Zeitschrift für Soziologie und Sozialpsychologie, 17. Jg., S. 814-832.

Massey, Douglas S., 1985: Ethnic Residential Segregation: A Theoretical Synthesis and Empirical Review, in: Sociology and Social Research, Vol. 69, S. 315-350.

Mihelic, M., 1984: Jugoslawische Jugendliche. Intraethnische Beziehungen und ethnisches Selbstbewußtsein. Ergebnisse einer empirischen Untersuchung, München: Deutsches Jugendinstitut.

Müller, Monika, 1985: Die Wohnsituation von Ausländern. Diskriminierung oder Ghetto als sicherer Ort?, in: A. Schulte, A. Trabandt und C. Zein (Hrsg.), Ausländer in der Bundesrepublik. Integration, Marginalisierung, Identität, Frankfurt a.M.: Materialis Verlag, S. 55-83.

Nauck, Bernhard, 1988: Sozialökologischer Kontext und außerfamiliäre Beziehungen. Ein interkultureller und interkontextueller Vergleich am Beispiel von deutschen und türkischen Familien, in: Kölner Zeitschrift für Soziologie und Sozialpsychologie, Sonderheft 29, S. 310-327.

Nielsen, Jörgen S., 1992: Muslims in Western Europe, Edinburgh: Edinburgh University Press.

Penninx, Rinus, 1994: Scheme of Analysis (an excerpt from: The Impact of International Migration on Receiving Countries: The case of the Netherlands, by Rinus Penninx, Jeannette Schoorl, Carlo van Praag; Amsterdam: Swets and Zeitlinger 1993, S. 104-110), in: UNICA (Network of Universities from the Capitals of Europe), Universities against Racism and Xenophobia. A constitutive workshop meeting, University of Stockholm, Meeting Report, S. 43-48.

Penninx, Rinus, 1996: Immigration, Minorities Policy and Multiculturalism in Dutch Society since 1960, in: R. Bauböck, A. Heller and A. Zolberg (Eds.), The Challenge of Diversity. Integration and Pluralism in Societies of Immigration, Aldershot: Avebury, S. 187-206.

Pichler, Edith, 1992: Italiener in Deutschland, in: Berliner Institut für Vergleichende Sozialforschung, Kapitel 3.1.2.

Portes, Alejandro and Min Zhou, 1994: Should Immigrants Assimilate?, in: The Public Interest, No. 116, Summer, S. 18-33.

Puskeppeleit, Jürgen und Dietrich Thränhardt, 1990: Vom betreuten Ausländer zum gleichberechtigten Bürger. Perspektiven der Beratung und Sozialarbeit, der Selbsthilfe und Artikulation und der Organisation und Integration der eingewanderten Ausländer aus den Anwerbestaaten in der Bundesrepublik Deutschland, Freiburg.

Roosens, Eugen and Aldo Martin, 1992: Ethno-Cultural Orientation and School Results. A Case Study; Spanish Youngsters in Antwerp, in: Migration 15, S. 17-37.

Schermerhorn, Richard, 1970: Comparative Ethnic Relations. A Framework for Theory and Research, New York: Random House.

Schöneberg, Ulrike, 1993: Gestern Gastarbeiter, morgen Minderheit. Zur sozialen Integration von Einwanderern in einem 'unerklärten' Einwanderungsland, Frankfurt a.M.: Peter Lang.

Schulte, Axel, 1994: Antidiskriminierungspolitik in westeuropäischen Staaten, in: Hubert Heinelt (Hrsg.), Zuwanderungspolitik in Europa. Nationale Politiken – Gemeinsamkeiten und Unterschiede, Opladen: Leske und Budrich, S. 123-161.

Seifert, Wolfgang, 1992: Die zweite Ausländergeneration in der Bundesrepublik: Längsschnittbeobachtungen in der Berufseinstiegsphase, in: Kölner Zeitschrift für Soziologie und Sozialpsychologie, 44. Jg., S. 677-696.

Stüwe, G., 1982: Türkische Jugendliche. Eine Untersuchung in Berlin-Kreuzberg, Bensheim: Päd-extra.

Thomä-Venske, H., 1981: Islam und Integration. Zur Bedeutung des Islam im Prozeß der Integration türkischer Arbeiterfamilien in die Gesellschaft der Bundesrepublik, Hamburg: Haus Rissen.

Thränhardt, Dietrich, 1995: Die Lebenslage der ausländischen Bevölkerung in der Bundesrepublik Deutschland, in: Aus Politik und Zeitgeschichte, B 35/95, S. 3-13.

Wacquant, Loïc J.D., 1993: Urban Outcasts: Stigma and Division in the Black American Ghetto and the French Urban Periphery, in: International Journal of Urban and Regional Research, Vol. 17, S. 366-383.

Wacquant, Loïc J.D., 1994: The New Urban Color Line: The State and Fate of the Ghetto in PostFordist America, in: C. Calhoun (Ed.), Social Theory and the Politics of Identity, Oxford (UK)/Cambridge (USA): Blackwell, S. 231-276.

Weil, Patrick, 1996: Nationalities and Citizenships: The Lessons of the French Experience for Germany and Europe, in: David Cesarani and Mary Fulbrook (Eds.), Citizenship, Nationality and Migration in Europe, London: Routledge, S. 74-87.

Werbner, Pnina, 1991: Black and Ethnic leaderships in Britain: a theoretical overview, in: Pnina Werbner and Muhammad Anwar (Eds.), Black and Ethnic Leadership in Britain. The cultural dimension of political action, London/New York: Routledge, S. 15-37.

Yalcin-Heckmann, Lale, 1997: The Perils of Ethnic Associational Life in Europe: Turkish Migrants in Germany and France, in: Tariq Modood and Pnina Werbner (Eds.), The Politics of Multiculturalism in the New Europe: Racism, Identity and Community, London: Zed Books, S. 95-110.

Yalcin-Heckmann, Lale, Horst Unbehaun und Gaby Straßburger, 1995: Türkische Muslime in Bamberg und Colmar, in: INAMO, Nr. 3, Herbst, S. 42-49.

I. Arbeit, Beschäftigung

Andreas Goldberg / Faruk Şen

Türkische Unternehmer in Deutschland. Wirtschaftliche Aktivitäten einer Einwanderungsgesellschaft in einem komplexen Wirtschaftssystem

1. Einleitung

Seit einigen Jahren kann man in türkischen Großstädten wie Istanbul, Ankara und Izmir eine neue Sorte türkischer Wurst kaufen, die fast 80 Prozent teurer ist als die dort hergestellte.

Sie stammt von einer türkischen Firma in Köln, die Ende der 60er Jahre als kleines Unternehmen gegründet wurde, und sie findet guten Absatz. Nachdem sich diese Firma auf dem deutschen Markt bei den Türken inzwischen eine Monopolstellung gesichert hat und ihre Umsätze seit längerer Zeit die 100 Millionen DM-Grenze überschritten haben, drängte sie auch auf den Markt in der Türkei. Dieses Beispiel ist symptomatisch für den qualitativen Wandel der türkischen Erwerbstätigkeit in den letzten zehn Jahren in Deutschland.

Während der 60er und 70er Jahre hatten deutsche Zöllner noch ihre Probleme mit den einreisenden türkischen Arbeitnehmern, die ihren Urlaub in der Türkei verbracht hatten und mit türkischer Wurst bzw. türkischem Schinken zurückkamen, deren Knoblauchdüfte buchstäblich unmittelbar aus der Türkei in die Bundesrepublik Deutschland herüberwehten. Heute hat sich die Situation wesentlich geändert, und das nicht nur wegen der zunehmenden Akzeptanz des Knoblauchs als Bestandteil der kulinarischen Kultur in deutschen Küchen.

Für die türkische Bevölkerung in Deutschland ist es heute kein Problem mehr, sich mit Lebensmitteln aus der Türkei zu versorgen. In den letzten Jahren hat sich in Deutschland eine türkische Unternehmenskultur entwickelt, die auf den ersten Blick durch eine Vielzahl von Lebensmittelgeschäften, Kebab-Buden oder Änderungsschneidereien dominiert wird. Jenseits dieser selektiven Wahrnehmung des deutschen Verbrauchers ist die türkische Unternehmenskultur aber durch stark heterogene Züge charakterisiert. Türkische Unternehmer sind heute nahezu in allen Branchen des Wirtschaftssystems vertreten und haben z.T. bemerkenswerte Karrieren vorzuweisen.

Unter 57 Reiseveranstaltern in Deutschland, die jährlich Reisen in die Türkei anbieten, finden sich z.B. bereits 19 ehemalige türkische Arbeitnehmer als Eigentümer. 1995 haben sie über 700.000 deutsche Pauschaltouristen in die Türkei vermittelt und konkurrieren mit einem 40 Prozent-Anteil mit internationalen Veranstaltern wie Tjaereborg, TUI und Neckermann – Türken als Wachstumsfaktor, als Träger von Initiative, Kreativität und Unternehmertum, eine Entwicklung, die in den sechziger Jahren, zu Beginn der türkischen Migration nach Deutschland, nicht absehbar war.

2. Rückblick

Die türkischen Arbeitnehmer, die zu Beginn der 60er Jahre nach Deutschland einreisten, beabsichtigten in aller Regel, drei bis fünf Jahre in Deutschland zu arbeiten und kurzfristig relativ viel Kapital anzusparen. Diese Ersparnisse sollten dann nach der Rückkehr in die Türkei zum Erwerb von Haus- und Grundeigentum, von Ackerland und landwirtschaftlichen Maschinen und zur Gründung kleinerer selbständiger Unternehmen, vor allem Handwerksbetrieben oder im Einzelhandel verwendet werden. Die Zukunftspläne in bezug auf die Beschäftigung nach der Rückkehr in die Türkei waren primär auf eine selbständige Tätigkeit ausgerichtet.

Seit dem Anwerbeabkommen 1961 ist die Zahl türkischer Arbeitnehmer in der Bundesrepublik kontinuierlich angestiegen, lag nach 10 Jahren (1971) bereits deutlich über einer halben Million und überschritt weitere 4 Jahre später (1975) die Millionengrenze. Aufgrund des 1973 erlassenen Anwerbestops, der den Zuzug weiterer Arbeitsmigranten verhindern sollte, holten viele türkische Arbeitnehmer ihre Familien nach Deutschland, da sie befürchteten, daß dies später nicht mehr möglich sein würde. Dadurch änderte sich die Sozialstruktur der türkischen Bevölkerung in der Bundesrepublik, die bis dahin eine nahezu reine Erwerbsbevölkerung war. Die Zahl der türkischen Wohnbevölkerung stieg bis Dezember 1995 auf 2.014.000 Personen an. Heute steht außer Frage, daß es sich dabei nicht mehr um eine befristete Arbeitsmigration handelt. Wenn auch zahlreiche der heute in Deutschland lebenden Türken beabsichtigen, zumindest nach dem Ausscheiden aus dem Erwerbsleben in die Türkei zurückzukehren, so verbleibt doch ein deutlich zunehmender Teil auch nach dem Erreichen des Rentenalters in Deutschland (vgl. Goldberg 1993).

Nicht zuletzt aufgrund familiärer Bindungen und den negativen Erfahrungen von Remigranten ist eine endgültige Rückkehr in die Türkei nur noch für eine Minderheit der türkischen Arbeitsmigranten eine realistische Perspektive. Deutschland ist für die überwiegende Mehrheit zu einer zweiten Heimat geworden und eine Realisierung der ursprünglich für die Türkei geplanten selbständigen Erwerbstätigkeit wird häufig als gute Alternative nun in Deutschland gesehen. Sofern die Vertreter der ersten Generation dieses Vorhaben nicht persönlich realisieren, wird z.T. das angesparte Kapital den Kindern oder Enkeln zur Verfügung gestellt, die damit in Deutschland eigene Unternehmen gründen. Diese Entwicklung hat in den letzten Jahren zu starken Steigerungsquoten bei Unternehmensgründungen von Türken geführt.

3. Türkische Selbständige in Deutschland

Im Vergleich zur deutschen selbständigen Erwerbstätigkeit ergibt sich für die ausländischen Selbständigen eine unterschiedliche Entwicklung im Zeitverlauf. Obwohl die deutsche Selbständigenquote (9,42 %) über der Quote ausländischer Selbständiger (7,38 %) liegt,[1] kann für 1985 bis 1993 von einer zunehmenden Angleichung des relativen Anteils von Selbständigen an allen Erwerbstätigen zwischen Deutschen und Ausländern gesprochen werden. Italiener mit ca 45.000 Unternehmern und die Türken mit 40.500 Unternehmern vereinen in der Gruppe der Ausländer die größten Anteile unter den Existenzgründern und Selbständigen auf sich. Die Entwicklung der Zahl der türkischen Selbständigen ist in der Phase von 1975 bis 1994 trotz konjunktureller Schwankungen durch stetiges Wachstum gekennzeichnet (vgl. Tabelle 1).

Tabelle 1: Entwicklung der türkischen Selbständigen von 1975 bis 1994

Jahr	Anzahl	Zunahme in %
1975	100	
1976	950	850,0
1977	2.200	131,6
1978	4.100	86,4
1979	7.500	82,9
1980	10.000	33,3
1981	10.500	5,0
1982	11.500	9,5
1983	12.500	8,7
1984	15.600	24,8
1985	20.100	28,8
1986	23.000	14,4
1987	25.500	10,9
1988	28.000	9,8
1989	29.000	3,6
1990	33.000	13,8
1991	34.000	3,0
1992	35.000	2,9
1993	37.000	5,7
1994	39.000	5,4
1995	40.500	3,8

Quellen: Statistisches Bundesamt, Wiesbaden; Eigenberechnungen des Zentrums für Türkeistudien (1995).

---

1 Statistisches Bundesamt, Wiesbaden, Stichtag 31.12.1993.

Die stetige Steigerung der Anzahl türkischer Selbständiger in der Bundesrepublik führt auch zu der erwarteten Steigerung von Gesamtinvestitionen, Jahresumsätzen und Beschäftigungsquoten. Dies gilt gleichermaßen für das Bundesland Nordrhein-Westfalen und für die Bundesrepublik Deutschland (vgl. Tabelle 2).

Tabelle 2: Türkische Selbständige in der Bundesrepublik und in NRW

	Bundesrepublik					Nordrhein-Westfalen				
	1990	1992	1993	1994	1995	1990	1992	1993	1994	1995
Anzahl	33.000	35.000	37.000	39.000	40.500	10.500	11.700	12.400	13.100	13.800
Gesamtinvestitionsvolumen (Mrd. DM)	5,7	7,2	8,0	8,1	8,3	2,1	2,8	3,0	3,1	3,3
Gesamter Jahresumsatz	25,0	28,0	31,0	32,3	34,0	7,9	9,2	11,0	11,9	13,0
Beschäftigung (1.000)	100	125	135	151	168	32,7	42,0	44,0	48,0	58,0

Quelle: Zentrum für Türkeistudien (1996).

4. Theoretische Überlegungen zur Entstehung eines „ethnischen Unternehmertums"

4.1 Nischenökonomie

Der Erklärungsansatz ausländischer Selbständigkeit mit dem „Nischen-Modell" geht davon aus, daß eine ethnische Enklave, also eine regionale Zusammenballung von Ausländern einer Nationalität mit spezifischen Konsumbedürfnissen existiert. Diese Konsumbedürfnisse können nicht durch das einheimische Warenangebot gedeckt werden. Diese Marktnische, d.h. die ungedeckte Nachfrage nach spezifischen Gütern, die durch die „Lebensgewohnheiten" aus den Heimatländern geprägt sind, ermöglicht den Einstieg in die Selbständigkeit aufgrund der zu erwartenden Absatzchancen (Wiebe 1984). Kennzeichnend für die Betriebe von Ausländern ist diesem Ansatz entsprechend die regionale Konzentration auf die Gebiete, in denen ein hoher Prozentsatz an Ausländern mit spezifischen Konsumverhalten lebt. Die Funktion der ausländischen Betriebe wird hier bestimmt durch die Nachfragestruktur der Ausländer. Diese These geht von einer zunächst ausschließlichen Orientierung an ausländischer Kundschaft aus und beschreibt die erste Phase nach der erfolgten Migration und die Phase ausländischer Selbständigkeit überhaupt.

Nach einiger Zeit verschiebt sich jedoch das Konsumverhalten der Ausländer in Richtung „deutscher Produkte" sowie das Konsumverhalten der Deutschen in

Richtung „ausländischer Produkte". Andererseits vollzieht sich eine Umorientierung ausländischer Anbieter auf deutsche Konsumenten. Außerdem müssen Geschäfte, die auf der Basis von speziellen „kulturellen Produkten" (Pizza, Döner Kebab) arbeiten, nicht von einer Kundschaft innerhalb der „community" abhängen. Die Produkte selbst verändern sich und haben am Ende nur noch wenig mit dem ursprünglichen Produkt gemeinsam (vgl. Ward/Jenkins 1984). Wiebe (1984, S. 323 f.) sieht jedoch in seiner auf die Stadt Kiel begrenzten Studie keine „Angleichung an deutsche Speise- und Lebensgewohnheiten" im Hinblick auf türkische Bewohner und sieht in der zusätzlichen Funktion türkischer Betriebe als Kommunikationszentren einen integrationshemmenden Einfluß dieser Unternehmen. Er stellt zudem einen Unterschied zwischen türkischen Selbständigen und anderen ausländischen Selbständigen fest. Zum einen sieht er eine Korrelation zwischen Nationalität und Branchenzugehörigkeit. Die integrationsablehnende bzw. befürwortende Haltung, die Qualifizierung als kompakte versus offene Minderheit, sind ein Argument, das Wiebe, gestützt auf eine Untersuchung von Heller (1981) im Raum Nürnberg, zur Erklärung anführt.

Jenkins und Ward (1984, S. 15) gehen zwar auch von der Existenz einer „culturally most seperate minority from the host society" als Voraussetzung für einen Submarkt ausländischer Anbieter und Nachfrager aus, allerdings ist ihrer Analyse zufolge die Existenz einer vorhandenen „Ethnie" nicht hinreichend zur Klärung, warum Ausländer sich selbständig machen. Außerdem ist ihrer Ansicht nach weniger das spezifische Verhältnis zwischen Angebot und Nachfrage entscheidend, sondern vielmehr die Tatsache, daß bestimmte Waren an anderer Stelle nicht zu den gleich günstigen Konditionen besorgt werden können: „Entrepreneurs may, in fact, by relying on getting custom from the ethnic community not because the services or products supplied are ethnically distinctive but because they may not be so freely available on the same terms when provided outside the ethnic market context" (Ward/Jenkins 1984, S. 16). Sie führen außerdem eine Unterscheidung zwischen ausländischen Unternehmen im „ethnic market" und „open market" ein. Spielen im „ethnischen Markt" Konsumgewohnheiten der Ausländer eine Rolle für die Gründung der Unternehmen, so ist für den Zugang zum „offenen Markt" die Bereitschaft, ungünstige Arbeitsbedingungen in Kauf zu nehmen, entscheidend.

4.2 Ergänzungsökonomie

Was für die meisten Autoren die „Nischenökonomie" darstellt, wird von Blaschke/Ersöz (1987, S. 1 f.) als Ergänzungsökonomie bezeichnet: „(...) unter ergänzender türkischer Ökonomie [wollen wir] die Summe der Betriebe verstehen, die fast ausschließlich den Bewohnern der ethnischen Kolonie dienen". Sie jedoch definieren die Nischenökonomie dadurch, daß ausländische Betriebe ein zusätzliches Angebot zu dem einheimischer Anbieter darstellen und auch Geschäftstraditionen wiederaufnehmen, die im Zuge der Industrialisierung der Konsumwirtschaft im Absterben begriffen waren. Danach verdrängen ausländische Unternehmen teilweise auch deutsche Unternehmen. Kritisch dazu ist anzumerken, daß externe Faktoren wie unterschiedliche rechtliche Ausgangsbedingungen, Arbeitsmarktchancen usw. nicht berücksichtigt werden. Duymaz kritisiert in der Studie des Zentrums für Türkeistudien, daß es sich dabei um ein zu starres Erklärungsmodell handelt und somit Strukturveränderungen nicht ausreichend berücksichtigt werden. Außerdem findet die Rolle der „Aufnahmegesellschaft" keine Beachtung. Interne wie externe Einflußfaktoren der unternehmerischen Selbständigkeit sind nicht systematisch aufgearbeitet worden (Duymaz 1989, S. 17 f.). Nicht berücksichtigt werden in diesem Ansatz ferner die spezifische Migrationserfahrung, die vorgefundene Realität in der Gesellschaft, die Reaktion der Aufnahmegesellschaft sowie die Veränderung in diesen Bereichen. Die Zukunftsperspektiven von ausländischen Unternehmen hängen ebenso nicht allein von den Geschäftsmöglichkeiten, sondern genauso auch von den Bedingungen im Herkunftsland ab.

Der Versuch, ausländische Selbständigkeit mit dem Nischenmodell zu erklären, wird meistens noch zusätzlich mit dem Faktor „ethnische Ressourcen" ergänzt. Unter „ethnischen Ressourcen" versteht Elschenbroich (1986, S. 58) „überlieferte Formen wirtschaftlicher Solidarität". „Ethnischen Ressourcen" sind: spezifische traditionelle Orientierungen wie das Verhältnis zur Arbeit, Arbeitstugenden, Konsumgewohnheiten, relative Befriedigungsziele, spezifisch ethnisch kooperative Strukturen in der Wirtschaftstätigkeit, die rotierende Kreditvergabe ebenso wie familiale und ethnische Bindungen, die eine Voraussetzung für die Mobilisierung, Ausbildung und Kontrolle einer Arbeiterschaft mit niedrigen Lohnkosten sind (Elschenbroich 1986, S. 155 ff.). Im Laufe der Zeit verlieren aber ethnische Ressourcen an Bedeutung und „Klassen-Ressourcen" (Finanz-/und Produktionskapital, Vertrautheit mit der dominanten Gesellschaft, „amerikanisierte kulturelle Orientierung" der zweiten Generation) gewinnen den Vorrang. Elschenbroich geht davon aus, daß Migranten zunächst bestehende ethnische Barrieren instrumentalisieren, um Zugang zu bestimmten Märkten und Arbeitskräften zu erhalten und Konkurrenzvorteile auszuschöpfen. Diesen Ansatz unterstützt auch Duymaz, der davon ausgeht, daß nach gewonnenem Selbstvertrauen, mit der Dauer des Erwerbsaufenthaltes und der Selbständigkeit und mit zunehmender Vertrautheit mit dem sozialen Umfeld sowie mit wachsender beruflicher Kompetenz der Drang, den „ethnischen Zirkel" zu durchbrechen, zunimmt. Ward und Jenkins stützen diese These, indem sie als „business-ressource" auch kulturelle Eigenschaften wie Alphabetisierung, Vorstellungen von Zeit und Ressourcen-Allokation, kulturelle Erfahrungen über die Möglichkeit erreichbarer Rollen, Erfahrungen im Umgang mit Geld, Familienstruktur etc. nennen. Es sind dies spezifische Ressourcen, auf die zurückgegriffen werden kann. Sie bezeichnen diese Ressourcen als „Humankapital". Weitere entscheidenden Ressourcen, die die Gründung von selbständigen Unternehmungen beeinflussen sind nach ihrer Auffassung: spezifische Strukturen der Ethnie, soziale Strukturen, spezifische informelle Netzwerke usw.

4.3 Kulturmodell

Werden vorhandene Strukturen einer „ethnischen community" aus kulturellen Werten und Normen der Herkunftsländer abgeleitet, so sind sie in keiner Weise in Bezug zur Realität in der Aufnahmegesellschaft gesetzt. Vielmehr werden hier vermeintliche kulturelle Werte und Normen der Herkunftsländer als ausschlaggebend für das wirtschaftliche Verhalten der Ausländer in der Aufnahmegesellschaft gesehen. Zugespitzt ist dieser Ansatz bei Wiebe, der dem sog. Kulturmodell am stärksten anhängt. Wiebe schließt das Verhalten ausländischer Selbständiger bzw. die Gründung selbständiger Betriebe von Ausländern hauptsächlich aus deren kultureller Herkunft. „Ansätze für einen Wandel des ethnisch-spezifischen Gewerbetreibenden – d.h. nur ein auf die Mitglieder der eigenen Gruppe ausgerichtetes Angebot – zum marktwirtschaftlichen Geschäftsmann sind bisher nicht erkennbar, eher ein Festhalten an traditionellen Verhaltensweisen, die aus der Herkunftsregion ('Basar-Mentalität') stammen" (Wiebe 1984, S. 325). Faßt Elschenbroich die „ethnischen Ressourcen" hauptsächlich als konstitutive Faktoren, die die Überlebensfähigkeit ausländischer Unternehmen fördern und unterstützen, so ist für Wiebe die Kultur des Herkunftslandes das entscheidende Motiv für die Gründung von unabhängigen Unternehmen. Auch Blaschke und Ersöz argumentieren in ihrer Untersuchung, daß ethnische Solidarität, d.h. primordiale Loyalitäten, mitgebrachte soziale Regeln des Vertrauens und der Ehre sowie der bäuerliche Individualismus der von ihnen untersuchten Gruppe türkischer Selbständiger in West-Berlin entscheidend für die Gründung selbständiger Betriebe war. Die durch die Herkunftsländer geprägten Verhaltensmuster und -normen bestimmen deren wirtschaftliche Aktivität in der Bundesrepublik Deutschland.

Sofern das Nischenmodell auf eine Einschätzung der zu erwartenden Nachfrageentwicklung beruht, ist dieses für die erste Phase der Gründung selbständiger Unternehmen durchaus zur Erklärung hilfreich und erlaubt, eine im Zeitverlauf andere Geschäftstätigkeit im Hinblick auf Warenangebot, Kundenorientierung etc. in die Erklärung mit aufzunehmen. Allerdings werden weitere Strukturfaktoren, die extern die Geschäftstätigkeit bestimmen – wie rechtliche Verordnungen und Spezifika des Einwanderungslandes – nicht berücksichtigt. Außerdem ist mit diesem Modell nicht erklärbar, warum – wie die Studien von Wiebe und Heller zeigen – zwischen ausländischen Betrieben ein unterschiedliches Engagement hinsichtlich der Branchenwahl besteht. Das Kulturmodell beruht auf einer festgefügten, von dem Herkunftsland bestimmten und unveränderbaren Kultur, die daher auch eine durch Erfahrungen in der Aufnahmegesellschaft bedingte Verhaltensänderung, wirtschaftliche Neuorientierung etc. nicht erwarten läßt. Externe Faktoren werden (wie bei dem Nischenmodell) nicht mit in den Erklärungsansatz einbezogen. Die kulturalistische Lesart der Gründung selbständiger Betriebe von Ausländern wendet den Blick vollkommen ab von der Aufnahmegesellschaft und bezeichnet lediglich die Ausländer als Akteure. Die Aufnahmegesellschaft mit ihren rechtlichen Einschränkungen, ihren Diskriminierungen gegenüber Ausländern wird hingegen nicht als Faktor in Betracht gezogen. Erklärungsansätze, die auf der Suche nach Besonderheiten bei Ausländern in ihrem Geschäftsverhalten sind, werden auch nur auf diesem Gebiet Ergebnisse finden.

Einen interessanten anderen Ansatz führt Morokvasic an: Sie versucht zum einen der Frage nachzugehen, warum ein Kleingewerbe[2] trotz starker Industrialisierung und Automatisierung weiterbesteht und warum gerade Migranten sich in diesen Bereichen selbständig machen. Auch geht sie der Frage nach, welche spezifischen Rollen Männern und Frauen in diesem Prozeß der Selbständigkeit zugewiesen werden. Den ersten Punkt deutet sie mit dem Nischenmodell. Eine spezifische Nachfrage nach nicht-industriell gefertigten Massengütern ist ausschlaggebend für einen Produktionsbereich, der auf einer instabilen und fluktuierenden Nachfrage beruht. Diese Produktion kann ihrer Ansicht nach nur durch kleine Gewerbebetriebe ausgeführt werden. Die Immigranten sind gerade in diesen Bereichen tätig, weil hierzu geringe Ressourcen notwendig sind. „Immigrants, with their limited resources (...) tend to start on their own in sectors where barriers to entry are low" (Morokvasic 1987). Sie argumentiert folglich auf der Basis vorhandener Wirtschaftsstrukturen und deren Veränderungsprozessen. Zur Erklärung, warum Immigranten gerade in diesen kleingewerblichen Betrieben tätig sind, zieht sie weitere Faktoren heran, die sie als ethnische Ressourcen bezeichnet: willige Arbeitskräfte und Familienstrukturen, die besonders durch die Rolle der Frauen gekennzeichnet sind. „They can even naturally expect woman in their own family to work with out pay at all, (...) being considered as an extension of a woman's domestic duties (...) As much as they can capitalize on ethnic ressources while resorting to practises that a respectable entrepreneur would not use in order to become entrepreneur over night and survive over a saison, manufacturers and various can capitalize on these intermediaries on their ambiguous status: they can transfer their production risks to them, they can impose rates, delays for deliveries and payments" (ebd.).

4.4 Reaktionsmodell

Konträr zum „Kulturmodell" und „Nischenmodell", die beide den Blick auf das Besondere des „Ausländers", seine Kultur, seine Lebens- und Konsumgewohnheiten sowie Eigenorganisations- und Kommunikationsstrukturen lenken, stellt das Reaktionsmodell die Frage, mit welchen Rahmenbedingungen Migranten konfrontiert sind, die die Entscheidungen hinsichtlich einer Betriebsgründung beeinflussen. Dadurch lassen sich auch andere Erklärungen als die unterschiedliche „Kultur" herausfinden, die das verschiedene Verhalten von einzelnen Migrantengruppen beeinflußt. Ein wesentlicher externer Faktor ist die rechtliche Lage, d.h. der gesteckte Handlungsspielraum für Migranten. So gilt nach dem Anwerbestop

---

[2] Untersucht in der Textil-Branche in Frankreich, London und New York.

von 1973, daß Migranten aus Nicht-EU-Ländern nicht frei in die Bundesrepublik Deutschland ein- und ausreisen können. Eine Person aus einem Nicht-EU-Land muß sich daher langfristig entscheiden, wo er/sie sich niederlassen möchte. Ebenso sind die rechtlichen Grundlagen einer selbständigen Erwerbstätigkeit für Ausländer je nach Herkunftsland unterschiedlich: Gelten für Migranten aus EU-Ländern die gleichen rechtlichen Bestimmungen hinsichtlich von Betriebsgründungen wie für Deutsche, so bestehen für Personen aus Nicht-EU-Ländern unterschiedliche rechtliche Einschränkungen.

Gleichzeitig sind diese rechtlichen Bestimmungen und deren Veränderungen wiederum ein Reflex auf gesamtgesellschaftliche Entwicklungen. Die Rechtsordnung für Gewerbetreibende – Ausländer wie Einheimische – ist den Entwicklungen der Gesamtwirtschaft untergeordnet und von ihr determiniert. So sind rechtliche Erleichterungen auf ein „zunehmendes gesellschaftliches Interesse am Kleingewerbe und Mittelstand" (Erichsen/Şen 1987, S. 34) zurückzuführen und umgekehrt. Auch stellt die Handwerksordnung der Bundesrepublik Deutschland eine rechtliche Einschränkung für die Gründung von Betrieben durch Migranten dar, da die im Heimatland erworbenen Kenntnisse und Fähigkeiten oftmals in der Bundesrepublik nicht anerkannt werden. Dieses Problem stellt sich vor allem für Migranten der ersten Generation, die nicht wie häufig die zweite Generation in der Bundesrepublik Deutschland bereits eine Ausbildung abgeschlossen haben. Für sie ist es daher oftmals nicht möglich, einen handwerklichen Betrieb zu gründen, sondern lediglich einen handwerksähnlichen Betrieb. Stellen sich also für Ausländer der ersten und zweiten Generation unterschiedliche Rahmenbedingungen, so wirken sich ebenso die unterschiedlichen Bildungssysteme in den jeweiligen Herkunftsländern für die einzelnen Ausländergruppen verschieden aus.

Ein weiterer wichtiger externer Faktor ist die Diskriminierung der Migranten auf dem Arbeitsmarkt, wobei die negative konjunkturelle Entwicklung mit ihrer Rückwirkung auf den Arbeitsmarkt die Ausländer im allgemeinen mit besonderer Härte trifft. Dabei sind Personen mit unsicherem Aufenthaltsstatus besonders betroffen, denn Arbeitslosigkeit und Sozialhilfebezug können zur Abschiebung der betroffenen Ausländer aus der Bundesrepublik führen. Die Gründung von selbständigen Betrieben stellt für diese Gruppe die einzige Chance einer Beschäftigung und des Verbleibs in der Bundesrepublik dar. Eine weitere mögliche Erklärung für die Gründung selbständiger Betriebe von Ausländern kann die Verstetigung ihres Aufenthaltes sein, d.h. eine Rückkehr wird nicht mehr ernsthaft erwogen. Hierfür sind vor allem auch die wirtschaftlichen und politischen Entwicklungen in den Herkunftsländern entscheidend. Hatten Türken zunächst ein hohes Interesse an einer Rückkehr und einer selbständigen Erwerbstätigkeit in der Türkei, so wurde dies häufig aufgrund der negativen Erfahrungen von Remigranten aufgegeben. Dieses Vorhaben realisieren sie nun ersatzweise in der Bundesrepublik Deutschland.

Der Zugang zu den notwendigen Kapitalquellen, Standorten und Waren ist ein weiterer wichtiger Faktor für den Marktzugang. Unter Berücksichtigung der

Heterogenität geht Korte davon aus, daß verschiedene ausländische Gruppen in deutlich unterschiedlichen Positionen bezüglich der ihnen offenstehenden Ressourcen sind (Korte 1989, S. 35). Auch begegnet die Aufnahmegesellschaft Ausländern aus unterschiedlichen Herkunftsländern mit verschiedenen Ressentiments und Restriktionen. Dies kann sowohl den Entschluß, einen Betrieb zu gründen, beeinflussen, oder die Branche, in der der Betrieb gegründet wird, sowie seine Größe. Entscheidend für die Branche, in der ein Betrieb angesiedelt wird, ist die Nachfragestruktur. Diese ist einerseits geprägt durch die gesamtwirtschaftliche Entwicklung in der Bundesrepublik Deutschland, d.h. durch die neuen Aufgaben, die sich für das Handwerk im Zuge der Industrialisierung stellen (vgl. Blaschke/ Ersöz 1987, S. 117 f.), wie z.b. Spezialkenntnisse, hohe Arbeitsintensität, Orientierung an individuellen Bedürfnissen usw., andererseits durch die Nachfrage nach neuen Dienstleistungen. Letzteres kann wiederum Resultat eines allgemeinen Trends sein (z.B. der Videokonsum in den achtziger Jahren), aber auch Resultat der sich verändernden Lage der Ausländer.

Mit Hilfe des Reaktionsansatzes kann einerseits herausgefiltert werden, ob die Selbständigkeit ein Resultat einer allgemeinen Tendenz oder einer Notlage ist oder auch eine Kombination dieser Faktoren. Außerdem kann damit erklärt werden, weshalb verschiedene Gruppen von Ausländern in unterschiedlichen Bereichen tätig sind. Die rechtliche Situation, die unterschiedlichen Möglichkeiten, an Ressourcen zu gelangen, sowie die Herkunftserfahrungen machen eine solche Analyse möglich und reduzieren ein unterschiedliches Engagement in der Selbständigkeit nicht auf den Faktor Kultur. Zusätzlich kann eine Unterscheidung zwischen der selbständigen Erwerbstätigkeit der ersten und der zweiten Generation getroffen werden, da sie aufgrund verschiedener Bildungsvoraussetzungen sowie Kenntnisse über die hiesigen Lebensverhältnisse einen anderen Zugang zu notwendigen Ressourcen haben.

5. Strukturen türkischer Gewerbetreibender in Nordrhein-Westfalen

Eine aktuelle Studie zu türkischen Selbständigen in Nordrhein-Westfalen (vgl. Şen/Goldberg 1996) analysiert die Sozialstruktur der Zielgruppe, die Gründungsphase, strukturelle Kennzeichen und die wirtschaftliche Situation der Unternehmen. Die Befragung erfolgte bei 1.187 türkischen Betrieben zwischen August und Dezember 1994. Schwerpunkt der Befragung war der Ballungsraum im Ruhrgebiet und die Städte Köln und Düsseldorf im Rheinland. Aber auch in ländlichen Räumen Nordrhein-Westfalens wurden Interviews durchgeführt. Der Fragebogen war so konzipiert, daß Aussagen über die qualitative Entwicklung der Betriebe möglich sein sollten. Nach vorliegenden bisherigen empirischen Erkenntnissen und zahlreichen Veranstaltungen mit Experten wurde davon ausgegangen, daß sich die türkischen Selbständigen aus ihrem „ethnischen Nischendasein" gelöst haben und inzwischen wachsende, konkurrenzfähige Unternehmen unterhalten. Darüber hinaus wurden aber auch branchenspezifische Besonderheiten offengelegt und es wurde versucht, die Verflechtung mit bzw. Abschottung von Teilbereichen des deutschen Wirtschaftsgefüges (Arbeitskräfte, Nachfrage- und Angebotsbereich) zu beschreiben. Die hier vorgestellten Ergebnisse können als umfassende Momentaufnahme türkischer Wirtschaftsstrukturen in NRW aufgefaßt werden, die Hypothesen für genauere Untersuchungen in diesem Themenfeld bieten.

5.1 Unternehmensstrukturen

Die Befragten waren in insgesamt 95 Branchen und Geschäftsfeldern tätig. Noch immer sind die Gastronomie und der Einzelhandel die bevorzugten Geschäftsfelder der türkischen Selbständigen. Die Branchen Dienstleistungen und Handwerk, die in der Regel größere Anforderungen an die Qualifikation der Selbständigen stellen, sind aber mit jeweils knapp zehn Prozent stark vertreten. Das Baugewerbe spielt dagegen eine relativ geringe Rolle.

Hinsichtlich der deutschen rechtlichen Formen ist neben der Einzelunternehmung, die die persönliche Haftung bedeutet, nur noch die GmbH von Bedeutung. Die GmbH erlaubt nicht nur die Haftungsbegrenzung, sondern auch die Lastenteilung von Kapital und Risiko. Die höchsten Anteile hat die GmbH im Baugewerbe mit 46,7 Prozent und im Dienstleistungssektor mit 25,9 Prozent. Der überwiegende Teil der türkischen Selbständigen (80,1 %) betreibt sein Geschäft als Einzelunternehmen in der Rechtsform der GbR. Nur 19,6 Prozent unterhalten eine GmbH. Daß die Dominanz der Personengesellschaft gegenüber der haftungsbeschränkten Kapitalgesellschaft auf Informationsdefizite zurückzuführen ist, läßt sich nur vermuten.

Die untersuchten türkischen Unternehmen sind durchschnittlich 6,3 Jahre alt. Zu den jüngsten Unternehmen zählen die Gastronomie und das Baugewerbe, deren Gründungen mehrheitlich eins bis fünf Jahre zurückliegen. Die ältesten Betriebe sind im Großhandel zu finden. Im Einzelhandel, der Hauptbranche der türkischen Selbständigen, sind abweichende Entwicklungen beim Betriebsalter nicht zu erkennen.

Das höchste Investitionsvolumen verzeichnen die Einzelhandelsbetriebe und das Handwerk. An den Investitionen von über 500.000 DM sind diese beiden Branchen zu über 60 Prozent beteiligt. Die niedrigsten Investitionssummen wurden von den Dienstleistern und dem Baugewerbe aufgebracht. Auch der Großhandel ist bei Betriebsgründung mit einem Investitionsvolumen von 11.000 bis 20.000 DM in 29,4 Prozent der Fälle ausgekommen.

Das Kapital für die Gründung der Betriebe erhielten die türkischen Selbständigen in 58,3 Prozent der Fälle von Verwandten und Freunden. 71,8 Prozent der Großhandelsbetriebe finanzierten auf diese Weise ihr Unternehmen. Das größte Vertrauen setzten Kreditgeber in die Branchen Gastronomie und Handwerk. An der Finanzierung der Gastronomiebetriebe waren Banken und Lieferanten zu 41,9

Prozent beteiligt, im Handwerk zu 28,7 Prozent. 32,6 Prozent der befragten Unternehmer begannen den Aufbau des Geschäfts mit einem Investitionsvolumen von 31.000 bis 50.000 DM. Mehr als 40 Prozent der Existenzgründer haben weniger als 30.000 DM investiert. Der Anteil der Unternehmen, die mehr als 500.000 DM in die Gründung des Betriebes eingebracht haben, ist mit 0,5 Prozent verschwindend gering. Dagegen benötigten 6 Prozent der Befragten nicht mehr als 10.000 DM für die Existenzgründung. Je jünger die Existenzgründer, desto geringer ist auch das Investitionsvolumen. Die 18-29jährigen Türken haben zu mehr als 50 Prozent nur 10.000 bis 30.000 DM in der Startphase aufgewendet.

Die befragten 1.187 türkischen Selbständigen beschäftigen 4.947 Personen (inkl. mithelfende Familienangehörige). Das sind durchschnittlich 4,2 Arbeitsplätze pro Betrieb. Nur eines der befragten Unternehmen beschäftigt mehr als 100 Personen. Der Anteil der Selbständigen, die mehr als 10 Personen beschäftigen, liegt bei gerade 5 Prozent der Befragten. Bei 13.800 türkischen Betrieben in NRW sind demnach ca. 58.000 Personen beschäftigt. Die türkischen Betriebe, die in die Befragung einbezogen waren, haben 467 Arbeitsplätze für deutsche Arbeitnehmer geschaffen. Dies sind im Durchschnitt 0,4 Arbeitsplätze. 93,1 Prozent der Selbständigen beschäftigen bis zu fünf türkische Mitarbeiter. Bis zu zehn Mitarbeiter werden von 4,8 Prozent der Betriebe angestellt. Die befragten 1.187 Selbständigen haben 166 Mitarbeiter aus anderen Nationen beschäftigt. Dies entspricht einem Durchschnittswert von 0,14 Prozent.

Der Anteil der Ausbildungsbetriebe ist mit 24,9 Prozent erfreulich hoch. Die höchsten Anteile verzeichnen hier das Handwerk mit 55,7 Prozent und das Baugewerbe mit 53,3 Prozent. Aber auch fast ein Drittel des Dienstleistungsgewerbes (31,3 %) hat Ausbildungsplätze geschaffen, die meisten jedoch der Einzelhandel. Er stellt fast 40 Prozent aller Ausbildungsplätze. Dabei verzeichnen insbesondere die jüngeren Selbständigen eine hohe Ausbildungsbereitschaft. In der Altersgruppe der 18-29jährige stellt fast ein Drittel der Befragten Ausbildungsplätze zur Verfügung. Von den 295 befragten Unternehmen bieten 240 einen Ausbildungsplatz an.

Hinsichtlich der hauptsächlichen Probleme in der Gründungsphase scheinen die türkischen Selbständigen keine besonderen Unterschiede zu Deutschen aufzuweisen. Die „klassischen" Problembereiche von Unternehmen werden von den Befragten genannt, die Problemarten, welche eher Ausländern zugeschrieben werden (z.B. Sprachschwierigkeiten, Diskriminierung durch Nachbarn o.ä.) sind dagegen eher unbedeutend. Viele der türkischen Selbständigen gaben an, in der Gründungsphase „kein Problem" gehabt zu haben. Auf diese Antwort entfielen 14,5 Prozent der Antwortmöglichkeiten. In der Rangfolge der Gründungsprobleme türkischer Selbständiger rangieren „mangelnde Kenntnisse der Finanzbuchhaltung" mit 17,5 Prozent der Nennungen und „Marketingprobleme beim Aufbau eines Kundenstammes" mit 15,8 Prozent der Nennungen an erster Stelle. Aber auch „mangelnde Branchenkenntnisse" stellen in 17,8 Prozent der Fälle ein wichtiges Existenzgründungsproblem dar. Interessanterweise scheint auch die „Rekrutierung qualifizierten Personals" nicht einfach zu sein. Bei den Erstnennungen entfielen 13,9 Prozent auf diese Antwort. Vor allem jüngere Existenzgründer haben branchenspezifische und kaufmännische Probleme.

Insgesamt 38,6 Prozent der türkischen Selbständigen planen Neueinstellungen, die durch betriebliches Wachstum möglich werden. Hierbei erwarten das Baugewerbe mit 86,7 Prozent der Befragten und das Handwerk in 54,8 Prozent der Fälle günstige Entwicklungsbedingungen. Aber auch der Dienstleistungsbereich richtet sich in 63,4 Prozent der Nennungen auf Neueinstellungen ein. Schlechter sind die Erwartungen im Großhandel und in der Gastronomie. In der Gastronomie sind den Wachstumstendenzen jedoch auch am ehesten Grenzen gesetzt.

Drei Viertel der befragten türkischen Unternehmen verzeichneten in den letzten zwei Jahren Umsatzzuwächse. 23,1 Prozent verzeichneten ein Umsatzwachstum bis zu 10 Prozent. Auf ein Wachstum von bis zu 30 Prozent können 31 Prozent der Befragten zurückblicken. 112 Prozent machten Umsatzgewinne in Höhe von 50 Prozent und weitere 11,5 Prozent in Höhe von über 50 Prozent. Noch zehn der Befragten (0,9 %) gaben an, über 100 Prozent Umsatzzuwächse erzielt zu haben. Besonders wachstumsintensiv waren das Baugewerbe und die Dienstleistungsbranche.

5.2 Sozialstruktur türkischer Unternehmer

In der unternehmerischen Selbständigkeit der türkischen Einwanderer wird der Wandel in der Sozialstruktur dieser Bevölkerungsgruppe besonders deutlich. War noch die erste Generation der Türken in Schul- und Berufsbildung sehr stark auf die Aufnahme einer abhängigen Beschäftigung in der Industrie ausgerichtet, so reagiert die zweite und dritte Generation nunmehr sehr stark auf Veränderungen in der Arbeitswelt: Zum einen werden Industriearbeitsplätze in großer Anzahl abgebaut, die bisher eine einigermaßen sichere Arbeitsperspektive boten, und zum anderen bedingt die schulische und berufliche Integration in Deutschland für die Türken insgesamt eine neue Orientierung in der Arbeitswelt. Hierdurch wird die Selbständigkeit als Alternative zum Industriearbeitsplatz immer bedeutsamer. Nicht zuletzt auch deshalb, weil die Anforderungen an die fachliche Qualifikation und die soziale Kompetenz (in dieser Kultur) der Existenzgründer erfüllt werden können. Zwei Faktoren beeinflussen diese Entwicklung: Die zunehmende schulische und berufliche Integration der jungen Türken führt aus der bisherigen ökonomischen Nische hinaus und erweitert den Blick für zukunftsorientierte Branchen. Gleichzeitig zwingt die hohe Arbeitslosigkeit, von der junge, berufsunerfahrene Ausländer besonders betroffen sind, zur Suche nach anderen Lebensperspektiven, die oft in die Selbständigkeit münden.

Die Sozialstruktur der türkischen Selbständigen ist dadurch geprägt, daß keine herausragenden Abweichungen zu Merkmalen deutscher Sozialstrukturen zu erkennen sind. Z.B. entwickelt sich die Etablierung der Frauen in diesem Wirtschafts- und Berufsbereich nur sehr langsam und auf einem sehr geringen, quantitativen

Niveau. Die Selbständigenkarriere wird von sehr vielen Befragten aus einer gesicherten Lebenslage und Berufsposition in Angriff genommen. Dennoch ist auch ein „Hineinwachsen" über die Rolle als mithelfender Familienangehöriger noch möglich. Zusätzlich sind die türkischen Selbständigen durch eine sehr lange Aufenthaltsdauer in Deutschland und relativ gute Deutsch-Sprachkenntnisse gekennzeichnet.

Der größte Teil der türkischen Selbständigen in NRW ist in der Altersgruppe der 30-50jährigen zu finden. Jedoch zeigt der Anteil von 17,5 Prozent an 18-29jährigen Selbständigen ein deutliches Interesse der jüngeren Generation an einer Existenzgründung. Der Anteil der über 60jährigen ist dagegen sehr gering. Anteilsmäßig finden sich die jüngsten Unternehmer in den Branchen Großhandel (23,5 %), Baugewerbe (20 %) und Dienstleistungen (19,6 %). Im Baugewerbe und im Großhandel sind gleichzeitig auch die meisten älteren Selbständigen tätig. Die Ergebnisse der Analyse von Altersstruktur und Aufenthaltsdauer lassen den Schluß zu, daß ein hoher Anteil der türkischen Selbständigen in Deutschland geboren ist. Die türkischen Selbständigen leben mehrheitlich schon seit über 15 Jahren in der Bundesrepublik. Fast die Hälte (48,4 %) leben schon seit über 20 Jahren in Deutschland, nur ein Prozent weniger als 5 Jahre. Es vollzieht sich also ein Generationswechsel, der sich auch auf die Branchenstruktur auswirkt.

Dieser Generationswechsel dokumentiert sich am deutlichsten in den Branchen Dienstleistungen und Großhandel. Im Großhandel gibt es noch viele Betriebe, die der ersten Generation der Einwanderer zuzurechnen sind. Gleichzeitig betreiben auch viele jüngere Neueinsteiger, die noch nicht so lange in Deutschland leben, dieses Geschäft. Der Dienstleistungsbereich, der oftmals vermittelnd zwischen den Kulturen wirkt (z.B. bei Übersetzungen oder in der Werbung), wird von den Einwanderen der zweiten und dritten Generation beherrscht, die mit beiden Kulturen vertraut sind. Dies ist besonders bei unternehmensbezogenen Dienstleistungen gefragt. Der Generationswechsel vollzieht sich im Dienstleistungsbereich auf der Angebotsseite zwischen personenbezogenen Dienstleistungen der ersten Generation und unternehmensbezogenen Dienstleistungen bei der nachwachsenden Generation. Diese Ergebnisse werden durch eine nähere Betrachtung der Ausbildungssituation gestützt.

Mehr als die Hälfte der türkischen Selbständigen haben in Deutschland eine Schule besucht oder eine Ausbildung abgeschlossen. Einen deutschen Hauptschulabschluß haben 23,6 Prozent der Befragten erworben. Die Hochschulreife erlangten in Deutschland nur 1,7 Prozent. Aber 8 Prozent können ein abgeschlossenes Studium vorweisen. Fast 5 Prozent besuchten die Berufsschule. 1,7 Prozent der türkischen Selbständigen besitzen einen Meisterbrief. Deutlich anders ist die Ausbildungssituation der 18-29jährigen: Von ihnen haben nur 10,3 Prozent keine deutsche Schule besucht, und 41,3 Prozent haben einen Hauptschulabschluß, 12 Prozent eine deutsche Hochschule besucht. 27,7 Prozent der befragten türkischen Selbständigen haben in der Türkei keine Schule besucht. Noch 24,6 Prozent haben das Gymnasium in der Türkei besucht. Ein Hochschuldiplom können 5,1 Prozent der

Befragten vorweisen. Die älteren Unternehmer haben dagegen mehrheitlich die türkische Mittelschule abgeschlossen. Die jungen Türken in Deutschland haben zu 62 Prozent keine türkische Schule mehr besucht. Die meisten Selbständigen, die keine Ausbildung in Deutschland absolviert haben, finden sich in der Gastronomie (53 %) und im Handwerk (47 %). Demgegenüber haben nur 18,8 Prozent der Dienstleister und 13,3 Prozent im Baugewerbe keine deutsche Ausbildung. In diesen Branchen finden sich auch die meisten Hochschulabsolventen. Insgesamt wird dadurch die These gestützt, daß die Türken ohne eine formale deutsche Ausbildung eher Branchen bevorzugen, die der „Nischenökonomie" zuzurechnen sind, während die Branchenvielfalt bei den in Deutschland ausgebildeten Selbständigen weit größer ist.

Aus der Sicht der deutschen Wirtschaftsförderung gelten mangelnde deutsche Sprachkenntnisse als Gründungshemmnis, so z.B. bei der Konzepterstellung oder in Verhandlungen mit deutschen Geschäftspartnern. 31,1 Prozent der Befragten schätzte die eigenen deutschen Sprachkenntnisse „sehr gut" ein, 15,5 Prozent mit „gut". 25,9 Prozent und 23,9 Prozent gaben sich die Note „befriedigend" und „ausreichend". Nur 3,2 Prozent mochten ihre deutschen Sprachkenntnisse mit „mangelhaft" bewerten. Auch in dieser Frage zeigen sich erhebliche Abweichungen unter den Altersgruppen. Je jünger die Befragten, desto positiver die Einschätzung der Sprachkenntnisse. In der Altersgruppe der 18-29jährigen bezeichnen 71,6 Prozent ihre Sprachkenntnisse als sehr gut.

Das älteste der befragten Unternehmen ist bereits seit 34 Jahren in Deutschland präsent. In der Regel sind die türkischen Selbständigen jedoch erst seit relativ kurzer Zeit am Markt. 14 Prozent sind seit einem und zwei Jahren tätig. Ein Großteil der Türken (61,6 %) betreibt zwischen drei und sieben Jahren ein eigenes Geschäft. Fast 5 Prozent sind seit zehn Jahren im eigenen Geschäft. Wie die Geschichte der Erwerbsmigration kaum anders erwarten läßt, sind 59,3 Prozent der Befragten vor der Existenzgründung Arbeiter gewesen. Den zweitgrößten Anteil der Existenzgründer stellen mit 10,5 Prozent schon die Arbeitslosen dar. Als Angestellte waren zuvor nur 8,8 Prozent der türkischen Selbständigen tätig. Diese Verteilung ist jedoch innerhalb der einzelnen Altersgruppen sehr heterogen: Von den 18-29jährigen Existenzgründern haben bereits 21,2 Prozent aus der Arbeitslosigkeit den Weg in die Selbständigkeit eingeschlagen. Nur ein Anteil von 37 Prozent war zuvor als Arbeiter tätig. Demgegenüber ist der Anteil der Schüler und Studenten in dieser Altersgruppe mit 17,3 Prozent überproportional hoch. In den Altersgruppen der 40-59jährigen betragen die Arbeiteranteile unter den Firmengründern deutlich über 75 Prozent. An diesen Zahlen wird der Wandel in der Sozialstruktur der türkischen Wohnbevölkerung besonders deutlich.

Die branchenspezifischen Besonderheiten bilden den Wandel in der Sozialstruktur der türkischen Wohnbevölkerung in Deutschland ab. Innerhalb der türkischen Wohnbevölkerung zeichnet sich ein Generationswechsel ab, der seinen Niederschlag in der Veränderung der Branchenstruktur der Selbständigen findet. Unter den türkischen Selbständigen lassen sich folgende Gruppen identifizieren:

- Selbständige der ersten Generation, die schon sehr lange in Deutschland leben und arbeiten. Sie betätigen sich hauptsächlich in den Branchen Großhandel, Einzelhandel und Handwerk. Diese Gruppe war weniger durch Arbeitslosigkeit bedroht, vielmehr stand der Wunsch nach Unabhängigkeit und höherem sozialen Status im Vordergrund.
- Eine weitere Gruppe mit in der Türkei erworbenen Qualifikationen ohne Arbeitsplatzperspektiven (auch nicht in der Türkei) arbeitet in vielen Branchen, je nach persönlicher Qualifikation. Hier finden sich Baubetriebe und personenbezogene Dienstleister bei gut ausgebildeten Türken und viele Gastronomen und Groß- und Einzelhändler mit weniger guter Formalausbildung.
- Eine weitere Gruppe der türkischen Minderheit hat in Deutschland eine Ausbildung absolviert, ohne daß sich daraus eine befriedigende Arbeitsperspektive in abhängiger Beschäftigung ergeben hat. Diese Gruppe gründet Handwerksbetriebe, Restaurants und Einzelhandelsgeschäfte. Sie ist sehr erfolgreich, weil sie besser in die hiesigen Strukturen eingebunden ist und i.d.R. auch über entsprechende finanzielle Eigenmittel verfügt. Bei dieser Gruppe liegen auch noch die größten Entwicklungspotentiale, aber auch viele Probleme hinsichtlich der kaufmännischen Qualifikationen.
- Die vierte Gruppe der türkischen Selbständigen besteht aus jungen, in Deutschland geborenen Existenzgründern, die hier eine schulische- und berufliche Ausbildung durchlaufen haben. Sie bewegen sich mühelos in beiden Kulturen und versuchen auch daraus ökonomischen Nutzen zu ziehen, indem sie z.B. unternehmensbezogene Dienstleistungen anbieten. Hierunter sind Freiberufler (Anwälte, Übersetzer, Werbefachleute) ebenso zu finden wie deutsch-türkische Verlage oder Softwareberatungsbüros. Auch der Großhandelsbereich, insbesondere das Import-/Exportgeschäft wird durch junge Existenzgründer belebt. Jungen Leuten fehlt aber oft das nötige Eigenkapital, so daß viele prekäre Gründungen vollzogen werden.

Die meisten türkischen Selbständigen sind der zweiten und dritten Gruppe zuzuordnen. Entwicklungsperspektiven in quantitativer Hinsicht sind in erster Linie für die dritte und vierte Gruppe zu erwarten.

5.3 Motive zur Gründung eines Unternehmens

Hauptgründungsmotive für die türkischen Selbständigen sind die Hoffnung auf Erzielung eines höheren Einkommens, die Unabhängigkeit als Unternehmer und einen besseren sozialen Status. In dieser Reihenfolge antworteten 21,8 Prozent, 12,1 Prozent und 10,5 Prozent der Befragten. Arbeitslosigkeit ist für 6 Prozent der Selbständigen ein Gründungsmotiv. Vor allem in der Altersgruppe der 30-39jährigen Türken ist die Arbeitslosigkeit mit 10,5 Prozent ein wichtiger Faktor. Die Arbeitslosigkeit und die damit verbundenen sozialen Probleme bei dieser Altersgruppe spiegeln sich im Wunsch nach Erzielung eines höheren Einkommens bei 34,4 Prozent der Befragten am deutlichsten wider. Aus der Arbeitslosigkeit heraus erfolgen die meisten Gründungen im Großhandel und in der Gastronomie. Aber auch viele Einzelhändler waren vor der Gründung arbeitslos. Ehemalige Angestellte konzentrieren sich im Dienstleistungsbereich und im Baugewerbe. Sowohl Arbeitslosigkeit und Arbeitsplatzunsicherheit bei den Industriearbeitsplätzen als auch der Wunsch nach Selbstverwirklichung durch unternehmerische Tätigkeit fördern den Trend der Existenzgründungen bei Türken in Deutschland.

Für die türkischen Großhändler stellen die „begrenzten Aufstiegsmöglichkeiten" in ihrer alten Position bei 35,3 Prozent der Fälle ein Hauptgründungsmotiv dar. „Arbeitslosigkeit" war in 21,2 Prozent der Fälle ein wichtiges Motiv. Auch die Selbständigen im Baugewerbe beklagen „begrenzte Aufstiegsmöglichkeiten". Für sie stellt aber auch die „Unabhängigkeit als Unternehmer" mit 20 Prozent der Nennungen den höchsten Eigenwert unter den Befragten dar. Diese Antwort wurde in 17 Prozent der Fälle am zweithäufigsten von den Dienstleistern genannt, die auch überproportional einen „höheren sozialen Status" durch die Unternehmensgründung erwarten (22,3 %). Für die Dienstleister steht jedoch in den meisten Fällen die „Erzielung eines besseren Einkommens" im Vordergrund. Dies ist auch für 22,9 Prozent der Einzelhändler das Hauptgründungsmotiv. Ähnlich wie im Baugewerbe werden im Handwerk „begrenzte Aufstiegsmöglichkeiten" in 23,5 Prozent der Fälle als Motiv zur Gründung des eigenen Betriebs genannt

5.4 Einbindung in deutsche Wirtschaftsstrukturen

Die Struktur der Kundenbeziehungen und des Wareneinkaufs bei deutschen Geschäftspartnern zeigt, daß die türkischen Unternehmen der ethnischen Nische entwachsen sind. Die höchsten Anteile an deutscher Kundschaft haben das Baugewerbe und die Gastronomie. Die niedrigsten Anteile verzeichnen das Dienstleistungsgewerbe und der Großhandel. Demgegenüber besteht die Kundschaft bei 52,8 Prozent der Befragten zu mehr als 50 Prozent aus Türken. Die höchsten Anteile an türkischer Kundschaft haben hier das Handwerk mit 74,8 Prozent und die Dienstleistungen mit 71,8 Prozent. Die niedrigsten Anteile haben die Gastronomie und das Baugewerbe.

Untersucht wurde auch die Inanspruchnahme von öffentlichen Beratungs-/Förderhilfen: 79,4 Prozent der Existenzgründer waren vor dem Start in die Selbständigkeit nicht über öffentliche Fördermittel informiert. Je jünger die Existenzgründer, desto besser ist ihr Informationsstand. Aber auch bei den 18-29jährigen ist die Negativquote von 73,6 Prozent in dieser Frage außerordentlich hoch. Nur 3 Prozent der türkischen Existenzgründer hat von entsprechenden Beratungsangeboten Gebrauch gemacht. Immerhin noch 5,3 Prozent der 18-29jährigen Existenzgründer haben sich beraten lassen. In Anbetracht der Bedeutung einer konzeptionell durchdachten Betriebsgründung ist dieses Ergebnis besorgniserregend.

Lediglich acht von 1.187 türkischen Selbständigen haben jemals öffentliche Fördermittel in Anspruch genommen. Dies ist eine Folge unzureichender Information und Beratung. Das finanzielle Potential, das die türkischen Befragten durch ihre berufliche Existenz als Selbständige darstellen, ist angesichts sonstiger ausländischer Investitionsvolumen in Deutschland eher überdurchschnittlich. Dabei wird dieser wirtschaftsfördernde Effekt fast ausschließlich aus vorhandenen türkischen Kapitalmengen, ohne weitere Aufnahme von Krediten, finanziert. Es ist deshalb nicht überraschend, daß öffentliche Fördermaßnahmen für die Befragten keine Bedeutung haben. Allerdings ist auch festzustellen, daß in der Gründungsphase der Unternehmen nur in sehr geringem Maße Informationen über Förder- und Beratungsmöglichkeiten bei den Befragten vorhanden waren. Entsprechend gering war die Inanspruchnahme von Beratungs- und Finanzierungsmöglichkeiten.

Trotz des sich langsam vollziehenden Generationswechsels sind die türkischen Betriebe noch immer Kleinbetriebe mit sehr wenigen Beschäftigten. Auch die Investitionsvolumen bei den Betriebsgründungen sind sehr gering. Dennoch sind die Wachstumsraten erheblich und die Aussichten auf Neueinstellungen in den nächsten Jahren groß. Betriebliches Wachstum erwarten in erster Linie die Handwerks- und die Baubranche, sowie auch der Dienstleistungsbereich. Eher gedämpft fallen die Erwartungen in den türkischen Hauptbranchen Einzelhandel und Gastronomie aus.

Betriebliches Wachstum ist nur zu erzielen, wenn die türkischen Betriebe mit ihren Angeboten auch die deutsche Kundschaft ansprechen. In dieser Hinsicht stimmen die Ergebnisse hoffnungsvoll. Nur noch ein kleiner Teil der Betriebe handelt ausschließlich mit türkischer Kundschaft. Interessant dabei ist die Beobachtung des Dienstleistungsbereichs: Sowohl bei personen- als auch bei unternehmensbezogenen Dienstleistungen kommt der Branche eine Mittlerfunktion zwischen deutschen und türkischen Zielgruppen zu. Immer mehr deutsche Unternehmen entdecken die Türken als Zielgruppe im Marketing und werden so zu Auftraggebern für türkisch-sprechende Dienstleistungsproduzenten. Umgekehrt müssen türkische Betriebe auch Dienstleistungen einkaufen, die nur Betriebe leisten können, die auch in der deutschen Kultur heimisch sind.

5.5 Exkurs: Türkische Frauen als Unternehmerinnen

13 Prozent der befragten türkischen Selbständigen sind Frauen. Die meisten selbständigen Frauen, insgesamt 91 von 154, finden sich in der Altersgruppe der 30-39jährigen. Überproportionale Anteile der weiblichen Selbständigen finden sich in den Hauptbranchen Einzelhandel und unter den sonstigen Ladenbetrieben. Unterdurchschnittlich ist die Selbständigkeit der türkischen Frauen in allen anderen Branchen.

Die Selbständigkeit unter türkischen Frauen ist ein relativ junges Phänomen. So erfolgten die Existenzgründungen der Frauen noch deutlicher als bei den

Türkische Unternehmer in Deutschland

Männern in den vergangenen fünf Jahren. Dies sind 68,2 Prozent gegenüber 54,2 Prozent der befragten Männer. Die Existenzgründerinnen sind auch im Durchschnitt jünger als die männlichen. 77,9 Prozent der weiblichen Selbständigen sind zwischen 18 und 39 Jahre alt. Der Anteil der Männer in dieser Altersgruppe beträgt 72,2 Prozent.

Die Frauen gründen ihre Existenzen in der Regel mit sehr wenig Kapital. Das Investitionsvolumen liegt in der Regel unter dem der Männer. Während männliche Existenzgründer zu 72,4 Prozent 1.000 bis 50.000 aufwendeten, sind dies bereits 82,4 Prozent der Frauen. Bei der Finanzierung der Projekte waren die Frauen stärker als die männlichen Existenzgründer auf die Unterstützung von Verwandten und Freunden angewiesen. 67,5 Prozent der Frauen erhielten Hilfe von Freunden und Verwandten bei der Finanzierung. 56,9 Prozent der türkischen Männer suchten die Unterstützung von Freunden und Verwandten. Aber der Anteil der Frauen, die Bank- und Lieferantenkredite zur Finanzierung einsetzten, ist höher als der der Männer.

Im Hinblick auf die kulturelle Rolle der Frau in der türkischen Gesellschaft ist der Anteil der selbständigen Frauen in Deutschland mit 13 Prozent erstaunlich hoch. Hierdurch werden ein neues Selbstverständnis und ein neues Selbstbewußtsein gerade bei jüngeren Türkinnen deutlich. Überhaupt ist die Gründung von Betrieben durch türkische Frauen ein junges Phänomen: So sind es überwiegend auch junge Frauen, die den Schritt in die unternehmerische Selbständigkeit wagen. Die hohe Arbeitslosigkeit zwingt auch die Frauen, durch selbständige Tätigkeiten zum Familieneinkommen beizutragen.

Innerhalb der sozialstrukturellen Analyse wurde der Einfluß der Bildung, des Alters und der Aufenthaltsdauer auf die deutschen Sprachkenntnisse der Befragten beleuchtet. Wider Erwarten stehen die deutschen Sprachkenntnisse in keinem erkennbaren Abhängigkeitsverhältnis vom Bildungsniveau. Hinsichtlich des Alters der Befragten konnte jedoch festgestellt werden, daß offenkundig Generationsunterschiede für die Verschlechterung der Sprachkenntnisse als Erklärung herangezogen werden können. Außerdem konnte gezeigt werden, daß eine längere Aufenthaltsdauer zu einer besseren Selbstbeurteilung der deutschen Sprachkenntnisse führt. In diesem Zusammenhang bleibt jedoch unklar, ob die subjektive Einschätzung nicht möglicherweise auf der Basis der Aufenthaltsdauer getroffen wurde.

6. Zusammenfassung

Das Phänomen der selbständigen Erwerbstätigkeit von Türken in der Bundesrepublik Deutschland läßt sich nicht mit einem einzigem Modell erklären. Vielmehr wird bei der Analyse dieser Entwicklung deutlich, daß einzelne Modelle für bestimmte Phasen dieses Prozesses brauchbare Erklärungsansätze bilden können, nicht aber für eine Gesamtbetrachtung dieser nunmehr 35jährigen Migrationsgeschichte.

Die ersten Geschäfte ausländischer Unternehmer entstanden im Bereich der sogenannten Nischenökonomie und da vor allem im Lebensmitteleinzelhandel. Dieser Bereich schien deshalb erfolgversprechend, weil die speziellen Konsumbedürfnisse der in der Bundesrepublik lebenden türkischen Bevölkerung durch deutsche Händler nicht gedeckt wurden. Inzwischen sind zahlreiche türkische Selbständige aus dem Bereich der Nischen/-Ergänzungsökonomie jedoch herausgetreten und betätigen sich in allen Sektoren des deutschen Wirtschaftslebens. Durch die zunehmende Aufenthaltsdauer und die längere Geschäftstätigkeit resultieren eine wachsende Vertrautheit mit dem sozialen Umfeld und eine gesteigerte berufliche Kompetenz, die den Drang und die Möglichkeit entstehen lassen, den ethnischen Zirkel zu durchbrechen. Auf der anderen Seite fördern die Bereitschaft der einheimischen Kundschaft, der Geschäftspartner und die rechtlich-institutionellen Einrichtungen diesen Prozeß. In diesem Kontext kombinieren die Unternehmer ausländische Ressourcen (Produkte und Dienstleistungen, Kunden, Mitarbeiter, Kapital, Kulturmuster und Werte, fachliche Kenntnisse) mit einheimischen Ressourcen. Die innere Struktur der ethnischen Ökonomie wandelt sich vom rein ethnischen Marktsegment zur pluralistischen bzw. multikulturellen Wirtschaft. Charakteristisch für diese Entwicklungsphase ist die Kombination der Affinität in einigen betrieblichen Teilfunktionen (Angebotsgestaltung, Mitarbeiterstruktur) zur türkischen Ökonomie und der sozio-ökonomischen Verflechtungen mit der deutschen Wirtschaft.

Wirtschaftliches Handeln ist aber nicht nur auf eine zweckorientierte Bedürfnisbefriedigung ausgerichtet, sondern auch auf eine Anerkennung von sozialen Normen und Werten. Die Beurteilung, welchen Stellenwert die einzelnen externen bzw. internen Einflußfaktoren haben, ist problematisch. Dennoch kann eine systematische Darstellung der unterschiedlichen Erklärungsansätze verdeutlichen, daß für die Entstehung der türkischen Ökonomie eine Reihe von Faktoren verantwortlich sein können, die im Einzelfall eine unterschiedliche Relevanz besitzen.

Gegenwärtig ist die aktuelle Situation der türkischen Unternehmer durch einen sozialen Wandel und die zunehmende volkswirtschaftliche Bedeutung dieser Bevölkerungsgruppe charakterisiert. Aus ehemaligen Arbeitsmigranten, d.h. Arbeitsplatznachfragern, sind potentielle Arbeits- und Ausbildungsplatzanbieter geworden. Eine weitere Zunahme von ausländischer selbständiger Erwerbstätigkeit ist wahrscheinlich. Vor allem bei jungen Türken besteht trotz der starken Zunahme der Ausländerfeindlichkeit nach der Wiedervereinigung Deutschlands und unter dem Druck des Arbeitsmarktes eine starke Neigung zur Gründung eines eigenen Geschäfts. Der Generationswechsel, der sich innerhalb der türkischen Bevölkerung in Deutschland vollzieht, hinterläßt bereits seine Spuren in den Strukturen der türkischen Selbständigkeit. Der boomartige Anstieg der Selbständigkeit in den letzten zehn Jahren ist in erster Linie auf die – auch innovativen – Existenzgründungen junger Türken und Türkinnen zurückzuführen, die jenseits der Industriearbeit eine neue Orientierung in der Arbeitswelt anstreben.

Literatur

Blaschke, Jochen und Ahmet Ersöz, 1987: Herkunft und Geschäftsaufnahme türkischer Kleingewerbetreibender in Berlin (Reihe Forschungsmaterialien: Migration), Berlin.
Bundesministerium für Bildung und Wissenschaft (Hrsg.), 1992: Ausländische Selbständige bilden aus. Ergebnisse eines Modellversuchs, Bonn.
Czock, Heidrun, 1990: Ausländische Betriebsgründungen als Ausbildungsstätten. Erste Ergebnisse aus einem Modellversuch zur Erschließung zusätzlicher Ausbildungsplätze für ausländische Jugendliche. Zentrum für Türkeistudien, Working Paper 6.
Elschenbroich, Donata, 1986: Eine Nation von Einwanderern. Ethnisches Bewußtsein und Integrationspolitik in den USA, Frankfurt a.M.
Erichsen, Regine und Faruk Şen, 1987: Hinwendung zur Selbständigkeit bei Gastarbeitern mit besonderer Berücksichtigung von Türken. ILO Working Paper, Genf.
Goldberg, Andreas, 1991: Ausländische Selbständige in Nordrhein-Westfalen, in: Informationsdienst zur Sozialarbeit 3.
Goldberg, Andreas, 1991: Ausländische Selbständige auf dem bundesdeutschen Arbeitsmarkt. Ein Beispiel für den wirtschaftlichen und sozialen Aufstieg ehemaliger ausländischer Arbeitnehmer, in: Informationen zur Raumentwicklung, Heft 7/8, S. 411-418.
Goldberg, Andreas, 1992: Selbständigkeit als Integrationsfortschritt?, in: Zeitschrift für Türkeistudien (ZfTS), Heft 1, S. 75-92.
Goldberg, Andreas und Faruk Şen, 1993: Ein neuer Mittelstand? Unternehmensgründungen von ehemaligen ausländischen Arbeitnehmern in der Bundesrepublik Deutschland, in: WSI-Mitteilungen 3, S. 163-173.
Goldberg, Andreas, 1993: Ältere Ausländer in der Bundesrepublik Deutschland. Zentrale Ergebnisse einer bundesweiten Studie zur Lebenssituation und spezifischen Problemlage ausländischer Senioren, in: Markus Lang (Hrsg.), Fremde in der Stadt/Ville et Immigration. Berichte aus dem Institut für Raumplanung Nr. 34, Dortmund, S. 58-62.
Heller, Helmut, 1981: „Nicht nur Pizzabäcker und Eisverkäufer!" Selbständige Gewerbetreibende aus sog. Gastarbeiterländern in der Großstadt Nürnberg, in: Lernen in Deutschland.
Institut der deutschen Wirtschaft (Hrsg.), 1992: Ausländer – Vom Gastarbeiter zum Wirtschaftsfaktor, Köln.
Goldberg, A., D. Mourinho und U. Kulke, 1995: Arbeitsmarkt-Diskriminierung gegenüber ausländischen Arbeitnehmern in Deutschland. International Labour Office. International Migration Papers, Nr. 7, Genf.
Korte, Helmut, 1989: Ausländische Selbständige in der Bundesrepublik Deutschland. Pilotstudie im Auftrag des Instituts für Arbeitsmarkt- und Berufsforschung, Bochum.
Korte, Hermann, 1989: Eine empirische Untersuchung über ausländische Selbständige in Gelsenkirchen, Bochum.
Loeffelholz, Hans Dietrich von, Arne Gieseck und Holger Buch, 1994: Ausländische Selbständige in der Bundesrepublik, Berlin.
Morokvasic, Mirjana, 1987: Business on the Ragged Edge: Immigrant and Minority Business in the Garment Industries of Paris, London and New York, unveröffentl. Manuskript, Paris.
Şen, Faruk, 1986: Türken in der BRD – Leistungen, Probleme und Erwartungen, in: Beiträge zur Konfliktforschung, Bd. 3, Köln.
Şen, Faruk, 1986: Der volkswirtschaftliche Stellenwert der Türken in der Bundesrepublik Deutschland, in: W. Meys und F. Şen (Hrsg.), Zukunft in der Bundesrepublik oder Zukunft in der Türkei?, Frankfurt a.M., S. 98-102.

Şen, Faruk, 1991: „Ein Plus für die deutsche Volkswirtschaft", in: KIRPRI – Monatszeitschrift, Heft 1.
Şen, Faruk und Andreas Goldberg, 1994: Türken in Deutschland. Leben zwischen zwei Kulturen, München.
Şen, Faruk und Andreas Goldberg, 1996: Türkische Unternehmer in Nordrhein-Westfalen, Opladen.
Statistisches Bundesamt (Hrsg.): Bevölkerung und Erwerbstätigkeit-Ausländer. Verschiedene Zeitreihen, Wiesbaden.
TÜSIAD/Zentrum für Türkeistudien (Hrsg.), 1989: The Turkish Business Community in FRG and its Impacts on FRG-Turkish Relations, Bonn.
Ward, Robin and Richard Jenkins (Eds.), 1984: Ethnic communities in business. Strategies for economic survival, Cambridge/London/New York.
Wiebe, Dieter, 1984: Zur sozioökonomischen Bedeutung der türkischen Gewerbetreibenden in der Bundesrepublik Deutschland, in: H.J. Brandt und C.-P. Haase (Hrsg.), Begegnungen mit Türken, Begegnung mit dem Islam, Hamburg.
Zentrum für Türkeistudien (Hrsg.), 1989: Türkische Unternehmensgründungen – Von der Nische zum Markt? Ergebnisse einer Untersuchung bei türkischen Selbständigen in Dortmund, Duisburg und Essen. „Studien und Arbeiten", Bd. 5, Opladen.
Zentrum für Türkeistudien (Hrsg.), 1991: Ausländische Betriebe in Nordrhein-Westfalen, Eine vergleichende Untersuchung zur unternehmerischen Selbständigkeit von Türken, Italienern, Griechen und Jugoslawen, Opladen.
Zentrum für Türkeistudien, 1994: „Zeitlich befristete Einrichtung einer Vermittlungsstelle in den NRW/EG-Fördergebieten (Ziel-2/Rechar) zur Förderung der Kontakte und zur Herstellung des Informationsflusses zwischen den vorhandenen Institutionen, die betreuende, beratende und initiierende Funktionen ausüben und den ausländischen kleinen und mittleren Unternehmen (KMU) sowie Selbständigen, schwerpunktmäßig Türken". Unveröffentlichter Endbericht, Essen.
Zentrum für Türkeistudien, 1994: Bosnische Existenzgründer in NRW – Projekt zur Beratung und Sensibilisierung einer speziellen Gruppe ausländischer Existenzgründer in den RECHAR/Ziel 2 – Gebieten in NRW. Unveröffentlichter Endbericht, Essen.
Zentrum für Türkeistudien (Hrsg.), 1994: Migration und Emanzipation. Wandel im Selbstverständnis der türkischen Frau in der Bundesrepublik Deutschland, Opladen.
Zentrum für Türkeistudien (Hrsg.), 1995: Türkei – Sozialkunde, 2. überarb. Aufl., Opladen.
Zentrum für Türkeistudien (Hrsg.), 1995: Nur der Wandel hat Bestand. Ausländische Selbständige in Deutschland, Essen.
Zentrum für Türkeistudien, 1996: Die Initiierung der Transfereinrichtungen in Bielefeld, Dortmund, Duisburg und Hückelhoven als Förderinstrument für die Integration von ausländischen Unternehmen in regionale Wirtschaftsstrukturen in NRW. Zwischenbericht, Essen.

Hedwig Rudolph / Felicitas Hillmann

Döner contra Boulette – Döner und Boulette: Berliner türkischer Herkunft als Arbeitskräfte und Unternehmer im Nahrungsgütersektor

Die seit Anfang der 60er Jahre steigenden Zahlen der ausländischen Wohnbevölkerung und Erwerbstätigen in Deutschland prägen zunehmend auch das Bild der Gewerbestruktur. Besonders offenkundig wird dies in (groß-)städtischen Kontexten. Wie sich Menschen ausländischer Herkunft[1] zur Sicherung ihres Lebensunterhalts wirtschaftlich betätigen (können) ist – so unser Ansatz – nicht nur davon abhängig, auf welches finanzielle, kulturelle und/oder soziale Kapital sie zurückgreifen können, sondern auch – und i.d.R. vorrangig – von den Betätigungsmöglichkeiten, die ihnen die „Aufnahme"-Gesellschaft zubilligt.

Die für Deutschland traditionelle Gastarbeiterpolitik war von der Absicht getragen, ausländische Arbeitskräfte gezielt für – als temporär unterstellte – Engpässe auf sektoralen und/oder regionalen Arbeitsmärkten zu nutzen (Bade 1992). Vor dem Hintergrund des inzwischen (auch durch Gesetzesänderungen) verfestigten Aufenthaltsstatus eines großen Teils der ausländischen Wohnbevölkerung hat sich das Spektrum ihrer beruflichen Aktivitäten ausdifferenziert (Esser 1990). Diese Entwicklungen – so unsere Vermutung – sind jedoch nicht nur eine Funktion der Zeit, sondern verdanken sich auch Internationalisierungstendenzen und den Rückwirkungen der Implosion der sozialistischen Regimes, mit denen sich die „einheimische" Wirtschaft auseinandersetzen muß und die auch für Ausländer die ökonomischen Gelegenheitsstrukturen verändern. Unter welchen speziellen Voraussetzungen AusländerInnen diese veränderten Umstände auch zur Verbesserung ihrer beruflichen Chancen nutzen (können) und wo umgekehrt ihre prekären Beschäftigungsbedingungen überdauern, nur neue Formen annehmen oder sich gar verschärfen, diese Fragen sind nur empirisch zu klären. Da Großstädte traditionell starke Attraktionspole für Zuwanderer darstellen (Häußermann 1995), lassen sich hier besonders deutlich spezifische Chancen, aber auch Risikostrukturen untersuchen, die die MigrantInnen wahrnehmen – im doppelten wörtlichen Sinne. Als Untersuchungsregion haben wir Berlin ausgewählt, eine Stadt, in der

---

1 MigrantInnen, Zuwanderer, ethnische Minoritäten, Personen ausländischer Herkunft, ehemalige Gastarbeiter – und „Ausländer" werden als Synonyme benutzt, wobei starke kulturelle und/oder soziale Bindungen zu einem Land außerhalb Deutschlands das Kriterium bilden, nicht die juristische Nationalität.

sich Prozesse der Transformation und der Globalisierung in einer Schärfe überlagern, die keine Parallele in einer anderen deutschen Stadt hat.

Unter der ausländischen Wohnbevölkerung von gut 435.000 Personen bildeten die Zuwanderer türkischer Herkunft 1996 mit rund 140.000 die größte Gruppe. Weitaus die Mehrheit der AusländerInnen (85 %) hatte ihren Wohnsitz in den westlichen Bezirken. In Kreuzberg ist jeder dritte Einwohner ausländischer Herkunft. Wir haben unseren Blick auf den Nahrungsgütersektor[2] und auf die Aktivitäten der türkischen *community* in dieser Branche konzentriert. Die Wahl dieses Sektors als Untersuchungsbereich ist naheliegend, weil er als traditionelles Betätigungsfeld von MigrantInnen ausgewiesen ist und weil hier verschiedene Dimensionen von Internationalisierung beobachtbar sind. Unser Interesse richtet sich mithin auf die Rolle der türkischen Ökonomie im Nahrungsgütersektor für die (auch soziale) Integration der türkisch-stämmigen Bevölkerung Berlins.[3]

Mit unserer Untersuchung, von der wir hier nur die Ergebnisse der ersten explorativen Schritte referieren können, beabsichtigen wir auch eine Klärung theoretischer Konzepte, die für die Analyse von Ethnisierungsprozessen in Arbeitsmärkten tragfähig sind. Wir nehmen in den USA entwickelte Konzepte zum Ausgangspunkt und erkunden ihre Reichweite für die Verhältnisse auf den stark regulierten europäischen, speziell deutschen Arbeitsmärkten (Abschnitt 1). Daß problematische wirtschaftliche Entwicklungen für die ausländische Erwerbsbevölkerung im Regelfall spezifische und schärfere Konturen zeitigen, hat eine lange Tradition (Velling 1994). Welche beschäftigungspolitischen Ausgangsbedingungen in Berlin aktuell in Rechnung zu ziehen sind, ist daher Thema des zweiten Abschnitts. Dies liefert die Folie für die Erkundung des Stellenwerts des Weges in die Selbständigkeit als *coping*-Strategie von Ausländern in Zeiten von Arbeitslosigkeit (Abschnitt 3) und speziell unter Türken in Berlin (Abschnitt 4).

---

2 Für unsere Untersuchung grenzen wir den Nahrungsgütersektor so ab, daß – außer der Primärerzeugung – alle Stufen der Produktions- und Dienstleistungskette einbezogen sind: Verarbeitendes Gewerbe (Untergruppe Nahrungs- und Genußmittel), Handel (Groß- und Einzelhandel) sowie Dienstleistungen (Untergruppe Gaststätten und Beherbergung). Amtliche Statistiken oder gar Zeitreihen mit dieser Abgrenzung liegen nicht vor – ganz zu schweigen von Aufgliederungen nach Nationalitäten/ethnischen Gruppen. Wir nehmen die dadurch bedingte Mehrarbeit in Kauf, zumal wir uns durch diesen Ansatz ein differenziertes Bild der verschiedenen Integrations- oder Abgrenzungsformen von deutschen und nicht-deutschen Wirtschaftsaktivitäten in den unterschiedlichen Segmenten des Sektors versprechen.

3 Die hier skizzierten Überlegungen sind Teil einer geplanten, international vergleichenden Untersuchung, in die mehrere europäische Metropolen einbezogen sind. Grundlinien des Konzepts wurden in Diskussionen mit Heinz Fassmann, Hartmut Häußermann und Malcolm Cross entwickelt.

1. Internationalisierung und ethnische Arbeitsteilung

Die seit den frühen 80er Jahren sich vollziehenden Umstrukturierungsprozesse der Wirtschaft haben in den westlichen Industrieländern einerseits zu einer Schrumpfung des produzierenden Gewerbes geführt, andererseits zur Expansion des Dienstleistungssektors beigetragen (Häußermann/Siebel 1995). Diese bereits längerfristig wirksame Tendenz zur Tertiarisierung von Wirtschafts- und Beschäftigungsstrukturen wird seit geraumer Zeit überlagert durch Prozesse der sog. Globalisierung oder Internationalisierung (Sassen 1996). Damit werden die zunehmenden grenzüberschreitenden Abhängigkeiten bezeichnet, die die nationalstaatlichen polit-ökonomischen Regulierungssysteme vielfältig begrenzen oder sogar unterlaufen.

Die aus Umstrukturierungen und Internationalisierungsprozessen resultierende Entwicklung der Zahl der Arbeitsplätze bewegt sich i.d.R. nicht im Gleichschritt mit den Veränderungen der Nachfrage nach bezahlter Arbeit. Die Zunahme nichtstandardisierter Arbeitsverhältnisse, die Prekarisierung von Arbeitsmärkten und der Anstieg der Arbeitslosigkeit sind Facetten dieses Ungleichgewichts, spiegeln aber auch den hohen Stellenwert von „Flexibilität" in neueren Unternehmensstrategien. Die soziale Fragmentierung zeigt sich vor allem im städtischen Kontext. Bestimmte Bevölkerungsgruppen sind in diesem Prozeß stärker als andere von den Veränderungen der Arbeitsbedingungen betroffen – eine dieser Gruppen bilden die ausländischen ArbeitnehmerInnen (Grüner 1992; Körner 1990). Sie sind besonders oft in den weniger geschützten Teilbereichen des Arbeitsmarktes beschäftigt und sind auch überdurchschnittlich häufig von Arbeitslosigkeit bedroht.

Die Internationalisierungsprozesse und die hiermit auch einhergehenden beschäftigungsbezogenen Prekarisierungstendenzen im Nahrungsgütersektor manifestieren sich – so unsere These – in verschiedenen Dimensionen, in denen sich jeweils gegenläufige Entwicklungen abzeichnen. Zwei dieser Dimensionen, die kulturelle und die sozialräumliche, skizzieren wir im folgenden.

Auf der kulturellen Ebene ist die Internationalisierung einerseits mit Standardisierung, andererseits mit Ausdifferenzierung verbunden. Das birgt Probleme und Chancen. Die Standardisierung von Produkten wird von transnationalen Unternehmen mit dem Ziel eines globalen *marketings* vorangetrieben. Gerade die Nahrungsgüterindustrie nimmt dabei eine Vorreiterrolle ein. Das Schlagwort der *„McDonaldisierung"* der Gesellschaft (Ritzer 1996), als Bezeichnung für ein bestimmtes Rationalisierungsmodell sowohl der ökonomischen als auch der kulturellen Normierung und Standardisierung von Konsummustern, steht für einen Pol der Internationalisierungsprozesse. Die sog. systemische Gastronomie, d.h. Restaurant-Ketten und *fast-food* Restaurants, versorgen die Konsumenten zu relativ niedrigen Preisen quasi am Fließband. Die Standardisierung zielt auf eine erhebliche Einsparung von Personalkosten ab und ist von einer Dequalifizierung der Arbeitsplätze und einer Prekarisierung der Beschäftigungsbedingungen (verglichen mit herkömmlichen Restaurants) begleitet. In deregulierten Ökonomien können die großen Unternehmen aufgrund des geringen Grades gewerkschaftlicher Organisierung der Belegschaft das Lohnniveau niedrig halten und vor dem Hintergrund struktureller Arbeitslosigkeit bestimmter Bevölkerungsgruppen (vor allem Frauen, Jugendliche und MigrantInnen) diese Politik durchsetzen.

Die kulturelle Dimension der Internationalisierungsprozesse ist aber auch geprägt durch einen gegenläufigen Trend, hin zu stärkerer Ausdifferenzierung von Konsummustern. Eine schmale Schicht von zahlungsfähigen KonsumentInnen wendet sich zunehmend einem qualitativ hochwertigen und spezialisierten Angebot zu. Die exotische „ethnische" Küche kommt diesem Bedürfnis entgegen. Hier bieten sich Chancen auch für zugewanderte Unternehmer und Arbeitskräfte, denn ihr Angebot kann sich nunmehr auch an die einheimische Bevölkerung richten. Beide Anbietergruppen – sowohl im obersten als auch im untersten Segment – nutzen Formen der Arbeitsorganisation, die auf billige und extrem flexible Arbeitskräfte setzen: Jugendliche, TeilzeitarbeiterInnen und AusländerInnen. In Deutschland füllt das *fast-food*-Geschäft auch die Kassen vieler kleiner selbständiger Unternehmer ausländischer Herkunft: Döner-Kebab und Pizza gehören zu den *fast-food*-Produkten mit dem höchsten Umsatz (Seidel-Pielen 1996).

Ähnlich polar strukturiert wie im Gaststättenbereich ist die Situation im Lebensmitteleinzelhandel, wo die Bandbreite von Supermärkten und Ladenketten einerseits und spezialisierten, exklusiven Geschäften (Delikatessen) andererseits markiert wird. Auch hier suchen und finden AusländerInnen als Beschäftigte *und* als FirmengründerInnen ihre Chance, häufig im unteren, teilweise aber auch im oberen Segment.

Die Bereicherung der deutschen Küche durch Angebote aus Europas Süden ist eine Entwicklung, die hauptsächlich der Gastarbeiterpolitik geschuldet ist, d.h. der aktiven Anwerbung ausländischer Arbeitskräfte von Mitte der 50er Jahre an bis 1973. Viele dieser zugewanderten Arbeitskräfte haben sich inzwischen selbständig gemacht, vor allem im Nahrungsmittelsektor (vgl. den Beitrag von Pichler in diesem Band). Die Verbreitung des Döner-Kebab in Deutschland – und Berlin ist die „Döner-Hochburg" – verdankt sich den Migranten aus der Türkei, deren Kreation offenbar auch den Geschmack der Deutschen getroffen hat (Seidel-Pielen 1996).

Die räumliche Dimension der Transformationsprozesse der Nahrungsmittelbranche steht im Zusammenhang mit neuen Informationstechnologien und relativ niedrigen Transportkosten. Dies erlaubt die Dezentralisierung von Produktionsstätten, aber auch die Lokalisation von einzelnen Gliedern der Wertschöpfungskette an Orte mit den jeweils günstigsten Rahmenbedingungen. In den letzten Jahren hat sich zudem die Niederlassungsstruktur des Einzelhandels im Food-Sektor verändert: die Einkaufszentren auf der „grünen Wiese" sind Ausdruck von Suburbanisierungsprozessen und des Vordringens großer Handelsketten. Gleichzeitig eröffnen sich in den städtischen Zentren Chancen für MigrantInnen/ethnische Minderheiten. Sie können von Reurbanisierungsprozessen durch die Eröffnung eines eigenen Unternehmens profitieren bzw. in diesem Kontext eine Erwerbsmöglichkeit finden.

Bei der Untersuchung der Arbeitsmarktbedingungen von Personen türkischer Herkunft in Berlin wollen wir auch die Reichweite von zwei Ansätzen prüfen, die in der US-amerikanischen wissenschaftlichen Debatte über die Rolle von ausländischen Arbeitskräften hervorstechen (Hillmann 1997):

– ethnic business bzw. Enklave-Ökonomien und
– Arbeitsmarktstrukturierung, speziell ethnische Segregation.

Die erste Forschungslinie akzentuiert mit Konzepten ursprünglich der *middlemenminorities*, dann der *ethnic enterprises* und *ethnic enclaves* die Bedeutung von ethnischer Zugehörigkeit für die Eingliederung von ImmigrantInnen und ethnischen Minderheiten in den Arbeitsmarkt. Sie definiert ethnisches Gewerbe vor allem durch die Merkmale einer spezifischen Kapitalakkumulation (durch Familienersparnisse oder durch Kreditrotation oder beides) sowie durch einen hohen Grad an interner Solidarität und Vertrauen. Verwandtschaftliche und regionale Bindungen stärken die Gemeinschaft. Gleichzeitig sind Tendenzen zu paternalistischer und hierarchischer Arbeitsorganisation sowie intensiver (Selbst-)Ausbeutung unverkennbar; von den Beschäftigten werden diese Bedingungen im Hinblick auf die Chance eigener zukünftiger Selbständigkeit hingenommen. Enklaventheoretische Ansätze zeichnen sich zusätzlich durch ihren räumlichen Bezug aus. „Chinatown", „Koreatown" und „Little Italy" beispielsweise sind räumlich fixierte Konzentrationen von eingewanderten Bevölkerungsgruppen und gleichzeitig spezialisierte Einheiten, die die Bedürfnisse einer besonderen Klientel bedienen und eine Nischenfunktion erfüllen.

Die segmentationstheoretischen Ansätze analysieren die Rolle der ausländischen Arbeitskräfte innerhalb dualisierter Arbeitsmärkte. ImmigrantInnen – so die Prämisse – werden in bestimmten Segmenten des Arbeitsmarktes absorbiert, weil sie aufgrund ihrer Bereitschaft zu flexiblem Einsatz bei geringer Entlohnung einen kostengünstigen Wettbewerbsfaktor für die Wirtschaften der Länder darstellen. In den 90er Jahren werden segmentationstheoretische Ansätze in den USA verstärkt aufgegriffen, weil sich immer deutlicher zeigt, daß ethnische Segregation dauerhaft ist und die These vom zeitlich begrenzten *skill-mismatch* nicht haltbar ist (Waldinger 1996).[4]

Wie gestalten sich die Verhältnisse in Berlin und hier vor allem im Nahrungsgütersektor? Wir zeichnen im folgenden zwei Bilder, die aufgrund der Datenlage und des frühen Stadiums unserer Untersuchung vorerst Skizzen bleiben müssen: Zur Situation und Perspektive der „Lohnabhängigen" stehen uns nur die lückenhaften amtlichen Statistiken und einige Experteneinschätzungen zur Verfügung.

---

4 Am Beispiel der personenbezogenen Dienstleistungen siehe Sassen (1991); am Beispiel der Tagelöhner siehe Valenzuela (1996); für den Nahrungsmittelsektor siehe Parker (1996).

Für den Bereich der Selbständigen kombinieren wir amtliche Daten und vorliegende Studien mit einer eigenen Pilotstudie.

2. Wovon satt werden? Ausländerbeschäftigung in der Krise

Berlin ist „multikulturell" geworden – zumindest vermitteln die Statistiken diesen Eindruck. Die Zahl der ausländischen Wohnbevölkerung liegt mit etwa 450.000 Personen Ende 1995 höher als in den übrigen deutschen Ballungsräumen; die türkische *community* ist mit ca. 140.000 Menschen die größte außerhalb der Türkei. Fast die Hälfte (45,6 %) der ausländischen Wohnbevölkerung in Berlin stammt aus den ehemaligen Anwerbeländern, zwei Drittel davon aus der Türkei. Die „Ausländerquote" Berlins gehört zwar nicht zu den Spitzenwerten unter den Großstädten, liegt aber mit 16,9 Prozent in den westlichen Bezirken weit über dem bundesdeutschen Durchschnittswert von 8,6 Prozent. In einzelnen westlichen Bezirken werden deutlich höhere Quoten erreicht: Kreuzberg 33,1 Prozent, Wedding 27,7 Prozent, Tiergarten 25,5 Prozent. Der mit 5,3 Prozent weit niedrigere Prozentsatz in den östlichen Bezirken erinnert an die frühere Teilung der Stadt.[5]

Die im September 1996 in Berlin registrierten 88.834 sozialversicherungspflichtig Beschäftigten ausländischer Herkunft stellen 7,3 Prozent der Gesamtbeschäftigung im Land. Ihre Verteilung nach Wirtschaftsabteilungen zeigte zwischen 1990 und 1994 ähnliche Entwicklungstrends wie bei den deutschen Beschäftigten: Zunahme des Gewichts von Dienstleistungssektor und Bauwirtschaft, Abnahme beim Verarbeitenden Gewerbe. Dennoch zeigte die Struktur im März 1994 markante Unterschiede: im Verarbeitenden Gewerbe waren 19 Prozent der Deutschen, aber 28 Prozent der Nichtdeutschen tätig,[6] im Dienstleistungsbereich betrugen die Anteile 32 Prozent bzw. 38 Prozent. Auch in der Bauwirtschaft war mit 11 Prozent eine größere Quote der Nichtdeutschen als der Deutschen (8 %) tätig, während im Handel 14 Prozent der Deutschen, doch nur 8 Prozent der Nichtdeutschen Beschäftigung fanden (Senat von Berlin 1995, S. 7). Im Dienstleistungssektor gibt es Konzentrationsfelder von „Ausländerbeschäftigung". Das Gaststätten- und Beherbergungsgewerbe, in dem 11,1 Prozent aller Nichtdeutschen in Berlin beschäftigt sind, gehört mit einer „Ausländerquote" von 28,1 Prozent zweifelsfrei dazu.[7] Etwa jede/r sechste hier Beschäftigte ist türkischer Herkunft oder – anders gewendet – ca. 5 Prozent der türkischen Arbeitskräfte in Berlin sind in dieser Wirtschaftsgruppe tätig (Auskunft des Landesarbeitsamts Berlin-Brandenburg). Ernährungsberufe gehören zu den häufigsten Berufen der sozialversicherungspflichtigen ausländischen ArbeitnehmerInnen (Senatsverwaltung 1995, S. 82 f.). Schät-

---

5 Entsprechendes gilt für den Anteil nichtdeutscher Beschäftigter in den neuen Bundesländern (Stoll 1994).
6 Im Bundesdurchschnitt lag die Quote im Herbst 1995 mit 31 Prozent etwas höher (Repräsentativuntersuchung 1995, S. 78).
7 Bundesweit betrug dieser Anteil 1993 29,6 Prozent (zitiert nach Bundesbericht 1995, S. 135).

zungsweise arbeiten 3-4 Prozent der Nichtdeutschen in der Nahrungsmittelproduktion.

Die Beschäftigungsfelder von MigrantInnen/ethnischen Minoritäten im Gaststätten- und Beherbergungsgewerbe sind gespalten: während sie in den Hotels auch als Fach- und Führungskräfte eingestellt werden – die Internationalität ist ein traditionelles Merkmal dieses Wirtschaftszweiges –, sind Erwerbstätige ausländischer Herkunft in Restaurants überwiegend als Hilfskräfte tätig. Nichtdeutsche Beschäftigte stellen 9,1 Prozent der Mitglieder der Gewerkschaft Nahrung, Genuß und Gaststätten; fast die Hälfte dieser Gewerkschaftsmitglieder sind TürkInnen (tel. Auskunft des NGG-Experten). Der Organisationsgrad der AusländerInnen ist hier deutlich geringer als der ihrer deutschen KollegInnen.

Im Handel, der in Berlin verglichen mit dem Gaststätten- und Beherbergungsgewerbe die vierfache Arbeitskräftezahl ausweist, aber insgesamt sinkende Beschäftigung registriert, lag die „Ausländerquote" im Juni 1996 bei 5,2 Prozent, davon 39,9 Prozent TürkInnen (Mitteilung des Landesarbeitsamts Berlin-Brandenburg). Während männliche Migranten vor allem für die körperlich belastenden Jobs etwa in Lagerhallen eingestellt werden, finden Frauen ausländischer Herkunft – vor allem Türkinnen – auch im Verkaufsbereich Ausbildungs- und Arbeitsplätze.[8]

Ob sich diese stark segmentierte Beschäftigungsstruktur für Personen ausländischer Herkunft in Zukunft verändert, darüber könnten die Ausbildungsstatistiken Hinweise liefern. Die Ausländeranteile unter den Auszubildenden markieren ihre Zugangschancen zu berufsfachlichen Arbeitsmarktsegmenten (in Abgrenzung zum Jedermanns-/Jederfrau-Arbeitsmarkt). Die Verteilung der Lehrlinge nach Berufen verweist auf sektorale Inklusions- bzw. Exklusionsprozesse. Ende 1995 lag der Anteil der AusländerInnen an den bei der Industrie- und Handelskammer Berlin registrierten Ausbildungsverhältnissen bei 10,2 Prozent (IHK Berlin 1996), in der Lehrlingsrolle der Handwerkskammer fanden sich immerhin 13 Prozent Nichtdeutsche. In den für unsere Fragestellung besonders relevanten Handwerksberufen in Bäckerei, Konditorei und Fleischerei sind die Ausländerquoten allerdings deutlich unterdurchschnittlich und erreichen in keinem Fall 6 Prozent; dies gilt auch für die Ausbildungen als FachverkäuferIn im Nahrungsmittelhandwerk (Handwerkskammer Berlin 1996).

Vergleicht man die Daten für 1993 über die zehn wichtigsten Ausbildungsberufe bei Deutschen und Nichtdeutschen in Berlin, jeweils differenziert nach Frauen und Männern, so sind folgende Momente auffällig:

– Die Geschlechtsspezifik der Berufswahl ist stärker ausgeprägt als die Differenzen zwischen Deutschen und Nichtdeutschen. Bei den jungen Männern stimmen 7 der 10 Ausbildungsberufe überein, allerdings entfallen darauf bei

---

8 Auch die Repräsentativerhebung im Auftrag des Bundesarbeitsministeriums weist für 1995 den Handel als einen der Beschäftigungsschwerpunkte ausländischer Frauen aus. Aus der Tatsache, daß fast jede vierte Türkin eine Tätigkeit im Handel angab, wird auf die Bedeutung von Familienbetrieben geschlossen (Repräsentativuntersuchung '95, S. 78).

den Deutschen nur 34,1 Prozent aller Ausbildungsverhältnisse, bei den Nichtdeutschen 39,1 Prozent. Bei den jungen Frauen sind sogar 8 Berufe der „Hitliste" gemeinsam. Gut die Hälfte (50,7 %) der deutschen weiblichen Auszubildenden haben Verträge in diesen Berufen, während sich bei den nichtdeutschen fast Zweidrittel (64,1 %) darauf konzentrieren.

- Insgesamt gilt für deutsche wie nichtdeutsche junge Männer, daß die Bandbreite ihrer Ausbildungsberufe größer ist als die der jungen Frauen (deutscher wie nichtdeutscher Herkunft). Bei allen Gruppen – außer den nichtdeutschen Frauen – ist die Bandbreite zwischen 1993 und 1994 geschrumpft, wie die steigenden Prozentanteile für die 10 häufigsten Berufe ausweisen (Senat von Berlin 1995, Tabelle 22, S. 51).

Die unterproportionale Beteiligung ausländischer Jugendlicher im dualen System der Berufsausbildung in Berlin und ihre starke sektorale Spezialisierung rechtfertigen kaum die Erwartung, daß diese Generation in Zukunft Zugang zu deutlich qualifizierteren Berufspositionen in einem breiteren Spektrum von Tätigkeiten finden wird.[9]

Das Zusammentreffen von gesamtwirtschaftlichen Restrukturierungsprozessen mit den Anpassungsproblemen nach der Vereinigung der beiden Stadthälften hat auf dem Berliner Arbeitsmarkt Spuren hinterlassen. Vom Ab- und Umbau des Produzierenden Gewerbes sind Arbeitskräfte aus Ländern außerhalb der EU aufgrund ihrer überproportionalen Tätigkeit in diesem Sektor und ihres (aufgrund des sog. Inländerprimats) weniger geschützten Beschäftigungsstatus besonders betroffen. Zudem werden sie teilweise durch Arbeitskräfte aus Ost-Berlin und dem Berliner Umland verdrängt (Ausländerbeauftragte 1994, S. 15). Von der Ausweitung der sogenannten geringfügigen Beschäftigung („610,- DM-Verträge") profitieren Migranten/ethnische Minoritäten dagegen (nach Aussagen gewerkschaftlicher ExpertInnen) weniger als Deutsche. Da wegen der schwierigen Arbeitsmarktsituation auch keine Genehmigungen für Saisonarbeit für diesen Sektor in Berlin erteilt werden, bleiben für arbeitsuchende Nicht-EU-Ausländer (wie es im Amtsdeutsch heißt) oft nur ungeschützte Jobs als Ausweg. Experten des Landesarbeitsamtes schätzen die „Ausländerquote" unter den nicht-sozialversicherungspflichtig Beschäftigten in Hotels und Gaststätten der Stadt auf 90 Prozent. Vermutet wird hier auch ein steigendes Volumen von „Schwarzarbeit" und so gehört dieser Sektor – neben der mit weitem Abstand führenden Baubranche –

---

9 Auf der Basis der Daten des Sozio-ökonomischen Panels dokumentiert Seifert für die Periode 1984 bis 1989 bezogen auf die alte Bundesrepublik folgende Trends (Seifert 1995, S. 167-200):
  - sinkende Anteile ungelernter Arbeiter (vor allem unter den TürkInnen),
  - überproportionale Schwierigkeiten bei ausländischen Beschäftigten, sich in qualifizierteren Positionen zu behaupten und schließlich
  - eine bemerkenswerte Instabilität der Beschäftigung von AusländerInnen im betriebsspezifischen Arbeitsmarktsegment; letzteres deutet er als Indiz für Diskriminierung ausländischer Beschäftigter in qualifizierten Segmenten des Arbeitsmarktes (ähnliche Argumente bei Gillmeister/Kurthen/Fijalkowski 1989).

zu den Schwerpunkten der Ermittlungen seitens der Polizei, des Zolls und der Arbeitsamtsfahnder. Die Außenprüfungen wurden zwischen 1990 und 1996 sehr intensiviert; etwa ein Fünftel davon entfiel jeweils auf die Gastronomie (die Zahl der in diesem Sektor untersuchten Firmen stieg von 320 auf 1.770). Dabei wurde eine so stark wachsende Häufigkeit von Leistungsmißbrauch (von 75 auf 963 Fälle) und illegaler Ausländerbeschäftigung (von 49 auf 550 Fälle) festgestellt, daß sie nicht hinreichend mit der Intensivierung der Kontrolle erklärt werden kann (Mitteilung des Landesarbeitsamtes Berlin-Brandenburg).

Demgegenüber repräsentieren die offiziellen Daten der Arbeitslosenstatistik nur die Spitze des Eisberges der Beschäftigungskrise. Tatsächlich lag die Arbeitslosenquote der Personen ausländischer Herkunft traditionell über der der Deutschen, aber diese Differenz war noch nie so groß wie in jüngster Zeit. Im Dezember 1996 erreichte die durchschnittliche Arbeitslosenquote in den westlichen Bezirken Berlins 16,4 Prozent, die der Zuwanderer lag mit 23,6 Prozent deutlich höher[10] (Mitteilung des Landesarbeitsamts Berlin-Brandenburg). Etwa vier von fünf (79 %) Arbeitslosen ausländischer Herkunft können keinen anerkannten Berufsabschluß nachweisen, während dies unter den deutschen Arbeitslosen nur für knapp jeden zweiten (46 %) zutrifft. Es wäre jedoch ein Mißverständnis, würde man unter Hinweis auf diese Diskrepanz argumentieren, Qualifikationsdefizite seien für die überproportionalen Arbeitsmarktrisiken von AusländerInnen ursächlich. Die Botschaft ist vielmehr, daß Berufsausbildung einen härteren *Selektionsfilter* für sie als für Deutsche darstellt.[11] Die Verschärfung der Krise am Berliner Arbeitsmarkt während der letzten Jahre hat insbesondere für 20-25jährige Jugendliche ausländischer Herkunft ohne abgeschlossene Berufsausbildung den Zugang zur Beschäftigung erschwert, wie ihre überproportional gestiegenen Arbeitslosenquoten anzeigen (Ausländerbeauftragte des Senats 1994, S. 15).

Im Rückblick auf die skizzierten Ausschnitte des Berliner Arbeitsmarktes (insbesondere im Nahrungsgütersektor) scheinen zwar etliche positive Facetten auf wie die Einbeziehung der Beschäftigten ausländischer Herkunft in den sektoralen Wandel und die verstärkten Ausbildungsquoten unter den Jugendlichen. Unverkennbar handelt es sich aber um einen Modus der Integration, der auf Reversibilität setzt, wie die weit überproportionale Steigerung der Arbeitslosenquote der Nichtdeutschen anzeigt. Die Daten zu den „flüssigen" Formen der Beschäftigungskrise – nämlich die vielfältigen Prekarisierungstendenzen von Arbeitsverhältnissen – und Expertenschätzungen weisen in die gleiche problematische Richtung.

---

10 Die umgekehrte Relation in Berlin-Ost (14,4 % durchschnittliche Arbeitslosenquote, aber nur 4,3 % unter Migranten) spiegelt hauptsächlich das Erbe des sozialistischen Regimes und kann nicht als Argument gegen den oben festgestellten Trend herangezogen werden.
11 Immerhin ist im Bundesgebiet West der Anteil der Auszubildenden bezogen auf die Zahl der 15-18jährigen Jugendlichen ausländischer Herkunft von 26,9 Prozent 1987 auf 40,4 Prozent 1992 gestiegen, unter den jungen TürkInnen wuchs die Quote im gleichen Zeitraum sogar von 25,2 Prozent auf 44,0 Prozent (Bundesbericht 1995, S. 132).

3. Wirtschaftliche Selbständigkeit[12] als „Königsweg" aus der Arbeitsmarktkrise?

In Zeiten der Arbeitslosigkeit gehört der Hinweis auf die Chancen wirtschaftlicher Selbständigkeit zum Standardrepertoire der politischen Problembearbeitung. Wer die Initiative ergreift, sich selbst (und evtl. auch anderen) einen Arbeitsplatz zu schaffen, kann i.d.R. mit öffentlicher institutioneller Unterstützung rechnen. Der 1989 gegründete und vom Berliner Senat geförderte gemeinnützige „Verein für Gegenseitigkeit" beispielsweise betreibt seit 1990 ein Beratungs- und Ausbildungszentrum für zugewanderte Gewerbetreibende.[13] Seine Dienstleistungen werden vor allem von türkischen Ratsuchenden in Anspruch genommen (Ausländerbeauftragte des Senats 1994, S. 101). Besondere finanzielle Förderungen für Existenzgründer (z.B. im Rahmen des § 55a AFG) gelten auch für Ausländer aus Ländern, die nicht der EU angehören – soweit sie die Voraussetzungen erfüllen.

Die für Nicht-EU-Ausländer zentrale Bedingung für die Eröffnung eines Unternehmens, die Aufenthaltsberechtigung[14] (die üblicherweise nach acht Jahren mit Aufenthaltserlaubnis erteilt wird), ist für die Mehrheit der Personen aus der Türkei und Ex-Jugoslawien kein Stolperstein mehr[15]; dies sind die beiden wichtigsten ehemaligen Anwerbestaaten der Gastarbeiterabkommen, die noch nicht Mitglied der EU sind. Allerdings sind einige Wirtschaftssektoren aufgrund spezifischer Qualifikationsanforderungen kaum für Ausländer zugänglich. Bekannt ist dafür das Handwerk, wo die Eröffnung eines Betriebes an die Vorlage eines Meisterbriefes gebunden ist. Aber auch andere juristische und/oder administrative Vorgaben tragen – neben dem sehr unterschiedlichen Bedarf an Startkapital – dazu bei, daß die Hürden für eine Betätigung als Selbständige/r in den einzelnen Wirtschaftssektoren verschieden hoch sind – erst recht aus der Perspektive von Nichtdeutschen. Aus dem Zusammenwirken dieses Faktorenbündels erklären sich

---

12 Obwohl wir wissen, daß dies nach der betriebswirtschaftlichen Nomenklatur nicht korrekt ist, werden folgende Begriffe als Synonyme verwendet: UnternehmerIn, Selbständige/r, FirmeninhaberIn, ExistenzgründerIn.

13 Das Wirtschaftsministerium Nordrhein-Westfalen fördert seit 1995 bzw. 1996 fünf „Regionale Transferstellen", die vom Zentrum für Türkeistudien getragen werden. Sie verfolgen u.a. die Ziele, neue Unternehmensgründungen anzuregen bzw. bestehende Betriebe zu konsolidieren sowie die Zusammenarbeit und die dauerhafte wirtschaftliche Integration zu unterstützen (Zentrum für Türkeistudien 1996, S. 27).

14 Ein Unternehmen kann zwar von Nicht-EU-Ausländern auch mit einem 3-monatigen Geschäftsvisum gegründet werden, aber für die Berliner Wohnbevölkerung ausländischer Herkunft ist der Zugang zur Selbständigkeit über die Aufenthaltsberechtigung der Regelfall.

15 Bürger aus Nicht-EU-Staaten ohne Aufenthaltsberechtigung müssen bei der Ausländerbehörde einen Antrag auf selbständige Tätigkeit stellen, der i.d.R. von den zuständigen Kammern (IHK und Handwerkskammer) begutachtet wird. Maßstäbe sind dabei: „übergeordnetes wirtschaftliches Interesse", „besonderes örtliches Bedürfnis" oder „kein Schaden für die gesamtwirtschaftlichen Belange" (IHK Berlin/BAO Berlin 1993, S. 4 ff.).

Tabelle 1: Selbständige in der BRD (alt) 1981-1995

	1981		1985		1989		1995	
	abs.	%	abs.	%	abs.	%	%	abs.
Deutsche	3,1 Mio.	12,3	3,0 Mio.	12,2	2,9 Mio.	11,2	11,6	3,1 Mio.
Ausländer	102.000	4,7	140.000	6,9	151.000	7,1	8,5	242.000

Quellen: Statistisches Bundesamt: Fachserie 1 – Bevölkerung und Erwerbstätigkeit, Reihe 4.1.1 – Stand und Entwicklung der Erwerbstätigkeit 1982, 1987, 1990 und 1996.

die traditionell und auch international relativ hohen Quoten ausländischer Unternehmen im Einzelhandel (speziell auch mit Nahrungsgütern) sowie im Gaststätten- und Beherbergungsgewerbe. Davon wird noch zu berichten sein.

Die empirische Datenlage zu Situation und Entwicklung nichtdeutscher Selbständiger ist äußerst dürftig. Die vorliegenden Studien sind i.d.r. auf bestimmte Regionen, Sektoren und/oder ethnische Gruppen begrenzt und müssen zudem zumindest teilweise auf Schätzungen zurückgreifen. Die Daten des Mikrozensus, die mit der Problematik der Selbsteinstufung verbunden sind, zeigen seit Anfang der 80er Jahre steigende Tendenzen sowohl bei der Zahl „ausländischer" Selbständiger als auch bei ihrer Quote unter der Erwerbsbevölkerung ausländischer Herkunft. Die Entwicklung der Selbständigenquote unter der deutschen Bevölkerung war dagegen rückläufig und zeigt erst seit der Vereinigung wieder leicht aufwärts (vgl. Tabelle 1).

Allein in der Periode von 1988 bis 1994 ist ein Zuwachs von über 100 Prozent bei den nichtdeutschen Selbständigen dokumentiert. Türkische Einwanderer stellten 1994 mit 38.700 Selbständigen die zweitstärkste Gruppe (nach den Italienern mit 45.000) (Zentrum für Türkeistudien 1996, S. 14). Bislang liegt die Selbständigenquote der Ausländer niedriger als die der Deutschen, aber repräsentative Umfragen verweisen auf ihre aktuell deutlich stärkere Motivation, sich als „freier Unternehmer" zu betätigen (Zentrum für Türkeistudien 1989). Für Berlin bestätigen die Statistiken[16] über Gewerbean- und -abmeldungen diese Trends: In der Periode 1991 bis 1995 verbargen sich hinter einer fast gleichbleibenden Gesamtzahl der Anmeldungen Rückgänge bei den deutschen Neueröffnungen um 3 Prozent, aber Zuwächse bei den nichtdeutschen Gründungen um 37 Prozent. Die Zahl der Selbständigen ausländischer Herkunft in Berlin stieg von 9.300 im Jahre 1991 auf 13.300 im Jahre 1993, was einer Erhöhung um gut 40 Prozent in nur zwei Jahren entspricht (Senat von Berlin 1995).

Die Präferenz von Ausländern, sich im Bereich Gastgewerbe selbständig zu machen, ist unverkennbar. 1992 war in der Bundesrepublik gut ein Viertel (26 %) aller Betriebe mit ausländischem Inhaber in diesem Sektor angesiedelt, von den deutschen dagegen nur 6 Prozent (von Loeffelholz u.a. 1994, S. 52). Die Statistiken

16 Diese Erhebungen des Statistischen Landesamtes sind nach sieben Wirtschaftsbereichen, städtischen Bezirken und den zahlenmäßig wichtigsten Nationalitäten differenziert.

über Gewerbeeröffnungen in Berlin für 1994 bestätigen exakt dieses Bild: ein Viertel aller neuen Firmen mit ausländischen Inhabern konzentrierte sich auf diesen Bereich. Anders gewendet: eines von drei der neuen Unternehmen wurde von einem Ausländer angemeldet; 36 Prozent der ausländischen Gaststätteninhaber waren türkischer Herkunft (Statistisches Bundesamt 1995).

Auch der Einzelhandel – insbesondere mit Lebensmitteln – gehört traditionell zu den Betätigungsfeldern von Migranten/ethnischen Minoritäten. Dennoch ist es nicht selbstverständlich, daß dies auch für Deutschland zutrifft, zumal hier die (Preis-)Konkurrenz im Einzelhandel aufgrund der Oligopolstruktur auf der Händlerseite so hart ist wie in keinem anderen europäischen Land. Tatsächlich gehörte in den alten Bundesländern 1992 fast jedes sechste Unternehmen (15 %) mit einem ausländischen Inhaber zum Einzelhandel (von Loeffelholz u.a. 1994, S. 18). Die inzwischen beträchtliche Wohnbevölkerung ausländischer Herkunft als „Stammkunden" sowie die vergleichsweise geringen Kapital- und (spezifischen) Qualifikationsanforderungen in diesem Sektor machen diese Entwicklung plausibel. Zudem hat die steigende Beliebtheit „exotischer" Nahrungsgüter Nachfrage auch seitens deutscher Kunden geschaffen. So bleibt trotz aggressiver Wachstumsstrategien der Supermarktketten eine wirtschaftliche Basis für Läden mit *ethnic food*. Eine ähnlich polarisierte Entwicklung ist auch bei den Restaurants erkennbar. Neben den traditionellen Gaststätten hat sich seit Anfang der 70er Jahre mit rasanten Wachstumsraten die sog. System-Gastronomie ausgebreitet. Diese Modernisierungswelle verlief parallel zu der bereits in den 60er Jahren gestarteten Gründung von Restaurants mit ausländischer Küche *und* Inhabern. Die Entwicklung des türkischen Unternehmertums in Berlin, die wir im Rahmen einer Pilotstudie erkundet haben, ist im Kontext der bundesrepublikanischen Trends zu sehen (vgl. den Beitrag von Goldberg und Şen in diesem Band).

4. Die türkische Ökonomie

In den vergangenen drei Jahrzehnten hat sich das türkische Unternehmertum in Deutschland konsolidiert. Neben Unternehmen von in Deutschland ansässigen Türken sind inzwischen auch Tochtergesellschaften oder Repräsentanzen der größten Konzerne und Banken aus der Türkei vertreten (ATIAD/KPMG, S. 8), so daß es vielfältige Verflechtungen zwischen dem deutschen und dem türkischem Wirtschaftsraum gibt. Den Grad der Etablierung belegt der Verband Türkischer Unternehmer und Industrieller in Europa e.V. (ATIAD), der im November 1992 auf Initiative von 25 in Deutschland ansässigen Unternehmen türkischer Nationalität in Düsseldorf gegründet wurde (ATIAD, S. 7).

Hinter der imponierenden Zahl von 41.500 türkischen Unternehmen, die für Ende 1995 genannt wird, verbirgt sich eine große Streubreite von Betriebstypen. Insgesamt 91 Prozent sind als Einzel- bzw. Kleinbetriebe zu klassifizieren, mehr als ein Drittel (37 %) ist sogar überhaupt ohne Beschäftigte; nur 8 Prozent gelten als mittlere, 1 Prozent als große Betriebe. In den neuen Bundesländern wurden nach der Wende bislang über 1.000 türkische Betriebe gegründet; das entspricht allerdings nur einem Anteil von 2,5 Prozent am Gesamtbestand in Deutschland (ATAID/KPMG, S. 14 f.).

Die Wirtschaftsbereiche türkischer Selbständiger haben sich diversifiziert, aber auch 1995 sind zwei von fünf türkischen Firmen im Einzelhandel tätig, jede vierte Firma gehört zum Gaststätten- und Hotelgewerbe; Handwerk und freie Berufe sind nach wie vor unterrepräsentiert (ATIAD/KPMG, S. 17). Die 55.000 ausländischen Betriebe im Gaststättengewerbe stellten 1992 – so eine Expertenschätzung – etwa 100.000 bezahlte Arbeitsplätze bereit und beschäftigten ca. 27.000 Familienangehörige (von Loeffelholz u.a. 1994, S. 78). Prognosen über die Wachstumspotentiale der „türkischen Wirtschaft" in Deutschland rechnen mit steigenden Raten angesichts der bislang (im Vergleich mit Deutschen und anderen Nationalitäten in Deutschland) weit unterdurchschnittlichen Selbständigenquote bei der türkischen Erwerbsbevölkerung.[17]

Auch in Berlin haben sich im Frühjahr 1996 türkische Selbständige zum Türkisch-Deutschen-Unternehmerverband Berlin-Brandenburg (TDU) zusammengeschlossen mit der doppelten Zielsetzung: Beratung und Unterstützung nach innen und Interessenvertretung nach außen.[18] Unter den derzeit 80 Mitgliedern sind alle relevanten Sektoren der türkischen Ökonomie in Berlin vertreten: Fleischverarbeitung, Bäckereien, Bankbetriebe, Druckereien, Groß- und Einzelhandel und Reiseveranstalter.

Die türkische Ökonomie in Berlin hat in den 90er Jahren eine besonders starke Dynamik entfaltet, nachdem sie zuvor die Stadien der Etablierung der türkischen Wohnbevölkerung in der Stadt spiegelte. Ab den 80er Jahren (der Zeit der Familienzusammenführung) ist nicht nur eine Ausdehnung, sondern auch eine erhebliche Diversifizierung zu beobachten. Die regionale Verteilung gerade der Betriebe im Lebensmittelsektor bildet die Struktur der Wohnquartiere von Türken ab[19]: auf die Bezirke Kreuzberg, Neukölln und Wedding konzentrierten sich 1990 mehr

---

17 1992 betrug die Selbständigenquote der Einheimischen 10 Prozent, unter den zugewanderten Italienern 11,1 Prozent, den Griechen 11,6 Prozent und unter den Österreichern in Deutschland sogar 13,7 Prozent (Bundesbericht 1995, S. 40).
18 Dieser erfolgreichen Etablierung waren mehrere Initiativen vorausgegangen, die nicht zielführend waren. Für die Schwierigkeiten gemeinsamer wirtschaftlicher Interessenartikulation machen Experten aus dem Verband die starke auch politische und religiöse Fragmentierung der türkischen *community* verantwortlich. Allerdings wurde bereits 1947 eine Türkisch-Deutsche Handelsgesellschaft im Handelsregister der Stadt eingetragen, die ihrerseits an die Traditionen der Vorkriegszeit anknüpfte, als zahlreiche deutsch-türkische Unternehmen ihren Firmensitz in der Stadt hatten (Museum für Europäische Migration 1992, S. 11).
19 Die derzeitige (geschätzte) Zusammensetzung der ausländischen Restaurants in Berlin zeigt dagegen Italiener und Griechen an der Spitze, gefolgt von Jugoslawen und Türken. Sie entspricht damit nicht der Größenordnung der jeweiligen ausländischen Wohnbevölkerung, sondern spiegelt den unterschiedlich weit zurückliegenden Zeitpunkt der Gastarbeiterabkommen mit den jeweiligen Herkunftsländern. Darin liegt zugleich ein Indiz für die Akzeptanz auch durch deutsche Konsumenten.

Tabelle 2: Türkische Unternehmen im Berliner Nahrungsgütersektor 1996

Kategorie	Anzahl
Imbisse	422
Lebensmittelgeschäfte	204
Restaurants	150
Bäckereien	113
Bistros	78
Türkische Cafés	39
Obst- und Gemüsegroßhandel	38
Döner-Produktion	35
Fleischer	17
Getränke-Großhandel	17
andere	16
Insgesamt	1.129

Quelle: Is rehberi (Türkisches Branchenfernsprechbuch) Berlin (1996).

als die Hälfte aller türkischen Restaurants, Imbisse und Lebensmittelhändler (Scholz 1990). Die Langsamkeit der Veränderung gewachsener sozio-ökonomischer Strukturen verdeutlicht die höchst ungleiche Verteilung des *ethnic business* in den östlichen gegenüber den westlichen Bezirken, Erinnerung an die sehr restriktiven Einwanderungsregelungen der DDR, aber auch größerer Risikobedenken ausländischer Gewerbetreibender heute im Hinblick auf ihre Akzeptanz bzw. Sicherheit in diesen Bezirken.

Das türkische Branchenfernsprechbuch für Berlin 1996 listet etwa 2.500 Firmen auf, fast die Hälfte davon im Nahrungsgütersektor.[20] Die Verteilung der Firmen auf die verschiedenen Geschäftsfelder dieses Sektors veranschaulicht Tabelle 2.

Bei den Produktionsbetrieben steht die Fleischverarbeitung hinsichtlich Investitionen und Umsatz an erster Stelle. Geliefert wird in praktisch alle Regionen der Bundesrepublik und auch ins Ausland. Neue EU-Standards haben umfangreiche Modernisierungs- und Rationalisierungsinvestitionen ausgelöst, in deren Folge es zu einer „Flurbereinigung" unter den Unternehmen kommen dürfte. Geschätzt wird, daß von den derzeitig 35 Konkurrenten etwa 6 überleben, was Absprachen bei den späteren Marktstrategien erwarten läßt. Der Handel hat mit etwa 37 Prozent der Firmen ein großes Gewicht in der türkischen Ökonomie Berlins. Von den bei der Kammer 1992 registrierten türkischen handwerklichen Betrieben in Berlin West waren 30 Prozent (108) im Nahrungsmittelgewerbe tätig (Museum für Europäische Migration 1992, S. 17). Als Unternehmen des (wachsenden) Dienstleistungssektors nehmen türkische Restaurants/Imbisse eine starke Stellung ein: sie repräsentieren etwa ein Viertel der türkischen Selbständigkeit in Berlin. Insbesondere die Döner-Imbisse haben Berlin als „türkische Metropole"

---

20 Schätzungen von Experten des Türkisch-Deutschen Unternehmerverbandes in Berlin kommen auf 5.000 Firmen, d.h. etwa die doppelte Zahl.

bekannt gemacht, zumal diese Variation eines traditionellen türkischen Essens angeblich in Berlin erfunden wurde (Seidel-Pielen 1996). Komplementär zur Dönerproduktion florieren auch die türkischen Bäckereien. Von den fünf Millionen Fladenbroten, die monatlich in Berlin produziert werden, wandern 80 Prozent in die Dönerherstellung.

Die Daten von ATIAD und auch die Informationen des TDU lassen erkennen, daß die Aktivitäten des türkischen Unternehmertums in Deutschland und in Berlin sich nicht mehr auf eine „Nischen-Ökonomie" beschränken. Vielmehr haben sie zahlreiche Verflechtungsbeziehungen mit der „einheimischen" Wirtschaft und erreichen auch (in mehr oder weniger großem Umfang) deutsche Kunden. Dennoch erscheint es uns aufschlußreich, auch die „ausfransenden Ränder" dieses *ethnic business* zu betrachten, die Felder, in denen sich der Wechsel von Lohnarbeit zur Selbständigkeit – und zurück – vollzieht.[21]

Mit der Vereinigung Berlins erlebte die türkische Ökonomie in der Stadt eine Art Gründungsboom: jährlich werden etwa 1.400 Betriebe türkischer Inhaber angemeldet – jedoch 1.000 wieder abgemeldet (Mitteilung TDU). Die Wachstumsdynamik, aber auch die Fluktuationstendenz[22] zeigen sich in dem relativ jungen Firmenalter in unserem *Sample* und weisen damit in die gleiche Richtung wie die Ergebnisse einer Studie, die (allerdings nur zu ausländischen Restaurants) Anfang der 90er Jahre in Westdeutschland durchgeführt wurde (Stavrinoudi 1992). Mehr als die Hälfte (24) der Betriebe unseres Samples sind erst in den 90er Jahren eröffnet worden, gut ein Drittel (15) ist in den 80er Jahren entstanden und nur vier Firmen stammen aus den 70er Jahren. Es überrascht nicht, daß bei den Firmen, die erst in den letzten drei Jahren gegründet wurden, die Imbisse überrepräsentiert sind, d.h. Betriebe mit besonders niedrigem Startkapital und (scheinbar) ohne Qualifikationsvoraussetzungen. Immerhin jeder fünfte Betrieb hat (mindestens) eine Filiale, etwa die Hälfte davon ebenfalls in Kreuzberg.

Im Hinblick auf die Annahme, daß der *Food*-Sektor sich auch wegen relativ geringen spezifischen Qualifikationsanforderungen für Ausländer als Einstiegstor in die Selbständigkeit anbietet, verspricht die Frage nach der beruflichen Vorbildung der Firmeninhaber Aufschlüsse. Gut die Hälfte von ihnen gibt an, eine Ausbildung abgeschlossen zu haben, 11 davon in der Türkei. Bei immerhin sieben Inhabern ist der Ausbildungsberuf der Nahrungsmittelverarbeitung bzw. dem

---

21 Wir referieren im folgenden einige Ergebnisse einer Pilotstudie, die wir Ende 1996 und Anfang 1997 in 43 türkischen Firmen des Lebensmittelsektors in Kreuzberg durchgeführt haben. Unser *Sample* (14 Imbißstände, 14 Lebensmittelläden, 10 Bäckereien, 3 Restaurants und 2 türkische Lokale) spiegelt weitgehend die Struktur der türkischen Ökonomie im Lebensmittelsektor, soweit sie das türkische Branchenfernsprechbuch für Berlin von 1996 erfaßt hat. Restaurants sind unter-, Bäckereien überrepräsentiert.
22 Nach Expertenschätzungen ist „die Konkursrate ausländischer Unternehmen in den ersten Jahren nach der Existenzgründung (...) höher als bei deutschen Existenzgründern" (Zentrum für Türkeistudien 1996, S. 25). Auf der Basis der Gewerbean- und abmeldungen wurde für die Jahre 1981-1991 eine Fluktuationsrate von fast 80 Prozent im türkischen Dienstleistungs- und Gaststättengewerbe in Berlin kalkuliert (Museum für Europäische Migration 1992, S. 14).

-verkauf zuzuordnen (Fleischer, Bäcker, Konditor), ansonsten ist das Berufsspektrum breit gestreut vor allem im handwerklich/gewerblichen Bereich. Für eine berufsfachliche Kontinuität sprechen die Angaben zur Tätigkeit vor der Entscheidung zur Firmengründung. Etwa ein Drittel der Befragten war vorher ebenfalls in der Nahrungsmittelverarbeitung oder im -verkauf tätig, ansonsten lassen sich keine spezifischen Akzente erkennen.

Als Motive für den Schritt in die Selbständigkeit nennen 16 Inhaber (d.h. fast 40 %) die Absicht, nicht mehr für andere arbeiten zu wollen, der eigene Chef zu sein oder eine Alternative zur Fabrikarbeit zu suchen. Dies ist auch nach Einschätzung von Experten des Türkisch-Deutschen Unternehmerverbandes eine tragende Motivation für Existenzgründer. Etwa ein Drittel in unserem *Sample* gibt an, sie hätten auf eine „Marktlücke" reagiert bzw. hätten ja schließlich über das Wissen (soweit erforderlich) verfügt. Nur zwei Antworten thematisieren Arbeitslosigkeit – ein bemerkenswerter Kontrast zur politischen und wissenschaftlichen Debatte, die faktischen oder drohenden Jobverlust als Anlaß für Firmengründungen gerade von AusländerInnen unterstellt.

Die Standortwahl in Kreuzberg wird von jedem Dritten mit der hohen Präsenz der türkischen Bevölkerung als (potentiellen) Kunden begründet, jeder vierte führt die Vertrautheit mit der Gegend und den eigenen Bekanntenkreis an. Diese Befunde lassen vermuten, daß die Firmengründungen nicht auf (wie exakt auch immer) kalkulierten Marktrecherchen basieren; Einschätzungen des Türkisch-Deutschen Unternehmerverbandes gehen in die gleiche Richtung.

Die Angaben zur Personalstruktur zeichnen das Bild von Klein- bis Kleinstunternehmen mit durchschnittlich 2-4 Arbeitskräften (einschließlich InhaberIn). Im Bundesgebiet wird dies für von Ausländern geführte Unternehmen im Gaststättengewerbe (von Loeffelholz u.a. 1994, S. 78) und auch für türkische Selbständige insgesamt als durchschnittliche Betriebsgröße geschätzt (Zentrum für Türkeistudien 1996, S. 15). Vier von fünf Beschäftigten in unserem Sample sind entweder die Inhaber selbst oder Familienmitglieder; beschäftigt werden fast ausnahmslos Türken. Fast alle Familienangehörige in unserem *Sample* (85 %) arbeiten angeblich bezahlt. Über die Art des Arbeitsvertrages (falls einer existiert) und die Höhe der Entlohnung liegen keine Angaben vor. Nur etwa eines von zehn Unternehmen gibt an, es könnte ohne den Einsatz der Familienmitglieder überleben,[23] d.h. umgekehrt: für 90 Prozent ist die kostengünstige und flexible Verfügbarkeit von Verwandten eine wesentliche Geschäftsgrundlage.

Die für Frauen offensichtlich deutlich geringere Attraktivität des Weges in die Selbständigkeit ist seit Jahren für die Bundesrepublik statistisch belegt.[24] Auch in

23 Die Daten des Mikrozensus zeigen, daß 1994 knapp die Hälfte der Firmen mit ausländischem Inhaber überhaupt keine Angestellten hatte. Die Zahl der mithelfenden Familienangehörigen stieg leicht überproportional und erreichte 1994 11 Prozent der Selbständigenzahl (Statistisches Bundesamt, Ergebnisse des Mikrozensus).
24 Die Diskrepanz besteht unter Deutschen und Ausländern. Zwischen 1984 und 1994 ist bei den Deutschen die Spanne zwischen der Gesamtselbständigenquote und der der Frauen mit sieben Prozentpunkten konstant geblieben, bei den AusländerInnen hat sie

unserer Studie stellt sich das Zahlenverhältnis zwischen den in diesem Sektor der türkischen Ökonomie unternehmerisch tätigen Männern und Frauen mit 3:1 als sehr ungleichgewichtig dar; unter den Firmeninhabern ist keine einzige Frau.

Immerhin 80 Prozent der Firmeninhaber unseres *Samples* können den Lebensunterhalt für sich und ihre Familie voll aus den Erträgen der selbständigen Tätigkeit decken.[25] In sechs Fällen ist das Einkommen weiblicher Familienmitglieder aus Erwerbsarbeit oder Arbeitslosengeld eine wichtige Aufstockung des Budgets.[26]

Während fast alle Betriebsinhaber sich zu Umsatz oder gar Gewinn nicht äußern wollen, halten sie mit Angaben zur Geschäftsentwicklung nicht hinter'm Berg – und die fallen mehrheitlich negativ aus. Etwa 70 Prozent beklagen rückläufige Umsätze in der jüngsten Vergangenheit, mehrfach werden 50 Prozent oder gar 70 Prozent genannt. Als die beiden wichtigsten Ursachen werden einerseits die durch Arbeitslosigkeit und steigende Mieten sowie sonstige Abgaben geschwächte Kaufkraft der Kunden angeführt, Argumente, die auch von Vertretern des deutschen Einzelhandels (speziell mit Lebensmitteln) und des Gastgewerbes für die stagnierenden oder sogar schrumpfenden Umsätze bemüht werden. Andererseits wird die wachsende Konkurrenz durch die zahlreichen neuen türkischen Geschäfte in der Gegend kritisiert. Die „Flucht" ihrer Landsleute in die Selbständigkeit ohne ausreichende Klärung des Marktes wird von verschiedenen Gesprächspartnern beißend kommentiert, obwohl auch ihre eigene Betriebsgründung selten fundiert vorbereitet war, wie die oben referierten Motive belegen. Der Verdrängungswettbewerb durch (deutsche) Supermärkte bzw. Kettenläden wird nicht erwähnt.

Diese ungünstigen Bedingungen werden von fast allen Befragten auch für die nächsten Jahre unterstellt.[27] Die meisten Firmeninhaber sehen sich dadurch nicht zu besonderen Aktivitäten herausgefordert, sondern reagieren passiv bis resignativ. Knapp die Hälfte der Unternehmen verwirft jeden Gedanken an Preiserhöhungen, teilweise mit der ausdrücklichen Begründung, keine Kunden verlieren zu wollen. Ob die Preise wenigstens gehalten werden können, ist aber keineswegs sicher, zumal bislang der Preis als wichtigster Aktionsparameter am Markt genutzt wurde und nach Angaben von Experten beispielsweise im Döner-Verkauf aber

---

sich dagegen von 4,8 Prozent auf 7,0 Prozent erweitert, weil hier der Selbständigen-Anteil unter den Frauen erheblich langsamer wuchs als der der Männer (Zentrum für Türkeistudien 1996, S. 16).

25 Die durchschnittliche Familiengröße in unserem Sample liegt bei 3,3 Erwachsenen und 2,7 Kindern.
26 Für die Einschätzung der wirtschaftlichen Situation der „Unternehmer"-Haushalte ist der Befund des sozio-ökonomischen Panels aufschlußreich, daß 1992 die Einkommen von Ausländern aus selbständiger Arbeit 10 Prozent unter dem Durchschnittseinkommen ausländischer Arbeitnehmer lagen (zitiert nach: Bundesbericht 1995, S. 40).
27 Diese Einschätzung deckt sich mit den Prognosen einer Unternehmensberatung für die Entwicklung der türkischen Ökonomie in Deutschland bis 2010, in denen für die Sektoren Gastronomie und Einzelhandel ein allenfalls flacher Anstieg vermutet wird, weil hier „insbesondere in den größeren Städten (...) das Angebot schon jetzt beinahe flächendeckend (ist)" (ATIAD/KPMG, S. 21).

auch beim Fladenbrot in Berlin keine Kostendeckung mehr gewährleistet ist.[28] Fast jedes zweite Unternehmen will versuchen, mehr Kunden zu gewinnen und bemerkenswert oft wird ausdrücklich die Zielgruppe „deutsche Kunden" genannt. Etwa ein Drittel aller türkischen Selbständigen vertritt die Losung „alles bleibt, wie es ist", gelegentlich mit resignativem Unterton („Ich habe keine Kraft mehr"). In einigen Fällen werden im Zusammenhang mit dem Verzicht auf Änderungen im Geschäft Pläne zur Rückkehr in die Türkei angesprochen. Inwieweit die ungünstige Geschäftsentwicklung solche Absichten veranlaßt oder allenfalls verstärkt bzw. beschleunigt hat, bleibt offen. Nur eine einzige optimistische Stimme meldet Expansionspläne an.[29]

5. Bilanzierung mit Unbekannten

Die Frage nach dem Status der türkischen Ökonomie und ihrem dynamischen Potential für die soziale Integration der türkischstämmigen Bevölkerung Berlins läßt sich auf der Basis der bisher vorliegenden Daten nicht eindeutig beantworten. Für einzelne Segmente der türkischen Ökonomie im Nahrungsgütersektor Berlins ist offensichtlich mit der Unternehmensgründung die wirtschaftliche Integration gelungen. Das in der US-amerikanischen Literatur für bestimmte Zuwanderergruppen beschriebene Modell der ethnischen Enklave als Katalysator zur Integration in die Mehrheitsgesellschaft läßt sich jedoch nicht umstandslos auf deutsche Verhältnisse übertragen. Dagegen spricht bereits, daß die türkische *community* in Deutschland eine geringere geographische Dichte als die der *model minorities* in den USA aufweist. Zudem ist für die 90er Jahre zumindest fraglich, inwieweit das türkische ethnische Gewerbe eine Schutzfunktion für diese ethnische Gruppe besitzt.

Die Rolle der türkischen Frauen innerhalb des *ethnic business* blieb weitgehend im Dunkeln. Wir haben immerhin einzelne Hinweise darauf, daß auch in Berlin – so wie in der amerikanischen Literatur mehrfach betont – die Funktionstüchtigkeit des ethnischen Gewerbes an ihre un- oder unterbezahlte Mitarbeit gebunden ist. Ob sich aber beispielsweise diese Geschlechtsspezifik bei der sog. zweiten Generation fortsetzt, war nicht zu klären. Wie die Daten der Repräsentativunter-

---

28 Der verschärfte Preisdruck wird durch erhöhte Selbstausbeutung zu kompensieren versucht (Seidel-Pielen 1996, S. 98, 106 ff., 132 ff.).
29 Die Ergebnisse einer 1995 ebenfalls in Kreuzberg durchgeführten Studie (mit allerdings noch kleinerem Sample als dem unsrigen) weisen ganz überwiegend in die gleiche Richtung wie unsere Befunde. Dies gilt insbesondere für das junge „Alter" der Betriebe, die Vertrautheit mit der Gegend als Kriterium für die Standortwahl, die bescheidene Betriebsgröße und der überwiegende Rückgriff auf Familienangehörige als Arbeitskraft sowie schließlich für die Dominanz der Männer als Betriebsgründer. Abweichungen zeigten sich dagegen darin, daß zwei Probleme thematisiert wurden: Arbeitslosigkeit als Motiv für den Weg in die Selbständigkeit und die Bedrängung durch die Konkurrenz deutscher Supermärkte und Ketten. Andererseits waren optimistische Töne etwas lauter (Häfliger et al. 1996).

suchung (1995) nahelegen, suchen und finden junge türkische Frauen weit häufiger als ihre männlichen Altersgenossen Ausbildungsplätze im Verkaufsbereich und Handel. Soweit dies auch für Berlin zutrifft, könnte dies – verknüpft mit den Informationen aus unserer Kreuzberg-Studie (bei der das ethnische Gewerbe von männlichen Arbeitskräften dominiert ist) – ein Anhaltspunkt für eine generationen- und geschlechtsspezifische Arbeitsteilung innerhalb der türkischen *community* sein.

Gut integriert und über Zulieferbeziehungen, aber auch Kundenströme vielfältig verflochten mit der deutschen wie mit der türkischen Ökonomie sind offensichtlich Döner-Fabriken, Großbäckereien und „etablierte" Restaurants. Für die Mehrheit der Firmeninhaber unserer Pilotstudie scheint aber eher die Einschätzung „ein Wechsel vom marginalen Arbeiter zum marginalen Unternehmer" zutreffend (von Loeffelholz u.a. 1994, S. 112). Die resignativen Einschätzungen hinsichtlich zukünftiger Perspektiven können auch Indiz dafür sein, daß die Kleinunternehmer auf Konjunkturschwankungen besonders verängstigt reagieren (müssen), weil sie auf der Basis marginaler Gewinne arbeiten. Unverkennbar ist allerdings bei einer großen Zahl dieser Firmen eine Orientierung auch auf deutsche Kunden. Angesichts der aktuellen wirtschaftlichen Turbulenzen ist offen, welche Unternehmen den Schritt aus der Randständigkeit schaffen, welche neuen Unternehmensformen dann gestaltet werden und wie der Generationenwechsel bei den Inhabern gelingt. Problematisch könnte sich dies sowohl bei den relativ erfolgreichen als auch bei den „marginalen" Betrieben erweisen – wenn auch aus unterschiedlichen Gründen. Bei erfolgreichen Unternehmern ist davon auszugehen, daß sie ihren Kindern und insbesondere ihren Söhnen eine weiterführende Schulbildung ermöglichen, was dazu führen könnte, deren Interesse an einer Geschäftsübernahme zu dämpfen. Bei prekären Betrieben könnte die „hautnahe" Beobachtung der harten Bedingungen die Kinder vor einer Übernahme abschrecken – falls eine Alternative verfügbar ist.

Was die türkische Ökonomie in Berlin ausmacht, läßt sich schwerlich als Mittelwert einerseits der einzelnen „Flaggschiffe" und andererseits des Heeres von Kümmerexistenzen darstellen. Gerade die Zusammenschau der Entwicklungen im Bereich der abhängigen Erwerbsarbeit und der Dynamik selbständiger Unternehmen verdeutlicht, daß Zuwanderer türkischer Herkunft in Berlin zunehmend ihre ethnische Zugehörigkeit – ansonsten vielfach der Ansatzpunkt für Diskriminierung – aktiv als Ressource nutzen. Die Konturen der türkischen Ökonomie lassen sich nur unscharf bestimmen, weil sich Güter-, Dienstleistungs-, Kapital- und Arbeitskräfteströme mit denen der „deutschen" Wirtschaft verflochten haben, weil Produkte und Verhaltensweisen durch die Erfahrung des Neben-, Gegen- und Miteinanders überformt wurden und weil die Staatsangehörigkeiten sich ausdifferenziert haben.[30]

---

30 Die Einbürgerungspraxis des Berliner Senats ist insofern relativ liberal, als in großem Umfang doppelte Staatsangehörigkeiten in Kauf genommen werden; 1991 war dies in 42,3 Prozent aller Einbürgerungen der Fall (Ausländerbeauftragte des Senats 1994, Tabelle 10, S. 72).

Literatur

ATIAD (o.J.): Ein Verband stellt sich vor, Düsseldorf.
ATIAD/KPMG (o.J.): Türkisches Unternehmertum in Deutschland. Die unsichtbare Kraft. Bestandsaufnahme 1996 und Perspektiven für das Jahr 2010, Düsseldorf/Frankfurt a.M.
Ausländerbeauftragte des Senats, 1994: Bericht zur Integrations- und Ausländerpolitik, Berlin.
Bade, Klaus J., 1992: Einheimische Ausländer: 'Gastarbeiter' – Dauergäste – Einwanderer, in: Klaus J. Bade (Hrsg.), Deutsche im Ausland – Fremde in Deutschland: Migration in Geschichte und Gegenwart, München: Beck, S. 393-400.
Bericht der Beauftragten der Bundesregierung für die Belange der Ausländer über die Lage der Ausländer in der Bundesrepublik Deutschland. Dezember 1995, Bonn (zitiert als: Bundesbericht 1995).
Bundesministerium für Arbeit und Sozialordnung (Hrsg.), 1997: Situation der ausländischen Arbeitnehmer und ihrer Familienangehörigen in der Bundesrepublik Deutschland, Bonn (zitiert als: Repräsentativuntersuchung '95).
Esser, Hartmut, 1990: Nur eine Frage der Zeit?, in: Hartmut Esser und Jürgen Friedrichs (Hrsg.), Generation und Identität, Opladen, S. 73-100:
Gillmeister, Helmut, Hermann Kurthen und Jürgen Fijalkowski, 1989: Ausländerbeschäftigung in der Krise? Die Beschäftigungschancen und -risiken ausländischer Arbeitnehmer am Beispiel der West-Berliner Industrie, Beiträge zur Sozialökonomik der Arbeit, Bd. 21, Berlin: edition sigma.
Grüner, Heinz, 1992: Mobilität und Diskriminierung – Deutsche und ausländische Arbeiter auf einem betrieblichen Arbeitsmarkt, Frankfurt a.M./New York: Campus.
Häfliger, Judith, Katrin Jürgens, Anita Kamat, Martin Knaubert, Renate Müller, Marion Schmitt und Lutz Vogel, 1996: Türkische Bevölkerung in Kreuzberg. Gewerbe – Handel – Wohnen. Geographie, FU-Berlin, Occasional Paper, Heft 8.
Häußermann, Hartmut, 1995: Zuwanderung als Chance für die Zukunft der Stadt, in: Werner Fricke (Hrsg.), Die Zukunft der Stadt. Spurensuche in Dresden-Hellerau. Forschungsinstitut der Friedrich-Ebert-Stiftung, Abt. Technik und Gesellschaft. Forum Zukunft der Arbeit, Heft 4, S. 145-154.
Häußermann, Hartmut und Walter Siebel, 1995: Dienstleistungsgesellschaften, Frankfurt a.M.: Suhrkamp.
Handwerkskammer Berlin (Hrsg.), 1996: Berufsausbildung: Daten 1995, Berlin, vervielfältigtes Ms.
Hillmann, Felicitas, 1997: „This is a migrants' world" – Städtische ethnische Arbeitsmärkte am Beispiel New York. Discussion paper, Wissenschaftszentrum Berlin für Sozialforschung (WZB), Forschungsschwerpunkt „Arbeitsmarkt und Beschäftigung".
IHK Berlin/BAO Berlin (Hrsg.), 1993: Aufenthalt und Erwerbstätigkeit von ausländischen Staatsbürgern und Unternehmen in Deutschland. Merkblatt (Stand 9/93) Berlin.
Is rehberi, 1996: Türkisches Branchenbuch Berlin-Brandenburg, Berlin: Karma.
Körner, Heiko, 1990: Internationale Mobilität der Arbeit – Eine empirische und theoretische Analyse der internationalen Wirtschaftsmigration im 19. Und 20. Jahrhundert, Darmstadt: Wissenschaftliche Buchgesellschaft.
Loeffelholz, Hans Dietrich von, Arne Gieseck und Holger Buch, 1994: Ausländische Selbständige in der Bundesrepublik, Berlin: Duncker & Humblot.
Museum für Europäische Migration, 1992: Buyurun. Türkische Unternehmer in Berlin. Eine Ausstellung, Berlin: Edition Parabolis.
Parker, Jennifer, 1996: Labor, Culture, and Capital in Corporate Fast Food Restaurants Franchises: Global and Local Interactions Among an Immigrant Workforce in New York, PhD Thesis at the Dept. of Sociology, City University of New York, Graduate Center.
Ritzer, George, 1996: The McDonaldization of Society. An Investigation into the Changing Character of Contemporary Social Life, Thousand Oaks/London/New Delhi: Pine Forge Press.

Sassen, Saskia, 1991: Die Mobilität von Kapital und Arbeit: USA und Japan, in: Prokla, Juni, Heft 83, S. 224-248.
Sassen, Saskia, 1996: New employment regimes in cities: the impact on immigrant workers, in: new community 22 (4), S. 579-594.
Scholz, Fred (Hrsg.), 1990: Türkische Wirtschaftsaktivitäten in Berlin. Freie Universität Berlin, Institut für Anthropogeographie, Berlin.
Seidel-Pielen, Eberhard, 1996: Aufgespießt – Wie der Döner über die Deutschen kam, Hamburg: Rotbuch Verlag.
Seifert, Wolfgang, 1995: Die Mobilität der Migranten. Die berufliche, ökonomische und soziale Stellung ausländischer Arbeitnehmer in der Bundesrepublik, Berlin: edition sigma.
Senat von Berlin, Die Ausländerbeauftragte (Hrsg.), 1995: Miteinander leben in Berlin. Bericht zur Integrations- und Ausländerpolitik. Fortschreibung 1995, Berlin.
Senatsverwaltung für Stadtentwicklung, Umweltschutz und Technologie (Hrsg.), 1995: Migration. Berlin: Zuwanderung, gesellschaftliche Probleme, politische Ansätze, Berlin.
Stavrinoudi, Athina, 1992: Struktur und Entwicklung des Gastgewerbes und Lebensmittelhandels in der Bundesrepublik Deutschland. Berliner Institut für vergleichende Sozialforschung. Arbeitsheft, Berlin: Edition Parabolis.
Stoll, Regina, 1994: Ausländer in den neuen Bundesländern – Ausländerbeschäftigung vor und nach der Wiedervereinigung, IAB-Werkstattbericht 10.
Valenzuela, Abel, 1996: Labor Market Characteristics of Day Laborers: Preliminary Findings from Los Angeles. Cesar Chavez Center and Department of Urban Planning, UCLA, Los Angeles.
Velling, Johannes, 1994: Zuwanderer auf dem Arbeitsmarkt: Sind die neuen Migranten die „Gastarbeiter" der neunziger Jahre?, in: ZEW-Wirtschaftsanalysen 3, S. 119-153.
Waldinger, Roger, 1996: Still the globalised city, Cambridge: Harvard University Press.
Zentrum für Türkeistudien (Hrsg.), 1989: Türkische Unternehmensgründungen. Studien und Arbeiten des Zentrums für Türkeistudien, Bd. 5, Essen.
Zentrum für Türkeistudien (Hrsg.), 1996: Das Modellprojekt „Regionale Transferstellen für die Integration ausländischer Unternehmen in Nordrhein-Westfalen". Zwischenbericht, Essen.

Edith Pichler

Migration und ethnische Ökonomie: das italienische Gewerbe in Berlin

1. Einleitung

Die italienische Migration in Deutschland nach 1945 wurde bisher vorwiegend unter dem Aspekt der Arbeitsmigration sowie der potentiellen Rückkehr der Zuwanderer behandelt, während die Etablierung eines italienischen Gewerbes bis jetzt kaum berücksichtigt wurde. Im folgenden werden die Wirtschaftstätigkeiten italienischer Migranten dargestellt: (a) die Gastronomie und der Lebensmittelhandel, die zu den wichtigsten Wirtschaftsbranchen der Italiener in Deutschland geworden sind; (b) die für die italienische Gewerbemigration traditionsreiche Baubranche; und (c) die Modebranche, die durch die Aktivität bedeutender italienischen Schneider/Couturiers im In- und Ausland als erste mit dem Begriff *Made in Italy* bzw. italienischer Lebensart identifiziert worden ist. Ein weiterer Aspekt ist die soziale Differenzierung der „italienischen Community" als eine Folge der ökonomischen Selbständigkeit der Zuwanderer.

Die Quellenbasis dieser Arbeit sind Aufzeichnungen aus teilnehmender Beobachtung und mündlicher Befragung von italienischen Zuwanderern, die im Rahmen mehrerer Studien am Berliner Institut für vergleichende Sozialforschung erstellt wurden. Bei den Interview- bzw. Gesprächspartnern handelte es sich um Migranten der alten und der neuen Migrantengeneration, die als Gewerbetreibende oder Angestellte tätig sind, sowie um Experten oder Schlüsselpersonen innerhalb der Community. Die Interviews und Gespräche wurden auf Italienisch geführt und auszugsweise übersetzt.

2. Die italienische Migration in die Bundesrepublik Deutschland

Die Zuwanderung aus Italien erfolgte seit 1955, als ein Anwerbevertrag zwischen Italien und Deutschland abgeschlossen wurde. Eine größere Zahl an Zuwanderern war aber erst ab 1961 zu verzeichnen, als der Zustrom von Vertriebenen und – nach dem Mauerbau 1961 – von DDR-Übersiedlern abnahm. Aus dieser Gruppe rekrutierte sich in den 50er Jahren ein großer Teil der Arbeitskräfte, die für das

Wachstum der deutschen Wirtschaft und den Wiederaufbau benötigt wurden (Dohse 1985; Geiselberger 1972; Nikolinakos 1973).

Die italienischen Migranten wanderten zumeist aus den industriell unterentwickelten Regionen Süditaliens und Nordostitaliens zu und kamen mehrheitlich nicht aus proletarischen Milieus, sondern aus Kleinbauern-, Handwerker- oder Händlerfamilien. Ihre beruflichen Kenntnisse, sofern vorhanden, waren jedoch an den vorgesehenen Arbeitsplätzen in Deutschland nicht gefragt, so daß sie – vorwiegend in konjunkturabhängigen Branchen – als ungelernte oder angelernte Arbeitskräfte beschäftigt wurden (Breitenbach 1982; Pichler 1991).

Die Zahl der italienischen Arbeitnehmer stieg, abgesehen von der kurzen Rückwanderungswelle während der Rezession 1966/67, kontinuierlich an und erreichte 1973 mit 450.115 Beschäftigten ihren Höhepunkt. Ab 1973 sank die Zahl der beschäftigten Italiener wieder; 1995 betrug sie im früheren Bundesgebiet 204.646 Personen. Italiener waren 1995 mit 18,4 Prozent nach den Türken mit 21 Prozent die am meisten von der Arbeitslosigkeit betroffene Gruppe unter den Zuwanderern aus den Anwerbeländern. Die Entwicklung des italienischen Bevölkerungsanteils in Deutschland entspricht jedoch nicht der der italienischen Arbeitnehmer. Während zwischen 1973 und 1985 die Zahl der in Deutschland lebenden Italiener von 630.000 auf 531.338 sank, lebten 1995 wieder 586.100 Italiener in Deutschland (Pichler 1995).

2.1 Die italienische Community in Berlin

Die nach Berlin eingewanderten italienischen Migrationsgruppen unterscheiden sich wesentlich von denen, die nach Westdeutschland wanderten. Während es sich bei diesen vor allem um angeworbene Arbeitsmigranten handelt, ist das Bild in Berlin heterogener. Unmittelbar nach dem Zweiten Weltkrieg holten die in Berlin gebliebenen Italiener – häufig ehemalige Zwangsarbeiter oder internierte Soldaten – ihre Familienangehörigen nach, was eine wenn auch geringe erste Form der Zuwanderung bedeutete. Diese Personen kamen in den damals gegründeten Familienbetrieben, insbesondere Eisdielen und Gaststätten, unter, wodurch sie sich eine Aufenthaltserlaubnis erwerben konnten (Pichler 1995). Italienische Arbeitsmigranten kamen erst Mitte der 60er Jahre in nennenswerter Zahl nach Berlin, häufig nach Zwischenaufenthalten in Westdeutschland. Die finanzielle Unterstützung, die der Berliner Senat für zuziehende Arbeitnehmer bereitstellte, sowie die Berlinzulage waren auch für sie Motive für den Umzug nach Berlin. Sie wurden vorwiegend als ungelernte Arbeiter in der Baubranche und in der Bekleidungsindustrie beschäftigt, das heißt in stark konjunkturabhängigen Branchen (Gillmeister u.a. 1989; Pichler 1995). Eine Folge dieser Beschäftigungsstruktur war und ist die hohe Arbeitslosenquote unter Italienern.

Ende der 60er und zu Beginn der 70er Jahre kam es verstärkt zur Einwanderung von Italienern aus dem linken politischen Spektrum, die sich vom Mythos Berlin als einer Stadt der Studentenrevolte angezogen fühlten. Einige von ihnen hatten ihr Studium in Italien abgebrochen und wollten es hier als „studenti-operai" (Arbeiter-Studenten) fortsetzen. Sie jobbten in Restaurants und Kneipen, unterrichteten privat oder in den Volkshochschulen Italienisch oder verdingten sich in verschiedenen Gelegenheitsjobs. Während heute der Bezirk Prenzlauer Berg im östlichen Teil Berlin besonders attraktiv für junge Leute aus den verschiedensten Ländern ist, waren es in den 80er Jahren der Mythos des Bezirks Kreuzberg, die Hausbesetzerbewegung und die autonome Szene, die die jungen Italiener nach Berlin zog. Anders als die ersten Migranten verfügten sie jedoch über eine bessere Ausbildung, und das Auswandern war für sie kein Zwang, sondern eine freiwillige Entscheidung, die die Möglichkeit eröffnete, andere Länder und andere Leute kennenzulernen und neue Erfahrungen zu sammeln.

Neben diesen beiden Gruppen kam es ab Mitte der 70er Jahre zur Zuwanderung einer weiteren Gruppe aus Italien: meist flexible junge Männer, für die die Auswanderung auch eine „Abenteuerkomponente" besaß und die sich nicht mehr in der Berliner Industrie, sondern im Dienstleistungssektor Beschäftigungsmöglichkeiten suchten. Die Etablierung der italienischen Gastronomie in Berlin hat indirekt die Zuwanderung dieses Migrantentyps gefördert.

Diese besondere Zuwanderungsstruktur hat zur Folge, daß im Vergleich zu Westdeutschland in Berlin der männliche Anteil mit 67,7 Prozent an der italienischen Bevölkerung deutlich überwiegt.[1] Seit 1960, als 1.364 Italiener in Berlin lebten, stieg deren Zahl in Berlin stetig an. 1995 betrug sie 11.034 Personen, (7.481 männlich; 3.553 weiblich), was einen Zuwachs von 13,3 Prozent gegenüber 1994 bedeutet; Mitte 1996 lebten bereits 11.852 Italiener in Berlin, 10.332 von ihnen in Berlin-West und 1.520 in Berlin-Ost, vorzugsweise in den Bezirken Prenzlauer Berg und Friedrichshain. Im Vergleich zu 1993, als im östlichen Teil Berlins nur 345 Italiener lebten, hat sich diese Zahl bis 1996 mehr als vervierfacht. In West-Berlin werden die Bezirke Charlottenburg, Schöneberg und Neukölln bevorzugt (Statistisches Landesamt).

Aufgrund der heterogenen italienischen Zuwanderung entstand in Berlin kein richtiges „italienisches Viertel". Gastronomen versuchen, meist in der Nähe ihrer Lokale eine Wohnung zu mieten, und da die Restaurants auf alle Viertel Berlins verteilt waren und sind, konnte es zu keiner ausschließlichen Konzentration von Italienern in einem bestimmten Viertel kommen. Junge Italiener wiederum bevorzugen bestimmte Viertel in Berlin, in denen die für sie typische Berliner „alternative" oder „radikalschicke" Atmosphäre oder Szene herrscht. Nur die erste „Generation" der zugewanderten Italiener besaß noch eine Art Zusammengehörigkeitsgefühl. Dies und die Tatsache, daß sie vorwiegend in Betrieben der Bekleidungsindustrie beschäftigt wurden, die in Kreuzberg und Tempelhof angesiedelt waren, führte zu einer relativen Ansiedlungskonzentration in diesen Bezirken.

---

1 Dagegen liegt der männliche Anteil zum Beispiel unter den griechischen und türkischen Bewohnern Berlins bei 56,7 Prozent bzw. bei 53 Prozent (Statistisches Landesamt Berlin 1995, eigene Berechnung).

Die Heterogenität der Community wird auch durch die Ausrichtung der italienischen Assoziationen gefördert, deren ideologische Konturen in Berlin viel schärfer als in Italien selbst ausgeprägt sind. Die Betonung dieser Differenzierungen verhindert häufig eine Zusammenarbeit von katholischen, sozialistischen und kommunistischen Organisationen. Die neuen Zuwanderer, die diesen Assoziationen eher ablehnend gegenüberstehen, haben eigene Initiativen ergriffen und neben diesen quasi offiziellen Institutionen andere, ihren politischen und kulturellen Bedürfnissen und Interessen mehr entsprechende Organisationen oder lockere Zusammenschlüsse gegründet. Das gleiche gilt für die italienischen Gewerbetreibenden. Italienische Vereine und Organisationen dienen allerdings häufig als Knotenpunkte der Netzwerke für die unterschiedlichen italienischen Selbständigen, um sowohl Personal zu rekrutieren als auch Kunden zu gewinnen.

3. Deindustrialisierung, Tertiärisierung und „ethnische Ökonomie"

Von den seit Mitte der 70er Jahre stattfindenden Deindustrialisierungsprozessen, die durch eine Segmentierung des Arbeitsmarktes und die Zunahme peripherer oder sekundärer Wirtschaftssektoren in Form von kleinen Produktionsbetrieben oder Reproduktionsbetrieben (Handel, private Dienstleistungen) gekennzeichnet sind, waren auch die italienischen Migranten in Berlin betroffen. Die Industrie verlor als Arbeitgeber für die italienischen Zuwanderer allmählich an Bedeutung, während der Dienstleistungssektor inzwischen zu der wichtigsten Wirtschafts- und Beschäftigungsbranche für Italiener in Berlin wurde.

Während 1983 von den 2.711 sozialversicherungspflichtig beschäftigten Italienern in Berlin-West 25,9 Prozent oder 703 Personen im verarbeitenden Gewerbe beschäftigt waren, sank 1994 ihr Anteil auf 16 Prozent (422 Personen) und 1995 auf 14,3 Prozent. Im Dienstleistungssektor waren 1983 48,4 Prozent der Italiener in Berlin beschäftigt; 1994 betrug ihr Anteil in West-Berlin bereits 57,6 Prozent. Auch der Handel verzeichnet eine Zunahme der italienischen Beschäftigten: 1983 lag ihr Anteil bei 6,3 Prozent, 1995 schon bei 8,4 Prozent (Statistisches Landesamt Berlin; eigene Berechnungen).

Während also die italienische Community zahlenmäßig stetig zugenommen hat, ist die Zahl der sozialversicherungspflichtigen Italiener gesunken. Waren 1977 46,7 Prozent der italienischen Bevölkerung in West-Berlin sozialversicherungspflichtig beschäftigt, so betrug ihr Anteil 1995 nur noch 25,9 Prozent. (Statistisches Landesamt Berlin; eigene Berechnungen). Da die Vergrößerung der Community nicht aufgrund einer starken Studentenzuwanderung oder eines plötzlichen Geburtenanstiegs erfolgt ist, bestätigen diese Daten den Trend zur Selbständigkeit unter italienischen Migranten. Sie deuten aber auch auf die oben erwähnte Entwicklung zu einem segmentierten Arbeitsmarkt hin, der zum Teil durch Formen nicht institutionalisierter Arbeit charakterisiert ist. Diese Arbeits„stellen" sind zwar sozial nicht abgesichert, entsprechen jedoch auch dem Interesse des neu zugewanderten Migrantentyps, der aufgrund seiner Lebensplanung und seines Alltags eher bereit ist, flexiblen, nicht reglementierten Jobs nachzugehen.

Bei diesem Tertiärisierungsprozeß und der Bedeutungszunahme des Dienstleistungssektors spielen Existenzgründungen durch italienische Zuwanderer eine wichtige Rolle. Da diese nicht aus proletarischen Milieus, sondern aus Kleinbauern-, Handwerker- oder Händlerfamilien stammen, sind sie mit der Tradition der autonomen Familienarbeit vertraut, was ihnen den Weg in die Selbständigkeit erleichtert.[2] Viele Arbeitsmigranten wagten nach Jahren abhängiger Beschäftigung den Sprung in die Selbständigkeit. Einige kehrten in ihre ursprünglichen Berufe zurück, andere kamen in neu entstandenen ökonomischen Nischen unter. Durch ihre Aktivitäten schufen sie wiederum Arbeitsplätze für italienische Neuzuwanderer, die zwar mit einem zunehmend fragmentierten Arbeitsmarkt konfrontiert sind, doch durch die Etablierung eines „ethnischen ökonomischen Milieus" Beschäftigungsmöglichkeiten geboten bekommen.

3.1 Opportunitäten

Für italienische Migranten, die einer selbständigen Tätigkeit in Berlin nachgehen möchten, bestehen verschiedene Opportunitäten. Sie beruhen auf der spezifischen Wanderungsgeschichte der Italiener nach Deutschland und der damit verbundenen Tradition bestimmter Berufe, auf der Tradition autonomer familialer Arbeit, auf bestimmten Marktveränderungen, auf der Aktivierung ethnischer Ressourcen sowie auf der transnationalen Vernetzung der Community.

Diese Opportunitäten bieten sich den verschiedenen Migrantengenerationen und -typen in unterschiedlicher Weise, was bedeutet, daß die italienische Ökonomie in Berlin einem permanenten Wandel unterliegt.

Besonders die Gastronomie- und Lebensmittelbranche liefert ein gutes Beispiel für das Zusammenwirken der oben genannten Faktoren. Aus dem veränderten Konsumverhalten der Berliner, aus den urbanen Veränderungen sowie aus dem verbesserten Import-Warenangebot entstanden zusätzlich neue Möglichkeiten für ökonomische Selbständigkeit. Neue Migrantentypen können diesen Wandlungsprozeß fördern, denn anders als den in den 50er oder 60er Jahren zugewanderten Italienern bieten sich den Neuzuwanderern aufgrund ihrer Sozialisation ganz neue Chancen.

---

2 Untersuchungen über die Entstehung von Distriktökonomien und kleinen Betrieben in bestimmten Regionen Italiens haben die bedeutende Rolle dieser Charakteristika bei der Entfaltung selbständiger Aktivitäten hervorgehoben (vgl. Bagnasco 1988; Bagnasco/Trigilia 1984).

4. Das italienische Gewerbe in Berlin

Italienische Gewerbetreibende waren schon Ende des 19. Jahrhunderts in Berlin tätig, insbesondere als Importeure und Verkäufer italienischer Spezialitäten und Weine. Auch existierten einige italienische Restaurants, die nicht nur von italienischen Zuwanderern besucht wurden. Um die Jahrhundertwende entstand zum Beispiel in Prenzlauer Berg eine kleine italienische Community, deren Mitglieder ihr Geld vor allem als Leierkasten – und Straßenmusikanten verdienten. Später wechselten sie in zukunftssichere Branchen über: Sie wurden Terrazzoleger, Gipsfigurenhersteller oder Gastronomen. Der Zweite Weltkrieg und die politischen Folgen setzten dieser Entwicklung fürs erste ein Ende. Nach 1945 konnte nur Westberlin Standort italienischer Wirtschaftstätigkeiten werden. Die Entstehung einer ethnischen Ökonomie ist eng mit der Etablierung und Entwicklung der Community verbunden, die, wie oben dargestellt, von der Zuwanderung verschiedener Migrantentypen charakterisiert ist. Diese haben zur Gründung unterschiedlicher Betriebe beigetragen.

4.1 Die Etablierung der italienischen Gastronomie

Die eigentlichen Anfänge der italienischen Gastronomie in Berlin datieren in die Zeit nach dem Zweiten Weltkrieg. Ehemalige Zwangsarbeiter und internierte Soldaten gründeten damals unter schwierigsten Bedingungen die ersten gastronomischen Einrichtungen. Diese dienten als Treffpunkt für andere Italiener, die sich damals in Berlin befanden, und auch für die in den 50er und Anfang der 60er Jahre zugewanderten Italiener waren die Lokale und die Wirtsfamilie ein Bezugspunkt für die Vermittlung eines Schlafplatzes oder einer Arbeitsstelle. Bis Mitte der 60er Jahre gab es in Berlin 10 bis 20 italienische Restaurants, die die gängigsten italienischen Gerichte anboten, für deren Zubereitung die Zutaten auf dem Berliner Markt zu finden waren.

Für den Pizza-Belag wurde in den 60er Jahren auf heimische Zutaten zurückgegriffen: Plockwurst und Käse mußten die *mozarella* und den *salamino piccante* ersetzen. Doch was zunächst als Ersatz und Notbehelf erschien, stellte sich bald als Erfolgsrezept heraus, denn mit diesen Zutaten entsprach die Pizza dem damaligen Geschmack der Deutschen. Es war die Geburtsstunde der „*pizza alla tedesca*", der Pizza nach deutscher Art. Andere „italienische Spezialitäten" hatten ebenfalls meist kaum etwas mit der italienischen Küche zu tun, und so entstand durch die Zugeständnisse an deutsche Gewohnheiten eine Art „nationaler Küche", die in solcher Form in Italien gar nicht existiert. Die wenigen italienischen Restaurants, die den Anspruch hatten, ihre Gäste mit „echten" italienischen Spezialitäten zu verwöhnen, hatten dagegen Probleme mit der Besorgung der richtigen Zutaten, und ihr Kundenkreis blieb im Vergleich zu dem der Pizzerias klein.

Die italienische Gastronomie in Berlin erlebte ihren Aufschwung Ende der 60er und im Laufe der 70er Jahre, als sowohl deutsche Kundschaft gewonnen war als auch verstärkt italienische Arbeitsmigranten zuwanderten. Viele der später arbeitslos Gewordenen sahen in der Gastronomie neue berufliche Perspektiven und eröffneten ein eigenes Lokal, zumal für die nachgefragte Küche keine besonderen gastronomischen Vorkenntnisse notwendig waren. Heute gibt es schätzungsweise ca. 1.000 italienische Pizzerias und Restaurants in Berlin.

Ein Grund für die erfolgreiche Etablierung der ersten italienischen Restaurants in Berlin waren ihre preisgünstigen Angebote, da weder teure Zutaten verwendet, noch aufwendige Gerichte zubereitet wurden. Außerdem handelte es sich oft um Familienbetriebe, in denen sich die Familienangehörigen selbstausbeuterisch für den Erfolg des Lokals engagierten. Ein weiterer Faktor, der sich positiv auf die Entwicklung der italienischen Gastronomie in Berlin auswirkte, war die Zunahme des Tourismus von Deutschen nach Italien. Den zurückgekehrten Italienurlaubern wurde in den italienischen Lokalen neben inzwischen bekannten Gerichten eine „typische" Atmosphäre geboten. Diese Art „touristischer Ersatzfunktion" mag auch die bis heute verbreitete Innenausstattung vieler italienischer Restaurants in Berlin erklären, die mit Fischernetzen und Austernschalen an den letzten Badeurlaub erinnern sollen.

Auch die Insellage der Stadt hat das Gastgewerbe begünstigt. Die Gastronomen profitieren davon, daß in Berlin keine Polizeistunde existierte und daß die Stadt bis zum Fall der Mauer kein richtiges Umland hatte. Auszugehen, sich in einem Lokal zu treffen, stellte für viele Berliner einen der wichtigsten Zeitvertreibe dar, was durch die im Vergleich zu Westdeutschland ausgezahlten höheren Löhne und Gehälter (Berlinzulage) erleichtert wurde.

4.2 Wandel und neue Strategien in der italienischen Gastronomie

Ein neues Verständnis von Lebensqualität, das veränderte Konsumverhalten und die Betonung divergenter Lebensstile brachten in den 80er Jahren die etablierte italienische Gastronomie in eine Krise, von der besonders die „Ristorante-Pizzerias" betroffen waren. Die Krise führte in der Folgezeit entweder zur Abgabe von Lokalen oder zu neuen Strategien, woran ein neuer, innovativer Gastronomentyp beteiligt war.

Gastronomen anderer ethnischer Zugehörigkeit, insbesondere aus dem arabischen Raum, übernahmen viele italienische Lokale und führten sie „italienisch" weiter. Sie konnten auf noch billigere Arbeitskräfte, nämlich Landsleute, zurückgreifen und damit Kosten und Preise in Grenzen halten, wenn nicht sogar reduzieren. Italienische Gastronomen waren dagegen mit dem Rückgang der italienischen Arbeitsmigration sowie der Zuwanderung eines neuen Migrantentyps konfrontiert, der anders als die ersten Arbeitsmigranten nicht mehr bereit war, für wenig Geld zu arbeiten. Die Übernahme italienischer Pizzerias durch Gastronomen anderer Nationalität wirkte sich allerdings auf die Weiterentwicklung der italienischen Gastronomie positiv aus, denn sie verstärkte den Trend zur „Italianisierung" italienischer Lokale. Durch die Verbesserung und Verfeinerung der Speisen- und Weinqualität und eine andere Gestaltung der Lokale suchten italienische Gastronomen ihre Restaurants von den italienischen Lokalen zu unterscheiden, die von Nicht-Italienern geführt wurden.

Die Krise und der darauffolgende Wandel waren aber auch durch einen neuen Kundentyp verursacht worden. Dieser ist darauf bedacht, sein Konsumverhalten zu individualisieren und sein Bedürfnis nach Distinktion auch auf die Eßgewohnheiten zu übertragen. Dieser Kundentyp ist „informiert" und weiß genau, was „italienisch" ist. Da die italienische Gastronomie sich immer an den deutschen Gästen orientiert und sich deren Geschmack angepaßt hatte, konnte dieser Kundentyp einen Kurswechsel durchaus erzwingen.

Gerade in den 80er Jahren vollzog sich städtebaulich ein struktureller Wandel in Berlin. Die Sanierung und Modernisierung ganzer Stadtteile veränderten das architektonische Erscheinungsbild und den urbanen Charakter vor allem der Bezirke Charlottenburg, Schöneberg und Kreuzberg und veränderten dort die soziale Zusammensetzung, da die „neue Mittelschicht" aus Akademikern und Freiberuflern in die modernisierten Wohnungen zog. Die Gastronomen in diesen Vierteln mußten diesem neuen urbanen Lebensstil Rechnung tragen, wollten sie weiterhin erfolgreich sein. Von dieser Entwicklung waren sowohl die eher „kleinbürgerlichen" Restaurants als auch die Lokale, die von italienischen Zuwanderern aus dem politisch linken Milieu betrieben wurden, betroffen. Letztere hatten bei ihrer Existenzgründung in den 70er Jahren ihre politische Gesinnung als Opportunität erkannt und dem eröffneten Lokal ein „linkes" Image gegeben. Dies faszinierte viele deutsche Linke, die in diesen Lokalen bei Rotwein und Lasagne nicht nur ihre Solidarität mit der linken Bewegung in Italien, sondern auch mit der Welt der italienischen „Arbeitsmigranten" demonstrieren konnten. Wegen der oben erwähnten urbanen Veränderungen in bestimmten Berliner Bezirken mußten sich die „linken" italienischen Gastronomen dem neuen Trends anpassen, um mit neuem Interieur und Angebot wenigstens die Sympathisanten der „Toskana-Fraktion" zu erreichen. Andere dem linken Milieu zugehörige italienische Migranten machten sich die neuen Tendenzen bei den Konsum- und Eßgewohnheiten, die die neuen sozialen Bewegungen hervorgebracht hatten, zu eigen und eröffneten vegetarische Restaurants.

Ein weiteres Beispiel für diesen Trendwechsel sind die seit einigen Jahren neu eröffneten „Enoteche". Erfolgreiche Pioniere dieser insbesondere in Norditalien verbreiteten Form der Bewirtschaftung waren junge Zuwanderer aus Venetien, die dann von anderen Zuwanderern kopiert wurden. Die neuen Gastronomen sehen in ihren Initiativen nicht nur Verdienstmöglichkeiten, sondern ebenso Möglichkeiten zur Selbstverwirklichung. Die Arbeit ist eher ein Mittel, durch das das Leben in der Stadt finanziert wird; auch können diese Gastronomen oft aufgrund ihrer Sozialisation die Erwartungen ihres Publikums besser erfüllen.

Ein wichtiger Aspekt ist, daß neben der Eßkultur die italienische Kultur überhaupt als Opportunität entdeckt wurde. Durch den Einsatz dieses „kulturellen Kapitals", also einer „ethnischen Ressource", was sich in der Entfaltung verschiedener kultureller und künstlerischer Aktivitäten niederschlägt, kann ein größerer Personenkreis erreicht werden. Dadurch ist die Zusammensetzung der Gäste häufig völlig anders als in den herkömmlichen italienischen Lokalen: Romanisten oder ganze Klassen von Italienisch-Sprachkursen dominieren manchmal die „Szene".

Ein Resultat der „post-materiellen" Neuorientierung ist zum Beispiel das Angebot besonderer „Regionalküchen" statt herkömmlicher Hausmannskost, ein anderes die neue Gestaltung der Restaurants. Die Inneneinrichtung der Lokale wurde „postmodern", heute dominieren oft Marmor, Messing, Chrom und weiße, glatte Wände. Andererseits wurden Ursprünglichkeit und Schlichtheit wiederentdeckt, so daß die neueröffneten italienischen Lokale in bestimmten Vierteln Berlins nun italienischen „Trattorie" und „Osterie" ähneln. Mit ihnen nutzen Gastronomen erfolgreich die Nische zwischen Luxus- bzw. gutbürgerlichen Restaurants und den alten „Ristorante-Pizzerias". Sie entsprechen den Bedürfnissen der neuen „unkonventionellen", sich als „nichtbürgerlich" verstehenden, aber dem Hedonismus nicht abgeneigten Generation der „postindustriellen" Zeit. Obwohl es eher „locker" zugeht, wird auf die Qualität der Gerichte geachtet, was der Entwicklung in Italien selbst entspricht, wo Trattorie und Osterie längst nicht mehr zu den billigen Lokalen gehören.

In den 80er Jahren kam es zu einer weiteren neuen Entwicklung in der italienischen Gastronomiebranche Berlins, der Eröffnung von Self-Service-Pizzerias, die Mini-Pizzas und andere gängige italienische Teigwarengerichte anbieten. Man kann diese Entwicklung als „italienische Antwort" auf die Verbreitung von „Hamburger-Ketten" und das Heranwachsen einer Fast-Food-Generation verstehen, denn die Hamburger-Ketten machen den üblichen Pizzerias zunehmend Konkurrenz, während die Fast-Food-Generation nichts von Pizzerias mit Fischernetzen und Kerzenschein hält. Einige dieser Self-Service-Lokale wurden von Italienern eröffnet, die schon andere typisch italienische Lokale besaßen, was für ihre Flexibilität und ihren Innovationsgeist spricht. Außerdem wurde versucht, durch die Eröffnung von kettenähnlichen Self-Service-Lokalen gleichen Namens in verschiedenen Stadtvierteln das Absatz- und Verteilersystem der „Hamburger-Anbieter" zu übernehmen.

4.3 Import, Handel und Produktion

Mit der Zunahme von italienischen Lokalen entstanden neue, der Gastronomie komplementäre Nischen in den Bereichen Import und Handel sowie Herstellung italienischer Produkte – von frischen Zutaten für Pizza, über verschiedenste Nudelsorten bis hin zum Import von Küchengeräten und Restauranteinrichtungen.

Abgesehen von ganz wenigen deutschen Importeuren, die sich auf Qualitätsweine spezialisiert hatten, beschränkte sich bis in die 70er Jahre hinein das Angebot deutscher Importeure und Großhändler auf die gängigen italienischen Waren. Dies ergab sich aus der Marktsituation, da damals in den meisten italienischen Lokalen nur Gerichte angeboten wurden, die ohne viel Aufwand zubereitet werden konnten. So wurde auch bei den ersten italienischen Importeuren und Händlern die Entscheidung für die Kommerzialisierung bestimmter Produkte eher von der damaligen, ziemlich eingeschränkten Marktlage diktiert als von einem „innovativen Geist" und dem Versuch, neue Produkte zu vermarkten. Die Entwicklung der italienischen Gastronomie in den 80er Jahren hin zu einer besseren Qualität setzte jedoch neue Maßstäbe in der Branche. Die Nachfrage nach italienischen Produkten von besserer Qualität und „Exklusivität" nahm zu und führte zu einer stärkeren Spezialisierung des Angebots bei den italienischen Importeuren und Händlern.

Es eröffnete sich eine neue Nische für künftige Existenzgründer im Einzelhandel, die sich allein auf das Angebot italienischer Spezialitäten konzentrieren konnten. Die Eröffnung von Spezialitätenläden wurde unter anderem durch die Zunahme von italienischen oder mit italienischen Waren handelnden deutschen Importfirmen bzw. Großhändlern und dem entsprechenden Anstieg von Importen italienischer Produkte unterstützt. Die neuen Importfirmen konnten die neuen Spezialitätenläden beliefern, die außerhalb der üblichen Verteilungs- und Absatzkanäle großer Handels- bzw. Kaufhäuser agierten. Diese kommerzielle Zusammenarbeit spiegelt sich in den Veränderungen des Warenangebots der Läden wider, die entsprechend den oben angeführten Entwicklungen im Warenimport immer mehr zu einem qualifizierteren und spezialisierteren Warensortiment übergegangen sind.

In letzter Zeit ist eine neue Entwicklung zu beobachten: Italienische Importeure und Großhändler sind dazu übergegangen, eigene Spezialitätenläden zu eröffnen. Für manche Importeure oder Großhändler stellt die Eröffnung eigener Geschäfte eine neue Form der Investition dar, um neue Kunden zu gewinnen und die importierten Produkte noch besser abzusetzen. Für andere war diese Entscheidung nur die Konsequenz einer Zunahme von privaten Käufern. Diese neue Strategie übernahmen auch Gastronomen, die selbst italienische Erzeugnisse für ihr Lokal importieren: sie eröffneten in der Nähe des Restaurants Weinhandlungen oder Spezialitätenläden, in denen nicht selten die Produkte ihrer Herkunftsregion angeboten werden.

Eine weitere Aktivität in der Nischenökonomie, die sich komplementär zur italienischen Gastronomie entwickelte, ist der Handel mit Geräten bzw. Maschinen für die Gastronomie: Espressomaschinen, Küchenherde, Öfen, Kühlschränke, Vitrinen etc. Durch die Herausbildung einer „Capuccino- und Espresso-Kultur" sind für diese Betriebe neue Absatzmärkte auch außerhalb der „italienischen Ökonomie" entstanden.

Ebenso neu ist die Herstellung frischer Teigwaren. In jüngster Zeit haben junge

Italiener eine neue „Nische" entdeckt und sind im Bereich der Konditorei tätig geworden. Neben der traditionsreichen Speiseeisherstellung haben nun einige Zuwanderer mit der Herstellung italienischer Süßspeisen begonnen. Diese in kleinen Handwerksbetrieben hergestellten *paste* werden in neu eröffneten *Pasticcerie* verkauft. Bei den Teigwarenherstellern wie bei den Konditoren bzw. Eiskonditoren handelt es sich um kleine Familienbetriebe, die eine *produzione artigianale* ihrer Produkte der industriellen Fertigung vorziehen. In den letzten Jahren hat sich auch die Produktion von Frischkäse als erfolgreicher Produktionszweig erwiesen, da sich der Verkauf nicht nur an die Gastronomie, sondern auch an Privathaushalte wendet. In dieser Branche wurde 1989 zum ersten Mal ein Produktionsbetrieb in der italienischen Lebensmittelbranche in Berlin gegründet, der über die übliche Größe eines Familienbetriebes hinausging.

Für die geringe Präsenz anderer italienischer Lebensmittelfabriken in Berlin gibt es mehrere Gründe. Zum einen scheinen solche Betriebe nur dann eine Chance zu haben, wenn sie sich auf die Herstellung frischer und gängiger Ware konzentrieren. Bekannte italienische Lebensmittel sind jedoch häufig traditionelle Regionalspezialitäten, für deren Herstellung besondere Zutaten, überlieferte Produktionskenntnisse und bestimmte klimatische Bedingungen notwendig sind, was die Produktionsstätten im Ausland nicht bieten können. Verbesserte Transportwege sowie der Wegfall von Importbeschränkungen ermöglichen dagegen die tägliche Anlieferung italienischer Produkte, womit sowohl italienische Lokale, Spezialitätenläden als auch deutsche Geschäftsketten beliefert werden.

4.4 Die Bauwirtschaft: Wiederentstehen einer traditionsreichen Branche

In Deutschland hat die Beschäftigung italienischer Einwanderer im Bausektor eine lange, in das 17. Jahrhundert zurückreichende, Tradition. Zu einem starken Einbruch kam es nach dem Zweiten Weltkrieg, als kein Geld für besondere Baumaßnahmen vorhanden war und für die italienischen Terrazzieri oder Stukkateure in Berlin die Aufträge ausblieben.

Diese Nische entstand erst wieder mit dem zunehmenden Wohlstand, der in der Bauwirtschaft wieder Details in den Vordergrund rücken ließ, mit der Hinwendung von Teilen der Gesellschaft zum „Luxus" sowie mit dem bereits erwähnten neuen Verständnis von Lebensqualität. Terrazzofußböden und Marmorbäder konnte sich ein guter Teil der neuen Mittelschichten leisten, doch auch das neue Umweltbewußtsein der jüngeren Generation, die die Verwendung natürlichen Baumaterials bevorzugte, war für diese Entwicklung von Bedeutung. Bei der Sanierung und Renovierung alter Häuser wurde wieder Stuck an den Fassaden und in den Wohnungen angebracht, die Wände der Eingänge und der Treppenaufgänge wurden wieder mit Marmor getäfelt, der alte Terrazzofußboden wieder freigelegt und geschliffen. Die in Berlin in der Branche aktiven Italiener konnten durch diese Entwicklung wieder verstärkt ihrem ursprünglichen Handwerk nachgehen und ihr handwerkliches Können in seinem ganzen Umfang entfalten. Von diesen neuen Entwicklungen in der Baubranche haben sich jüngere Zuwanderer leiten lassen und, auf alte italienische Traditionsberufe wie den des Stukkateurs zurückgreifend, sich als Importeure italienischer Stuckteile betätigt. Mit dem Fall der Berliner Mauer und der im Zuge der „Wiedervereinigung" vermehrten Bautätigkeit insbesondere im Sanierungsbereich haben die Aufträge zugenommen, da heute, anders als in den 50er Jahren, bei der Sanierung der Häuser auf die Rekonstruktion des Originalzustands Wert gelegt wird.

Die Zunahme der Bautätigkeit in den neuen Bundesländern und im östlichen Teil Berlins hat aber auch Möglichkeiten für neue Existenzgründungen entstehen lassen und die Gewerbemigration in der Baubranche reaktiviert, denn die neuen Selbständigen sind vorwiegend neuzugewanderte Italiener. Einige sind häufig in Italien selbst in der Baubranche aktiv und übernehmen Bauaufträge als Subunternehmer deutscher Bauherren. Die Bauarbeiter werden in Italien und vorwiegend in den von starker Arbeitslosigkeit betroffenen Regionen Süditaliens rekrutiert. Dies ließ die Zahl der italienischen Bauarbeiter neuerdings wieder ansteigen. Anders als die Arbeitsmigration in den 60er Jahren zeichnet sich die neue Zuwanderung jedoch durch ihren saisonalen Charakter aus, was ein Merkmal der Bauarbeitermigration im vorigen und Anfang dieses Jahrhunderts war; mit dieser teilt sie auch die äußerst prekären Arbeitsverhältnisse.[3]

4.5 Die Modebranche

In Italien wurde mit der industriellen Anfertigung von Bekleidungstücken erst in den 60er Jahren begonnen, vorher wurde hauptsächlich in Schneiderwerkstätten angefertigt. In den Schneiderwerkstätten Mittel- und Norditaliens wurde das Fachpersonal aus Süditalien rekrutiert, wo wegen der schwach entwickelten Industrialisierung handwerkliche Traditionen noch lebten und junge Leute noch entsprechend ausgebildet wurden, aber nicht ausreichend beschäftigt werden konnten (Pichler 1992). Für viele der notgedrungenerweise sehr mobilen Schneider stellte die Binnenmigration eine Vorstufe zur Auswanderung dar. Einige ließen sich zunächst von einer deutschen Firma anwerben, andere versuchten sofort nach der Zuwanderung, sich als Schneider selbständig zu machen. Doch in Deutschland wurden ihre Ausbildungszertifikate nicht anerkannt, weshalb sie als Änderungsschneider arbeiten mußten. Die Konkurrenz durch Schneider anderer Nationalität, die zum Teil zur Verdrängung italienischer Schneider führte, erschwerte ihre schon prekäre ökonomische Lage und ließ sie über neue Strategien nachdenken. Manche

---

3 In der letzten Zeit wurden Fälle bekannt, daß italienische Baufirmen als Subunternehmer Geld von Bauherren kassiert, aber ihren italienischen Bauarbeitern keinen Lohn ausgehändigt hatten. Durch Besetzung von Baustellen haben die italienischen Bauarbeiter versucht, die Öffentlichkeit und die Behörden auf ihre Lage aufmerksam zu machen. Da für ihre Unterbringung und Verpflegung jedoch die Unternehmer zuständig sind, sind sie von ihm abhängig und leicht erpreßbar.

begannen als Zwischenmeister für Berliner Betriebe zu arbeiten oder verkauften in ihrem Werkstatträumen fertige Jeanswaren, die in Italien hergestellt worden waren. Andere stellten sich ganz um und importierten, ebenfalls in Italien gefertigte, Berufskleidung und Strickwaren.

Von der Entstehung der Industriedistrikte in der Emilia-Romagna und in Venetien, wo kleine Bekleidungs- und Textilbetriebe konzentriert sind, konnten auch italienische Boutiqueninhaber in Berlin profitieren. Ihre Kontakte in der Heimat nutzend, konnten sie billig einkaufen und ihren Kunden Modeprodukte preiswert anbieten. Andere Möglichkeiten boten sich mit den weltweiten Erfolgen von Firmen wie Benetton oder Steffanel; junge Italiener – insbesondere des neuen „dynamischen" Migrantentyps – nutzten diese Chance und eröffneten eine Filiale.

Wie in der Gastronomie müssen in den Schneiderwerkstätten die Familienangehörigen mitarbeiten, um das Überleben des Betriebes zu ermöglichen. Doch bietet die italienische Schneiderei, wie sie heute in Berlin vorwiegend praktiziert wird, keine große Zukunft, so daß die zweite Generation häufig anderen Berufen nachgeht. Viel erfolgversprechender sind etwa Import und Handel mit italienischen Modewaren, so daß Boutiqueninhaber oft mehrere Geschäfte gründen, die jeweils von Familienangehörigen geführt werden.

5. Resümee

Da die Zuwanderung italienischer Handwerker und Händler nach Deutschland bereits eine jahrhundertelange Tradition hat, gelten einige Berufe, wie der des Terraziere oder des Südfruchthändlers, als typisch „italienisch". Eine zahlenmäßig relevante Zunahme der Zuwanderung von Italienern nach Berlin begann nach dem Zweiten Weltkrieg; die sich später zunehmend für die ökonomische Selbständigkeit entscheiden (mußten), zunächst vorwiegend in der Gastronomiebranche, die dadurch zum wichtigsten Beschäftigungssektor der Italiener in Berlin wurde. Die Tradition der autonomen Familienarbeit erleichterte den italienischen Arbeitsmigranten den Weg in die Selbständigkeit. Auch außerhalb Italiens stellte die Familie das Arbeitskräftereservoir und nicht selten das Kapital zur Verfügung; weiteres Personal wurde oft in den ethnischen Community-Assoziationen rekrutiert.

Zum Teil komplementär zur Gastronomie sind ökonomische Nischen entstanden, die vor allem von italienischen Neuzuwanderern genutzt werden, die sich ihrer Ausbildung und Sozialisation nach stark von den ersten Zuwanderergenerationen unterscheiden und daher neue Migrantentypen darstellen. Diese Veränderung wird vom sozialer Wandel im Einwanderungsland getragen, der sich in einem neuen Konsumverhalten und der Entwicklung urbaner Lebensstile ausdrückt. In Berlin wandelte sich dadurch die demographische und soziale Zusammensetzung der Bevölkerung bestimmter Stadtbezirke, deren finanzstärkerer Teil an Produkten und Lebensweise *made in Italy* Gefallen fand und dadurch die

Transformation italienischer Wirtschaftstätigkeiten hin zu mehr Qualität und Spezialisierung ermöglicht und gefördert hat. So kam es in jüngerer Zeit neben der Entwicklung einer hochwertigen Spezialitätengastronomie auch wieder zu einer Re-etablierung von „italienischen" Berufen wie der Terrazzieri oder Stukkateure, die lange Zeit nicht nachgefragt worden waren. Die italienischen Gewerbetreibenden beweisen damit, wie flexibel und anpassungsfähig sie auf Umstrukturierungen des Marktes und den Wandel von Bedürfnissen reagieren; sie besetzen neu entstandene Nischen oder stellen ihre Arbeitsorganisation um.

Ein Teil der neuen Migranten ist eher von „post-materiellen" Werten geprägt und pflegt einen völlig anderen Lebensstil als die traditionellen Arbeitsmigranten; für ihn bedeutet eine selbständige Existenz auch die Möglichkeit, eigenen Interessen nachzugehen. Dies spiegelt sich auch in der Gestaltung und Organisation der von den neuen Migranten betriebenen Kleinunternehmen wider, so werden Lokalräume nicht nur für die Gastronomie, sondern auch für verschiedene Kulturveranstaltungen genutzt. Das Personal wird nicht aus der Familie, sondern eher aus dem eigenen Milieu rekrutiert.

Die Entwicklung italienischer Kleinunternehmen und die Zuwanderung neuer Migrantengruppen haben das Bild der Community und ihre Infrastruktur verändert. War bis in die 80er Jahre hinein die Nutzung von Marktnischen vor allem als Überlebensstrategie marginalisierter Zuwanderergruppen zu beschreiben gewesen, so zeigen sich im Zuge der gegenwärtigen ökonomischen Restrukturierung, die mit Metaphern wie „Dienstleistungsgesellschaft", „Postindustrialismus" oder „post-moderne Ökonomie" umschrieben wird, neue kulturell-ökonomische Strategien, die nicht nur von dem sozialen Wandel des Einwanderungs-, sondern auch des Herkunftslandes zeugen.

Literatur

Bagnasco, Arnaldo und Carlo Trigilia (Hrsg.), 1984: Società e politica nelle aree di piccola impresa. Il caso di Bassano, Venedig.
Bagnasco, Arnaldo, 1988: La construzione sociale del mercato, Bologna.
Breitenbach, Barbara von, 1982: Italiener und Spanier als Arbeitnehmer in der Bundesrepublik Deutschland. Eine vergleichende Untersuchung zur europäischen Arbeitsmigration. Reihe Entwicklung und Frieden, Materialien, Nr. 14, München.
Dohse, Knut, 1985: Ausländische Arbeiter und bürgerlicher Staat. Genese und Funktion von staatlicher Ausländerpolitik und Ausländerrecht. Vom Kaiserreich bis zur Bundesrepublik Deutschland, Königstein/Taunus.
Geiselberger, Siegmar (Hrsg.), 1972: Schwarzbuch: Ausländische Arbeiter, Frankfurt a.M.
Gillmeister, Helmut, Jürgen Fijalkowski und Hermann Kurthen, 1989: Ausländerbeschäftigung in der Krise? Die Beschäftigungschancen und -risiken ausländischer Arbeitnehmer am Beispiel der Westberliner Industrie. Beiträge zur Sozialökonomik der Arbeit, Bd. 21, Berlin.
Nikolinakos, Marios, 1973: Politische Ökonomie der Gastarbeiterfrage. Migration und Kapitalismus, Reinbek bei Hamburg.

Pichler, Edith, 1991: Die italienische Arbeitsmigration in die Bundesrepublik Deutschland. Ein Literaturbericht. Arbeitsheft des Berliner Instituts für vergleichende Sozialforschung, Berlin.

Pichler, Edith, 1992: Textil- und Bekleidungsindustrie in Italien und in der Bundesrepublik Deutschland. Arbeitsheft des Berliner Instituts für vergleichende Sozialforschung, Berlin.

Pichler, Edith, 1995: Migration, Community-Formierung und ethnische Ökonomie – Die italienischen Gewerbetreibenden in Berlin. Diss. FU Berlin.

Statistisches Landesamt Berlin (Hrsg.), Berliner Statistik. Verschiedene Ausgaben.

Andreas Kapphan

Russisches Gewerbe in Berlin

In Berlin ist in den Jahren seit dem Mauerfall eine Vielzahl von kleinen Geschäften entstanden, deren Besitzer aus anderen Ländern zugewandert sind. Viele der neuen Ladenbesitzer kommen aus dem Osten Europas, insbesondere aus der ehemaligen Sowjetunion. Diese Läden konzentrieren sich offensichtlich in bestimmten Branchen und in bestimmten Teilgebieten der Stadt, wo es auch schon Proteste seitens der einheimischen Gewerbetreibenden gegen diese Entwicklung gab. In den Massenmedien wurde von der „russischen Mafia" in Zusammenhang mit den Läden gesprochen und auf eine „gefährliche Entwicklung" hingewiesen. Den folgenden Fragen soll in diesem Beitrag nachgegangen werden: Wie kam es, daß innerhalb weniger Jahre die neuen Läden russischsprachiger Betreiber im Stadtbild sichtbar wurden? Läßt sich tatsächlich eine Konzentration auf bestimmte Branchen und räumlicher Art feststellen und wie kommt diese zustande? Und schließlich: Wie integrativ, wie dauerhaft sind diese Geschäfte, und welche Strategie verfolgen die Ladenbesitzer, um sich gegenüber anderen Anbietern zu behaupten?

1. Zum Begriff 'Ethnisches Gewerbe'

Als eine Folge der zunehmenden Konzentration von Unternehmen insbesondere im Einzelhandel ging man lange Zeit vom Aussterben des Kleinunternehmertums aus. Allerdings erhöhte sich entgegen der allgemeinen Erwartungen seit den 70er Jahren die Zahl der Kleinunternehmer wieder (vgl. Light 1987), wobei Angehörige ethnischer Gruppen hohe Quoten von Selbständigen verzeichneten. Dies war darauf zurückzuführen, daß ethnische Minderheiten durch ökonomische Selbständigkeit Nachteile auf dem Arbeitsmarkt kompensieren wollten. Förderlich für „ethnisches Gewerbe" sind bestimmte soziale Strukturen und bestimmte Wertemuster und Fertigkeiten von ethnischen Minderheiten, die unternehmerische Aktivitäten begünstigen (Light 1984).

Eine Besonderheit ethnischer Gruppen ist demnach der Zugang zu ethnischen Ressourcen, zu denen eine „relative Zufriedenheit", soziale Netzwerke und „reaktive Solidarität" in ethnischen Gemeinden zählen. Dem gegenüber sind ethnischen Gruppen Klassenressourcen – der Zugang zu Kapital, Ausbildung, Qualifikation, Sprachkenntnissen und rechtlicher Gleichheit – in unterschiedlichem Maße verschlossen. Das soziale Kapital ist nach Portes und Zhou (1992) die Quelle von Erfolg im ethnischen Gewerbe und entsteht meist erst in der Einwanderungssituation, unterstützt durch das Kennen und Erkennen der Gruppenmitglieder in der Aufnahmegesellschaft. Portes und Zhou (1992) haben soziales Kapital als Netzwerke, Solidarität, Vertrauen und Kontrolle definiert. Die Einbindung in soziale Netzwerke, in denen Informationen und Hilfeleistungen ausgetauscht werden, ermöglicht den Zugang zu vielfältigen Ressourcen und schafft damit die Voraussetzung für die Entwicklung von spezifisch ethnischen Strategien. Ethnische Strukturen und soziales Kapital sind um so stärker ausgeprägt, je höher die Diskriminierung einer Gruppe ist und je geringer die Chancen zu gesellschaftlichem Aufstieg sind. Der Anspruch von Solidarität und Vertrauen in ethnischen Gemeinden kann nach Portes und Sensenbrenner (1993) aber auch zu Loyalitätsforderungen und Erpressungen, der Konservierung von Traditionen und der Machtkonzentration traditioneller Clans führen, die für ethnisches Unternehmertum hemmend sein und Innovationen verhindern können. Je länger nämlich die ökonomische Mobilität einer Gruppe mit nichtmarktförmigen Mitteln behindert wird, desto wahrscheinlicher ist nach Portes und Sensenbrenner (1993) das Auftreten von abgrenzender, nach innen bindender Solidarität, welche die Möglichkeit einer Verbesserung der ökonomischen Situation durch Marktkonkurrenz negiert und individuellen Anstrengungen in diese Richtung entgegenwirkt.

Die Etablierung ethnischen Gewerbes erfolgt nach Waldinger u.a. (1990) in den Segmenten, wo sich den Gruppen eine Gelegenheit ergibt und konkurrenzfähige Qualifikationen und Strategien vorhanden sind. Dies können Nischen sein oder auch ergänzende ökonomische Einrichtungen, die sich an der binnenethnischen Nachfrage orientieren. Soziale Netzwerke, Vertrauen und ein Zusammengehörigkeitsgefühl der Gruppe, basierend auf einer ethnischen Fremd- und Selbstdefinition, sind dann wertvolle Ressourcen, die z.B. bei der Informations- und Kreditbeschaffung, bei der Beschaffung von Lokalitäten, Arbeitskräften und Kunden eingesetzt werden können. Formen der Institutionalisierung ethnischer Gemeinden – wie Zeitungen und andere Informationskanäle – können dabei positive Effekte auf die Entstehung ethnischer Ökonomien haben.

Der Aspekt der sozialen und ökonomischen Integration spielt bei Untersuchungen zum ethnischen Gewerbe eine zentrale Rolle. Eine der ersten Studien im deutschsprachigen Raum thematisiert das türkische Gewerbe in Kiel; Wiebe (1982) zeigt, daß die dort ansässigen türkischen Gewerbe vor allem von Türken frequentiert werden. Diese Orientierung auf die eigene ethnische Kommune, die die Unternehmen auf eine ethnische Nische begrenzt, gilt als integrationshemmend. In nachfolgenden Studien anderer Autoren wird jedoch belegt, daß sich die türkische Ökonomie nicht nur stark differenziert und räumlich ausgedehnt hat, sondern auch integrationsfördernd ist. Die türkische Ökonomie spreche verstärkt deutsche Kunden an und erfasse damit Bereiche, die bisher von deutschen Gewerbetreibenden übernommen wurden. In diesem Sinne sei türkisches Gewerbe in Deutschland integrationsfördernd (vgl. den Beitrag von Goldberg/Şen in diesem Band). Einen Trend zur Diversifizierung und räumlichen Ausdehnung der türkischen Ökonomie können auch Scholz u.a. (1990) verzeichnen. Sie stellen fest, daß es den türkischen Gewerbetreibenden in West-Berlin durch die Ausweitung ihrer Wirtschaftsaktivitäten in die vorherrschend von Deutschen bewohnten Außenbezirke gelungen ist, neue wirtschaftliche Existenzmöglichkeiten zu schaffen.

Der Zusammenhang zwischen Selbständigkeit und Arbeitslosigkeit wird von den Studien im wesentlichen bestätigt (vgl. auch Rudolph/Hillmann in diesem Band). So wird davon ausgegangen, daß das hohe Ansehen von selbständiger Arbeit bei der türkischen Jugend in Verbindung mit Jugendarbeitslosigkeit und Diskriminierungen am Arbeits- und Ausbildungsplatz auch zukünftig zu hohen Anteilen von Selbständigen in der Gruppe führen werden (vgl. Zentrum für Türkeistudien 1989; Ausländerbeauftragte 1991).

Sowohl äußere Rahmenbedingungen, insbesondere Arbeitslosigkeit, als auch spezifisch ethnische Strukturen und Netzwerke gelten als förderlich für die Selbständigkeit von Zuwanderern. Ethnizität erschließt sich den Gewerbetreibenden als Ressource, die es ihnen ermöglicht, ethnische Märkte zu etablieren und gegenüber der Majorität oder anderen Minoritäten konkurrenzfähig zu sein. Ein „ethnischer Kapitalismus" kann daher für bestimmte ethnische Gruppen schlichtweg profitabel sein (Light 1984), ohne daß dieser Rückschlüsse auf die Integrationsbereitschaft zuläßt. Zu vermuten ist vielmehr, daß die Nutzung ethnischer Netzwerke als ein „reaktives" ethnisches Element dann auftritt, wenn sich Nachteile kompensieren oder Vorteile erzielen lassen, keineswegs aber zwangsläufig oder bei vorsätzlicher Integrationsunwilligkeit. Besteht dagegen ein Zugang zu Klassenressourcen, erfolgt in der Regel die Auflösung der ethnischen Solidarität (Light 1984). Sowohl Portes und Zhou (1992) als auch Light (1984) merken an, daß ethnische Gemeinden oftmals erst in der Emigration entstehen bzw. konstruiert werden. Ethnische Identitäten können sich unter neuen politischen Rahmenbedingungen – zu denen Emigration sicher zu zählen wäre – auch verändern, sofern dies für die Akteure rational ist (vgl. Lentz 1995).

2. Sowjetimmigration nach Berlin

Bereits seit 1989 läßt sich eine starke Zuwanderung aus den Staaten der Sowjetunion nach Berlin feststellen. Zwar läßt sich die Anzahl der vor dem Mauerfall in Ost-Berlin lebenden Sowjetbürger nicht exakt bestimmen, da in der DDR keine diesbezüglichen Daten veröffentlicht wurden, doch lebten mehrere tausend Botschafts-, Unternehmens- und Militärangehörige (teils mit ihren Familien) in der Stadt. Die meisten von ihnen mußten Berlin jedoch nach 1989 verlassen, nur wenige Militärangehörige desertierten, einige zivile Beschäftigte hatten die Möglichkeit in Berlin zu bleiben. Auf der anderen Seite war West-Berlin zwar bereits

Tabelle 1: Melderechtlich registrierte Ausländer aus der Sowjetunion in Berlin

	1974	1982	1988	1991	1994	1996
Berlin-West	206	358	775	4.818	11.918	16.083
Berlin-Ost				5.421	7.671	8.776
Berlin				10.239	19.589	24.859

in den 70er und 80er Jahren Ziel einer jüdischen Emigrationswelle, die absolute Zahl der Sowjetbürger blieb jedoch sehr gering, wie Tabelle 1 zeigt.

Seit dem Mauerfall hat sich die Zahl der Sowjetbürger in Berlin stark erhöht. Inzwischen sind die Sowjetimmigranten – nach den türkischen, jugoslawischen und polnischen Berlinern – die viertgrößte Zuwanderergruppe. Die Staaten der ehemaligen Sowjetunion gehören derzeit zu den bedeutendsten Herkunftsgebieten der Migration: zwischen 1990 und 1995 wanderten 34.000 Personen aus der ehemaligen Sowjetunion nach Berlin zu.[1] Der überwiegende Teil der Zuwanderer (ca. 20.000) waren deutschstämmige „Aussiedler", die insbesondere aus den asiatischen Teilen der Russischen Föderation und aus Kasachstan kamen und seit 1992 dominieren. In den Jahren zuvor wanderten vor allem jüdische Migranten aus den Großstädten der europäischen Republiken zu, die als „Kontingentflüchtlinge" Aufnahme fanden.[2] Weitere Gruppen sind Asylsuchende und Werkvertragsarbeitnehmer, deren quantitative Bedeutung jedoch gering ist; bedeutender scheint der Familiennachzug und insbesondere die Anzahl der Heiratsmigranten zu sein (vgl. den Beitrag von Beetz/Darieva in diesem Band). Neben der offiziellen Zuwanderung aus den ehemaligen Sowjetrepubliken sind in den letzten Jahren auch vermehrt Zuwanderer mit Touristenvisum und ohne Aufenthaltstitel in die Stadt gekommen. Die Zuwanderer unterscheiden sich also bezüglich „Einwanderungstor" sowie Aufenthaltszeit und -status. In Berlin lebten Ende 1996 fast 25.000 sowjetische Nichtdeutsche, zusätzlich ca. 25.000 Aussiedler und wahrscheinlich eine fast ebenso hohe Anzahl von „illegalen" Zuwanderern aus der ehemaligen Sowjetunion.

1 Dies entspricht 23,5 Prozent der Nettozuwanderung aus dem Ausland nach Berlin zwischen 1990 und 1995.
2 Mehrere tausend Einwanderer kamen seit Februar 1990 in die damalige DDR aufgrund einer Regelung der DDR-Übergangsregierung, welche die Duldung von jüdischen Bürgern aussprach, die in der Sowjetunion von einem aufflammenden Antisemitismus bedroht schienen. Die Einreise erfolgte zunächst über ein Touristenvisum und wurde ab November 1991 nach einem geregelten Aufnahmeverfahren über das „Gesetz über Maßnahmen im Rahmen humanitärer Hilfsaktionen aufgenommener Flüchtlinge" (Kontingentflüchtlingsgesetz) abgewickelt. Die Zuwanderung nach Berlin ist seitdem durch eine Quote geregelt, da aber knapp 5.000 Kontingentflüchtlinge bis Ende 1992 zuwanderten, ist seitdem wegen der „Übererfüllung" der Quote im Land Berlin verhindert worden, daß weitere jüdische Zuwanderer in Berlin aufgenommen wurden. Statt dessen werden diese im Regelfall nun in andere Bundesländer zugewiesen, wobei eine Weiterwanderung nach Berlin insbesondere aus den neuen Bundesländern stattfindet. Eine Schätzung der genauen Anzahl von jüdischen Kontingentflüchtlingen ist nicht möglich.

Tabelle 2: Zuwanderung nach Berlin 1989-1995

	1989	1990	1991	1992	1993	1994	1995
Zuwanderung aus der Sowjetunion	535	2.956	3.808	5.668	7.170	7.547	6.834
davon Aussiedler			39	4.336	4.717	5.664	5.254

Quelle: Wanderungssaldo: Statistisches Landesamt Berlin; Aussiedlerzuwanderung: Landesamt für zentrale soziale Aufgaben (für 1989/90 sind sowjetische Aussiedler aufgrund ihrer geringen Anzahl nicht gesondert ausgewiesen).

Vielleicht die größte Besonderheit der sowjetischen Zuwanderung liegt im rechtlichen Status, den die meisten Zuwanderer besitzen. Jüdische Kontingentflüchtlinge – wie auch anerkannte Asylbewerber – besitzen eine unbefristete Aufenthaltserlaubnis und eine Arbeitserlaubnis ohne Einschränkungen; Aussiedler unterliegen während der ersten drei Jahre ihres Aufenthalts bei Sozialhilfebezug einer Wohnsitzbindung, ansonsten gelten für sie keine Einschränkungen, da sie deutsche Staatsbürger sind. Heiratsmigranten erhalten zunächst eine Aufenthaltserlaubnis für drei Jahre und eine eingeschränkte „allgemeine" Arbeitserlaubnis. Die Zuwanderung aus der Sowjetunion ist durch ein niedriges Durchschnittsalter und ein weitgehend ausgeglichenes Verhältnis zwischen Männern und Frauen gekennzeichnet. Die weiblichen Migranten überwiegen sogar etwas. Dies steht im Gegensatz zur idealtypischen Alters- und Geschlechtsstruktur von Arbeitsmigranten und Flüchtlingen in Frühphasen der Migration, als vor allem junge Männer zuwanderten. Bei den Aussiedlern waren fast 40 Prozent der 1994 Zugewanderten unter 25 Jahre, bei den Sowjetmigranten ohne deutschen Paß im Jahre 1994 35 Prozent unter 27 Jahren. Dies zeigt, daß es sich bei der Zuwanderung aus der Sowjetunion entsprechend den gesetzlichen Möglichkeiten ganz überwiegend um eine dauerhafte Migration von Familien handelt, wodurch die Möglichkeit besteht, ethnische Gemeindestrukturen frühzeitig aufzubauen.

3. Arbeitsmarktsituation

Die Zuwanderer kommen in einer wirtschaftlich sehr schwierigen Zeit nach Berlin. Die Stadt erlebt einen umfassenden Strukturwandel, der mit einem starken Abbau von Industriearbeitsplätzen verbunden ist (vgl. Häußermann 1997). Gerade aber die Industrie ist in den vergangenen 100 Jahren der wichtigste Arbeitgeber für Zuwanderer gewesen. Derzeit ist eine Zunahme von Arbeitsplätzen nur im Dienstleistungsbereich zu verzeichnen, für die berufliche Qualifikationen und in der Regel gute Deutschkenntnisse vorausgesetzt werden. Gleichzeitig expandierten die Segmente deregulierter Arbeitsverhältnisse, also eben jene Tätigkeiten, die sich durch fehlenden Kündigungsschutz, unregelmäßige Arbeitszeiten, fehlende Kranken-, Arbeitslosen- und Rentenversicherung auszeichnen und in der Regel schlecht bezahlt sind.

Aber nicht nur das Angebot an Arbeitsplätzen ist für die Situation auf dem Arbeitsmarkt ausschlaggebend. Migration ist in der Regel mit einer formalen Dequalifizierung der Zuwanderer verbunden, da die mitgebrachten Berufsabschlüsse in Deutschland oftmals nicht anerkannt werden. Bei den „jüdischen Kontingentflüchtlingen" handelt es sich zum Beispiel meist um Menschen mit überdurchschnittlichen beruflichen Qualifikationen, jedoch eröffnet ihnen dies keinen Zugang zu entsprechenden Arbeitsplätzen. Entsprechend ist die Arbeitslosigkeit hoch, nur eine sehr geringe Anzahl der nicht-deutschen Zuwanderer besitzt eine sozialversicherungspflichtige Beschäftigung.[3] Die meisten sind nicht im Produzierenden Gewerbe, wie frühere Zuwanderergruppen, sondern im Handel und den Dienstleistungen beschäftigt; auch Umschulungs- und Fortbildungsmaßnahmen finden bei den nicht-deutschen Sowjetmigranten überwiegend im Büro- und Dienstleistungsbereich und in technischen Berufen statt.

Die Gruppe der Zuwanderer mit deutscher Herkunft verzeichnet ebenfalls eine hohe Arbeitslosigkeit. Doch sind bei den Aussiedlern zunehmend die „traditionellen" Randgruppen des Arbeitsmarktes arbeitslos: Unterqualifizierte, Jugendliche und die Altersgruppe über 50 Jahre. Die Anzahl der Langzeitarbeitslosen wie auch der „Neuzugänge" ist überraschend gering. Männer und Frauen sind von Arbeitslosigkeit in gleichem Maße betroffen. Allerdings zeigen sich bei den Geschlechtern unterschiedliche Strategien, wie mit der schwierigen Arbeitsmarktsituation umgegangen wird. Bei Frauen, die schon früher in Dienstleistungsberufen gearbeitet haben, ist ein stärkerer Trend zur Vertiefung der Qualifikationen und Sprachkenntnisse festzustellen. Männer, die überwiegend Facharbeiterabschlüsse besitzen, versuchen hingegen, schnellstmöglich eine Beschäftigung zu finden und arbeiten überdurchschnittlich häufig im Arbeitsmarktsegment unqualifizierter Tätigkeiten (Quack 1994; Dietz 1995; DIW 1994).

4. Arbeitsmarkt und ethnisches Gewerbe

Für jüdische Zuwanderer als auch für Aussiedler und anerkannte Asylbewerber besteht die Möglichkeit, einer selbständigen Arbeit nachzugehen. Aufgrund der hohen Arbeitslosigkeit ist damit zu rechnen, daß diese Möglichkeit in wachsendem Maße genutzt wird.

Die Selbständigenquote unter den Ausländern in Berlin nimmt bereits seit Mitte der 70er Jahre zu. Die Gesamtzahl der ausländischen Gewerbe wird zwar nicht erfaßt, doch gibt es in Berlin nach Schätzungen knapp 15.000 ausländische Selbständige (vgl. Blaschke/Ersöz 1992). Im Jahre 1995 wurden netto 1.146 Anmeldungen ausländischer Gewerbetreibender registriert, 49 entfielen dabei auf

---

3 Für West-Berlin existieren Statistiken zu den sozialversicherungspflichtigen Sowjetbürgern, allerdings nicht für Ost-Berlin. 1995 hatten 1.008 Bürger der ehemaligen Sowjetunion eine sozialversicherungspflichtige Beschäftigung in West-Berlin. Eine Quote – als Relation zur erwerbsfähigen „sowjetischen" Bevölkerung – läßt sich hieraus nicht errechnen.

Unternehmer aus der ehemaligen Sowjetunion.[4] Dies zeigt, daß die Gesamtzahl der Gewerbegründungen von Sowjetimmigranten nicht auffällig hoch ist. Seit 1991, als erstmals die Gewerbeanmeldungen von Sowjetimmigranten ausgewiesen wurden, steigt zwar die Zahl der Anmeldungen, jedoch auch jene der Abmeldungen. Der Nettozuwachs in den Jahren 1991-95 beläuft sich auf 272 Hauptbetriebe, zusätzlich einer Anzahl von 85 Zweigbetrieben. Allerdings ist die Fluktuation bei den Betrieben hoch: in fünf Jahren wurde anzahlmäßig mehr als die Hälfte der einmal angemeldeten Betriebe wieder abgemeldet.

Im folgenden werden Ergebnisse einer empirischen Untersuchung vom Anfang des Jahres 1996 berichtet, bei der danach gefragt wurde, welche Bedeutung die sozialen Strukturen und Netzwerke der ethnischen Gemeinden für die Unternehmer besitzen – aber auch, in welchen Branchen und wo die Gewerbe auftreten, und welche Strategien die Gewerbetreibenden damit verbinden.[5] Vermutlich befinden sich die Gewerbe insbesondere in den Bereichen, die eher arbeitsintensiv sind und von unqualifizierten Beschäftigten ausgefüllt werden können. Eine Operationalisierung der von Waldinger u.a.(1990) thematisierten Strategien im ethnischen Gewerbe ergab einen Fragekomplex, der aufbauend auf der Struktur der ethnischen Gruppe, der Arbeitsmarktgelegenheiten und rechtlichen Rahmenbedingungen den Focus der Untersuchung auf die Mobilisierung von Ressourcen (Kapital, Informationen, Waren, Arbeitskräfte) und die Entwicklung von Strategien lenkte. Wir führten offene Leitfadengespräche und protokollierten diese anschließend. Diese Methode hat sich als sehr fruchtbar herausgestellt, die Gespräche waren meist lang und intensiv.

4.1 Das Ladengewerbe

Wer das „russische" Gewerbe in Berlin sucht, ist vielleicht zunächst enttäuscht, da die Läden nicht den Ansprüchen an Exotik entsprechen, die wir so gerne an Fremdländisches stellen. In einigen Geschäften fühlt man sich sofort wohl, in anderen sehr fremd, vielleicht sogar unerwünscht. Dies lenkt den Blick insbesondere auf das Warenangebot und den angezielten Kundenkreis der Läden und läßt sich idealtypisch unterschiedlichen Strategien zuordnen.

Die meisten Geschäfte sind eher unspektakulär und einfach eingerichtet, wie

---

4 Genau genommen ist eine Aussage über die Netto-Entwicklung statistisch nicht möglich, da einmal angemeldete Gewerbe nicht immer wieder abgemeldet werden, sondern z.B. auch „ruhen" können. Eine Netto-Entwicklung soll hier jedoch der Übersichtlichkeit und Vergleichbarkeit wegen gezeigt werden. Die hier genannten Gewerbemeldungen beziehen sich auf „Hauptbetriebe".
5 Die Untersuchung erfolgte im Rahmen eines von der Volkswagenstiftung geförderten Forschungsprojektes (vgl. Oswald/Voronkov 1997); in der entsprechenden Publikation ist eine erweiterte Fassung dieses Artikels abgedruckt. Bei den Gesprächen wurde ich unterstützt von Frau Ute Weinmann, die die Gespräche größtenteils übersetzte und wichtige Informationen zur aktuellen Situation in den ehemaligen Sowjetrepubliken lieferte.

die Gemüsehandlung um die Ecke, die neben Obst und überwiegend deutschem Gemüse auch Konserven und Getränke anbietet. Hier gibt sich der Besitzer ungern als „Russe" zu erkennen, wogegen in der einfach eingerichteten Schneiderei in einem anderen Stadtteil kaum ein deutsches Wort fällt. Dennoch erklärt die Schneiderin dem türkischen Kunden die Änderungen am Jacket geschickt am Kleidungsstück. Der Schuster, der den alten, aber funktionstüchtigen Laden von seinem deutschen Vorgänger übernahm, hat inzwischen einen russischsprachigen Kollegen eingestellt, mit dem er gerne scherzt, wenn gerade keine Kundschaft anwesend ist. Auch das Stehcafé am Platz verkauft keinen russischen Tee, und über der Tür zum Hinterzimmer hängt nicht die Silhouette von St. Petersburg oder Moskau, sondern die von Manhattan.

Einige Geschäfte bieten nur nebenbei russische Schokoladen oder andere Spezialitäten aus den Republiken der ehemaligen Sowjetunion an, wogegen Restaurants und Speisecafés bewußt den deutschen Gaumen auf die sowjetische Küche einstimmen wollen. Dort wo Kulinarisches mit Musik und Tanz angereichert wird, laufen die Geschäfte gut und es kommen deutsche und russischsprachige Berliner zusammen. Doch wenn das kulturelle Flair fehlt, bleibt die deutsche Kundschaft oftmals aus, findet keinen Gefallen an Blini, Pelmeni und Borschtsch. Ein Koch erzählte uns, daß er es geschafft habe, eine Sahne zu kreieren, die tatsächlich wie russische Smetana schmeckt, und freut sich, wenn dies jemand bemerkt. Das aber scheint eher selten der Fall gewesen zu sein, denn inzwischen mußte er sein kleines Restaurant wieder schließen.

Ganz anders ist es in den Buchhandlungen oder Videotheken. Hier sind keine Deutschen mehr anzutreffen. Die Orte sind ruhende Pole im Zentrum der Stadt. Ohne Kenntnisse der kyrillischen Schrift findet man sich hier nicht zurecht, es gibt Videos und Bücher nur in russischer Sprache, daneben auch ein paar CD's und Musikkassetten. Videos können getauscht, gekauft oder geliehen werden, und der Zustrom russischsprachiger Kundschaft ist gewaltig. Die Buchläden kaufen alte Bücher an, verkaufen diese weiter und suchen in Moskau nach den Bestellungen der Kundschaft. Jedes Buchgeschäft hat sich daher auf einen eigenen Kundenkreis spezialisiert, denn Lesestoff auf russisch ist Mangelware und Spezialwünsche sind schwer zu erfüllen. Auch andere Branchen haben sich auf den russischsprachigen Kundenkreis eingeschworen und inserieren in kyrillischer Schrift. Denn bei der Frisur und der Steuererklärung kommt es eben auf Feinheiten an, die man nur auf russisch sagen kann.

4.2 Ethnische Differenzierung, räumliche Konzentration und Branchenwahl

Insgesamt konnten wir 60 Gewerbeeinrichtungen ausmachen, die von russischsprachigen Betreibern geführt wurden. Eine deutliche räumliche Konzentration ist in Charlottenburg festzustellen, dort befindet sich die Hälfte der Läden. Die anderen Innenstadtbezirke sind unter den übrigen Ladenlokalen quantitativ relativ gleichmäßig vertreten. Die Konzentration auf Charlottenburg deutet auf eine hohe Nachfrage in diesem Bezirk hin, der insbesondere in den Branchen festzustellen ist, die sich an Sowjetimmigranten richten. Die Geschäfte in Charlottenburg wählten ihre Standorte vor allem wegen des hohen Prestiges, den der Stadtteil bei den russischsprachigen Zuwanderern hat. In Charlottenburg leben zwar auch viele Migranten, diese spielen jedoch als Kunden nicht die entscheidende Rolle. Vielmehr sind die Geschäfte und deren Standorte weit bekannt, und die Kundschaft kommt aus der ganzen Stadt, um das Angebot zu nutzen. Auch die Betreiber der Geschäfte leben meist nicht im Bezirk.

Die vorgefundenen Gewerbe zeigen bereits starke Konzentrationen auf bestimmte Branchen. Bedeutend ist v.a. die Anzahl von Schustereien, Einrichtungen im Gaststättengewerbe, Buchhandlungen, Videotheken und von Import-Export-Läden. Daneben gibt es Friseure, Lebensmittelgeschäfte, Änderungsschneidereien und Autowerkstätten. Viele Bereiche selbständigen Gewerbes konnten wir durch unsere Untersuchung nicht erfassen. Dies betrifft alle Gewerbe ohne Ladengeschäft, dazu gehören einerseits Dienstleistungsbüros, Übersetzungsdienste, Import-Export-Großhandelsbüros, Arztpraxen, wie auch das Produzierende- und das Baugewerbe, Prostitution und der Handel mit Gütern in der eigenen Wohnung. Ebenfalls nicht untersucht wurden Spielhallen, Tankstellen, Diskotheken, Nachtclubs und ähnliches. Aus den Gesprächen ist jedoch bekannt, daß diese Bereiche in den letzten Jahren teilweise stark expandierten und einer großen Anzahl von sowjetischen Immigranten ein Beschäftigungsfeld eröffnet haben. So sind Spielhallen ein bedeutendes Element der ethnischen Ökonomie sowjetischer Zuwanderer, auch Doomernik (1996) belegt, daß viele der jüdischen Zuwanderer in Spielhallen arbeiten, die häufig sowjetischen Immigranten früherer Einwanderungsphasen gehören und sich vor allem an nicht-russischsprachiges Publikum richten.

Fast alle Betreiber der Läden waren jüdische Migranten aus Rußland oder der Ukraine. In wenigen Fällen konnten wir im Gespräch feststellen, daß die russischsprachigen Betreiber nur Angestellte eines deutschen Inhabers waren. In diesen Fällen handelte es sich immer um rußlanddeutsche Zuwanderer. Nur in einem Fall unterhielt ein Aussiedler einen eigenen Laden, dreimal waren Aussiedler beschäftigt, davon zweimal bei deutschen Inhabern. Selbständige Sowjetimmigranten, die nicht als jüdische Einwanderer nach Berlin kamen, haben wir äußerst selten angetroffen. Eine Kategorisierung der ethnischen Gruppen erfolgte allerdings nicht nach der ethnischen Selbstzuschreibung, sondern nach dem Einwanderungstor.

Der Großteil der Gewerbetreibenden kam aus Großstädten und war ganz überwiegend im Alter zwischen 40 und 45 Jahren. Die Selbständigen besaßen in der Regel eine qualifizierte Ausbildung, zu einem großen Teil einen Hochschulabschluß. Oft wurden die Einrichtungen von Paaren betrieben. Frauen und Männer waren ungefähr gleichermaßen in den Geschäften vertreten, Frauen allerdings häufiger im Lebensmittelbereich, in Buchhandlungen, Friseursalons und Schneidereien, wogegen Männer eher als Schuhmacher, Automechaniker und im Import-Export-Bereich arbeiteten. Die meisten Selbständigen leben seit vier bis sechs Jahren in Berlin, dies entspricht der Hauptzuwanderungsphase der jüdischen Zuwanderer in der Zeit zwischen 1989 und 1992. In einigen Fällen sprachen wir mit Betreibern, die bereits 17 bis 20 Jahre in Deutschland leben und somit in der Immigrationsphase Ende der 70er Jahre nach Berlin kamen. Diese Migranten haben in der Regel ihr Geschäft bereits zu Beginn der 80er Jahre eröffnet.

Der Grund für die Eröffnung eines Gewerbes war meist die schlechte Lage auf dem Arbeitsmarkt. Fast alle Betreiber waren zuvor arbeitslos gewesen, einige hatten einen Arbeitsplatz besessen, waren dann jedoch wieder in die Arbeitslosigkeit entlassen worden. Aus dieser prekären Situation heraus entschlossen sich viele Zuwanderer, die Unsicherheit der Selbständigkeit in Kauf zu nehmen und ein eigenes Gewerbe zu gründen. Den meisten war es einfach zu sinnlos geworden, keine Arbeit zu haben und nichts zu tun. Die Gründung des Gewerbes wurde im Regelfall nach 2 bis 4 Jahren Aufenthalt in Berlin vorgenommen. Die meisten untersuchten Läden existieren seit ein bis eineinhalb Jahren. Es handelt sich dabei allerdings bereits um eine zweite Welle russischsprachiger Existenzgründungen, da bereits unmittelbar nach der Wende erste Läden eröffnet wurden, die inzwischen wieder verschwunden sind oder aber übernommen wurden.

Als Probleme wurden die hohen Kosten bei der Einrichtung eines Gewerbes genannt und die sehr komplizierten bürokratischen Formalitäten: Beantragung des Gewerbes, Buchhaltung, Steuererklärung etc. Nur in einem Drittel der Fälle ergeben die beruflichen Erfahrungen oder Qualifikationen der Betreiber einen Hinweis auf das gegenwärtig ausgeübte Gewerbe. Auch hatten nur einzelne Befragte bereits Erfahrungen in der Selbständigkeit oder beim Aufbau eines Unternehmens gesammelt, die dann jedoch nicht unbedingt auf die deutsche Situation übertragen werden konnten. Die Gewerbetreibenden mußten daher auf andere Ressourcen zurückgreifen. Nicht die Vorkenntnisse scheinen von Bedeutung zu sein, kennzeichnend ist vielmehr, daß sich viele Betreiber durch die Gewerbeausübung Qualifikationen und Sprachkenntnisse aneignen wollen, die für ihren weiteren sozialen und wirtschaftlichen Aufstieg wichtig sein könnten.

4.3 Die Bedeutung von Netzwerken

Insbesondere der Zugang zu Kapital und Informationen – aber auch die Rekrutierung von Arbeitskräften – stellen Bereiche dar, die ein Kontaktnetz voraussetzen, welches bei ethnischen Ökonomien vorzugsweise innerhalb ethnischer Strukturen ausgeprägt ist. Gerade dies macht die Besonderheit ethnischer Ökonomien aus. Werden Ressourcen innerhalb der ethnischen Gemeinde erschlossen, weil z.B. finanzielle Mittel anderweitig nicht zu beschaffen sind, so ist davon auszugehen, daß die Mitglieder einer Gemeinde über starkes soziales Kapital verfügen (Portes/

Zhou 1992) und sich daraus spezielle ethnische Ressourcen und Strategien ableiten lassen.

Kontaktnetze wurden von den Befragten ausgesprochen intensiv genutzt. Viele der Betreiber von Läden kennen andere Gewerbetreibende und Läden, und zwar nicht nur an den Standorten, wo sie selbst arbeiten. Besonders wichtig waren die Kontakte für Informationen über freiwerdende Läden, die dann oftmals innerhalb des Kontaktkreises weitervermittelt wurden. An zwei Beispielen wird deutlich, welche Rolle Netzwerke für die ethnische Ökonomie spielen. In einem Fall trafen wir auf den dritten sowjetischen Ladenbesitzer in Folge, innerhalb von nur vier Jahren. Die Informationen über freiwerdende Läden wurden innerhalb des ethnischen Bekanntenkreises weitergegeben, die beiden vorhergehenden Ladenbesitzer hatten jeweils zwei Jahre den Laden geführt und waren dann in einen anderen Laden umgezogen. In einem anderen Fall wurde ein Ladengeschäft in einer russischsprachigen Zeitung ausgeschrieben und war kurze Zeit später tatsächlich von sowjetischen Zuwanderern angemietet worden. Hier wird deutlich, daß sowohl Kontakte zwischen Mitgliedern der ethnischen Gemeinde als auch institutionalisierte Gelegenheiten, in diesem Fall eine Wochenzeitschrift, für die Gründung von Unternehmen Bedeutung haben. Über die gleichen Kontaktnetze wird auch für bestehende Gewerbe geworben.

Teilweise wurden in den Ladengeschäften mehrere Gewerbe untergebracht und somit die Ladenmiete geteilt. Dies setzt ein hohes Maß an Vertrauen, Solidarität voraus und nutzt soziales Kapital, um das aufzuwendende ökonomische Kapital zu reduzieren. Wie darüber hinaus ökonomische Ressourcen, z.B. zur Einrichtung und Erweiterung des Ladens, erschlossen und mobilisiert werden, ist verständlicherweise nur schwer zu ermitteln. Nur in wenigen Fällen konnten Bankkredite aufgenommen werden, in einem Einzelfall zum Beispiel mit Hilfe einer Bürgschaft eines befreundeten deutschen Unternehmers. Es ist wahrscheinlich, daß meistens das Geld, wie in einigen Fällen belegt werden kann, im Bekanntenkreis gesammelt wurde, wobei auch der Bekanntenkreis einbezogen wurde, der in der ehemaligen Sowjetunion verblieben ist.

Für das Angebot an Waren sind alte Kontakte im Herkunftsland oder in anderen Staaten nützlich. Insbesondere Bücher, Videos, CD's und teilweise auch Lebensmittel kommen aus der ehemaligen Sowjetunion. In Gegenrichtung nutzen Import-Export-Läden die alten Kontakte im Herkunftsland, um dorthin Waren aus Deutschland oder auch Fernost zu handeln. Bei Autoverkäufen bzw. Ersatzteilbezug waren Kontakte in die Herkunftsländer ebenfalls sehr vorteilhaft für die Geschäfte. In einem Fall wurden russische Süßwaren verkauft, die von Bekannten in New York produziert werden, auch hier basierend auf alten Kontakten aus dem Herkunftsland. Geschäftskontakte, die sich auf ethnische oder herkunftsbezogene Gemeinsamkeiten beziehen, bringen also für die Ladenbetreiber sichtlich Vorteile.

Viele Geschäfte werden von Paaren geführt, aber es gibt auch Geschäfte, in denen Personen arbeiten, die kein verwandtschaftliches Verhältnis zueinander haben. In einigen Läden konnten wir feststellen, daß dort mehrere selbständige

Unternehmer in verschiedenen Branchen tätig waren oder Angestellte der russischen Betreiber. Demnach sind Beschäftigungseffekte in Läden russischsprachiger Selbständiger festzustellen, die vor allem der eigenen ethnischen Gruppe zugut kommen. Da die Läden überwiegend von jüdischen Immigranten geführt werden ist wenig verwunderlich, daß auch die Beschäftigten zu einem großen Teil jüdische Einwanderer sind und nur teilweise russischsprachige Aussiedler. In den Läden waren oftmals viele Personen anwesend, ohne daß ein hoher Personalstand ökonomisch sinnvoll wäre. Jede Person hatte zwar ihre Aufgabe, aber sie waren deutlich unterbeschäftigt. Die Geschäfte dienen in diesen Fällen aber auch als Treffpunkte und somit der Erweiterung des Bekanntschaftskreises, der Erlangung von Informationen und Wissen und der Ausdehnung von Netzwerken. Da die Gewerbeausübung von vielen als Qualifizierung begriffen wird, ist ein hoher Anteil von „Beschäftigten" auch dann anzustreben, wenn dies volkswirtschaftlich nicht rentabel erscheint. Die unsichere Situation auf dem Arbeitsmarkt und eine hohe Arbeitslosigkeit fördern diese Tendenz.

4.4 Kundenkreis und Strategien

Ein Großteil der Läden konzentriert sich in Charlottenburg, während in der restlichen Innenstadt eine relative Gleichverteilung zu beobachten ist. Gleichzeitig ist auch bei den Branchen eine Konzentration von Läden festzustellen, die sich teilweise oder vorwiegend an einen russischsprachigen Kundenkreis richten und häufiger in Charlottenburg vorkommen. Dagegen sind jene Läden, die sich an Kundschaft aus der Nachbarschaft richten, relativ gleichverteilt. Diese auffälligen Merkmale lassen sich zusätzlich mit anderen typischen Charakteristika kombinieren – die Herkunft der Waren, Vorkenntnisse, die Nutzung ethnischer Netzwerke etc. –, die eine Unterscheidung von drei Strategien ermöglichen.

a) In fast allen Bezirken wissen wir inzwischen von „russischen" Schustern oder kennen von sowjetischen Zuwanderern betriebene Lebensmittelgeschäfte und Schneidereien. Diese Läden sind durch niedriges Einstiegskapital und eine ausgeprägte Aufstiegsmentalität der Betreiber gekennzeichnet, was bei anderen Läden nicht der Fall war. Die Betreiber sind mit knapp 40 Jahren in der Regel etwas jünger als die Betreiber der restlichen untersuchten Läden, haben eine gute Bildung und betrachten die Selbständigkeit oftmals als Sprungbrett. Die Etablierung in ökonomischen Nischen ist nicht Ziel der Zuwanderer, sondern vielmehr eine Strategie zur Aneignung von Kulturwissen, Sprache und spezifischen Qualifikationen. Frauen sind in diesen Branchen überrepräsentiert.

b) Bestimmte Branchen, insbesondere Videotheken, Buchhandlungen und Import-Export-Geschäfte richten sich ausschließlich an russischsprachige Kunden und sind damit deutlich einer Ergänzungsökonomie zuzurechnen, die Waren oder Dienstleistungen anbieten, welche die Zuwanderer sonst nicht vorfinden

Die Betreiber sprechen in der Regel nur wenig deutsch und sind auf deutsche Kundschaft auch gar nicht eingestellt. In diesen Branchen ist das Investitionskapital und auch der erzielbare Gewinn in der Regel höher als in den Läden, die sich überwiegend an die Nachbarschaft richten. Wesentlich bedeutender sind hier gute Kenntnisse von Kundenkreisen, Verbindungen in die Herkunftsregionen zum Import von Videos, Büchern, Musikkassetten und ähnlichem oder zum Export von Waren in die Staaten der ehemaligen Sowjetunion. Ökonomische Aufstiegsmöglichkeiten gibt es in diesen Branchen insbesondere für Personen, die sich im Großhandel etablieren können. Der Zugang zum Großhandel hängt jedoch entscheidend von Kontakten zu Handelspartnern ab.

c) Viele Gewerbe, z.B. Restaurants, aber auch Werkstätten und Friseure richten sich an deutsch-, russisch- und anderssprachige Kunden. Hier sind die von den Betreibern vorhandenen Qualifikationen am häufigsten dem ausgeübten Gewerbe entsprechend, die Investitionssummen für die Gewerbe am höchsten und auch die Ladenausstattungen am aufwendigsten. Dies sind auch die Branchen, bei denen allein aufgrund des aufgewendeten Kapitals ein dauerhafter Verbleib in der Branche angestrebt werden muß. Das Bestreben der Gewerbetreibenden besteht darin, möglichst innerhalb des Gewerbes einen sozialen Aufstieg zu erreichen. Aufgrund der nötigen Investitionssummen, aber auch wegen des benötigten Stamms an russischsprachigen Kunden brauchen die Unternehmer in diesen Branchen gute Kontakte zur eigenen ethnischen Gruppe. Die hier vorgefundenen Läden haben überwiegend mehrere russischsprachige Beschäftigte.

Die ethnische Einbindung hat allerdings nicht nur positive Seiten. Viele sowjetische Gewerbetreibende werden durch „mafiotische" Aktivitäten eingeschränkt, indem Schutzgelder erpreßt werden. Diese Situation erschwert nach Aussagen einiger Gesprächspartner die Erfolgschancen vieler Ladenbesitzer. Solche negativen Folgen sozialer Einbindung werden auch von Portes/Sensenbrenner (1993) erwähnt: Erpressungen, Loyalitätsforderungen und Machtkonzentration innerhalb ethnischer Ökonomien. Sie sind für ethnisches Unternehmertum hemmend und verhindern Innovationen. Die sogenannte „russische Mafia" beeinflußt nach Information einiger Gesprächspartner deutlich die Ausübung von Selbständigkeit, Bedrohungen und Schutzgelderpressungen seien alltäglich und führten u.a. bereits zur Schließung von Gewerbeeinrichtungen. Andere Läden versuchen den Kontakt zu mafiotischen Kreisen zu umgehen, indem sie ihren Geschäften keine russischen Namen geben und gezielt keine russische Kundschaft ansprechen – ihre ethnische Zugehörigkeit also explizit verbergen.

5. Fazit und Ausblick

Die Gruppe der Aussiedler ist bei den Gewerbetreibenden kaum vertreten. Daher muß offen bleiben, ob auch diese zukünftig Läden eröffnen werden und in welchen Branchen dies geschieht. Bisher muß davon ausgegangen werden, daß Aussiedler keine Tendenz zur Selbständigkeit entwickelt haben, sondern in andere Bereiche des Arbeitsmarktes Zugang suchen. Viele der jüdischen Zuwanderer besitzen ein hohes Bildungsniveau und stammen fast durchweg aus Großstädten, ein deutlicher Unterschied zu den sowjetischen Aussiedlern, was die geringere Selbständigenrate erklären könnte. Darüber hinaus vermindert der geringe offizielle Institutionalisierungsgrad der Aussiedler die Möglichkeit, durch den Rückgriff auf „ethnische" Netzwerke und Kunden eine Ergänzungsökonomie zu etablieren und schränkt daher die Möglichkeit selbständiger Wirtschaftstätigkeit deutlich ein. Trotz hoher Arbeitslosigkeit scheint Selbständigkeit unter Aussiedlern nicht erstrebenswert zu sein. In einigen wenigen Fällen haben wir Aussiedler als Beschäftigte in Gewerbeeinrichtungen von jüdischen Immigranten angetroffen. Ob dadurch Qualifikationen und Kenntnisse gesammelt werden, die dann in Zukunft zur verstärkten Selbständigkeit von Aussiedlern führen, bleibt abzuwarten.

Deutlich sind Netzwerke und soziales Kapital bei den jüdischen Zuwanderern ausgeprägt. Dies gilt sowohl für Vernetzungen der Gewerbetreibenden als auch für die sich etablierende jüdisch-russischsprachige Gemeinde. Die meisten Geschäfte befinden sich in Branchen, die ausschließlich oder zumindest partiell die sowjetische Gemeinde in Berlin versorgen, doch ist festzustellen, daß in dieser Versorgung noch entscheidende Einrichtungen fehlen. Beispielhaft kann der Lebensmittelsektor genannt werden. Trotz einer kleinen Zahl von Lebensmittelgeschäften gibt es kaum die Möglichkeit, typisch „russische" Lebensmittel in Berlin zu kaufen. Viele Gesprächspartner kannten die wenig vorhandenen Geschäfte nicht und äußerten entsprechende Wünsche. Teilweise werden Nahrungsmittel von Besuchen im Herkunftsland mitgebracht oder von Verwandten geschickt. Gleichzeitig hat sich ein informelles Netz entwickelt, in dem Personen den Lebensmittelhandel über private Telefonnummern und Wohnungen organisieren. All dies spricht dafür, daß hier eine ethnische Nische noch zu besetzen wäre.[6]

Die drei Strategien von Gewerbetreibenden aus der ehemaligen Sowjetunion sind in der Untersuchung quantitativ relativ gleichmäßig vertreten. Allerdings ist davon auszugehen, daß insbesondere die Läden, die sich an die Kunden in der Nachbarschaft richten, schwerer aufzufinden und daher in der Untersuchung unterrepräsentiert sind. Wodurch aber ist für die Unternehmer die Wahl der Geschäftsstrategie bestimmt? Für die Entscheidung zwischen den drei Strategien sind verschiedene Faktoren wichtig. Insbesondere der Zugang zu Kapital scheint elementar zu sein, doch auch die Bedeutung von Kontaktnetzen in der ethnischen

---

6 Zu Beginn des Jahres 1997 wurden zwei Filialen eines Lebensmittelgeschäftes mit Spezialitäten aus der ehemaligen Sowjetunion eröffnet. Eines der Geschäfte befindet sich in Charlottenburg. Damit ist auch diese Nische gefüllt.

Gemeinde ist offensichtlich: für die Wahl der Branche und für den Erfolg im ausgeübten Gewerbe ist der Zugang zu Kunden, Zulieferern, Informationen und Qualifikationen bedeutsam. Ethnische Netzwerke sind jedoch auch für den Zugang zu ökonomischem Kapital die wichtigste Ressource für ethnische Unternehmer. Je stärker die Einbindung in das soziale Netz der eigenen ethnischen Gruppe, desto größer sind die Möglichkeiten der Wahl von Handlungsstrategien und die Wahrscheinlichkeit unternehmerischen Erfolgs.

Es zeigt sich jedoch auch, daß die Beschränkung auf einen deutschen Kundenkreis ökonomisch für die Gewerbetreibenden nicht rentabel ist. Der Integrationscharakter einer selbständigen Tätigkeit mit einem deutschen Kundenkreis ist insoweit gegeben, daß in diesem Fall die deutsche Sprache und eventuell Kulturkenntnisse schneller gelernt werden. Ökonomisch scheint ein deutscher Kundenkreis allerdings keineswegs integrativ zu sein. Die erzielbaren Gewinne sind jedenfalls in der Regel deutlich niedriger als bei den Geschäften mit russischsprachigem Kundenkreis. Die Strategie der Nachbarschaftsläden und des Reparaturhandwerks hat vielmehr Sprungbrettcharakter und zielt auf eine Qualifizierung durch die Gewerbeausübung, nicht auf die Etablierung in der Nische. Ob die Betreiber der Läden mit vorwiegend deutscher Kundschaft einen ökonomischen Aufstieg schaffen – innerhalb des ausgeübten Gewerbes oder in anderen Tätigkeiten – oder ob die kleinen Geschäfte in der sozialen Marginalität bleiben, muß zunächst offen bleiben. Eine ethnische Ökonomie der sowjetischen Gemeinde ist dagegen wirtschaftlich durchaus profitabel (vgl. Light 1984) und kann zu einem wirtschaftlichen und sozialen Aufstieg der Selbständigen führen. Ethnische Ökonomien sind daher keine Mobilitätsfallen, wie dies Esser (1986) behauptet, sondern entspringen rationalem ökonomischen Handeln.

Es ist davon auszugehen, daß sich Gewerbeeinrichtungen russischsprachiger Zuwanderer zukünftig auch in neuen Branchen etablieren werden. Aufgrund der schlechten Arbeitsmarktlage wird dies trotz der hohen Fluktuation, die festgestellt wurde, der Fall sein. Obwohl es schwierig ist, ein Gewerbe zu eröffnen, wissen die Zuwanderer, daß sie in Deutschland noch einmal ganz unten anfangen müssen. Die zunehmenden Zahlen von Gewerbeanmeldungen deuten darauf hin, daß eine Chance für den Neuanfang von einigen Zuwanderern in der Selbständigkeit gesehen wird. Doch ist dieser Trend einerseits nicht für alle Zuwanderergruppen gleichermaßen festzustellen, andererseits verspricht die Eröffnung eines Gewerbes nicht in allen Branchen den gleichen Erfolg. Insbesondere die Branchen, die am deutlichsten einer ethnischen Ökonomie zuzurechnen sind und sich an russischsprachige Kunden wenden, scheinen zu florieren, wogegen die kleinen Läden, die auf die Laufkundschaft der Nachbarschaft zielen, es ungleich schwerer haben.

Jene Gewerbeeinheiten, die sich an die russischsprachige Bevölkerung wenden, siedeln sich bevorzugt in Charlottenburg an. Bereits heute ist dort eine hohe Konzentration von Gewerbeeinrichtungen festzustellen, welche die hohe symbolische Bedeutung des Stadtteils – als Zentrum West-Berlins und als traditioneller Stadtteil der russischen Emigration in den 20er Jahren – für die Zuwanderer verdeutlicht. Dies zeigt, daß die ethnische Ökonomie auch eine zentrale Bedeutung für die Konstituierung und das Selbstverständnis einer russischen oder sowjetischen Gemeinde besitzt, die sich in den letzten Jahren in Berlin gebildet hat und zur Ausdehnung der ethnischen Ökonomie entscheidend beitragen wird.

Literatur

Ausländerbeauftragte des Senats von Berlin, 1991: Zur Lage der jungen Ausländergeneration, Berlin.
Ausländerbeauftragte des Senats von Berlin, 1994a: Bericht zur Integrations- und Ausländerpolitik 1994, Berlin.
Ausländerbeauftragte des Senats von Berlin, 1994b: Das russische Berlin, Berlin.
Ausländerbeauftragte des Senats von Berlin, 1995: Bericht zur Integrations- und Ausländerpolitik. Fortschreibung 1995, Berlin.
Blaschke, J. und A. Ersöz, 1986: Die türkische Ökonomie in Berlin, in: Forum. Zeitschrift für Ausländerfragen und -kultur 2, S. 58-69.
Blaschke, J. und A. Ersöz/Museum für Europäische Migration, 1992: Buyurun. Türkische Unternehmer in Berlin, Berlin.
Bonacich, Edna, 1987: „Making it" in America. A Social Evaluation of the Ethics of Immigrant Entrepreneurship, in: Sociological Perspectives 30, S. 446-466.
Bonacich, Edna, 1993: The Other Side of Ethnic Entrepreneurship: A Dialogue with Aldinger, Aldrich, Ward and Associates, in: International Migration Review 27, S. 685-702.
Cobas, José, 1987: On the Study of Ethnic Enterprise, in: Sociological Perspectives 30, S. 467-472.
Cohen, Abner, 1974: Introduction: The Lesson of Ethnicity, in: A. Cohen (Ed.) 1974: Urban Ethnicity, London, S. ix-xxiv.
Dietz, Barbara, 1995: Zwischen Anpassung und Autonomie. Rußlanddeutsche in der vormaligen Sowjetunion und in der Bundesrepublik Deutschland, Berlin.
DIW – Deutsches Institut für Wirtschaftsforschung, 1994: Integration deutscher Zuwanderer in den westdeutschen Arbeitsmarkt, in: DIW-Wochenbericht 35, S. 609-617.
Doomernik, Jeroen, 1996: Jüdische Zuwanderer in Berlin seit 1990. Erwartungen, Habitus, Kapital und Adaptionsstrategien, in: Berliner Geographische Arbeiten, Heft 83, S. 73-82.
Ersöz, Ahmet, 1988: Zuwanderer im Berliner Handwerk, in: Migration 3, S. 115-132.
Esser, Hartmut, 1986: Ethnische Kolonien: Binnenintegration oder gesellschaftliche Isolation?, in: Jürgen H.P. Hoffmeyer-Zlotnik, Segregation und Integration, Mannheim, S. 106-117.
Fijalkowski, Jürgen, 1990: Transnationale Migranten in der Arbeitswelt. Studien zur Ausländerbeschäftigung in der Bundesrepublik und zum internationalen Vergleich, Berlin.
Freinkman, Nelli und Jürgen Fijalkowski, 1993: Jüdische Emigranten aus den Ländern der ehemaligen Sowjetunion, die zwischen 1990 und 1992 eingereist sind und in Berlin leben. Eine Studie über Besuchs-, Zeitarbeits- und Niederlassungsinteressen, Berlin.
Gillmeister, Helmut u.a., 1989: Ausländerbeschäftigung in der Krise? Die Beschäftigungschancen und -risiken ausländischer Arbeitnehmer am Beispiel der Berliner Industrie, Berlin.
Goldberg, Andreas, 1991: Ausländische Selbständige auf dem bundesdeutschen Arbeitsmarkt. Ein Beispiel für den wirtschaftlichen und sozialen Aufstieg ehemaliger ausländischer Arbeitnehmer, in: Informationen zur Raumentwicklung, Heft 7/8, S. 411-419.
Granovetter, Mark S., 1973: The Strenght of Weak Ties, in: American Journal of Sociology 6, S. 1360-1380.
Häußermann, Hartmut, 1997: Berlin: Lasten der Vergangenheit und Hoffnungen der Zukunft, in: Aus Politik und Zeitgeschichte, Beilage zur Wochenzeitung Das Parlament, B 17/97 vom 18. April, S. 10-19.

Häußermann, Hartmut, Andreas Kapphan und Rainer Münz, 1995: Migration Berlin: Zuwanderung, gesellschaftliche Probleme, politische Ansätze, Berlin (herausgegeben von der Senatsverwaltung für Stadtentwicklung, Umweltschutz und Technologie Berlin).

Kapphan, Andreas, 1995: Nichtdeutsche in Berlin-West: Zuwanderung, räumliche Verteilung und Segregation 1961-1993, in: Berliner Statistik 12, S. 198-208.

Kapphan, Andreas, 1996: Zuwanderung nach Berlin. Struktur und Entwicklung, in: Berliner Geographische Arbeiten, Heft 83, S. 55-62.

Koller, Barbara, 1995: In einem anderen Land. Die soziale und berufliche Integration von Aussiedlern in Deutschland. Materialien aus der Arbeitsmarkt- und Berufsforschung Nr. 2 (hrsg. von dem Institut für Arbeitsmarkt- und Berufsforschung der Bundesanstalt für Arbeit).

Landesarbeitsamt Berlin-Brandenburg, 1994: Die Struktur der Arbeitslosigkeit im Land Berlin. Aussiedler, Ausländer, Asylberechtigte, Asylbewerber. Statistische Mitteilungen, o.O.

Lentz, Carola, 1995: „Tribalismus" und Ethnizität in Afrika – ein Forschungsüberblick, in: Leviathan 1, S. 115-145.

Light, Ivan, 1984: Immigrant and Ethnic Enterprise in North America, in: Ethnic and Racial Studies 7, S. 195-216.

Light, Ivan, 1987: Unternehmer und Unternehmertum ethnischer Gruppen, in: Kölner Zeitschrift für Soziologie und Sozialpsychologie 1, S. 193-215.

Light, Ivan and Edna Bonacich, 1988: Immigrant Entrepreneurs: Koreans in Los Angeles, 1965-1982, Berkley.

Morokvasic, M., A. Phizacklea and H. Rudolph, 1986: Small Firms and Minority Groups: Contradictory Trends in the French, British and German Clothing Industries, in: International Sociology 1, S. 397-420.

Oswald, Ingrid und Viktor Voronkov, 1997: Post-sowjetische Ethnizitäten. Formen ethnischer Vergesellschaftung von (ehemaligen) sowjetischen Bürgern in Rußland und in der Emigration, Berlin.

Portes, Alejandro, 1987: The Social Origins of the Cuban Enclave Economy of Miami, in: Sociological Perspectives 30, S. 340-372.

Portes, Alejandro and Julia Sensenbrenner, 1993: Embeddedness and Immigration: Notes on the Social Determinants of Economic Action, in: American Journal of Sociology 6, S. 1320-1350.

Portes, Alejandro and Min Zhou, 1992: Gaining the upper hand: Economic mobility among immigrants and domestic minorities, in: Ethnic and Racial Studies 15, S. 491-522.

Quack, Sigrid, 1994: „Da muß man sich durch einen langen dunklen Tunnel tasten ...". Zur beruflichen Eingliederung von Aussiedlerinnen und Aussiedlern in Deutschland, in: M. Morokvasic und H. Rudolph (Hrsg.), Wanderungsraum Europa. Menschen und Grenzen in Bewegung, Berlin, S. 250-269.

Schein, Muriel D., 1975: When is an Ethnic Group? Ecology and Class Structure in Northern Greece, in: Ethnology 14, S. 83-97.

Scholz, F. (Hrsg.), 1990: Die räumliche Ausbreitung türkischer Wirtschaftsaktivitäten in Berlin (West). Schnellimbisse, Restaurants, Gemüseläden. Institut für Geogr. Wissenschaften, FU Berlin.

Waldinger, Roger, 1994: The Making of an Immigrant Niche, in: International Migration Review 28, S. 3-30.

Waldinger, Roger, Howard Aldrich and Robin Ward u.a., 1990: Ethnic Entrepreneurs. Immigrant Buisness in Industrial Society, Newbury Park/London/New Dehli.

Wiebe, D., 1982: Sozialgeographische Aspekte ausländischer Gewerbetätigkeit in Kiel, in: Zeitschrift für Wirtschaftsgeographie 26, S. 69-78.

Zentrum für Türkeistudien, 1989: Türkische Unternehmensgründungen – von der Nische zum Markt? Ergebnisse einer Untersuchung türkischer Selbständiger in Dortmund, Duisburg und Essen; Studien und Arbeiten 5, Opladen.

Zentrum für Türkeistudien, 1991: Ausländische Betriebe in Nordrhein-Westfalen. Eine vergleichende Untersuchung zur unternehmerischen Selbständigkeit von Türken, Italienern, Griechen und Jugoslawen, Opladen.

Gila Menahem

Ökonomische Restrukturierung und Wandel in der Beschäftigungssituation von sowjetischen Zuwanderern nach Tel Aviv

1. Zuwanderer, städtische Ökonomie und städtischer Wandel

Große Städte haben historisch eine zentrale Rolle für Zuwanderer in Industrieländer gespielt, da dort billiger Wohnraum und Arbeit in Manufakturbetrieben angeboten wurden (Burgess 1925/1967). In den letzten Jahrzehnten haben Industriebetriebe einen großen Anteil der Zuwanderer aufgenommen. Durch gewerkschaftliche Organisierung bekamen Zuwanderer einen Zugang in die industriellen Kernsektoren und darüber hinaus auch die Möglichkeit zur politischen Beteiligung (Lupsha 1976; Shefter 1976). Zusätzliche Beschäftigungsmöglichkeiten entwickelten sich in ethnischen Nischen, in denen die Zuwanderer als selbständige Unternehmer auftraten (Bonacich 1973; Light 1984; Stark/Taylor 1988). US-amerikanische Forschungen belegen, daß Zuwanderer in Städte einen höheren sozialen Status erreichen als diejenigen, die sich in nicht-urbanen Gebieten angesiedelt haben (Lieberson 1980; Chiswick 1978; 1993). Allerdings haben sich in den letzten Jahrzehnten die städtischen Wirtschaften stark gewandelt, was auch durch das Angebot an verfügbarem Raum in den urbanen Zentren bestimmt wurde. So sind die Beschäftigungen in der Industrie stark zurückgegangen, während die Nachfrage nach Tätigkeiten in den Bereichen Finanzen, Verwaltung, Kommunikation und Information sowie Kontrolle und Management zugenommen haben (Sassen 1990a; 1991). Diese Veränderungen sind Aspekte eines Restrukturierungsprozesses der städtischen Wirtschaft, in dem die neu nachgefragten Tätigkeiten auch durch ihre veränderte Reichweite, ihre Globalisierung, bestimmt werden (Fainstein/Fainstein 1982; 1989; Fainstein 1990). Großstädte wurden attraktive Ansiedlungen für Unternehmenszentralen und durch die Veränderung des Beschäftigungsprofils gentrifiziert (Smith/Williams 1986; Beauregard 1991).

Dieser ökonomische Strukturwandel der Städte hat direkten Einfluß auf die Integrationsmuster von Zuwanderern, wurde jedoch bislang nur in wenigen Punkten untersucht. Der vorliegende Artikel konzentriert sich auf die zwei Aspekte: a) Polarisierung des städtischen Arbeitsmarktes durch die erhöhte Nachfrage nach sowohl hoch- als auch niedrigqualifizierter Arbeit; b) Ausdehnung des Bereichs niedrigqualifizierter persönlicher Dienstleistungen und die Konsequenz für die Arbeitsmarktintegration von Zuwanderern(Sassen 1990a; 1990b; Waldinger 1989).

2. Der Strukturwandel der städtischen Ökonomie und die Integration von Zuwanderern in urbanen Zentren

Zur Klärung des Einflusses des ökonomischen Strukturwandels auf die Chancen der Zuwanderer auf dem städtischen Arbeitsmarkt wurden unterschiedliche Ansätze entwickelt. Die „Mismatch"-Theorie besagt, daß während der Transition in eine postindustrielle Ökonomie die Nachfrage nach hochqualifizierten Arbeitskräften steigt, während die Nachfrage nach niedrigqualifizierten und industriellen Arbeitskräften sinkt. Da einige Zuwanderergruppen über nur geringe Qualifikationen verfügen (Kasarda 1983; Carliner 1980), haben sie unter solchen Bedingungen nur wenig Chancen auf einen Eintritt in den Arbeitsmarkt und spielen daher auch nur eine unbedeutende Rolle bei der städtischen Wirtschaftsentwicklung. Mit diesem Ansatz läßt sich jedoch nicht erklären, warum die meisten Immigranten dennoch von den postindustriellen Städten angezogen werden und dort auch Arbeit finden, wie beispielsweise Waldinger (1989) ausführt.

Ein anderer Ansatz, die sogenannten Restrukturierungsthese, begreift die Zuwanderung als komplementären Prozeß zum städtischen ökonomischen Strukturwandel (Sassen 1990a). Dieser These zufolge geht Zuwanderung mit der Transformation des Dienstleistungssektors und dem rapiden Anstieg entsprechender Beschäftigungsmöglichkeiten einher, wobei eine gesteigerte Nachfrage sowohl nach hoch- als auch nach niedrigqualifizierten Arbeitskräften entsteht. Letztere werden insbesondere in den expandierenden Bereichen Wartung und persönliche Dienstleistungen eingesetzt, die auf die Konsumtionsmuster der hochqualifizierten Angestellten zugeschnitten sind (Sassen 1990b; 1991).

Waldinger (1992) betont, daß Zuwanderung eine doppelte Funktion in diesen entwickelten Dienstleistungsökonomien hat. Zum einen unterstützt sie den Wandlungsprozeß, da die Zuwanderer, wie zum Beispiel Feagin und Smith (1987, S. 15) belegen, die „große Kohorte von Restaurations- und Wäschereiarbeitern und Bauhandwerkern" stellen. Zum anderen können mit der Arbeitskraft der Zuwanderer die Bedürfnisse der neuen Schichten aus Fachkräften und Managern befriedigt werden. Harrison und Bluestone (1988, S. 227; zitiert nach Waldinger 1992, S. 99) betonen, daß wegen der hohen Lebenshaltungskosten in der Stadt mehr als ein Einkommensbezieher pro Haushalt notwendig ist, um den Lebensstil der Mittelklasse zu erhalten; dies wiederum treibt die neue „Arbeitsaristokratie" an, mehr und mehr an Dienstleistungen zu konsumieren. Die Schaffung von Eintrittsjobs in den Dienstleistungsbereich verursacht eine Nachfrage nach Zuwanderern, und da Neuzuwanderer für Niedriglohnjobs zur Verfügung stehen, wird wiederum das Wachstum des Dienstleistungssektors angeheizt.

Durch die Ausdünnung des Bereiches für mittelqualifizierte Arbeitskräfte werden Polarisierung und soziale Ungleichheit in den Großstädten gefördert (Sassen 1991; Harrison/Bluestone 1988). Mit der Restrukturierungsthese wird auch behauptet, daß aufgrund dieser Veränderungen immer weniger Zuwanderer Zugang zu gewerkschaftlich organisierten Wirtschaftssektoren bekommen oder den Aufstieg in Beschäftigungsbereiche schaffen, in denen eine mittlere oder höhere Qualifikation gebraucht wird. Entsprechend wird angenommen, daß ein hoher Anteil an Neuzuwanderern in den Sektor der persönlichen Dienstleistungen integriert wird, der sich komplementär zum ökonomischen Strukturwandel entwickelt.

Doch erklärt die Restrukturierungsthese nicht, warum die Niedriglohnjobs im Dienstleistungssektor mehr von Zuwanderern besetzt sind als von Ansässigen mit einem niedrigen Sozialstatus. Die Situation in New York und Philadelphia versucht Waldinger (1992) mit Hilfe eines Ansatzes zu erklären, in dem die Ersetzung von Arbeitskräften (labor replacement) im Zentrum steht. Der Strukturwandel in diesen Städten hat zur Folge, daß die Verfügbarkeit von Weißen für bestimmte Jobs abnimmt und sich dadurch Möglichkeiten für andere, Nicht-Weiße, ergeben, wodurch sich die Verteilung verschiedener sozialer Gruppen auf der beruflichen Statusleiter verschiebt (Lieberson 1980). Die Ersetzungsthese impliziert, daß die Präferenzen derjenigen ansässigen Arbeitskräfte, die vom Wandel der Beschäftigungsstruktur unabhängig sind, für die Besetzung von Stellen maßgeblich sind. Die in Frage kommenden sozialen oder ethnischen Gruppen verfügen über unterschiedliche Fähigkeiten und/oder Netzwerke und sind unterschiedlich stark Diskriminierungen ausgesetzt (Piore 1979). Daher werden einige Gruppen anderen vorgezogen, wie etwa Waldingers Untersuchung zeigt, derzufolge Zuwanderer ansässigen Schwarzen vorgezogen werden, da bestimmte Attribute (es werden genannt: „Freundlichkeit" und „Dienstleistungsorientierung") zwar Zuwanderern zuerkannt, einheimischen Angehörigen sozialer oder ethnischer Minderheiten jedoch abgesprochen werden (Waldinger 1992, S. 108). Die Ersetzungsthese impliziert daher auch, daß Zuwanderer in den Dienstleistungsbereichen desto mehr Chancen haben, je mehr direkter Kundenkontakt gefordert ist.

Deutlich wird, daß die dargestellten Ansätze auf ganz bestimmte Zuwanderungsbedingungen zugeschnitten sind bzw. unterschiedliche Aspekte erklären.

Die Mismatch-These betont die Angebotsseite der Zuwanderung. Die geringen Möglichkeiten der Zuwanderer resultieren demzufolge aus ihren begrenzten Fähig- und Fertigkeiten, die den Anforderungen des postindustriellen Arbeitsmarktes nicht entsprechen. Die Reichweite dieses Ansatzes sollte in einem Kontext geprüft werden, in dem es einen beträchtlichen Anteil an Hochqualifizierten unter den Immigranten gibt. Die Restrukturierungs-These betont die Nachfrageseite, doch müssen wiederum die Opportunitäten der hoch- als auch der geringqualifizierten Arbeitskräfte betrachtet werden. Es fehlen jedoch Untersuchungen über hochqualifizierte Zuwanderer, die in entsprechenden Positionen – etwa als Ingenieure – arbeiten. Mit der Ersetzungsthese wird ebenfalls die Nachfrageseite betrachtet, wobei ein wichtiges Kriterium für die Beschäftigung von unterschiedlichen sozialen oder ethnischen Gruppen deren – vermutete – soziale Attribute darstellen. Diese These kann daher für die Erklärung von Situationen angewendet werden, in denen spezifische Zuwanderergruppen über nachgefragte Sozialcharakteristiken verfügen, was sie von vergleichbar niedrigqualifizierten ansässigen sozialen Gruppen abhebt.

Die drei Ansätze sollen auf die Zuwanderung nach Israel in den 90er Jahren angewendet werden, wobei drei Aspekte diskutiert werden: (1) das Beschäftigungsprofil der Zuwanderer und die Integrationspolitik; (2) die gegenwärtig zu beobachtende ökonomische Transformation Israels in Richtung Postindustrialismus; (3) der Umstand, daß aufgrund der palästinensischen Aufstände in den besetzten Gebieten (Gaza und Westbank) die Position von Palästinensern ohne israelische Staatsbürgerschaft auf dem israelischen Arbeitsmarkt, in dem sie seit 1967 integriert waren, instabil geworden ist.

In diesem Artikel werden Ergebnisse zweier aufeinander folgender Umfragen unter russischen Immigranten in Tel Aviv referiert, wobei zwei Ziele verfolgt werden: Einmal soll die Relevanz der drei hier vorgestellten Forschungsansätze für eine Erklärung der Arbeitsmarktintegration russischer Immigranten nach Israel in den 90er Jahren untersucht werden. Darauf aufbauend werden einige der theoretischen Annahmen dieser Ansätze hinsichtlich ihrer generellen Bedeutung diskutiert. Zunächst wird das israelische Fallbeispiel erläutert.

2.1 Zuwanderer nach Israel nach 1989: Beschäftigungsmuster

In den Jahren 1989 bis 1992 wanderten circa 410.000 Personen aus der Sowjetunion in Israel ein; 1992 stellten ehemalige Sowjetbürger bereits ungefähr 10 Prozent der israelischen jüdischen Bevölkerung. Das Beschäftigungsprofil der sowjetischen Zuwanderer der 90er Jahre wird insbesondere durch den hohen Prozentsatz an Personen bestimmt, die über hohe Qualifikationen in Berufsbereichen verfügen, die typisch für Industriegesellschaften sind. Vor ihrer Emigration hatten 30 Prozent von ihnen Positionen in Wissenschaft und Forschung innegehabt, weitere 34 Prozent sind technisch qualifiziert und arbeiteten vor allem in der Schwerindustrie (CBS 1991; Flug/Kasir 1993). Dieses hohe durchschnittliche Qualifikationsniveau liefert eine günstige Forschungsgrundlage, um die drei oben dargestellten Thesen zu überprüfen. Zudem können die gegenwärtig zu beobachtenden Veränderungen in der israelischen Immigrationspolitik gut dargestellt werden. Während bis in die 90er Jahre die Zuwandererintegration direkt durch die Regierung kontrolliert wurde, sollte zu Beginn der 90er Jahre der Einfluß der Regierung mittels Maßnahmen der „direkten Integration" eingeschränkt werden. Eine Maßnahme war, daß Zuwanderer zwar eine bestimmte Summe staatlicher Gelder erhielten, um sich für die Anfangszeit mit Wohnraum versorgen zu können. Anschließend sollten sie jedoch selbständig nach Wohnung und Arbeit suchen, wodurch die Bedeutung von Marktprozessen bei der Integration zunahm – ein Umstand, der die Anwendung der drei hier interessierenden Forschungsansätze möglich macht.

2.2 Die ökonomische Restrukturierung von Tel Aviv-Jaffa

Die drei oben dargestellten Ansätze zur Arbeitsmarktintegration von Zuwanderern sind nur auf die Untersuchung von städtischen Ökonomien anwendbar, die sich in einem Restrukturierungsprozeß befinden. Die Frage, ob diese Bedingung auch für Tel Aviv-Jaffa zutrifft, kann positiv beantwortet werden.

Tel Aviv ist eine der drei größten Städte in Israel mit einer Einwohnerzahl von 353.000 im Jahr 1991. Die Stadt ist das israelische Finanz- und Geschäftszentrum, in dem die Schaltzentralen der größten Banken und Versicherungsagenturen und die Börse liegen. Von den 285.000 Beschäftigten der Stadt im Jahr 1990 sind circa zwei Drittel Pendler, die täglich von den äußeren Bezirken und der näheren Umgebung in die Stadt fahren. Die Tel Aviver Stadtbevölkerung wird zu 77 Prozent durch den örtlichen Arbeitsmarkt versorgt und arbeitet innerhalb der Stadtgrenzen, wobei sich ihre Beschäftigungsstruktur kaum von der der Pendler unterscheidet (Municipal Yearbook 1992).

Der ökonomische Strukturwandel kann mit den Veränderungen illustriert werden, die in den einzelnen Wirtschaftssektoren vonstatten gingen. Wie in Tabelle 1 zu sehen ist, haben sich im Zeitraum zwischen 1975 und 1990 die städtischen Dienstleistungssektoren am stärksten gewandelt: Der Finanz- und Geschäftssektor wuchs um 65 Prozent, der Handels-, Restaurants- und Hotelsektor sowie der Bereich persönliche Dienstleistungen nahmen zwischen 25 und 28 Prozent zu. Im Sektor Industrie und Handwerk gingen die absoluten Beschäftigtenzahlen so stark zurück, daß sein relativer Anteil an der städtischen Gesamtwirtschaft um 23 Prozent abnahm; die Beschäftigung im Baugewerbe nahm um 30 Prozent ab (Nachmias/Menahem 1993).

Tabelle 1: Die Beschäftigung in wichtigen Branchen in Tel Aviv 1975-1990

	Anzahl Beschäftigte 1975	Anzahl Beschäftigte 1990	Veränderung in %
Gesamt	244.400	266.300	+9 %
Produktion	57.800	44.700	-23 %
Baugewerbe	13.800	9.600	-30 %
Handel, Gastronomie und Hotels	40.500	51.700	+28 %
Transport und Kommunikation	20.200	18.600	-9 %
Finanz- und Unternehmensdienstleistungen	38.000	62.700	+65 %
Öffentlicher Dienst	55.500	56.400	+2 %
Personaldienstleistungen	15.000	18.800	+25 %
Andere	3.600	3.800	+6 %

Quelle: Nachmias/Menahem (1993).

Ökonomische Restrukturierung und Wandel in der Beschäftigungssituation

In dieser Zeit erlebte die Stadt auch beträchtliche räumliche Veränderungen, insbesondere durch Gentrifizierung und Sanierung in den innerstädtischen Bezirken (Schnell/Graicer 1993; Ginsberg 1993). Dies sowie die Veränderung der Beschäftigungsstruktur belegen, daß Tel Aviv ökonomisch umstrukturiert wird.

2.3 Palästinensische Arbeiter in Israel

Seit 1967 wurde eine wachsende Zahl palästinensischer Arbeiter von der Westbank und aus dem Gazastreifen in den israelischen Arbeitsmarkt integriert. Die meisten hatten Stellen oder Jobs mit einem niedrigen Sozialprestige: im Baugewerbe, in der Landwirtschaft, im Bereich persönlicher Dienstleistungen, vor allem als Portiers und Restaurantshilfen (Semyonov/Lewin-Epstein 1987). Mit dem Beginn der Intifada Ende der 80er Jahre wurden diese Beschäftigungsverhältnisse instabil; Palästinenser wurden immer seltener regelmäßig beschäftigt, vor allem nicht im persönlichen Dienstleistungsbereich. Die Beschäftigungsmuster palästinensischer Arbeiter aus den besetzten Gebieten in Israel vor und seit dem Beginn der Intifada werden in Tabelle 2 wiedergegeben. Deutlich wird, daß die Beschäftigung von Palästinensern im Baugewerbe absolut und relativ zunahm, während sie in anderen Sektoren erheblich abnahm, wobei unter der Rubrik „andere" auch persönliche Dienstleistungen wie Hausmeister und Pförtner subsumiert sind.

Tabelle 2: Beschäftigte Palästinenser aus Judäa, Samaria und dem Gaza-Streifen in Israel – 1988 und 1991

	1988	1990
Gesamt (in Tausend)	109.4	97.6
Landwirtschaft	16.6	11.7
Industrie	16.7	7.5
Baugewerbe	54.0	66.9
Andere	21.6	11.5

Quelle: Gebietsstatistik Judäa, Samaria and Gaza, Central Bureau of Statistics 1989-90; 1991, Vol. XIX.

In Israel ist es seither problematisch mit dem Angebot an einfachen Dienstleistungen, weshalb hier insbesondere die Ersetzungsthese überprüft werden soll.

3. Der israelische Fall

Die Restrukturierungsthese betont die Nachfrageseite (Waldinger 1992), da der ökonomische Strukturwandel in den Städten eine hohe Nachfrage nach sowohl hoch- als auch nach niedrigqualifizierten Arbeitskräften schaffen soll und dadurch den Arbeitsmarkt polarisiert. Auf den israelischen Kontext der sowjetischen Zuwanderung der 90er Jahre bezogen müßte diesem Ansatz zufolge ein gewisser Anteil der hochqualifizierten Zuwanderer einen ihrer Ausbildung entsprechenden Arbeitsplatz finden können, während eine Integration in die mittleren Berufspositionen schwieriger wäre, da für diese kaum Nachfrage bestehen dürfte. Ein großer Teil der Zuwanderer müßte eine Beschäftigung im Niedriglohnbereich finden, und zwar im expandierenden Dienstleistungsbereich. Unter den hochqualifizierten Zuwanderern müßten diejenigen mit einer traditionellen Ausbildung, wie etwa als Ingenieur im Industriesektor, schwerer eine Beschäftigung finden als jene, deren Qualifikation eine Beschäftigung im Finanz-, Kommunikations- und Informationssektor möglich macht. Allerdings ist eine erfolgreiche Arbeitssuche in diesem Sektor auch an die Vertrautheit mit nationalen und internationalen Arbeitskontexten gebunden, rein technische oder akademische Ausbildungen sind nicht ausreichend.

Im israelischen Fall sind es insbesondere die beiden letzten Aspekte, die die Arbeitsmarktintegration hochqualifizierter sowjetischer Zuwanderer behindern. Erstens haben die meisten dieser Zuwanderer nur eine traditionelle Ausbildung für die Arbeit in der Industrie, aber selten einen Überblick über postindustrielle Technologien; und zweitens fehlt den meisten die Vertrautheit mit den Funktionsprinzipien internationaler Ökonomien und Märkte. Daher verfügen Zuwanderer aus der ehemaligen Sowjetunion, selbst bei höherer akademischer Bildung, nicht notwendigerweise über die heute nachgefragten Fähigkeiten.

Der Ersetzungsansatz lenkt die Aufmerksamkeit auf die besonderen Umstände der Beschäftigung von Arabern aus den besetzten Gebieten. Auf Israel bezogen bedeutet die Ersetzungsthese, daß Neuzuwanderer desto leichter einen Job finden könnten, je dringender die Probleme mit der Beschäftigung von Palästinensern werden. Berücksichtigt man die Forschungsergebnisse von Waldinger (1992), dann müßte insbesondere der persönliche Dienstleistungsbereich betroffen sein, in dem die sowjetischen Zuwanderer die palästinensischen Beschäftigten verdrängen.

4. Die empirische Untersuchung

4.1 Die Samples

In der vorliegenden Arbeit werden Ergebnisse zweier aufeinander folgender Umfragen unter Neuzuwanderern aus der ehemaligen Sowjetunion, die gegenwärtig in Tel Aviv-Jaffa leben, referiert. Zwischen 1989 und 1992 wanderten circa 70.000 von ihnen nach Tel Aviv zu, rund 39.000 lebten noch 1993 dort. Diese Zuwanderergruppe repräsentiert etwa 11 Prozent der Stadtbevölkerung und knapp 10 Prozent der ungefähr 400.000 russisch-sowjetischen Immigranten, die bis zum Ende des Jahres 1993 nach Israel zuwanderten; circa 40 Prozent der sowjetischen Immigranten in Tel Aviv sind aus den asiatischen Sowjetrepubliken zugewandert.

Die südlichen Stadtbezirke und der Stadtteil Jaffa gelten als Innenstadtbezirke (Schnell/Graicer 1993) und gleichzeitig als Bezirke mit einem relativ niedrigen Prestige. Ungefähr zwei Drittel der hier interessierenden Zuwanderer leben in diesen Stadtgebieten, fast die Hälfte von ihnen seit 1993 bereits in einer eigenen, von ihnen erworbenen Wohnung. Im Nordteil der Stadt lebt ungefähr ein Drittel der Zuwanderer, jedoch alle als Mieter ihrer Wohnungen, da die Wohnungspreise hier ihre Möglichkeiten übersteigen. Da die Ansiedlung von Neuzuwanderern in den nördlichen Stadtbezirken von Tel Aviv eher als vorübergehende Lösung angesehen wird, waren die Umfragen auf die südlichen Stadtteile und auf Jaffa beschränkt.

Die erste Umfrage wurde im August/September 1992 unter in Tel Aviv-Jaffa lebenden Zuwanderern aus der Sowjetunion durchgeführt, die zwischen Dezember 1989 und Dezember 1991 nach Israel gekommen waren. Sie lebten zu diesem Zeitpunkt also höchstens drei Jahre, aber wenigstes schon neun Monate in Israel. Namen und Adressen konnten aus den städtischen Datenbanken bezogen werden, wo alle Zuwanderer erfaßt sind, die aufgrund ihres Status als Zuwanderer eine Ermäßigung der Eigentumssteuer geltend machen können. Dies sicherte, trotz der hohen Mobilität der Neuzuwanderer, ein stabiles Sample.

Das Verzeichnis des Samples enthielt 305 Immigrantenhaushalte im Südteil der Stadt und reflektierte die relative Verteilung der Zuwanderer in diesen Bezirken. Nach den gleichen Prinzipien wurden drei weitere Listen zusammengestellt. Jedem Haushalt auf der ersten Liste wurde in den anderen drei Listen je ein Ersatzhaushalt zugeordnet, der sich im selben Bezirk befand. Falls eine Familie auf der ersten Liste während des Befragungszeitraumes in einen anderen Stadtteil umzog, sollte eine Familie aus den Ersatzlisten befragt werden; tatsächlich mußten nur zwei Listen verwendet werden. Berücksichtigt wurden nur Haushalte mit einem Haushaltsvorstand im Alter zwischen 21 und 60, da sich die Fragestellung der Studie auf die Beschäftigungsstruktur richtete. Von den ausgewählten 305 Immigrantenhaushalten wurden 289 aufgesucht und befragt. Sie stellen das Sample „Time 1" dar.

14 Monate später, im Oktober 1993, wurde das Time 1-Sample überprüft. Von

denen, die im vergangenen Jahr interviewt worden waren, lebten noch 97 in den gleichen Wohnungen, und in 74 Fällen wurde wieder der gleiche Haushaltsvorstand befragt; diese bilden das erste „Kernsample". In 23 Fällen wurde ein anderes erwachsenes Haushaltsmitglied befragt, doch wurden diese Fälle aus der Untersuchung ausgeschlossen. Das Panel bestand daher letztlich aus 74 Interview-PartnerInnen und bildete den Kern des Samples „Time 2".

Um den Umfang dieses zweiten Samples zu erweitern, wurde ein „Zusatz-Sample" angelegt, bestehend aus Haushalten von den ursprünglichen Ersatzlisten, die nicht befragt worden waren. Es handelte sich um 145 Haushalte, die nun befragt wurden, nachdem sie mit den Haushalten der ursprünglichen Liste hinsichtlich der statistischen Wohngebiete abgeglichen worden waren. Dabei stellte sich heraus, daß nur noch in 32,5 Prozent die ursprüngliche Adresse mit der jetzigen übereinstimmte, woraufhin nun Personen aus den Haushalten, die jetzt unter der Adresse lebten, befragt wurden. Daher bestand diese Liste von 145 Haushalten zu zwei Dritteln aus räumlich mobilen und zu einem Drittel aus immobilen Zuwandererhaushalten – eine Proportion, die wir bei der Zusammenstellung der ursprünglichen Haushalte – vom Time 1-Sample – für das zweite Interview gefunden hatten. Das „Kernsample" und das „Zusatzsample" ergaben zusammen das gesamte „Time 2-Sample", das demnach zu einem Teil aus Befragten besteht, die zu beiden Zeitpunkten befragt wurden, und zum anderen Teil aus einem systematischen Ersatz-Sample, das die Mobilitätstrends der Zuwanderer in den betreffenden Stadtgebieten abbildet. Die Struktur der Samples ist in Tabelle 3 dargestellt.

Die Lokalisierung der Haushalte des ursprünglichen Samples und die Verwendung der ursprünglichen Ersatzlisten belegen eine hohe Mobilität unter den betreffenden Immigranten, deren Ursachen zu klären waren. Die Veränderungen, die zwischen den beiden Befragungen stattgefunden haben, also der relativ häufige Wohnungswechsel, können einerseits ein Effekt des ökonomischen Strukturwandels sein, andererseits aber auch das Ergebnis einer selektiven Abwanderung aus bestimmten Wohngebieten.

Diese Fragen wurden in zweierlei Hinsicht angegangen. Erstens wurden die sozio-ökonomischen Merkmale der verschiedenen Samples verglichen, um die Muster der Zu- und Abwanderung der Zuwanderer in bestimmte Wohngebiete zu bestimmen. Wie in Tabelle 3 ersichtlich, ähneln sich die Samples hinsichtlich einiger Kategorien: vergleichbar ist der Prozentsatz derer, die vor ihrer Emigration aus der Sowjetunion als Akademiker, qualifizierte Fachkräfte und Techniker gearbeitet hatten, ebenso der Prozentsatz derjenigen, die aus europäischen Republiken der ehemaligen Sowjetunion zuwanderten, sowie das Durchschnittsalter der befragten Personen. Allerdings ist das „Abwanderungs-Sample" sozio-ökonomisch etwas höher einzustufen, da es einen höheren Prozentsatz ursprünglich hochqualifizierter Personen ausweist. Hinsichtlich der Kategorie (hoch)qualifizierte Beschäftigung in Israel zeigen sich keine signifikanten Unterschiede in den Samples.

Tabelle 3: Sozio-ökonomische Merkmale der Samples von 1992 und 1993 (in %)

Beschäftigung	Time 1-Sample Gesamt 1992	„Kern"-Sample 1992	Abwanderungs-Sample Time 1 1992	Time 2-Sample 1993	„Kern"-Sample 1993	„Mobilitäts"-Sample 1993
	(1)	(2)	(3)	(4)	(5)	(6)
n	289	74*	192	219	74	99
Durchschnittsalter	39.6	37.3	39.8	39.7	38.7	41.2
akademische, technische und qualifizierte Beschäftigungen außerhalb	58.2	56.1	62.0	54.0	56.1	58.6
akademische, technische und qualifizierte Beschäftigungen in Israel	21.6	18.8	22.9	20.5	14.8	21.0
Immigranten aus den europäischen Staaten der ehemaligen UDSSR	47.0	44.6	48.3	43.6	44.6	48.9

* 23 Fälle wurden weggelassen, da in der zweiten Untersuchung eine andere Person befragt wurde als in der ersten.

Um die Mobilitätseffekte auf die sozio-ökonomische Zusammensetzung der Zuwanderer zu untersuchen, wurde ein Sample aus Zuwanderern zusammengestellt, die ihren Wohnsitz während der letzten sechs Monate vor der zweiten Umfrage gewechselt hatten. 99 solcher Haushalte ergaben das sogenannte „Mobilitäts-Sample", das von Dezember 1993 bis Januar 1994 befragt wurde (Tabelle 3, Spalte 6). Dieses Sample wurde nur zu Vergleichszwecken genutzt, jedoch nicht in die Regressionsanalyse miteinbezogen.

4.2 Die Ergebnisse

Eine bedeutende Veränderung in den Beschäftigungsmustern, die sich zwischen der ersten und der zweiten Befragungsrunde ergab, ist der Anstieg des Beschäftigtenanteils: innerhalb des einen Jahres stieg er von 63 auf 74,3 Prozent an. Die Beschäftigungsquote der Männer betrug nun 81,1 Prozent, der Frauen 69,2 Prozent.

Eine andere Frage war, ob sich die Art der Beschäftigung nach einem Jahr auf dem städtischen Arbeitsmarkt verändern würde. Wie in Tabelle 4 (Spalten 1 und 4) zu sehen ist, waren nach einem Jahr mehr Personen in akademischen und wissenschaftlichen Positionen (von 8,4 % auf 9.8 %) beschäftigt. Vergleicht man

Tabelle 4: Beschäftigungen in Israel, 1992-1993 (in %)

	Sample 1 gesamt 1992	Kern-Sample 1992	Abwanderungs-Sample 1993	Sample 2 gesamt 1993	Kern-Sample 1993	Zusatz-Sample 1993	Immigranten-Sample 1993	Veteranen Tel Aviv Jaffa 1991*
	(1)	(2)	(3)	(4)	(5)	(6)	(7)	(8)
Zahl der ausgefüllten Fragebögen (n =)	289	74	215	219	74	145	99	119,200
Arbeitslose (%)	34.3	20.3	39.1	25.1	14.9	30.3	22.2	
Zahl der Beschäftigten (n =)	190	59	137	164	63	101		
Beschäftigte gesamt	100.0	100.0	100.0	100.0	100.0	100.0	100.0	100.0
Ungelernte Arbeiter	25.3	23.7	26.0	1.2	1.6	1.0	27.2	2.1
Angelernte Arbeiter	12.6	15.3	11.5	14.6	19.0	19.8	2.1	
Facharbeiter	8.4	6.8	9.2	17.7	15.9	18.8	11.7	17.6
Landwirtschaftlich Beschäftigte	-	-	-	-	-	-	-	0.3
Persönliche Dienstleistungen	22.6	23.7	22.1	36.6	41.3	33.7	33.8	12.8
Handel	3.7	5.1	3.1	2.4	1.6	3.0	2.6	11.2
Büroangestellte	5.3	5.1	5.3	2.4	4.8	1.0	3.9	21.9
Manager	0.5	-	0.8	-	-	-	-	8.5
Hochqualifizierte techn. Angestellte	13.2	11.9	13.7	10.4	7.9	11.9	11.7	14.6
Wissenschaftlich-akad. Angestellte	8.4	8.5	8.4	9.8	7.9	10.9	9.1	11.0

* Municipal Statistical Year Book, Tel Aviv-Yafo Municipality (1994, Table 3.14).

diesen Prozentsatz mit dem Anteil schon längere Zeit in Tel Aviv Ansässiger, die solche Positionen bekleiden, nämlich 11,7 Prozent, ergibt sich keine besonders große Kluft. 77,6 Prozent der Zuwanderer arbeiten innerhalb der Stadtgrenzen.

Die gravierendste Veränderung im Beschäftigungsmuster ist die starke Zunahme der Beschäftigungen im Bereich persönliche Dienstleistungen – von 22,6 Prozent in Time 1 zu 36,6 Prozent in Time 2. Die meisten der Jobs in diesem Bereich haben einen niedrigen Status, da es sich um Hilfsdienste in Restaurants und um die Reinigung von Büros und Privatwohnungen handelt. Gleichzeitig ist der Anteil

Ökonomische Restrukturierung und Wandel in der Beschäftigungssituation 149

an Industriearbeitern von 46,3 auf 37,9 Prozent zurückgegangen. Verglichen mit der Beschäftigungsverteilung der eingesessenen Bevölkerung in der Stadt, die ebenfalls in Tabelle 4 aufgeführt ist, war die der Immigranten im Jahr 1992 bereits stärker polarisiert. Die Zuwanderer waren, sowohl im Time 1- als auch im Time 2- Sample, durchweg geringer in den mittleren Rängen vertreten als die Eingesessenen, wobei die bedeutendsten Unterschiede in den Bereichen Büroarbeit und Handel liegen.

Wenn man die „Kern-Samples" (Tabelle 4: Spalte 2 und 5) mit den anderen Samples vergleicht, zeigt sich, daß die immobilen Zuwanderer eine etwas niedrigere Beschäftigungsposition ausweisen als die mobilen. Signifikanter ist jedoch die Veränderung in den unteren Beschäftigungsbereichen innerhalb aller Samples, die sich in der Zunahme der im persönlichen Dienstleistungsbereich Beschäftigten sowie in der Abnahme der unqualifizierten Industriearbeiter ausdrückt. Dies, die zunehmende soziale Polarisierung der Zuwandererbevölkerung während des städtischen Strukturwandels, kann als Bestätigung der Restrukturierungsthese gelesen werden.

Zusätzlich wurde geprüft, ob sich in der Einkommensentwicklung die gleichen Polarisierungstendenzen wie in der Beschäftigungsverteilung zeigen. Dazu wurde eine Beschäftigungsskala mit 10 Sparten erstellt, in denen die Kategorien Ausbildung und Einkommen systematisch aufeinander bezogen wurden (vgl. Morris u.a. 1994; Tyree 1981). Das Beschäftigungsprofil der eingesessenen Tel Aviver Bevölkerung stellt die Basislinie dar, vor deren Hintergrund das der Zuwanderer zu sehen ist (Abbildung 1). Dabei zeigt sich, wie vergleichsweise gering die Beschäftigung der Zuwanderer in den Mittelbereichen ist.

Abbildung 1: Relative Verteilung von Einheimischen und Zuwanderern auf der Beschäftigungsskala

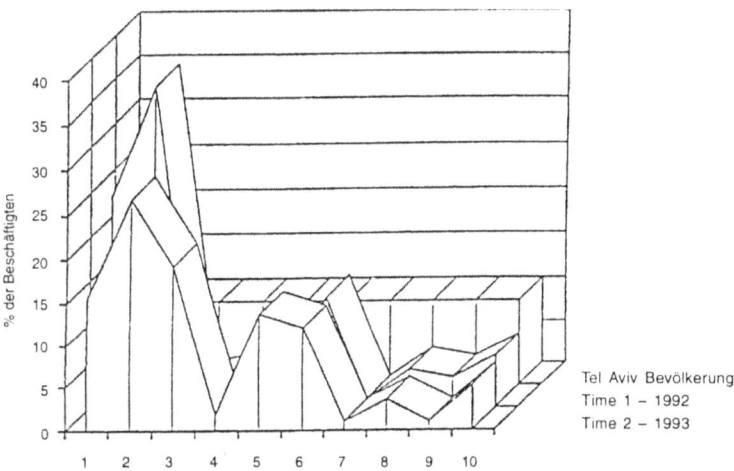

(Dezil 1 = niedrigste Qualifikation, Dezil 10 höchste Qualifikation)

Die Spartenzählung folgt in aufsteigender Linie den einzelnen Beschäftigungsniveaus, so daß deutlich wird, daß die Zuwanderer am stärksten in den unteren und schwächer in den mittleren Bereichen vertreten sind. Der Vergleich der Time 1- und Time 2-Samples verdeutlicht, daß sich diese Tendenz innerhalb eines Jahres verstärkt hat.

Tabelle 5 gibt die Unterschiede in der Zuwandererbeschäftigung an in Abhängigkeit vom Beschäftigungsort. Es wird deutlich, daß der Anteil an Zuwanderern in Fach- und technischen Berufen, die im Stadtgebiet von Tel Aviv arbeiten, viel niedriger ist als der, die in der näheren Umgebung arbeiten. Umgekehrt haben viel mehr Zuwanderer einen Dienstleistungsjob in der Stadt gefunden als außerhalb. Auch diese Resultate stützen die Restrukturierungsthese: Bedarf an hochqualifizierten Jobs im Stadtbereich ergibt sich aufgrund des Strukturwandels insbesondere in den Bereichen Finanzen, Recht und Informationsmanagement. Da die Ausbildung sowjetischer Zuwanderer, selbst bei hoher Qualifikation, den spezifischen Anforderungen nur selten genügt, finden diese eher eine Beschäftigung in den umliegenden Städten. Im unteren Bereich der unqualifizierten Industriearbeit nähern sich dagegen die Werte der in Tel Aviv und außerhalb Arbeitenden einander an.

Tabelle 5: Verteilung nach Beschäftigungsort (in %)

Art der Beschäftigung	Außerhalb Tel Aviv: 22.4	Tel Aviv Jaffa: 77.6
Wissenschaftlich-akademische Angestellte	15.8	8.3
Hochqualifizierte technische Angestellte	19.8	11.5
Manager	1.0	0.5
Büroangestellte	4.0	4.6
Handel	1.0	5.0
Dienstleistungsbereich	11.9	29.7
Facharbeiter	14.9	9.6
Angelernte Arbeiter	7.9	10.1
Ungelernte Arbeiter	23.7	20.7

Der ökonomische Strukturwandel in Tel Aviv bietet zwar eine Erklärung für die Beschäftigungsmuster von Zuwanderern im allgemeinen, nicht jedoch für die Veränderungen, die sich zwischen 1992 und 1993 ergeben haben, da ein Strukturwandel sich nicht in solch kurzen Zeitspannen manifestiert. Daher sollte nun geprüft werden, ob die Anwendung der Ersetzungsthese hier sinnvoll ist.

Die Veränderungen zwischen 1992 und 1993 könnten auf verschiedene Einflüsse zurückzuführen sein. Eine Erklärung wäre, daß die steigende Zahl an Zuwanderern, die in den unteren Beschäftigungsbereichen arbeiten, eine Folge der Zunahme von Beschäftigungsverhältnissen überhaupt ist. Der Neueintritt in den Arbeitsmarkt erfolgt gewöhnlicherweise über die unteren Bereiche, so daß bei einem starken Anstieg der Beschäftigungsverhältnisse insbesondere Positionen für geringqualifizierte Arbeit besetzt werden. Um diese Möglichkeit zu prüfen, wurden die Zuwanderer hinsichtlich ihrer Beschäftigungsdauer verglichen. Wie in Tabelle 6 zu sehen ist, sind diejenigen, die erst seit 1993 in Israel beschäftigt sind, in den höheren Berufspositionen weniger vertreten als diejenigen, die bereits 1992 beschäftigt waren. Der Anteil an Zuwanderern in Dienstleistungsjobs war 1993 höher unter denjenigen, die 1992 noch keine Beschäftigung hatten, doch ist er auch unter den bereits 1992 Beschäftigten beträchtlich.

Tabelle 6: Beschäftigungsverteilung im „Kernsample" in Abhängigkeit von der Beschäftigungsdauer (in %)

	Beschäftigt 1992	Arbeitslos 1992	Arbeitslos und nicht nach Arbeit suchend 1992
Wissenschaftlich-akademische Angestellte	7.3	9.1	25.0
Hochqualifizierte technische Angestellte	7.3	–	–
Manager	–	–	–
Büroangestellte	3.7	9.1	12.5
Handel	2.4	4.5	–
Dienstleistungsbereich	36.6	45.5	27.5
Landwirtschaftlich Beschäftigte	–	–	–
Facharbeiter	15.9	9.1	25.0
Angelernte und ungelernte Arbeiter	26.8	22.7	–
Gesamt	100.0	100.0	100.0

Obwohl die Beschäftigungsquote der Zuwanderer in dem von uns beobachteten Zeitraum anstieg, läßt sich daraus nicht vollständig der hohe Anteil an Dienstleistungsbeschäftigungen ableiten. Diese Einschränkung gilt um so mehr, als auch bereits 1992 Beschäftigte ein Jahr später häufiger im Bereich persönliche Dienstleistungen untergekommen sind (vgl. Tabelle 4).

Eine zweite Erklärung betrifft den vermehrten Eintritt von Frauen in den Arbeitsmarkt, weshalb die Beschäftigungsmuster von Männern und Frauen in Israel 1992 und 1993 verglichen wurden (Tabelle 7). Deutlich ist der sehr hohe Prozentsatz von Frauen im Dienstleistungsbereich, der bis 1993 auf 44,3 Prozent anstieg. Doch hat auch der Anteil der Männer in Dienstleistungsberufen im Zeitraum zwischen 1992 und 1993 deutlich zugenommen: von 13,6 auf 25,8 Prozent. Es ist daher zu vermuten, daß die Zunahme von in Dienstleistungsberufen beschäftigten Zuwanderern sowohl Männer als auch Frauen betrifft, doch das Phänomen der generellen Zunahme läßt sich daraus nicht ableiten.

Eine dritte Erklärung ließe sich unter Umständen aus der Zusammensetzung der Samples ableiten. Da die Kernsamples aus Zuwanderern bestanden, die ihren

Tabelle 7: Geschlechtsspezifische Beschäftigungsverteilung in Israel 1992 und 1993 (in %)

Beschäftigung	Time 1 – 1992		Time 2 – 1993	
	Weiblich	Männlich	Weiblich	Männlich
Wissenschaftlich-akademische Angestellte und hochqualifizierte technische Angestellte	29.1	17.0	23.7	15.0
Manager, Büroangestellte und Handel	9.8	9.3	4.6	6.0
Dienstleistungsbereich	37.5	13.6	44.3	25.8
Facharbeiter	–	13.6	15.9	21.2
Angelernte und ungelernte Arbeiter	23.6	46.6	11.3	31.8
Gesamt	100.0	100.0	100.0	100.0
Beschäftigte gesamt	50.6	76.7	70.7	81.1
Arbeitslose gesamt	35.7	17.9	13.8	7.5
Nicht auf dem Arbeitsmarkt	13.7	5.4	15.5	11.4

Wohnort innerhalb eines Jahres nicht gewechselt hatten, sollte der Einfluß des Mobilitätsverhaltens überprüft werden. Tabelle 4 (Spalten 6 und 7) zeigt die Beschäftigungsverteilung des „Mobilitäts-Samples", bestehend aus Zuwanderern, die kurz vorher ihren Wohnort gewechselt hatten. Zwar zeigen diese mobilen Zuwanderer eine etwas höhere Quote an Akademikern und Fachkräften, doch auch von ihnen sind mehr als 60 Prozent entweder im Bereich persönliche Dienstleistungen beschäftigt oder aber in Stellen in der Industrie, für die keine oder nur eine geringe Fachausbildung verlangt wird. Der Anteil derer in Dienstleistungsberufen ist sogar höher als unter den Befragten des Time 1-Samples. Das polarisierte Beschäftigungsmuster zeigt sich daher sowohl bei mobilen als auch bei den immobilen Zuwanderern, bei einer ausgeprägten Tendenz des Wechsels von geringqualifizierter Industriearbeit zu Jobs mit geringem Sozialprestige im Bereich persönliche Dienstleistungen.

Insgesamt scheinen die Befunde eingeschränkt für die Restrukturierungsthese zu sprechen, doch die Verschiebung innerhalb der Beschäftigungsverteilung hin zum Bereich persönliche Dienstleistungen ist wohl auch ein Indiz dafür, daß zunehmend Zuwanderer anstelle von Palästinensern in diesen „sensiblen" Bereichen beschäftigt werden. Die Position der Zuwanderer auf dem Arbeitsmarkt ist auch daran abzulesen, in welchen Firmen sie bevorzugt Beschäftigung finden. Ein großer Teil von ihnen arbeiten in sehr kleinen Firmen: 26 Prozent in Firmen mit weniger als 5 Angestellten und noch einmal 23 Prozent in Firmen mit bis zu 15 Angestellten (vgl. Tabelle 8). Der Prozentsatz derjenigen, die in den sehr kleinen Betrieben beschäftigt sind, hat sich im Zeitraum zwischen den beiden Befragungen

Tabelle 8: Durchschnittsgröße der Firmen, in denen Neuzuwanderer beschäftigt sind (nach Beschäftigungsart in %)

Beschäftigtenzahl	Anzahl der Beschäftigten 1992			Anzahl der Beschäftigten 1993			
	(1) 1-5	(2) 6-50	(3) 51+	(4) 1-5	(5) 6-15	(6) 16-49	(7) 50+
Wissenschaftlich-akademische Angestellte	15.4	7.7	76.9	12.5	25.0	25.0	37.5
Hochqualifizierte technische Angestellte	9.7	22.2	68.1	17.6	11.8	35.3	35.3
Manager	-	-	100.0	-	-	-	-
Büroangestellte	-	22.2	77.8	50.0	-	-	50.0
Handel	42.9	42.9	14.3	75.0	25.0	-	-
Dienstleistungsbereich	30.1	30.1	39.8	30.8	21.2	25.0	23.1
Landwirtschaftlich Beschäftigte	-	-	-	-	-	-	-
Facharbeiter	7.1	85.7	7.1	24.1	24.1	20.7	31.0
Angelernte und ungelernte Arbeiter	15.7	44.3	40.0	21.2	33.3	27.2	18.2
Gesamt	12.8	46.8	40.4	25.8	23.2	24.5	26.5

verdoppelt, was auch einen Hinweis auf die Beschäftigungsart impliziert: Akademiker und Fachkräfte werden im allgemeinen in größeren Unternehmen benötigt, während Dienstleistungskräfte auch in kleineren Firmen angestellt werden. Zudem arbeiten deutlich mehr Neuzuwanderer in kleinen Firmen als bereits länger Ansässige.

Außerdem sind die meisten Immigranten in Privatunternehmen beschäftigt, deren Größe und Sektor anzeigen, daß sie weniger gewerkschaftlich organisiert sind und in denen die Arbeitsplatzsicherheit gering ist. Von den hoch- und mittelqualifizierten Facharbeitern waren 70,4 bzw. 89,3 Prozent im Privatsektor beschäftigt, von den Akademikern und Wissenschaftlern waren es nur 61,5 Prozent. Diese Befunde bestätigen ebenfalls die Restrukturierungsthese: der städtische Strukturwandel bedeutet eine Erosion der Beschäftigungsverhältnisse im gewerkschaftlich organisierten Sektor, insbesondere in den unteren Bereichen, und eine Ausweitung der informellen Ökonomie (Sassen 1991; Smith 1987).

5. Zusammenfassung und Schlußfolgerung

In dieser Arbeit wurde die Arbeitsmarktintegration von Zuwanderern unter den Bedingungen des ökonomischen Strukturwandels untersucht – und zwar am Fallbeispiel von Neuzuwanderern aus der ehemaligen Sowjetunion nach Israel/Tel Aviv. Die Befunde lassen sich, im Einklang mit der Restrukturierungsthese, dahingehend interpretieren, daß Zuwanderer eine wichtige Rolle bei der Expansion des Dienstleistungssektors spielen. Die Beschäftigungsverteilung zeigt eine Polarisierung der Zuwanderer zwischen Akademikern, Wissenschaftlern und Fachkräften im Hochprestigesektor und Beschäftigten mit geringem Sozialstatus im Bereich persönliche Dienstleistungen bzw. in der Industrie. Auch sind Zuwanderer weit häufiger im Bereich persönliche Dienstleistungen beschäftigt als die bereits länger ansässige Stadtbevölkerung und stellen gegenwärtig die meisten Beschäftigten in Restaurants, Wäschereien und privaten Haushalten – eine Entwicklung, die für den ökonomischen Strukturwandel typisch ist (Sassen 1990b; 1991; Waldinger 1989).

Allerdings läßt sich diese Beschäftigungsverteilung auch mit Hilfe der Ersetzungsthese erklären, da die Neuzuwanderer den eingesessenen geringqualifizierten Arbeitskräften, bei denen es sich zum großen Teil um Palästinenser handelte, vorgezogen werden. Restrukturierungs- und Ersetzungsansätze schließen sich daher nicht aus, sondern sind komplementär und erklären jeweils Teilaspekte des gegenwärtigen Strukturwandels.

Ein wichtiger Teilbefund betrifft die abnehmende Verfügbarkeit von Beschäftigungen in den mittleren Bereichen, während Zuwanderer verstärkt in den unteren, aber auch relativ häufig in den höchsten Bereichen unterkommen. Diese Polarisierung verstärkt die soziale Ungleichheit in den Großstädten und bestätigt ebenfalls die Restrukturierungsthese (Sassen 1991; Harrison/Bluestone 1988).

Abschließend seien einige theoretische Implikationen erwähnt. Tel Aviv entspricht in vielem nicht dem Muster anderer Großstädte, da der Anteil an Handwerk und Industrie hier nie besonders hoch war, und die Industriearbeit niemals eine besondere Rolle bei der Integration von Zuwanderern spielte. Dennoch scheint der Restrukturierungsansatz auch hier Erklärungswert zu haben, ist also breiter anzuwenden als üblicherweise angenommen.

Literatur

Beauregard, R.A., 1991: Capital Restructuring and the New Built Environment of global Cities: New York and Los Angeles, in: International Journal of Urban and Regional Studies 15, pp. 90-105.

Borjas, C.J., 1987: Self selection and the earnings of immigrants, in: American Economic Review 77, no. 3-5, pp. 531-554.

Bonacich, E., 1973: A Theory of Middleman Minorities, in: American Sociological Review 38, pp. 538-554.
Burgess, E., 1925 (1967): The Growth of the City, in: R. Park, E. Burgess and R. McKenzie (eds.), The City, Chicago: University of Chicago Press.
Carliner, G., 1980: Wages, Earnings and Working Hours of First, Second and Third Generation American Males, in: Economic Inquiry, vol. 18, no. 1-2, pp. 87-102.
Central Bureau of Statistic, 1991: Survey of immigrants who came in 1990 (Hebrew).
Chiswick, B., 1978: The Effects of Americanization on the Earnings of Foreign-Born Men, in: Journal of Political Economy, October 86, pp. 897-921.
Chiswick, B., 1993: Soviet Jews in the United States: An Analysis of Their Linguistic and Economic Adjustment, in: International Migration Review XXVII, no. 2, pp. 260-285.
Fainstein, N.I. and S.S. Fainstein, 1982: Restructuring the American City, in: N.I. Fainstein and S.S. Fainstein (eds.), Urban Policy under Capitalism, vol. 22, Sage Urb. Aff. Ann, Rev. Beverly Hills, Calif., pp. 161-189.
Fainstein, S.S. and N.I. Fainstein, 1989: Technology, the New International Division of Labor and Location: Continuities and Disjunctions, in: R.A. Beauregard (ed.), Economic Restructuring and Political Response, Newbury Park, Calif.: Sage Publications, pp. 17-41.
Fainstein, S.S., 1990: The Changing World Economy and Urban Restructuring, in: J. Dennis and M. Parkinson (eds.), Leadership and Urban Regeneration. Urban Affairs Annual Reviews, vol. 37, Newbury Park, Calif.: Sage Publications, pp. 31-51.
Feagin J.R. and M.P. Smith, 1987: Cities and the New International Division of Labor: An Overview, in: M.P. Smith and J.R. Feagin (eds.), The Capitalist City: Global Restructuring and Community Politics, Oxford: Blackwell.
Flug, K. and N. Kasir, 1993: The absorption in the labor market of immigrants from the CIS – The short term run. Discussion Paper No. 93-09. Bank of Israel. Research Department.
Ginsberg, Y., 1993: Revitalization of two urban neighborhoods in Tel Aviv, in: D. Nachmias and G. Menahem (eds.), Social Processes and Public Policy in Tel Aviv-Yafo. Ramot Publishing House, Tel-Aviv University (Hebrew), pp. 147-167.
Harrison, B. and B. Bluestone, 1988: The Great U-turn: Corporate Restructuring and the Polarization of America, New York: Basic Book.
Kasarda, J.D., 1983: Entry-Level Jobs, Mobility, and Urban Minority Employment, in: Urban Affairs, Q. 19, pp. 21-40.
Lieberson, S., 1980: A Piece of the Pie: Black and White Immigrants Since 1880, Berkeley: University of California Press.
Light, I., 1984: Immigrants and Ethnic Enterprise in North America, in: Ethnic and Racial Studies, vol. 7, no. 2, pp. 195-216.
Lupsha, P.A., 1976: The Politics of Reform, in: A. Callow (ed.), The City Boss in America, London: Oxford University Press, pp. 233-238.
Morris, M., A.D. Bernhardt and M.S. Handcock, 1994: Economic Inequality: New Methods for New Trends, in: American Sociological Review, vol. 59, no. 2, pp. 205-215.
Municipal Statistical Year Book, 1992: Tel Aviv-Yafo Municipality.
Nachmias, D. and G. Menahem, 1993: Tel-Aviv: Continuities and transformation, in: D. Nachmias and G. Menahem (eds.), Social Processes and Public Policy in Tel Aviv-Jafo. Ramot Publishing House, Tel-Aviv University (Hebrew), pp. 15-28.
Piore M., 1979: Birds of Passage, New Jersey: Cambridge University Press.
Sassen, S., 1986: New York City: Economic Restructuring and Immigration, in: Development and Change 17, pp. 85-119.
Sassen, S., 1988: The Mobility of Labor and Capital. New York: Cambridge University Press.
Sassen S., 1990a: Restructuring and the American City, in: Annual Review of Sociology 16, pp. 465-490.
Sassen S., 1990b: Finance and Business Services in New York City: International Linkages and Domestic Effects, in: International Social Science Journal, V. 125, pp. 287-307.

Sassen, S., 1991: Cities in a World Economy: New York, London/Tokyo. Paper presented at the AESOP International Congress Oxford, U.K.

Schnell, I. and I. Graicer, 1993: Causes of in-migration to Tel Aviv inner city, in: Urban Studies 30, no. 7, pp. 1187-1207.

Schnell, I., 1993: The formation of an urbanite life style in central Tel Aviv, in: D. Nachmias and G. Menahem (eds.), Social Processes and Public Policy in Tel Aviv-Yafo. Ramot Publishing House, Tel-Aviv University (Hebrew), pp. 41-60.

Semyonov, M. and N. Lewin-Epstein, 1987: Hewers of Wood and Drawers of Water: Non Citizen Arabs in the Israeli Labor Market. Ithaca, N.Y.: ILR Press.

Shefter, L., 1976: The Emergence of Political Machines: An Alternative View, in: W. Howley and N. Lipsky (eds.), Theoretical Perspectives on Urban Politics, Prentice Hall Inc., Englewood.

Smith, N. and P. Williams, 1986: Gentrification of the City, Boston: Allen & Unwin.

Stark, O. and E. Taylor, 1988: Relative Deprivation and International Migration. Discussion Paper Series, Migration and Development Program, Harvard University, Discussion paper No. 36.

Tyree, A., 1981: Occupational Socioeconomic Status, Ethnicity and Sex in Israel: Considerations in Scale Construction, in: Megamot: Behavioral Sciences Quarterly (Hebrew) 27, pp. 7-21.

Waldinger, R., 1989: Immigration and Urban Change, in: Annual Review of Sociology 15, pp. 211-232.

Waldinger, R., 1992: Taking care of the Guests: The Impact of Immigrants on Services – An Industry Case Study, in: International Journal of Urban and Regional Affairs 16(1), pp. 97-113.

Heinz Fassmann

Die ethnische Segmentierung des Wiener Arbeitsmarktes

1. Fragestellung

Die gesetzlich regulierte Zuwanderung ausländischer Arbeitskräfte während mehr als drei Jahrzehnten hat in Wien zu einer ethnischen Strukturierung des Arbeitsmarktes geführt. In einigen Segmenten des Beschäftigungssystems ist der Anteil ausländischer Arbeitskräfte überdurchschnittlich hoch und zeitlich stabil. Ausländische Arbeitskräfte übernehmen dabei Tätigkeiten, die inländische Arbeitskräfte aus unterschiedlichen Gründen nicht mehr wahrnehmen wollen, vor allem weil diese Tätigkeiten als wenig attraktiv gelten, gering entlohnt werden oder ungünstige Arbeitsbedingungen aufweisen. Diese ethnische Strukturierung ist weder ein kurzfristiges Phänomen noch die Konsequenz der Selbstregulation eines freien Arbeitsmarktes. Sie wird in Österreich maßgeblich von politischen Entscheidungen der Interessenvertretungen und der Parteien geprägt.

Die ethnische Segmentierung des Wiener Arbeitsmarktes weist daher eine andere Genese auf als jene, die in den Städten Nordamerikas und Großbritanniens zu beobachten ist. Dort sind nicht politische Regulationen für die Herausbildung ethnisch segmentierter Arbeitsmärkte verantwortlich zu machen, sondern – ganz im Gegenteil – das Fehlen derselben. Die Formierung ethnischer Gemeinschaften wird dort als notwendige Phase im Assimilationsprozeß begriffen, wobei die räumliche Segregation und die soziale Segmentation als Normalität akzeptiert werden. Die öffentliche Bereitschaft zur Integration gesellschaftlicher Gruppen bleibt im Vergleich zu westeuropäischen Städten unterentwickelt.

Der vorliegende Beitrag beschreibt die Zuwanderung ausländischer Arbeitskräfte nach Wien sowie ihre Positionierung im urbanen Beschäftigungssystem und versucht, die ethnische Segmentierung anhand humankapitaltheoretischer und gesellschaftspolitischer Argumente zu erklären.

2. Die Zuwanderung ausländischer Arbeitskräfte

Die Zuwanderung ausländischer Arbeitskräfte mit ihren Familienangehörigen nach Wien ist nicht unbedingt ein neues Phänomen, sondern reicht bis Anfang der 60er Jahre zurück.[1] Nach der Integration der Kriegsvertriebenen, der displaced persons und der heimkehrenden Kriegsgefangenen herrschte in Österreich im allgemeinen und in Wien im speziellen Vollbeschäftigung. Das weitere wirtschaftliche Wachstum war durch Arbeitskräfteknappheit behindert. Österreich folgte dem deutschen Beispiel und begann mit der systematischen Anwerbung ausländischer Arbeitskräfte. Ein erstes Anwerbeabkommen schloß Österreich 1962 mit Spanien, ein zweites 1964 mit der Türkei, ein drittes 1966 mit Jugoslawien ab.

Mitte der 60er Jahre waren weniger als 10.000 offiziell registrierte „Gastarbeiter" aus Jugoslawien und der Türkei (mit ihren Familienangehörigen) in Wien tätig, 1971 stieg diese Zahl auf 55.000 und 1981 auf 76.000 an. Insgesamt lebten 1981 rund 113.000 ausländische Staatsangehörige in Wien. Seitdem erhöhte sich dieser Wert beträchtlich. Laut Meldestatistik hielten sich 1991 im Jahresdurchschnitt 236.888 Ausländer in Wien dauerhaft auf, 1995 waren es bereits 301.000, die Hälfte davon erwerbstätig. Der Ausländeranteil in Wien liegt damit derzeit bei rund 20 Prozent.

Die Anwerbung ausländischer Arbeitskräfte erfolgte im wesentlichen aus Gründen der relativen Knappheit an verfügbaren Arbeitskräften. Immer weniger Inländer waren bereit, eine Erwerbsarbeit in einzelnen Sektoren bei den dort gängigen Löhnen und Arbeitsbedingungen anzunehmen. Dies betraf besonders die schrumpfenden Bereiche in der Industrie und im Gewerbe und bestimmte Dienstleistungen. Ausländische Arbeitskräfte wurden geholt, um industriell-gewerbliche „Restplätze" zu übernehmen oder um gering qualifizierte, sozial wenig anerkannte und schlecht entlohnte Dienstleistungen zu erbringen.

Der sektorale Strukturwandel kam dieser Tendenz einerseits entgegen, weil auch in Wien die Beschäftigung im sekundären Sektor ab- und im tertiären Sektor zunahm,[2] andererseits vollzog sich die Expansion ausgesuchter und moderner Bereiche des tertiären Sektors weitgehend ohne eine Beteiligung ausländischer Arbeitskräfte. Ein Großteil des Beschäftigungszuwachses im Dienstleistungssektor entfiel in Wien auf die Bereiche „Geld, Kredit, Versicherungen und Wirtschaftsdienste"[3] sowie, wenn auch in einem deutlich geringerem Ausmaß, auf den Bereich

---

1 Daß diese Zeitangabe nur relativ zu sehen ist, muß nicht eigens erwähnt werden. Die Zuwanderung von Arbeitskräften mit deutscher und nichtdeutscher Muttersprache zählte bereits im 19. Jahrhundert zu den „Motoren" einer gründerzeitlichen Stadtentwicklung (vgl. Bobek/Lichtenberger 1966).
2 1973 waren rund 60 Prozent der Berufstätigen, die in Wien ihren Arbeitsort hatten, im tertiären Sektor beschäftigt. Bis Anfang der 90er Jahre hatte sich dieser Wert auf rund 75 Prozent erhöht. 1973 war mehr als ein Drittel aller Berufstätigen mit Arbeitsort Wien im sekundären Sektor tätig, 20 Jahre später waren es nur mehr rund 25 Prozent.
3 1973 waren 7,8 Prozent aller Beschäftigten in Wien im Bereich „Geld, Kredit, Versicherungen und Wirtschaftsdienste" tätig, 1991 waren es bereits 15,3 Prozent. Im Sinne des arbeitsteiligen Prinzips wurden und werden mehr und mehr Dienstleistungsaufgaben aus der eigentlichen Produktion ausgelagert und selbständigen Unternehmen übertragen. Mit der Werbung, dem Marketing, der Finanzierung, der Versicherung, der Personalakquisition oder der Betriebsberatung werden eigene Firmen beauftragt. Dazu kam im Bereich der Banken eine sehr spezifische und personalintensive Filialisierungsstrategie. Filialen wurden nicht unbedingt dort errichtet, wo Unterversorgung

der „persönlichen, sozialen und öffentlichen Dienste".[4] Diese beiden expandierenden Dienstleistungsbereiche haben aber nur wenige zusätzliche ausländische Arbeitskräfte aufgenommen. Die Modernisierung der urbanen Ökonomie geht daher weitgehend an der Beschäftigung traditioneller „Gastarbeiter" vorbei, die damit langfristig an den Rand des städtischen Beschäftigungssystems gedrängt werden.

3. Die Herausbildung ethnischer Arbeitsmärkte

3.1 Der Einfluß der politischen Regulation

Die Zuwanderung ausländischer Arbeitskräfte nach Wien fand vor diesem Hintergrund eines sektoralen Strukturwandels statt. Sie war – wie bereits betont wurde – nicht das Ergebnis des Wirkens „freier" Push- und Pullfaktoren, sondern unterlag einer strikten politischen Regulation. Eine national festgelegte Politik sorgte für die Anwerbung in den Herkunftsländern und für die Positionierung der Arbeitskräfte auf Österreichs Arbeitsmärkten. Geregelt waren neben der Höhe der jährlichen Zuwanderung auch die Bedingungen der Arbeit, der Entlohnung und des Wohnens sowie die Verteilung auf bestimmte Branchen. Ausländische Arbeitskräfte konnten sich nicht auf einem freien Arbeitsmarkt einen Arbeitsplatz suchen und damit möglicherweise jene Lücken ausfüllen, die im Zuge des Strukturwandels entstanden waren, sondern ihnen wurden Beschäftigungen ausschließlich „zugewiesen". Dieser Zuweisungsprozeß unterlag in einem gewissen Sinne Angebots- und Nachfragerelationen auf dem Arbeitsmarkt, in einem höheren Maß jedoch den politischen Überlegungen von Gewerkschaften und Arbeitgeberverbänden. Diese Form der politischen Regulation ist spezifisch für Österreich, Deutschland oder die Schweiz und weist erhebliche Unterschiede gegenüber den Migrationsregimes anderer Staaten auf.

Die Beschäftigung ausländischer Arbeitskräfte wird in Österreich durch das Ausländerbeschäftigungsgesetz, Einreise und Aufenthalt von potentiellen Zuwanderern durch das Aufenthaltsgesetz geregelt. Das Ausländerbeschäftigungsgesetz (von 1976, novelliert 1988 und 1990) definiert unterschiedliche Beschäftigungsgenehmigungen, die Zahl der insgesamt zu beschäftigenden ausländischen Arbeitskräfte und die Verteilung derselben auf einzelne Branchen und Bundesländer.[5]

---

herrschte, sondern dort, wo Konkurrenzunternehmen bereits eine Filiale eröffnet hatten.

4 Im Bereich „persönliche, soziale und öffentliche Dienstleistungen" waren 1973 22,5 Prozent aller Beschäftigten in Wien tätig, 1991 waren es bereits 28,5 Prozent. Die Realisierung des sozialen Wohlfahrtsstaates erforderte den Ausbau des Bildungssektors des Gesundheitssystems und der öffentlichen Verwaltung.

5 Definiert sind einjährige Beschäftigungsgenehmigungen, zweijährige Arbeitserlaubnisse und fünfjährige Befreiungsscheine. Die Erteilung von Beschäftigungsgenehmigungen kann innerhalb eines Branchenkontingents oder im Zuge einer Einzelüberprü-

Das Aufenthaltsgesetz (von 1993) wiederum regelt die Frage, wie viele ausländische Staatsbürger insgesamt (nicht nur Arbeitskräfte) sich in Österreich niederlassen dürfen und welchen qualitativen Kriterien sie entsprechen müssen.[6] Als Ergebnis der politischen Regulation ergibt sich zweierlei: erstens eine Limitierung der Zahl der ausländischen Arbeitskräfte und zweitens eine typische Arbeitsmarktpositionierung. Die Zahl der ausländischen Arbeitskräfte war bis Anfang der 90er Jahre Gegenstand von jährlichen Verhandlungen der Sozialpartner. Sie variierte daher von Jahr zu Jahr in Abhängigkeit von der allgemeinen wirtschaftlichen Entwicklung. Seit dem Inkrafttreten des Ausländerbeschäftigungsgesetzes ist die Zahl der beschäftigten Ausländer mit maximal 8 Prozent (plus einem Prozent „Reserve") festgeschrieben und damit der Disposition der Sozialpartner entzogen.

3.2 Die berufliche Positionierung ausländischer Arbeitskräfte

Die Positionierung ausländischer Arbeitskräfte bleibt jedoch weiterhin von sozialpartnerschaftlichen Absprachen abhängig. Überdurchschnittlich hoch ist der Anteil ausländischer Arbeitskräfte in jenen Bereichen, die von Inländern aus verschiedenen Gründen heraus „freigegeben" wurden. Ein Viertel der ausländischen Beschäftigten ist im verarbeitenden Gewerbe bzw. in der Industrie tätig, ein weiteres Viertel im Bereich „persönlicher, sozialer und öffentlicher Dienste". Das Baugewerbe beschäftigt rund 14 Prozent, Handel und Lagerung 16 Prozent und das Beherbergungs- und Gaststättenwesen 12 Prozent. Der Ausländeranteil[7] ist mit rund 25 Prozent im Beherbergungs- und Gaststättenwesen am höchsten. Dort ist im Schnitt jede vierte Arbeitskraft ausländischer Staatsbürger. Überdurch-

---

fung erfolgen. Als neues Steuerungsinstrument wurde 1990 erstmals eine absolute Obergrenze für die Beschäftigung von Ausländern in Österreich eingeführt. Damals wurde festgelegt, daß die Gesamtzahl der unselbständig beschäftigten und arbeitslos gemeldeten Ausländer 10 Prozent des österreichischen Arbeitskräftepotentials nicht übersteigen darf. Dieses Limit wird im Zuge einer Verordnung durch den zuständigen Ressortminister festgelegt. Derzeit (1995) beträgt das Limit 8 Prozent des Arbeitskräftepotentials bzw. 262.000 Personen. EU- und EWR-Bürger fallen nicht unter diese Restriktionen.

6 Wer aus dem Ausland nach Österreich einwandern will, benötigt eine Aufenthaltsbewilligung sowie den Nachweis von Lebensunterhalt und Wohnmöglichkeit. Der Erstantrag auf Erteilung einer Aufenthaltsbewilligung (= Bewilligung zur Zuwanderung) muß vom Ausland aus gestellt werden. Bürger von EU- und EWR-Staaten sind von dieser Restriktion ausgenommen. Für Zuwanderer aus dem Rest der Welt legt die Bundesregierung alljährlich eine Höchstzahl fest. Personen, die erstmals aus dem Ausland neu zuwandern, unterliegen einem Auswahlverfahren. Priorität genießen einerseits Familienangehörige bereits im Land lebender Ausländer und andererseits Personen, die über bestimmte Qualifikationen verfügen, die auf dem österreichischen Arbeitsmarkt verstärkt nachgefragt werden.

7 Anteil der ausländischen Arbeitskräfte an allen Beschäftigten der Branche.

Tabelle 1: Ausländische Beschäftigte an der Arbeitsstätte (Arbeitsort Wien) 1981 und 1991 nach Wirtschaftssektoren

Wirtschaftssektoren	in % insgesamt		in % der Beschäftigten	
	1981	1991	1981	1991
Energie- und Wasserversorgung	0,0	0,0	0,1	0,2
Bergbau, Steine, Erden	0,0	0,0	0,7	0,0
Verarb. Gewerbe, Industrie	38,5	25,0	9,6	11,9
Bauwesen	10,6	13,9	10,7	18,5
Handel, Lagerung	12,3	15,6	4,2	7,2
Beherbergung, Gaststättenwesen	9,5	11,8	18,1	24,9
Verkehr, Nachrichtenübermittlung	3,5	4,0	3,2	4,3
Geld, Kredit, Privatvers., Wirtschaftsdienste	2,3	5,9	1,5	3,4
Pers., soz. und öff. Dienste	23,2	23,9	6,3	7,3
	100,0	100,0		
Insgesamt	47.494	64.704	6,7	8,7

Quellen: Volkszählungen; eigene Berechnung.

schnittlich hoch ist der Ausländeranteil des weiteren im Bauwesen (18,5 %) und im verarbeitenden Gewerbe bzw. in der Industrie (11,9 %).

Die Branchen, die ausländischen Arbeitskräften offenstehen, zeichnen sich dadurch aus, daß teils mit körperlichem Risiko und unter physischen Anstrengungen, teils unter ungünstigen Witterungsverhältnissen im Freien (Baugewerbe) gearbeitet wird. Es dominieren außerdem „schmutzige" Tätigkeiten (Reinigungsberufe) und Arbeiten mit nicht klar definierter Dienstzeit, das heißt mit zum Teil hohem Einsatz an Überstunden und eingeschränkter Freizeiteinteilung (Gastgewerbe, persönliche Dienste). Zugleich bestehen in den genannten Branchen eine hohe Fluktuation und starke saisonale Schwankungen, was eine kontinuierliche Beschäftigung wenig wahrscheinlich macht. Umgekehrt bleiben jene Branchen ausländischen Arbeitskräften verschlossen, bei denen die inländische Staatsbürgerschaft eine Eintrittsvoraussetzung darstellt oder die dermaßen attraktive und privilegierte Arbeitsplätze offerieren, die selten über öffentliche Ausschreibungen und objektivierte Einstellungsverfahren besetzt werden, sondern in vielen Fällen über informelle und ausschließlich Inländern vorbehaltene Netzwerke.

Im Detail gibt die Arbeitsstättenzählung Auskunft darüber, in welchen Berufen ausländische Arbeitskräfte überdurchschnittlich häufig tätig sind. Mehr als die Hälfte aller unselbständig Beschäftigten in Wien, die mit der Erzeugung und Verarbeitung von Gegenständen aus Kupfer beschäftigt sind, mit der Veredelung von Textilien, mit der Herstellung von Teigwaren, mit der Reinigung im allgemeinen oder mit dem Gießen von Eisen stammt aus dem Ausland. Einen Ausländeranteil zwischen einem Drittel und der Hälfte weisen weiter beispielhaft genannte Berufe auf wie Gipser (44,2 %), Großhändler von Altmaterialien und Reststoffen (40,7 %), Wäscher und chemische Reiniger (39,3 %), Einzel- und Großhänd-

Tabelle 2: Ausgesuchte Wirtschaftsbereiche mit extremen Ausländeranteilen (1991)

NACE-Kode	Beschreibung	Unselb. Beschäftigte	Ausländ. Besch.	Anteil in %
7525	Feuerwehr	1.575	–	–
7523	Landesverteidigung	3.302	–	–
7522	Justiz	3.728	–	–
6411	Postdienste	8.918	–	–
7512	Öff. Verwaltung: Gesundh., Bildung, Kultur	5.225	5	0,1
4010	Elektrizitätsversorgung	7.778	7	0,1
7524	Öffentliche Sicherheit und Ordnung	11.012	7	0,1
7513	Wirtschaftsförderung u. -ordnung	5.118	10	0,2
6420	Fernmeldedienste	9.287	18	0,2
6021	Personenbeförd. im Linienverkehr	6.370	19	0,3
7530	Sozialversicherung	10.189	34	0,3
7511	Allgemeine öffentliche Verwaltung	20.940	60	0,3
8022	Berufsbildende weiterführende Schulen	4.940	45	0,9
6603	Sonstiges Versicherungswesen	12.445	109	0,9
6512	Kreditinstitute (o. Spezialkreditinst.)	27.453	258	0,9
9120	Arbeitnehmervereinigungen	1.919	24	1,3
7460	Detekteien und Schutzdienste	2.218	29	1,3
7230	Datenverarbeitungsdienste	1.538	21	1,4
8030	Hochschulen	8.320	117	1,4
9220	Hörfunk- und Fernsehanstalten	2.523	38	1,5
2212	Zeitungsverlage	1.413	29	2,1
8010	Kindergärten, Volksschulen	12.154	262	2,2
9132	Politische Parteien	606	14	2,3
7310	F&E: Natur-, Agrarwissensch. u. Medizin	1.124	27	2,4
9111	Wirtschafts- und Arbeitgeberverbände	2.936	70	2,4
7412	Wirtschaftsprüfung und Steuerberatung	6.099	156	2,6
7031	Vermittlung v. Realitäten	2.045	61	3,0
8021	Allgemeinbildende weiterführende Schulen	7.938	238	3,0
5247	EH m. Büchern, Zeitschriften u. Zeitungen	2.561	80	3,1
6010	Eisenbahnen	13.458	464	3,4
9252	Museen und Denkmalschutz	1.185	44	3,7
7411	Rechtsberatung	3.511	135	3,8
2030	H. v. Konstruktionsteilen aus Holz	1.113	223	20,0
5222	EH m. Fleisch u. Fleischw., Geflügel, Wild	1.214	243	20,0
2811	H. v. Stahl- u. Leichtmetallkonstruktionen	2.050	421	20,5
4521	Hochbau, Brücken- und Tunnelbau u.ä.	20.358	4.222	20,7
2875	H. v. Eisen-, Blech- u. Metallwaren a.n.g	2.222	462	20,8
4523	Straßenbau und Eisenbahnoberbau	1.540	354	23,0
4522	Zimmerei, Dachdeckerei, Bauspenglerei	3.544	814	23,0
1822	H. v. sonstiger Oberbekleidung	3.081	717	23,3
2430	H. v. Anstrichm., Druckfarben und Kitten	874	209	23,9
4511	Abbruch-, Spreng- u. Erdbewegungsarbeiten	532	129	24,2

Die ethnische Segmentierung des Wiener Arbeitsmarktes

Fortsetzung der *Tabelle 2*

NACE-Kode	Beschreibung	Unselb. Beschäftigte	Ausländ. Besch.	Anteil in %
3130	H. v. isol. Elektrokabeln, -leitungen	2.013	521	25,9
5530	Restaurants, Gasthäuser, Caféhäuser	17.849	4.879	27,3
1584	H. v. Süßwaren (ohne Dauerbackwaren)	1.651	503	30,5
5511	Hotels, Gasthöfe und Pensionen	7.408	2.287	30,9
1513	Fleischverarbeitung	2.889	946	32,7
2121	H. v. Wellpapier und -pappe	1.689	555	32,9
2524	H. v. sonstigen Kunststoffwaren	2.549	840	33,0
5131	GH m. Obst, Gemüse und Kartoffeln	980	324	33,1
5221	EH m. Obst, Gemüse und Kartoffeln	679	234	34,5
9301	Wäscherei und chemische Reinigung	2.341	921	39,3
7470	Reinigungsgewerbe	10.631	5.832	54,9

Quelle: Arbeitsstättenzählung 1991.
Anmerkung: Ausgewählt wurden nur diejenigen Wirtschaftsbereiche mit mindestens 500 unselbständig Beschäftigten und mit einem Ausländeranteil von mehr als 20 Prozent und weniger als 4 Prozent. Aus Gründen der Übersichtlichkeit wurde auf die Nennung von unspezifischen Wirtschaftsbereichen („sonstiges") verzichtet.
Abkürzungen: H = Handel, EH = Einzelhandel, GH = Großhandel.

ler mit Obst, Gemüse und Kartoffeln (34,5 %), Hersteller von Kunststoffwaren (33,0 %) sowie Wellpapier und -pappe (32,9 %), Fleischverarbeiter (32,7 %) und schließlich Tätigkeiten in Hotels, Gasthöfen und Pensionen (30,9 %). Am anderen Ende dieser Skala finden sich Berufe mit extrem geringen Ausländeranteilen. Im Bereich der Kreditinstitute, der Hörfunk- und Fernsehanstalten, der Hochschulen, der Datenverarbeitungsdienste und der Arbeitnehmervereinigungen beträgt der Ausländeranteil an allen unselbständig Beschäftigten weniger als 2 Prozent und damit nur ein Viertel des Wiener Durchschnitts. Noch geringer wird der Ausländeranteil im Bereich weiterführender Schulen, der Versicherungsberufe, der Finanzierungsinstitutionen, in der Mineralölverwaltung, der Elektrizitätsversorgung, der Sozialversicherung, der allgemeinen öffentlichen Verwaltung, der öffentlichen Verwaltung für Bildung, Gesundheit und Kultur sowie der öffentlichen Sicherheit und Ordnung. In den entsprechenden Berufen beträgt der Ausländeranteil weniger als ein Prozent.

Die absolute Zahl ausländischer Arbeitskräfte erreicht auch in jenen Berufen, die als international gelten und damit eine hohe Zahl von ausländischen Spitzenkräften erwarten lassen würden (zum Beispiel im Bereich der Wirtschaftsdienste), lediglich ein bescheidenes Quantum von fünf, zehn oder fünfzehn Personen. Das Bild einer polarisierten Struktur ausländischer Arbeitskräfte, bei dem sich hochqualifizierte Fachkräfte auf der einen und gering qualifizierte Arbeitnehmer auf der anderen Seite gegenüberstehen, das z.B. für New York beschrieben wurde, muß für Wien mit Sicherheit verworfen werden.

Dieses Muster „typischer" Erwerbstätigkeiten ausländischer Arbeitskräfte kann hinsichtlich der Herkunftsgebiete weiter differenziert werden. Es fällt auf, daß sich westeuropäische Zuwanderer, ostmitteleuropäische Staatsbürger und Angehörige afrikanischer, arabischer und asiatischer Staaten spezielle „Nischen" erobert haben. Diese Entwicklung zeigt sich unter anderem in dem Faktum, daß die Zuwanderer aus Westeuropa und Übersee in Wien häufiger selbständig erwerbstätig sind als andere in- und ausländische Zuwanderer, aber auch häufiger als die Wiener Erwerbstätigen. Dies gilt besonders für den Bereich des Gastgewerbes. Zuwanderer aus Afrika und Asien haben sich überdies im Handel und Transportwesen (z.b. als Zeitungsverkäufer oder als Händler auf Wiens Tages- und Wochenmärkten[8]) sowie in den ihnen zugänglichen Bereichen des öffentlichen Dienstes (v.a. im Gesundheitswesen[9]) etabliert. In diesen Bereichen sind auch viele Zuwanderer aus Westeuropa (vornehmlich aus Deutschland) sowie aus Polen, der Tschechischen Republik, der Slowakei und Ungarn tätig. Diesen Nischen entsprechen in der Regel aber dennoch nur Tätigkeiten, die am unteren Ende der Beschäftigungshierarchie anzusiedeln sind.

3.3 Die Stabilität der beruflichen Positionierung ausländischer Arbeitskräfte

Der Vergleich der sektoralen Struktur der ausländischen Arbeitskräfte in Wien im Jahre 1981 mit der von 1991 zeigt, daß sich an der Struktur des ethnischen Arbeitsmarktes in Wien in diesem Zeitraum wenig geändert hat. Die Schwerpunkte der beruflichen Tätigkeiten der ausländischen Arbeitskräfte von 1981 waren jenen des Jahres 1991 sehr ähnlich. Auch 1981 konzentrierte sich die Beschäftigung ausländischer Arbeitskräfte auf die Sektoren Bau-, Beherbergungs- und Gaststättenwesen, persönliche Dienstleistungen (Reinigungsberufe) sowie Schwer- und Grundstoffindustrie (vgl. Tabelle 1). Das Prinzip, daß körperlich schwere Arbeit im Baugewerbe, Tätigkeiten mit unklarer Zeiteinteilung im Gaststätten- und Beherbergungswesen, „schmutzige" Berufe im Reinigungsgewerbe und anstrengende und weitgehend standardisierte Tätigkeiten in der Schwerindustrie überdurchschnittlich oft an ausländische Arbeitskräfte abgegeben wurden, ist gleichgeblieben. Ausländische Arbeitskräfte sind dabei nahezu ausschließlich am unteren Ende der betrieblichen Hierarchie zu finden.

Die für Österreich und mit Abstrichen auch für Deutschland typische politische Regulation (vgl. Fassmann 1997) führt dazu, daß die Positionierung ausländischer Arbeitskräfte im Zeitvergleich weitgehend gleich bleibt. Diese Stabilität läßt sich mikroanalytisch belegen. Es kann gezeigt werden, daß sich für ausländische Arbeitskräfte wenig ändert, auch dann, wenn diese bereits fünf, zehn oder zwanzig Jahre in Österreich leben. Wenn Segmentation des Arbeitsmarktes bedeutet, daß dieser langfristig gespalten ist und ausländische Arbeitskräfte auf einige wenige

---

8 Vergleiche den Beitrag von Gerhard Hatz in diesem Heft.
9 Vergleiche den Beitrag von Christiane Hintermann in diesem Heft.

Tabelle 3: Ausländische Arbeitskräfte (Exjugoslawen und Türken) in Wien nach sektoraler Plazierung und Aufenthaltsdauer

	0-10 Jahre	11-20 Jahre	20 und mehr Jahre
Energie- und Wasserversorgung	0,0	0,0	0,0
Bergbau, Steine, Erden	0,0	0,0	0,0
Verarb. Gewerbe, Industrie	17,8	29,5	31,2
Bauwesen	19,6	8,4	14,2
Handel, Lagerung	8,4	15,0	3,5
Beherbergung, Gaststättenwesen	6,7	3,8	9,7
Verkehr, Nachrichtenübermittlung	10,1	7,9	3,7
Geld, Kredit, Privatvers., Wirtschaftsdienste	0,0	1,9	3,2
Pers., soz. und öff. Dienste	37,4	33,5	34,4
	100,0	100,0	100,0

Quellen: Mikrozensus 1988; eigene Berechnung.

Segmente konzentriert sind, dann muß sich dieses Muster auch bei längerer Aufenthaltsdauer zeigen. Ein ethnisch segmentierter Arbeitsmarkt impliziert, daß ausländische Arbeitskräfte auch nach langer Aufenthaltsdauer vor allem in den spezifischen „Gastarbeitersegmenten" Beschäftigung finden. Ein Verlassen dieses Segments ist schwierig, nur in Einzelfällen zu beobachten und dann sehr häufig mit der Annahme der österreichischen Staatsbürgerschaft verknüpft.[10]

Die empirische Analyse belegt sehr eindrucksvoll, daß die Arbeitsmarktpositionierung ausländischer Arbeitskräfte in erster Linie von ihrer ethnischen Zugehörigkeit abhängt und nur unwesentlich von der Aufenthaltsdauer. Es gibt zwar Unterschiede hinsichtlich der sektoralen Struktur in Abhängigkeit von der Aufenthaltsdauer, die jedoch angesichts des Stichprobencharakters der hier ausgewerteten Erhebung und der kleinen Fallzahlen nicht überschätzt werden dürfen. Auch nach über 20jähriger Aufenthaltsdauer stellen die Industrie, das Baugewerbe, das Gaststätten- und Beherbergungsgewerbe und persönliche Dienstleistungsunternehmen jene Arbeitsplätze, die für ausländische Arbeitskräfte aus dem ehemaligen Jugoslawien und der Türkei zugänglich sind. Die expandierenden wirtschaftsnahen und öffentlichen Dienste bleiben dagegen auch nach langer Aufenthaltsdauer so gut wie gänzlich verschlossen.

Daneben gibt es typische Einstiegssektoren. Wer erst kurz in Österreich ist, der bevorzugt diese Einstiegssektoren, die einen hohen Bedarf an zusätzlichen und meist billigen Arbeitskräften haben. Das Baugewerbe, sowie Verkehr und Nachrichtenübermittlung sind für Männer, der Bereich Handel und Lagerung für

10 Um die These eines ethnisch segmentierten Arbeitsmarktes zu überprüfen, sind personenbezogene Längsschnittdaten notwendig. Der Mikrozensus 1988 ist die einzige Datenquelle in Österreich, die entsprechende Informationen zur Verfügung stellt. Die Daten sind zwar bereits einige Jahre alt, die Gültigkeit der daran gebundenen Aussagen dürfte jedoch noch immer gegeben sein.

Frauen typische Einstiegssektoren, die erst nach längerer Aufenthaltsdauer wieder verlassen werden können. Nach Jahrzehnten des Aufenthalts gelingt es einigen ausländischen Arbeitskräften aus dem ehemaligen Jugoslawien und der Türkei auf besser entlohnte und körperlich weniger anstrengende Arbeitsplätze der Leichtindustrie oder ausgesuchter Dienstleistungsbereiche überzuwechseln.

Gegen diese These der Permanenz beruflicher Positionen könnte man einwenden, daß der soziale Aufstieg innerhalb des Sektors erfolgt. Einem angelernten Arbeiter gelingt es – so müßte die These lauten – mit zunehmender Aufenthaltsdauer innerhalb des Betriebs oder innerhalb des angestammten Sektors eine Angestelltenposition zu erreichen. Dies würde der Annahme ethnisch segmentierter Arbeitsmärkte widersprechen. Tatsächlich läßt sich ein solcher Aufstieg empirisch jedoch nur in Einzelfällen nachweisen. Die Daten des Mikrozensus belegen, daß unabhängig von der Aufenthaltsdauer das Segment des für Migranten offenstehenden Arbeitsmarktes beschränkt bleibt. Ob ausländische Arbeitskräfte zehn, zwanzig oder dreißig Jahre in Österreich leben, hat wenig Einfluß auf ihre berufliche Position. Rund 88 Prozent der ausländischen Arbeitskräfte aus der Türkei und dem ehemaligen Jugoslawien, die weniger als 10 Jahre in Österreich leben, sind Arbeiter. Halten sich diese Arbeitskräfte bereits mehr als 20 Jahre in Österreich auf, dann sind noch rund 80 Prozent als Arbeiter tätig. Mit steigender Aufenthaltsdauer ist eine leichte Zunahme der niedrigen Angestellten (z.B. Verkäufer, einfache Bürotätigkeit) festzustellen. Mittlere und höhere Angestelltenpositionen bleiben ausländischen Arbeitskräften auch nach langer Aufenthaltsdauer verschlossen. Dies widerspricht dem attraktiven Bild eines Arbeitsmarktes mit „ethnischen Einstiegspositionen", der ausländischen Arbeitskräften ein breites Spektrum von Tätigkeiten offeriert.

Daß dieses stabile und zeitlich invariante Muster von Tätigkeiten auf den unteren Ebenen des Beschäftigungssystems nicht für alle Zuwanderer gleichermaßen gilt, muß betont werden. Bei Zuwanderern aus West- und Osteuropa erfolgt

Tabelle 4: Ausländische Arbeitskräfte (Exjugoslawen und Türken) in Wien nach sozialrechtlicher Plazierung und Aufenthaltsdauer

	0-10 Jahre	11-20 Jahre	20 und mehr Jahre
Lehrlinge	0,0	1,6	0,0
Hilfsarbeiter	50,6	55,0	45,7
angelernte Arbeiter	21,4	28,1	24,9
Facharbeiter	15,5	6,5	9,8
niedrige Angestellte, Beamte	9,7	6,9	15,8
mittlere Angestellte, Beamte	2,9	0,8	3,8
höhere und leitende Angestellte, Beamte	10,1	7,9	3,7
	100,0	100,0	100,0

Quellen: Mikrozensus 1988; eigene Berechnung.

die berufliche Erstplazierung viel öfter auf der Ebene mittlerer oder höherer Angestellter und seltener als Arbeiter, insbesondere dann, wenn die österreichische Staatsbürgerschaft erworben wird.

4. Mechanismen der Segmentierung

Die empirischen Befunde sprechen für die Existenz eines relativ stabilen ethnischen Arbeitsmarktes, der am unteren Ende der Beschäftigungshierarchie angesiedelt ist, und damit gegen die Vorstellung, ausländische Arbeitskräfte könnten flexibel und ungehindert jene Lücken und Chancen im Beschäftigungssystem wahrnehmen, die sich aufgrund weltwirtschaftlicher Änderungen ergeben. Der ethnische Arbeitsmarkt ist vielmehr abgeschottet und segmentiert und ausländischen Arbeitskräften gelingt es nur sehr selten, in andere Arbeitsmarktsegmente überzuwechseln. Zum Teil rigide Filtermechanismen sorgen für diese Selektion und Abschottung. In manchen Arbeitsmarktsegmenten sind die Selektionskriterien formell festgeschrieben, in anderen entspricht es eher einer „überlieferten" Norm, bestimmte Arbeitskräfte zuzulassen.

Die politische Regulation ist maßgeblich an der Entstehung ethnisch segmentierter Arbeitsmärkte beteiligt. Der ausländischen Arbeitskräften zur Verfügung stehende Arbeitsmarkt verengt die Auswahl an potentiellen Arbeitsplätzen und kanalisiert die Beschäftigung in eine ganz bestimmte Richtung. Das für ausländische Arbeitskräfte zugängliche Arbeitsmarktsegment zeichnet sich durch geringe Attraktivität, fehlende Karrieremöglichkeiten und hohes Beschäftigungsrisiko aus. Warum die Regulation so erfolgte, kann humankapitaltheoretisch und gesellschaftspolitisch erklärt werden. Die Beschäftigung ausländischer Arbeitskräfte unterliegt der Vorstellung, daß damit kurzfristig auftretende Nachfragespitzen abgefangen werden können. Ausländische Arbeitskräfte sollen dann kommen, wenn sie benötigt werden – und wieder gehen, wenn die Nachfrageentwicklung dies erfordert. Aus humankapitaltheoretischen Überlegungen heraus wäre es als eine vergeudete Investition anzusehen, wenn ausländische Arbeitskräfte auf Arbeitsplätzen beschäftigt werden würden, die eine Akkumulation betriebs- und arbeitsplatzspezifischen Wissens ermöglichten. Denn dann, wenn sich diese Bildungsinvestition bezahlt machen würde, muß die Arbeitskraft den Betrieb und das Land möglicherweise wieder verlassen.

Ähnlich wirken auch jene gesellschaftspolitischen Regelungen, die die Aufteilung der Arbeitsplätze bei nachlassender Nachfrage regeln. Das Primat der Inländerbeschäftigung, eine in Österreich seit den 20er Jahren verankerte Regelung, normiert die Verteilung inländischer Arbeitskräfte auf stabile Arbeitsplätze und weist ausländischen Arbeitskräften instabile Arbeitsmöglichkeiten zu. Hinter dieser unterschiedlichen Aufteilung des Arbeitsmarktes steht die politische Macht der inländischen Wähler.

Ausländische Arbeitskräfte befinden sich somit in einer ungünstigen Arbeitsmarktposition. Sie werden auf Arbeitsplätze verwiesen, die wenig attraktiv sind, werden relativ schlecht entlohnt und besitzen ein hohes Beschäftigungsrisiko. Ein häufiger Arbeitsplatzwechsel ist zu beobachten und arbeitsmarktpolitisch auch intendiert. Die sich damit abzeichnende unstete Erwerbsbiographie signalisiert Arbeitgebern jedoch, daß diese Arbeitskräfte für humankapitalintensive Arbeitsplätze wenig brauchbar sind und verweist auf eine Beschäftigung in jenen Teilen der Produktion oder des Dienstleistungsbereichs, in denen oftmaliges Wechseln kein personalpolitisches Problem darstellt. Diese Dialektik der Ausländerbeschäftigung schreibt die Funktion ausländischer Arbeitskräfte fest und gestattet nur in Ausnahmefällen ein „Entkommen".

Zu dieser für ausländische Arbeitskräfte ungünstigen Situation kommt eine im neoklassischen Sinne ungleiche Angebots- und Nachfragesituation. Auf der einen Seite limitieren entsprechende Gesetze sowohl in Deutschland und noch viel stärker in Österreich die Nachfrage nach Arbeitskräften. Unternehmer würden in vielen Fällen die Beschäftigung einer größeren Anzahl von relativ billigen ausländischen Arbeitskräften präferieren, entsprechende Regulationen verhindern dies jedoch. Auf der anderen Seite befindet sich ein Angebot an ausländischen Arbeitskräften, das aufgrund der Attraktivität westeuropäischer Arbeitsmärkte und der oft kärglichen Lebensbedingungen in den Herkunftsländern sehr groß ist. Dazu kommt, daß in den meisten Herkunftsländern ein demographisches Wachstum für ein zusätzliches Arbeitskräfteangebot sorgt. Es liegt somit eine potentielle „Overcrowding"-Situation vor, die die Marktposition ausländischer Arbeitskräfte extrem schwächt. Die Herausbildung ethnischer Netzwerke und die Weitergabe von Informationen über Arbeitsplätze innerhalb dieser Netze fördern – mehr ungewollt als strategisch beabsichtigt – die Stabilität der ethnischen Segmentierung der Arbeitsmärkte.

Literatur

Bobek, H. und E. Lichtenberger, 1966: Wien. Bauliche Gestalt und Entwicklung seit der Mitte des 19. Jahrhunderts (= Schriften der Kommission für Raumforschung der Österreichischen Akademie der Wissenschaften), Wien/Köln: Böhlau.
Fassmann, H., 1997: Is the Austrian Labour Market Segmented?, in: European Journal of Population Studies (im Druck).
Fassmann, H. und R. Münz, 1995: Einwanderungsland Österreich? Historische Migrationsmuster, aktuelle Trends und politische Maßnahmen, Wien: Jugend und Volk.
Fainstein, S., I. Gordon and M. Harloe (Eds.), 1992: Divided Cities, Oxford: Basil Blackwell.
Friedrichs, J., 1983: Stadtanalyse, Opladen: Westdeutscher Verlag.
Friedrichs, J., 1985: Die Städte in den 80er Jahren. Demographische, ökonomische und technologische Entwicklungen, Opladen: Westdeutscher Verlag.
John, M. und A. Lichtblau, 1993: Schmelztiegel Wien einst und jetzt. Zur Geschichte und Gegenwart von Zuwanderung und Minderheiten, Wien/Köln/Weimar: Böhlau.
Krätke, S., 1992: Berlin: The Rise of a New Metropolis in a Post-Fordist Landscape, in: M. Dunford and G. Kafkalas (Eds.), Cities and Regions in the New Europe, London, S. 222-238.

Lichtenberger, E., 1984: Gastarbeiter – Leben in zwei Gesellschaften, Wien/Köln/Weimar: Böhlau.
Marcuse, P., 1989: Dual City: A Muddy Metaphor for a Quartered City, in: IJURR, S. 697-708.
Mollenkopf, J.H. and M. Castells (Eds.), 1991: Dual City: Restructuring New York, New York: Russell Sage Foundation.
Sassen, S., 1986: New York City: Economic Restructuring and Immigration, in: Development and Change 17, S. 85-119.
Sassen, S., 1987: Growth and Informalization at the Core: A Preliminary Report on New York City, in: J.R. Feagin and M.P. Smith (Eds.), The Capitalist City, Oxford: Basil Blackwell.
Sassen, S., 1991: The Global City, New York-London-Tokyo, Princeton: Princeton University Press.
Wright, R. and M. Ellis, 1996: Immigrants and the Changing Racial/Ethnic Division of Labor in the New York City, 1970-1990, in: Urban Geography, Vol. 17, S. 317-353.

Gerhard Hatz

Die Märkte als Chance für Ausländer – Ausländer als Chance für die Märkte

1. Einführung

In kapitalistisch-leistungsorientierten Gesellschaftssystemen bildet die Position am Arbeitsmarkt das zentrale Kriterium für die Bewertung von sozialen Positionen. Sie entscheidet im wesentlichen über die Verteilung und Zuteilung von Kapitalressourcen im Gesellschaftssystem. Die Verfügbarkeit von Kapitalressourcen definiert die Zugänglichkeit zu weiteren gesellschaftlich relevanten Positionen und Segmenten. Segmentierungs- und Abschottungsmodelle am Arbeitsmarkt werden in der Theorie des segmentierten Arbeitsmarktes beschrieben.

Bei der Integration und Behauptung im österreichischen Gesellschaftssystem sind Zuwanderer mit definierter Provenienz primär von Abschottungsmechanismen betroffen (vgl. den Beitrag von Fassmann in diesem Band). Durch Barrieren, etwa bei Erlangung einer Aufenthalts- oder Beschäftigungsbewilligung – Voraussetzungen für soziale Integration und Behauptung – wird der Verbleib oder das Nachrücken in ökonomischen Nischen für sie zur sozialen und ökonomischen Überlebensfrage. In der Regel sind dies jedoch Positionen, die als unattraktiv von Inländern aufgegeben oder nicht (neu)besetzt werden. Eine dieser Nischen stellen in Wien die Detailmärkte dar.

Ziel des Beitrages ist es, Mechanismen sozialer Abschottungs- und Segmentierungsstrategien zu identifizieren und deren Wirksamkeit empirisch nachzuvollziehen. Durch die Identifikation divergenter Rahmenbedingungen und deren „Inwertsetzung" durch benachteiligte soziale Gruppen kann die tatsächliche soziale Funktion und Bedeutung dieser Gruppen definiert werden.

2. Wiener Detailmärkte als geschütztes Refugium des (Lebensmittel)Einzelhandels

Die Struktur des Einzelhandels in Wien war nie das Ergebnis rein marktwirtschaftlicher Prozesse. Regulationen, etwa im Bereich der Geschäftsmieten oder Lebensmittelpreise, modifizierten Unternehmens- und Standortstrukturen waren verbreitet. In Folge der sukzessiven Deregulierungen bei Mieten und Lebensmit-

Die Märkte als Chance für Ausländer – Ausländer als Chance für die Märkte 171

telpreisen im Laufe der letzten beiden Dezennien sind die „geschützten" Segmente im Einzelhandel heute weitgehend Geschichte. Eines der letzten staatlich regulierten Refugien des Einzelhandels bilden in Wien die Detailmärkte. Gewerbeordnung,[1] Marktordnung[2] und die zuständige Magistratsbehörde[3] als ausführendes, kontrollierendes und reglementierendes Organ legen die Rahmenbedingungen des Einzelhandels auf den Detailmärkten fest: „Jedermann hat das Recht, auf Märkten Waren nach *Maßgabe der von der Gemeinde hierfür durch Verordnung bestimmten Voraussetzungen* feilzubieten und zu verkaufen" (GewO '94, § 286(1), Hervorhebung durch den Autor). Diese Regelungen betreffen im wesentlichen die Festlegung der Marktstandorte, die Vergabe von Marktständen, die Mietpreisgestaltung und die Auswahl der auf den Märkten vertretenen Warengruppen.[4]

Die Analyse der Rahmenbedingungen und der Handlungsstrategien, die zu einer Konzentration von ausländischen Unternehmen auf den Wiener Detailmärkten geführt haben, war das Ziel einer Untersuchung, in deren Zusammenhang eine Erhebung auf sechs ausgewählten Wiener Detailmärkten[5] durchgeführt wurde. Berücksichtigt wurden bei der Auswahl der Märkte unterschiedliche Markttypen[6] und Marktgrößen, unterschiedliche Eigentumsverhältnisse in bezug auf das Standeigentum sowie das ökologische Umfeld der Detailmärkte.[7]

Schon die Differenzierung der Betriebsleiter nach ihrer *Staatsbürgerschaft* dokumentiert die Funktion der Märkte als geschütztes Segment für ausländische

1 In der derzeit gültigen Fassung 1994 (GewO '94).
2 „Verordnung des Magistrats der Stadt Wien, mit der für die Wiener Märkte eine Marktordnung erlassen wird (Marktordnung 1991)".
3 Zuständige Magistratsbehörden in Wien sind: Magistratsabteilung 63: „Gewerbewesen und rechtliche Angelegenheiten des Ernährungswesens"; Magistratsabteilung 59: „Markt- und Veterinäramt".
4 Vgl. dazu § 292 und § 293 der GewO '94.
5 Die Erhebungen wurden im Zeitraum Dezember 1994 bis September 1996 von Studierenden im Rahmen der vom Verfasser geleiteten Lehrveranstaltung: „Einführung in die EDV für Geographen I" am Institut für Geographie der Universität Wien, Frau D. Schönbichler, der an dieser Stelle gedankt sei, und vom Verfasser selbst durchgeführt.
6 Von den insgesamt 24 Detailmärkten in Wien werden 20 als *„offene Märkte"* „mit im Freien, meist in Massivbauweise errichteten fixen Ständen abgehalten". Zwei Märkte, der Brunnenmarkt und der Kutschermarkt sind *„Straßenmärkte"* mit transportablen Ständen, die am Ende jedes Markttages wieder abzubauen sind, bei den restlichen zwei Märkten handelt es sich um Markthallen, die Landstraßer Markthalle und die Nussdorfer Markthalle (Lawson, o.J., S. 79).
7 Befragt wurden 185 Betriebsleiter (45 %) von insgesamt 404 Unternehmen auf folgenden Märkten (Stand: 1996): Volkertmarkt: 2. Wiener Gemeindebezirk, 34 Unternehmen, Offener Markt, Stände in Privatbesitz; Landstraßer Markthalle: 3. Wiener Gemeindebezirk, 76 Unternehmen, Markthalle, privatrechtliche Mietverträge; Naschmarkt: 4. Wiener Gemeindebezirk, 95 Unternehmen, Offener Markt, gemeindeeigene Stände; Brunnenmarkt: 16. Wiener Gemeindebezirk, 112 Unternehmen, Straßenmarkt, Stände in Privatbesitz; Yppenmarkt: 16. Wiener Gemeindebezirk, 16 Unternehmen, Offener Markt, Stände in Privatbesitz; Hannovermarkt: 20. Wiener Gemeindebezirk, 71 Unternehmen, Offener Markt, gemeindeeigene Stände. Berücksichtigt wurden bei der Untersuchung ausschließlich Betriebsleiter mit ständigen Zuweisungen. Nicht berücksichtigt wurden Marktfahrer und Landparteien mit tageweisen Standzuweisungen.

Kleinunternehmer. Der Anteil von Betriebsleitern ohne österreichische Staatsbürgerschaft liegt mit 26 Prozent deutlich über dem österreichischen Schnitt: Der Anteil nicht-österreichischer Selbständiger an den Selbständigen insgesamt beträgt österreichweit 4,95 Prozent.[8]

Die Sonderstellung der Wiener Detailmärkte wird noch deutlicher, wenn das *Herkunftsland der Betriebsleiter* in Betracht gezogen wird. Nach diesem Kriterium stehen den Marktunternehmen mit Betriebs- bzw. Filialleitern, die in Österreich geboren wurden (40 bzw. 14 %), insgesamt beinahe ebenso viele Marktunternehmen mit Betriebsleitern, die nicht in Österreich geboren wurden, gegenüber (46 %). Für den Bestand und die Funktion der Wiener Detailmärkte hat dies Konsequenzen. Ohne Standinhaber ausländischer Provenienz wären die Wiener Detailmärkte und damit auch die Marktstände der österreichischen Unternehmen, aber auch jene der Filialunternehmen auf den Märkten in ihrer derzeitigen Form nicht „überlebensfähig".

Die relative Konstanz der Zahl der Marktbetriebe[9] wird primär durch die Ersetzung inländischer Unternehmer durch ausländische gewährleistet. Belegt wird dies durch die Zahl der Betriebsgründungen, differenziert nach der Herkunft der Betriebsleiter im Zeitablauf. Seit den 1980er Jahren finden sich immer weniger Österreicher bereit, Marktstände zu übernehmen. Dieses Nachfragedefizit wird von ausländischen Unternehmern aufgefüllt. Als ökonomische Nische gelten dabei die Detailmärkte vor allem für Ausländer, die nicht in Besitz der österreichischen Staatsbürgerschaft und damit im Vergleich zu Inländern mit weniger Privilegien ausgestattet sind, während offensichtlich selbst für „privilegiertere Ausländer" – österreichische Staatsbürger ausländischer Herkunft – die Detailmärkte als Unternehmensstandort und Arbeitsplatz an Attraktivität verlieren. Ihnen stehen, aufgrund jener „Privilegien", die sie durch ihre Staatsbürgerschaft besitzen, andere Optionen offen.

Die Konzentration von ausländischen Unternehmen auf den Detailmärkten ist als Folge des Zusammenspiels zweier Faktoren zu erklären:

- Den „incentives" für bestimmte ethnischen Gruppierungen, als selbständige Unternehmer einen Marktstand zu betreiben, und
- den spezifischen Rahmenbedingungen, welche die Unternehmensgründung von Ausländern auf den Wiener Detailmärkten begünstigen.

---

8 Quelle: ÖSTAT, Mikrozensus (1993). Für die Berechnung und Bereitstellung der Daten gilt mein Dank Herrn H. Fassmann.
9 1985 betrug die Zahl der ständigen Zuweisungen auf den Detailmärkten 1.030, 1995 wurden 1.099 ständige Zuweisungen gezählt (Statistische Jahrbücher der Stadt Wien 1985 und 1995). Die Divergenz zwischen der Zahl der Unternehmen, ständigen Zuweisungen und der Zahl der Betriebe ergibt sich aus dem Umstand, daß ein Unternehmen mehrere Betriebe und/oder ständige Zuweisungen auf einem Markt besitzen kann.

Die Märkte als Chance für Ausländer – Ausländer als Chance für die Märkte 173

Abbildung 1: Unternehmen nach Jahr der Standgründung, Herkunft und Staatsbürgerschaft des Betriebsleiters

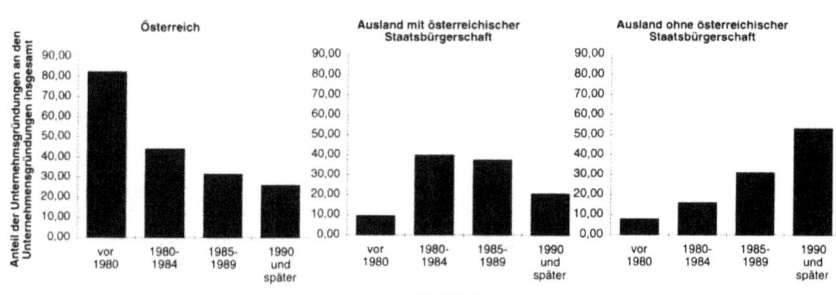

Quelle: eigene Erhebung, p < 0,01.

3. „Incentives" selbständiger Erwerbstätigkeit von Ausländern

In Analogie zur Theorie eines segmentierten Arbeitsmarktes – definiert durch ein primäres attraktives Arbeitsmarktsegment mit stabilen, gesicherten Arbeitsverhältnissen und ein sekundäres Segment, charakterisiert durch instabile und ungesicherte Arbeitsverhältnisse – sind ausländische Arbeitnehmer überproportional im sekundären Arbeitsmarktsegment vertreten (vgl. Fassmann 1995). Da Konjunkturschwankungen am Arbeitsmarkt primär durch das sekundäre Arbeitsmarktsegment ausgeglichen werden, sind ausländische Arbeitnehmer von Arbeitskräftefreisetzungen in Rezessionsphasen mehr betroffen als inländische (vgl. Fassmann 1993).

Die Optionen der freigesetzten ausländischen Arbeitskräfte sind dabei in wirtschaftlichen Rezessionsphasen relativ gering. Arbeitslosigkeit bietet nur eine befristete Übergangsphase. Bei steigenden Arbeitslosenzahlen reduzieren sich für die Betroffenen die Chancen auf einen Wiedereintritt in den Arbeitsprozeß. Ausländische Arbeitnehmer sind durch die Freisetzung am Arbeitsmarkt in doppelter Hinsicht betroffen: Zur Aufrechterhaltung der Aufenthaltsbewilligung ist der Nachweis eines Beschäftigungsverhältnisses Voraussetzung.[10] Bei zunehmender Abschottung des Arbeitsmarktes gegen diese Personengruppen bietet der Weg in die Selbständigkeit eine der wenigen verbleibenden Beschäftigungsmöglichkeiten.

Am Beispiel der türkischen Zuwanderer kann ein eindeutiger Zusammenhang zwischen der Entwicklung der Arbeitslosenzahlen und der Anzahl der Selbständigen nachgewiesen werden: Mit einem time-lag von einem Jahr werden Schwankungen in den Arbeitslosenzahlen durch den Weg in beziehungsweise aus der Selbständigkeit abgepuffert. Da die Kurve der „Selbständigen" der Entwicklung

---

10 „Auch ein nachträglicher Wegfall der Sicherung des Unterhalts iSd § 5 Abs. 1 AufG ermächtigt die Behörde gem. § 8 Abs. 1 AufG, die Aufenthaltsbewilligung zu widerrufen" (Muzak 1995, S. 197).

Abbildung 2: Entwicklung der Selbständigen (inkl. Mithelfenden) und Arbeitslosen mit türkischer Staatsbürgerschaft in Österreich 1987-1995

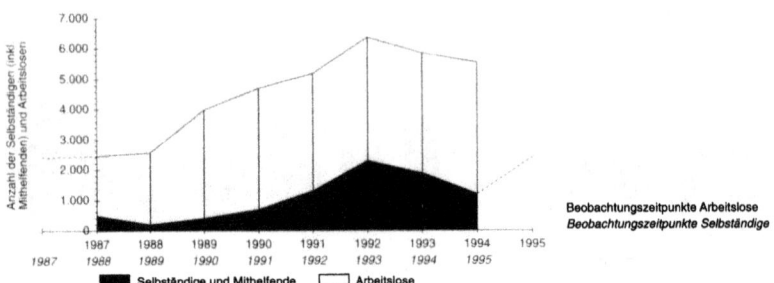

Quelle: ÖSTAT, ISIS-Segment: Q7P „Berufstätige im Jahresdurchschnitt"; Arbeitsmarktservice Österreich.

der arbeitslosen türkischen Bevölkerung zeitlich nachgelagert ist, kann angenommen werden, daß zumindest bei der türkischen Wohnbevölkerung der Weg in die Selbständigkeit als Reaktion auf Beschäftigungsprobleme am Arbeitsmarkt erfolgt und daher oft „unfreiwillig" stattfindet. Selbständige Tätigkeiten von Fremden mit definierter Provenienz sind daher in diesem Fall als „unfreiwillige" Selbständigkeit von „unfreiwilligen" Subkulturen (vgl. Schwendter 1993) zu definieren.

Für Ausländer erfolgt somit der Weg in die Selbständigkeit aus sozialer und ökonomischer Notwendigkeit, kann aber auch einen sozialen Aufstieg darstellen. Ein ähnlicher Prozeß konnte in der Nachkriegszeit bei den österreichischen Kleinunternehmen beobachtet werden (vgl. Hatz 1996). Entsprechend den persönlichen Voraussetzungen und Qualifikationen werden vor allem bei „unfreiwilliger Selbständigkeit" jene Tätigkeitsbereiche gewählt, in denen die Einstiegsbarrieren – definiert durch Investitionen, Qualifikationen aber auch Staatszugehörigkeit für den Betroffenen am niedrigsten sind, beziehungsweise den Einstieg überhaupt erst ermöglichen.

3.1 Zugangsbedingungen in das Segment der selbständigen Unternehmer – gewerberechtliche Bestimmungen

Die selbständige Ausübung eines Gewerbes ist in Österreich durch die Gewerbeordnung (GewO '94) geregelt. Neben den Forderungen Eigenberechtigung, Mindestalter von 19 Jahren sowie Unbescholtenheit des Unternehmers definieren sich die Zugangsbestimmungen primär nach der Gewerbeart und der Staatsbürgerschaft des Betriebsinhabers.

Die Märkte als Chance für Ausländer – Ausländer als Chance für die Märkte 175

Zugangsbestimmungen nach Staatszugehörigkeit

Bei der Aufnahme einer selbständigen Tätigkeit treffen Ausländer mit definierter Provenienz auf ähnliche Restriktionen wie auf dem Arbeitsmarkt für unselbständig Erwerbstätige. Ebenso wie bei der Aufnahme einer unselbständigen Tätigkeit sind bei der Ausübung eines Gewerbes Ausländer aus den EU-Mitgliedstaaten, den weiteren EFTA-Vertragspartnern (Island, Schweiz, Norwegen) sowie den USA österreichischen Staatsbürgern gleichgestellt (vgl. GewO '94, § 14(1)). Für Ausländer, welche österreichischen Staatsbürgern nicht gleichgestellt sind, gilt zusätzlich – wie auch für unselbständige Tätigkeiten – der Bedarf an der jeweiligen Tätigkeit als Kriterium für die Erteilung einer Gewerbeberechtigung. Während bei unselbständig beschäftigten Ausländern die Erteilung einer Arbeitsbewilligung einen positiven Bescheid der Arbeitsmarktverwaltung über die Aufnahmefähigkeit des Arbeitsmarktes erfordert (vgl. § 5 Abs. 2 AufG; Schrammel 1995, S. 47; Muzak 1995, S. 176 ff.), ist für nicht-gleichgestellte Ausländer, die eine selbständige Erwerbstätigkeit anstreben, entscheidend, ob ihre angestrebte Tätigkeit im „volkswirtschaftlichen Interesse" liegt. Die Kompetenz über diese Entscheidung liegt bei den Ländern und wird im Rahmen eines Gleichstellungsverfahrens geprüft (GewO '94, § 14(2)). Als Kriterien gelten dabei etwa die Schaffung von Arbeitsplätzen, die Kapitalausstattung der Unternehmen sowie die beabsichtigte Unternehmensbranche. Bevorzugt werden dabei jene Branchen, die nach dem Erachten der Magistratsbehörden an einem Standort nicht oder nur in geringem Ausmaß vertreten sind.[11] Festgelegte oder gesetzlich reglementierte Richtlinien zur Erteilung eines positiven oder negativen Bescheides gibt es dabei nicht, der Nachweis des „volkswirtschaftlichen Interesses" liegt beim Antragsteller.

Im Rahmen von Gesellschaften können jedoch Barrieren, die durch fehlende Staatsbürgerschaft oder Gleichstellung bestehen, überwunden werden. Durch die Beschäftigung von gewerberechtlichen Geschäftsführern, welche die erforderlichen Voraussetzungen – österreichische Staatsbürgerschaft oder Gleichstellung – besitzen, kann das Unternehmen jene „Privilegien", in Anspruch nehmen, die auch für von Inländern geführte Betriebe gelten. Die Aufnahme einer gewerblichen Tätigkeit ist damit nicht mehr an ein Gleichstellungsverfahren gebunden.

Zugangsbestimmungen nach der Gewerbeart – Freie Gewerbe als „Jedermannqualifikation"

Die Festlegung der Gewerbeart bestimmt, ob für die Gründung eines Unternehmens ein Befähigungsnachweis zu erbringen ist: Die Gründung eines Unternehmens, das dem *gebundenen Gewerbe* zuzurechnen ist, erfordert die Erbringung entsprechender Befähigungsnachweise. Dies ist für die meisten Gewerbe der Fall. Die Ausübung eines *freien Gewerbes* ist dagegen an keinen Befähigungsnachweis gebunden (GewO '94, § 5 Abs. 2 Z3). In Analogie zur Theorie des segmentierten

---

11 Nach mündlicher Auskunft von Herrn Weinzettel, Magistratsabteilung 59. Für die zahlreichen wertvollen Informationen sei ihm an dieser Stelle herzlich gedankt.

Arbeitsmarktes sind somit die Voraussetzungen zur Ausübung eines freien Gewerbes „Jedermannqualifikationen" gleichzusetzen.

Eine Segmentierung von in- und ausländischen Unternehmern wird mit der Bindung der Ausübung des Gewerbes an einen Befähigungsnachweis vorgezeichnet. Generell ist davon auszugehen, daß ausländische Unternehmer eher in jenen Unternehmensbereichen vertreten sind, die dem freien Gewerbe zuzurechnen sind, da nur in den seltensten Fällen die entsprechenden Befähigungsnachweise erbracht werden können. Der Erwerb eines Befähigungsnachweises für ein gebundenes Gewerbe erfordert mindestens einen Pflichtschulabschluß und darüber hinaus Zeugnisse über den erfolgreichen Abschluß einer gewerbespezifischen Lehrausbildung (GewO '94, § 22). Dies setzt üblicherweise einen Schulbesuch in Österreich voraus, den die meisten der ausländischen Selbständigen nicht vorweisen können.

Selbst wenn ausländische Staatsbürger für die Ausübung eines gebundenen Gewerbes die erforderlichen Qualifikationen, die sie im Herkunftsland erworben haben, nachweisen können, ist es für Unternehmer mit nicht-österreichischer Staatsbürgerschaft aufgrund der Sonderregelungen für ausländische Unternehmer oft nicht möglich, in jenem Gewerbe, für das sie die erforderlichen Qualifikationen mitbringen, selbständig zu werden. Das Resultat ist eine Dequalifikation ausländischer Unternehmer und deren Abdrängung in ökonomisch meist unattraktive Branchensegmente des freien Gewerbes. Dieser Effekt ist sowohl auf dem Arbeitsmarkt als auch bei den Selbständigen zu beobachten (vgl. etwa Fassmann u.a. 1993 oder Hummel 1996, S. 56 ff.).

Auch bei der Ausübung gebundener Gewerbe gilt jedoch: Durch gewerberechtliche Geschäftsführer, die die erforderlichen Befähigungsnachweise erbringen, können diese Barrieren überwunden werden.

3.2 Handlungsalternativen unfreiwilliger Subkulturen: Subsistenzwirtschaft. Tätigkeitsbereiche ausländischer Selbständiger

Die Rahmenbedingungen, die ausländischen Selbständigen gesetzt sind, definieren jene Segmente, in denen sie als Unternehmer tätig sind. Diese Segmentierung ist auch statistisch nachzuweisen. Überproportional sind Ausländer in jenen Wirtschaftssektoren vertreten, in denen sie aufgrund der Gewerbeordnung keinen Befähigungsnachweis zu erbringen brauchen und die also dem freien Gewerbe zugerechnet werden können. Da sich freie Gewerbe primär im distributiven Sektor beziehungsweise im Gastgewerbe befinden, ist der Anteil ausländischer Selbständiger in diesen Segmenten überdurchschnittlich hoch. Türkische Unternehmer sind zu 87 Prozent, Selbständige aus dem ehemaligen Jugoslawien zu 65 Prozent in diesen Sektoren zu finden.[12] Es sind dies Zeitungskolporteure, Blumenverkäufer, Imbißstandbetreiber mit vor allem ausländischen Spezialitäten wie etwa Kebab,

---

12 Quelle: ÖSTAT, Mikrozensus (1993), Berechnungen: H. Fassmann.

Die Märkte als Chance für Ausländer – Ausländer als Chance für die Märkte 177

Mode- und Folkloreschmuckverkäufer und – für die Märkte bedeutend – der Handel mit Obst- und Gemüse.

Die Schattenseiten: Ökonomische Rahmenbedingungen und Produktzyklus der Unternehmen im Einzelhandel

Neueinsteiger im distributiven Sektor finden sich jedoch in einem Segment wieder, das durch zunehmende Konzentration von Unternehmen in einem stagnierenden beziehungsweise schrumpfenden Markt gekennzeichnet ist. Rationalisierungsmaßnahmen in Form von Konzentrationsprozessen sind neben Filialisierung und Selbstbedienung die Reaktion der Unternehmen auf Änderungen der wirtschaftlichen Rahmenbedingungen und des Konsumentenverhaltens. Der zunehmende Wettbewerb führt zu massiven Marktbereinigungstendenzen, dem vor allem traditionelle Kleinunternehmer zum Opfer fallen: Der in Wien feststellbare Rückgang der Arbeitsstätten und Beschäftigten im Einzelhandel wird ausschließlich durch den Rückgang von Kleinunternehmen mit bis zu vier unselbständig Beschäftigten verursacht. Arbeitsstätten in den Größenordnungen von fünf und mehr Beschäftigten zeigen dagegen durchwegs positive Entwicklungstendenzen, die jedoch in Summe den Verlust der Kleinbetriebe nicht wettmachen können.[13]

Kleinbetriebliche Unternehmensstrukturen sind für „unfreiwillige" ausländische Unternehmer aber oft die einzige Möglichkeit, einen Einstieg in eine selbständige Erwerbstätigkeit zu finden. Geringe Betriebsgrößen und die aufgrund der geringen Anzahl der unselbständig Beschäftigten geringen Lohnkosten reduzieren die Einstiegs- und laufenden Fixkosten für die Unternehmer.

Vor allem bei „unfreiwillig" Selbständigen kann erwartet werden, daß die Kapitalausstattung der Unternehmen eher gering ist. Dementsprechend sind die Betriebsstrukturen der ausländischen Selbständigen durch Kleinunternehmen gekennzeichnet. Nach dem Mikrozensus 1993 sind sämtliche Unternehmen des distributiven Sektor, die von Selbständigen aus der Türkei oder dem ehemaligen Jugoslawien betrieben werden, in den Betriebsgrößenkategorien mit 0-4 unselbständig Beschäftigten vertreten. Die den ausländischen Unternehmern aufgrund der schlechten Startbedingungen vorbehaltenen Betriebskategorien sind jedoch die „Auslaufmodelle" im Produktzyklus der Unternehmensformen des distributiven Sektors.

In diesem Sinne zeichnet sich die Segmentierung des Arbeitsmarktes auch bei den Selbständigen nach. Ausländische Selbständige finden den Zugang vor allem in „periphery firms", die sich am Ende eines Produktzykluses befinden. Somit bleiben nicht-privilegierten Ausländern auch als Selbständige primär ökonomisch unattraktive Tätigkeitsbereiche vorbehalten.

13 Im Zeitraum 1981-1991 betrug in Wien der Rückgang der Arbeitsstätten im Einzelhandel mit 0-4 unselbständig Beschäftigten -1.182 Arbeitsstätten, die Zunahme der Arbeitsstätten im Einzelhandel mit 5 und mehr unselbständig Beschäftigten +214 Arbeitsstätten (ÖSTAT, Arbeitsstättenzählung Wien 1981 und 1991).

4. Rahmenbedingungen des Einzelhandels auf den Wiener Detailmärkten

4.1 Festlegung der Marktstandorte – Ökologisches Milieu der Wiener Detailmärkte

Die Standorte der ständigen Wiener Detailmärkte können im wesentlichen als historisches Erbe der Gründerzeit betrachtet werden. Ihre Einrichtung erfolgte vor allem unter dem Aspekt, die Versorgung der zur Zeit der Industrialisierung rapid ansteigenden Arbeiterbevölkerung mit Lebensmitteln zu sichern. Die Verteilung der Wiener Detailmärkte zeichnet somit gewissermaßen die gründerzeitliche Stadtentwicklung nach. Mit dem Ende der Gründerzeit und der darauffolgenden Rezessionsphase in der Zwischenkriegszeit kamen auch das Wachstum und die Neugründung von Detailmärkten zum Erliegen. In der Nachkriegszeit setzte sich die Stadterweiterung jenseits der gründerzeitlichen Wachstumsfronten fort, die Versorgung der Bevölkerung mit Waren des täglichen Bedarfes wurde von neuen Vertriebsformen des Einzelhandels – Supermärkten mit Selbstbedienung, meist als Filialen von Großunternehmen des Lebensmitteleinzelhandels – übernommen. Im gründerzeitlichen Stadtgebiet verblieb eine zunehmend überalterte Bevölkerung. Schlechte Wohnverhältnisse bedingt durch den hohen Anteil kleiner Substandardwohnungen in Arbeitermiethäusern führten zu einem Bevölkerungsverlust der innenstadtnahen Wohngebiete und damit zu einem Verlust des Kaufkraftpotentials. Phasenweise konnte dieser Verlust durch den Zuzug von Gastarbeitern in die schlecht ausgestatteten Wohnquartiere kompensiert werden. Als Folge dieser Entwicklung befinden sich die Detailmärkte nun in jenen Stadtquartieren, welche die höchsten Anteile ausländischer Wohnbevölkerung zu verzeichnen haben. Damit ist das ökologische Milieu der ethnisch gemischten Angebots- und Nachfragestrukturen, Unternehmens- und Kundenstrukturen der Wiener Detailmärkte bestimmt.

4.2 Regelungen der Mietpreise auf den Detailmärkten

Aufgabe der Gemeinde Wien als Marktbetreiber ist es, die Märkte nur nach kostendeckenden – nicht jedoch nach gewinnmaximierenden Prinzipien – zu betreiben.[14] Dies bedeutet konkret, daß nur die Kosten zur Instandhaltung des Markt-

---

14 „Die Gemeinden dürfen von den Marktbesuchern für die Benützung der Markteinrichtungen nur dann privatrechtliche Entgelte verlangen, wenn sie hierfür keine Abgaben aufgrund des Finanz-Verfassungsgesetzes 1948, BGBl. Nr. 45, und des Finanzausgleichsgesetzes 1993, BGBl. Nr. 30, einheben. Solche Entgelte dürfen nur als Vergütung für den überlassenen Raum, den Gebrauch von Marktständen und Gerätschaften und für andere mit der Abhaltung des Marktes verbundene Auslagen eingehoben und nicht höher bemessen werden, als es zur Verzinsung und Tilgung der für die Errichtung, die Erhaltung und den Betrieb der Markteinrichtungen aufgewendeten Beträge erforderlich ist." (GewO '94, § 292 (2))

Abbildung 3: Anteile der türkischen Wohnbevölkerung – Standorte der Detailmärkte

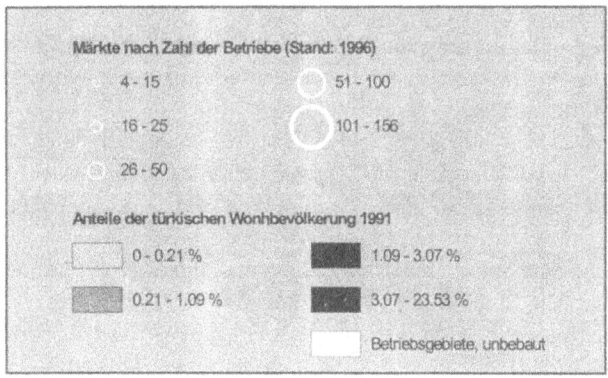

Quelle: Magistratsabteilung 59; ÖSTAT, Volkszählung 1991.

platzes durch die Mieteinnahmen abzudecken sind. In der Praxis war dies jedoch nie und ist auch nach wie vor nicht der Fall. Etwa 25 Prozent der Kosten müssen durch die öffentliche Hand abgedeckt werden. Damit erfolgt eine indirekte Subventionierung der Marktplätze und Standmieten durch öffentliche Mittel. Allerdings haben sich in den letzten zehn Jahren die Relationen verschoben: Mitte der 1980er Jahre wurden noch ca. 75 Prozent der Marktkosten durch den Zuschuß öffentlicher Mittel gedeckt.

Die Mietpreisentwicklung auf den Detailmärkten verläuft damit abgekoppelt von der Entwicklung der Mieten für Geschäftslokale, welche am „freien Immobilienmarkt" erzielt werden. Während die Mietpreisniveaus auf Märkten mit privatrechtlichen Mietverträgen zwischen dem Marktamt als Vermieter und den Standbetreibern als Mietern noch etwa auf dem Mietniveau des „freien" Immobilienmarktes liegen – der monatliche Mietaufwand auf diesen Märkten entspricht mit öS 194,72/m² dem Niveau von Geschäftslokalen in guten Lagen[15] – liegen die Mieten auf Detailmärkten mit gemeindeeigenen Ständen mit ATS 120,–/m² um rund ein Drittel, auf Märkten mit Privatständen mit ATS 73,–/m² um rund zwei Drittel unter diesem Niveau.[16] Für die Unternehmens- und Betriebsstruktur auf den Märkten bedeutet dies, daß sich in Kombination mit Zugangsbeschränkungen für „moderne" Vertriebsformen auf vergleichsweise zentralen Standorten periphere Unternehmensstrukturen auch in ökonomischer Hinsicht halten können. Der Selektionsprozeß der Lagerente greift hier nicht.

4.3 Regelung der Warengruppen auf den Detailmärkte – Synergieeffekte für Märkte und Ausländer

In bezug auf die Verteilung der Warengruppen auf den Wiener Detailmärkten gilt als Richtlinie, „daß jede der auf dem Markt zugelassenen Waren oder Warengruppen, die einen Hauptgegenstand des Marktverkehrs bilden, in entsprechender Qualität durch eine genügende Anzahl von Marktbesuchern feilgehalten wird" (GewO '94, § 292(1)). Die Etablierung von bestimmten Warengruppen auf den Märkten kann von den Marktamtsbehörden mittels der Erteilung einer Bewilligung zur Betreibung eines Marktstandes gesteuert werden.

Als Hauptgegenstände werden in der Marktordnung für die ständigen Detailmärkte Lebensmittel aller Art, darunter die Warengruppen Obst und Gemüse, Fisch, Fleisch und Fleischwaren, Brot und Backwaren, Wild und Geflügel, Lebensmittel und Obst- und Gemüsekonserven festgelegt. Nebengegenstände bilden jene Warengruppen, die nicht dem Lebensmittelhandel zugerechnet werden können. Nebenrechte ermöglichen die Etablierung von Betrieben des Gastgewerbes.

Diese Regelungen bedingen die Dominanz von Warengruppen des Lebensmittelhandels auf den Detailmärkten, führen aber auch zu einer Verzerrung der Branchenstruktur in bezug auf den nicht-marktgebundenen Einzelhandel mit Nahrungs- und Genußmittel. Beträgt die Relation der beiden auf den Detailmärkten am häufigsten vertretenen Warengruppen *Obst und Gemüse : Lebensmittel* = 1:1, so kommt im nicht-marktgebundenen Einzelhandel mit einer Relation *Obst und Ge-*

---

15 Nach dem Immobilien-Preisspiegel wurden 1996 für Geschäftslokale in mäßigen Lagen durchschnittlich ATS 62,– bis 85,–, für Geschäftslokale in guten Lagen ATS 121,– bis 191,– und für Geschäftslokale in sehr guten Lagen ATS 409,– bis 947,– pro m² erzielt (Bundesinnung der Immobilien und Vermögenstreuhänder 1996, S. 11).
16 Angaben zu den Mieten auf den Wiener Detailmärkten: Amtsblatt der Stadt Wien, Nr. 51, 21. Dezember 1995, S. 32; Auskunft von Herrn Oar Weinzettel, MA59.

müse : Lebensmittel = 1:7[17] dem Obst und Gemüseeinzelhandel nur untergeordnete Bedeutung zu.

Die festgelegten Kriterien in bezug auf die Verteilung der Warengruppen verhindern aber auch die Konzentration von Filialunternehmen, welche bestimmte Branchensegmente, wie Obst und Gemüse nicht abdecken, und halten damit die Option für Betriebsneugründungen in diesen Warengruppen offen. Ebenso können sich damit auf den Detailmärkten traditionelle kleinbetriebliche Strukturen bewahren. Während der Anteil der Arbeitsstätten ohne Angestellte an den gesamten Arbeitsstätten im Einzelhandel in Wien ca. 25 Prozent[18] beträgt, ist dieser Anteil bei den befragten Unternehmen auf den Wiener Detailmärkten mit 43 Prozent beinahe doppelt so hoch.

Durch die Bestimmungen der Markt- bzw. Gewerbeordnung und den daraus resultierenden Aufgaben des Marktamtes in bezug auf die Festlegung der Warengruppen auf den Detailmärkten entstehen somit potentielle Einstiegsschienen für ausländischer Marktstandbetreiber: Unter den in der Gewerbeordnung definierten Anforderung der Gewährleistung einer genügenden Anzahl von Anbietern definierter Warengruppen, zu denen auch unattraktive und unter den gegebenen Entwicklungen im Einzelhandel unter marktwirtschaftlichen Bedingungen kaum mehr rentabel zu führende Einzelhandelsbetriebe gehören, befinden sich auch jene, die dem freien Gewerbe zugerechnet werden. Hier trifft sich der Bedarf der Gemeinde Wien als Marktbetreiber mit der Nachfrage potentieller ausländischer Selbständiger nach Ausübung einer selbständigen Tätigkeit mit geringen Investitionen an Finanzmitteln und Humankapital.

In Summe bedeuten diese Regelungen, daß die Optionen für ausländische Marktstandbetreiber dann gut sind, wenn ihre Funktion für den Bestand des Marktes und der auf den Märkten vertretenen Warengruppen als nützlich erachtet werden. Dieses „volkswirtschaftliche Interesse" an ausländischen Marktstandbetreibern ist jedoch nur dann gegeben, wenn kein Bedarf von Inländern besteht, diese Funktion auszuüben. Ausländern bleiben somit auch auf den Märkten jene Standorte und Branchensegmente vorbehalten, deren Attraktivität für Inländer nicht mehr gegeben ist. Die empirische Korrespondenz ist dafür der Beleg.

5. Der empirische Zusammenhang

5.1 Die Korrespondenz zu externen Rahmenbedingungen

Gesellschaften als Reaktion auf gewerberechtliche und aufenthaltsrechtliche Bestimmungen

Offensichtlich definieren die genannten Zugangskriterien zur Selbständigkeit die Wahl der Rechtsform des Unternehmens. Während inländische Standinhaber zu

---

17 Quelle: Statistisches Jahrbuch der Stadt Wien (1995).
18 ÖSTAT, Arbeitsstättenzählung (1991).

78 Prozent ihre Betriebe als Einzelunternehmen führen, stellen Gesellschaften – primär Ges.m.b.H.'s – mit einem Anteil von 67 Prozent die dominierende Rechtsform von Unternehmen mit nicht-österreichischen Betriebsleitern dar. Damit werden Zugangsbeschränkungen, Restriktionen und fehlende Voraussetzungen für die Ausübung eines Gewerbes durch Unternehmer mit nicht-österreichischer Herkunft, aber gleichzeitig die Inwertsetzungsstrategien der ihnen zur Verfügung stehenden Möglichkeiten deutlich:

- Durch gewerberechtliche Geschäftsführer, welche ihre Gewerbeberechtigung der Gesellschaft zur Verfügung stellen und/oder die österreichische Staatsbürgerschaft besitzen beziehungsweise österreichischen Staatsbürgern gleichgestellt sind, können fehlende Befähigungsnachweise und Staatsbürgerschaften substituiert und damit Barrieren in bezug auf Erhaltung der Gleichstellung und fehlender Gewerbeberechtigung überbrückt werden. Damit besteht aber auch die Option, daß Inländer sowie gleichgestellte Ausländer als „Strohmänner" die Funktion eines gewerberechtlichen Geschäftsführers einnehmen.
- Als Gesellschafter einer Gesellschaft fallen ausländische Beschäftigte nicht in den Geltungsbereich des Ausländerbeschäftigungsgesetzes. Durch eine Gesetzesnovelle 1993 wurden diese Beschäftigungsmöglichkeiten zwar drastisch reduziert, sie bestehen aber nach wie vor (vgl. Schnorr 1995, S. 29 f.): Geschäftsführer einer Ges.m.b.H., welche zu mindestens 25 Prozent am Unternehmen beteiligt sind und/oder nachweislich einen wesentlichen Einfluß auf die Geschäftsführung ausüben, können als selbständig und damit als beschäftigt gelten. Sie sind dabei nicht – wie unselbständig Beschäftigte – bei der Ausübung ihrer Tätigkeit an eine Beschäftigungsbewilligung gebunden, sind aber auch – da sie nicht als Gewerbetreibende gelten – vom Gleichstellungsverfahren ausgenommen. Österreichische Staatsbürgerschaft und/oder „Gleichstellung" sowie entsprechende Befähigungsnachweise sind nur vom gewerberechtlichen Gesellschafter nachzuweisen. Im Rahmen einer Ges.m.b.H. können damit drei weitere Gesellschafter einen, für eine Aufenthaltsbewilligung erforderlichen Beschäftigungsnachweis ohne Beschäftigungsbewilligung oder Gleichstellungsverfahren erbringen. So gut wie bei keiner Ges.m.b.H. – läßt man Filialbetriebe außer acht – sind mehr als vier Gesellschafter beteiligt.
- Der Kapitaleinsatz bei der Gründung eines Unternehmens durch eine Gesellschaft in Form einer Ges.m.b.H. ist jedoch deutlich höher als bei Einzelunternehmen. Neben dem erforderlichen Mindestkapitaleinsatz – dem Stammkapital – von mindestens ATS 500.000,– ist eine jährliche Körperschaftssteuer abzuführen. Damit gehören Ges.m.b.H.'s sowohl in steuerlicher Hinsicht als auch in bezug auf die Gründungskosten zu den „teuersten" Rechtsformen. Daß trotzdem von Ausländern auf den Detailmärkten primär die Rechtsform einer Ges.m.b.H. gewählt wurde, scheint als weiteres Indiz dafür, daß damit fehlende Einstiegsvoraussetzungen substituiert und/oder Beschäftigungsmöglichkeiten geschaffen werden sollen.

Auch der Anteil der Gesellschaften bei Unternehmen mit Betriebsleitern nichtösterreichischer Herkunft, aber im Besitz der österreichischen Staatsbürgerschaft und damit den österreichischen Betriebsleitern gleichgestellt, ist mit 44 Prozent ebenfalls deutlich höher als bei Unternehmen, die von gebürtigen Österreichern geleitet werden. Dies kann ebenfalls als Effekt des Fehlens von entsprechenden gewerberechtlichen Voraussetzungen, aber auch der Option, Beschäftigungsmöglichkeiten für nicht-österreichische Gesellschafter zu schaffen, interpretiert werden.

Zusammenfassend bedeutet dies, daß aufgrund fehlender Voraussetzungen, aber auch um Beschäftigungseffekte zu erzielen, der Einstieg auf den Detailmärkten – vor allem von nicht-privilegierten Ausländern – in Form von Gesellschaften erfolgt. In Summe bewirken diese fehlenden Voraussetzungen Wettbewerbsnachteile nicht-privilegierter ausländischer Unternehmen. Neben der Abdrängung in – sowohl in bezug auf die Arbeitsbedingungen als auch in ökonomischer Hinsicht – unattraktive Branchensegmente ist zur Ausübung des Gewerbes ein erhöhter Aufwand an Kapitalmittel zu erbringen. Damit werden fehlende Einstiegsvoraussetzungen, deren Erwerb, wie etwa der österreichischen Staatsbürgerschaft, nicht allein im Verantwortungsbereich der ausländischen Unternehmer liegt, gewissermaßen „erkauft".

Ausländer als „Auffüllmasse" für fehlende Warengruppen

Entsprechend der Herkunft und des Aufenthaltsstatus der Standbetreiber definiert sich ihre Funktion auf den Detailmärkten. Ausländer finden vor allem in jenen Warengruppen Zugang, die durch inländische Marktstandbetreiber oder Filialbetriebe zur Erreichung des „gewünschten" ausgewogenen Branchenmix nicht in ausreichendem Maß abgedeckt werden können.

Differenziert nach Warengruppen und Herkunft beziehungsweise Aufenthaltsstatus der Betriebsleiter kann dies nachgewiesen werden. Betrachtet man die gegenwärtige Verteilung der Warengruppen auf den Detailmärkten als „erwünschten Sollzustand", so kann dieser durch österreichische Standinhaber nicht hergestellt werden. Sie sind über alle Warengruppen in etwa gleich verteilt. Filialbetriebe erhöhen die Abweichung der Verteilung der einzelnen Warengruppen vom „Sollzustand", sie sind auf den Märkten vor allem in jenen Warengruppen präsent, in denen sie auch „außerhalb" der Märkte dominieren: „Lebensmittelhandel" und „Fleisch und Fleischwaren", während sie in unattraktiven Branchensegmenten wie „Obst und Gemüse" überhaupt nicht vertreten sind. Dieses Manko wird durch Unternehmer ausländischer Provenienz aufgefüllt. Die Attraktivität der einzelnen Warengruppen für österreichische Marktstandbetreiber und Filialbetriebe sind dabei die wesentlichen Einflußfaktoren. Unternehmer mit ausländischer Provenienz finden sich vor allem in jenen Warengruppen, die von Österreichern oder Filialbetrieben aufgrund mangelnder Attraktivität nicht mehr nachbesetzt werden.

Abbildung 4: Dominierende Warengruppen nach Unternehmensform, Herkunft und Rechtsstatus des Aufenthalts der Betriebsleiter

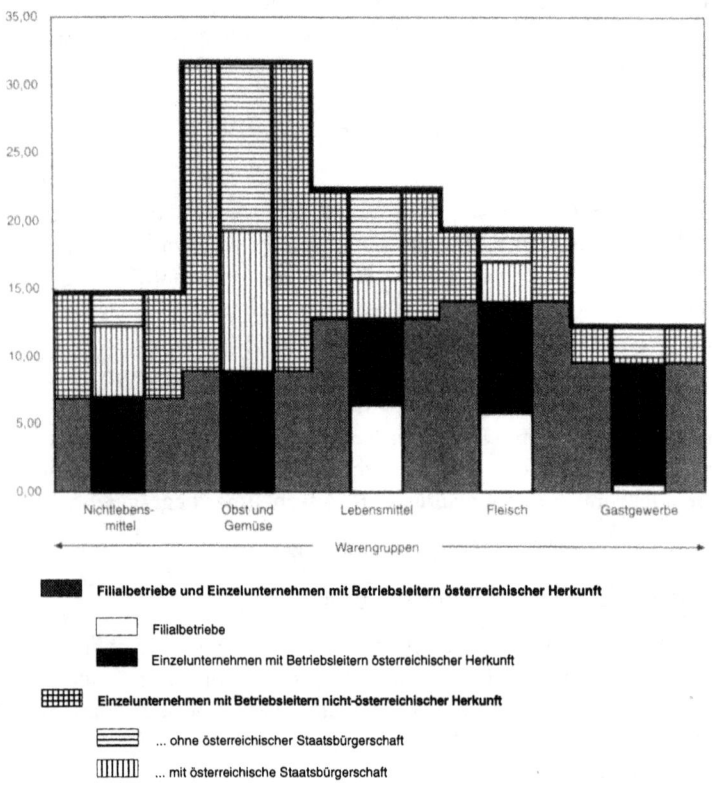

Quelle: eigene Erhebung, p < 0,01.

Je weniger Marktstandbetreiber mit Privilegien und „Marktmacht" wie etwa Filialbetriebe ausgestattet sind, desto mehr sind sie „Rangiermasse" auf den Wiener Detailmärkten. In dieser Funktion erfüllen sie aber eine wichtige Aufgabe zur Erhaltung des Marktes als attraktiven Einkaufsstandort und somit auch zur Sicherung der Standortattraktivität der „privilegierten" Unternehmen. Die Wahl der Warengruppe und des Standortes der weniger privilegierten Unternehmer definiert sich jedoch in Abhängigkeit des von den privilegierten Unternehmen vorgegebenen Musters. Die Differenzierung nach dem Rechtsstatus des Aufenthaltes ist dafür der Beleg: Während unter Berücksichtigung der Marktstandbetreiber, die die österreichische Staatsbürgerschaft besitzen und ausländischer Herkunft sind, eine zunehmende Annäherung an den „Sollzustand" der Verteilung der Warengruppen erfolgt, wird der „fehlende Rest" durch die am wenigsten Privilegierten – Personen ohne österreichische Staatsbürgerschaft – aufgefüllt.

Die Märkte als Chance für Ausländer – Ausländer als Chance für die Märkte 185

5.2 Obst und Gemüsestände als ökonomische Nische für Ausländer und Notwendigkeit für die Attraktivität der Wiener Märkte

Die Wahrnehmung und Ausnützung der ihnen im Rahmen der rechtlichen und sozialen Bedingungen zur Verfügung stehenden Möglichkeiten spiegelt sich deutlich in der Verteilung ausländischer Standinhaber in bezug auf die Wahl der Warengruppen wider. Die Kombination der externen Rahmenbedingungen mit den „incentives" ausländischer Standinhaber begünstigt vor allem der Einstieg ausländischer Standinhaber als Obst- und Gemüsehändler auf den Wiener Detailmärkten.

Der Handel mit Obst- und Gemüse gehört zu den freien Gewerben. Durch den Wegfall eines Befähigungsnachweises werden die Einstiegsbarrieren für ausländische Betriebsleiter reduziert. Dies ist bei anderen Gewerben auf den Märkten, wie etwa dem Handel mit Fleisch- und Fleischwaren oder Lebensmittel, nicht der Fall.

Die Attraktivität und das charakteristische Flair der Märkte wird jedoch im wesentlichen durch Obst- und Gemüsestände gewahrt. Die Bestimmungen der Gewerbe- und Marktordnung legen fest, daß die Warengruppen der Hauptgegenstände auf den Märkten, so auch des Obst und Gemüse, in ausreichender Anzahl vertreten sein müssen. Zusätzliche Rahmenbedingungen in Form der Mietpreisregelungen gewährleisten eine Kontinuität des Obst- und Gemüsehandels, die ohne diese Rahmenbedingungen nicht gegeben ist. In den letzten zehn Jahren hat sich die Zahl der Obst- und Gemüsegeschäfte, welche ihren Standort nicht auf einem der Detailmärkte haben und somit dem „freien" Wettbewerb ausgesetzt sind, mehr als halbiert, während die Zahl der Obst- und Gemüsestände auf den Detailmärkten mehr oder weniger konstant geblieben ist.[19] Im Jahr 1985 befanden sich noch 54 Prozent aller Verkaufsstellen für Obst- und Gemüse in Wien „außerhalb" der Wiener Detailmärkte, 1995 waren es nur mehr 33 Prozent.[20]

Ohne ausländische Standinhaber wäre jedoch die Kontinuität des Obst- und Gemüsehandels trotz der „schützenden" Rahmenbedingungen der Detailmärkte nicht aufrechtzuerhalten. In Korrespondenz zu den externen Rahmenbedingungen dominieren ausländische Standinhaber vor allem den Obst und Gemüsehandel auf den Detailmärkten. Knapp zwei Drittel aller Obst- und Gemüsestände werden von ihnen geleitet. Die am wenigsten privilegierte Gruppe findet sich damit aber im Handel mit einer der unattraktivsten Warengruppen wieder.

Daß trotz der schützenden Rahmenbedingungen auch auf den Detailmärkten der Obst- und Gemüsehandel am unattraktivsten ist, wird durch die hohe Fluktuation der Unternehmen belegt. Diese hohe Fluktuation ist nicht unbedingt auf das „Ungeschick" der Marktstandbetreiber zurückzuführen wie die geringe Prä-

---

19 1985: 311 ständige Zuweisungen für Obst und Gemüse; 1995: 288 ständige Zuweisungen für Obst und Gemüse (Statistische Jahrbücher der Stadt Wien 1985 und 1995).
20 Quelle: Statistisches Jahrbuch der Stadt Wien, Jahrgänge 1985 und 1995.

senz von Inländern und Filialunternehmen in dieser Warengruppe zeigt. Mangelnde Attraktivität für Inländer auf der einen Seite und ökonomische Notwendigkeiten für Ausländer und für die Märkte selbst auf der anderen Seite führen zur zunehmenden Sukzession von inländischen durch ausländische Unternehmen. Diese Sukzession ist auch im Zeitablauf nachvollziehbar:

Wurden vor 1980 noch ca. zwei Drittel aller Obst- und Gemüsestände von Inländern gegründet, sind ab diesem Zeitpunkt praktisch keine Standgründungen von Inländern zu verzeichnen. In dieses freigewordene Segment rücken nun, bedingt durch das Paradigma einer Aufrechterhaltung des Obst- und Gemüsehandels auf den Märkten, ausländische Standinhaber nach. Seit diesem Zeitpunkt erfolgen Standübernahmen im Obst und Gemüsehandel nahezu ausschließlich von ausländischen Betriebsleitern – mit steigender Tendenz. Dieser „Boom" ist jedoch durchaus mit Skepsis zu beurteilen. Eine hohe Anzahl von Standneuübernahmen bei stagnierender Anzahl der Betriebe ist eher als Indikator für eine hohe Fluktuation von Standinhabern in wenig prosperierenden Unternehmen zu interpretieren.

Auch die wenigen, noch von Inländern betriebenen Obst- und Gemüsestände werden offensichtlich weniger aus Gründen der ökonomischer Rentabilität als vielmehr aus Gründen mangelnder Beschäftigungsalternativen weitergeführt. Darauf weist die Altersstruktur der inländischen Obst- und Gemüsehändler hin. Das mittlere Alter der inländischen Standinhaber beträgt 55 Jahre, 25 Prozent sind bereits älter als 60 Jahre. Es ist zu erwarten, daß diese Unternehmen auch bei geringer Rentabilität von den Betriebsleitern bis zum Erreichen des Pensionsalters weitergeführt werden. Dies scheint auch das dominierende Unternehmensziel dieser Betriebe zu sein.[21]

Mit einem Altersdurchschnitt von 40 Jahren im Mittel um 15 Jahre jünger sind dagegen die Obst- und Gemüsehändler ausländischer Provenienz. Während im Rahmen der Erhebung kein inländischer Obst- und Gemüsehändler der jünger als 40 Jahre ist, gefunden werden konnte, hat die Hälfte der ausländischen Unternehmer dieses Alter noch nicht erreicht, ein Viertel ist sogar jünger als 32 Jahre. Obst- und Gemüsestände stellen somit eine bevorzugte Einstiegsschiene für junge ausländische Unternehmer auf den Detailmärkten dar.

5.3 Die Korrespondenz mit den „incentives" ausländischer Standinhaber

Ökonomische „incentives"

Entsprechend der Herkunft und des Aufenthaltsstatus unterscheiden sich die Unternehmer in bezug auf die Motive ihrer Standortwahl auf den Märkten deut-

---

21 „Es sind dies vermutlich 'familiär-satisfiszierende' Unternehmen die nicht am Prinzip der Gewinnmaximierung, sondern an einem, ihren Vorstellungen 'angemessenen' Einkommen orientiert sind" (vgl. Hatz 1991, S. 17).

lich, entsprechen aber den gegeben Rahmenbedingungen, die sich nach der Herkunft des Unternehmers differenziert darstellen. Das dominierende Motiv für die Übernahme eines Marktstandes stellt bei 37 Prozent aller Unternehmen die ökonomische Überlegung, auf dem Markt einen guten Geschäftsgang erwarten zu können, dar – eine „conditio sine qua non" vor allem bei der Neuübernahme von Marktständen. Nicht nur aus ökonomischen Motiven, sondern auch aus traditionellen Gründen werden Marktstände von Inländern betrieben. Bei inländischen Unternehmern erfolgten Standübernahmen von Familienmitgliedern (36 %) fast gleichbedeutend aus der Überlegung heraus, einen besonders guten Geschäftsgang zu erwarten (37,3 %).

Ökonomische Aspekte überwiegen dagegen bei den Standinhabern ausländischer Provenienz. Der Markt als Standort wurde deshalb gewählt weil primär ein „guter Geschäftsgang" erwartet wurde (38 %), aber auch weil geringe Investitionen erforderlich waren (26 %). Der Kostenfaktor spielt somit in Zusammenhang mit dem zu erwartenden Geschäftsgang die zentrale Rolle für die Standortwahl ausländischer Unternehmer, weist diese aber gleichzeitig als ökonomisch benachteiligt aus. Dieser Kostenfaktor tritt bei österreichischen Standbetreibern, auch aufgrund intergenerationaler Standübernahmen, mit 9,3 Prozent in seiner Bedeutung zurück. Die vergleichsweise geringen Fixkosten beziehungsweise Investitionen als Folge der Mietpreisregelung auf den Detailmärkten bieten somit vor allem Anreiz und Möglichkeit für ausländische Unternehmer, auf den Märkten eine selbständige Beschäftigung auszuüben.

Der „Beschäftigungseffekt", den Märkte ausüben, trifft als Motiv für Standgründungen für Inländer mit 31 Prozent und Ausländer mit 28 Prozent nahezu in gleichem Ausmaß zu. Die „geschützten" Rahmenbedingungen der Detailmärkte bieten vor allem jenen Personen eine Beschäftigungsmöglichkeit, für die sich „außerhalb" der Märkte offensichtlich kaum Beschäftigungsalternativen bieten. Diese sind vor allem deshalb Betreiber eines Marktstandes, weil sie entweder ihre frühere Beschäftigung verloren haben oder der Markt ihnen die Chance bietet, in ihrem „erlernten" Beruf (weiterhin) tätig zu bleiben. Sei es, daß sie entweder als frühere Angestellte am Markt einen Marktstand übernommen haben oder auf anderen Märkten, Marktbranchen oder „außerhalb" der Märkte bereits als Unternehmer tätig waren. Unter Berücksichtigung der intergenerationalen Standübernahmen vor allem bei österreichischen Betriebsleitern bilden somit die Märkte ein Refugium für „steady state" oder abstiegsorientierte Berufskarrieren.[22]

Nicht-ökonomische „incentives" – Ethnische Segmentierung durch „social support" und ökologisches Umfeld

Die Funktion der Wiener Detailmärkte als „Refugium" für nicht-privilegierte Ausländer wird durch deren Herkunft belegt. Ausländische Unternehmer auf den Detailmärkten sind primär Migranten aus der Türkei oder den Nachfolgestaaten

---

22 Zur Definition und Klassifizierung von Berufskarrieren vgl. Fassmann (1993).

des ehemaligen Jugoslawien, aus dem Orient oder den ehemals sozialistischen Reformstaaten. Sie sind damit sämtlich der Gruppe der nicht-privilegierten Ausländer zuzurechnen.

Im Unterschied zur Verteilung der in Wien am stärksten vertretenen Ausländergruppen, Personen aus den Nachfolgestaaten Jugoslawiens mit einem Anteil von 44,4 Prozent sowie türkische Staatsbürger mit einem Anteil von 22,3 Prozent an allen in Wien wohnhaften Ausländern,[23] scheint das Betreiben eines Marktstandes offensichtlich eine türkische Domäne zu sein: 40 Prozent der ausländischen Standinhaber kommen aus der Türkei, nur 15 Prozent aus dem ehemaligen Jugoslawien. Diese ethnische Segmentierung ausländischer Unternehmen auf den Detailmärkten kann nicht durch divergierende Rahmenbedingungen erklärt werden. Einen möglichen Erklärungsansatz bieten der „social support" innerhalb von ethnischen Gruppierungen sowie das ökologische Umfeld der Märkte.

Während bei österreichischen Standinhabern soziale Netzwerke primär auf familiären Bindungen basieren – Standübernahmen durch intergenerationale Weitergabe oder Heirat –, sind bei nicht-österreichischen Standinhabern neben familiären Netzwerken (11 %) auch jene sozialen Netzwerke, die auf außerfamiliären Beziehungen beruhen (11 %), bedeutend. Durch den „social support" von bereits etablierten Migranten für Neuzuwanderer, der besonders innerhalb der ethnischen Gruppierungen und kaum zwischen ethnischen Gruppierungen stattfindet, ergibt sich offensichtlich ein kumulativer Selbstverstärkungseffekt, der zu einer überproportionalen Verteilung von bestimmten ethnischen Gruppierungen in bestimmten Wirtschaftssektoren und Tätigkeitsbereichen führt. Dieser Effekt ist etwa auch bei Zeitungskolporteuren zu beobachten (vgl. Hummel 1996) und scheint auch ein Bestimmungsfaktor für die überproportionale Verteilung von türkischen, aber etwa auch ägyptischen Standinhabern zu sein. Von insgesamt sieben befragten ägyptischen Standinhabern haben sechs ihren Standort am selben Markt.

Neben sozialen Netzwerken bedingen räumliche Netzwerke sowie sozialräumliche Faktoren und damit das ökologische Umfeld der Detailmärkte die ethnische Segmentierung auf den Detailmärkten. Sozialräumliche Aspekte besitzen dabei für ausländische Betriebsleiter in etwa ebensoviel Bedeutung wie rein auf sozialen Kontakten basierende Netzwerke. Für 15 Prozent aller ausländischen Betriebsleiter war die Nähe des (Wohn)Standortes ausschlaggebend, einigen von ihnen deshalb, weil sie in ihrer „vertrauten" Umgebung bleiben wollten. Nur für 5 Prozent aller inländischen Betriebsleiter stellte dies ein Kriterium für ihre Standortwahl dar. Damit ist die Verbindung zwischen sozialräumlicher und ethnischer Segmentierung auf den Detailmärkten gegeben. Die Standorte der Detailmärkte befinden sich in jenen sozial-ökologischen Milieus, die überdurchschnittlich hohe Anteile nicht-privilegierter ausländischer Wohnbevölkerung aufweisen.

In Summe sind außerfamiliäre soziale Kontakte, etwa mit Freunden und Bekannten, die ebenfalls einen Marktstand betreiben, sowie das sozial-ökologische Milieu im Einzugsbereich der Märkte für 26 Prozent aller ausländischen Standin-

---

23 Quelle: ÖSTAT, Volkszählung (1991).

haber, aber nur für 13 Prozent der inländischen Unternehmer ein Motiv für ihre Standortwahl.

6. Zusammenfassung

In Wien stellen die Detailmärkte ein Relikt eines geschützten Unternehmenssegments dar. Durch gesetzliche Regelungen erfolgen unter anderem die Mietpreisbildung und die Verteilung der Warengruppen. Diese Regelungen begünstigen die Gründung und das Betreiben von Unternehmen, die ohne diese geschützten Rahmenbedingungen ökonomisch nicht überlebensfähig wären. Aufgrund der geringen Attraktivität werden diese Positionen von Inländern nicht mehr besetzt. In diese Nische rücken ausländische Unternehmer nach, während attraktive Branchensegmente auf den Detailmärkten nach wie vor von Inländern oder Filialunternehmen des Einzelhandels besetzt werden. Inländische Unternehmer und Filialunternehmer sind jedoch aufgrund ihrer geringen Anzahl sowie der durch sie vertretenen Warengruppen nicht in der Lage, die Detailmärkte als attraktive Standorte aufrechtzuerhalten.

Somit entstehen auf den Detailmärkten Synergieeffekte zwischen dem filialisierten Einzelhandel, österreichischen und ausländischen Standinhabern sowie der Gemeinde Wien als Betreiber der Märkte, die jedoch zu Lasten der ausländischen Standinhaber erfolgen. Ausländische Standinhaber sind vor allem in jenen Warengruppen vertreten, die zwar die Voraussetzung für die Attraktivität der Detailmärkte darstellen, in ökonomischer Hinsicht aber kaum mehr rentabel zu führen sind. Dies wird durch die fehlende Nachfrage von seiten inländischer Unternehmer auf der einen Seite sowie dem Rückgang dieser Unternehmensformen im nicht-marktgebundenen Einzelhandel auf der anderen Seite belegt.

Die ethnische Vielfalt auf den Wiener Detailmärkten verleiht ihnen ihr charakteristisches Flair und stellt ein wesentliches Marketinginstrument dar. Spezialisierung auf eine Vielzahl von ausländischen Produkten entspricht nicht nur dem Bedarf einer ethnisch gemischten Nachfrageseite, sondern kann auch eine attraktive Alternative zu dem mittlerweile in die Reifephase eingetreten Prozeß der Filialisierung im Einzelhandel darstellen und eine neue Inwertsetzung der Detailmärkte durch die Konsumenten ermöglichen.

Ausländern bleiben dabei aber auch als Selbständige unattraktive Branchensegmente und Tätigkeitsbereiche vorbehalten. Dafür verantwortlich sind die Rahmenbedingungen, die bestimmten ethnischen Gruppierungen gesetzt werden und sie gegenüber anderen benachteiligen. Daß diese benachteiligten Gruppierungen den Anforderungen einer leistungsorientierten Gesellschaft entsprechen, zeigt sich dadurch, daß sie ihre - unter den gegebenen Rahmenbedingungen - reduzierten Möglichkeiten durchaus zu nutzen verstehen. Auf der anderen Seite werden auch unter dem Paradigma der Leistungsorientierung soziale Abschottungsmechanismen entwickelt, die nicht auf leistungsorientierten Kriterien basieren. Diese Abschottungsmechanismen dienen dazu, privilegierte Positionen zu sichern und nur jene gesellschaftlichen Positionen für „Nicht-Privilegierte" zu öffnen, deren Attraktivität für privilegiertere Gruppen zu gering, aber dennoch von gesamtgesellschaftlichen Nutzen sind. Die Position der Ausländer auf den Detailmärkten ist dafür ein Indiz.

Literatur

Amann, A., 1987: Soziologie. Ein Leitfaden zu Theorien, Geschichten und Denkweisen, Wien/Köln: Böhlau.
Bachler, H., 1995: Ausländerbeschäftigung – Eine Gratwanderung zwischen Legalität und Illegalität. Bewilligungsfreie und bewilligungspflichtige Ausländerbeschäftigung, Wien: Manzsche Verlags- und Universitätsbuchhandlung.
Fassmann, H., 1993: Arbeitsmarktsegmentation und Berufslaufbahnen. Ein Beitrag zur Arbeitsmarktgeographie Österreichs (Beiträge zur Stadt- und Regionalforschung 11), Wien: Verlag der Österreichischen Akademie der Wissenschaften.
Fassmann, H., J. Kohlbacher und U. Reeger, 1993: „Suche Arbeit" – eine empirische Analyse über Stellensuchende aus dem Ausland, in: Institut für Stadt- und Regionalforschung (Hrsg.), ISR Forschungsberichte, Heft 10, Wien: Österreichische Akademie der Wissenschaften.
Fassmann H., 1995: Regionale Disparitäten gesellschaftlichen Wandels in Österreich in der Nachkriegszeit, in: Mitteilungen der Österreichischen Geographischen Gesellschaft 137, Wien: Österreichische Geographische Gesellschaft, S. 377-392.
Fassmann, H. und R. Münz, 1995: Einwanderungsland Österreich? Historische Migrationsmuster, aktuelle Trends und politische Maßnahmen, Wien: Jugend & Volk.
Hatz G., 1996: Es geht um die Wurst. Die letzten Greißler von Wien, in: R. Banik-Schweitzer et al. (Hrsg.), Wien wirklich. Der Stadtführer, Wien, S. 198-205.
Hatz, G., 1991: Aktuelle Entwicklungstendenzen des Lebensmitteleinzelhandels in Wien. Dissertation an der Grund- und Integrativwissenschaftlichen Fakultät der Universität Wien.
Hierl, T., 1996: Der Bauch von Wien. Großmärkte, Märkte und Markthallen, in: R. Banik-Schweitzer et al. (Hrsg.), Wien wirklich. Der Stadtführer, Wien, S. 195-197.
Hummel, R. (Hrsg.), 1996: „Krone!" „Kurier!" Soziale Lage und rechtliche Situation der Zeitungskolporteure. Neue Aspekte in Kultur- und Kommunikationswissenschaft 9, Wien: Österreichischer Kunst- und Kulturverlag.
Kinscher, W. (Hrsg.), 1994: Die Gewerbeordnung 1994, Wien: Manzsche Verlags- und Universitätsbuchhandlung.
Lawson, S., o.J.: Von Marktfahrern und Standlern. Das Wiener Marktwesen einst und jetzt. 150 Jahre Wiener Marktamt, Wien: Compress Verlag.
Muzak, G., 1995: Die Aufenthaltsberechtigung im österreichischen Fremdenrecht (Österreichische Rechtswissenschaftliche Studien 35), Wien: Manzsche Verlags- und Universitätsbuchhandlung.
Matznetter, W., 1996: Friedenszinse, Richtwerte und wirkliche Mieten. Was Wohnen in Wien kostet, in: R. Banik-Schweitzer et al. (Hrsg.), Wien wirklich. Der Stadtführer, Wien: Verlag für Gesellschaftskritik, S. 84-89.
Parnreiter, C., 1994: Migration und Arbeitsteilung. AusländerInnenbeschäftigung in der Weltwirtschaftskrise, Wien: Promedia.
Schrammel, W., 1995: Rechtsfragen der Ausländerbeschäftigung (Veröffentlichungen des Ludwig Boltzmann Institutes für Gesetzgebungspraxis und Rechtsanwendung 2), Wien: Manzsche Verlags- und Universitätsbuchhandlung.
Schnorr, G., 1995: Ausländerbeschäftigungsgesetz mit EWR- und EU-Recht, in: H. Floretta und R. Strasser (Hrsg.), Manzsche Kurzkommentare zum Arbeits- und Sozialrecht 3, Wien: Manzsche Verlags- und Universitätsbuchhandlung.

Die Märkte als Chance für Ausländer – Ausländer als Chance für die Märkte

Schwendter, R., 1993: Theorie der Subkultur, Hamburg: Europäische Verlagsanstalt.
Seidel-Pielen, E., 1996: Aufgespießt. Wie der Döner über die Deutschen kam, Hamburg: Rotbuch Verlag.
Stadt Wien – Presse- und Informationsdienst (Hrsg.), 1995: Amtsblatt der Stadt Wien, Nr. 51/21. Dezember 1995.

Hauptsächlich verwendete sekundärstatistische Quellen:
Arbeitsmarktservice Österreich:
  Arbeitsmarktdaten 1995
  Arbeitsmarktdaten 10/96
  Bewilligungspflichtig beschäftigte Ausländer und Ausländerinnen 1995
  Die Arbeitsmarktlage 1995
Bundesinnung der Immobilien und Vermögenstreuhänder:
  Immobilien-Preisspiegel 1996
Magistrat der Stadt Wien: Statisches Jahrbuch der Stadt Wien, Jahrgänge 1954-1994
Österreichisches Statistisches Zentralamt (ÖSTAT):
  Volkszählung 1991 und 1981
  Arbeitsstättenzählung 1981 und 1991
  Ergebnisse der Mikrozensen 1984-1995

Christiane Hintermann

InderInnen in Wien – zur Rekonstruktion der Zuwanderung einer „exotischen" MigrantInnengruppe

1. Einleitung

Die Migration indischer StaatsbürgerInnen nach Österreich ist ein relativ junges Phänomen. Die InderInnen sind Teil einer „neuen" Zuwanderung, deren Migration vor allem aus zwei Gründen von besonderem Interesse ist. Erstens unterscheiden sich die indischen MigrantInnen sowohl bezüglich ihres Migrationsmusters als auch der strukturellen Zusammensetzung zum Teil grundlegend von traditionellen Zuwanderungsgruppen aus den ehemaligen Anwerbeländern. Zweitens ist die indische Bevölkerung in Wien durch eine große innere Heterogenität gekennzeichnet. Thema dieses Beitrags ist einerseits die Analyse des Migrationsprozesses, der Geschichte der Zuwanderung indischer MigrantInnen nach Wien, andererseits wird ihre Lebenssituation in Wien vor dem Hintergrund theoretischer Eingliederungsmodelle diskutiert.

2. Der Migrationsprozeß – „It is purely economical!"

In einem mehrstufigen Phasenmodell von Migration geht dem tatsächlichen Wanderungsprozeß die Migrationsmotivation voraus. Welche Lebensumstände veranlassen Menschen, eine positive Migrationsentscheidung zu treffen und ihr Herkunftsgebiet zu verlassen? Aus den mit indischen Zuwanderern in Wien sowie Mitgliedern indischer Institutionen geführten Interviews ergibt sich, daß die Migration der InderInnen nach Wien anhand des theoretischen Ansatzes des *push-pull-Modelles* relativ gut erklärt und beschrieben werden kann. Die beiden grundsätzlichen Hypothesen des Modells, wonach sich Einkommensunterschiede zwischen einer Region A und einer Region B *(income-differentials-Hypothese)* sowie Arbeitslosigkeit in der Herkunftsregion und Arbeitskräftenachfrage in der Zielregion *(job-vacancy-Hypothese)* positiv auf die Migrationsentscheidung auswirken, finden in diesem Fall volle Bestätigung. „Migration from India to the rest of the world is purely economical", ist der Grundtenor, der dem Interviewmaterial zugrunde liegt. Arbeitslosigkeit und niedrige Einkommen in Indien auf der einen

Seite stehen einem Leben im drittreichsten Land der EU mit einer noch immer relativ niedrigen Arbeitslosenrate auf der anderen Seite gegenüber.

Push-pull-Modelle allein reichen jedoch nur in den seltensten Fällen aus, um Migrationen auf einem theoretischen Niveau umfassend zu erklären. Systemische Verbindungen, die die Lebenssituation der Einzelnen erst tatsächlich begründen, gehen nur in Form ihrer Folgen, nicht jedoch als Ursache in die Analyse ein. Diesen Mangel zu beheben versucht der Weltsystemansatz, dessen VertreterInnen Migrationen als inhärentes Merkmal des kapitalistischen Weltwirtschaftssystems verstehen und analysieren. Nachdem auch Indien als Semiperipherie bzw. Peripherie in den Kreislauf von Industrialisierung der Landwirtschaft, Freisetzung von Arbeitskräften, internationaler Arbeitsteilung und Bevölkerungsexplosion in den Städten eingebunden ist, muß auch die Migration aus Indien vor dem Hintergrund des Weltwirtschaftssystems gesehen werden, die individuelle um die Systemebene erweitert werden.

2.1 Kettenmigration – der Motor der Wanderungsbewegung

Auch das push-pull-Modell muß um einen wesentlichen Faktor ergänzt werden: die *ethnischen Netzwerke*. Frühe MigrantInnen schließen sich im Zielland zu einer *ethnic community* zusammen. Sie dienen als Informationsquelle für die „Zuhausegebliebenen", sie prägen das Bild der Aufnahmegesellschaft im Herkunftsgebiet, ein Bild, das nicht immer ganz der Realität entspricht, und üben damit eine „Sogwirkung" auf Verwandte und Bekannte in der Heimat aus. Eine *Kettenmigration* ist die Folge. Neben der Sogwirkung und der Informationsaufgabe spielen die ethnischen Netzwerke eine wichtige Rolle als Auffangstation für Neuankommende, denen so das Zurechtfinden in der neuen Umgebung erleichtert wird. Neben konkreten Hilfestellungen bei Arbeits- und Wohnungssuche, übernimmt die *ethnic community* jene Rolle, die in der Heimat der Familie zukommt. Sie vermittelt ein Gefühl der Sicherheit und Geborgenheit und hilft dabei, die eigene ethnische Identität beizubehalten.

Begonnen hat die Migration von InderInnen nach Österreich in den frühen 70er Jahren mit einigen indischen StudentInnen, die zum Teil in Österreich geblieben sind und sich hier eine Existenz aufgebaut haben, oder aber nach Indien zurückkehrten und über die Situation in Österreich berichtet haben. Bereits damals zeichneten sich die bis heute gültigen Herkunftsgebiete ab: der südindische Bundesstaat *Kerala* und der nordindische *Punjab*. Die dominante Position dieser beiden Gebiete im gesamten Migrationsverlauf ist bereits ein erstes Indiz für das Vorliegen einer Kettenmigration. Die Gruppe der damals in Wien ansässigen InderInnen war noch relativ klein und belief sich bei der Volkszählung 1971 auf 112 indische StaatsbürgerInnen.

Ebenfalls zu Beginn der 70er Jahre führte ein außenpolitisches Ereignis dazu, daß einige indische Familien nach Österreich kamen. Im August 1972 verwies der

Diktator Ugandas Idi Amin alle Menschen asiatischer Herkunft des Landes. In der Folge wurden auch in Österreich rund 50 indische Flüchtlingsfamilien aufgenommen, denen die Erlaubnis zum ständigen Aufenthalt erteilt wurde.

Nach diesen ersten Wanderungsetappen lassen sich zwei Migrationszweige von heute bis in die 70er Jahre zurückverfolgen. Bei dem ersten handelt es sich um die Migration vorwiegend katholischer InderInnen aus Kerala, die in Wien fast ausschließlich im Gesundheitswesen beschäftigt sind. Dieser Migration liegen zwei Wurzeln zugrunde, die jedoch einen gemeinsamen Hintergrund haben – die katholische Kirche und ihr Netzwerk. Die eine Wurzel bilden Studenten der katholischen Theologie, die die damals noch kleine indisch-katholische Gemeinde auch seelsorgerisch betreuten. Sie kamen in Kontakt mit österreichischen Krankenhäusern, wurden so auf den Mangel an heimischen Pflegepersonal aufmerksam und verbreiteten diese Nachricht in ihren Heimatgemeinden in Kerala. Dieser Bundesstaat verfügt über ein für indische Verhältnisse überdurchschnittlich gut ausgebautes Gesundheitssystem und somit über eine relativ hohe Zahl an ausgebildeten Krankenschwestern. Männer treten im indischen Gesundheitssystem ausschließlich als Ärzte in Erscheinung, nicht jedoch als Krankenpfleger – ein Beruf, den sie in Österreich, wie noch ausgeführt wird, sehr wohl ausüben.

Als zweite Quelle der Migration indischer KatholikInnen nach Wien fungierte der Schwesternorden „Königin der Apostel", der in Wien 1923 für die Missionierung Indiens gegründet wurde. Über diesen Weg kamen zu Beginn der 70er Jahre indische Schwestern nach Wien, die in katholischen Krankenanstalten beschäftigt wurden. Tatsache ist, daß die Migration katholischer InderInnen nach Wien ohne das Netzwerk der katholischen Kirche nicht im selben Ausmaße – wenn überhaupt – stattgefunden hätte. Die Zuwanderung der indischen Krankenschwestern dauerte in den 80er Jahren an und erreichte Anfang der 90er Jahre ihren vorläufigen Höhepunkt. Viele wurden in der Zwischenzeit, meist während eines Heimaturlaubes, verheiratet und versuchten, ihre Männer im Zuge der Familienzusammenführung nachzuholen. Die Zahl der katholischen InderInnen in Wien belief sich 1995 auf mindestens 3.000 Menschen. Parallel dazu kam es während der 80er und bis zum Beginn der 90er Jahre zu einer verstärkten Zuwanderung von hauptsächlich männlichen Indern aus dem Punjab. Diese trug wesentlich dazu bei, daß InderInnen in Wien als MigrantInnen wahrgenommen werden, da viele von ihnen als Kolporteure (Straßen-Zeitungshändler) und Marktfahrer bzw. als Angestellte in heimischen oder indischen Gastronomie- und Einzelhandelsbetrieben tätig sind und somit im wahrsten Sinne des Wortes in der Öffentlichkeit stehen.

Das Prinzip der Kettenmigration wird von der Tatsache unterstützt, daß die Familie in der indischen Kultur einen sehr hohen Stellenwert einnimmt. Familie bedeutet vor allem in ländlichen Gebieten nicht Kernfamilie sondern Großfamilie. Von den 4.324 indischen StaatsbürgerInnen, die im Dezember 1995 ihren Wohnsitz in Wien hatten, ist kaum einer ohne Verwandte bzw. Freunde in Wien. Verdeutlichen läßt sich dies anhand einiger Interviewpassagen: „Die meisten gehören einem familialen Netzwerk an. Wenn einer da ist, würden auch seine Brüder und

Schwestern zu kommen versuchen." „Eigentlich haben alle InderInnen Verwandte oder Bekannte hier." „Alle, die jetzt kommen haben schon Verwandte oder Bekannte hier, ich habe auch einige meiner Verwandten hergebracht." „Meine drei Brüder waren bereits da, als ich kam. Ich teile mit ihnen ein Zimmer." „Wir haben meine Schwester und ihren Mann hergebracht, dieser wieder seinen Bruder."

Aus diesen Textpassagen geht auch hervor, daß frühere MigrantInnen aktiv am Migrationsprozeß der Nachkommenden beteiligt sind. Nachdem sie sich in Österreich eine relativ gesicherte Position erarbeitet haben, unterstützen sie ihre Verwandten und Bekannten nicht nur mental, sondern leisten auch konkrete finanzielle und materielle Hilfe. Dadurch wurde und wird die Migration vieler Nachkommender, die die Migration aus eigener Kraft nicht finanzieren könnten, überhaupt erst möglich. Ein Beispiel: „Wir investieren auch viel Geld in unsere Bekannten und Verwandten. Wir schicken die Flugtickets, wir nehmen vielleicht eine kleine Wohnung, in der zwei oder drei zusammen wohnen. Und wir schicken sie gleich ins Goethe-Institut, um Deutsch zu lernen. (...) Dann kriegen sie jedoch eine Stelle und geben alles zurück. Wir haben schon vielen geholfen."

Der Anteil der indischen Wohnbevölkerung an der gesamten Wohnbevölkerung ist in Wien mit 4.325 Personen im Dezember 1995 verschwindend klein. Dies drückt sich noch deutlicher im relativen Anteil aus – rund 0,3 Prozent aller in Wien lebenden Menschen haben die indische Staatsbürgerschaft. Vergleicht man die Volkszählungsdaten der letzten Jahrzehnte, kann jedoch gemessen an dem ausgesprochen niedrigen Ausgangsniveau eine hohe Zuwachsrate der indischen Wohnbevölkerung festgestellt werden. So stieg die Zahl von 624 im Jahre 1981 bis 1991 auf 2.008 an. Bis Dezember 1993 kam es zu einer weiteren Zunahme um rund 132,4 Prozent auf 4.667 Personen. 1994 und 1995 verringerte sich die Zahl der indischen StaatsbürgerInnen in Wien jedoch wieder.

Seit dem Inkrafttreten des neuen österreichischen Aufenthaltsgesetzes am 1. Juli 1993 ist die Migrationskette allerdings nachhaltig unterbrochen. Selbst für Krankenpflegepersonal, das am österreichischen Arbeitsmarkt dringend nachgefragt wird, ist es schwierig geworden, eine Aufenthaltsgenehmigung zu bekommen. Allein EhepartnerInnen reihen sich noch als Glieder in die Migrationskette ein.

2.2 HochschulabsolventInnen und SchulabgängerInnen – die strukturellen Merkmale der MigrantInnen

Die strukturellen – vor allem demographischen und sozio-ökonomischen – Merkmale von MigrantInnen bilden wesentliche Parameter in der Migrationsforschung. Sie spielen sowohl für den Migrationsentschluß als auch für die spätere Positionierung der MigrantInnen in der Zielgesellschaft – für ihre Integration oder Marginalität – eine entscheidende Rolle. Wer entschließt sich zu wandern, wie verhält sich die Geschlechterproportion, über welche Schul- und Berufsausbildung verfügen die MigrantInnen, erfolgt die Migration individuell oder im Familienverband?

Zwischen den Gruppen der indischen MigrantInnen in Wien gibt es beträchtliche strukturelle Unterschiede, vor allem zwischen den beiden größten Gruppen, den im Gesundheitswesen Beschäftigten auf der einen Seite und den Kolporteuren und Marktfahrern auf der anderen Seite. Konkret konnte folgendes Verteilungsbild der strukturellen Merkmale festgestellt werden:

a) Einem aus der Literatur bekannten und weit verbreiteten Migrationsmuster folgend, handelte es sich bei den ersten indischen MigrantInnen weitgehend um unverheiratete junge Männer, die darüber hinaus über ein hohes oder sehr hohes Bildungsniveau verfügten. Alleinstehende weibliche MigrantInnen waren Anfang der 70er Jahre eher die Ausnahme von der Regel. Entsprechend ihrem Bildungsstand befinden sie sich heute entweder in einem gehobenen bzw. leitenden Angestelltenverhältnis oder gehören zur „besitzenden Klasse", wie die Inhaber von Restaurants, Einzel- oder Großhandelsgeschäften. Die erste Phase der Zuwanderung ist also durch eine relativ homogene Gruppe von *Eliten- und Individualwanderern* gekennzeichnet, die im Laufe der Zeit – meist im Zuge eines Indienaufenthaltes – eine Familie gründeten und diese später nach Österreich nachholten. Die einzige Heterogenität, die sich herauskristallisierte besteht in der Religionszugehörigkeit und – damit in engem Zusammenhang stehend – in den Herkunftsgebieten. Katholiken aus Kerala und Sikhs aus dem Punjab sind zu jener Zeit ebenso vertreten wie Hindus aus West-Bengalen oder Delhi.

b) Die heute in Wien hauptsächlich im Gesundheitswesen beschäftigten katholischen Keralesinnen unterscheiden sich de facto von allen anderen in Österreich lebenden Zuwanderergruppen[1] dadurch, daß sie das idealtypische Migrationsmuster, wonach in einer ersten Phase hauptsächlich junge, qualifizierte Männer wandern, auf den Kopf gestellt haben. Die Frauen übernahmen die Vorreiterrolle in der nachfolgenden Kettenmigration. Nicht die Krankenschwestern wurden und werden von ihren Männern in die Zielgesellschaft nachgeholt, sondern die Ehemänner sind die „Nachzügler". Dies ist eine Situation, die aufgrund des patriarchalisch geprägten indischen Geschlechterverhältnisses ein nicht unbeträchtliches Konfliktpotential in sich trägt. Junge, zum Zeitpunkt der Wanderung zum Großteil noch unverheiratete Frauen dominierten also die Zuwanderung aus Kerala in der ersten Phase.

Ein Hauptcharakteristikum dieser südindischen MigrantInnen – sowohl der Frauen als auch der Männer – ist ihr hohes Bildungs- und Ausbildungsniveau. Fast alle KeralesInnen verfügen über einen der österreichischen Matura vergleichbaren Abschluß und eine anschließende qualifizierte Berufsausbildung bzw. ein Hochschulstudium. Ihre Wanderung führt also zu einem massiven *brain drain* zu Lasten Indiens und einem anschließenden *brain waste* in Österreich.

---

1 Mit Ausnahme der angeworbenen philippinischen Krankenschwestern, die sich in einer ähnlichen Lage befinden dürften.

c) Auch Kolporteure und Marktfahrer – ausschließlich Hindus und Sikhs, die zum Großteil aus dem Punjab stammen – sind in der ersten Migrationsphase *Individualwanderer*. Im Gegensatz zu den KeralesInnen bleiben sie es jedoch häufig für den Rest ihres Aufenthaltes in Österreich. Gründe für die „reine Männerwelt" der Kolporteure und vieler Marktfahrer bestehen einerseits in ihrer sehr beengten Wohnsituation, andererseits erachten viele ihren Aufenthalt in Österreich nur als sehr kurz. Bald nach Hause zurückkehren zu wollen ist eine immer wiederkehrende Standardantwort. Gemessen an anderen ausländischen Bevölkerungsgruppen verfügen Kolporteure in Österreich im allgemeinen über ein überdurchschnittlich hohes Bildungsniveau. Aus einer Studie über die Situation von Kolporteuren in Graz und Wien, die 1991/92 durchgeführt wurde, geht hervor, daß rund 40 Prozent einen Universitätsabschluß haben, ein Viertel die Matura (vgl. Der Standard, 27.8.1996, S. 17). Dies mag für ägyptische Kolporteure in hohem Maße zutreffend sein, Kolporteure vom indischen Subkontinent unterscheiden sich davon jedoch gründlich (vgl. Fuchs 1992, S. 116). Ein erstes Indiz für das Bildungsniveau indischer StaatsbürgerInnen unter den Kolporteuren ist die Beherrschung der englischen Sprache, da diese als assoziierte Sprache zum Teil sowohl an Schulen gelehrt als auch an Universitäten als Lehrsprache verwendet wird. Konnten sich alle befragten KeralesInnen ohne Mühe auf Englisch verständigen, bereitete dies vielen Kolporteuren und Marktfahrern große Mühe, ihr Wortschatz war bald erschöpft. Eine zusammenfassende Erklärung bietet die folgende Interviewpassage aus einem Gespräch mit einem Angehörigen der indischen Botschaft in Wien: „The average boy probably would have done high-school. But in India that's nothing. You have to go beyond that to get into a profession. In India it's twelve years of school. If you don't go beyond that you don't get a job – an office job. And office-jobs pay. So I think most of the boys have finished high-school but I don't think many of them went beyond that."

Zusammenfassend kann festgehalten werden, daß kein einheitlicher Befund über die strukturellen Merkmale der indischen MigrantInnen in Wien getroffen werden kann. Obwohl sie z.B. verglichen mit traditionellen Zuwanderergruppen aus der Türkei oder Ex-Jugoslawien im allgemeinen über ein relativ hohes Bildungsniveau verfügen besteht gerade in diesem Punkt eine beträchtliche Heterogenität zwischen den einzelnen Gruppen. Dem steht eine relative strukturelle Homogenität innerhalb der Gruppen gegenüber.

3. Integriert oder marginalisiert: Die Lebenssituation der InderInnen in Wien

Die Lebenssituation der InderInnen in Wien variiert stark mit dem in Österreich ausgeübten Beruf und muß für jeden Lebensbereich gesondert analysiert werden. Sie entspricht in manchen Bereichen der generellen Situation ausländischer StaatsbürgerInnen in Österreich, die sich durch die Beschäftigung in schlecht bezahlten,

Abbildung 1: Modell der Interaktionen von autochthoner Majorität und zugewanderter Minorität

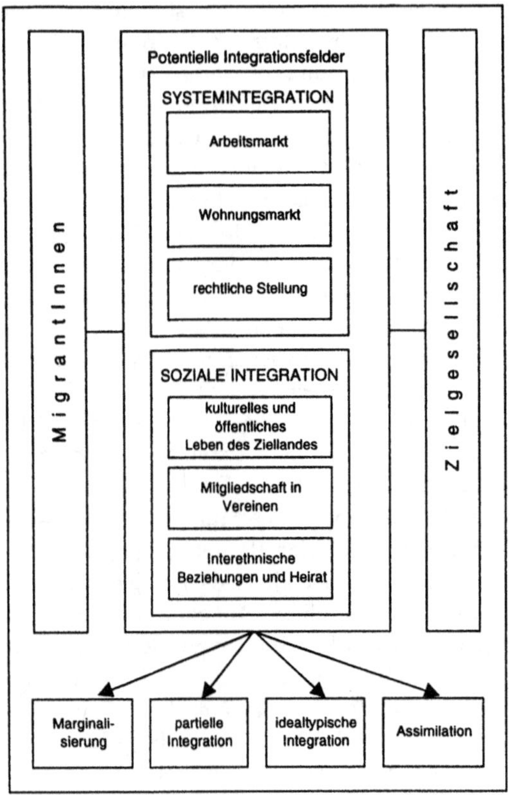

```
                    Potentielle Integrationsfelder
                    SYSTEMINTEGRATION
                        Arbeitsmarkt
                        Wohnungsmarkt
  MigrantInnen         rechtliche Stellung         Zielgesellschaft
                    SOZIALE INTEGRATION
                        kulturelles und
                        öffentliches
                        Leben des Ziellandes
                        Mitgliedschaft in
                        Vereinen
                        Interethnische
                        Beziehungen und Heirat

    Marginali-   partielle    idealtypische   Assimilation
    sierung      Integration  Integration
```

Quelle: Hintermann/Pichler (1995).

unsicheren Arbeitsmarktsegmenten und einer schlechten Wohnsituation auszeichnet, weicht in einigen Punkten jedoch stark von diesem allgemeinen Bild ab. Die Frage nach Integration oder Marginalität kann nicht mit einem einfachen Ja oder Nein beantwortet werden, sondern erfordert eine gesonderte Analyse der verschiedenen Integrationsebenen und eine genaue Definition der verwendeten Integrationsbegriffe, wobei Integration gegenüber Assimilation als die anzustrebende Eingliederungsform[2] postuliert wird.

Die Eingliederung von MigrantInnen erstreckt sich auf verschiedene potentielle Integrationsfelder. Systemintegration auf der einen und soziale Integration auf der anderen Seite führen erst in ihrer Kombination zu einer idealtypischen Integration. In allen anderen Fällen kann nur von einer partiellen Integration gesprochen werden (vgl. Abbildung 1).

2 Unter dem Terminus Eingliederung verstehe ich mit Treibel den wertneutralen Überbegriff für verschiedene Formen der Assimilation und Integration (vgl. Treibel 1990, S. 85).

In Anlehnung an Hoffmann-Nowotny definiere ich Systemintegration als die gleichberechtigte Partizipation ausländischer MitbürgerInnen an der Statusstruktur des Aufnahmelandes. „Integration ist die Teilhabe der Zuwanderer an der Statusstruktur (bezüglich beruflicher Stellung, Einkommen, Bildung, rechtlicher Stellung, Wohnen) der Aufnahmegesellschaft" (1973, S. 171). Inwieweit MigrantInnen in das System der Aufnahmegesellschaft integriert sind, läßt sich anhand verschiedener Indikatoren in den drei Lebensbereichen Arbeitsmarkt, Wohnungsmarkt sowie rechtliche und politische Stellung analysieren und messen. Die Frage nach der vollständigen Systemintegration indischer MigrantInnen in Wien muß mit einem klaren 'Nein' beantwortet werden. Benachteiligungen am Arbeits- und am Wohnungsmarkt sowie Diskriminierungen bezüglich ihrer rechtlichen Stellung in Österreich belegen diesen Befund, wie die detaillierte Analyse zeigen wird.

3.1 InderInnen auf dem Arbeitsmarkt

Die unselbständig Beschäftigten

Wie in anderen westeuropäischen Aufnahmeländern nehmen ausländische Beschäftigte auch in Österreich meist die untersten Positionen in der Beschäftigungshierarchie ein. Ein Großteil der Beschäftigten ist auf einige wenige Arbeitsmarktsegmente konzentriert, die durch ein niedriges Qualifikationsniveau, geringe Aufstiegschancen, niedrige Löhne und eine große Gefahr der Arbeitslosigkeit gekennzeichnet sind. Vor allem die Berufsgruppen Fremdenverkehr, Handel, Reinigungsgewerbe sowie Textil- und Stahlindustrie und die Bauindustrie zählen zu den Sparten bevorzugter Beschäftigung ausländischer ArbeitnehmerInnen.

Die in Österreich beschäftigten indischen StaatsbürgerInnen fügen sich nicht ganz in dieses Bild und nehmen zum Teil einen Sonderplatz auf der Beschäftigungsskala ausländischer Beschäftigter ein. Zum einen gehören sie zu den Elitewanderern, die bei internationalen Organisationen und multinationalen Konzernen beschäftigt sind. Zum anderen sind rund 52 Prozent aller in Wien berufstätigen InderInnen in einem relativ hoch qualifizierten und gesicherten Arbeitsmarktsegment tätig: dem Gesundheitswesen. Drittens wird eine große Gruppe indischer Migranten, die Kolporteure und Marktfahrer, de jure nicht zu den unselbständig Erwerbstätigen gezählt, sondern zu Unternehmern bzw. Selbständigen, obwohl sie sich de facto in einem Angestelltenverhältnis befinden. Neben diesen Sonderfällen entspricht das Bild der indischen ArbeitnehmerInnen in Österreich und in Wien im großen und ganzen jenem der ausländischen Arbeitskräfte im allgemeinen.

Von den 1.092 indischen StaatsbürgerInnen, die im Juli 1996 in Wien als unselbständig Beschäftigte gemeldet waren, sind 566 und damit rund 50 Prozent im Gesundheitswesen tätig. Für ganz Österreich liegt die Zahl der unselbständig erwerbstätigen InderInnen bei 1.580, 647 davon im Gesundheitswesen. Die Werte wären noch um einiges höher, würden die bereits eingebürgerten InderInnen mitgerechnet werden. Die Entwicklung dieser speziellen Situation wurde bereits skizziert. Nicht Anwerbeverträge wie im Falle der philippinischen Krankenschwestern, sondern Informationen über den Mangel an heimischem Pflegepersonal veranlaßten keralesische Krankenschwestern zu migrieren. Viele erlernten den Krankenpflegeberuf in Indien bereits im Hinblick auf eine potentielle Anstellung in Österreich, andere wanderten zuerst und absolvierten vor Ort eine Krankenpflegeausbildung, meist bei der Caritas. Waren es in einer ersten Phase vor allem Migrantinnen, die in dieser Berufssparte tätig waren, stieg in der Folge auch die Zahl der indischen Männer, die den Krankenpflegeberuf erlernten. Vor allem Ehemänner von bereits in Österreich beschäftigten Krankenschwestern und Krankenpflegerinnen, die mit ihrer meist überqualifizierten Ausbildung in Wien keine Arbeit finden konnten, beschlossen häufig nach einer gewissen Zeit der Arbeitslosigkeit, ebenfalls diesen Beruf zu erlernen.

Die restlichen 48 Prozent der unselbständig in Wien beschäftigten InderInnen verteilen sich vor allem auf folgende Berufsgruppen: Fremdenverkehr, Hilfsberufe, Handel und Reinigung, gefolgt von Verkehr, Büroberufen und Religion. Damit entspricht die Verteilung in Wien nicht ganz der gesamtösterreichischen, wo das Übergewicht der Gesundheitsberufe nicht so deutlich ausfällt, dafür der Fremdenverkehr einen höheren Beschäftigtenanteil aufweist als in Wien. In absteigender Reihenfolge schließen sich daran die Hilfsberufe, der Handel, Reinigung, Metall- und Elektroberufe sowie Verkehr und Büroberufe an.

Tabelle 1: Beschäftigte InderInnen in Wien und Österreich nach Berufsgruppen 1996/97

Berufsgruppen	Wien		Österreich	
	absolut	in Prozent	absolut	in Prozent
Gesundheitswesen	566	51,9	647	40,9
Fremdenverkehr	203	18,6	452	28,6
Hilfsberufe	69	6,3	103	6,5
Handel	56	5,1	73	4,6
Reinigung	34	3,1	59	3,7
sonstige	164	15,0	246	15,7
gesamt	1.092	100,0	1.580	100,0

Quelle: Beschäftigungsstatistiken des Österreichischen Arbeitsmarktservice.

Kolporteure und Marktfahrer

Bis in die 60er Jahre war die Kolportage in Österreich hauptsächlich ein Nebenjob für Studenten. Ab den 70er Jahren wurde sie jedoch zunehmend zu einer „Ausländerarbeit". In einer ersten Phase waren es vor allem Ägypter, die diese Tätigkeit ausübten, inzwischen hat sich die Struktur jedoch verändert. Immer mehr Kolporteure kommen vom indischen Subkontinent. Für die Vertriebsgesellschaften ist dies ein optimaler Kompromiß zwischen einer „ethnischen Konzentration", die die Organisation vereinfacht und einer kulturellen und sprachlichen Heterogenität, die die gemeinsame gewerkschaftliche Organisation aller Kolporteure verhindern soll (vgl. Fuchs 1992, S. 119). Es ist anzunehmen, daß diese Überlegungen für die Reduktion der Zahl der ägyptischen Kolporteure mitverantwortlich waren, da sich diese im „Verein der Zeitungskolporteure" zu organisieren begonnen hatten. Der mit Abstand größte Arbeitgeber von Kolporteuren in Österreich ist die Mediaprint-Vertriebsgesellschaft, die unter anderem die „Kronen Zeitung", das auflagenstärkste österreichische Printmedium vertreibt. Allein in Wien beschäftigt die Mediaprint rund 700 Kolporteure, darunter befanden sich im April 1995 197 indische Staatsbürger.

Kolporteure gelten in Österreich als freie Unternehmer, obwohl sie sich de facto in einem Angestelltenverhältnis mit den Vertriebsgesellschaften befinden. Bereits 1965 wurde den Kolporteuren im Zuge einer gewerberechtlichen Regelung der Status von Selbständigen zugeschrieben. Als solche benötigen sie im Gegensatz zu anderen ausländischen Arbeitnehmern keine Beschäftigungsbewilligung. Der Vorteil für die Vertriebsgesellschaften liegt auf der Hand: Sie sparen Sozialversicherungsbeiträge sowie Urlaubs- und Weihnachtsgeld und müssen keine Rücksicht auf gesetzlich geregelte Arbeitszeiten nehmen. Daß sich Kolporteure jedoch de facto in einem Angestelltenverhältnis befinden, wurde vom Verwaltungsgerichtshof bereits 1992 und im Zuge der Debatte um die Sozialversicherungspflicht von Werkverträgen auch im August 1996 beschieden. Der Verwaltungsgerichtshof (VwGH) belegt diese Entscheidungen unter anderem damit, daß Kolporteure verpflichtenden, kontrollierten und sanktionierten Vorschriften über die Arbeitskleidung unterliegen. Außerdem werden ihnen „gepflegtes Äußeres" oder „aktives Anbieten" vorgeschrieben, so daß „praktisch kein noch irgendwie relevanter Spiel(Frei-)Raum für eine eigene unternehmerische Gestaltung der Verkaufstätigkeit vorhanden sei" (zit. nach Falter 16/1996, S. 9). Demgemäß urteilte der VwGH, daß sich der Kolporteur „bei der Kolportage nicht von einem (...) gegen Fixum und Provision tätigen Angestellten in einer Außenstelle eines Betriebes" (ebd.) unterscheide.

Aufgrund dieses Urteils aus dem Jahre 1992 wurden mit den Kolporteuren zwar neue, leicht modifizierte Verträge abgeschlossen; so haben sie nunmehr das Recht, sich vertreten zu lassen. Viel geändert hat sich an ihrer tatsächlichen Situation jedoch nicht. Eine Studie des Sozialministeriums zum Thema: „Die Situation der Zeitungskolporteure" kommt zu dem Schluß, daß „die Kolporteure (...) aufgrund ihrer – v.a. rechtlichen – Stellung jene Gruppe (sind), die sich vermutlich am untersten Ende der österreichischen Sozialpyramide befindet" (ebd.). Ihre besonders verletzliche Position ergibt sich daraus, daß ihr Aufenthalt in Österreich direkt an die Kolportage gebunden ist. Die Vertriebsgesellschaften müssen die Aufnahme eines neuen Kolporteurs der zuständigen Sicherheitsbehörde melden. Diese versieht den Reisepaß des Betreffenden mit einem Z-Sichtvermerk, der eigens für die Kolportage geschaffen wurde. Verliert ein Kolporteur seine Arbeit bei der Vertriebsgesellschaft, ist diese verpflichtet, dies ebenfalls der Fremdenpolizei zu melden. Kann der Kolporteur keine andere Arbeit nachweisen, droht ihm die Abschiebung. Mit dieser Regelung wurde die vollkommene Abhängigkeit der Kolporteure von ihren Vertriebsgesellschaften auch rechtlich festgeschrieben (vgl. Fuchs 1992, S. 42; Falter 16/1996, S. 8-9).

Am Beginn jeder Kolporteurkarriere steht eine „Profi-Kolporteurausbildung". Mittels Videofilmen wird das richtige Präsentieren, die richtige Aussprache der wichtigsten deutschen Worte u.ä. vorgeführt. Wird man schließlich aufgenommen, erhält man einen Kolporteurausweis und eine Platznummer. Die Verkaufsplätze sind in drei Kategorien eingeteilt: gute A-Plätze, mittlere B-Plätze und schlechte C-Plätze, die je nach Erfahrung und Leistung vergeben werden. Die Entlohnung der Kolporteure erfolgt umsatzabhängig. Die Provision beträgt zwischen 15,66 und 30 Prozent des Umsatzes. Der jeweilige Prozentsatz hängt von der Absatzmenge ab. Jene, die an schlechteren Standplätzen arbeiten und dadurch weniger Umsatz machen, erhalten zum Ausgleich eine höhere Provision. Gearbeitet wird zumeist in zwei Schichten: der Frühschicht von 5.00 bis 11.00 Uhr und der Abendschicht von 17.00 bis 23.00 Uhr (vgl. Fuchs 1992, S. 52 ff.; Falter 16/1996, S. 8-9).

Für viele Kolporteure ist ihre Tätigkeit rein instrumenteller Natur. Sie zielen darauf ab, entweder ihre Situation im Herkunftsland zu verbessern oder als Einwanderer in Österreich zu bleiben. In letzterem Fall sehen sie die Kolportage nur als Übergangslösung, bis sie eine bessere Arbeit finden können.

Ähnlich den Kolporteuren sind auch die meisten indischen Marktfahrer, die das Bild der Wiener Märkte seit ca. Mitte der 80er Jahre bereichern, selbständige Unternehmer, manche sind jedoch auch bei den Großhandelsfirmen, über die sie ihre Waren beziehen, angestellt. Auch sie benötigen also keine Beschäftigungsbewilligung, sondern „nur" eine Aufenthaltsgenehmigung. Dies dürfte mit ein Grund für das relativ rasche und flächendeckende „Eindringen" der indischen – aber auch pakistanischen – Marktfahrer in die heimische Märkteszene gewesen sein.

Anders als die Beschäftigung der Kolporteure unterliegt die Tätigkeit der Marktfahrer jedoch nicht so strengen formellen Regelungen. Sie sind „Herr über ihren eigenen Stand", haben keinen fixen Standplatz, keine Bekleidungsvorschriften und werden nicht als lebende Werbeträger mißbraucht. Auch hinsichtlich der Verkaufszeiten und der Standorte befinden sich Marktfahrer gegenüber Kolporteuren im Vorteil. Arbeiten letztere häufig auf stark befahrenen Straßen im Zwei-Schichtrhythmus mit dazwischenliegender Schlaf- und Eßpause, haben Marktfahrer eine zwar außerordentlich lange – von ca. 6.00 bis 18.00 Uhr – Arbeitszeit, dafür jedoch einen arbeitsfreien Abend. Indische Marktfahrer haben einen ausgedehnten Verkaufsradius. Die meisten verkaufen ihre Waren nicht auf einem bestimmten Markt oder ausschließlich auf Wien beschränkt, sondern sind, vor allem an Wochenenden auf Kirtagen, Stadtfesten oder Sommerfesten sowie zu Wochenmärkten in ganz Österreich unterwegs.

Zu den typische Waren, die von indischen Marktfahrern angeboten werden, gehören Textilien, vor allem Freizeitbekleidung, sowie Sonnenbrillen und/oder Schmuck. Sie beziehen ihre Artikel von indischen oder pakistanischen Großhändlern mit Sitz in Wien. Der Warenimport erfolgt zum Teil direkt vom indischen Subkontinent, aber auch aus Deutschland, Großbritannien und anderen europäischen Staaten. An jedem Marktstand ist ein Schild mit dem Namen und der Anschrift des Großhandelsunternehmens angebracht.

Indian Ethnic Economy

Die *ethnic economy*, die ethnische Nischenökonomie ist dadurch charakterisiert, daß sich AusländerInnen am Rande der heimischen Ökonomie eigene wirtschaftliche Nischen erschließen, in denen sie einer geringeren Konkurrenz von seiten der Einheimischen ausgesetzt sind (vgl. Castles 1986, S. 39). Die Entwicklung einer eigenen ethnischen Infrastruktur indischer MigrantInnen in Wien ist relativ jung. Erst Ende der 80er, Anfang der 90er Jahre nimmt die Zahl der indischen Geschäfte und Restaurants ein größeres, wenn auch immer noch bescheidenes Ausmaß an. Dies entspricht auch jenem Zeitraum, in dem die indische Bevölkerung in Wien am stärksten zugenommen hat. Grundsätzlich gibt es zwei Eckpfeiler der indischen Nischenökonomie in Wien – indische Restaurants auf der einen, indische Lebensmittel- und Textilgeschäfte auf der anderen Seite. Eine Besonderheit der indischen Infrastruktur in Wien ist ein von Südindern aus Kerala geführtes Reisebüro – Aerojet.

Sowohl Restaurants als auch Handelsgeschäfte wurden vor allem von frühen MigrantInnen eröffnet. Zur Zeit bestehen in Wien rund 20 indische Lokale, die ausschließlich von MigrantInnen aus Nordindien geführt werden. Dem entspricht auch die geographische Herkunft der Angestellten. Trotz der zahlenmäßig großen Präsenz keralesischer MigrantInnen ist bisher nur ein Restaurant explizit als südindisches ausgewiesen. Indische Handelsgeschäfte werden demgegenüber sowohl von Nord- als auch von Südindern geführt. Es handelt sich dabei um Lebensmittel- oder Textilgeschäfte, an die in manchen Fällen eine Videothek angeschlossen ist. Auffallend ist jedoch auch hier eine geographische Strukturierung nach Herkunftsgebieten. Bieten Geschäfte nordindischen Ursprungs hauptsächlich Bekleidung und Textilien an, manchmal in Verbindung mit einem Videoverleih, spezialisierten sich die drei südindischen Geschäfte ausschließlich auf den Lebensmittelverkauf und den Videoverleih.

Folgt man der Definition von Castles können auch die indischen Marktfahrer als Mitglieder der indischen Nischenökonomie betrachtet werden, da ihnen in ihrem Arbeitsmarktsegment kaum Konkurrenz von Einheimischen droht, sie sich eine eigene Nische geschaffen haben.

Integration am Arbeitsmarkt

Die arbeitsrechtliche Stellung von MigrantInnen in Österreich wird vom AusländerInnenbeschäftigungsgesetz geregelt und richtet sich grundsätzlich nach der

Länge des Aufenthaltes bzw. der bisherigen Beschäftigungszeit im Bundesgebiet. Am untersten Ende der Hierarchie steht die Beschäftigungsbewilligung, die lediglich für ein Jahr vergeben wird, darauf folgt die Arbeitserlaubnis (Gültigkeit höchstens zwei Jahre) und der Befreiungsschein, der für fünf Jahre ausgestellt wird. Erst mit diesem ist es ausländischen ArbeitnehmerInnen möglich, sich völlig frei auf dem österreichischen Arbeitsmarkt zu bewegen. 869 der 1.092 unselbständig erwerbstätigen InderInnen in Wien arbeiten auf der Basis von Arbeitserlaubnis und Befreiungsschein, 223 verfügen über eine Beschäftigungsbewilligung bzw. eine vorübergehende Berechtigung. Diese Zahlen sprechen dafür, daß indische ArbeitnehmerInnen relativ gut in den österreichischen Arbeitsmarkt integriert sind.

Dieser positive Schluß ist in seiner Allgemeinheit jedoch nicht zulässig. Zutreffend ist der Befund für die indischen Krankenschwestern und KrankenpflegerInnen, die sich in einer relativ gesicherten und privilegierten Position befinden. Im Gesundheitswesen besteht ein akuter Mangel an heimischem Personal, wodurch die Chancen auf eine Verlängerung der Aufenthalts- und Beschäftigungsgenehmigung relativ gesichert sind; ebenso die positive Erledigung der Einbürgerungsgesuche. Darüber hinaus ist das Gesundheitswesen kaum von allgemeinen wirtschaftlichen Rahmenbedingungen abhängig, und somit ist die Gefahr, den Arbeitsplatz konjunkturabhängig zu verlieren, relativ gering.

Anders ist die Situation von Erwerbstätigen in den „typischen Gastarbeiterberufen" wie Fremdenverkehr, Hilfsberufe oder Reinigung – Sparten, die durch ein niederes Berufsprestige, Abhängigkeit von der wirtschaftlichen Entwicklung, großer Beschäftigtenfluktuation, hohe Anfälligkeit für Arbeitslosigkeit und zum Teil durch Saisonabhängigkeit gekennzeichnet sind.

Den niedrigsten Integrationsgrad in den österreichischen Arbeitsmarkt weisen innerhalb der indischen Bevölkerung in Wien die Kolporteure und Marktfahrer auf. Vor allem die Kolporteure stehen aufgrund ihrer Position als de facto Angestellte, de jure jedoch Selbständige am Rande des österreichischen Arbeitsmarktes. Verstärkt wird ihre besonders verletzliche Stellung durch die völlige Abhängigkeit von den Vertriebsgesellschaften. Ähnlich niedrig ist der Integrationsgrad der Marktfahrer, die ebenfalls zum Großteil selbständig sind.

3.2 InderInnen am österreichischen Wohnungsmarkt

Die Situation der ausländischen Wohnbevölkerung auf dem Wiener Wohnungsmarkt ist grundsätzlich dadurch gekennzeichnet, daß ihnen de facto nur ein Segment des Wohnungsmarktes offen steht – der private Wohnungsmarkt. Dieser Teil des Marktes, der vorwiegend im Altbaubestand angesiedelt ist, kennt keine Restriktionen oder Zugangsbeschränkungen. Daraus ergibt sich die Konzentration ausländischer MitbürgerInnen in diesem Segment, woraufauch eine räumliche Konzentration folgt. Anspruch auf eine im Zuge des kommunalen Wohnbaus –

auch mit Steuergeldern der ausländischen Arbeitskräfte – errichteten Gemeindewohnung haben in Wien ausschließlich österreichische StaatsbürgerInnen und ihnen gleichgestellte anerkannte Flüchtlinge. Das bedeutet, daß die überwiegende Mehrheit der ausländischen Wohnbevölkerung von diesem Wohnungsmarktsegment ausgeschlossen ist. Rein rechtlich haben AusländerInnen in Österreich Zugang zum Wohnbau gemeinnütziger Bauträger (Genossenschaften). Neben hohen Bau- und Grundkostenbeiträgen sorgen jedoch auch die Vergabepraxen der gemeinnützigen Bauvereinigungen dafür, daß diese Möglichkeit eine theoretische bleibt (vgl. Giffinger/Meindl 1993, S. 42). Aus dieser Situation erklärt sich auch die im Bezug auf die gesamte ausländische Wohnbevölkerung relativ große Konzentration bzw. Segregation in einigen Bezirken, vor allem den westlichen Gürtelbezirken, in denen der Anteil der ausländischen Wohnbevölkerung deutlich über 20 Prozent, in Rudolfsheim über 30 Prozent liegt.

Demgegenüber zeigt die räumliche Verteilung der indischen Bevölkerung in Wien vor allem auch aufgrund ihrer geringen Zahl keinerlei Konzentrationstendenzen. Die höchste absolute Zahl indischer StaatsbürgerInnen weist 1995 der zweite Wiener Gemeindebezirk mit 355 auf. Auch bei der Analyse nach Zählbezirken sind keine wirklichen Segregationstendenzen der indischen Bevölkerung zu verzeichnen. Eine relative Konzentration ergibt sich in Zählbezirken, die Personalwohnheime von Krankenhäusern beherbergen.

Die Wohn- und Wohnumfeldsituation der indischen Bevölkerung in Wien sowie deren Integration am Wohnungsmarkt differieren stark nach den jeweils ausgeübten Berufen und somit der ökonomischen Situation. Auf der einen Seite können sich Teile der „frühen MigrantInnen" sowie Elitewanderer durchaus gehobene Wohnkategorien leisten. Auf der anderen Seite leben Kolporteure und Marktfahrer in größeren Gruppen auf engstem Raum zusammen. Sie leben häufig in einer reinen Männerwelt. Ihre Familien wurden meist in der Heimat zurückgelassen und nicht nachgeholt. Eine Wohnung bedeutet für sie vor allem Schlafstelle bzw. Bett, wo man sich vor, nach und zwischen der Arbeitszeit kurz erholen und schnell eine Mahlzeit zu sich nehmen kann. Aus diesem Grund und auch um die Lebenshaltungskosten möglichst niedrig zu halten, geben sich viele mit Massenquartieren zufrieden. Nachdem die Wohnungssuche fast ausschließlich über Landsleute und informelle Kontakte stattfindet, sind dies auch oft die einzigen Wohnmöglichkeiten, die ihnen bekannt werden. Sobald sich Kolporteure einen gewissen bescheidenen Wohlstand erworben haben und ihre Situation etwas gefestigter ist, leben sie oft nur mehr zu zweit oder zu dritt oder versuchen, auch ihre Familien nachzuholen (vgl. Fuchs 1992, S. 142 f.).

Relativ gesichert ist die Wohnsituation der Krankenschwestern. Zumindest für einen begrenzten Zeitraum steht ihnen ein Zimmer in einem Personalwohnheim zur Verfügung, was vor allem zu Beginn des Aufenthaltes im Zielland von großem Vorteil für die Migrantinnen ist. Ihnen bleibt die Wohnungssuche zumindest solange erspart, bis sie sich an die neue Umgebung gewöhnt und ihre Sprachkenntnisse verbessert haben. Problematisch wird die Situation meist dann, wenn die

Ehepartner nachgeholt werden. Neben den Regelungen mancher Krankenhäuser, daß Personalwohnungen nicht für Familien gedacht sind, ist es vor allem die beengte Raumsituation, die die Menschen auf Wohnungssuche gehen läßt. Seit das neue Aufenthaltsgesetz und damit die Zehn-Quadratmeter-Regelung[3] in Kraft getreten ist, wird es auch aus diesem Grund zunehmend schwierig, Ehepartner in Personalwohnheime nachzuholen. Darüber hinaus sind sie aufgrund ihres gesicherten und im Vergleich zu anderen MigrantInnenberufen relativ hohen Einkommens in der Lage, Wohnungen höherer Kategorien zu mieten.

3.3 Politische und rechtliche Position der indischen MigrantInnen

Die Rechte und vielmehr die Pflichten von AusländerInnen in Österreich sind durch mehrere Gesetze geregelt. Von besonderer Bedeutung sind das 1993 in Kraft getretene und seither immer wieder kritisierte Aufenthaltsgesetz sowie das AusländerInnenbeschäftigungsgesetz aus dem Jahre 1991. Daneben gelten verschiedene Bestimmungen aus anderen Gesetzeswerken. Ist die Systemintegration von DrittausländerInnen[4] bereits am Arbeits- und am Wohnungsmarkt gering, ist sie auf rechtlicher Ebene nicht vorhanden. Ausländischen StaatsbürgerInnen ist in Österreich prinzipiell das aktive und passive Wahlrecht auf kommunaler-, Landes- und Bundesebene vorenthalten. Ein österreichisches Spezifikum ist die Tatsache, daß AusländerInnen darüber hinaus auch kein passives Wahlrecht zum Betriebsrat und den gesetzlichen Vertretungskörperschaften besitzen. Allein in Wien waren im Jahr 1993 rund 100.000 Menschen von diesem Ausschluß betroffen (vgl. König/ Perchinig 1994, S. 39). Darüber hinaus bestehen Diskriminierungen zum Beispiel in einigen sozial- oder versammlungsrechtlichen Belangen.

Zusammenfassend kann festgehalten werden, daß in keiner Weise von einer vollständigen Systemintegration der indischen Bevölkerung in Wien ausgegangen werden kann. Diese kann in Österreich nur durch eine Einbürgerung erreicht werden. Erst dann ist es (ehemaligen) AusländerInnen möglich, gleichberechtigt an der Statusstruktur des Aufnahmelandes zu partizipieren. Sehr wohl stattgefunden hat eine partielle Systemintegration der indischen MigrantInnen in die verschiedenen Subbereiche des österreichischen Gesellschaftssystems, vor allem auf dem Arbeitsmarkt. Der Integrationsgrad verschiedener Subgruppen innerhalb der indischen Bevölkerung differiert jedoch stark. Der Grad der partiellen Systemintegration ist bei jenen InderInnen am höchsten, die über eine hohe bzw. höhere Bildung und gute Berufsausbildung verfügen. So ist der Status diplomierter Krankenschwestern, die wie erwähnt zum Teil ein Hochschulstudium absolvierten, bei weitem gesicherter als jener von Hilfsarbeitern oder von Reinigungspersonal, ganz zu schweigen von der unsicheren Situation der Kolporteure. Ausbildung im Hei-

---

3 Diese besagt, daß für jede Person in einer Wohnung mindestens 10 Quadratmeter Raum zur Verfügung stehen müssen.
4 Menschen aus Nicht-EU-Mitgliedsstaaten.

matland und soziale Position im Zielland stehen also in einem ursächlichen Zusammenhang. Aus der Analyse ergibt sich klar, daß besser ausgebildete indische StaatsbürgerInnen in Wien potentiell größere Integrationschancen vorfinden als jene mit einem niedrigeren Ausbildungsniveau.

3.4 Soziale Integration

Neben der Systemintegration ist die soziale Integration der zweite Pfeiler einer idealtypischen Integration ausländischer MitbürgerInnen in die Gesellschaft(en) des Ziellandes. Im Gegensatz zur Systemintegration, deren Rahmenbedingungen durch Politik und Gesetzgebung geschaffen werden, zielt die soziale Integration auf die Ebene der Individuen, des täglichen Mit- bzw. Neben- oder Gegeneinanders von in- und ausländischer Bevölkerung. Beide Gruppen – Majorität und Minorität – sind für die fehlende bzw. existente soziale Integration verantwortlich. Mitglieder einer ethnischen bzw. kulturellen Minorität sind per definitionem dann sozial integriert, wenn sie von der autochthonen Mehrheitsbevölkerung akzeptiert werden, ohne ihre kulturelle bzw. ethnische Identität verleugnen bzw. ablegen zu müssen, wobei von den Zugewanderten eine gewisse Integrationsbereitschaft vorausgesetzt wird (z.b. Erlernen der Landessprache).

Läßt sich die Systemintegration anhand relativ objektivierbarer Faktoren messen und untersuchen, ist die Operationalisierung der sozialen Integration weit schwieriger, da in diesem Fall die Beziehungen von Individuen im Mittelpunkt stehen. Folgende Variablen wurden zur Integrationsmessung herangezogen:

– Teilnahme der MigrantInnen am öffentlichen und kulturellen Leben des Aufnahmelandes;
– Freundes- und Bekanntenkreis der Zugewanderten außerhalb der ethnischen Grenzen und
– interethnische Heirat.

Systemintegration und soziale Integration sind jedoch keine voneinander strikt zu trennenden Bereiche, sondern stehen miteinander in Beziehung. So bleibt die offizielle „Nicht-Integration" von MigrantInnen nicht ohne Rückwirkungen auf deren Integrationsbereitschaft sowie den Meinungsbildungsprozeß in der Öffentlichkeit. Bleiben weiterhin nur bestimmte Wohnungsmarktsegmente für ausländische MitbürgerInnen zugänglich, werden sich die Segregationserscheinungen verstärken. Werden ausländische ArbeitnehmerInnen weiterhin auf bestimmte, meist unterprivilegierte Arbeitsmarktsegmente festgeschrieben, wird sich das Bild vom „typischen Gastarbeiter" nicht verändern. Auf der anderen Seite stellt sich die Frage, wie ausländische MitbürgerInnen ein Zugehörigkeitsgefühl zur Aufnahmegesellschaft entwickeln sollen, wenn es ihnen untersagt ist, an der politischen Willensbildung und somit an der Zukunft des Landes, in dem sie leben, teilzunehmen.

Wie für die Systemintegration kann auch für den Bereich der sozialen Integration zusammenfassend nur eine partielle Integration konstatiert werden. Bestimmte indische Subgruppen sind sozial besser integriert als andere. Darüber hinaus erstreckt sich die soziale Integration nur auf einige bestimmte Bereiche. So nehmen die indischen MigrantInnen kaum am kulturellen Leben Wiens teil. Seltene Kinobesuche sind die Ausnahme. Eine aktive kulturelle Freizeitgestaltung im europäischen Sinne mit z.B. Theater- oder Konzertbesuchen ist unter den InderInnen nicht wirklich verankert. Die freie Zeit wird mit der Familie, Freunden oder Bekannten verbracht, die jedoch zu Hause getroffen werden. Man besucht Parties oder veranstaltet sie selber. Freizeitaktivitäten außer Haus sind eher die Ausnahme denn die Regel. Unter indischen MigrantInnen sehr beliebt sind indische Videofilme, die in verschiedenen indischen Sprachen (in Wien vor allem Malayalam, Hindi und Punjabi) von fast allen indischen Geschäften vertrieben werden. („Ich war einmal im Kino. Aber wenn wir Filme sehen, dann hauptsächlich indische Videos zu Hause." „Ich war einmal mit einer Kollegin im Kino. Sonst schau ich zu Haus indische Videos.")

Der interethnische Freundes- und Bekanntenkreis ist jener Bereich, in dem die indischen MigrantInnen die beste soziale Integration aufweisen, obwohl auch in diesem Fall nach Subgruppen unterschieden werden muß. Eine besondere Bedeutung kommt in dieser Hinsicht dem Arbeitsplatz als interethnischem Kontaktfeld zu. Der außerethnische Freundes- und Bekanntenkreis ist eindeutig unter jenen InderInnen am größten, die mit ÖsterreicherInnen bzw. Mitgliedern anderer Zuwanderergruppen gemeinsam arbeiten. In besonderem Maße gilt dies für Krankenschwestern und KrankenpflegerInnen, die zudem meist über sehr gute Deutschkenntnisse verfügen, womit Kommunikationsprobleme minimiert sind. Aus den formellen Arbeitskontakten zu KollegInnen entwickeln sich im Laufe der Zeit informelle Freundschaften. Außerhalb des Arbeitsplatzes verfügen indische MigrantInnen der ersten Generation kaum über freundschaftliche Kontakte zu ÖsterreicherInnen.

Im Gegensatz dazu beschränkt sich der Bekannten- und Freundeskreis von Kolporteuren und Marktfahrern hauptsächlich auf die eigene ethnische Gruppe. Die Gründe dafür liegen auf der Hand: Die lange Arbeitszeit und die spärliche Freizeit machen es ihnen nahezu unmöglich, einen Deutschkurs zu besuchen. Ihre Deutschkenntnisse beschränken sich auf das Notwendigste. Somit erschwert sich die Kontaktaufnahme zu ÖsterreicherInnen, denn welche/r Österreicher/in spricht Hindi oder Punjabi? So entsteht die paradoxe Situation, daß sowohl Marktfahrer als auch Kolporteure aufgrund ihrer Arbeit zwar ständig interethnische Kontakte haben, diese über den rein formellen Status jedoch nicht hinausgehen.

Der zweite wichtige Erklärungsansatz liegt darin, daß weder Marktfahrer noch Kolporteure österreichische ArbeitskollegInnen haben, zu denen ein freundschaftliches Verhältnis aufgebaut werden könnte. Die Kolportage hat sich in Österreich zu einem reinen „Ausländerberuf" entwickelt, und auch die „Marktstandler" auf den Wiener Märkten sind nur mehr zu einem Bruchteil ÖsterreicherInnen.

Die größte Aussagekraft bezüglich der sozialen Integration von MigrantInnen in der Zielgesellschaft hat der Faktor interethnische Heirat. Er kann als Gradmesser für interethnische Primärbeziehungen verwendet werden. Für die indischen MigrantInnen in Wien gilt, daß Eheschließungen mit ÖsterreicherInnen die große Ausnahme darstellen. In der Regel waren sie zum Zeitpunkt der Migration bereits verheiratet oder sie heiraten bzw. werden während eines Urlaubsaufenthaltes in der Heimat nach indischer Tradition verheiratet. Das Heiratsverhalten ändert sich frühestens in der zweiten MigrantInnengeneration, obwohl indische Eltern grundsätzlich auf indische Schwiegerkinder hoffen. Bei den jungen InderInnen selbst konnten anhand der Interviews keine ethnischen Präferenzen bezüglich ihrer zukünftigen EhepartnerInnen festgestellt werden.

Der soziale Integrationsgrad der zweiten Generation indischer MigrantInnen ist sehr hoch. Ihr Freundes- und Bekanntenkreis setzt sich aufgrund der Kontakte in Kindergarten, Schule und Berufsausbildung zu einem Großteil aus ÖsterreicherInnen und Mitgliedern der zweiten oder dritten Generation anderer Zuwanderergruppen zusammen. Die meisten beherrschen die Sprache des Ziellandes besser als die indische Muttersprache ihrer Eltern. Ihre Kleidung und ihre Sprache, ihre Werte- und Normvorstellungen orientieren sich weitgehend an gleichaltrigen ÖsterreicherInnen.

Zusammenfassend läßt sich also festhalten, daß auch der Grad der sozialen Integration, wie die Systemintegration zuvor, in einem engen Zusammenhang zur Bildung und zum beruflichen Status der MigrantInnen steht. Bessere Ausbildung in der Heimat führt zu einem besseren Beruf im Zielland, führt letztlich zu einem höheren Integrationsgrad.

Von den indischen MigrantInnen selbst wird die vollkommene Systemintegration angestrebt. Eine Gleichstellung am Arbeits- und Wohnungsmarkt sowie im Bezug auf die rechtliche Stellung erscheint ihnen besonders wichtig und wünschenswert. Eine relativ hohe Einbürgerungsrate kann als Indiz dafür angesehen werden. So wurden seit 1990 jährlich mehr als 100 InderInnen zu ÖsterreicherInnen, 1993 waren es zum erstenmal mehr als 200. Das soziale Leben spielt sich demgegenüber hauptsächlich innerhalb der eigenen ethnic community ab, die zum Großteil nach indischen Regeln funktioniert. Ein Leben in zwei Welten, das in einem Interview sehr aussagekräftig beschrieben wurde, ist die Folge: „Sie (die indischen MigrantInnen) fallen nicht so sehr auf, weil sie nach außen hin sehr anpassungsfähig sind. Es gehört zu ihrer Ethik, daß man sich an seine Umwelt anpaßt, was aber nicht bedeutet, daß sie dies auch innerlich tun. Sie passen sich nach außen hin an, so weit es notwendig ist, behalten aber innerlich ihre Kultur bei."

Das soziale und kulturelle Leben der InderInnen in Wien findet außerhalb der eigenen Familie in eigens von ihnen gegründeten Vereinen und Gemeinschaften seine Fortsetzung, wobei Kultur untrennbar mit Religion verbunden ist. Die meisten der insgesamt 15 Vereine bzw. Gemeinschaften in Wien, die in einem Kontext zu Indien stehen, sind vor einem religiösen Hintergrund entstanden. Sie wurden teils von InderInnen, teils von ÖsterreicherInnen gegründet. Entsprechend der religiösen Zusammensetzung der InderInnen in Wien spalten sich auch die Vereine als Träger kultureller und religiöser Aktivitäten in drei Gruppen – katholische, hinduistische und Sikh-Vereine.

Die katholischen InderInnen können auf drei Gemeinschaften zurückgreifen: die *Indian Catholic Community*, die bereits 1982 den ersten indischen Pater nach Wien brachte und sich bis heute um die religiöse und spirituelle Betreuung der indischen KatholikInnen in Wien kümmert, den *Kerala Samajam* und die *Vienna Malayalee Association*. Alle Vereine haben es sich zum Ziel gesetzt, indische Kulturtraditionen hier in der Fremde zu bewahren und zu pflegen. Ihre wahrscheinlich bedeutendste Funktion liegt jedoch darin, als Anlaufstelle, als Kommunikationstreffpunkt in Wien zu dienen. Man trifft sich in diesem Rahmen, begegnet Verwandten und Freunden, die sich in einer ähnlichen Situation befinden, eine ähnliche (Migrations-)biographie haben. Probleme werden besprochen, Hilfe wird angeboten, ein Stück Heimat in die fremde Gesellschaft hinübergerettet.

Auch die hinduistischen Gemeinschaften haben einen religiösen Hintergrund. Der *Hindu-Mandir* (Mandir = Tempel) wurde vor rund 15 Jahren von einer kleinen Gruppe in Wien lebender Hindus gegründet. Anders als die Bezeichnung Tempel nahelegen würde, handelt es sich dabei jedoch nicht um ein eigenes Gebäude, sondern um einen kleinen Raum innerhalb des Afro-Asiatischen Institutes in Wien, in dem jeden Samstag ein Treffen stattfindet. Wie sein katholisches Pendant ist auch der Hindu-Mandir vor allem als Kommunikationszentrum von Bedeutung. Hier treffen Kolporteure auf UNO-Beamte, ist es vor allem den Kolporteuren möglich, aus der reinen Männerwelt der Kolportage auszubrechen und in Kontakt mit Frauen und Kindern sowie mit InderInnen zu kommen, die es geschafft haben, die in Österreich Karriere gemacht haben. Neben dem Hindu-Mandir existiert ein zweiter hinduistischer Verein in Wien – die *Hindu Mandir Association*, deren erklärtes Ziel es ist, einen eigenen Hindu-Tempel in Wien zu errichten.

Auch der Sikh-Tempel *Guru Nanak Sar Gurdwara* (Gurdwara = Tempel) entspricht nicht dem Bild eines Tempels, wie ihn Indienreisende vielleicht vor Augen haben. Lange Zeit trafen sich Sikhs in Wien in Privatwohnungen, um dort aus mitgebrachten Gebetsbüchern zu lesen. Diese Räumlichkeiten wurden bald zu klein, so wurde ein eigenes Zimmer angemietet und als momentaner Endpunkt ein Haus gekauft und für die Zwecke eines Sikh-Tempels adaptiert. Die finanziellen Mittel wurden von Angehörigen der Gemeinschaft selbst aufgebracht. Auch die Priester, die sich um die religiösen Belange der Gemeinde kümmern, werden von den Gläubigen bezahlt. Wie die Indian Catholic Community und der Hindu-Mandir dient auch der Gurdwara als Kommunikations- und Begegnungsort von Sikhs, aber auch von Hindus.

Auffallend ist, daß die religiöse Segmentierung der indischen Bevölkerung, die im Heimatland immer wieder zu großen Spannungen führt, in den Beziehungen der InderInnen in Wien keine große Rolle spielt. Der Gurdwara wird von Hindus besucht, genauso wie Sikhs an den Veranstaltungen der Hindu-Mandir

Association teilnehmen. Südindische Katholiken aus Kerala besuchen Feste nordindischer Vereine ebenso, wie Nordinder zu Feiern der Indian Catholic Community erscheinen. Das gemeinsame MigrantInnenschicksal verbindet also stärker, als religiöse Konflikte zu trennen vermögen.

4. Zusammenfassung

Indische MigrantInnen bilden in Wien eine relativ junge und kleine Zuwanderergruppe. Ihre Migration nach Österreich begann in den 70er Jahren, erreichte Ende der 80er, Anfang der 90er Jahre ihren Höhepunkt und erlebte mit dem Inkrafttreten des neuen Aufenthaltsgesetzes 1993 einen Knick. Auffallend ist eine hohe innere Heterogenität innerhalb der indischen Zuwanderer hinsichtlich ihrer geographischen Herkunft und sozio-ökonomischen Faktoren. Gut ausgebildeten MigrantInnen aus dem südindischen Bundesstaat Kerala, die in Österreich hauptsächlich im Gesundheitswesen beschäftigt sind und zum Teil über einen Universitätsabschluß verfügen, steht die zweite große Gruppe der Zuwanderer, die hauptsächlich aus dem Punjab stammen, gegenüber. Auch sie können zwar zum Großteil auf einen Schulabschluß verweisen, verfügen jedoch nur selten über eine darüber hinausgehende Ausbildung. In Österreich sind sie vor allem in einem der unterprivilegiertesten Arbeitsmarktsegmente tätig – der Kolportage, oder sie verdienen sich ihren Unterhalt als Marktfahrer.

Die Teilung in diese zwei großen Gruppen kann auch hinsichtlich des Integrationsgrades beibehalten werden. Systemintegration wie soziale Integration konnten nur partiell nachgewiesen werden und korrelieren stark mit dem in Österreich ausgeübten Beruf. Die im Gesundheitswesen beschäftigten indischen MigrantInnen weisen sowohl einen höheren Grad an Systemintegration als auch an sozialer Integration auf als Kolporteure und Marktfahrer. Von den indischen MigrantInnen selbst wird vor allem eine Systemintegration angestrebt, das soziale und kulturelle Leben spielt sich hauptsächlich innerhalb der eigenen ethnic community ab.

Literatur

Bezdeka, Johann und Peter Graser, (Hrsg.), 1994: Aufenthaltsgesetz: Gesetzestext, Materialien, einschlägige Nebenbestimmung und Anmerkungen der Herausgeber, Wien: Manz.
Castles, Stephan, 1986: Migration und Gesellschaftsstruktur – Klasse, Ethnizität oder Community, in: H. Bausinger (Hrsg.), Ausländer – Inländer. Arbeitsmigration und kulturelle Identität. Untersuchungen des Ludwig-Uhlund-Instituts der Uni Tübingen, Bd. 67, Tübingen.
Enzensberger, H. Magnus, 1992: Die Große Wanderung. 33 Markierungen, Frankfurt a.M.: Suhrkamp.
Fassmann, Heinz und Rainer Münz, 1992: Einwanderungsland Österreich? Gastarbeiter – Flüchtlinge – Immigranten, Wien: J&V Dachs-Verlag.

Fuchs, Bernhard, 1992: Freundlich lächelnde Litfaßsäulen. Zeitungskolporteure – Typisierungen und Realität. Unveröffentlichte Diplomarbeit an der Geisteswissenschaftlichen Fakultät der Universität Wien.

Giffinger, Rudolf und Thomas Meindl, 1993: Die Wohnverhältnisse der ausländischen Bevölkerung in Wien, in: Österreichische Gesellschaft für Kritische Geographie (Hrsg.), AusländerInnen in Österreich. Hintergrundmaterialien zur Zuwanderung, Arbeitsmarkt-, Schul- und Wohnungsproblematik, Wien: ÖGKG.

Hintermann, Christiane, 1995: InderInnen in Wien – eine MigrantInnengruppe zwischen Integration, Assimilation und Marginalität. Unveröffentlichte Diplomarbeit an der Grund- und Integrativwissenschaftlichen Fakultät der Universität Wien.

Hoffmann-Nowotny, Hans-Joachim, 1973: Soziologie des Fremdarbeiterproblems. Eine theoretische und empirische Analyse am Beispiel der Schweiz, Stuttgart.

König, Karin und Bernhard Perchinig, 1994: Zur sozialen und rechtlichen Situation der MigrantInnen in Wien. Informationsunterlage des Wiener Integrationsfonds, Juni.

Neurath, Erich und Günther Steinbach, 1991: Ausländerbeschäftigungsgesetz mit Erläuterungen, Wien: Verlag des Österreichischen Gewerkschaftsbundes.

Parnreiter, Christof, 1994: Migration und Arbeitsteilung. Ausländerbeschäftigung in der Weltwirtschaftskrise, Wien: Promedia.

Simmel, Georg, 1983: Exkurs über den Fremden, in: Ders., Soziologie. Untersuchungen über die Formen der Vergesellschaftung, 6. Aufl., Berlin, S. 509-512.

Treibel, Annette, 1990: Migration in modernen Gesellschaften. Soziale Folgen von Einwanderung und Gastarbeit, Weinheim/München: Juventa.

II. Netzwerke, Illegale

Bill Jordan / Dita Vogel / Kylza Estrella*

Leben und Arbeiten ohne regulären Aufenthaltsstatus

Brasilianische MigrantInnen in London und Berlin

1. Einleitung

In diesem Beitrag gehen wir von den Migrationserzählungen von Brasilianerinnen und Brasilianern aus, die ohne regulären Aufenthaltsstatus in London und Berlin leben. Indem sie ihre eigene Migrationsgeschichte erzählen und interpretieren, entwerfen die Migranten ein Bild der Lebens- und Arbeitsbedingungen in der Illegalität. Der internationale Vergleich ermöglicht einige Hypothesen, wie die Sozialisierung der Neuankömmlinge durch die Erfahrungen mit den Zuwanderungsgesetzen und internen Regulierungen, aber auch mit den institutionellen Bedingungen der beiden Metropolen im weiteren Sinne beeinflußt werden (vgl. auch Jordan/Vogel 1997; Vogel 1996).

Unser Ziel ist es, durch die international vergleichende Analyse qualitativer Interviews den Zusammenhang zwischen institutionellen Rahmenbedingungen und den Lebens- und Arbeitsbedingungen zu betrachten. Zunächst werden das Untersuchungsdesign und die Stichprobe kurz erläutert. Dann stellen wir drei typische Aufenthaltsmotive dar, die für die Ausreise unserer Interviewpartner und ihre Identitätsbildung im Aufnahmeland wichtig waren, und entwerfen ein holzschnittartiges Bild der Rahmenbedingungen, unter denen die Migranten ihre Ziele zu verwirklichen suchten. Wie wir zu diesem Bild kommen, wird in den folgenden Abschnitten zu London und Berlin näher erläutert. In den Schlußfolgerungen werden vergleichende Aspekte und Begrenzungen der Analyse hervorgehoben.

---

* Die Mitautorin Kylza Estrella hat die Interviews in England durchgeführt. Die deutsche Endfassung dieses Textes konnte sie leider aus sprachlichen Gründen nicht mit diskutieren. Wir danken Silvia Bittencourt, die die Interviews in Berlin durchgeführt hat, für ihre engagierte Feldarbeit. Außerdem schulden wir auch den Interviewpartnern Dank, die uns einen Einblick in ihre Migrationsgeschichte und ihr Leben ohne regulären Status gewährt haben. Nicht zuletzt danken wir der Hans-Böckler-Stiftung und der Nuffield Foundation für die Finanzierung der Interviews.

2. Untersuchungsdesign und Stichprobe

Unerlaubte Erwerbstätigkeit von Migranten ist ein in allen Großstädten der industrialisierten Welt verbreitetes Phänomen. Aber heißt das, daß das Leben in diesem Bereich der informellen Ökonomie im wesentlichen ähnlich ist, oder ist es in wesentlichen Aspekten durch das institutionelle Gefüge des Aufnahmelandes geformt? Wenn es solche Unterschiede gibt, sollten sie sich in explorativen, qualitativen Migranteninterviews im internationalen Vergleich widerspiegeln und identifizierbar sein.

England und Deutschland sind gut geeignet für einen solchen Vergleich. Beide Staaten sind entwickelte Industriestaaten mit restriktiver Zuwanderungspolitik. Sie unterscheiden sich aber bezüglich der Kontrolle der Zuwanderungsrestriktionen sowie in der Regulierung von Arbeitsmarkt und Sozialpolitik.

Brasilianische Zuwanderer sind aus mehreren Gründen für die Migranteninterviews geeignet. Zum einen ist der durchschnittliche Lebensstandard in Brasilien deutlich niedriger als in Deutschland respektive England, so daß wir einen ökonomischen Migrationsanreiz annehmen können. Zum anderen wollten wir eine Migrantengruppe auswählen, die nicht im Rampenlicht gegenwärtiger Kontroversen steht, deren Herkunftsland nicht durch besondere historische (z.B. koloniale oder durch die Anwerbepraxis der 60er Jahre bedingte) Beziehungen mit dem Aufnahmeland verknüpft ist, und für die die Frage politischen Asyls ausgeklammert werden kann. Dadurch konnten wir in der Analyse den Schwerpunkt darauf legen, wie sich die Interaktionen mit allgemeinen Institutionen der Aufnahmegesellschaft auf die ökonomische Integration und die sozialen Beziehungen der Migranten auswirkten. Damit haben wir aber zugleich eine relativ kleine Migrantengruppe ausgewählt. Offiziell sind es derzeit etwas über 3.000 in Brasilien geborene Personen, die im Bereich der Londoner Innenstadt mit einer Bevölkerung von rund 2,5 Millionen leben; in Berlin sind von ca. 3,5 Millionen offiziell gemeldeten Einwohnern rund 1.200 brasilianischer Staatsangehörigkeit.

In unserer Studie wurden mittels Leitfadeninterviews (vgl. Hopf 1991) brasilianische MigrantInnen gefragt, wie sie nach Europa gekommen und warum sie geblieben sind, wie sie Arbeit gefunden haben, mit Schwierigkeiten zurecht gekommen sind und welche Pläne sie für die Zukunft haben. Den befragten Migranten ist gemeinsam, daß sie zum Zeitpunkt des Interviews oder vor ihrer Legalisierung einige Zeit ohne regulären Aufenthaltsstatus waren. Wir zählen dazu sowohl einen Aufenthalt ohne jeglichen Aufenthaltsstatus als auch einen formal legalen Aufenthalt (als Tourist oder zu Studienzwecken), in dem ohne Erlaubnis gearbeitet wird, weil in beiden Fällen eine Entdeckung zur Ausweisung bzw. Abschiebung führen kann, was bei Asylsuchenden nicht der Fall wäre.

Die brasilianischen Interviewerinnen haben den Kontakt zu Migranten an Orten gesucht, wo sie erwarten konnten, andere Brasilianer anzutreffen, z.B. auf Festen, in einem Café, in einer Kirche. Sie suchten Migranten, die sich bezüglich

Leben und Arbeiten ohne regulären Aufenthaltsstatus 217

ihres sozialen Hintergrundes im Herkunftsland und bezüglich der Netzwerke im Aufnahmeland voneinander unterschieden. Zugleich suchten sie nach ähnlichen Einreise- und Legalisierungsstrategien in Deutschland und England. Die Interviewerin in England hatte größere Schwierigkeiten als die Interviewerin in Deutschland, das Mißtrauen potentieller Interviewpartner wegen des heiklen Themas unerlaubter Erwerbstätigkeit zu überwinden.

Der Datensatz besteht aus insgesamt 36 qualitativen Interviews mit brasilianischen MigrantInnen, die zwischen April 1995 und Februar 1996 in Berlin und London in der Muttersprache durchgeführt wurden (21 in London, 15 in Berlin) und von den Interviewerinnen ins Englische bzw. Deutsche übersetzt wurden.

Das Alter der Interviewpartner lag zum Zeitpunkt der Befragung zwischen 19 und 52 mit einer Mehrheit unter 35; Männer und Frauen wurden zu etwa gleichen Anteilen befragt. Sie waren aus verschiedenen Landesteilen Brasiliens, jedoch alle aus Städten, zugewandert. Die Phasen ohne regulären Status lagen zwischen 3 Monaten und 10 Jahren, überwiegend aber bei etwa 2 bis 3 Jahren. In der deutschen Stichprobe hatten zum Zeitpunkt des Interviews 10, in der englischen 9 Interviewpartner einen regulären, potentiell längerfristigen Status erreicht.

Fast alle Interviewpartner hatten Familienmitglieder oder Freunde (Einheimische oder ebenfalls Zugewanderte) als Kontaktadressen in London bzw. Berlin gehabt und dadurch direkten Zugang zu Informationen und eine erste Unterbringung nach der Ankunft. Es scheint so, als ob die Migranten in beiden Städten eine moralisch adäquate[1] und ökonomisch rationale Rechtfertigung suchten, warum sie so viel einsetzen, um in einer fremden Stadt zu leben. Sie stellten ihre Entscheidung als individuelle Entscheidung dar, was sich in anderen Untersuchungen mit Migrantengruppen ohne regulären Aufenthaltsstatus nicht als typisch erwies (vgl. Hillmann 1996). Dies drückt sich unter anderem darin aus, daß in den Interviews keine Migrationsentscheidungen aus familiären Gründen genannt wurden. Ob dies insgesamt für die brasilianische Migrantencommunity zutrifft oder mit der Art zusammenhängt, wie die Interviewpartner gefunden wurden, können wir nicht sagen. Wir können nur feststellen, daß Familiennachzug und Familienunterstützung kein bedeutendes Thema für die von uns Interviewten war.

Auf einige weitere Merkmale unserer Stichprobe weisen wir hin, indem wir sie mit einer nordamerikanischen Studie vergleichen. Goza (1994) untersuchte den raschen Anstieg der brasilianischen Zuwanderung in zwei Städte in den USA und Kanada, die der Rezession der brasilianischen Wirtschaft in der Mitte der 80er Jahre folgte. Die Studie basiert auf einer nicht-repräsentativen Stichprobe von jeweils 195 Personen, die einen detaillierten, standardisierten Fragebogen beantwortet haben. Die Befragten hatten überwiegend keinen regulären Einwanderer-

---

1 Vgl. Silverman (1985). Damit ist gemeint, daß sie den Interviewerinnen ihre Entscheidungen als legitim darstellen wollten, wobei sie annehmen konnten, mit den Interviewerinnen, die ebenfalls aus Brasilien zugewandert sind, bestimmte Wertvorstellungen und kulturelle Interpretationen zu teilen.

status. In Kanada warteten die Hälfte der Befragten auf die Entscheidung über einen Asylantrag, was Goza (1994, S. 139) auf die langen Wartezeiten zurückführt, während denen Arbeit erlaubt und der Zugang zur Krankenversicherung gegeben war. In Deutschland und England sind Asylanträge von Brasilianern quantitativ unbedeutend, auch in unseren Interviews stellten sie keine Option dar.

Goza (1994) stellte fest, daß die Befragten im Vergleich zur brasilianischen Bevölkerung überdurchschnittlich häufig höhere Bildungsabschlüsse hatten, aber in Dienstleistungsbereichen mit niedrigen Qualifikationsanforderungen beschäftigt waren. Dies trifft auch auf unsere Interviewpartner zu. Nur jeweils 5 Interviewte in London und Berlin hatten keinen höheren Schulabschluß. Die meisten hatten bereits in Brasilien eine Ausbildung absolviert, etwa als Lehrer oder Krankenpfleger, und/oder in festen Angestelltenjobs gearbeitet. Wie in der nordamerikanischen Studie verfügten auch in unserer Studie fast alle Migranten zunächst nur über geringe Sprachkenntnisse und wie dort nahmen sie zu hohen Anteilen an Sprachkursen teil, um diese Kenntnisse zu verbessern.

3. Identitäten, Argumentationen und die städtischen institutionellen Bedingungen

Wenn man das Fehlen eines regulären Aufenthaltsstatus berücksichtigt, dürfte es nicht überraschen, daß die Migranten zum Teil vorläufige Identitäten konstruierten und entsprechende Argumentationen entwickelten. Sie ließen sich Optionen offen und erlaubten sich beachtlichen Raum für Improvisation in der Darstellung ihrer Erfahrungen und Zukunftspläne. Alle, auch gebildete und qualifizierte Personen, schätzten ihr „Vorwärtskommen" im Herkunftsland als sehr begrenzt ein, während die Zeit in einem Land der „Ersten Welt" ihnen als Chance erschien, mehr aus dem eigenen Leben zu machen.

Ihre Ziele klassifizieren wir als *Reisen, Lernen und Verdienen*. Zunächst hatten wir die Bezeichnung „Arbeiten" in Analogie zum häufig verwendeten Begriff „Arbeitsmigranten" gewählt, doch schien uns dieser Begriff unscharf und mehrdeutig. Wer sind Arbeitsmigranten: Zuwanderer, die arbeiten, die mit einer Arbeitserlaubnis eingereist sind oder deren primäres Einreisemotiv in der Arbeitssuche besteht?

Unter Reisemotivation subsumieren wir solche Begründungen, in denen die Herausforderung des Lebens in einer neuen und fremden Kultur als eigenständiger Wert für die persönliche Entwicklung betont wurde. Dieses interpretative Repertoire (vgl. dazu Wetherell/Potter 1988) ist naheliegend, weil die meisten zunächst offiziell als Touristen einreisten. Einige behielten es allerdings bei, um ihre Identität als Fremde zu konstruieren. Viele der Interviewpartner suchten jedoch (in erster Linie oder zusätzlich) Gelegenheiten, Qualifikationen oder Kompetenzen zu erwerben, die ökonomischen Wert haben können; außerdem wollten sie durch Lernen in sich selbst investieren. Alle suchten auch Arbeitsmöglichkeiten, doch dies war

Leben und Arbeiten ohne regulären Aufenthaltsstatus 219

nur für einige mit konkreten Plänen für eine Rückkehr mit Ersparnissen oder den Aufbau einer gefestigten Existenz in der Aufnahmegesellschaft verknüpft. Oft wurde der Verdienst nur als Mittel angestrebt, um Reisen und Lernen zu finanzieren.

Nur wenige Interviewpartner nutzten in ihren Darstellungen nur eines dieser interpretativen Repertoires, um ihre Migrationsmotivation zu beschreiben, wohingegen eine Motivationsabfolge häufiger genannt wurde: So beschrieben einige ihr ursprüngliches Motiv als Reisen oder Lernen, wechselten aber in das Verdiener-Repertoire, um eine Erklärung für die Verlängerung ihres Aufenthalts zu geben. Wir sind uns bewußt, daß wir bei Erzählungen, die unterschiedliche und z.T. lange Zeiträume überbrücken, Ex-Post-Rationalisierungen vergangener Handlungen und Zustände interpretieren, die nicht in jeder Hinsicht vergleichbar sind. Oft passen diese Rationalisierungen aber gut zu den beschriebenen Ereignissen und Verhaltensänderungen. Das Zurückgreifen auf bekannte und akzeptierte Repertoires kann jedoch auch ein Weg sein, um Erklärungen zu liefern für „verlorene" Zeiten mit Widersprüchen und Rückschlägen.

Aus vergleichender Perspektive suchten wir nach Hinweisen, ob und wie die Unterschiede in den institutionellen Regulierungen der Aufnahmeländer in den Interviews zum Ausdruck kommen. In der Tat fanden wir neben offensichtlichen Ähnlichkeiten einige deutliche Unterschiede. Die folgende zusammenfassende Skizzen der Arbeits- und Sozialbeziehungen in London und Berlin sind als Hypothese zu verstehen, mit denen wir die Unterschiede betonen; ihre Herleitung aus den Interviews erfolgt in den nächsten Abschnitten.

In *London* gibt es umfangreiche und verschiedenartige Verdienstmöglichkeiten. Es gibt einen offenen Arbeitsmarkt für Arbeitsanbieter ohne Arbeitserlaubnis, der insbesondere Restaurants, Hotels, Cafés und private Haushalte einschließt. Niedrige Bezahlung und lange Arbeitstage in diesen Beschäftigungen setzen einen engen Rahmen für die Realisierung von anderen Zielen. Außerdem begünstigt der Wettbewerb zwischen Arbeitsuchenden auf diesem Markt Denunziation bei den Behörden, da auf diese Art Rivalen aus dem Weg zu schaffen sind und Rache geübt werden kann. Daher waren die Interviewten vorsichtig und zurückhaltend und vertrauten nur einigen engen Freunden und Familienmitgliedern, was den Umfang ihres gesellschaftlichen Lebens weiter begrenzte.

In *Berlin* machen die engere Regulierung des Arbeitsmarktes und anderer Marktbeziehungen die Migranten viel abhängiger von Einheimischen – Deutschen und Ausländern. Sie brauchen Hilfe bei der Wohnungssuche und müssen sich auf die Erwerbstätigkeit in (wohlhabenderen) Privathaushalten beschränken, wo sie putzen oder Kinder hüten, wenn sie keine guten Kontakte haben. Reisen, Lernen und Geldverdienen findet in sozialen Netzen auf der Basis von Vertrauen, Gegenseitigkeit und Abhängigkeit statt. Die Pflege solcher Netze ist mit beachtlichen Kosten verbunden, denn viele Notwendigkeiten des täglichen Lebens müssen in persönlichen und z.T. intimen Beziehungen immer wieder neu ausgehandelt werden und sind nicht einfach auf unpersönlichen Märkten schnell verfügbar. Andererseits ist dieser Prozeß auch mit der Erfahrung der Solidarität – nicht nur zwischen Landsleuten – verbunden (vgl. auch Portes/Sensenbrenner 1993).

4. London: Leben unter Wettbewerbsdruck

Fast alle Interviewpartner in London reisten offiziell mit einem Touristenvisum ein, das an der Grenze in den Paß gestempelt wird und in der Regel 6 Monate gültig ist. Sie waren sich der Notwendigkeit bewußt gewesen, sich den Mitarbeitern der Einwanderungsbehörde an der Grenze überzeugend als Touristen zu präsentieren – was ihnen gelang, da wir sie sonst nicht hätten interviewen können.

„Ich habe 1.000 Dollar mitgebracht. Ich habe das Ticket zusammen mit einem Freund von mir gekauft. Freunde haben mich vorbereitet, ich kannte alle möglichen Tricks."

„Sie fragten mich, wieviel Geld ich habe, und ich mußte das Geld zeigen und erklären, wo ich bleiben wollte. Ich hatte 1.500 Pfund mit. Sie sagten, das sei aber nicht genug, um Europa zu sehen. Ich sagte: Ich will ja nicht ganz Europa sehen. Erst als ich ihnen meine geschäftliche Visitenkarte zeigte, gaben sie mir ein Visum und ließen mich gehen."

Innerhalb von kurzer Zeit nach der Ankunft in London konnten die Migranten Arbeit finden, in der Regel ohne die Hilfe von Freunden oder der Familie, die aber in der Regel für die erste Unterbringung sorgten. Der informelle Arbeitsmarkt war gut zugänglich.

„Ich sprach kein Englisch und nach einer Woche habe ich schon in einem Hotel gearbeitet. (...) Es war ein kleines Hotel. Große Hotels fragen nach deiner Arbeitserlaubnis. (...) Du gehst einfach hin, sagst, du suchst einen Job. Das war ungefähr der einzige Satz, den ich zu dem Zeitpunkt kannte."

„Die ersten drei Monate habe ich Geschirr abgewaschen, dann für weitere drei Monate gekocht. Danach habe ich dieses Restaurant gefunden, wo ich auch mit Abwaschen angefangen habe."

„Ich putze in zwei Häusern. Weißt du, der Wettbewerb ist hart. Eine von den Putzstellen habe ich gekauft. (...) Es gibt einige Leute, die verkaufen den Job, wenn sie das Land verlassen oder mit Putzen aufhören wollen."

Zugleich waren die Erzählungen durch eine Spannung zwischen Verdienstzielen und anderen Zielen gekennzeichnet; beispielsweise begrenzen lange Arbeitszeiten in niedrig bezahlten Jobs den Zugang zu kulturellen Angeboten und Lernmöglichkeiten.

„Die Leute leben hier schlecht. Sie arbeiten und arbeiten und essen nicht, bloß um Geld zu sparen. Sie waren niemals am Leicester Square, sie wollen sparen und mit 10.000 Pfund nach Brasilien zurückkehren. Aber das ist dann alles, was sie von hier mitnehmen, 10.000 Pfund. Sie essen jeden Tag dasselbe, um zu sparen."

Viele Interviewpartner merkten an, daß ihre Lebensqualität in London sich im Gegensatz zu Brasilien verschlechtert hatte.

Leben und Arbeiten ohne regulären Aufenthaltsstatus 221

„Mir reicht's. Du kannst hier Geld machen, Kapital aufbauen. Aber das Leben existiert nicht. Es ist zu hart, wie Zement, keine Poesie."

Was das Lernmotiv betrifft, so beschrieben die Interviewten die Schwierigkeit, ihre Studien und die Arbeit zur Finanzierung dieser Studien auszubalancieren. Daß sie gerade nach London gekommen waren, hatte bei vielen damit zu tun, daß sie Englisch lernen wollten. Außerdem hatten viele das allgemeine Ziel, sich beruflich zu qualifizieren. Das Problem, wegen der Notwendigkeit zur Arbeit vom Lernen abgehalten zu werden, schrieben die meisten jedoch anderen zu.

„Sie haben hier kein Leben. Sie kommen, um Englisch zu lernen und zu studieren. Sie wollen Geld verdienen und sie schaffen beides nicht. (...) Die Leute sind hier verloren."

„Sie sprechen kein Englisch, sie lernen nicht, und sie bezahlen weiter eine Sprachschule und haben keine Zeit hinzugehen. Es ist sehr schwierig, auf diese Weise hierzubleiben. Die Leute bleiben hier jahrelang und machen alle möglichen Jobs, ohne daß sie irgendwelche Fortschritte machen."

Eine der Interviewpartnerinnen hatte als Sekretärin und Beraterin in einer Sprachschule gearbeitet und konnte dieses Problem bestätigen.

„Viele Leute kommen, um zu lernen. Aber das geht hier nicht, ohne zu arbeiten. Es ist teuer, wenn man hier lebt, ohne zu arbeiten. Die Studenten verlieren schnell die Motivation. (...) Ich habe eine Menge Sprachstudenten erlebt, denen es so ergangen ist."

Eine andere Migrantin, Rosa, sah sich selbst in dieser Situation, die für sie einerseits enttäuschend, aber andererseits ein Grund war, länger zu bleiben.

„Ich möchte hierbleiben, weil ich meine Ausbildung unterbrochen habe, als ich aus Brasilien weggegangen bin. Ich wollte gerade zur Universität gehen, als ich weggegangen bin. Ich kann doch nicht ohne irgendetwas zurückkehren. Ich will zurückkehren, wenn ich hier etwas gemacht habe. Irgendeine Art von Ausbildung. Es muß nicht die Universität sein. Vielleicht eine Software-Schulung. Ich will auch mein Englisch verbessern. Ich muß gut schreiben können und dann will ich Informatik studieren. Ich kann doch nach all den Jahren nicht mit einem Putzdiplom nach Brasilien zurückgehen!"

Die Inkompatibilität von Arbeit und Lernen wurde auch von einigen erwähnt, die damit gegen formale Studienformen argumentierten.

„Ich will nicht zu einer Sprachschule gehen, weil ich Geld verdienen will. Beides zusammen geht nicht: Arbeit und Schule. Es gibt keine Hilfe, keine Brücke vom einen zum anderen."

Einige Sprachschulen scheinen offenbar die Funktion von Vermittlern zu haben, um Neuankömmlingen den Zugang zu unerlaubter Arbeit zu erleichtern. In Großbritannien ist es im Gegensatz zu Deutschland möglich, mit einem Touristenvisum einzureisen und dieses später in ein Studentenvisum umzuwandeln, das dann für ein Jahr gilt und mehrere Male verlängert werden kann. Jüngste Zuwanderungsstatistiken zeigen die Bedeutung dieses Zugangs: Visa für Studienzwecke (bei der Einreise oder durch Umwandlung) sind in den 90er Jahren immer häufiger vergeben worden und waren schließlich die größte Aufnahmekategorie (Central Statistical Office 1996).

Manche Sprachschulen übernehmen die Visumsumwandlung für diejenigen, die als Studenten registriert werden wollen. Sie stellen dem Innenministerium eine Liste ihrer Studenten zur Verfügung und ermöglichen dadurch die Verlängerung der Visa. Die Gebühren, die dafür erhoben werden, scheinen eher den Preis für einen verlängerten Zugang zu einem legalen Status als für Sprachkurse abzudecken. Als „Studenten" konnten die Interviewpartner in London bleiben, ohne eine Abschiebung fürchten zu müssen, zumindest solange sie nicht bei der Arbeit entdeckt wurden; sie konnten in andere europäische Länder und auch zurück nach Brasilien reisen, ohne daß es zu besonderen Schwierigkeiten kam. Daher gab es auch einige, für die die Registrierung bei einer Sprachschule Teil einer Strategie war, in London zu bleiben und zu arbeiten.

„Ich habe einen alten Trick gelernt. Ich habe ein paar Tage, bevor mein Visum auslief, ein Studentenvisum beantragt. (...) Es ist für eine Sprachschule, aber ich gehe nicht hin. Es kostet 409 Pfund im Jahr. (...) Im Brief an das Innenministerium heißt es, daß ich mehr zahle, 700 oder 1000 Pfund, ich weiß nicht mehr. Da steht, daß ich ein Vollzeitstudent bin, das heißt, daß ich drei Tage in der Woche für drei Stunden zur Schule gehe. (...) Ich war in zwei Jahren kein einziges Mal da."

„Ich war nie vollständig illegal. Anfangs bin ich zur Schule gegangen, um Englisch zu lernen. Aber nach einer Weile habe ich nur noch die Gebühren bezahlt, um mein Visum zu bekommen, wie viele andere Leute auch. Es gibt Schulen, die sind darauf spezialisiert: Visa. Das ist alles, was sie machen."

Diese Strategie beinhaltete nicht notwendigerweise, daß die Interviewpartner nur Verdienstziele hatten und keine Lernmotive. Toni zum Beispiel, für den das Studium nur ein Trick war, wollte vor allem seine Fähigkeiten als Komponist und Musiker weiterentwickeln, weshalb er mit britischen und anderen brasilianischen Musikern zusammenarbeitete. Um seinen Zugang zu diesen Arbeitsgelegenheiten zu verbessern, wandte er sich eben an die Sprachschule, eine marktorientierte Institution, bei der er die notwendige Gebühr bezahlte.

Die Arbeit als Weg zur Erfüllung ihrer Wünsche nach persönlicher Entwicklung, Investition in Qualifikationen und/oder Ersparnisse für die Zukunft, wie ihn die Migranten darstellten, findet in einer Umgebung statt, die von starker Konkurrenz zwischen den illegal Arbeitenden geprägt ist. Als Konkurrenten betrachteten die Interviewpartner vor allem andere Brasilianer, nicht aber Briten. Einige haben im Interview über die Ursachen dafür nachgedacht und vermutet, daß ihre Arbeitsmarktnische zur Verfügung steht, weil die Briten Sozialleistungen in Anspruch nehmen können und es sich so leisten können, unangenehme, niedrige Arbeit abzulehnen.

„Ich meine, daß unsere Arbeit die englische Gesellschaft nicht bedroht. Wir arbeiten doch an einem Ende des Marktes, für das sich keiner interessiert. Die Gesellschaft braucht uns, um die Arbeit zu tun."

„Brasilianer arbeiten hart, besser als viele andere Völker. Und nebenbei, wir machen was die Engländer nicht machen. Wir sind keine Konkurrenz für sie."

Dagegen beschrieben sie die Konkurrenz mit anderen Brasilianern um unerlaubte Arbeit als stark. Dies drückte sich am deutlichsten in der Furcht aus, von Jobkonkurrenten denunziert zu werden. Daher trauten die Interviewpartner nur engen Freunden und blieben sehr vorsichtig bei anderen „Illegalen". In ihren Erzählungen erwähnten sie nur kurz, wenn ihnen eine Vertrauensperson geholfen hatte, und nannten niemals Namen. Dies steht in starkem Gegensatz zu den Erzählungen der Migranten in Berlin, die durchsetzt waren von Hinweisen auf namentlich genannte Freunde.

„Irgendwer denunziert dich beim Innenministerium, hängt dir ein Problem an, weil er deinen Job will (...) Nun, da kommt jemand und fragt nach einem Job. Kurz darauf macht das Innenministerium einen 'Besuch' und dann kommt die Person noch mal und fragt nach einem Job. Am nächsten Tag!"

„Auf dem schwarzen Markt verhalten sich die Leute sehr wettbewerbsorientiert. (...) Ich habe schon bald von Leuten gehört, die erwischt und zurückgeschickt wurden, weil sie jemand verraten hat."

„Sie wollen deinen Job, sie bedrohen dich. Ich habe schon viel davon gehört. Ich will nicht viel mit anderen Brasilianern zu tun haben."

Die Furcht vor Denunziation wurde durchweg von allen Interviewpartnern geäußert – ein Ergebnis, das uns überraschte und auch in anderen Studien über Migrantencommunities nicht so deutlich auftritt. Allerdings verweisen auch Portes/Sensenbrenner (1993, S. 1340 ff.) darauf, daß es zwar zu kooperativem Verhalten führen kann, aber nicht muß, wenn eine Bevölkerungsgruppe mit ähnlichen Widrigkeiten konfrontiert ist. Verschiedene institutionelle Faktoren begünstigen Denunziation in England. So gehört es zur Politik des Innenministeriums als zuständiger Verfolgungsbehörde, auf anonyme Denunziationen zu reagieren (Ashford 1993). Wichtiger ist vielleicht noch, daß es im Unterschied zu Deutschland keine Arbeitgebersanktionen gibt. Für die Arbeitgeber ist es daher ungefährlich, am Tag nach einer Razzia wieder Ausländer ohne Arbeitserlaubnis einzustellen.

Zusammenfassend läßt sich daher festhalten, daß die sozialen Beziehungen der Interviewten in London als marktorientiert und stark von Wettbewerbsdenken geprägt erscheinen, mit eng begrenzter informeller Solidarität und wenig Vertrauen. Brasilianische Migranten finden eine Nische in einem deregulierten Arbeitsmarkt, in dem geringe Bezahlung, lange Arbeitszeit und schlechte Arbeitsbedingungen sie oft von ihren Zielen abhalten, Englisch zu lernen, Kultur zu genießen oder in ihre Bildung und Ausbildung zu investieren. Diese negativen Seiten wurden von einer Interviewpartnerin so zusammengefaßt:

„Es ist eine aggressive Welt (...) Es ist ein Dschungel, ein Dschungel aus Beton und Steinen. Du bist hier auf dich selbst angewiesen, immer nur auf dich und nur dich. Es gibt niemanden, der dir hilft. Du mußt dir darüber im klaren sein. Und die Arbeit hier ist auch keine Spielerei. Sehr hart. Wir leben hier unter sehr armseligen Bedingungen. In Brasilien ist das Leben auch hart, aber dort leben wir viel besser. Da gibt es Leute, auf die man sich verlassen kann, und hier gibt es niemanden."

5. Berlin: Gegenseitigkeit und Abhängigkeit

In den Erzählungen unserer Interviewpartner in Berlin kommt zum Ausdruck, daß Reisen, Lernen und Verdienen in einem Netz sozialer Beziehungen organisiert wird. Die Interviewpartner betonten, daß sie auf dieses Netz angewiesen sind. Insbesondere ist es anders als in London kaum möglich, eine unabhängige Unterkunft und Arbeit außerhalb der privaten Haushalte zu finden, ohne Kontakte mit Staatsbürgern oder legal in Berlin lebenden Ausländern zu haben.

Daher lassen sich die Interviews auch als ein Bericht über das Management von Beziehungen und die durch sie vermittelten Möglichkeiten lesen, während die Londoner Interviews eher als eine Beschreibung des Umgangs mit Marktinstitutionen zu lesen sind. Die Beziehungen der Interviewpartner in Berlin waren vielfältig – Zufallsbekanntschaften, Verwandte, Arbeitgeber, Lebensgefährten. In den Erzählungen wurden die Vor- und Nachteile dieser Beziehungen und der entsprechenden Gelegenheiten und Restriktionen beschrieben. In bezug auf das Lernmotiv gibt es einen deutlichen Unterschied zu den Interviewten in England: Das Erlernen der Weltsprache Englisch war ein starkes und eigenständiges Motiv, um nach London zu kommen, was für die deutsche Sprache nicht zutrifft. Dafür sprachen die Interviewpartner von einer größeren Notwendigkeit, deutsch zu lernen, um in Deutschland zurecht zu kommen. Wie in England erhofften sich einige auch, ihre beruflichen Chancen in Brasilien durch praktische Erfahrungen oder ein Studium zu verbessern.

Wie in London kamen die meisten Interviewpartner offiziell als Touristen nach Deutschland. Brasilianer können visumsfrei als Touristen einreisen, ohne einen Stempel in den Paß zu bekommen. Einige hatten sich auf Kontrollen an der Grenze vorbereitet, doch wurde derartigen Vorbereitungen längst nicht so viel Aufmerksamkeit geschenkt wie bei der Einreise nach England. Außerdem war eine unkontrollierte Einreise über die „grüne Grenze" aus einem anderen EU-Staat möglich, so daß eher dessen Einreiseprocedere für die Migranten relevant war.

Einige Interviewpartner fanden ihren Einstieg in Berlin durch eine Arbeit in einem deutsch-brasilianischen Haushalt.

„*Ich hatte aber immer die Hoffnung, daß es irgendwann eine Gelegenheit zur Ausreise geben würde. Eines Tages las ich eine Anzeige in der Zeitung. Ein Mann suchte jemanden, um nach Deutschland zu kommen und auf seine Mutter aufzupassen, die behindert war. Das war also eine Chance. Wir haben telefoniert und alles vereinbart.*"

„*Warum Deutschland? Weil zwei von seinen Schwestern hier wohnten. Eine war im Urlaub in Brasilien, wir haben darüber geredet, und sie hat mir gesagt, ich könnte mit ihr nach Deutschland kommen, auf ihre Kinder aufpassen und zur Schule gehen. Ich habe viel darüber nachgedacht und begann dann, die Sachen einzupacken. Ich habe niemandem was gesagt.*"

„*Ich kannte schon lange Marilia und Danuta. Marilia wohnte in Berlin, und sie hat mich gefragt, ob ich auf ihr Kind aufpassen würde. Ich habe 'ja' gesagt. Ich wollte eigentlich nur zwei Jahre hier bleiben, ich habe aber entschieden, länger hier zu bleiben. (...) Ich habe auch als Putzfrau und privat als Kosmetikerin gearbeitet. Immer bei Brasilianern, weil ich kein Deutsch spreche."*

Andere erzählten, daß, noch in Brasilien, die Bekanntschaft mit einem Berliner – z.b. einem Touristen oder dem Freund eines Freundes – eine wichtige Rolle für ihre Reise nach Berlin gespielt hatte.

"Mein Bruder wohnte schon hier. Er hat 18 Jahre in Europa gelebt und war zu dieser Zeit in Berlin. Er war oft in Brasilien und deutsche Freunde von ihm auch. Eines Tages arbeitete ich in einer Sambaschule, und eine Freundin von ihm hat mich tanzen gesehen. Sie hat mich eingeladen, bei der Volkshochschule in Berlin zu arbeiten."

"Ich habe dann einen Deutschen kennengelernt, mit dem ich einmal nach Deutschland gekommen bin. Ich war zwei Monate hier. Das war das erste Mal, daß ich in Europa war. Dann bin ich nach Brasilien zurückgeflogen, war wieder in dem Nachtclub in Rio und lernte Werner kennen. Ich habe dann meinen Freund Georg, der in Deutschland war, verlassen und bin mit Werner zusammengeblieben. Irgendwann hatte er kein Geld mehr und mußte nach Deutschland zurück."

"Dieser Freund wohnte schon hier. Durch ihn habe ich schnell meinen heutigen Freund kennengelernt, den Michael, bei dem ich schon am Anfang gewohnt habe. Dieser brasilianische Freund hatte Michael aus Rio angerufen und gefragt, ob ich bei ihm wohnen dürfte. Also hatte ich schon am Anfang einen Platz zum Wohnen."

"Ich kannte eine Brasilianerin, die hier wohnte. Sie hat mich sehr unterstützt. Sie kannte eine Deutsche, die nach Brasilien gehen würde. Wir konnten unsere Wohnungen tauschen. Also hatte ich schon eine Wohnung, bevor ich in Berlin ankam."

Nachdem sie von ersten Kontakten erzählt hatten, berichteten die Interviewpartner vom Zugang zu materiellen und kulturellen Ressourcen, Lern- und Arbeitsgelegenheiten, die durch diese Kontakte ermöglicht werden – falls diese nicht fehlen. José zum Beispiel erinnerte sich lebhaft an das Gefühl von Abhängigkeit und Frustration, das er in der Wohnung eines neuen deutschen Bekannten erfahren hat.

"Manchmal hatte Andreas eine Krise. Er kam sehr nervös von der Arbeit und wollte streiten. Er konnte ein bißchen Portugiesisch, vor allem aggressive Ausdrücke. Ich verstand den Grund des Streites nicht, und er meinte: 'Wir Deutsche diskutieren immer hart, aber am nächsten Tag wird alles wieder normal.' Ich verstand nichts."

Joao, der zusammen mit seinem Freund nach Berlin kam, betonte im Gegensatz dazu die Unterstützung und Zuwendung, die sie von Anfang an erhielten:

"Mit ihm waren wir sehr befreundet, er hat uns sehr unterstützt. Obwohl Benno [der Freund] Englisch spricht, gibt es Plätze, wo man nur Deutsch spricht. Zum Beispiel, um Wohnungen zu suchen. Also fanden wir eine Wohnung für zwei Monate. Sie kostete 800 DM, und wir mußten bezahlen. Wir haben bezahlt und sind also völlig pleite gewesen [er lacht]. Dann haben wir einen anderen Jungen kennengelernt, aus Indien, der auch ein sehr guter Freund geworden ist. Er war Student und hat uns seine Papiere geliehen. Benno hat damit in einer Fabrik eine Woche gearbeitet und ich die andere Woche."

Im folgenden lassen wir Marina recht ausführlich zu Wort kommen, weil in dieser Textpassage mehrere Dinge zum Ausdruck kommen, die für viele Interviews in Deutschland charakteristisch sind: Der Mangel an Sprachkenntnissen stellte eine große Hürde im Alltagsleben und bei der Arbeitssuche dar, so daß Arbeit und Unterkunft nur über Beziehungen zu finden waren. Landsleute wurden als hilfsbereit oder ausbeuterisch empfunden, es wurde aber keine Denunziation befürchtet. Die Situation verbesserte sich zwar mit zunehmender Aufenthaltsdauer und Festigung des Beziehungsnetzes, doch die Abhängigkeit blieb.

„Ich brauchte viele Aktivitäten. In Brasilien arbeitete ich in drei Krankenhäusern! Hier mußte ich die ganze Zeit unter einem Dach bleiben und auf eine einzige Person aufpassen, die gar nichts machte. Von Montags bis Samstags war mir das zu viel. Dann war ich in einem brasilianischen Restaurant. Dort habe ich eine Frau kennengelernt, die einen Baby-Sitter suchte. Sie würde mir 400 Dollar bezahlen. Ich bin also zu ihr gezogen. Das war aber ein Betrug. Ich habe fünf Monate bei ihr gearbeitet und kein Geld gesehen. Zum Glück hatte Gert niemanden mehr gefunden, um auf seine Mutter aufzupassen. Das war mein Glück. Ich bin also wieder zu ihnen gezogen."

Danach beschrieb sie ihre Freizeitgestaltung, ihre Offenheit für neue Kontakte und wie sie schließlich dadurch eine für sie akzeptable Lösung finden konnte.

„An dem Wochenende bin ich ohne Ziel spazierengegangen. Irgendwann war ich am Alexanderplatz. Ich war immer an Orten, wo es viele Menschen gab. Wenn sie voll waren, bedeutete es, daß es was Interessantes zu sehen gab. So habe ich Berlin kennengelernt. Im Fernsehturm habe ich ein Paar getroffen, das Spanisch sprach. Ich war in der Nähe und versuchte, zu hören, was er ihr von dem Ort erzählte. Ich habe ihn dann in Portugiesisch gefragt, ob er Spanier sei. Er sagte 'nein', er sei Deutscher. Die Frau sagte aber, daß sie auch Brasilianerin sei. Also verbrachten wir den Rest des Tages zusammen. Sie lernte Deutsch und war erst seit 15 Tagen in Berlin. Ich habe sie später angerufen, um zu fragen, ob sie jemanden kennen würde, der ein Zimmer teilen wollte. Ich sagte, das wäre für eine Bekannte. Am Donnerstag rief sie mich zurück und sagte, eine Freundin wolle ein Zimmer vermieten. Sie sei aber lesbisch, wohne mit ihrer Freundin und meine Bekannte solle das wissen. Ich habe dann gesagt, das Zimmer wäre eigentlich für mich. Für mich war das kein Problem. Sie war überrascht, daß das Zimmer eigentlich für mich wäre. Sie sagte, sie würde ihren Freund fragen, ob ich bei ihnen am Wochenende übernachten könnte. Er war einverstanden. Dieses Paar ist also meine Familie geworden. Das ist bis heute eine enge Freundschaft."

Eine andere Migrantin hatte angenommen, sie könne ihren Lebensunterhalt durch Tanzkurse bei der Volkshochschule finanzieren. Damit verdiente sie jedoch nicht genug Geld und begann, als exotische Tänzerin in Bars aufzutreten. Wenn sie über die Phase der Illegalität vor ihrer Heirat spricht, wird die Erfahrung der Abhängigkeit noch wesentlich deutlicher.

„Ich wohnte bei meinem Bruder, verdiente sehr wenig. Ich war immer sehr unabhängig gewesen, für mich war es sehr schwierig, Geld von meinem Bruder zu akzeptieren. Aber sechs Monate nach meiner Ankunft habe ich mehr Jobs als Tänzerin gekriegt und die Situation hat sich verbessert. Viele Kneipen veranstalten Shows mit Brasilianerinnen, die schwarz und hübsch sind. Das ist eben so. Leider verbinden die Leute immer die Tatsache, daß man eine schwarze Brasilianerin ist, mit Exotismus und Primitivismus. Wir sind für sie einfach gut im Bett. (...) Ich hatte keine Arbeit mehr in Brasilien, und mein Haus im Slum hatte ich auch vermietet. Dagegen konnte ich meinen

Vertrag mit der Volkshochschule immer verlängern. Mein Leben hier war trotz aller Schwierigkeiten besser als in Brasilien. (...) Weißt Du, ich habe hier viele schwierige Sachen erlebt. Ich habe sogar Angebote gekriegt, mit unbekannten Männer zu schlafen. Und ich habe das zwei oder drei Mal gemacht, so verzweifelt war ich. Heute kann ich darüber sprechen. (...) Ich kenne viele Frauen, die das machen. Ich habe mich aber sehr schlecht gefühlt."

Auch die Erzählungen von drei Männern, die sich besonders marktorientiert zeigten, sind deutlicher von Elementen der Gegenseitigkeit geprägt, als dies in den Londoner Erzählungen vorkam. Jorge, Marcio und Paulo arbeiteten als Parkettschleifer zusammen. Jorge beschrieb, wie er durch Paulo nach Berlin kam und wie Marcio ihnen das Handwerk beibrachte.

„Dabei habe ich Glück gehabt. Ich hatte schon einen Job bei meinem Cousin. Wir begannen, Wohnungen zu streichen. Dann haben wir versucht, als Test den Boden seiner Wohnung zu schleifen. Das ist gut geworden. Wir haben also eine Maschine gekauft und angefangen, damit zu arbeiten."

(„Konntest Du das vorher?")

„Nein, und mein Cousin auch nicht. Wir haben es einfach so gelernt. Wir begannen also, zu dritt zu arbeiten. Der andere [Marcio] war auch ein Brasilianer, der schon längst damit arbeitete. Er hat uns viele Tips gegeben."

Marcio seinerseits berichtete, wie Paulo ihm – nach mehreren Jahren Aufenthaltes in anderen Teilen Europas – zunächst mit einer Unterkunft und der Arbeitssuche half, bevor sie ihre Zusammenarbeit begannen.

„Eine Woche später hatte ich einen Job in einem brasilianischen Restaurant. Ich spülte und kochte auch. Aber bald begann ich, mit Dekorationen zu arbeiten. Ich dekorierte z.B. Kneipen mit Pflanzen. Das war ein Zufall, ich habe meine Jobs immer durch Kontakte gefunden. Ich spreche viel, es ist sehr einfach für mich, Leute kennenzulernen und Unterstützung zu bekommen."

Anderen, die nicht über die Vermittlung von Freunden und Bekannten verfügten, war der Arbeitsmarkt in der Gastronomie verschlossen. Mehrere Interviewpartner erklärten auf Nachfrage, daß sie sich um Arbeit in einem Restaurant bemüht hätten, daß sie aber nach Papieren gefragt worden seien. Joao erzählte zum Beispiel, daß die Lohnsteuerkarte die erste Sache war, nach der er gefragt worden war. José berichtete von folgender Antwort in einem Restaurant:

„'Hier darfst du nichts machen, weil du keine Papiere hast. Hier gibt es viele Kontrollen, und wir können dir nicht helfen. Was willst du überhaupt hier? Du sprichst kein Deutsch und hast keine Ahnung und keine Papiere. Geh besser zurück. Hier hast du keine Zukunft!'"

In England wie in Deutschland beschrieben die Interviewpartner drei Arten der Legalisierung des Aufenthalts: ein Studentenvisum, eine Eheschließung mit einem Einheimischen oder die „Rück"einbürgerung in ein EU-Land, aus dem Eltern oder Großeltern nach Brasilien ausgewandert waren. Auf die letzte Möglichkeit, die darauf beruht, daß Brasilien ein Einwanderungsland für Europäer war, wollen wir hier nicht näher eingehen. Ein Studentenvisum zu erhalten war in Deutschland schwieriger als in England, so daß sich im Gegensatz zu England nur wenige Interviewpartner mit dieser Möglichkeit auseinandersetzten, wohingegen in England keine Notwendigkeit zur Auseinandersetzung mit einer Eheschließung bestand, vor allem dann nicht, wenn erst wenige Jahre seit der Auswanderung vergangen waren, was für die meisten unserer Interviewpartner zutraf. Zudem konnten in England die Leistungen des Nationalen Gesundheitsdienstes in Anspruch genommen werden, so daß die Furcht vor einer teuren Krankenhausbehandlung keinen Anreiz zur Legalisierung bildete.

In Berlin war die Heirat mit dem tatsächlichen Partner immer mit gemischten Gefühlen verbunden.

„Sie war meine Freundin, aber die Entscheidung, zu heiraten, hatte nur mit meiner Situation zu tun. Wir haben entschieden, zu heiraten, um meine Situation zu regeln. Das war nicht aus Liebe, obwohl sie meine Freundin war. Eigentlich wollte ich meine Freundin auch nicht in meine Probleme einbeziehen."

„Ich wollte Papiere haben. Wir waren zwei Jahre zusammen. Vielleicht würde unsere Situation dadurch besser. Ich mag ihn auch. Aber wirklich heiraten wollte ich nicht."

„Eigentlich wollte ich nicht wirklich heiraten. Aber wie sollte ich das Baby kriegen? Ich hätte viel bezahlen müssen. Zum Glück hat man mich überzeugt zu heiraten, denn ich mußte sechs Tage lang im Krankenhaus bleiben."

Die 40jährige Krankenschwester Anna, die schon zehn Jahre illegal in Deutschland lebte, beschrieb sich selbst als Ausnahmefall, als sie über ihre ersten Jahre in Deutschland sprach. Sie ist immer bei ihrer Entscheidung gegen eine Heirat geblieben.

„Ich dachte nicht daran, daß ich Ausländerin war und die anderen Deutsche waren, daß sie vielleicht denken würden, daß ich einen Mann suche. Und ich suchte keinen Mann!"

Ein extremes Beispiel, was mit einer Heirat als Legalisierungsstrategie verbunden sein kann, berichtete Ivan, ein Homosexueller. Sein Partner stellte ihm eine (lesbische) Frau vor, die ihn heiraten wollte. Sie heirateten in Dänemark. Während er danach Urlaub in Brasilien machte, zeigte sie die Ehe als Scheinehe bei den Behörden an. Es folgte ein Nervenkrieg:

„Sie sagte, ich sollte bei ihr wohnen. Das war aber nicht, was wir besprochen hatten. Wir würden heiraten, sie würde meinen Nachnamen übernehmen, wir wären gute Freunde, aber jeder würde mit seinem Freund oder seiner Freundin zusammenbleiben. Wir wollten nie zusammenleben. Sie hatte eine Freundin, aber irgendwann hat sie entschieden, eine Beziehung mit mir anzufangen. Ich habe ihr gesagt, ich würde mich lieber von ihr trennen. Das war furchtbar, weil sie begann, mich zu verfolgen. (...) Wir waren oft verabredet, und sie kam nicht. Sie ging nicht ans Telefon, als ich anrief. Sie rief dann nachts an, nur um mich zu tyrannisieren. Ich entschied also, mich zu trennen. Ich kannte schon eine andere Frau, die mich heiraten wollte."

Mit seiner zweiten Ehe hatte er mehr Glück. Doch seine Erfahrungen mit der ersten Ehe zeigen, daß der an die Ehe geknüpfte Aufenthaltsstatus zu sehr ungleichen Machtverhältnissen in einer Beziehung führt, die durch die „legalen" Partner ausgenutzt werden können.[2]

Für manche war die Legalisierung auch mit der Enttäuschung verbunden, daß sich im praktischen Leben dadurch nicht sehr viel änderte. Paulo führte es auf Rassismus zurück, daß der Zugang zu vielem auch nach der Legalisierung für Ausländer schwierig bleibt.

„Wenn Du illegal bist, lebst Du einfach weiter. Wenn Du hier legal bist, macht Dich das Leben total nervös. Früher hatte ich nicht so viele Probleme wie jetzt. Du diskutierst die ganze Zeit, hast Streit, immer wegen Kleinigkeiten. Das ist reiner Rassismus. Ich habe z.B. einen brasilianischen Führerschein. Ich darf ein Jahr lang damit fahren. Danach darf ich nicht mehr. Warum? Bin ich nach einem Jahr dumm geworden? Ich muß alles wiederholen. Sie sagen, man muß einfach die Prüfung machen. Aber dafür muß man hier unheimlich viel bezahlen."

Insgesamt beschrieben die Interviewpartner das Leben ohne Aufenthaltsstatus in Deutschland als durchaus organisierbar, sofern ein Beziehungsnetz zu Staatsbürgern und legalisierten Zuwanderern besteht. Wenn sie mehr wollen, als Privatwohnungen zu putzen und in der Wohnung eines anderen mitzuwohnen, brauchen sie das Wohlwollen und die aktive Unterstützung von anderen, so daß die Abhängigkeit eine zentrale Erfahrung ihres Lebens ohne Aufenthaltsstatus darstellte.

6. Schlußfolgerungen

In den Erzählungen zweier vergleichbarer Gruppen brasilianischer Migranten, die ohne Aufenthalts- oder Arbeitserlaubnis in London oder Berlin leben bzw. gelebt haben, fanden wir neben vielen Gemeinsamkeiten eine Reihe von beachtlichen Unterschieden. Allerdings sind die Ergebnisse sicher nicht direkt auf andere Migrantengruppen übertragbar, da zum Beispiel für Polen aufgrund der großen Nähe zum Herkunftsland ganz andere Bedingungen bestehen (vgl. Cyrus 1995). Auch soll daran erinnert werden, daß die Migranten, auf deren Erzählungen wir uns hier berufen, zum Teil zwar auf schwierige Lebensumstände, aber weder auf Krieg noch auf Verfolgung im Herkunftsland zurückblickten.

Wir haben versucht zu zeigen, daß sich die Neuzuwanderer in London rasch in Märkte integrieren konnten und in diesem Rahmen versuchten, ihre Reise-, Lern- und Verdienstziele zu verwirklichen. Dagegen versuchten die Migranten in Berlin, die gleichen Ziele primär durch die Organisation eines Netzes persönlicher Beziehungen zu erreichen. Die Beziehungen unter den Migranten waren von diesen Bedingungen deutlich gezeichnet. In London sahen sie sich in erster Linie als Konkurrenten um Arbeit in Restaurants, Hotels und Gaststätten, wobei die Furcht vor Denunziation als Mittel des Konkurrenzkampfes verbreitet war. In

---

[2] Wie das Beispiel zeigt, kann dies auch Männer treffen. Frauen müssen sich in diesen Fällen oft auch mit Gewalt und sexueller Ausbeutung auseinandersetzen. Für eine umfangreiche Studie zur Situation betroffener Frauen vgl. Heine-Wiedenmann (1992).

Deutschland wurde den Verbindungen zu anderen Ausländern ohne regulären Status und zu Deutschen oder legalen Zuwanderern ein höherer Stellenwert eingeräumt, allerdings wurden diese Beziehungen nur zum Teil als bereichernd und oft auch als demütigend beschrieben. Auch eine – zumindest temporäre – Legalisierung des Aufenthalts durch ein Studentenvisum war in England problemlos über Sprachschulen möglich, die hier die Funktion von anonymen „Brokern" erfüllen, während dies in Deutschland schwieriger war und so eher eine Eheschließung und damit eine persönliche Abhängigkeitsbeziehung – in der Regel mit dem tatsächlichen Partner – als Legalisierungsstrategie in Betracht gezogen werden mußte.

Die beobachteten Unterschiede werden durch die verschiedenen Migrationskontrollsysteme hervorgerufen. Das englische Migrationskontrollsystem ist spezialisiert und von anderen Kontrollinstanzen getrennt; Abschreckung wird erreicht durch scharfe Grenzkontrollen, Zurückweisungen an den Grenzen und Abschiebungen. Sprachschulen wirken dagegen als Mittler zwischen Einwanderungsbehörde und Migranten, wenn es um die Verlängerung des Aufenthalts zu Lernzwecken geht, womit privaten Institutionen eine Gatekeeper-Funktion zukommt. Zugleich ist der Arbeitsmarkt inzwischen so dereguliert, daß Arbeitgeber nur wenig kontrolliert werden. Der Nationale Gesundheitsdienst bietet de facto, wenn auch nicht de jure kostenlos grundlegende Leistungen im Krankheitsfalle an, die alle Einwohner unabhängig vom Status in Anspruch nehmen können.

Das deutsche Migrationskontrollsystem ist dagegen eingebunden in ein Kontrollsystem, das auch anderen Zwecken, beispielsweise der Steuer- und Abgabenerhebung, dient und für alle Bürger gilt – dies betrifft etwa Meldegesetze, Meldepflicht von Beschäftigungen, Paßpflicht. Es ist damit weit umfangreicher als in England. Private Institutionen haben keine wichtige Gatekeeper-Funktion, dagegen jedoch öffentliche Behörden wie etwa Standesämter, wenn etwa ein Aufenthalt durch Eheschließung verlängert oder legalisiert werden soll. Zudem gibt es Arbeitgebersanktionen, so daß nicht nur die illegal Beschäftigten, sondern auch ihre Arbeitgeber mit Strafen zu rechnen haben. Durch das gegliederte Krankenversicherungssystem ist der kostenlose Zugang zu Leistungen bei Krankheit erschwert, weil die Leistungsanbieter in der Regel eine Versichertenkarte für die Leistungsabrechnung fordern.

Zum Abschluß möchten wir daher folgende Hypothese aufstellen: Die auf anonymen Märkten angebotenen, für Ausländer ohne Aufenthaltsstatus zugänglichen Arbeits- und Wohnmöglichkeiten sind in London umfangreicher als in Berlin. Daher ist es in Berlin schwieriger als in London, ohne Aufenthaltsstatus zurechtzukommen. Zugleich ist ein Ausländer ohne Aufenthaltsstatus in Deutschland mit größerer Wahrscheinlichkeit nicht nur als Arbeitnehmer oder Dienstleister, sondern auch als Freund oder Verwandter mit Deutschen oder legalen Einwohnern verbunden. Die stärkere Regulierung führt also zu einer weniger umfangreichen, aber besser integrierten Bevölkerungsgruppe ohne Aufenthaltsstatus.

Literatur

Ashford, Mark, 1993: Detained Without a Trial – A Survey of Immigration Act Detention, London: Joint Council for the Welfare of Immigrants.
Central Statistical Office, 1996: Social Trends 1996, London: HMSO.
Cyrus, Norbert 1995: Polnische Pendler/innen in Berlin. Bestandsaufnahme der rechtlichen und sozialen Lagen polnischer Staatsangehöriger mit unsicherem, befristetem oder ohne Aufenthaltsstatus, Berlin: Bericht für die Ausländerbeauftragte des Senats von Berlin.
Goza, Franklin, 1994: Brazilian Immigration to North America, in: International Migration Review, Nr. 1, S. 136-152.
Heine-Wiedenmann, Dagmar, 1992: Umfeld und Ausmaß des Menschenhandels mit ausländischen Mädchen und Frauen (in Zusammenarbeit mit Lea Ackermann und unter Mitarbeit von Hans-Jürgen Mahnkopf und Rainer Wiedenmann), Stuttgart u.a.O.: Kohlhammer.
Hillmann, Felicitas, 1997: Zuwanderungskontrolle „all'italiana". Peruanische Einwanderinnen in Mailand, Osnabrück: IMIS-Schriften (im Druck).
Hopf, Christel, 1991: Qualitative Interviews in der Sozialforschung. Ein Überblick, in: Uwe Flick, Ernst von Kardorff, Heiner Keupp, Lutz von Rosenstiel und Stephan Wolff (Hrsg.), Handbuch Qualitative Sozialforschung. Grundlagen, Konzepte, Methoden und Anwendungen, München: Psychologie Verlags Union, S. 177-182.
Jordan, Bill and Dita Vogel, 1997: Which policies influence migration decisions? A comparative analysis of qualitative interviews with undocumented Brazilian immigrants in London and Berlin as contribution to economic reasoning. Universität Bremen, Zentrum für Sozialpolitik, tes-Arbeitspapier 14/97.
Lijphart, Arend, 1971: Comparative Politics and Comparative Method, in: American Political Science Review, Bd. 65, S. 682-693.
Portes, Alejandro and Julia Sensenbrenner, 1993: Embeddedness and Immigration: Notes on the Determinants of Economic Action, in: American Journal of Sociology, Vol. 6, S. 1320-1350.
Silverman, D., 1985: Qualitative Methodology and Sociology: Describing the Social World, London: Gower.
Wetherell, M. and J. Potter, 1988: Discourse Analysis and the Identification of Interpretative Repertoires, in: K. Antaki (Ed.), Analysing Everyday Explanation, London: Sage, S. 168-183.
Vogel, Dita, 1996: Soziale Sicherung und illegaler Aufenthalt. Eine explorative Studie am Beispiel brasilianischer Zuwanderer in Berlin. Universität Bremen, Zentrum für Sozialpolitik, ZeS-Arbeitspapier Nr. 13/96.

Frauke Miera

Migration aus Polen. Zwischen nationaler Migrationspolitik und transnationalen sozialen Lebensräumen

In einer polnischsprachigen Berliner Publikation wirbt ein Arzt für seine Praxis, die sich wenige Kilometer jenseits der Oder befindet. Nähere Informationen, so der Anzeigentext, seien bei einem Berliner polnischsprachigen Friseur zu erhalten. Der Arzt hält es für sinnvoll, unter den Menschen polnischer Herkunft in Berlin zu werben, da er offenbar davon ausgehen kann, daß einige seiner PatientInnen nicht nur und nicht dauerhaft in Berlin leben, sondern auch in Polen. Die Grenznähe der Praxis kann insbesondere für jene MigrantInnen attraktiv sein, deren rechtlicher Status prekär ist und die in Deutschland nicht krankenversichert sind.

Ein Unternehmen mit Kontaktadressen in Polen und Deutschland bietet in derselben Publikation Unterstützung und Beratung beim Erwerb des deutschen Staatsangehörigkeitsausweises an. Das Beratungsunternehmen reagiert auf die in den 90er Jahren stark reduzierten Migrationswege aus Polen nach Deutschland. Die Anerkennung der deutschen Staatsangehörigkeit ist inzwischen nahezu das einzige Eingangstor, das eine langfristige Niederlassung und den Zugang zum Arbeitsmarkt in Deutschland erlaubt. Obwohl der Antrag in Polen zu stellen ist, unterstellt das Unternehmen, daß Personen polnischer Herkunft ihren Aufenthalt langfristig legalisieren möchten, die sich bereits – z.B. als TouristInnen – in Berlin aufhalten.

Die beiden Annoncen deuten auf das Spannungsfeld, in dem sich die Migration aus Polen nach Berlin aktuell befindet. Die Beispiele verweisen einerseits auf die restriktive deutsche Migrationspolitik gegenüber Polen, die sich maßgeblich an der Kategorie der Nationszugehörigkeit orientiert, andererseits aber auch auf soziale Beziehungsnetze, die sich vor dem Hintergrund grenzüberschreitender Arbeitsmärkte transnational gestalten und die dominierenden Kategorien der Migrationspolitik unterminieren.

Im folgenden wird dieses Spannungsfeld zwischen nationaler Migrationspolitik und transnationalen Migrationsräumen zunächst theoretisch umrissen und anschließend am Beispiel der Migration aus Polen nach Berlin analysiert. Hier werden zuerst die migrationspolitischen Regelungen gegenüber Polen auf die ihr zugrundeliegenden Prämissen hin untersucht. Zweitens werden diesen Prämissen zum einen die typische Migrationsform des Pendelns und zum anderen die Praktiken der MigrantInnen aus Polen in formalen sozialen Netzwerken gegenübergestellt, um so die Existenz „transnationaler sozialer Räume" (Pries 1996) zu veranschaulichen. Abschließend werden die teilweise hinsichtlich erklärter Ziele kontraproduktiven Auswirkungen diskutiert, welche die nationenbezogene Migrationspolitik auf die soziale Lage der MigrantInnen und ihre Netzwerke hat.

1. Nationale Migrationspolitik versus transnationale Migrationsräume

Die deutsche Migrationspolitik gegenüber den osteuropäischen Ländern erscheint auf den ersten Blick recht widersprüchlich. Während einerseits an der Behauptung festgehalten wird, Deutschland sei kein Einwanderungsland, wurde und wird andererseits der Zuzug und die Integration von bestimmten Gruppen zum Teil gewünscht und unterstützt. Während der Wunsch nach Überwindung der Trennung in Europa z.B. im deutsch-polnischen Vertrag schriftlich festgehalten wird, werden gleichzeitig die legalen Möglichkeiten, langfristig von Polen nach Deutschland einzureisen, drastisch reduziert. Diese scheinbaren Widersprüche lösen sich auf, betrachtet man Migrationspolitik im Zusammenhang mit dem Diskurs über Nation und Nationszugehörigkeit.

MigrantInnen werden in Deutschland rechtlich als entweder ausschließlich dem deutschen Staat oder ausschließlich dem Herkunftsland zugehörig konzipiert (vgl. z.B. Bauböck 1995). Die Zuordnung der MigrantInnen zu einem Staat ist, so meine These, ein zentrales Instrument im Diskurs um Nation, die trotz oder gerade wegen allgemeiner Globalisierungstendenzen neue Bedeutung gewinnt. In Zeiten der Zunahme grenzüberschreitender Flüsse von Kapital, Gütern, Dienstleistungen und auch Arbeitskraft, suprastaatlich organisierter politischer Regulierungsformen und einem gewissen Bedeutungsrückgang von Nationalstaaten, erhält die Rückversicherung auf die Nation eine neue Qualität (vgl. Altvater 1994). Der Diskurs über und die Praktiken der Migrationsregulation sind ein zentrales Instrument, durch den diese Rückversicherung vollzogen wird.

Zentrales Kriterium der Zugehörigkeit zur Nation ist die Staatsbürgerschaft, die in Deutschland nach dem *ius sanguinis*, dem Prinzip der biologischen Abstammung erworben wird (vgl. Bös 1993). Die über die Staatsbürgerschaft vermittelte Zugehörigkeit meint generell einerseits „einen legal verfassungsmäßig verankerten Status" und andererseits „eine emotionale Bindung" (Wiener 1996, S. 488). Im Fall zuwandernder StaatsbürgerInnen wird, wie an der politischen Gestaltung der Migration der (Spät-)aussiedlerInnen[1] deutlich werden wird, nicht nur der legale Status garantiert, sondern auch eine automatische Verbundenheit und Loyalität zu Deutschland unterstellt. Kulturelle und sozioökonomische Bindungen zum Herkunftsland werden dagegen tendenziell negiert. MigrantInnen aus Polen, die das Kriterium der deutschen Staatszugehörigkeit nicht erfüllen, gehören grund-

---

[1] Mit Inkrafttreten des *Kriegsfolgenbereinigungsgesetzes* am 1.1.1993 wurde u.a. der Begriff des „Aussiedlers" durch den des „Spätaussiedlers" ersetzt und der in Frage kommende Personenkreis eingeschränkt.

sätzlich nicht zur Nation. Allerdings existieren in einem „differential exclusion modell" (Castles 1995) unterschiedliche Grade der Ausgrenzung. Einige MigrantInnen haben die Möglichkeit, ihren Aufenthaltsstatus in Deutschland schrittweise zu konsolidieren. Wichtige Kategorien für das Gelingen sind zum einen die verwandtschaftliche Nähe zu deutschen Staatsangehörigen, zum anderen die Verpflichtung auf das Lebensmodell in Ehe oder Familie. Die Zugehörigkeit dieser Gruppen wird nicht vollständig akzeptiert und steht permanent zur Disposition.

Darüber hinaus existiert ein weiteres zentrales Prinzip in der deutschen Migrationspolitik, und zwar das der „Gastarbeit" (Moulier Boutang/Papademetriou 1993). Nach diesem Prinzip wird Migration in der Regel als zeitlich begrenzt und an den Zweck der Erwerbsarbeit gebunden konzipiert und reguliert. Gleichzeitig wird die rechtmäßig dauerhafte Niederlassung verhindert und die ungebrochene Zugehörigkeit zum Herkunftsland unterstrichen. In den 90er Jahren wurde ein Instrumentarium entwickelt, durch welches das neue System der „Gastarbeit" verglichen mit der Migrationspolitik der 50er und 60er Jahre konsequenter umgesetzt werden kann (vgl. Rudolph 1996). Die konzipierte Nichtzugehörigkeit zur Nation wird am deutlichsten im Fall der MigrantInnen, die außerhalb des vorgegebenen Rahmens nach Deutschland einreisen, dort leben und arbeiten. Durch die Kriminalisierung und Entrechtung dieser MigrantInnen wird ihr Ausschluß von der deutschen Gesellschaft demonstriert und umgesetzt.[2]

Die Migrationspolitik stellt allerdings nur eine Ebene des Migrationsgeschehens dar. Gerade nach Öffnung der Grenzen in Osteuropa ist die Wanderung aus dieser Region nach Westeuropa, durch die und innerhalb der osteuropäischen Staaten deutlich angestiegen (Jazwinska/Okolski 1996). Es handelt sich dabei nicht um die traditionell angenommene Form der Migration als Reise von A nach B mit anschließender dauerhafter Niederlassung in B. Tatsächlich wandern Menschen vom ersten „Ziel"land in andere Länder weiter, kehren in ihr Herkunftsland zurück, leben und arbeiten für einige Tage, Monate oder Jahre in einem Land, verbringen den Rest der Zeit in ihrem Herkunftsland oder einem dritten Land usw. Um der sozialen Vielfalt von Migrationsprozessen gerecht zu werden, wird in die Literatur zunehmend weniger von „Ein- und Auswanderung", statt dessen von Transitmigration, Zirkulation, Pendel- oder Rotationsmigration, vom Leben in der Diaspora und von TransmigrantInnen gesprochen (vgl. z.B. Morokvasic/de Tinguy 1993; Sheffer 1989; Lie 1995; Glick Schiller et al. 1995; Cyrus 1994).

---

2 Im allgemeinen Sprachgebrauch werden Personen, die sich nicht rechtmäßig in Deutschland aufhalten, als *Illegale* bezeichnet. Der Begriff ist zum einen pejorativ, zum anderen ungenau. Die alternativen Formulierungen *irregulär* oder *undocumented*, die in der internationalen migrationswissenschaftlichen Debatte zunehmend Verwendung finden, sind weniger negativ konnotiert. Sie machen aber m.E. nicht ausreichend deutlich, daß erstens bestimmte Gruppen von MigrantInnen strukturell in einen rechtlich unsicheren Status gedrängt werden, daß zweitens diese Kategorisierungen und Ausgrenzungen unterschiedliche Facetten haben und drittens veränderbar sein können. Die Begriffe *Entrechtung* und *prekarisiert* sind zwar ebenfalls verallgemeinernd, bringen aber stärker das Prozeßhafte zum Ausdruck.

Die Gründe für die verschiedenen Migrationen sind komplex. Zentrale Faktoren sind die ökonomische, soziale und politische Lage im Herkunftsland, die „Anziehungskraft" der ausländischen Arbeitsmärkte, zunehmende internationale ökonomische Verflechtungen, die migrationspolitischen Regelungen der verschiedenen Länder, die Ausformung des Geschlechterverhältnisses in den jeweiligen Ländern sowie die transnationalen sozialen Netzwerke der MigrantInnen. Die Unterschiedlichkeit der Migrationsformen deutet darauf hin, daß sich die soziale Realität der MigrantInnen in den dualistischen Kategorien der ausschließlichen Zugehörigkeit zu dem einen oder anderen Staat nicht angemessen erfassen läßt. Diese Inkongruenz von Migrationspolitik und Lebenssituation der MigrantInnen wird um so sichtbarer, analysiert man die sozialen Netzwerke der MigrantInnen.

Tatsächlich bestehen kontinuierliche persönliche und geschäftliche Bindungen über Grenzen hinweg (Massey 1990). Verschiedene politische und kulturelle Organisationen arbeiten außerhalb des Herkunftslandes, aber mit Orientierung und Einfluß auf die Geschehnisse im Herkunftsland (Gurak/Caces 1992). Familien und andere soziale Einheiten leben über Kontinente verstreut und halten ihren sozialen Zusammenhang gerade aufgrund der ökonomischen Unterstützung der migrierten Mitglieder aufrecht (Boyd 1989; Hillmann 1996). MigrantInnen leben in „Zirkulationsterritorien" und erhöhen dadurch auch ihre soziale Mobilität, die sowohl im Herkunftsland als auch im Zielland allein nicht erreichbar ist (Tarrius 1994).

Der Hinweis auf die transnationalen Lebensräume von MigrantInnen heißt nicht, daß die Grenzen der Nationalstaaten für die migrierenden Menschen nicht von Bedeutung wären. Holston/Appadurai (1996) verdeutlichen, daß es nicht darum geht, „to argue that the transnational flow of ideas, goods, images, and persons – intensified by recent developments in the globalization of capital – is obliterating the salience of the nation-state" (ebd., S. 189). Denn die Migrationspolitik mit ihren dualistischen Zuordnungen der Zugehörigkeit zum Herkunfts- oder Zielland strukturiert in spezifischer Weise die soziale Lage der MigrantInnen. Zum einen beeinflußt die Migrationspolitik zu einem gewissen Grad, welche spezifischen Netzwerke sich unter den MigrantInnen bilden. Die realen Auswirkungen entsprechen, wie ich zeigen werde, nicht zwangsläufig den der Migrationspolitik impliziten Intentionen. Zweitens ist die Migrationspolitik grundlegender Faktor bei der Herausbildung von Hierarchien innerhalb der Gesamtgruppe von MigrantInnen sowie im Verhältnis zur „Aufnahmegesellschaft". Je nachdem, ob die Zugehörigkeit zur Nation akzeptiert wird oder nicht, werden den MigrantInnen unterschiedliche Ressourcen zugänglich gemacht, z.B. der Zugang zum legalen Arbeitsmarkt gewährt oder versperrt. Hierdurch wird die Grundlage für eine stärkere Abhängigkeit der MigrantInnen mit den geringsten Ressourcen von Personen mit besseren materiellen Voraussetzungen gelegt. Gleichzeitig entsteht gerade unter denen, deren Zugehörigkeit zu Deutschland am deutlichsten negiert wird, ein größerer Bedarf, an soziale Netzwerke in Deutschland anzuknüpfen. Ferner werden durch die Migrationspolitik Geschlechterhierarchien bestätigt und manifestiert, indem die Inklusion der MigrantInnen in die „Ziel"gesellschaft z.T. an die Verpflichtung auf das Lebensmodell der Ehe oder Familie gekoppelt wird.

Am Beispiel der Migration der 90er Jahre aus Polen nach Berlin soll die hier skizzierte Argumentation näher dargelegt werden. Das Beispiel der Migration aus Polen bietet sich insofern an, als das System der Regulation der Migration aus Polen insbesondere nach den Neuformulierungen, die in den 90er Jahren vorgenommen wurden, zentrale Elemente der deutschen Migrationspolitik umfaßt. Die transnationalen sozialen Lebensräume lassen sich einerseits anhand der Pendelmigration analysieren, die nicht zuletzt aufgrund der geographischen Nähe eine typische Form der Migration aus Polen der 90er Jahre ist. Andererseits verweisen die in Berlin lebenden MigrantInnen aus Polen, die sich u.a. nach (Zu-)wanderungsgenerationen und -motivation unterscheiden, auf ein facettenreiches Geflecht sozialer, kultureller und ökonomischer, durchaus grenzüberschreitender Beziehungen.[3]

2. Kategorien der Migrationspolitik

2.1. Konstruktion der Zugehörigkeit zum deutschen Staat

Eine Seite des Rekurs auf die Nation in der deutschen Migrationspolitik besteht darin, es (Spät-)AussiedlerInnen zu ermöglichen, sich dauerhaft in Deutschland niederzulassen. Mit der Aufnahme als (Spät-)AussiedlerIn sind verschiedene Maßnahmen verbunden, die die Inklusion der MigrantInnen in die deutsche Gesellschaft und ihre Loslösung aus Beziehungsnetzen im Herkunftsland auf der materiellen und symbolischen Ebene unterstützen. Neben der generellen Zuerkennung der Staatsbürgerschaft und damit der vollen Staatsbürgerrechte erhalten (Spät-)AussiedlerInnen finanzielle Unterstützung und Hilfen zur Integration in den Arbeitsmarkt. Diese Eingliederungshilfen sind aber an die Absicht der (Spät-) AussiedlerInnen gebunden, in Deutschland eine beitragspflichtige Beschäftigung aufzunehmen, das heißt, den Lebensmittelpunkt nach Deutschland zu verlegen. Durch ihre Anspruchsberechtigung auf Sozialversicherungsleistungen für Zeiten, in denen sie nicht in Deutschland gelebt haben, wird ihre Zugehörigkeit zu Deutschland auch rückwirkend konstruiert. Darüber hinaus wird auf der symbolischen Ebene ein Zeichen für den Wunsch der individuellen Zuordnung zum

---

3 Ein Vergleich der polnisch-deutschen mit der mexikanisch-US-amerikanischen Migrationssituation drängt sich auf. Nicht nur die Grenzlage und das starke Lohngefälle zwischen beiden Ländern weisen auf Parallelen, sondern auch das besondere Interesse von Verantwortlichen aus deutschen Grenzstädten an den Erfahrungen aus der Grenzregion zwischen USA und Mexiko (vgl. Smith/Malkin 1997). Pries (1996) wendet das Konzept der transnationalen sozialen Lebensräume auf das empirische Beispiel der Arbeitswanderungen zwischen Mexiko und USA an.

deutschen Staat gesetzt, indem die polnischen Namen ins Deutsche übersetzt werden können. Die bevorzugte Aufnahme der AussiedlerInnen war vor der politischen Wende in Polen einerseits Teil und Ausdruck der Systemkonkurrenz, in der jede/r Auswanderer/in aus den realsozialistischen Ländern als Beleg für den Kapitalismus als die bessere Gesellschafts- und Wirtschaftsordnung gewertet wurde. Andererseits äußerten sich darin speziell in den 50er und 60er Jahren revanchistische Haltungen gegenüber Polen als angeblicher Okkupant ehemaliger deutscher Gebiete. Die Aufnahme von (Spät-)AussiedlerInnen hat im politischen Diskurs über Nation zum einen durch die Aufhebung des Systemkonflikts, zum anderen durch den Schub im nationalen Konsolidierungsprozeß, der durch die deutsche Vereinigung stattgefunden hat, an Bedeutung verloren (Miles/Räthzel 1993). Die Zuwanderung von (Spät-)AussiedlerInnen wird inzwischen von Teilen der Öffentlichkeit in die allgemeine Debatte über die angebliche Bedrohung des Wohlstands in Deutschland durch Migration eingeordnet. Die Tatsachen, daß (Spät-)AussiedlerInnen trotz Eingliederungshilfen geringe Arbeitsmarktchancen (vgl. Weick 1996) haben und zum Teil mit großen Integrations-, speziell auch Sprachschwierigkeiten konfrontiert sind, tragen zu einer Verschiebung des Bildes der (Spät-)AussiedlerInnen bei. Der Konstruktion einer qua „Abstammung" gegebenen Zugehörigkeit zu Deutschland steht nun verstärkt die Zuordnung der (Spät-)AussiedlerInnen zu der Gruppe der „Fremden" gegenüber.

Vor diesem Hintergrund ist die Einschränkung des Migrationsweges als (Spät-)AussiedlerIn und die Verminderung der materiellen Anreize in Deutschland Anfang der 90er Jahre zu betrachten.[4] Personen, die nun den Status als (Spät-)AussiedlerIn nicht mehr geltend machen können, aber deutsche Vorfahren nachweisen können, wird weiterhin der deutsche Staatsangehörigkeitsausweis ausgestellt, mit dem sie problemlos nach Deutschland einreisen, dort arbeiten und wohnen können. Auf diese Weise besteht eine Gruppe von Deutschen außerhalb der deutschen Staatsgrenzen fort, die auch nach Deutschland migrieren können, ohne in Zuwanderungsstatistiken aufzutauchen. Das politische Ziel besteht darin, diese Deutschen an ihrem Wohnort in Polen zu unterstützen und damit ihre potentielle Loyalität zu Deutschland außerhalb der Staatsgrenzen zu fördern. Hier wird also auf der einen Seite versucht, die Zuzugszahlen niedrig zu halten, andererseits aber wird an der Koppelung der Staatsbürgerschaft an die biologische Abstammung festgehalten.

---

4 AntragsstellerInnen müssen nun nicht nur ihre deutsche Abstammung und kulturelle Nähe zu Deutschland nachweisen, sondern auch Benachteiligungen, die sie aufgrund ihrer ethnischen Zugehörigkeit in Polen noch nach 1992 erlitten haben. Da diese Benachteiligungen aufgrund der Anerkennung der deutschen Minderheit durch die polnische Regierung 1991 nicht mehr glaubhaft gemacht werden können, entfällt in den meisten Fällen die Möglichkeit, den Status als (Spät-)AussiedlerIn geltend zu machen, und damit der Anspruch auf die Integrationshilfen.

2.2 Zugehörigkeit auf dem Prüfstand: schrittweise Konsolidierung des Aufenthalts

Auch in den Regelungen des Familiennachzugs und der Heiratsmigration[5] ist die deutsche Staatsbürgerschaft bzw. die eindeutige Loyalität zum deutschen Staat eine zentrale Kategorie. Darüber hinaus lassen sich diese Regelungen als Instrument zur Verpflichtung der MigrantInnen auf die traditionelle Lebensform in der Ehe bzw. Familie lesen. Diese Migrationswege eröffnen die Möglichkeit, als Familienangehörige nach Deutschland zu ziehen und dort den Aufenthalt schrittweise rechtlich zu festigen. Sie sind seit der Novellierung des Ausländergesetzes 1991 erheblich eingeengt und unterliegen zahlreichen Kontrollen. Das heißt, die Loyalität zur Aufnahmegesellschaft wird nicht – wie bei den (Spät-)AussiedlerInnen – als gegeben unterstellt, sondern in einem andauernden Prozeß in Frage gestellt und überprüft.

Der Migrationsweg über den Familiennachzug steht grundsätzlich nur nahen Verwandten offen, deren in Deutschland lebende Angehörige bestimmte Voraussetzungen erfüllen, sofern sie nicht die deutsche Staatsbürgerschaft besitzen. So müssen die bereits in Deutschland lebenden Personen einen gefestigten Aufenthaltsstatus haben und über ausreichend Wohnraum und finanzielle Mittel zur Sicherung des Lebensunterhalts auch für das nachziehende Familienmitglied verfügen. Beim Nachzug zu einem/r deutschen EhepartnerIn entfallen dagegen diese Bedingungen.

Vom nachziehenden Familienmitglied wird ferner verlangt, daß es mit den Angehörigen in Deutschland in familialer bzw. ehelicher Lebensgemeinschaft leben will. Das hier erkennbare Primat von Ehe und Familie wird ferner durch das eltern- bzw. ehegattInnenabhängige Aufenthaltsrecht durchgesetzt.[6] Da bei Ehen mit OsteuropäerInnen generell unterstellt wird, es handele sich um „Scheinehen", werden diese Beziehungen verstärkt Kontrollen unterzogen, bei denen deutsche Behörden die Maßstäbe für eine funktionierende Ehe setzen. Das Zusammenwirken der Durchsetzung der Lebensform in der Ehe und der Fragilität des Aufenthaltsstatus von Nicht-StaatsbürgerInnen, insbesondere jenen ohne Verwandtschaftsbeziehungen zu Deutschen, hat zur Folge, daß nachreisende EhepartnerIn-

---

5 Mit Heiratsmigration ist die Zuwanderung wegen der Eheschließung mit einer Person mit deutscher Staatsbürgerschaft oder mit gefestigtem Aufenthaltsstatus gemeint. Der Begriff Heiratsmigration verweist lediglich auf die juristische Bindung der Option einer dauerhaften Einwanderung an die Ehe. Er impliziert nicht, daß es sich um bewußt verfolgte Strategien der MigrantInnen handeln muß, die darauf abzielen, ihren Aufenthalt zu sichern.

6 EhepartnerInnen von „AusländerInnen" erhalten nach vier, EhepartnerInnen von Deutschen nach drei Jahren Ehe in Deutschland ein eigenständiges Aufenthaltsrecht. Der – abgesehen von der Einbürgerung – sicherste Status, d.h. die Aufenthaltsberechtigung, wird unter bestimmten Voraussetzungen nach fünf Jahren „ehelicher Gemeinschaft" gewährt. Kinder erreichen i.d.R. mit ihrer Volljährigkeit ein elternunabhängiges Aufenthaltsrecht.

Migration aus Polen

nen sogar durch das Fehlverhalten, z.B. eine schwere Straftat des/der Ehepartners/in ihr Aufenthaltsrecht verlieren können. Die Zugangsbarrieren zum deutschen Arbeitsmarkt wiederholen die Zentralität der deutschen Staatsbürgerschaft sowie die Abhängigkeit neu zuziehender MigrantInnen von der Familie oder dem/der EhepartnerIn.[7]

Der denkbare Endpunkt der juristischen Verfestigung des Aufenthalts – die Einbürgerung – kann nach wie vor nur mit der Aufgabe der polnischen Staatsbürgerschaft und der nachweislichen kulturellen und emotionalen Verbundenheit zu Deutschland legitimiert werden.

Eine weitere Form der stufenweisen Verfestigung des Aufenthalts unter bestimmten Voraussetzungen ist die an eine Unternehmensgründung gekoppelte Migration. Die Gründung eines Unternehmens oder einer Niederlassung ist hauptsächlich an gewerberechtliche Vorgaben geknüpft. Sollte sich der/die polnische Selbständige entschließen, neben dem Firmensitz auch den Wohnsitz nach Deutschland zu verlegen, so sind die rechtlichen Hürden hierfür relativ niedrig. Die Existenzgründung kann also theoretisch als Zuwanderungserleichterung angesehen werden, die den zunehmenden wirtschaftlichen Verflechtungen zwischen Polen und Deutschland Rechnung trägt und sie begünstigen. Das Prinzip, das dauerhafte Niederlassen von MigrantInnen aus Polen zu verhindern, weicht hier eindeutig ökonomischen Interessen. In der Realität wird allerdings die Unternehmensgründung mit gleichzeitiger Zuwanderung, vermutlich aus Kapitalmangel, kaum praktiziert.

Während bei den (Spät-)AussiedlerInnen und „Deutschstämmigen" aus Polen die Zugehörigkeit zu Deutschland als gegeben angenommen und institutionell konstruiert wird, wird sie bei den nachziehenden Familienmitgliedern und HeiratsmigrantInnen fortdauernd gefordert und überprüft. Wird die Staatsloyalität und die Anpassung an das Familienmodell nicht hinreichend glaubhaft gemacht, so wird die Zugehörigkeit zur Aufnahmegesellschaft durch den Verlust des Aufenthaltsrechts wieder bestritten. Bei den neuen „GastarbeiterInnen" wird dagegen die Zugehörigkeit zum deutschen Staat von vornherein negiert und das langfristige Einleben verhindert.

2.3 Negation der Zugehörigkeit unter Ausnutzung der Arbeitskraft: neue „Gastarbeit"

Ein weiterer Aspekt des Rekurs auf die Nation in der Migrationspolitik ist die Konstruktion der Nichtzugehörigkeit und des „Gast"-Status von Arbeitsmigran-

---

7 Sofern der/die EhepartnerIn der nachreisenden Person die deutsche Staatsbürgerschaft besitzt, entfällt die Hürde der Arbeitserlaubnispflicht. Eine Arbeitserlaubnis ist ebenfalls nicht erforderlich, wenn die zureisende Person im familialen Betrieb beschäftigt ist. Ferner sind die Kriterien für die Bewertung der in Polen erworbenen Diplome bei polnischen StaatsbürgerInnen restriktiver als bei jenen MigrantInnen aus Polen mit deutschem Paß.

tInnen. In den 60er und 70er Jahren konnte das Prinzip der „Gastarbeit", also der Anwerbung von MigrantInnen für einen befristeten Zeitraum allein zu dem Zweck der Erwerbstätigkeit, nicht konsequent durchgehalten werden. 1973 wurde zwar ein genereller Anwerbestopp erlassen, die bereits zugewanderten Menschen erhielten aber aufgrund des hohen Arbeitskräftebedarfs hauptsächlich in der Industrie die Möglichkeit, den Aufenthalt zu verfestigen und ihre Familienmitglieder nachziehen zu lassen (vgl. Hildebrandt 1986). Um einerseits die Nachfrage nach billigen Arbeitskräften vor allem im Bau- und im Land- und Forstwirtschaftssektor zu decken und um andererseits die nach der Öffnung der Grenzen zugenommenen Wanderungen nach Deutschland zu steuern, wurde Anfang der 90er Jahre ein neues System der „Gastarbeit" etabliert. Vor dem Hintergrund der Erfahrungen in den 70er Jahren wurden nun Sicherungen eingeführt, die verhindern sollen, daß MigrantInnen sich für längere Zeit in Deutschland niederlassen und sich hier zugehörig fühlen.

Auf Grundlage der *Arbeitserlaubnis-Verordnung*, der *Anwerbestoppausnahme-Verordnung* sowie bilateraler Abkommen wurden die Optionen geschaffen, MigrantInnen befristet als Werkvertrags-, Gast- oder SaisonarbeitnehmerInnen oder als GrenzgängerInnen in Deutschland zu beschäftigen (vgl. Mehrländer 1996). Gemeinsam ist diesen Migrationsformen, daß der Aufenthaltstitel von der Arbeitserlaubnis abhängt, er verliert seine Gültigkeit mit Ablauf der Arbeitserlaubnis. Ferner wird ein befristeter Aufenthalt erlaubt, der an den Zweck der Aus- oder Weiterbildung, z.B. eines Studiums oder Praktikums, gebunden ist.

Die Höchstdauer von Arbeitserlaubnissen im Rahmen von Werkverträgen beträgt zwei, in Ausnahmefällen drei Jahre. Die Beschäftigung als GastarbeitnehmerIn ist auf ein Jahr mit einer maximalen Verlängerungsoption um sechs Monate begrenzt. Für die Beschäftigung als Werkvertragsarbeitnehmer[8] gilt, daß sie erst nach Ablauf einer „Karenzzeit" außerhalb Deutschlands, die der Dauer des vorherigen Aufenthalts entspricht, erneut eine solche Beschäftigung in Deutschland aufnehmen dürfen. Auf diese Weise wird eine Sollbruchstelle gegen die Verfestigung des Aufenthalts sowie gegen die Entwicklung von dauerhaften sozialen Bezügen im Aufnahmeland angelegt. Dadurch, daß die neuen „GastarbeiterInnen" generell ihren Aufenthalt nicht verfestigen können, wird konsequenterweise auch der Nachzug von Familienangehörigen und somit die stärkere soziale Einbindung in Deutschland unterbunden.

Auch in den offiziell formulierten Zielen beider Beschäftigungsformen wird der Wunsch deutlich, daß sich die MigrantInnen nicht auf Deutschland, sondern auf Polen als Zukunftsperspektive orientieren. Im Abkommen über die Gastbeitnehmerlnnenbeschäftigung heißt es, daß polnische Fachkräfte sich durch die

---

8 Diese Migrationsform wird nach Auskunft des zuständigen Landesarbeitsamts Nordrhein-Westfalen ausschließlich von Männern praktiziert, da Werkverträge allein in männerdominierten Branchen abgeschlossen werden. Es ist zu vermuten, daß Frauen u.a. aus diesem Grund verstärkt auf andere Migrationsformen ausweichen müssen, und zwar auf die informelle Migration und die Heiratsmigration.

Beschäftigung in Deutschland weiter qualifizieren sollen, um im Anschluß ihre gewonnenen Kenntnisse *in Polen* anwenden zu können.[9] Der Hintergrund für diese Konzeption ist das allgemeine Ziel, den Transformationsprozeß in Polen zu unterstützen. In den Werkvertragsregelungen wird der Wunsch nach wirtschaftlicher Kooperation zwischen Unternehmen aus Polen und Deutschland formuliert. Gleichzeitig wird die Verpflichtung des polnischen Unternehmens bzw. des polnischen Staates für die MigrantInnen festgeschrieben. Die Arbeitskräfte bleiben während ihrer Tätigkeit in Deutschland Beschäftigte des polnischen Unternehmens, das in Deutschland einen Werkvertrag ausführt. Sie sind in Polen sozialversichert und zahlen dort Steuern. Mit diesen Vereinbarungen weist die deutsche Seite die Hauptverantwortung für die MigrantInnen von sich. Gleichzeitig machen diese Regelungen aber die Vergabe von Werkverträgen für deutsche Unternehmen finanziell äußerst attraktiv (vgl. Cyrus/Helias 1993).

Die Saisonarbeit und die GrenzgängerInnenbeschäftigung sind noch flexiblere Bestandteile des „Gastarbeit"-Systems. Unter der Voraussetzung, daß kein/e deutsche/r ArbeitnehmerIn, EU-ArbeitnehmerIn oder andere/r „AusländerIn" mit entsprechender Arbeitserlaubnis für den Arbeitsplatz in Frage kommt, können polnische Arbeitskräfte relativ kurzfristig z.b. für Erntearbeiten als SaisonarbeitnehmerInnen angeworben werden. Die Arbeitserlaubnis für die Saisonarbeit wird auf maximal drei Monate im Jahr[10] begrenzt, d.h. der vorübergehende und zweckbestimmte Charakter des Aufenthalts ist eindeutig. Eine Arbeitserlaubnis für sogenannte GrenzgängerInnen können PolInnen für die abhängige Erwerbsarbeit im deutschen Grenzgebiet erhalten, wenn sie entweder täglich nach Polen zurückkehren oder die Tätigkeit auf zwei Tage in der Woche begrenzt ist. Die GrenzgängerInnenbeschäftigung könnte als Schritt in Richtung eines Zugeständnisses von transnationalen Arbeits- und Lebensweisen angesehen werden. Allerdings sorgt das „Inländer"-Primat bei der Arbeitsvermittlung, also die Nicht-Zugehörigkeit der „GastarbeiterInnen" zur Aufnahmegesellschaft, im Zusammenhang mit hoher Erwerbslosigkeit in den ostdeutschen Grenzregionen dafür, daß diese Beschäftigungsform kaum praktiziert wird (vgl. Werner 1993).

Für die „GastarbeiterInnen" gilt wie für die oben diskutierten Familiennachziehenden und HeiratsmigrantInnen, daß ihr Status abgesehen von der Befristung auch während des Aufenthalts ständig gefährdet ist. Beispielsweise verlieren Werkvertragsarbeitnehmer ihr Aufenthaltsrecht, wenn ein Unternehmen sie auf einer anderen Baustelle einsetzt als jene, für die die Arbeitserlaubnisse gelten.

---

9 Die Umsetzbarkeit dieser Zielsetzung ist angesichts der Tatsache, daß ein Teil der GastarbeitnehmerInnen als Hilfskräfte eingesetzt werden (vgl. Kuptsch 1994), sowie angesichts der Arbeitsmarktlage in Polen jedoch zweifelhaft.
10 In der Änderung des *Arbeitserlaubnisrechts* vom September 1996 wird als Reaktion auf eine entsprechende Arbeitskräftenachfrage die Verlängerung der Arbeitserlaubnis unter bestimmten Voraussetzungen erlaubt, und zwar 1997 um 6, 1998 um 4 und 1999 um 3 Monate, insgesamt also wiederum mit rückläufiger Tendenz.

2.4 Negation der Zugehörigkeit durch Ausgrenzung und Entrechtung

Abgesehen von den bisher aufgeführten Migrationsformen existiert nur die Möglichkeit, als TouristIn nach Deutschland einzureisen. TouristInnen dürfen allerdings keine Erwerbsarbeit in Deutschland aufnehmen und hier nicht länger als drei Monate bleiben. Die Kehrseite dieser strikten Regulation und starken Einschränkung der legalen Migration ist die Zunahme der Migration ohne entsprechende aufenthalts- und arbeitsrechtliche Dokumente. Es ist ein weiteres zentrales Element der Migrationspolitik, jene Migrationsformen, die außerhalb der aufgezeigten Zuordnungen stattfinden, zu kriminalisieren und als Phänomen, das außerhalb der Aufnahmegesellschaft angesiedelt ist, zu begreifen.

Der Prozeß der Entrechtlichung und der Negierung der Zugehörigkeit zur deutschen Nation im Fall nicht konformen oder nicht rechtmäßigen Verhaltens wurde bereits bezogen auf die nachziehenden Familienangehörigen bzw. EhegattInnen sowie auf die „GastarbeiterInnen" deutlich. Darüber hinaus verlieren MigrantInnen ihre aufenthalts- oder arbeitsrechtliche Absicherung, wenn sie beispielsweise ihre reguläre Aufenthaltsdauer überziehen oder wenn sie als TouristInnen eine Erwerbsarbeit aufnehmen. Die Schwelle von einem rechtlich relativ gesicherten zu einem halb-legalen oder illegalen Status ist vielfach sehr niedrig. Zur Politik der Ausgrenzung prekarisierter MigrantInnen gehören ferner verschiedene Formen der Kriminalisierung, die PolInnen generell betreffen, beispielsweise die bevorzugte Verkehrskontrolle polnischer Fahrzeuge, die Konzentration auf polnische Arbeitskräfte bei Razzien auf Baustellen sowie die bisweilen schikanöse Behandlung durch Behörden (vgl. Baum 1996).

3. *Transnationale soziale Lebensräume*

Die Zentralität der Kategorien Staatsbürgerschaft und Zugehörigkeit zur Nation wird durch die Migrationspolitik hervorgehoben, obwohl die ökonomischen Verflechtungen zwischen Deutschland und Polen einerseits und die sozialen Beziehungen der MigrantInnen andererseits die nationenbezogene Politik stark unterminieren. Der „funktionale Raum" (Altvater 1994) der staatlichen Migrationspolitik, der sich mit dem territorialen Raum des Staates deckt, ist weder mit dem ökonomischen noch mit dem sozialen „funktionalen Raum" identisch. Das starke Lohngefälle zwischen Polen und Deutschland, der Ausbau Berlins zur repräsentativen Hauptstadt und zur Dienstleistungsmetropole sind Faktoren, die sowohl die legale als auch die illegale Arbeitsmigration fördern. Gerade in den geschlechtsspezifisch segregierten informellen Segmenten des Bausektors und der privaten sozialen Dienstleistungen besteht ein Bedarf an flexibel einsetzbaren, billigen Arbeitskräften, der u.a. durch MigrantInnen aus Polen gedeckt wird. Vor dem Hintergrund der geographischen Nähe entstehen in Wechselwirkung zwischen der

Migration aus Polen 243

spezifischen Arbeitsmarktnachfrage in Deutschland bzw. Berlin, den individuellen Zukunftsperspektiven in Polen sowie den sozialen Netzwerken der MigrantInnen neue soziale Räume, die sich nicht mit der Kategorie der Nationszugehörigkeit fassen lassen.

Im folgenden werden anhand der Pendelmigration die Grenzen der Prämissen der Migrationspolitik aufgezeigt. Darüber hinaus soll am Beispiel polnischer Eigenorganisationen, sozialer Orte und Publikationen in Berlin deren Bedeutungsvielfalt veranschaulicht werden. Die empirische Basis der Schilderung transnationaler sozialer Funktionsräume liefern Interviews mit VertreterInnen polnischer Organisationen in Berlin, mit ExpertInnen aus Beratungsstellen für MigrantInnen aus Polen, Interviews und informelle Gespräche mit MigrantInnen verschiedener Zuwanderungsgenerationen sowie die Berliner Medien in polnischer Sprache.

3.1 Pendelmigration

Eine typische Alltagssituation der MigrantInnen der 90er Jahre ist das Pendeln zwischen Berlin und Polen. In der Regel fahren die PendelmigrantInnen mit dem Zug, mit Bussen oder PKWs für die Dauer von einigen Monaten, Wochen, Tagen oder auch nur Stunden nach Berlin, um hier zu arbeiten. Zu den PendelmigrantInnen zählen z.B. erstens die „GastarbeiterInnen", die in längeren Intervallen in Berlin bleiben und arbeiten und hin und wieder an einem freien Wochenende ihre Angehörigen in Polen besuchen; zweitens die Personen, die als TouristInnen in Deutschland einreisen und in Berlin – ohne Arbeitserlaubnis – arbeiten; drittens deutsche Staatsangehörige, die den (Spät-)Aussiedlerstatus nicht geltend machen können und somit keine Integrationshilfen in Deutschland erhalten. Sie behalten ihren Lebensmittelpunkt in Polen und arbeiten phasenweise in Berlin. Viertens setzen auch einige der MigrantInnen, die bereits in den 80er Jahren zwischen Berlin und Polen als AussiedlerInnen oder prekarisierte MigrantInnen gependelt sind, diese Lebensform fort. Das heißt, MigrantInnen mit sehr unterschiedlichen aufenthaltsrechtlichen Status und somit auch gegensätzlichen migrationspolitischen Zuordnungen – als „GastarbeiterInnen", als „Illegale", als in Polen lebende Deutsche oder als zu Deutschland gehörend konzipierte AussiedlerInnen – leben gleichermaßen *transnational*.

Inwiefern sich die Arbeitsmarktsituation und die Zukunftsperspektiven je nach Status unterscheiden, ist bisher noch nicht hinreichend empirisch überprüft. Es gibt jedoch Hinweise darauf, daß sowohl die PendelmigrantInnen mit Status als TouristInnen als auch diejenigen mit deutschem Ausweis sich in Berlin in vergleichbaren Beschäftigungsverhältnissen befinden. Zentrale Unterscheidungslinie ist hier das Geschlecht. So finden Männer fast ausschließlich im Bausektor informelle Arbeitsplätze, und zwar einerseits bei Baufirmen und andererseits bei Einzelpersonen, die ihre privaten Wohnungen ausbauen oder renovieren lassen. Frauen sind hauptsächlich im informellen Segment privater Dienstleistungen beschäftigt, als Haushaltshilfe in Privathaushalten oder als Prostituierte. Die Löhne sind für inländische Verhältnisse meist niedrig. Aufgrund des Kaufkraftgefälles zwischen Deutschland und Polen übersteigt aber das Einkommen in Deutschland in den meisten Fällen das in Polen erzielbare. Diese Konstellation beeinflußt die unterschiedlichen Alltagssituationen und Lebensperspektiven. In vielen Fällen kann durch den Erwerb der PendelmigrantInnen die Existenz der übrigen Haushaltsmitglieder, die in Polen leben, gesichert werden (vgl. Morokvasic 1994). Es wird also einerseits die Kontinuität – eines Teils – des Haushalts in Polen gesichert, diese Kontinuität beruht aber andererseits auf der grenzüberschreitenden Mobilität einzelner Haushaltsmitglieder. Diese MigrantInnen halten ihre Verbindungen nach Polen; durch den veränderten Alltag können aber auch diese Beziehungen ihre Qualität verändern. Gleichzeitig entstehen – obwohl ihr Status, wenn sie „Gastarbeiterinnen", TouristInnen oder prekarisierte MigrantInnen sind, als nicht zu Deutschland gehörig konzipiert ist – Verbindungen zu Deutschland, und zwar durch die Einbettung in den informellen Arbeitsmarkt in Berlin sowie durch soziale Kontakte zu anderen Netzwerken in Berlin.

Andere MigrantInnen, die phasenweise in Berlin arbeiten, verfolgen die Perspektive, nach einer gewissen Zeit, in der sie genügend Geld gespart haben, nach Polen zurückzukehren, um sich dort selbständig zu machen. Auch diese spezifische Lebensplanung basiert auf einem grenzüberschreitenden Konzept: Voraussetzung, um die Zukunftsperspektive in Polen zu verwirklichen, ist die Erwerbsarbeit jenseits der polnischen Grenze zumindest für einen bestimmten Zeitraum, der nicht unbedingt den Migrationsregelungen entspricht.

Eine dritte Perspektive ist es, den Lebensmittelpunkt dauerhaft nach Berlin zu verlegen. Zu einem langfristigen Aufenthalt in Berlin entscheiden sich nicht nur die MigrantInnen, die die rechtlichen Voraussetzungen hierfür haben. Einzelne leben und arbeiten seit Jahren in Berlin, ohne daß der Aufenthalt rechtlich abgesichert werden konnte. Andere zumeist polnische Frauen (vgl. Miera 1996) heiraten in Berlin und können so ihren Aufenthalt unter Inkaufnahme der Abhängigkeit vom Ehemann sichern. Z.T. leben sie auch lediglich mit der Perspektive dauerhaft in Berlin, ihren Partner in naher Zukunft zu heiraten, und dadurch den Aufenthalt zu legalisieren; die Umsetzung zögert sich aber u.U. über Jahre hinaus. Insgesamt läßt sich also ein sehr facettenreiches Bild von Perspektiven und Bezügen zu Deutschland und/oder Polen erkennen, die unabhängig von der migrationspolitisch gesetzten Zugehörigkeit gelebt werden.

3.2 Polnische Netzwerke in Berlin

Für das ökonomische, soziale, kulturelle und emotionale Einleben in einer neuen Stadt sowie für das transnationale Leben mit mehr als einem räumlichen Bezugspunkt sind die sozialen Netzwerke der MigrantInnen von zentraler Bedeutung (vgl. Lomnitz 1976; Portes/Sensenbrenner 1993; Glick Schiller et al. 1995; Pries

1996). Als soziale Netzwerke sind die Beziehungsnetze auf formaler und auf informeller Ebene gemeint, also sowohl in Form von Verbänden und Organisationen als auch als Verwandtschafts-, Freundschafts- oder Bekanntschaftsbeziehungen. Sie können sich aufgrund gemeinsamer Interessen, Sprache, Herkunft, Ausbildung etc. ausbilden (vgl. Gurak/Caces 1992). Die folgende Analyse eines wichtigen Ausschnitts aus dem formalen Netzwerk der MigrantInnen aus Polen (polnische Vereine, Kirche, Medien) soll dazu dienen, die These der Existenz transnationaler sozialer Räume zu untermauern.

Von besonderer Relevanz für die Ausgestaltung dieser Netzwerke sind die MigrantInnen früherer (Zu)wanderungsphasen (vgl. Bletzer 1991; Mrowka 1994; Zientkiewicz 1994). In Berlin leben neben den MigrantInnen der 90er Jahre die MigrantInnen – (Spät-)AussiedlerInnen und polnische Staatsangehörige –, die vor der Wende in Polen in den West- oder Ost-Teil der Stadt gezogen sind, die Mitglieder bzw. Nachfahren der alten polnischen Minderheit sowie der Gruppe der sog. displaced persons der Nachkriegszeit. Die Netzwerke stellen Verbindungen unter den verschiedenen Migrationsgenerationen innerhalb von Berlin her, zu gesellschaftlichen Gruppen unterschiedlicher ethnischer oder nationaler Herkunft in Berlin, nach Polen, sowie zu dem sozialen Raum des Migrationswegs zwischen Polen und Deutschland bzw. Berlin. Das heißt, sie haben – in unterschiedlichem Ausmaß – transnationalen Charakter.

Es existieren verschiedene polnische Vereine unterschiedlicher Ausrichtung, die für ihre Mitglieder und Interessierte in bezug auf die Frage der nationalen oder kulturellen Zugehörigkeit vielschichtige Bedeutungen haben. Typische Vereine sind jene, die sich die Pflege der polnischen Sprache und Kultur zum Ziel gesetzt haben. Ihre Mitglieder haben in der Regel die deutsche Staatsbürgerschaft und leben seit 15 und mehr Jahren in Deutschland bzw. sind bereits hier geboren; sie sind überwiegend im Rentenalter. Manche der Mitglieder – die ja als Deutschland zugehörig gedacht werden – haben in der Tat keine Verwandtschafts- oder Bekanntschaftsbeziehungen mehr nach Polen. Was sie verbindet, ist dennoch eine emotionale und kulturelle Bindung an Polen, der u.a. auch durch gemeinsame Reisen nach Polen entsprochen wird.

Einer der wichtigsten dieser Vereine spricht darüber hinaus auch die MigrantInnen der 90er Jahre an. Sie erhalten hier z.B. die Adressen polnischsprachiger RechtsanwältInnen oder ÄrztInnen und wenden sich mit aufenthaltsrechtlichen Fragen an die Vereinsmitglieder. Eine weitere Funktion dieses Traditionsvereins ist die Einrichtung von Deutsch-Sprachkursen. Sie werden von zahlreichen Frauen besucht, die bereits seit 10 bis 15 Jahren in Berlin leben und erst jetzt – da ihre Kinder erwachsen sind – beginnen, sich stärker auf ein deutschsprachiges Umfeld einzurichten. Gleichzeitig sind die MigrantInnen der 90er Jahre – unabhängig von ihrem Status – am Erlernen der deutschen Sprache interessiert. Insgesamt stellt der Verein also eine Infrastruktur bereit, die erstens das Einleben in Deutschland und den Kontakt zu deutschsprachigen Personen erleichtert, zweitens die Beziehungen innerhalb der polnischsprachigen Netzwerke in Berlin unterstützt und drittens die Nähe zur Kultur des Herkunftslandes Polen aufrecht erhält. Die Frage, welcher Bedeutungsaspekt für welche MigrantInnen relevant ist, entscheidet sich nicht entlang der Zuordnungen, die durch die Migrationspolitik gesetzt werden. Ein weiteres Beispiel verdeutlicht, daß die Vereinsaktivitäten (noch) dauerhaft in Deutschland lebender MigrantInnen aus Polen u.a. auch darauf zielen, ihren Kindern den Kontakt zu Polen oder sogar eine Berufsperspektive in Polen zu eröffnen. So organisiert ein polnischer Schulverein, dessen Mitglieder ebenfalls vorwiegend die deutsche Staatsbürgerschaft haben, polnischsprachigen Schulunterricht für Kinder, die in Berlin deutsche Schulen besuchen. Zum Teil absolvieren SchülerInnen in Berlin zusätzlich zum deutschen auch das polnische Abitur.[11]

Es existieren weitere Orte des sozialen und kulturellen Lebens von MigrantInnen aus Polen, so zum Beispiel die verschiedenen Kirchen in Berlin, in denen Messen in polnischer Sprache gefeiert werden, welche regelmäßig sehr gut besucht sind. Sie bieten die Möglichkeit, das religiöse Leben nicht nur in der Muttersprache, sondern auch in der gewohnten Art und Weise zu verfolgen. Die Messen und die Zeit vor und nach den Messen, in der sich die Gemeinde vor der Kirche versammelt, erfüllen weitere wichtige soziale Funktionen. So werden einerseits Nachrichten über Veranstaltungen in der polnischen Community und andererseits für Neu-BerlinerInnen grundlegende Informationen, z.B. Wohnungsangebote, vermittelt. Für diejenigen MigrantInnen, die aufgrund ihrer spezifischen Situation z.B. als Werkvertragsarbeitnehmer neben ihren Arbeitskollegen kaum soziale Kontakte in Berlin haben, ist der Besuch der Messe auch eine Form der Freizeitgestaltung. Schließlich ist die Kirche ein Ort, wo die Einzelnen sich ihres Erfolges und ihrer Stellung verglichen mit anderen MigrantInnen vergewissern können. Hier gilt es, durch Statussymbole, z.B. teure Kleidung oder Autos, den eigenen Erfolg zu demonstrieren. Vermutlich ist dieser Aspekt gerade dann von besonderer Relevanz, wenn die Anerkennung in der Gesellschaft außerhalb der polnischen Netzwerke gering ist.

Die Bedeutung der polnischen Messen verweist auf einen sozialen Raum, der durch das Aufeinandertreffen von MigrantInnen verschiedener Zuwanderungsphasen geprägt ist. Hier werden Bezüge zu Polen aufrechterhalten, die Verbindungen unter den polnischsprachigen Menschen in Berlin gestärkt sowie die Position als MigrantIn in einer deutschen Stadt überprüft. Die Funktion polnischer Messen außerhalb von Polen wird nicht zuletzt durch die Tatsache augenfällig, daß manche erst in Berlin beginnen, die Kirche zu besuchen.

Ein weiteres Element des Lebens innerhalb eines Raumes, der nicht primär durch die Staatsgrenzen definiert ist, sind die in Berlin zugänglichen Medien in polnischer Sprache. Zum einen kann mehrere Stunden täglich ein in Polen produziertes Fernseh-Programm empfangen werden. Zweitens berichten polnische,

---

11 Die grenzüberschreitende politische Bedeutung von MigrantInnenorganisationen wäre anhand der Aktivitäten der Exil-Verbände der *Solidarność* während der 80er Jahre gesondert zu untersuchen. Auf diesen Aspekt soll hier aufgrund der Fokussierung auf die 90er Jahre nicht weiter eingegangen werden (vgl. Mrowka 1994; Bletzer 1991).

Migration aus Polen

in Berlin lebende JournalistInnen in einem 20-minütigen Berliner Radioprogramm über Ereignisse in Polen und Deutschland bzw. Berlin. Eine monatlich in Berlin in steigender Auflage erscheinende, polnischsprachige Publikation wird von einer Ende der 80er Jahre eingereisten Familie hergestellt und verteilt, um – nach eigenen Aussagen – die Kontakte und Beziehungen unter der polnischsprachigen Bevölkerung in Berlin zu fördern. In dem Blatt, das den Titel „Kontakty" trägt, werden überwiegend Anzeigen und Veranstaltungshinweise veröffentlicht. FriseurInnen, ÄrztInnen, Versicherungsunternehmen etc. werben mit dem ausdrücklichen Hinweis, daß in den Praxen und Büros polnisch gesprochen werde. Verschiedene Lokale bieten polnische Küche und Veranstaltungen zu den polnischen Feiertagen an. Weiterhin annoncieren, wie eingangs erwähnt, Unternehmen mit Sitz sowohl in Polen als auch in Deutschland, die sich auf die Beratung beim Stellen eines Antrags auf Anerkennung der deutschen Staatsbürgerschaft spezialisiert haben. Die Qualifikationsanforderungen in den Stellenanzeigen umfassen hin und wieder sowohl Deutsch- als auch Polnisch-Kenntnisse. Ferner werden Immobilien in Polen zum Verkauf angeboten.

Das Offertenblatt dient speziell Personen mit geringen Deutschkenntnissen als Orientierungshilfe. In den polnischsprachigen Praxen und Büros kann nicht nur das Gefühl der Fremdheit verringert werden, es können auch weitere wichtige Informationen weitergegeben werden. Die Publikation richtet sich sowohl an dauerhaft in Berlin lebende PolInnen, die mit dem Kauf von Immobilien jenseits der Oder ihre Verbindungen zu Polen halten oder neu aufbauen, als auch an PendlerInnen, u.a. an diejenigen, die ihren Status legalisieren wollen. Weiterhin trägt das Blatt durch die Verbreitung von Adressen und Kulturhinweisen nicht nur zu einer Stärkung polnischer Netzwerke innerhalb und außerhalb Berlins, sondern auch zur Eigendarstellung als polnische Community bei.

Ein weiteres Medium, die polnische Seite im Internet, ermöglicht technisch die weltweite Kommunikation unter polnischsprachigen Menschen. Sie wird in Berlin gestaltet. An den Diskussionsforen beteiligen sich hauptsächlich polnische MigrantInnen, die in den USA und Kanada leben, sowie einige aus deutschen Städten. Für die Kommunikation der außerhalb der polnischen Staatsgrenzen lebenden MigrantInnen, kurz: der Polonia, mit den in Polen lebenden Menschen scheint dieses Medium jedoch ebenso irrelevant zu sein wie für den Austausch unter der Mehrzahl der in Berlin lebenden Polonia. Die Bedeutung moderner Kommunikationstechnologien für die Ausbildung von transnationalen Netzwerken und Migrationen, die in der Literatur häufig hervorgehoben wird (z.B. Pries 1996), ist offenbar durch den kostspieligen Zugang zu diesen Medien begrenzt. Dennoch verweist auch die Internet-Seite mit ihren Diskussionen über Migrationsmotivationen und Identitätsfragen auf einen sozialen Raum jenseits von Staatsgrenzen.

4. Auswirkungen der Migrationspolitiken auf die soziale Lage der MigrantInnen

Die Migrationspolitik ordnet die MigrantInnen nach einem dualistischen Prinzip als entweder dem deutschen oder dem polnischen Staat zugehörig zu. Die Lebenswirklichkeit der MigrantInnen richtet sich aber nicht primär nach diesen Kategorien, sondern läßt sich eher mit einem Konzept der transnationalen sozialen Räume erfassen läßt. Abschließend soll dargelegt werden, daß die Kategorisierungen durch die Migrationspolitik maßgeblich die Lebenssituation der MigrantInnen strukturieren (vgl. z.B. Faist 1995). Anhand einiger Beispiele werde ich veranschaulichen, daß die Migrationspolitik zur Entwicklung spezifischer Netzwerke beiträgt, und daß sie grundlegender Faktor bei der Herausbildung von Hierarchien innerhalb der Gesamtgruppe von MigrantInnen aus Polen sowie im Verhältnis zur Aufnahmegesellschaft ist.

Indem die (Spät-)AussiedlerInnen gegenüber anderen MigrantInnen besonders behandelt und als Deutsche bevorzugt werden, werden sie als eigene Gruppe konstruiert. Die Wahrnehmung als besondere Gruppe wird teilweise durch ein entsprechendes Selbstbild der (Spät-)AussiedlerInnen als Deutsche unterstützt. Allein die äußeren Bedingungen – die Unterbringung in Wohnheimen, die zu bewältigenden bürokratischen Anforderungen, die Einrichtung von Deutsch-Sprachkursen speziell für (Spät-)AussiedlerInnen – führen in vielen Fällen dazu, daß unter den (Spät-)AussiedlerInnen relativ abgeschlossene Netzwerke entstehen. Häufig wird berichtet, daß sich die sozialen Kontakte auch lange Zeit nach dem Auszug aus dem Wohnheim auf die ehemaligen NachbarInnen und KursteilnehmerInnen sowie auf Bekannte und Verwandte aus Polen beschränken. Die Tatsache, daß verschiedene (Spät-)AussiedlerInnen (der älteren Generation), die in ehemals deutschen Gebieten gewohnt haben, erst im Übergangsheim Polnisch lernen, um sich mit den anderen BewohnerInnen verständigen zu können, verweist darauf, daß die Auswirkungen der Migrationspolitik sich nicht zwangsläufig mit den intendierten decken. Die Politik, die den engen Bezug der Sondergruppe der (Spät-)AussiedlerInnen zu Deutschland als gegeben voraussetzt, wird ad absurdum geführt.

Im Fall der Familiennachziehenden und HeiratsmigrantInnen, die ihre Stellung in der deutschen Gesellschaft fortdauernd legitimieren müssen, wirkt die Migrationspolitik noch direkter auf ihre sozialen Beziehungen. Vor dem Hintergrund fehlender Alternativen der legalen langfristigen Zuwanderung entscheiden sich zahlreiche polnische Frauen zur Ehe, die sie ohne den aufenthaltsrechtlichen Druck nicht eingegangen wären. Im Fall von schwerwiegenden Konflikten oder Gewalttätigkeiten des Ehemannes sind sie vor die Alternativen gestellt, die Beziehung zu ertragen, das Land zu verlassen oder ohne rechtliche Sicherheit in Deutschland zu leben, es sei denn, sie entscheiden sich zu juristischen Schritten und werden als „Härtefall" akzeptiert. Eine Folge der restriktiven Migrationspolitik sowie

Migration aus Polen

bestimmter Klischees deutscher Männer von polnischen Frauen – aber auch der Polinnen von den Deutschen – ist die Entwicklung eines transnationalen kommerziellen Heiratsmarktes, über den Kontakte zwischen polnischen Frauen und deutschen Männern hergestellt werden (vgl. Kempe 1992), wobei zum Teil die Trennlinien zwischen Heiratsmigration, Frauenhandel und Handel in die Prostitution unscharf werden (vgl. Senatsverwaltung für Arbeit 1997). Nicht die Verhinderung von Migration, sondern gerade die Zunahme dieser spezifischen Migrationsform mit schrittweiser Verfestigung des Aufenthalts sowie die Manifestation geschlechtsspezifischer Machtverhältnisse sind Konsequenzen der Einschränkung legaler Migrationswege.

Die Auswirkungen der formalen Exklusion von MigrantInnen sind am deutlichsten sichtbar im Alltag der offiziell vollkommen Unerwünschten, der MigrantInnen ohne aufenthalts- und/oder arbeitsrechtliche Dokumente. Ihnen ist der Zugang zum legalen Arbeitsmarkt versperrt. Gerade aufgrund ihrer prekären rechtlichen Situation sind sie relativ billige Arbeitskräfte mit geringen Möglichkeiten, arbeitsrechtliche Mindeststandards durchzusetzen. Sie finden – im Zusammenhang mit einem bestimmten Bild über die spezifischen Fähigkeiten von Männern resp. Frauen aus Polen sowie einer entsprechenden Arbeitsmarktnachfrage – Beschäftigungen im informellen Sektor (vgl. Kienast/Marburger 1996). Die rechtlich prekäre Lage macht die MigrantInnen nicht nur von ihrem/r ArbeitgeberIn stärker abhängig als andere Beschäftigte. Sie charakterisiert ihren Alltag und ihre Beziehungsgeflechte auf mehreren Ebenen. Bei der Organisation einer Unterkunft, von Krankenversorgung, Krediten oder der Vermittlung von Arbeitsplätzen sind sie auf Unterstützung und informelle Informationskanäle angewiesen. Da sie rechtlich auf der untersten Hierarchieebene stehen, ist es allen anderen Personen und Gruppen möglich, von dieser Situation zu profitieren. Beispielsweise nutzen Wohnungsinhaber die Abhängigkeit illegaler MigrantInnen aus, indem sie hohe Mieten für einen Schlafplatz in einer Wohnung verlangen; VermittlerInnen von Arbeitsplätzen im informellen Arbeitsmarkt erheben von den prekarisierten MigrantInnen zusätzliche Gebühren für die Informationsweitergabe. Bewohnen die MigrantInnen nur dürftig ausgestattete Unterkünfte, so entstehen zusätzliche Kosten für einfache Hausarbeiten, für die kommerzielle Dienstleistungsangebote wahrgenommen werden müssen (z.B. Waschsalon, Imbiß). Darüber hinaus kann die Information darüber, daß ein/e MigrantIn sich illegal in Deutschland aufhält und arbeitet, von Personen mit einem rechtlich sicheren Status als Droh- oder Machtinstrument eingesetzt werden.

Insgesamt läßt sich festhalten, daß erstens die Entrechtlichung der MigrantInnen nicht die Migration verhindert. Der offiziellen Strategie der Verhinderung von Migration wirken andere Faktoren entgegen, insbesondere die hohe Nachfrage nach Arbeitskräften mit diesem Status sowie die Existenz von transnationalen Netzwerken. Zweitens folgt aus der Politik der Ausgrenzung der MigrantInnen auch nicht, daß die MigrantInnen in Deutschland keine Beziehungen und Verbindungen aufbauen würden. Gerade die rechtlich unsichere Position erhöht die

Notwendigkeit, bis zu einem gewissen Grad in soziale Beziehungsnetze in Berlin eingebettet zu sein. Gleichzeitig aber entstehen und manifestieren sich durch die Entrechtlichung spezifische Abhängigkeiten und Ausbeutungsverhältnisse (vgl. den Beitrag von Jordan u.a. in diesem Band).

5. Zusammenfassung

Am Beispiel der aktuellen Migration aus Polen nach Deutschland wurde das Spannungsverhältnis zwischen nationenbezogener Migrationspolitik und transnationalen Migrationsräumen aufzeigt. Auf der einen Seite stehen migrationspolitische Konstruktionen entlang des Kriteriums der Zugehörigkeit zur Nation, die entweder – im Fall der (Spät-)AussiedlerInnen – aufgrund der „Abstammung" als gegeben unterstellt wird oder – im Fall der Familiennachziehenden und HeiratsmigrantInnen – durch staatskonformes Verhalten und die Festlegung auf das Ehe- und Familienmodell unter Beweis gestellt werden muß. Auf diese Weise wird suggeriert, Zuwanderung von „ausländischen" Menschen finde nicht statt. Das Prinzip, Zuwanderung von „AusländerInnen" zu verhindern, bricht mit den Anforderungen des Arbeitsmarktes an billigen und flexibel einsetzbaren Arbeitskräften. Das neue „Gastarbeit"-System entspricht zwar den ökonomischen Anforderungen, unterstreicht aber gleichzeitig die Nicht-Zugehörigkeit der MigrantInnen zu Deutschland. Das Prinzip der Nicht-Zugehörigkeit wird am deutlichsten sichtbar durch die rechtliche Ausgrenzung derjenigen, denen die legale (Erwerbs-)Migration versperrt ist, die aber dennoch in Deutschland leben und arbeiten.

Auf der anderen Seite bilden sich durch die Interaktionen und die Mobilität der Menschen soziale Räume, die auf die Unzulänglichkeit staatlicher Migrationsregulation unter den aufgezeigten Prämissen hinweisen.

Der aufenthaltsrechtliche Status der MigrantInnen ist nur *ein* Faktor, der die sozioökonomische Situation der MigrantInnen strukturiert. Die MigrantInnen entwickeln soziale Beziehungen untereinander, z.B. aufgrund der gemeinsamen Sprache, quer zu den juristischen Konstruktionen von Nationszugehörigkeit. Sozial strukturierende Faktoren auf dem Berliner Arbeitsmarkt sind, wie es bisher scheint, das Geschlecht und die polnische Herkunft allgemein. Das heißt, die offiziell proklamierte Zugehörigkeit der (Spät-)AussiedlerInnen zu Deutschland läßt ebenso wenig auf deren tatsächliche Integration schließen, wie die Ausgrenzung der „Illegalen" darauf, daß ihr Einleben in Berlin verhindert würde. MigrantInnen leben nicht nach dem migrationspolitisch vorgegebenen dualistischen Schema der Zugehörigkeit zu entweder dem polnischen oder dem deutschen Staat. Tatsächlich stellen die Menschen aus Polen vielschichtige Kontakte und Bezüge zwischen Berlin und Polen, unter polnischsprachigen Menschen in Berlin, aber auch unter der Polonia in anderen Ländern sowie zu Personen anderer Herkunft in Berlin her. Ihre ökonomischen, sozialen und kulturellen Bezugspunkte lassen sich nicht ausschließlich einem Land zuordnen, sie bestehen nicht nur sowohl zu Polen als auch zu Berlin oder Deutschland, sondern darüber hinaus zu dem eigenen sozialen Raum, der sich aufgrund der Migrationssituation transnational ausgestaltet. Die Migrationspolitik trägt zum Teil gerade zur Ausbildung von Netzwerken und von bestimmten Migrationsformen bei, die sie erklärtermaßen unterbinden will. Der migrationspolitische, an das Staatsterritorium gebundene Raum und der grenzüberschreitende funktionale Raum der MigrantInnen sind an vielen Stellen nicht kongruent. Dieses Auseinanderfallen des staatsrechtlichen und des sozialen Raums verweist auf die Unzulänglichkeit einer nationalen Grenzen verhafteten Migrationspolitik und stellt m.E. eine Herausforderung an Denkmodelle dar, die an die Nation als zentrale Bezugsgröße anknüpfen. Wird die reale Lebenssituation der Menschen zum Ausgangspunkt genommen, so wird deutlich, daß nicht allein die Akzeptanz der Tatsache überfällig ist, daß Deutschland ein Einwanderungsland ist. Denn auch „eingewanderte" MigrantInnen brechen nicht zwangsläufig die Bezüge zu ihrem Herkunftsland vollkommen ab, sondern „forge and sustain simultaneous multi-stranded social relations that link together their societies of origin and settlement" (Glick Schiller et al. 1995, S. 59). Aus dem Blickwinkel, in dem eine Nation als „one node in a postnational network of diasporas" (Appadurai 1993, S. 423) gesehen wird, verschwinden nationenbezogene ausschließliche Zuordnungen, und transnationale soziale Funktionsräume werden sichtbar und begreifbar. Diese Perspektive würde das Bild der MigrantInnen und die Politik ihnen gegenüber in Deutschland verändern: Weder müßten die „ausgesiedelten" MigrantInnen als ohne Bezüge zum Herkunftsland und nur Deutschland gegenüber loyal verstanden werden noch die HeiratsmigrantInnen und Familiennachziehenden als zur Rechtfertigung ihrer Staatsloyalität verpflichtet, noch die neuen „GastarbeiterInnen", TouristInnen und sogenannten Illegalen als ausschließlich dem Herkunftsland zuordenbar. Dies hätte konkrete Auswirkungen auf integrations- und bildungspolitischer Ebene.

Es wurde deutlich, daß die nationen- und familienorientierte Migrationspolitik im Kontext einer spezifischen Arbeitsmarktstruktur sowie spezifischer Geschlechterverhältnisse im Zielland und im Herkunftsland ökonomische und geschlechtsspezifische Ausbeutungs- und Machtstrukturen reproduziert und verfestigt. Daher stehen diese Regulierungsformen im Gegensatz zur Durchsetzung eines allgemeinen demokratischen Gleichheitsanspruchs. Eine Voraussetzung, um diese Machtstrukturen abzubauen, bestünde in der Abkehr von einem System der Gleichzeitigkeit unterschiedlicher Zugänge zu sozialen Ressourcen, das momentan durch die migrationspolitisch unterschiedlichen Wege hergestellt wird. Weiterhin erscheint aber das Kriterium der territorialen Zugehörigkeit als nicht adäquat für die Zuerkennung staatsbürgerlicher und sozialer Rechte, da auf diesem Kriterium Mechanismen der Inklusion und Exklusion und die damit einhergehende Entrechtung von MigrantInnen basieren. Als Konsequenz ergibt sich die Frage, wie Staatsbürgerschaft bzw. *citizenship* und soziale Rechte transnational oder global konzipiert werden können (vgl. z.B. Bauböck 1994; Soysal 1994).

Literatur

Altvater, Elmar, 1994: Operationsfeld Weltmarkt oder: Vom souveränen Nationalstaat zum nationalen Wettbewerbsstaat, in: PROKLA. Zeitschrift für kritische Sozialwissenschaft 24(4), S. 517-547.
Appadurai, Arjun, 1993: Patriotism and Its Futures, in: Public Culture 5(3), S. 411-429.
Bauböck, Rainer, 1994: Transnational Citizenship. Membership and Rights in International Migration, Aldershot.
Bauböck, Rainer, 1995: Nation, Migration und Staatsbürgerschaft, in: Klaus von Beyme und Claus Offe (Hrsg.), Politische Theorien in der Ära der Transformation, Politische Vierteljahresschrift, Sonderheft 26, S. 325-348.
Baum, Karl-Heinz, 1996: Manchmal kann sogar alles legal sein – Szenen von sauberen deutschen Baustellen, in: Frankfurter Rundschau vom 20.7.
Bletzer, Beatrix, 1991: Interessenlage und Eigenorganisationen der Polen in Berlin – Analyse der Entwicklung seit den 80er Jahren, unveröff. Diplomarbeit am Fachbereich Politische Wissenschaften, Freie Universität Berlin.
Bös, Mathias, 1993: Ethnisierung des Rechts? Staatsbürgerschaft in Deutschland, Frankreich, Großbritannien und den USA, in: Kölner Zeitschrift für Soziologie und Sozialpsychologie 45(4), S. 619-643.
Boyd, Monica, 1989: Family And Personal Networks In International Migration: Recent Developments And New Agendas, in: International Migration Review 23(3), S. 638-670.
Castles, Stephen, 1995: How nation-states respond to immigration and ethnic diversity, in: new community 21(3), S. 293-308.
Cyrus, Norbert, 1994: Polnische Arbeitsmigranten in der Bundesrepublik Deutschland. Skizze eines Systems ausdifferenzierter Pendelmigration, in: Zbigniew Kurcz und Wladyslaw Misiak (Hrsg.), Mniejszosc niemiecka w Polsce i Polacy w Niemczech (Die deutsche Minderheit in Polen und Polen in Deutschland), Wroclaw, S. 179-193.
Cyrus, Norbert und Ewa Helias, 1993: „Es ist möglich, die Baukosten zu senken." Zur Problematik der Werkvertragsvereinbarungen mit osteuropäischen Staaten seit 1991 (Arbeitsheft des Berliner Instituts für Vergleichende Sozialforschung), Berlin.
Faist, Thomas, 1995: Migration in transnationalen Arbeitsmärkten: Zur Kollektivierung und Fragmentierung sozialer Rechte in Europa (Teil I+II), in: Zeitschrift für Sozialreform 41(1), S. 36-47 + 41(2), S. 108-122.
Glick Schiller, Nina, Linda Basch and Cristina Szanton Blanc, 1995: From immigrant to transmigrant: theorizing transnational migration, in: Anthropological Quarterly 68(1), S. 48-63.
Gurak, Douglas T. and Fe Caces, 1992: Migration, Networks and the Shaping of Migration Systems, in: Mary M. Kritz, Lin Lean Lim and Hania Zlotnik (Eds.), International Migration Systems. A Global Approach, Oxford, S. 151-176.
Hildebrandt, Eckart, 1986: Internationale Beschäftigungskonkurrenz. Zur Konkurrenz nationaler Arbeitsbevölkerungen am Beispiel der Ausländerbeschäftigung in der Bundesrepublik Deutschland, Berlin.
Hillmann, Felicitas, 1996: Jenseits der Kontinente. Migrationsstrategien von Frauen nach Europa, Pfaffenweiler.
Holston, James and Arjun Appadurai, 1996: Cities and Citizenship, in: Public Culture 8(2), S. 187-204.
Jazwinska, Ewa and Marek Okolski (Eds.), 1996: Causes and Consequences of Migration in Central and Eastern Europe. Podlasie and Slask Opolski: basic trends in 1975-1994, Warschau.
Kempe, Anja, 1992: Damenwahl. Der Handel mit polnischen Frauen (Skript eines Features des Südwestfunks vom 1.2.1992), o.O.
Kienast, Eckhard und Helga Marburger, 1996: Arbeits- und Lebensbedingungen polnischer Arbeitsmigranten in den neuen Bundesländern, in: Hans Bertram, Stefan Hradil und Gerhard Kleinhenz (Hrsg.), Sozialer und demographischer Wandel in den neuen Bundesländern, Opladen, S. 257-274.

Kuptsch, Christiane, 1994: Arbeitswanderung als Weiterbildungsweg. Organisationsformen zeitlich begrenzter Beschäftigung und Fortbildung von Mittel- und Osteuropäern in der Bundesrepublik Deutschland, unveröff. Manuskript, Genf.

Lie, John, 1995: From International Migration to Transnational Diaspora. Review of Journals, in: Contemporary Sociology 24(4), S. 303-306.

Lomnitz, Larissa, 1976: Migration and Networks in Latin America, in: Alejandro Portes and H. Browning (Eds.), Current Perspectives in Latin America Urban Research, Austin, S. 133-150.

Massey, Douglas S., 1990: Social Structure, Household Strategies, and the Cumulative Causation of Migration, in: Population Index 56(1), S. 3-26.

Mehrländer, Ursula, 1996: Neue Formen der Arbeitskräftewanderung: Polnische Werkvertragsarbeitnehmer, Gastarbeitnehmer und Saisonarbeiter, in: Bundesministerium für Arbeit und Sozialordnung (Hrsg.), Situation der ausländischen Arbeitnehmer und ihrer Familienangehörigen in der Bundesrepublik Deutschland, Berlin/Bonn, S. 596-696.

Meister, Hans-Peter, 1992: Polen in der Bundesrepublik Deutschland, in: Berliner Institut für Vergleichende Sozialforschung (Hrsg.), Ethnische Minderheiten in Deutschland. Arbeitsmigranten – Asylbewerber – Flüchtlinge – Regionale und religiöse Minderheiten – Vertriebene – Zwangsarbeiter, Berlin, 1. Lieferung, S. 3.1.1.-1-57.

Miera, Frauke, 1996: Zuwanderer und Zuwanderinnen aus Polen in Berlin in den 90er Jahren. Thesen über Auswirkungen der Migrationspolitiken auf ihre Arbeitsmarktsituation und Netzwerke, Discussion Paper FS I 96-106. Wissenschaftszentrum Berlin für Sozialforschung, Berlin.

Miles, Robert and Nora Räthzel, 1993: Migration and the Homogeneity of the Nation-State, in: Hedwig Rudolph and Mirjana Morokvasic (Eds.), Bridging states and markets: international migration in the early 1990s, Berlin, S. 65-91.

Miles, Robert and Dietrich Thränhardt (Eds.), 1995: Migration and European integration: the dynamics of inclusion and exclusion, London.

Morokvasic, Mirjana, 1994: Pendeln statt Auswandern. Das Beispiel Polen, in: Mirjana Morokvasic und Hedwig Rudolph (Hrsg.), Wanderungsraum Europa. Menschen und Grenzen in Bewegung, Berlin, S. 166-187.

Morokvasic, Mirjana and Anne de Tinguy, 1993: Between East and West: A New Migratory Space, in: Hedwig Rudolph and Mirjana Morokvasic (Eds.), Bridging states and markets: international migration in the early 1990s, Berlin, S. 245-263.

Moulier Boutang, Yann and Demetrios Papademetriou, 1993: Comparative Analysis of Migration Systems and their Perfomance. Papier für die Konferenz „Migration and International Co-Operation: Challenges for OECD Countries. Conference organized by the OECD, Canada and Spain", 26th-31th March 1993, Madrid.

Mrowka, Heinrich (Bearb.), 1994: Die polnische Minderheit in Deutschland vor dem Hintergrund der anderen Bevölkerungsgruppen, in: Dokumentation Ostmitteleuropa 20(3/4).

Portes, Alejandro and Julia Sensenbrenner, 1993: Embeddedness and Immigration: Notes on the Social Determinants of Economic Action, in: American Journal of Sociology 98(6), S. 1320-1350.

Pries, Ludger, 1996: Transnationale Soziale Räume. Theoretisch-empirische Skizze am Beispiel der Arbeitswanderungen Mexico – USA, in: Zeitschrift für Soziologie 25(6), S. 456-472.

Rudolph, Hedwig, 1996: The new *gastarbeiter*system in Germany, in: new community 22(2), S. 287-300.

Senatsverwaltung für Arbeit, Berufliche Bildung und Frauen, 1997: Bericht der Berliner Fachkommission „Frauenhandel", unveröffentlichter Bericht, Berlin.

Sheffer, Gabriel, 1989: A New Field of Study: Modern Diasporas in International Politics, in: Gabriel Sheffer (Ed.), Modern Diasporas in International Politics, London/Sydney, S. 1-15.

Smith, Geri and Elisabeth Malkin, 1997: The Border, in: BusinessWeek, 12.5., S. 32-39.

Soysal, Yasemin, 1994: Limits of Citizenship: Migrants and Postnational Membership in Europe, Chicago.

Tarrius, Alain, 1994: Zirkulationsterritorien von Migranten und städtische Räume, in: Mirjana Morokvasic und Hedwig Rudolph (Hrsg.), Wanderungsraum Europa. Menschen und Grenzen in Bewegung, Berlin, S. 113-132.

Weick, Stefan, 1996: Zuwanderer in Deutschland optimistisch. Untersuchung zu Lebensbedingungen, Integration und Zufriedenheit bei Migranten, in: Informationsdienst Soziale Indikatoren 16, S. 1-4.

Werner, Heinz, 1993: Beschäftigung von Grenzarbeitnehmern in der Bundesrepublik Deutschland, in: Mitteilungen aus der Arbeitsmarkt- und Berufsforschung 26(1), S. 28-35.

Wiener, Antje, 1996: Editorial: Fragmentierte Staatsbürgerschaft, in: PROKLA. Zeitschrift für kritische Sozialwissenschaft 26(4), S. 488-495.

Zientkiewicz, Grzegorz, 1994: Polen in Berlin. Geschichte und Gegenwart (Broschüre hrsg. v. der Ausländerbeauftragten des Berliner Senats), Berlin.

Kristóf Gosztonyi

Route 22 – Lateinamerikanische Zuwanderer in einem Vorort von New York City

Dieser Aufsatz beschäftigt sich mit den sozialgeographischen Mustern der Zuwanderung in einen Vorort von New York City. Sie ergeben sich aus dem Zusammenwirken der sozialen Netzwerke der Migranten mit dem Angebot an niedrigqualifizierten Arbeitsstellen und der Struktur des öffentlichen Personenverkehrs im Untersuchungsgebiet. Das empirische Material der Arbeit basiert auf einer sechsmonatigen Feldforschung in Patterson, einem Ort, der sich etwa 50 km nördlich von New York City, doch noch innerhalb des Einzugsgebietes der Metropole befindet. Die Untersuchung fand als teilnehmende Beobachtung statt; das ging soweit, daß ich während meines Forschungsaufenthaltes mein Geld auf dieselbe mühsame Art verdiente wie die „Objekte" meiner Forschung. Einerseits eröffnete sich so ein authentischer Zugang zum Milieu lateinamerikanischer Arbeitsmigranten, die als Illegale die Öffentlichkeit scheuen müssen; andererseits waren jedoch die Möglichkeiten einer formalen Forschung stark beeinträchtigt.

Im folgenden möchte ich auf zwei theoretisch relevante Aspekte der Migrationsforschung eingehen. Der erste bezieht sich auf die Folgen der Sättigung der Arbeitsmärkte in den nordamerikanischen Ballungszentren durch die billige Arbeitskraft illegaler Einwanderer. Als eine Konsequenz dieser Sättigung beginnen sich die Migranten, entlang der Wachstumsachsen der Ballungszentren auszubreiten, wobei sie den Routen des öffentlichen Personennahverkehrs folgen. Der zweite Aspekt betrifft die Funktionalisierung der sozialen Netzwerke von Verwandten, Landsleuten und Freunden während dieses Ausbreitungsprozesses.

Obwohl der lateinamerikanischen Migration in die Vereinigten Staaten viel wissenschaftliche Aufmerksamkeit geschenkt wurde, sind sozialgeographische Beiträge zu dieser Thematik selten (Jones 1984, S. 34). Zudem beschäftigen sich die wenigen sozialgeographischen Untersuchungen meist mit den Makroaspekten des Phänomens (Jones 1984; Dagodag 1984), während hier sozialgeographische Theorien zur Suburbanisierung sowie Makroansätze zur Migrationsforschung mit der sozialanthropologischen Beschreibung von Migrantennetzwerken und den Überlebensstrategien von Migranten verbunden werden. Auf diese Weise ist es möglich, die spezifischen Siedlungs- und Verbreitungsmuster von illegalen bzw. erst vor kurzem legalisierten lateinamerikanischen Migranten zu erfassen.

Im folgenden wird zunächst auf die Charakteristika der lateinamerikanischen Migration in die Vereinigten Staaten eingegangen. Anschließend werden die ökonomischen und sozialgeographischen Besonderheiten des Untersuchungsgebietes, die Gegend um Patterson, NY, besprochen. Danach werden die sozialen Netzwerke der Migranten dargestellt, um die besondere Art der Ausbreitung dieser Migration zu beleuchten und zu erklären.

1. Die mexikanisch-lateinamerikanische Migration in die Vereinigten Staaten

Die mexikanisch-lateinamerikanische Migration unterscheidet sich erheblich von den bisher üblichen intra-europäischen Migrationsbewegungen (vgl. Caglar 1991; Kapetanakis 1993; Kenna 1977 u.a.) und der europäischen Migration in die Vereinigten Staaten. Der wesentliche Unterschied liegt in der zeitlichen Begrenzung des Migrationsaufenthaltes. Während die europäische Migration in die Vereinigten Staaten kaum eine Rückwanderung aufweist, ist diese im Falle der Mexikaner und Lateinamerikaner erheblich. Der durchschnittliche Migrationsaufenthalt beträgt drei Monate bis ein Jahr (CENIET 1977; Cornelius 1976), mit derzeit steigender Tendenz (Cross/Sandos 1981, S. 108).

Unter Berücksichtigung der Rückwanderung wird die Zahl der sich in den Vereinigten Staaten aufhaltenden Mexikaner auf etwa 1,15 Millionen geschätzt (Passel/Woodrow 1984, S. 11 ff.). Andere Forscher setzen die Zahl mexikanischer und lateinamerikanischer Arbeitsmigranten mit 1,5 bis 2,5 Millionen an, manche sogar auf 3 Millionen. Zählt man zu diesen Zahlen noch diejenigen Migranten hinzu, deren Status erst kürzlich, im Rahmen des *Immigration Reform Control Acts* legalisiert wurde, so wird der hier interessierende Personenkreis noch umfangreicher: 73,7 Prozent der 2,15 Millionen Personen, die bis zum Ablauf des vorläufigen Anmeldeschlusses am 4.5.1988 eine Legalisierung ihres Status beantragt hatten, waren mexikanischen Ursprungs, wobei die meisten Anträge auch bewilligt wurden (Papademitriou 1989). Einige Autoren weigern sich allerdings, Schätzungen anzugeben, da es sich dabei nur um unbegründbare Spekulationen handeln könne (Cross/Sandos 1981, S. 107 f.).

Die sozio-ökonomischen Charakteristika der durchschnittlichen lateinamerikanischen Arbeitsmigranten sind klar strukturiert. Sie sind zur Zeit ihrer ersten legalen oder illegalen Einreise in die Vereinigten Staaten Mitte zwanzig Jahre alt, meist männlich und arm, gehören jedoch nicht zu den Ärmsten ihrer Herkunftsdörfer (Jones 1984, S. 33; Grindle 1988; Cross/Sandos 1981 u.a.). Bezüglich der Migra- tionsentscheidung ist der Haushalt und nicht das Individuum die Einheit ökonomischer Rationalität: „Households try to maximize total family income at the same time that they attempt to minimize the risk to overall income level." (Grindle 1988, S. 27) Der hohen Bedeutung der Familie für die Migrationsentscheidung entsprechend schicken die Migranten durchschnittlich ein Drittel ihres Einkommens nach Hause (Cornelius 1978; Bustamente 1977). Aufgrund der mangelnden Investitionsmöglichkeiten im ländlichen Mexiko wird jedoch das in den Vereinigten Staaten erarbeitete Geld während der Heimataufenthalte nicht angelegt, sondern einfach konsumiert (Grindle 1988), so daß nach einiger Zeit ein erneuter Arbeitsaufenthalt in den Vereinigten Staaten fällig wird. Migration wird so zu einem Lebensstil. Dementsprechend unternimmt der durchschnittliche Migrant im Laufe seines Lebens vier bis fünf Reisen in die Vereinigten Staaten (Cornelius 1978).

Hinsichtlich der üblichen Erklärungsschemata, den *Push-and-Pull*-Theorien, sei angemerkt, daß die wichtigsten Pull-Faktoren, nämlich die hohen Löhne in den Zielgegenden, in unserem Fall keine ausreichende Erklärung für die Migrationsentscheidungen sind. Zum einen treten wichtige Push-Effekte hinzu, nämlich die außerordentlich niedrigen Löhne in den Herkunftsgebieten, die oft kaum das Existenzminimum sichern, bzw. der Mangel an Arbeitsmöglichkeiten. Zum anderen scheint sich die Attraktivität von Zielregionen zu erhöhen, sobald sich dort soziale Netzwerke etabliert haben, was einen zusätzlichen Pull-Effekt auslöst (Grindle 1988, S. 25-31).

Migrationsnetzwerke

Unter Sozialwissenschaftlern besteht ein bemerkenswerter Konsens über die Bedeutung sozialer Netzwerke im Migrationsprozeß. Netzwerke sind wichtig, weil sie (1) die Nachfolgemigration, also die Migrationsentscheidungen, erleichtern; (2) den sozio-ökonomischen Status der Migranten erhöhen und (3) weitgehend die geographische Verortung der Folgemigration bestimmen.

Da insbesondere der letzte Aspekt in dieser Arbeit dargestellt wird, seien zunächst die beiden ersten Punkte angesprochen. Was die Erleichterung der Migrationsentscheidung betrifft, so dienen die Netzwerke vor allem der Weitergabe von Information sowie dem Angebot an Hilfsleistungen. Das Wissen über Löhne und über sichere illegale Migrationswege in die Vereinigten Staaten, etwa durch die Vermittlung eines zuverlässigen *Coyoten*,[1] wird zum unentbehrlichen „Migrations-Know-How" in den Herkunftsgemeinden. Auch bieten die Netzwerke Neuankömmlingen Unterkunft und helfen bei der Arbeitssuche, sie fungieren als soziale Sicherheitsnetze und mindern so die Risiken der Migranten.

Die Netzwerke beeinflussen jedoch auch die Erfolgsaussichten der Migration und damit den sozio-ökonomischen Status der Migranten. „The young [migrant's] chance of eventually achieving these success goals is a function of how successful the older members of his kin network have been in achieving these goals." (Mines 1984, S. 148) Diese These wird auch von anderer Seite bestätigt (Mullans 1989): Umfragen in vier mexikanischen Sendergemeinden und Forschungen in den Vereinigten Staaten belegen, daß Migranten mit extensiven sozialen Netzwerken im

---

1 Als „Coyoten" werden im mexikanisch-lateinamerikanischen Migrantenjargon die Schlepper an der Grenze zwischen Mexiko und den Vereinigten Staaten bezeichnet.

Gastland eine deutlich höhere vertikale soziale Mobilität aufweisen als Zuwanderer, die keinen Zugang zu solchen Netzwerken haben.

Gegenwärtige Migrationstendenzen

Aus der oben erwähnte Untersuchung von Mines (1984) ergeben sich auch Rückschlüsse auf die chronologische Entwicklung von Migrantennetzwerken, die wie folgt zusammengefaßt werden können:

1. Die klassische landwirtschaftliche Beschäftigung wird durch Anlerntätigkeiten im städtischen Umfeld ersetzt; zuweilen werden die Migranten sogar legal beschäftigt.
2. Mit der zunehmenden Festigung eines Netzwerkes finden Neuzuwanderer häufig Arbeitsstellen, die einen höheren Status haben. Die Phase der landwirtschaftlichen Arbeiten kann dann entfallen.
3. Mit dem Alter des Netzwerkes nimmt auch die Zahl der migrierenden Frauen zu.
4. Innerhalb der Netzwerke bilden sich zwei Gruppen von Migranten heraus; während die eine aus Pendelarbeitern besteht, etabliert sich die andere fest in den USA.
5. Die Netzwerkbildung in den USA wirkt sich auf die soziale Differenzierung in den Sendergemeinden aus. Familien, die Migranten in die USA schicken, werden meist wohlhabender und erlangen so höheres Prestige im Heimatdorf.

Geographische Muster der Netzwerkmigration

Hinsichtlich der makrogeographischen Verbreitungsmuster der undokumentierten Migration in die Vereinigten Staaten beobachtete Jones (1984) im Laufe der 70er Jahre eine bemerkenswerte regionale Verschiebung. So verloren in diesem Zeitraum die historischen Migrationsziele im Südwesten und entlang der mexikanischen Grenze an Attraktivität, während eine Umorientierung in den Norden stattfand. Die Staaten Colorado und Wyoming und die Ballungszentren Chicago, New York und New Orleans sowie das Umland dieser Zentren wurden zu Fokuspunkten der neuen Migrationswellen. Die steigende Nachfrage nach Arbeit, die höheren Löhne sowie der erleichterte Zugang über die öffentlichen Personenfernverkehrswege erklären diese Entwicklung.

Sozialgeographische Mikrountersuchungen belegen außerdem, daß Personen gemeinsamer Herkunft in disproportional großer Zahl in bestimmten Gegenden wiederum gemeinsam siedeln – ein Phänomen, das als *Chanelling* bekannt wurde (Jones 1984). Auch umgekehrt trifft diese Beobachtung zu, denn die Mehrzahl der mexikanischen Migranten stammen aus den sechs Staaten des zentralmexikanischen Plateaus: Coahuila, Chihuahua, Zacatecas, Jalisco, Michoacan und Guanajuato (Roberts 1980, S. 20 f.). Eine andere Untersuchung (Gutierrez 1984) kam ebenfalls zu diesem Ergebnis: die Migranten im San Luis Valley im zentralen Teil

Südcolorados kommen zu einem Großteil aus nur vier mexikanischen Staaten, und innerhalb dieser Staaten beschränken sich die Herkunftsorte auf nur wenige Städte oder Dörfer. Auch die Migrationsrouten über Mexiko und über die US-mexikanische Grenze weisen große Ähnlichkeiten miteinander auf (ebd., S. 191 ff.).

Was die innerstädtische Verteilung der Migranten angeht, liefern uns die Arbeit von Tim Dagodag (1984) über die Situation in Los Angeles und die Forschungen von Richard Jones und Avelardo (1984) über San Antonio in Texas wichtige Informationen. Ihnen zufolge konzentrieren sich illegale Einwanderer besonders in den Innenstadtbezirken, in denen billige Mietwohnungen vorhanden sind. Außerdem finden sich hier Arbeitsmöglichkeiten, für die keine hohe Qualifizierung und kaum englische Sprachkenntnisse verlangt werden und die sich zudem in der Nähe der Wohnungen befinden, also zu Fuß oder mit öffentlichen Verkehrsmitteln erreichbar sind (Dagodag 1984, S. 210 ff.; Jones/Valdez 1984, S. 231). Auch wurde beobachtet, daß illegale mexikanische und lateinamerikanische Migranten sich vor allem in Stadtbezirken niederlassen, die bereits von Mexikanern bzw. von Chicanos dominiert sind.

Zusammenfassend läßt sich also sagen, daß der Umfang der Migrantenarbeit in der Landwirtschaft zugunsten längerfristiger, niedrigqualifizierter Arbeitsformen im urbanen Bereich zurückgeht. Während dieses Prozesses bemühen sich die Migranten um eine Legalisierung ihres Status. Für viele wird die Pendelmigration zu einem eigenen Lebensstil, für dessen Ausgestaltung und die Versorgung von Neuzuwanderern soziale Netzwerke geknüpft werden. Die Ansiedlung von Migranten ist abhängig von dem Angebot an billigem Wohnraum und leicht erreichbaren, eher anspruchslosen Arbeitsstellen.

2. Die empirische Erhebung des Umfeldes der Route 22

Patterson, wo die Feldforschung durchgeführt wurde, liegt in Putnam County im Staat New York und ist eine typische nordamerikanische Stadt (s. Karte 1). Sie hat ein relativ kleines Stadtzentrum, das von einem breiten Gürtel verstreut gelegener Einfamilienhäuser umgeben ist. Nur die Route 22 macht einen etwas urbanen Eindruck: riesige Shopping Malls, Restaurants, Fast-Food Restaurants und Tankstellen säumen die Straße und werden erst mit wachsender Entfernung von New York City weniger. Die untersuchten Migrantennetzwerke reichen von Patterson in die unmittelbare Umgebung, die Teil des stetig wachsenden suburbanen Raums von New York City ist, und beziehen auch die Orte Brewster, Putnam Lake und Danburry in Connecticut ein.

Die Entwicklung der Kleinstadt Patterson ist die Folge eines Suburbanisierungsprozesses, in dessen Zuge sie sich in einen Vorort von New York mit eigener Infrastruktur entwickelt hat. Es haben sich allerlei Unternehmen, insbesondere des tertiären Sektors, angesiedelt, die der nach außen verschobenen Nachfrage gefolgt sind. Zwischen 1980 und 1986 wuchs die Bevölkerung in Putnam County

Karte 1: New York City und nördliche Vororte

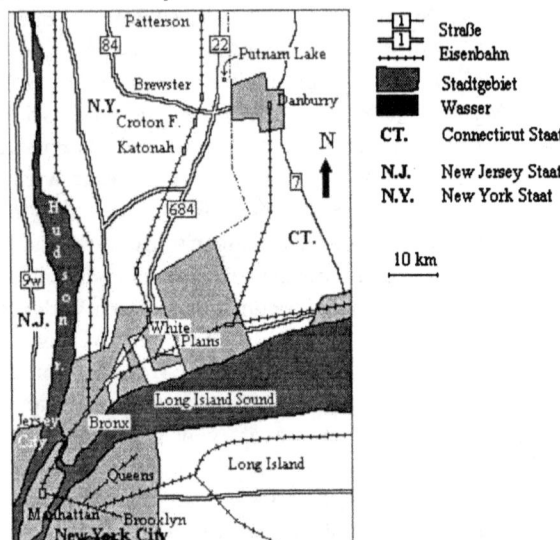

um 5,7 Prozent, die der Stadt Patterson im selben Zeitraum sogar um 7,5 Prozent und beträgt nun 816.000 Personen. Von den in der Region Beschäftigten arbeiteten 1986 mehr als die Hälfte im tertiären Sektor. Als Verkehrsanbindung zwischen Patterson und New York City, das 50 km entfernt ist, dient die Route 22. Der öffentliche Personenverkehr nach New York ist, typisch für die Vereinigten Staaten, relativ unterentwickelt; es gibt lediglich einen Pendlerzug nach Brewster, andere Züge und Busse verkehren nur selten. Viele Orte können nur mit Privatfahrzeugen und mit Taxis erreicht werden (Karte 2).

Die Verkehrswege sind zugleich auch Entwicklungsachsen der Suburbanisierung; Unternehmen des tertiären Sektors sind in den Siedlungen entlang des Pendlerzuges und der Route 22 konzentriert. Diese neuen Unternehmen, überwiegend Restaurants, Fast-Food-Einheiten, Bauunternehmen usw., bilden zusammen mit den noch bestehenden landwirtschaftlichen Betrieben die wichtigsten Beschäftigungsmöglichkeiten für legale und illegale Migranten. Tatsächlich konnte ich hier die Informanten für meine Feldforschung finden; von diesen 21 legalen und illegalen Migranten aus Lateinamerika arbeiteten neun als Köche, sieben als Tellerwäscher, zwei als Gärtner, und 3 hatten nur Teilzeitarbeiten.

An der Route 22 herrscht ein starker Wettbewerb unter den verschiedenen Restaurants, Diners und Fast-Food-Restaurants, die auch die wichtigsten Arbeitgeber für die Migranten sind. Trotz des fortschreitenden Suburbanisierungsprozesses und der in langer Sicht guten Wachstumsperspektiven der Region war die wirtschaftliche Situation während der Rezession von 1989-91 kritisch. Von den sieben Restaurants entlang der 10 km langen Strecke an der Route 22 durch das

Lateinamerikanische Zuwanderer in einem Vorort von New York City

Karte 2: Route 22 und Umgebung

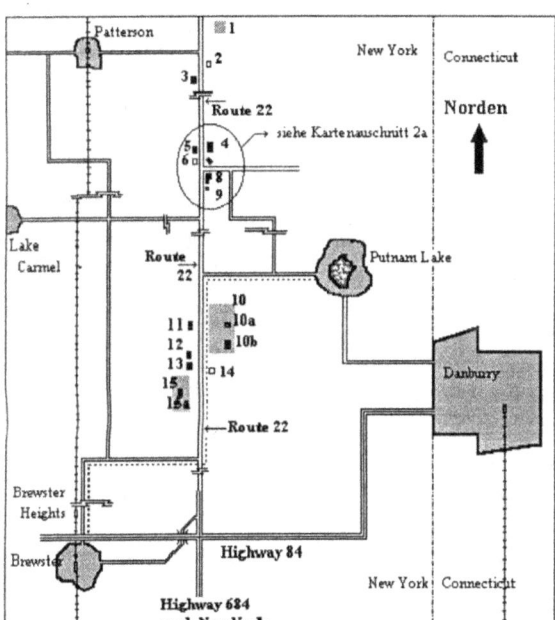

1. Supermarkt, 2. Diner, 3. Irish Steakhouse-Restaurant, 4. Saybrook House-Restaurant, 5. Gartenbaubetrieb, 6. Bar & Restaurant, 7. Diner, 8. Dante's Restaurant, 9. Mexican Taco Fast-Food-Restaurant, 10. Ferraro's Supermarkt und Mall, 10a. Mr. Bagel Fast-Food-Restaurant, 10b. Langobardi Italian-Restaurant, 11. Irish Restaurant, 12. Flat & Round Pizza Restaurant, 13. Silver Moon-Restaurant, 14. Dunkin' Donuts (Fast-Food-Kette), 15. Supermarkt und Mall, 15a. Italienisches Restaurant;

Zeichenerklärung:

Entfernungen:
Brewster-Patterson ca.16 km
▬ Supermarkt/ Mall
■ Arbeitsplatz, der Illegale beschäftigt
□ Arbeitsplatz (keine Illegale)
═══ Straße/ Autobahn
········· Buslinie
⬤ Stadt
┅┅┅ Pendlerzug

Karte 2a (Ausschnitt von Karte 2)

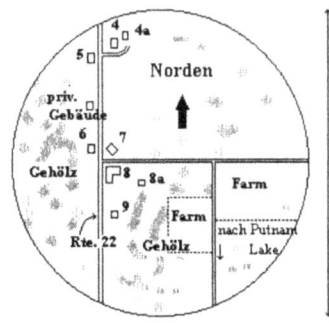

Karte 2a (Ausschnitt von Karte 2): 4. Gartenbaubetrieb, 4a Hütte für illegale Arbeiter, 5. Saybrook House-Restaurant (Illegale wohnen im unter dem Restaurant befindlichem Keller), 6. Italienisches Restaurant & Bar (Familienbetrieb ohne illegale Arbeiter), 7. Diner (beschäftigt einen Illegalen, der in 8a wohnt), 8. Dante's Restaurant, 8a. Wohnstätte der illegalen Arbeiter, 9. Mexican Taco-Restaurant (Fast-Food Restaurant ohne illegale Arbeiter);

Untersuchungsgebiet machten während des Forschungsaufenthaltes zwei bankrott und mußten verkauft werden (Karte 2, Standorte 5 und 15a). Im selben Zeitraum wurde jedoch auch ein neues Einkaufszentrum eröffnet (Standort 10), das zwei neuen Gaststätten Platz bot (10a und 10b). Saisonale und rezessionsbedingte Entlassungen waren ebenfalls häufig.

Da die Migranten auf den öffentlichen Personennahverkehr und billigen Wohnraum angewiesen sind, entwickelten sich typische Wohnmuster. Entlang der Hauptverkehrsachsen und in den suburbanen Zentren leben große Gruppen legaler und illegaler Migranten in überfüllten Wohnungen und Pensionszimmern. Zuweilen wohnen 10 bis 12 Personen in einer Zweizimmerwohnung, die ca. 800 Dollar Miete pro Monat kostet. Solche Mietwohnungen dienen den Migranten als Basis, von wo aus sie ihre Arbeitsstellen in Brewster, Patterson und in den Ortschaften entlang des Pendlerzuges erreichen können. In den Siedlungen, die von der Buslinie nicht angefahren werden, muß der Arbeitgeber den Migranten in der Regel auch Wohnraum anbieten (Karte 2a), meist handelt es sich dabei um Hütten, Wirtschaftsgebäude oder Keller. Diese Wohnstätten sind zwar nicht so überfüllt wie die in den Städten, doch ist das Leben hier sehr langweilig und ereignislos.

Die Beschäftigung der Migranten und institutionelle Einschränkungen

Aufgrund ihrer Bereitschaft zu harter Arbeit haben die Migranten eine Nachfrage nach ihrer Arbeitskraft geschaffen (Simon 1989, S. 96; Conover 1987; Cross/Sandos 1981, S. 92 ff.). Auch im Untersuchungsgebiet bevorzugen die Arbeitgeber lateinamerikanische Arbeiter, während sie sich über die Arbeitswilligkeit von Afroamerikanern und weißen Jugendlichen, die vor der Ankunft der lateinamerikanischen Migranten die einfachen, ungelernten Tätigkeiten in der Region ausgeübt hatten, sehr negativ äußern. Die Arbeit in den Restaurantsküchen ist daher fast vollständig von Lateinamerikanern dominiert, so daß die meisten Arbeitgeber und anderen Angestellten zumindest einige Brocken Spanisch lernen. Die Gehälter werden in der Regel wöchentlich ausgezahlt. Die Stundenlöhne betragen im Durchschnitt 3 bis 4 Dollar pro Stunde für Tellerwäscher und 4 bis 5 Dollar für Arbeiten im Gartenbau und Baugewerbe. Köche verdienen 400 bis 600 Dollar wöchentlich, also ca. 5,50-8,50 Dollar pro Stunde, was deutlich unterhalb der Lohnerwartung eines ausgebildeten US-amerikanischen oder legalisierten lateinamerikanischen Koches liegt.

Bei der Einstellung von Migranten fragen Arbeitgeber nur selten nach Papieren, außer sie haben aktuelle triftige Gründe, wie etwa die Erwartung häufiger Polizeirazzien nach Schlägereien. Auf Arbeitsstellen, wo keine Kontrollen befürchtet werden, drängen Arbeitgeber sogar solche Migranten zur Schwarzarbeit, die eine Green Card und eine Arbeitserlaubnis besitzen und gewillt sind, Steuern zu zahlen. Steuerhinterziehung, etwa die Teilauszahlung von Löhnen in bar, scheint jedoch überhaupt weit verbreitet zu sein und betrifft nicht nur die Arbeitsmigranten. Die staatliche Kontrolle ist schwach und kann in vielerlei Hinsicht umgangen werden.

Die Einstellung von Arbeitern erfolgt in der Regel schnell und informell. Der Arbeitgeber bestellt einen Migranten für den nächsten Morgen; ist er am Abend mit der Arbeit zufrieden, kann der Arbeiter am folgenden Tag wieder kommen.[2] Die äußerst laxe Handhabung des „Illegalen-Problems" kann zum einen vermutlich auf die Direktive des Bürgermeisters von New York an Polizei und Verwaltung der Stadt zurückgeführt werden, nicht mit dem *Immigration Naturalization Service* (INS) zusammenzuarbeiten (Papademetriou 1989, S. 27); zum anderen scheinen jedoch auch die weitverbreitete Korruption bzw. die „Reziprozität von Gefälligkeiten" in den staatlichen Institutionen dafür verantwortlich zu sein (vgl. Whyte 1981). Saßen während des Untersuchungszeitraumes Polizisten in den Restaurants, so bezahlten sie regelmäßig nur einen Teil ihrer Bestellung, gewöhnlich die Getränke. In einem feinen Restaurant im Forschungsgebiet wurde der Bürgermeister des County, wenn er privat dort speiste, regelmäßig als Gast des Hauses behandelt.

In privaten Gesprächen äußerten Polizisten zudem Zweifel, ob es sinnvoll sei, gegen illegale Lateinamerikaner vorzugehen, während gegen viele Kriminelle nicht vorgegangen werden könne. Auch wahltaktische Überlegungen mögen die große Toleranz gegenüber illegaler Beschäftigung teilweise erklären.

2.1 Die Migranten in den suburbanen Gebieten

Wie wird nun der beschriebene Raum von den Migranten ausgefüllt? Wie stellen sich die Migrationsbewegungen auf der Mikro-Ebene dar? Wie funktionieren die Netzwerke und wieviel individuelle Bewegungsfreiheit erlauben sie ihren Mitgliedern? Bedeutsam ist zunächst der Status der Migranten. Viele der legalisierten Zuwanderer haben sich in den USA niedergelassen und Familien gegründet; andere leben noch in Migrantengemeinschaften ohne Familie; und viele sind nach wie vor illegal.

Migranten, die eine Aufenthaltsgenehmigung besitzen und sich mit ihrer Familie in den Vereinigten Staaten niedergelassen haben, passen sich am weitestgehendsten dem nordamerikanischen Lebensstil an. Sie bewegen sich ohne Restriktionen und behalten den größten Teil ihres Einkommens für sich und ihre Familie. Ein typischer Vertreter dieser Gruppe ist der 32jährige Fernando, der 1979 zum ersten Mal in die USA kam. 1986 beantragte er eine Green Card, die er auch erhielt. Viele Jahre lang schickte er seinen Eltern Geld und kaufte ihnen auch ein Stück Land. 1988 brachte er seine Frau und seine kleine Tochter in die USA und zog aus der Hütte hinter dem Restaurant, in dem er arbeitete, aus. Zum Forschungszeitpunkt wohnte Fernando im Zentrum von Patterson in einer kleinen Wohnung und besaß auch einen Wagen, mit dem er zur Arbeit fuhr. Sein Lebensstil war

---

2 Das Einstellungsgespräch zwischen einem Gartenbauunternehmer und einem mexikanischen Migranten verlief folgendermaßen: „Kommst du aus einem Dorf?" – „Ja." – „Zeig' mir deine Hände! ... OK, du bist mein Mann."

dem anderer legalisierter Migranten und Amerikaner aus den unteren Schichten bereits sehr ähnlich.

Die zweite Gruppe von Migranten, also diejenigen, die zwar einen legalen Status haben, jedoch noch in Migrantengemeinschaften leben, besitzen zwar in der Regel ebenfalls schon Autos, leben aber noch immer sparsamer und konsumieren weniger als Amerikaner oder solche Migranten, die sich bereits auf die Dauer niedergelassen hatten. Sie schicken auch regelmäßig Geld nach Hause. Ein Beispiel ist der Ecuadorianer Huicho, der 1984 mit seiner Schwester in die USA kam. Zunächst lebten sie in New York City, zogen aber bald in die Vororte. Im Zuge der *Legalization Act* erhielt Huicho zusammen mit vielen seiner Verwandten die Green Card. Meistens lebte er mit Verwandten zusammen in den typischen überfüllten Migrantenwohnungen. Eine Zeitlang lebte er, obwohl er auch ein Auto besaß, in der Hütte hinter Dante's Restaurant, wo auch Fernando wohnte. Nach einem Streit mit seinem Chef zog er jedoch zu seinen Verwandten zurück und fand dort bald eine Arbeit.

Die dritte Gruppe von Migranten, die Illegalen, sind in ihrer Bewegungsfreiheit jedoch sehr eingeschränkt, da sie von den öffentlichen Transportmitteln abhängig sind sowie von Arbeitsstellen, die sich nicht allzu weit von ihrer Wohnung entfernt befinden. Ein Beispiel ist der 21jährige El Púas, der aus einem kleinen Dorf in Veracruz, Mexiko, stammt. Er überquerte 1989 mit zwei Neffen die Grenze und zog mit ihnen zu einem ihrer Brüder, der auch in Dante's Restaurant als Tellerwäscher arbeitete und in der Hütte hinter dem Restaurant wohnte. Obwohl er in der Gegend keine Arbeit finden konnte, blieb er noch längere Zeit in dieser Hütte wohnen; schließlich wurde er von einem Freund in eine Wohnung in dem nahegelegenen Danburry gebracht, wo bereits Bekannte aus seinem Dorf lebten. Einen Monat später fand er dort Arbeit an einer Tankstelle.

Das Leben der Migranten

Bezüglich der Lebensführung von Migranten sind zwei unterschiedliche Zeitzyklen von Interesse: der Tagesrhythmus und die längerfristige Lebens- bzw. Karriereentwicklung. Der tägliche Rhythmus wird von dem 12-stündigen Arbeitstag dominiert, so daß die Erledigung von Alltagsnotwendigkeiten insbesondere für Illegale ein großes Problem darstellen kann. Nach der Arbeit bleiben noch einige Stunden für Erholung, in denen ferngesehen oder mit Freunden und Bekannten etwas getrunken wird. Eine große Versuchung ist der Besuch von Bars und Kneipen, was jedoch den eigentlichen Zweck des Migrationsaufenthaltes, nämlich Geld zu verdienen, gefährdet. Der einzige freie Tag in der Woche wird meist mit Freunden oder Verwandten verbracht, vielleicht kommt es zum Besuch eines Bordells. Je weiter die Migranten von einer Stadt entfernt wohnen, desto weniger Möglichkeiten bieten sich ihnen natürlich auch.

Die längerfristige Entwicklung ist durch eine gewisse soziale und professionelle Aufwärtsmobilität gekennzeichnet. Hilfreich sind dabei der Erwerb von Englischkenntnissen, das zunehmende Verständnis des US-amerikanischen Lebensstils sowie die Verbesserung der professionellen Fähigkeiten. So kann aus einem Tellerwäscher ein Koch, aus einem Kellnergehilfen ein Kellner werden, wodurch die Fluktuation an Arbeitsplätzen und Wohnorten noch erhöht wird. Diese ist überhaupt sehr hoch, da nur wenige Migranten länger als ein oder zwei Jahre am selben Arbeitsplatz arbeiten. Sie verlieren ihre Arbeit im Zuge saisonbedingter Entlassungen oder, wie während der Forschungsphase, aufgrund der schlechten Wirtschaftslage. Zuweilen kündigen Migranten ihren Arbeitsplatz selbst, etwa um eine besser bezahlte Stelle anzunehmen oder um für kürzere oder längere Zeit in die Heimat zu fahren. Gelegentlich wird eine Stelle auch aus Gründen wie Langeweile oder Unzufriedenheit gekündigt, doch geschieht dies selten, da der Arbeitsverlust eine Person ohne Sozialversicherung schnell in eine kritische Situation bringen kann.

Die größten Probleme für den illegalen Arbeitsmigranten sind die Arbeitssuche und die Orientierung ohne genügende Sprachkenntnisse. Eine Schwierigkeit stellt auch die mangelnde soziale Sicherheit dar, was auch bereits legalisierte Migranten treffen kann, da sie in den ersten fünf Jahren nach Erhalt ihres neuen Status kein Anrecht auf soziale Leistungen haben (Heer 1990, S. 199; Papademetriou 1989). Folglich benötigen alle Migranten die Unterstützung von Netzwerken; diese dienen vor allem der sozialen Absicherung, aber auch der Bewältigung von emotionalen Belastungen, die das Migrantenleben mit sich bringt, und sind somit für das Erreichen einer gewissen Aufwärtsmobilität eine notwendige Voraussetzung.

2.2 Die sozialen Netzwerke

Die Untersuchung sozialer Netzwerke zum Zwecke der Beschreibung informeller städtischer Sozialstrukturen hat in der Sozialanthropologie eine lange Tradition (vgl. Barnes 1969; Epstein 1969; Mitchell 1969). In der gegenwärtigen Theorie werden Netzwerke als eine Anordnung von Positionen und Ressourcen verstanden, wozu auch die Wahrnehmung dieser Anordnung durch die Akteure selbst gehört. Der Erfolg der Akteure, ihre Ziele zu erreichen, wird von ihrer Position im Netzwerk wesentlich beeinflußt, wenn nicht sogar bestimmt; sogar die Formulierung der Ziele durch die Akteure scheint stark von deren Netzwerkposition abhängig zu sein. Netzwerkbeziehungen können stark oder schwach ausgeprägt sein (Granovetter 1977); „Intensive Beziehungen zerlegen ein Netz tendenziell in global unverbundene lokale Verdichtungen, während schwache Beziehungen die lokalen Schranken überbrücken und Außenverbindungen herstellen" (Schweizer 1989, S. 16). Intensive Beziehungen sind zuverlässige Quellen langfristiger Hilfe und Sicherheit, doch auch schwache Beziehungen, die zum Beispiel am Arbeitsplatz oder während der Freizeit entstehen, sind für die Bewältigung des Alltags und die Informationsübermittlung von Bedeutung.

Im Leben der lateinamerikanischen Migranten spielen soziale Netzwerke insbesondere für das Phänomen des Channelling eine wichtige Rolle. In Anlehnung an Harries-Jones (1969) sollen die Mitglieder solcher auf einer gemeinsamen Herkunft beruhenden Migrantennetzwerke als „Home mates" bezeichnet werden. Sie sind durch die Tatsache der gemeinsamen Herkunft zur Erbringung gewisser Hilfsleistungen moralisch verpflichtet, was durch die Möglichkeit sozialer Sanktionen in der Heimat untermauert wird.

Entlang der Route 22 scheint es drei größere Netzwerke von Home mates zu geben, deren Mitglieder vor allem aus dem mexikanischen Bundesstaat Veracruz, aus Ecuador und aus Guatemala stammen. Nur vereinzelte Personen kommen aus anderen Gegenden in Mexiko, aus Kolumbien und aus Ecuador, die jedoch unter Umständen auch anderen, mir nicht bekannten Home mate-Netzwerken angehören können. In der Regel sind diese Netzwerke in kleinere, verwandtschaftlich definierte Cluster zersplittert.

Das ecuadorianische Netzwerk ist das komplexeste von ihnen. Die Mehrzahl seiner Mitglieder gehört bereits zu der „Klasse" von Migranten, die nicht nur eine Green Card, sondern auch Führerschein und Fahrzeuge besitzt und daher ausgesprochen mobil ist. Dennoch leben diese Migranten in einer engen Gemeinschaft und planen nur befristete Aufenthalte, d.h. sie wollen eines Tages in ihre Heimat zurückkehren. Sie leben verstreut zwischen der Putnam Lake-Region, Danburry und New York City, 20 von ihnen allein in Danburry; von einem kleineren Familiensegment in Brewster, dem der charismatische Don Charley vorsteht, geht ein wichtiger Einfluß auf das gesamte ecuadorianischen Home mate-Netzwerk aus.

Das Netzwerk der Migranten aus Veracruz hat mehrere Anlaufpunkte in den Vereinigten Staaten, die von Personen aufgebaut wurden, die ihre Migrantenkarriere noch als Arbeiter in der Landwirtschaft begonnen hatten. Eine größere Gruppe von meist 10 bis 12 Personen lebt in Danburry in einer billigen Pension, weitere Mitglieder leben und arbeiten verstreut in der Umgebung der Stadt, die, wenn sie ihre Arbeit verlieren, zurück in die Wohnungen ihrer Home mates in Danburry ziehen können. Die Mitglieder dieses Netzwerkes sind bei weitem nicht so erfolgreich wie die Ecuadorianer. Trotz der relativ langen Migrationserfahrung einiger Netzwerkmitglieder besaß keines eine Green Card, da die Vorteile eines legalisierten Status offensichtlich erst spät erkannt worden waren. Auch mögen die notwendigen Anwaltskosten, ca. 5.000 Dollar, als zu hoch erachtet worden sein, da die Migranten die Grenze immer für wesentlich weniger Geld mit der Hilfe eines Coyoten überqueren. Insgesamt waren sie auch professionell weniger erfolgreich als die Ecuadorianer; nur zwei der mir bekannten Mitglieder dieses Netzes arbeiteten zum Forschungszeitpunkt als Köche, die anderen lediglich als Tellerwäscher.

Das guatemaltekische Netzwerk weicht etwas von den bisher dargestellten Beispielen ab, da die Mitglieder nicht alle aus demselben Ort stammen. Trotzdem war es ihnen gelungen, eine gewisse auf ihrer gemeinsamen Nationalität beruhende Kohäsion zu entwickeln. Das Netzwerk hat seinen Mittelpunkt in Brewster, und viele seiner Mitglieder arbeiten und leben in der Umgebung dieser Stadt.

Verwandtschaftsgruppen

Die großen Netzwerke setzen sich aus Einheiten zusammen, die auf Verwandtschaft basieren. Das mexikanische Verwandtschaftssystem, dessen Strukturen mit Sicherheit auch andere lateinamerikanische Systeme kennzeichnet, wird beschrieben als enge Solidargemeinschaft, die auf einer Dreigenerationen-Großfamilie basiert. Deshalb ist jedes Individuum in ein breites Spektrum von Erwartungen, Rechten und Verpflichtungen eingebunden. Da die mexikanische Gesellschaft bilateral ist, gehört jedes Individuum zur Großfamilie sowohl der Mutter als auch des Vaters, wodurch der persönliche Kontaktkreis noch größer ist (Lomnitz/Pérez-Lizaura 1989, S. 35). Deshalb sind die Home mate-Gruppen in den USA mit Verwandtschaftsnetzwerken durchzogen, von denen allerdings, aufgrund der demographischen Zusammensetzung der Migrantengruppen, die männlichen Parts in einem bestimmten Alter dominieren – also Bruder, Cousin, Onkel, Gevatter (als Beziehung eines Vaters zu dem Taufpaten seines Kindes) und Schwager.

Aufgrund der hohen geographischen Fluktuation unter den Migranten ist es oft schwierig, die komplexen Bewegungen größerer Verwandtschaftsgruppen zu verfolgen; doch sollen zwei von ihnen kurz dargestellt werden.

In Brewster lebt die ecuadorianische Verwandtschaftsgruppe unter der Führung des schon erwähnten charismatischen Don Charley. Dieser kam Ende der 70er Jahre in die USA, arbeitete zunächst auf Baustellen und in Restaurants und wurde schließlich Koch. Während seines langen Migrationsaufenthaltes lebte und arbeitete er mit vielen seiner Home mates zusammen; er ist sehr bekannt und wegen seiner ehrlichen Art sehr geachtet. Seit Mitte der 80er Jahre hat er einigen seiner jüngeren Neffen zu einem Aufenthalt in den USA verholfen, mit denen sowie einem Schwager und einem Cousin er während des Forschungszeitraumes zusammenlebte. Eine größere Zahl von Verwandten lebt in der weiteren Umgebung, etwa in White Plains, Lake Carmel oder Danburry (vgl. Karte 1). Einer von ihnen, ein Alkoholiker, zog damals von einem Verwandten zum nächsten, da er keine Arbeitsstelle über längere Zeit behalten konnte.

Die zweite Gruppe hat sich um die Aguilar-Brüder herum gebildet. Da diese in New York City keine Arbeit finden konnten, waren sie nach Patterson gezogen, wo ihnen ein Verwandter mütterlicherseits Arbeitsplätze hatte besorgen können: einer der Brüder wurde in Dante's Restaurant angestellt, der andere im nahegelegenen Saybrook House Restaurant (vgl. Karte 2a), wo schon ein anderer Verwandter arbeitete. Einige Monate später zogen weitere Verwandte nach Patterson, die ebenfalls – mit einer Ausnahme – alle eine Arbeitsstelle in der näheren Umgebung finden konnten. Die Gruppe lebte eine Zeitlang in relativer Harmonie, bis es wegen des Verhältnisses eines der jungen Männer mit einer amerikanischen Kellnerin zum Streit kam. Der Zusammenhalt verschlechterte sich, doch brach die Gruppe nicht ganz auseinander. Unter Umständen deshalb, weil es für diese Verwandtschaftsgruppe keine zentrale Figur wie Don Charley für die ecuadorianische Gruppe gibt, ist die Binnenkohäsion weniger stark ausgeprägt, allerdings stark genug, um für einige Monate eine klar konturiertes und gut funktionierendes Teilnetzwerk an der Route 22 entstehen zu lassen.

Freundschaft

Ein weiterer Typ relevanter zwischenmenschlicher Beziehungen im Migrationskontext ist Freundschaft, der je nach Intensität der Beziehung Bekanntschaften als auch enge emotionale Verbindungen umfaßt. Freundschaften, die während gemeinsamen Lebens und Arbeitens einen hohen Grad an Vertrautheit und Intimität erreicht haben, werden in einem gewissen Sinne formalisiert. In Zentralamerika, vor allem in Mexico und in Guatemala, wird ein besonders intimer Freund *Cuate*[3] genannt. Obwohl diese Bezeichnung von anderen Lateinamerikanern nicht benutzt wird, scheinen sie eine ähnlich intensive Freundschaftsbeziehung zu kennen: Die Formalisierung der Beziehung erfolgt durch eine Art „Liebeserklärung", wenn in einem feierlichen Moment ein Freund dem anderen seine Gefühle ausdrückt.[4] Das Konsumieren von Alkohol ist in dieser Situation obligatorisch und ein Zeichen des Vertrauens, da man im betrunkenen Zustand seine Geheimnisse ausplaudert und Blößen zeigt. Gegenseitige Hilfe und emotionale Unterstützung sind Bestandteile dieser intimen Freundschaftsbeziehungen.

In den Gruppen, die ich kennenlernen konnte, hatten sich während des gemeinsamen Lebens und Arbeitens einige solcher Freundschaften gebildet, zum Beispiel zwischen Huicho und den Aguilar-Brüdern. Huicho stand den Brüdern bei vielen Gelegenheiten als Dolmetscher zur Seite und half ihnen, das Leben in den USA besser zu begreifen. Diese begannen ihrerseits, zwischen Huicho und ihrer jüngeren Schwester eine Ehe anzubahnen; zu diesem Zeitpunkt wurde er schon mit den Worten „Er ist der Beste. Er ist wie ein Bruder." charakterisiert.

Freundschaftsbeziehungen ermöglichen daher eine Überbrückung der relativ engen Grenzen der Verwandtschafts- und Home mate-Gruppen und erleichtern den Austausch von Informationen und mitunter die gegenseitige Unterstützung zwischen diesen verschieden dicht vernetzten Einheiten.

Die Transformation der Beziehungen im Migrationskontext

Die Beziehungen wie Verwandtschaft, Solidarität unter Home mates und Freundschaft, die auf den ersten Blick relativ reibungslos zu funktionieren scheinen, entsprechen bei näherer Betrachtung doch nicht den normativen Erwartungen.

So kann es zum Beispiel vorkommen, daß Personen, die gemeinsam wohnen und arbeiten, in einer Bar dennoch getrennt bezahlen, obwohl Großzügigkeit und gegenseitige Einladungen in Lateinamerika als Grundlage von Freundschaften gelten (Lomnitz 1977). Auch die bereits erwähnte enge Beziehung zwischen Huicho und den Aguilar-Brüdern war nach einiger Zeit spürbar lockerer geworden und

---

3 Das Wort stammt aus dem Nahuatl für Zwillingsbruder *(cuatl)*.
4 Gewöhnlich wird dabei die Redewendung „Du bist wie ein Bruder für mich" benutzt.

hatte eine Qualität angenommen, die nicht dem traditionellen Verständnis des *Cuate*-Verhältnisses entspricht. Eine Erklärung ist, daß als Konsequenz der hohen sozialen und geographischen Mobilität der Migranten die traditionellen Formen der sozialen Kontrolle in ihrer Bedeutung abnehmen. Zwar lösen sich die Beziehungen nicht ganz auf, doch verwandeln sie sich, wie Çaglar (1993) es für türkische Migranten beschreibt, mit der Zeit in stärker instrumentelle Beziehungen. Die Lebensweise der lateinamerikanischen Migranten ist von häufigen Arbeits- und Wohnungswechseln gekennzeichnet, was zu ständig neuen Kontakten führt. Das Hauptziel ist es, Geld zu verdienen und in die Heimat zurückzukehren, weshalb die Reziprozität der aktuellen Beziehungen eingeschränkt wird; Freundschaft und Solidarität wachsen im Alltag durch den Druck des aufeinander Angewiesenseins, sind also Zweckbeziehungen, die außerhalb dieser Alltagssituation (zum Beispiel nach einem Wegzug) nicht in gleicher Intensität aufrecht erhalten werden. Allerdings können sie im Bedarfsfall auch wieder aktiviert werden, weshalb sie doch eine zusätzliche Ressource für die Migranten darstellen.

In den von mir beobachteten Migrantengruppen waren die Solidaritätsbeziehungen sehr unterschiedlich ausgeprägt. Äußerst erfolgreich im Sinne eines hohen Reziprozitätsniveaus waren die der Ecuadorianer, während sich in anderen Gruppen die Beziehungen auf einem relativ niedrigen, aber doch noch funktionalen Niveau eingependelt hatten.

Schwache Netzwerkbeziehungen

Lockere Bekanntschaften fungieren in erster Linie als Informationsquellen; sie werden vor allem am Arbeitsplatz gemacht, manchmal auch am Wohnort oder in einer Bar, weshalb zu den Netzwerken durchaus auch amerikanische StaatsbürgerInnen gehören. Bekanntschaften zu diesen können wichtige Informationen über Arbeitsplätze vermitteln und oft werden darüber auch größere Hilfsleistungen organisiert; zum Beispiel bekommen die Migranten häufig von einheimischen Kellnerinnen getragene Winterkleidung ihrer Familien, werden von und zur Arbeitsstätte gefahren – alles kleine Hilfsleistungen, die das Leben sehr viel erträglicher machen. Kellnerinnen scheinen überhaupt oft die einzigen Frauen zu sein, die – vor allem illegale – Migranten während ihres Aufenthaltes kennenlernen können, so daß es zwischen ihnen auch hin und wieder zu Affären kommt, worüber die Migranten sehr gerne prahlen. Tatsächlich hat die Beziehung zu einer Amerikanerin meist positiven Einfluß auf die Migrantenkarriere, da sie die Englischkenntnisse und das Verständnis für die nordamerikanische Gesellschaft fördert und meist auch die Arbeitssuche erleichtert.

3. Schlußfolgerungen

Zusammenfassend soll die Frage beantwortet werden, wie das Zusammenwirken der dargestellten ökonomischen, verkehrstechnischen und sozialen Faktoren die räumliche Verbreitung der Migranten bestimmt. Einer der wichtigsten Determinanten ist die Organisation von Arbeitsplatz und nahegelegenem Wohnort, was in der Regel von mehreren Home mates gemeinsam bewerkstelligt wird. Außerhalb der Städte und der Reichweite des öffentlichen Personennahverkehrs leben die Migranten meist direkt an ihrem Arbeitsplatz. Die Arbeitssuche erfolgt von den Home mate-Gruppen aus, weshalb es zu hohen Konzentrationen von Home mates dort kommt, wo informelle Einstellungsverfahren praktiziert werden (Ladburys 1984). Die umfassenderen Netzwerke liefern außerdem weitere einschlägige Informationen sowie unter Umständen Zugang zu Bekannten, die im Besitz eines Fahrzeugs sind und dadurch den Radius der Arbeitssuche erweitern helfen. Diese Beziehungsformen sind auch deshalb von Bedeutung, weil durch sie die scharfen Grenzziehungen der Home mate-Gruppen etwas gemildert werden.

Die dichten Netzwerke der Home mates scheinen sich zusammen zu bewegen. Ursprünglich waren die ersten Arbeitsstätten der hier dargestellten Gruppen in New York City, doch aufgrund der Sättigung des Bedarfs an niedrigqualifizierten Arbeitern waren die Migranten zum Ausweichen in die Vororte gezwungen, wobei sie der Richtung der Suburbanisierung folgten und die entsprechenden öffentlichen Transportwege nutzten. Das Gebiet, in dem diese Untersuchung durchgeführt wurde, ist eine der nördlichen Wachstumsregionen von New York und verfügt daher einerseits über eine noch nicht gesättigte Nachfrage nach billiger Migrantenarbeit, andererseits über gute Zufahrtswege. Dabei scheinen sich die Migranten auf einen längerfristigen Aufenthalt einzurichten, wie die Verbreitung von Dienstleistungsunternehmen (Billigbordelle, Spezialitätengeschäfte), die sich vor allem an Lateinamerikaner wenden, im Untersuchungsgebiet belegen.

Die Entwicklungsgeschichte dieser Ansiedlungsmuster läßt zweierlei Schlüsse zu: Einerseits ist zwar eine weitere Ansiedlung von Migranten in der Untersuchungsregion stark begrenzt, da die Nachfrage nach entsprechenden Arbeiten nicht sehr hoch ist; andererseits bilden sich vergleichbare Netzwerke vermutlich auch entlang der anderen Wachstumsachsen von New York City, da die Ausdehnung der suburbanen Umgebung der Stadt wahrscheinlich noch nicht an ihre Grenzen gestoßen ist.

Literatur

Barnes, J.A., 1969: Networks and Political Process, in: J. Clyde Mitchell (Ed.), Social Networks in Urban Situations, Manchester: Manchester University Press, S. 51-76.
Çaglar, Ayse, 1993: German Turks in Berlin. Migration and their Quest for Social Mobility. Dissertation, McGill University/Canada: Department of Anthropology.
CENIET, 1979: Secretaría del Trabajo y Prevision Social, Centro Nacional de Información y Estadísticas del Trabajo. La Encuesta Nacional de Emigración a la Frontera Norte del País y a los Estadjos Unidos, México, D.F.
Conover, Ted, 1987: Coyotes, New York: Random House.
Cornelius, Wayne A., 1978: Mexican Migration to the United States: Causes, Consequences, and U.S. Responses, Cambridge, Massachusetts: Center for International Studies, Massachusetts Institute of Technology.
Cross, Harry E. and James A. Sandos, 1981: Across the Border. Rural Development in Mexico and Recent Migration to the United States, Berkeley: Institute of Governmental Studies, University of California.
Dagodag, Tim W., 1984: Illegal Mexican Aliens in Los Angeles: Locational Characteristics, in: Richard C. Jones (Ed.), Patterns of Undocumented Migration. Mexico and the United States, New Jersey: Rowman & Allanheld, S. 199-217.
Epstein, A.L., 1969: The Network and Urban Social Organization, in: J. Clyde Mitchell (Ed.), Social Networks in Urban Situations, Manchester, S. 117-127.
Gaebe, W., 1987: Verdichtungsräume, Stuttgart: Teubner.
Grindle, Merilee S., 1988: Searching for Rural Development: Labor Migration and Employment in Mexico, Ithaca, N.Y: Cornell University Press.
Harries-Jones, Peter, 1969: Home-boy Ties and Political Organization in a Copperbelt Township, in: J. Clyde Mitchell (Ed.): Social Networks in Urban Situations, Manchester, S. 297-347.
Heer, David M., 1990: Undocumented Mexicans in the United States, Cambridge: Cambridge University Press.
Jones, Richard C. (Ed.), 1984: Patterns of Undocumented Migration. Mexico and the United States, New Jersey: Rowman & Allanheld.
Jones, Richard C., 1984: Macro-Patterns of Undocumented Migration between Mexico and the U.S, in: Ders. (Ed.): Patterns of Undocumented Migration. Mexico and the United States, New Jersey, S. 33-46.
Jones, Richard C. and Avelardo Valdez, 1984: Geographical Patterns of Undocumented Mexicans and Chicanos in San Antonio, Texas: 1970 and 1980, in: Richard C. Jones (Ed.), Patterns of Undocumented Migration. Mexico and the United States, New Jersey, S. 218-235.
Kenna, Margaret E., 1977: Greek Urban Migrants and their Rural Patron Saint, in: Ethnic Studies, Vol. 1, S. 14-23.
Kapetanakis (Dascalopoulos-), Sophia and Nicolas Vernicos, 1993: Island Population: Towards a Paradigm for the Study of Insularity, Isolates and Translocation. Manuskript.
Ladbury, Sarah, 1984: Choice, chance or no alternative? Turkish Cypriots in Business in London, in: R. Ward and R. Jenkins (Eds.): Ethnic Communities in Business, Cambridge: Cambridge University Press, S. 105-124.
Lomnitz, Larissa Adler, 1977: Networks and Marginality, New York: Academic Press.
Lomnitz, Larissa Adler and Marisol Pérez-Lizaur, 1989: The Origins of the Mexican Bourgeoisie: Networks as Social Capital, in: Thomas Schweizer (Hrsg.), Netzwerkanalyse. Ethnologische Perspektiven, Berlin, S. 35-46.
Mines, Richard, 1984: Network Migration and Mexican Development: A Case Study, in: Richard C. Jones (Ed.): Patterns of Undocumented Migration. Mexico and the United States, New Jersey, S. 136-155.
Mitchell, J. Clyde (Ed.), 1969: Social Networks in Urban Situations, Manchester: Manchester University Press.

Mitchell, J. Clyde, 1969: The Concept and Use of Social Networks, in: Ders. (Ed.), Social Networks in Urban Situations, Manchester, S. 1-50.
Mitchell, J. Clyde, 1987: Cities, Society and Social Perception, Oxford: Clarendon Press.
Mullan, B.P., 1989: Impact of Social Networks on the Occupational Status of Migrants, in: International Migration Review, Vol. 23, S. 69-85.
Papademetriou, D.G., 1989: The U.S. Legalization Program: A Preliminary Final Report, in: International Migration Review, Vol. 23. I
Roberts, Kenneth D., 1980: Agrarian Structure and Labor Migration in Rural Mexico: The Case of Circular Migration of Undocumented Workers to the U.S., Austin/Texas: The Institute of Latin American Studies, University of Texas.
Schweizer, Thomas (Hrsg.), 1989: Netzwerkanalyse. Ethnologische Perspektiven, Berlin: Dietrich Reimer Verlag.
Schweizer, Thomas, 1989: Netzwerkanalyse als moderne Strukturanalyse, in: Ders. (Hrsg.): Netzwerkanalyse. Ethnologische Perspektiven, Berlin, S. 1-33.
Simon, Julian L., 1989: The Economic Consequences of Immigration, Padstow, Cornwall: Basil Blackwell in associaton with The Cato Institute.
Whyte, William Foote, 1981: Street Corner Society. The Social Structure of an Italian Slum, 3. Aufl., Chicago/London: University of Chicago Press.

Felicitas Hillmann

"all'italiana": Wohnen und Arbeiten von ImmigrantInnen im Mailand der 90er Jahre

Der folgende Beitrag beschäftigt sich mit der Situation von Migrantinnen aus drei außereuropäischen Ländern in Mailand. Untersucht werden die Arbeits- und Wohnbedingungen der Migrantinnen und die Zielsetzung und Arbeitsweise der Kommunalverwaltung sowie verschiedener nicht-staatlicher Organisationen, mit denen die Frauen in Kontakt kommen. Die Situation wurde zu zwei verschiedenen Zeitpunkten betrachtet: zu Beginn und Mitte der 90er Jahre.[1]

Anfang des Jahrzehnts standen in Mailand die Themen „Marginalität" und „Illegalität" im Mittelpunkt der Debatte um die „neuen" Zuwanderer aus anderen Ländern. Die Stadt Mailand, die in den 50er und 60er Jahren das Ziel von Wanderungen aus Süditalien gewesen war, reagierte seinerzeit auf die neue Zuwanderung durch eine Umorientierung der noch bestehenden Hilfsstrukturen auf die neue Zuwanderungsklientel und mit einer Sozialpolitik, die allerdings auf die männlichen Zuwanderer zugeschnitten war; ehrenamtlich arbeitende Vereine und Einrichtungen bemühten sich um die Integration der neuen ZuwanderInnen durch Sprachkurse oder deren medizinische Versorgung. Der neueste Ausländerbericht der Administration (1996) legt den thematischen Schwerpunkt auf die Integration der zweiten Generation und geht von einer Stabilisierung der zugewanderten Bevölkerung bei gleichzeitig abnehmender Marginalisierung aus; die Nicht-Regierungs-Organisationen sprechen hingegen von einer weiterhin prekären Einwanderungssituation auf dem Wohnungs- und Arbeitsmarkt. Die Besetzung der Kirche *San Bernadino*, im Zentrum Mailands gelegen, durch Immigranten im November 1996 läßt eher auf eine Zuspitzung von Konflikten schließen. In diesem Beitrag werden anhand des Vergleiches der Sozial- und Wohnungspolitik für ImmigrantInnen aus „Entwicklungsländern" drei Fragestellungen untersucht:

1. Welche Dynamiken weist die Zuwanderung aus diesen Ländern auf und welchem Wandel unterlag die auf sie zielende Sozialpolitik? In welcher Hinsicht vollzog sich ein Perspektivenwechsel und worin liegt dieser begründet?

---

1 Das zugrundeliegende empirische Material stützt sich auf die Befragung von rund 100 Immigrantinnen aus den Ländern Philippinen, Somalia und Peru in den Jahren 1992/ 93 sowie auf zahlreiche Expertengespräche, die sowohl Anfang der 90er Jahre als auch im Herbst 1996 von mir in Mailand durchgeführt wurden.

2. Wie gestaltet(e) sich die Wohnsituation für ImmigrantInnen und welche geschlechtsspezifischen Formen des Wohnens generiert(e) sie?
3. Welche Formen räumlicher Segregation bestanden im städtischen Kontext und welchen Hinweis gaben diese auf die Wohnverhältnisse von ImmigrantInnen? Wie haben sich diese fortgesetzt?

1. Dynamiken der Zuwanderung und sozialpolitischer Perspektivenwechsel im Umgang mit den „extracomunitari"

Anders als in den nordwesteuropäischen Industriestaaten, in denen die großen Zuwanderungsbewegungen weitgehend institutionell kanalisiert über Anwerbung verliefen, vollzog sich die Zuwanderung nach Italien größtenteils „wild", d.h. sie war nur in Ansätzen politisch und gesetzlich reguliert. Anfang der 90er Jahre fiel Italien – verglichen mit anderen südeuropäischen Ländern – durch seine hohen Zuwanderungszahlen aus „Entwicklungsländern" und dem großen Anteil illegaler EinwanderInnen unter ihnen auf. Diese ZuwanderInnen aus der Zweiten und Dritten Welt wurden im öffentlichen Sprachgebrauch mit dem Begriff der „extracomunitari" belegt. Im Mittelpunkt des Interesses stand somit rasch ein bestimmter Einwanderungstypus: der des *marginale e povero* (vgl. Mingione 1985), der von Marginalität und Armut gezeichnete illegale männliche Zuwanderer.

Zwei Quellen statistischen Materials bieten ungefähre Auskunft über den Umfang und die Dynamiken der Einwanderung nach Mailand: die Angaben über die in der Kommune Mailand mit Wohnsitz gemeldeten ImmigrantInnen („*residenze*") und die Veröffentlichungen über die Anzahl der registrierten Aufenthaltsgenehmigungen („*permessi di soggiorno*"). Im Unterschied zu den „*residenze*" erfassen diese zusätzlich den Anteil der ausländischen Bevölkerung, der nicht in Mailand wohnhaft ist, sich dort aber aufhält. Beide Quellen weisen auf ähnliche Trends hin: die Erhöhung der Zuwanderungszahlen in den 90er Jahren, die Verschiebung in der Komposition der Herkunftsländer und den kontinuierlich hohen Anteil von Immigrantinnen an der Gesamteinwanderung, besonders akzentuiert in einigen Einwanderungsgruppen. Die Zahl ausländischer Kinder hat sich stetig erhöht.

Die Anzahl der als wohnhaft registrierten AusländerInnen in der Stadt Mailand hat sich von 27.550 im Jahre 1984 auf 64.086 im Jahre 1995 mehr als verdoppelt, während die einheimische Bevölkerung um 12 Prozent abnahm und sich auf 1.284.398 EinwohnerInnen im Jahre 1996 belief. Besonders seit etwa 1991 erhöhte sich die Zahl der in Mailand gemeldeten AusländerInnen aus Nicht-EU-Ländern stark (vgl. Comune di Milano 1995, S. 17 f.); zu den am häufigsten vertretenen Einwanderungsnationen gehören Ägypten, die Philippinen, China, Marokko, Äthiopien und Sri-Lanka.

Am 31.12.1993 hielten sich insgesamt 140.686 AusländerInnen in der Provinz Mailand auf, rund dreimal so viele wie noch drei Jahre zuvor. Hiervon stammten

87 Prozent aus Nicht-EU-Staaten. Im Zeitraum 1990-1993 verstärkte sich die Zuwanderung aus den osteuropäischen Staaten (+ 218 %) und aus Südamerika (+ 215 %) (Osservatorio del Mercato del Lavoro nella Provincia di Milano 1993, S. 58 f.). Der Anteil der ausländischen Bevölkerung an der Gesamtbevölkerung der Provinz lag mit 3,6 Prozent – verglichen mit anderen Ländern der EU – relativ niedrig, jedoch höher als in den übrigen Provinzen der Region Lombardei und des Landes Italien. Die in Mailand am häufigsten vertretenen Herkunftsnationen waren: Marokko (12.748 Personen, d.h. 9,1 Prozent aller ZuwanderInnen), Ägypten (11.114 Personen bzw. 7,9 %), die Philippinen (10.501 Personen bzw. 7,5 %) und China (5.975 Personen bzw. 4,2 %). Die Geschlechterproportionen waren polarisiert: während aus dem mediterranen Afrika zu 86,6 Prozent männliche Migranten kamen, setzte sich die Immigration aus Südamerika zu zwei Dritteln aus Frauen zusammen. Insgesamt überwog mit 56,3 Prozent der Anteil der Männer an den GesamteinwanderInnen. Zwei Drittel der Aufenthaltsgenehmigungen für Nicht-EU-Bürger wurden mit dem Motiv „Arbeit" begründet, 11,3 Prozent mit „Familienzusammenführung", 8,8 Prozent mit „Tourismus". In 22 Prozent der Fälle der mit „Arbeit" begründeten Aufenthaltsgenehmigungen waren die ImmigrantInnen als Arbeitssuchende gemeldet. 47,4 Prozent weibliche Immigranten stehen 52,6 Prozent männlichen Einwanderern gegenüber.

2. Sozialpolitik für ImmigrantInnen

2.1 Bis Anfang der 90er Jahre

Die erste „politische Wahrnehmung" der neuen Einwanderung Mitte der 80er Jahre war unmittelbare Folge ihrer so bezeichneten „negativen Sichtbarkeit" (*visibilità negativa*). Zuwanderung aus „Entwicklungsländern" war keineswegs eine neue Erscheinung, nur verlief sie bis dahin größtenteils im „stillen Kämmerchen": Tausende von Immigrantinnen aus den sog. Entwicklungsländern (u.a. der ehemaligen italienischen Kolonie Eritrea), die in italienischen Privathaushalten arbeiteten, wurden nur an Donnerstag- und Sonntagnachmittagen – dann hatten sie in der Regel Ausgang – für die italienische Bevölkerung sichtbar. Diese Sichtbarkeit der weiblichen Immigrationsbevölkerung wurde erst bei der Sprengung dieses Raum-Zeit-Gefüges zum Problem. Dafür gab es verschiedene Gründe: Erstens zogen Familienmitglieder der Immigrantinnen nach, zweitens waren Hausbesetzungen oft das einzige Mittel, Wohnraum zu erlangen (s.u.), und drittens hatten neue Immigrationsströme – vornehmlich aus Afrika – Italien erreicht. Die Einwanderung war nun als solche erkennbar, wohl auch, weil sie sich der Vorstellung des armen und die Aufnahmegesellschaft belastenden Zuwanderers annäherte.

Es war dieser „prekäre" Typus von Zuwanderer, auf den die mailändische Sozialpolitik Anfang der 90er Jahre mit ersten Maßnahmen reagierte. Zwar war auf der sozialpolitischen Ebene bereits 1986 der neuen Situation durch die Schaffung der Abteilung „*Ufficio Nomadi e Stranieri*" („Zigeuner und Ausländer") innerhalb der Stadtverwaltung Rechnung getragen geworden, die dem für die ImmigrantInnen zuständigen Assessorat „*Servizi Sociali*" zugeordnet wurde. In einer ersten Phase sollte es die Aufgabe dieser Einrichtung sein, die verschiedenen, auf Stadtteilebene organisierten Dienstleistungen für die ImmigrantInnen zu koordinieren und die Kontaktstelle für alle in diesem Bereich arbeitenden Instanzen zu sein. Jedoch wurden die Kompetenzen dieser Einrichtung über Jahre hinweg nicht eindeutig geregelt.

Die dann einsetzende Ausländerpolitik wurde von verschiedenen Entscheidungsträgern selbst als „*Modello di emergenza*", Notstandsmodell, bezeichnet. Das einzige sozialpolitische Programm für Mailand, der Masi-Plan (*„Piano Masi"*), wurde erst relativ spät, im Mai 1992, diskutiert. Der Plan wurde schließlich verworfen, dennoch ist er aufschlußreich, da er Vorgaben enthielt, die das Terrain der Ausländerpolitik dieser Jahre absteckten. Der *Masi-*„Plan zur Immigration" ging von einer Präsenz von 50.000 Nicht-EU-ImmigrantInnen in der Stadt aus – wovon 24.000 mit Wohnsitz gemeldet waren –, zuzüglich einem Anteil von etwa 15 Prozent illegaler ImmigrantInnen an der gesamten Immigrationsbevölkerung in der Stadt. Der Plan nannte als Ziele: Integration, erste Unterbringung der ImmigrantInnen auf dem angespannten Wohnungsmarkt; Weiterbildung und Eingliederung der ImmigrantInnen in den mailändischen Arbeitsmarkt; Koordination und Klärung der Zuständigkeit der verschiedenen Institutionen; Aufbesserung des negativen Images der Einwanderung. Hinter dieser Politik stand die Grundannahme, daß der Fremde nicht marginalisiert, sondern daß ihm geholfen werden sollte, sich in die italienische Gesellschaft zu integrieren. Diese Integration könne nur über menschenwürdige Arbeits- und Wohnbedingungen bei gleichzeitiger sprachlicher und kultureller Erziehung erreicht werden. Klar schien auch, daß die Immigration aus den Nicht-EU-Ländern kein vorübergehendes Phänomen, sondern einen lang anhaltenden und sich verstärkenden Prozeß in der italienischen Gesellschaft darstellen würde. Die hohe Anzahl der irregulären ZuwanderInnen wurde in dem Bericht problematisiert und als das „schwierigste und auffälligste Phänomen" der neuen Immigration angesehen (Piano Masi 1992, S. 64). Dort heißt es als Empfehlung an die verantwortlichen Politiker: „Man muß Bewußtsein dafür schaffen, daß für diese irregulären ImmigrantInnen keinerlei Art von positiver Zukunft in unserem Lande besteht. Sondern, daß sie entweder immer ein Objekt der Ausbeutung für ihre skrupellosen Arbeitgeber bleiben werden oder aber der sofortigen Ausweisung ausgeliefert sind. Es handelt sich um eine Form der Unsicherheit über die eigene Zukunft, der vorgebeugt werden muß und die nicht (direkt) erleichtert werden darf. Dem Außenministerium muß deutlich gemacht werden, daß es einen anhaltenden illegalen Immigrationsfluß vor allem aus Nord-Afrika und Südamerika gibt." (Piano Masi 1992, S. 64)

Neben der staatlichen Sozialpolitik für Einwanderer, die sich auf die Vergabe von Notunterkünften und die Durchführung von Sprachkursen beschränkte, unternahmen zahlreiche Institutionen des „*privato-sociale*" gezielte Anstrengungen, die Neuankömmlinge in den städtischen Kontext zu integrieren. Die Vereine und Vereinigungen im nicht-staatlichen Bereich begründeten sich auf ehrenamtliche Mitarbeit, das sogenannte „*volontariato*", eine der wichtigsten Organisationsformen der Sozialarbeit im heutigen Italien (The Cariplo Foundation for Information and Studies of Multiethnicity 1996). Entstanden waren diese Hilfsstrukturen in den 50er und 60er Jahren, als die mailändische Industrie tausendfach vornehmlich männliche Arbeitskräfte aus Süditalien rekrutierte. Institutionen wie z.B. das Zentrum *Franco Verga* oder der Vorläufer der heutigen *Segreteria per gli Esteri* der Diözese Mailand wurden seinerzeit ins Leben gerufen, um den ImmigrantInnen aus dem Süden wirksame Integrationshilfen anzubieten. Mit der neuen Klientel aus den Entwicklungsländern verschob sich die inhaltliche Aufgabenstellung der Einrichtungen. Einst stand die Beratung der süditalienischen Industriearbeiter im Vordergrund, jetzt war es die Vermittlung von ausländischer Arbeitskraft. Damals angebotene Alphabetisierungskurse für ZuwanderInnen existierten in Form italienischer Sprachkurse oder Rechtsberatung weiter. Die Übernachtungsheime der Kirche wurden nun für die ImmigrantInnen aus den sog. Entwicklungsländern genutzt.

Die ca. 80 Vereine („*associazioni*") in Mailand bekamen teilweise staatliche Subventionen, meist jedoch finanzierten sie sich durch Mitgliedsbeiträge und private Spenden sowie Einnahmen aus Veranstaltungen (vgl. Zanfrini 1992). Viele dieser Einrichtungen wurden direkt, z.B. durch die Bereitstellung von Arbeitskraft und Räumlichkeiten, oder indirekt, z.B. durch finanzielle Unterstützung von der Kirche, getragen. Diese wiederum arbeitete eng mit den städtischen Institutionen zusammen. Trotz (oder gerade wegen?) der vielfach ungeklärten Rechtslage in der Ausländerpolitik und der hieraus resultierenden Unsicherheit im Umgang mit den ausländischen ZuwanderInnen in der Praxis arbeiteten einige Nicht-Regierungsorganisationen, die kirchlichen Einrichtungen und die städtischen Institutionen informell zusammen.

Ein herausragendes Beispiel für die informelle Verquickung der staatlichen Interventionen mit den Einrichtungen des *volontariato* ist die 1987 gegründete und bis heute bestehende medizinische Ambulanz *NAGA*. Etwa 100 MitarbeiterInnen hatten sich auf die unentgeltliche medizinische Versorgung von (illegalen) ImmigrantInnen spezialisiert. Ein Teil der notwendigen Gelder wurde aus den veröffentlichten eigenen Forschungsarbeiten beschafft. Die zur Behandlung nötigen Medikamente erhielt das Zentrum von verschiedenen Spendern, z.B. von Apotheken. Die Stadtverwaltung war Eigentümerin der Behandlungsräume des Zentrums und vermietete diese an das NAGA. In schwierigen bzw. aufwendigen Fällen wurde mit den öffentlichen Krankenhäusern zusammengearbeitet, auch im Falle illegaler ImmigrantInnen. Trotz dieser augenfälligen Verstöße gegen die offiziell verlautbarte Politik, die von einer Exklusion der illegalen ImmigrantInnen ausging, wurde das Zentrum im sozialen Netz der Stadt geduldet.

Die Merkmale der mailändischen Ausländerpolitik bis Anfang der 90er Jahre können zusammenfassend charakterisiert werden a) als vorläufig, b) als auf ehrenamtliche Helfer angewiesen und c) durch den Umgang der Institutionen mit den ImmigrantInnen in einer Form, die am treffendsten als „*all'italiana*" umschrieben werden könnte. Gemeint ist hiermit das augenfällige Auseinanderklaffen legaler Vorschriften und administrativer Praxis – besonders was den Umgang mit ImmigrantInnen ohne gültigen Aufenthaltsstatus betrifft (vgl. auch The Cariplo Foundation 1996, S. 59 f.).

2.2 Mitte der 90er Jahre

Der neueste Bericht der Stadtverwaltung Mailand über die Lage der Ausländer (1996) besiegelt einen sich vollziehenden Kurs- und Perspektivenwechsel. Der Bericht ist durchgängig dem Thema der „zweiten Generation", den Kindern der ImmigrantInnen, gewidmet. Über die anderen, nicht in Familien organisierten ZuwanderInnen, wird nicht informiert. Der Bericht macht deutlich, daß „seit einigen Jahren die typische Gestalt des einzelnen Immigranten durch die Präsenz von Familien ersetzt wird (...) Sie leben in einer weniger prekären Situation und passen ihr Verhalten an die neue Situation an" (1996, S. 5). Dieses Bild der „Immigrantenfamilie" wird bewußt der vorherrschenden Vorstellung des Immigranten, dem Stereotyp des „*clandestino*" oder „Illegalen", dem Scheibenputzer an der Ampel gegenüber gestellt. Es kommt zu einer terminologischen Unterscheidung dieser Zuwanderungstypen: „*immigranti*", das sind die, die seit kurzem angekommen sind. Und „*immigrati*", das sind die, die schon einen festen Wohnsitz haben und von denen man annehmen kann, daß sie über einen langen Zeitraum hinweg in Italien bleiben werden. Der Bericht will die Sicht der Öffentlichkeit von der einen „Marginalität" (nämlich den Illegalen) auf einen anderen „verborgenen" Bereich der Zuwanderung lenken: „Wir bemühen uns hier, eine Verschiebung in der Sichtweise auf die Migration zu befördern. Nämlich in Richtung einer Debatte über die Migration, die diesen unbeachteten Aspekt ins Zentrum der Diskussion rückt und die die 'bedürftige' und 'marginale' Migration als den schlicht übriggebliebenen Bestandteil behandelt, der er auch ist" (Comune di Milano 1996, S. 6).

Generell wird von städtischer Seite von einer Stabilisierung der Einwanderung und der Überwindung der noch Anfang der 90er Jahren vorherrschenden prekären Situation ausgegangen. Die Berichterstattung in der Presse greift das Thema inzwischen meist in ihren spektakulärsten Formen auf: so wird über die zunehmende Zahl albanischer Prostituierte oder über ausländische bettelnde Kinder auf den Straßen berichtet (La Repubblica, 18.6.1996),[2] aber anders als noch vor einigen

---

2 Die von Lodigiani (1996, S. 105 ff.) vorgenommene Auswertung des '*Corriere della Sera*' im Zeitraum 1990-1994 verdeutlicht, daß die Zuwanderung in Mailand meistens entweder im Zusammenhang mit Verbrechen ('*cronaca nera*') oder aber den Legalisierungspolitiken besprochen wurde. Gemäß der Auswertung von Lodigiani ergibt sich folgendes Bild: 27,8 Prozent aller Artikel beziehen sich auf Verbrechen, 21 Prozent auf Legalisierungspolitiken, 16,8 Prozent auf soziale Probleme, 10,1 Prozent auf die Sozialpolitiken, 8 Prozent thematisieren die multiethnische Gesellschaft, 4,8 Prozent behan-

Jahren seltener differenziert zum Thema „Ausländer". Die von der Caritas veröffentlichten Schätzungen über die Zahl der irregulären ImmigrantInnen in Italien lagen auch 1995 mit etwa 500.000 Personen im europäischen Vergleich hoch (Corriere della Sera, 25.8.1995). Nicht-Regierungs-Organisationen, die seit Jahren im Bereich der irregulären Zuwanderung arbeiten, sind ob der offiziellen Einschätzung skeptisch. Eine Mitarbeiterin des NAGA beschreibt die Lage im Herbst 1996: „Wir hatten eine graduelle Erhöhung der Anfragen in unserem Zentrum. Verglichen mit Anfang der 90er Jahre hat sich die Immigration an sich verändert. Am Anfang behandelten wir eine rein männliche Immigration, fast ausschließlich aus Nordafrika, dem Maghreb. Jetzt haben wir sehr viel mehr Frauen, eine steigende Zahl von Kindern – es gibt jetzt Familien hier und auch hier geborene Kinder. Eine Veränderung beobachten wir bei den Herkunftsregionen: es gibt mehr Einwanderung aus Südamerika und den Philippinen. Es ist schwierig, Aussagen über die Anzahl oder den Anteil illegaler ImmigrantInnen an der Gesamteinwanderung zu machen – viele haben sich legalisiert. Doch die Anzahl der Irregulären ist immer noch hoch."

Die 1995/1996 durchgeführte vierte Legalisierungswelle führte zur vorübergehenden Abnahme der irregulären ImmigrantInnen.[3] Jedoch gehen auch die Experten der katholischen Hilfsdienste nicht von einer Abnahme der durch die Zuwanderung aufgeworfenen sozialen Probleme aus. Im Gegenteil: das größte Hilfszentrum der Diözese Mailand wurde im Herbst 1996 ausgebaut. Die Einwanderung nach Mailand – so eine der dort beschäftigten Sozialarbeiterinnen – besteht unter veränderten Vorzeichen weiter: „Zwar hat ein großer Teil der ImmigrantInnen jetzt das Amnestiegesetz in Anspruch genommen, aber mir fällt auf, daß man inzwischen wieder öfter Frauen ohne Aufenthaltsgenehmigung – meistens aus den Ländern Peru, Ecuador, Bolivien und Brasilien (in dieser Reihenfolge) – sieht. Mittlerweile haben wir es hier verstärkt mit zwei Typen von Klientel zu tun: Familien und Flüchtlinge. Die Familien, die sich an uns wenden, haben teilweise schon eine Wohnung gefunden, haben aber Probleme, die Miete zu bezahlen. Außerdem betreuen wir viele Flüchtlinge. Das ist neu. Normalerweise war der typische Asylsuchende ein Einzelner (fast immer ein Mann), jetzt sind es Familien. Es kommen auch immer noch 'clandestini' (d.h. solche ohne gültigen Aufenthaltsstatus, FH), vielleicht etwas weniger, aus Südamerika, auch Asien, Bangladesh, viel weniger. Die Südamerikaner zahlen etwa 12 Millionen Lire für die illegale Einreise. Aus Afrika, denke ich, gibt es, soweit ich das einschätzen kann, keinerlei illegale Einwanderung mehr."

deln das Thema Arbeit, 4,6 Prozent das Thema Rassismus, 3,1 Prozent der Artikel sind allgemeinen Zuschnitts.
3 In den Expertengesprächen wurden folgende Größenordnungen der Legalisierungen genannt: 248.950 Anträge auf Aufenthaltsgenehmigungen wurden in Italien gestellt, davon 235.935 als „Arbeitsgenehmigungen" und 13.015 für „Familienzusammenführung" beantragt. In der Provinz Mailand wurden 22.242 Anfragen auf Legalisierung von ImmigrantInnen ohne Aufenthaltsgenehmigung eingereicht. Hinzu kamen 2.017 Anfragen auf der Basis von „Selbstzeugnissen" (autocertificazioni). Überwiegend lega-

3. Die Wohnpolitik für ImmigrantInnen

3.1 Bis Anfang der 90er Jahre

Mehr als zwei Drittel von 500 Befragten einer 1991 vom regionalen Forschungsinstitut IReR durchgeführten Studie bezeichneten „Wohnen" neben der Integration in den Arbeitsmarkt als ihr größtes Problem. Den Resultaten der Studie zufolge lebte die Hälfte der ImmigrantInnen in behelfsmäßigen Unterkünften. Genauer: 12,8 Prozent der ZuwanderInnen lebten bei ihren Landsleuten, 10,9 Prozent in städtischen Schlafsälen, 3,3 Prozent in kirchlichen Schlafsälen, 9,5 Prozent bei Freunden, 9,3 Prozent bei dem Arbeitgeber, 6,8 Prozent in besetzten Häusern, 4,5 Prozent in Eigentumswohnungen. Gut 4 Prozent der Befragten gaben an, obdachlos zu sein, 2,5 Prozent hatten sich in Hotels eingemietet, ein Drittel der Befragten hatte eine Wohnung gemietet. „Anderes" wurde von 2,7 Prozent der ImmigrantInnen angegeben (IReR 1991). Bonini et al. (1993, S. 27) bringen die Resultate verschiedener Untersuchungen zur Wohnsituation der ImmigrantInnen auf den Punkt: „Das Wohnungsproblem ist weniger durch das Nicht-Vorhandensein eines Daches über dem Kopf charakterisiert (obwohl dies gut in das verbreitete Stereotyp des Immigranten, nämlich das des Obdachlosen, passen würde), vielmehr durch nicht geeignete und provisorische Wohngelegenheiten, in denen die ImmigrantInnen gemäß ihrer finanziellen Möglichkeiten leben und die nicht an deren Bedürfnisse angepaßt sind (wozu überhöhte Mieten zahlen)."

Das „Wohnen" der ImmigrantInnen wurde erst spät zu einem für die Sozialpolitik relevanten Thema. In den 70er und frühen 80er Jahren waren vor allem eritreische und philippinische Vertragsarbeiterinnen als Hausbedienstete nach Italien gekommen. Größtenteils fanden sie Unterkunft bei ihren Arbeitgebern. Einige lebten in Pensionen oder in kirchlichen und öffentlichen Schlafsälen. Doch in der zweiten Hälfte der 80er Jahre wurden – auch aufgrund von Familiennachzug und der in Italien geborenen Kinder der Immigrantinnen – die Probleme der zugewanderten Bevölkerung mit der Wohnunterbringung evident. Oft waren die Einwanderinnen gezwungen, ihre Kinder in Horte einzuweisen. So begannen vor allem eritreische Familien, aufgrund der für sie desaströsen Wohnsituation, Häuser zu besetzen. Die Stadtverwaltung Mailand reagierte hierauf unter anderem mit der Vergabe von Sozialwohnungen an die immigrierte Bevölkerung.[4]

---

lisierten sich Marokkaner, Ägypter, Philippinos, Chinesen und Peruaner *(Osservatorio di Milano 1996).*

4 Die Öffnung der Listen zur „Einschreibung auf das Anrecht auf eine Sozialwohnung" für Ausländer ab 1985 schuf in einigen Fällen Abhilfe. Seit 1985 bis 1993 wurden circa 1.500 Sozialwohnungen an Ausländer und Ausländerinnen vergeben, das entspricht etwa 10-15 Prozent der jährlich vergebenen Quote von Sozialwohnungen (Murer 1993b, S. 26; Tosi 1993, S. 67). Erst im Regionalgesetz 28/90 wurde jegliche Diskriminierung nach Staatszugehörigkeit bei der Vergabe von Sozialwohnungen ausdrücklich untersagt. Allerdings wurden – so Experten – überwiegend Wohnungen vermittelt, die von anderen (italienischen) Bewohnern abgelehnt wurden.

Auch hatten mittlerweile neue Migrationsströme – weniger strukturiert und weniger homogen – Mailand erreicht. Hierunter fanden sich viele 'vu cumprà' (Straßenhändler), die in abgestellten Zügen oder Autos bzw. heruntergekommenen Häusern im Umland oder in Parks lebten (Hillmann und Krings 1996). Gleichzeitig suchten sich die durch Räumungen obdachlos gewordenen Hausbesetzer immer wieder neue Unterkünfte. Im Winter 1989 erfroren mehrere Immigranten. Die Stadtverwaltung sah sich gezwungen zu handeln und so wurden bedürftige ImmigrantInnen auf Kosten der Stadt vorübergehend in Pensionen untergebracht. Das 1990 verabschiedete und in Kraft getretene *Martelli*-Gesetz erlaubte erstmals die Bereitstellung von Fonds für die Kommunalverwaltungen. Es entstanden – auch als Reaktion auf die an das Gesetz gekoppelte Legalisierungsoption für irreguläre ZuwanderInnen – erste Aufnahmezentren, sogenannte „*Centri di Prima Accoglienza*" (kurz: CPA). Teilweise wurden die Aufnahmezentren zeitgleich mit der Räumung der besetzten Häuser eröffnet.[5]

Der Eröffnung der CPA war eine langwierige und schwierige Suche nach geeigneten Lokalitäten vorausgegangen. Die Einwohner der für die Ansiedlung der Immigranten ausgewählten Stadtviertel protestierten und brachten die Stadtverwaltung schließlich dazu, die Unterkünfte in peripheren und weniger sichtbaren, in der Regel bereits „problematischen" Wohngebieten anzusiedeln. Die ersten drei CPA, wesentlich auf die Bedürfnisse des männlichen und in der Regel unverheirateten Immigranten zugeschnitten, wurden am 15. März 1990 als Schlafsäle in bereits bestehenden Gebäuden eröffnet (Allievi 1993, S. 10). Als Vorbild für diese Übernachtungszentren diente das kommunale Obdachlosenheim in *Viale Ortles*.[6] Die Stadtverwaltung übertrug die Leitung und Betreuung der CPA verschiedenen von ImmigrantInnen initiierten und getragenen Kooperativen (z.B. *Il Tropico* und *Toltecas*). Später wurde ein anderer Typus von CPA favorisiert. Er bestand aus vorgefertigten Bauteilen in Siedlungsform mit eigenen Wohneinheiten. In diesen Container-Wohnheimen wurden die Hausbesetzer kontingentweise (nicht auf individuelle Anfrage hin) untergebracht. Die mailändischen CPA forderten laut Beschluß vom 26.10.1990 eine maximale Aufenthaltsdauer von 6 Monaten und verlangten einen nach Typologie gestaffelten Tarif etwa zwischen 40.000-60.000 Lire pro Bewohner monatlich. Trotz aller Versuche, das „*Turn-over*" unter den Immigranten innerhalb der CPA zu beschleunigen, kam es nicht zur erwünsch-

---

5   Bonini et al. (1993, S. 36) nennt folgende Größenordnungen der Räumungen: im März 1990 nahmen die CPA in *Via Pitteri, Giorgi* und *Mambretti* 286 Hausbesetzer(innen) auf, die nach einem Hausbrand vorläufig in Hotels untergebracht worden waren. Das Zentrum in *Via Pitteri* wurde gleichzeitig mit der Räumung von *Via Vepra* eingeweiht und nahm von 270 geräumten Marokkanern 157 auf. Im September 1990 wurden in der *Via Corelli* nach der Räumung der „*Cascina Rosa*" 400 obdachlose Immigranten beherbergt. Weitere Räumungen: April 1991 „*Cascina Albinoni*" und *Via Novara* (451 Personen), Oktober 1991 „*Molino Dorino*" und „*Cascina Lampedusa*", April 1992 *Via Moncucco* und *Capo Rizzuto, Piazza Vetra* und *Via Pietrasana*.

6   Die Konzeption dieser Obdachlosenheime sieht vor, daß a) die Schlafsäle nur zur Übernachtung genutzt werden, b) daß es festgelegte Zu- und Abgangszeiten gibt und c) keine Kochmöglichkeit besteht.

ten Rotation. Die durch die Räumungen und die anschließende kollektive Unterbringung in den Aufnahmezentren entstandene monoethnische Struktur blieb über Jahre hinweg konstant.

In den Aufnahmeheimen der Stadt standen in den Jahren 1992 und 1993 insgesamt etwa 1.600 Plätze für Immigranten zur Verfügung, weitere ungefähr 620 Plätze im Bereich der privaten Sozialdienste und kirchlichen Einrichtungen. Sowohl im Falle der städtisch finanzierten Übernachtungszentren als auch bei den von der Kirche unterhaltenen Übernachtungsheimen fand die im Masi-Plan entworfene und politisch gewünschte Ausgrenzung der illegalen ZuwanderInnen aus der Hilfspolitik in der Praxis nicht statt bzw. wurde unterlaufen.

Für Immigrantinnen wurden keine Aufnahmezentren eingerichtet – und dies, obwohl es eine hohe Anzahl bedürftiger Immigrantinnen gab und sie auch zu den geräumten Hausbesetzern gehörten. Ihnen stand lediglich die Frauenabteilung des städtischen Obdachlosenheimes zur Verfügung. Eine vorübergehende Unterbringungsmöglichkeit für Frauen (und deren Kinder) war angesichts der hohen Nachfrage von den Frauenverbänden und verschiedenen *Communities* zwar kontinuierlich gefordert worden, ihre Einrichtung wurde aber von städtischer Seite immer wieder verschoben. Etwa 60 Notunterkünfte standen 1992/1993 in kirchlichen Einrichtungen für die Immigrantinnen zur Verfügung. Weitere etwa 100 Plätze waren in „Hilfszentren für werdende Mütter" („*Centri aiuto alla Vita*") für schwangere Immigrantinnen zugänglich (vgl. Zanfrini 1992). Alle diese Übernachtungsplätze wurden über die kirchlichen Sozialeinrichtungen vermittelt und betreut. Das heißt, daß die Immigrantinnen *de facto* keinen Anspruch auf diese Hilfeleistung hatten, denn sie blieben auf das Wohlwollen der Sozialarbeiter und die paternalistische Vermittlung der Patres angewiesen. Immigrantinnen waren so stärker als Immigranten auf private Lösungen angewiesen (vgl. Tognetti Bordogna 1993, S. 127 ff.). Es kam zu einer „Henne – Ei" Situation, wie dies von einer Expertin beschrieben wird: „Die Frauen haben – sehr viel stärker als die Männer – Netze gegenseitiger Solidarität ausgebildet, denn sie müssen sich allein behelfen. Man kann hier von einer Strategie sprechen: die Arbeit als Hausarbeiterin hat ihnen die Möglichkeit gegeben, ihre Grundbedürfnisse zu befriedigen. Die Immigrantinnen haben das als eine Art Garantie benutzt: über die Familien- oder Freundschaftsnetze wurde ein Arbeitsplatz vermittelt. Doch auf dem institutionellen Niveau passierte dann etwas, das wie ein Teufelskreis funktionierte. Dadurch, daß die Immigrantinnen selbst versuchten, ihre besonders verwundbare Position und ihr Bedürfnis nach Garantien und Schutz zu stillen, wurden ihre Probleme von den Politikern nicht mehr beachtet. Es ist kein Zufall, daß in ganz Italien keine Aufnahmeheime für Frauen bzw. für Familien geschaffen wurden."

Problematisch wurde diese Privatisierung sozialer Verantwortung immer dann, wenn die sozialen Netzwerke der Frauen zusammenbrachen. Die in den Wohnheimen zur Verfügung stehenden Übernachtungsmöglichkeiten für Immigrantinnen waren durchgehend ausgelastet; einige nationale Gruppen, wie z.B. die Peruanerinnen, nahmen diese Dienstleistung besonders oft in Anspruch (Hillmann

1996, S. 117 ff.). Als besonders bedürftig wurden schwangere Immigrantinnen bzw. Immigrantinnen mit Säuglingen angesehen; sie wurden bevorzugt aufgenommen. Hatten die Kinder ein gewisses Alter erreicht, so wurde den Müttern nahegelegt, diese in das Heimatland zurückzuschicken oder aber in einem Hort unterzubringen. Doch standen auch Plätze für Immigrantinnen „ohne Familie" zur Verfügung. Immigrantinnen standen von den in Mailand vorhandenen etwa 2.370 Bettplätzen lediglich knapp drei Prozent zur Verfügung, obwohl sie über 40 Prozent der Immigrationsbevölkerung ausmachten. Die Stadt Mailand orientierte ihre Sozialpolitik am hergebrachten Stereotyp des männlichen Immigranten der 60er Jahre.

Der faktische Ausschluß der Immigrantinnen aus der Sozialpolitik ist auch an deren Arbeitssituation im Aufnahmeland Italien geknüpft. Die meisten Immigrantinnen verdienten sich ihren Lebensunterhalt (und damit normalerweise auch den der im Heimatland verbliebenen Familie) durch die Beschäftigung als Hausbedienstete in italienischen Haushalten der Mittel- und Oberschicht. Über ein Drittel der befragten Immigrantinnen war stundenweise als Hausarbeiterin (meistens in einer Familie) tätig, ein weiteres Drittel als 24-stündige Hausarbeiterin entweder in Familien oder in Seniorenhaushalten, das restliche knappe Drittel war zum Zeitpunkt der Befragung ohne Arbeit. Nur einige wenige Frauen hatten Beschäftigung als Krankenpflegepersonal, in einem Restaurant oder in Reinigungsdiensten gefunden, eine Immigrantin leitete ein informelles Arbeitsvermittlungsbüro. Zwei Arbeitszeitmodelle für Hausarbeiterinnen herrschten vor: erstens das der „colf fisse"[7]: in diesem Fall wohnten die Hausarbeiterinnen bei ihren Arbeitgebern und hatten nur an den festgelegten Tagen Ausgang (s.u.). Zweitens das Arbeitszeitmodell der „colf a ore": die Hausarbeiterinnen wohnten nicht bei ihren Arbeitgebern, sondern leisteten lediglich eine bestimmte Stundenzahl ab. Die Vermittlung der Immigrantinnen in dieses Arbeitsmarktsegment geschah entweder über den aufwendigen legalen Weg der namentlichen Anwerbung (chiamata nominativa) oder über die Einschreibung in das Arbeitssuchendenregister beim Arbeitsamt („Liste di Collocamento"), dann – und dies schien der vielversprechendste Vermittlungsweg zu sein – über die Kirche und private Vermittlung. Das durchschnittliche Monatseinkommen der Hausarbeiterinnen belief sich auf etwa 1.200.000 Lire, in Einzelfällen lag es auch erheblich darüber (bis zu 2 Millionen Lire) oder darunter (600.000 Lire). Immigrantinnen, die „schwarz" angestellt waren, verdienten oft mehr als ihre legal beschäftigten Kolleginnen und fanden teilweise leichter einen Arbeitsplatz, da für sie keine Beiträge zur Sozialversicherung (INPS) von den Arbeitgebern bezahlt werden mußten.

Seit Mitte der 80er Jahre kann – so Experten – eine Ethnisierung dieses Arbeitsmarktsegmentes festgestellt werden, vor allem in Bereichen, die von italienischen Arbeitskräften immer weniger bedient werden. Tendenziell besteht eine unterschiedliche Entlohnung je nach Herkunftsland. Der Grund für die Nachfrage

---

7 „Colf" ist eine Wortschöpfung der 80er Jahre: Es ist die Kurzform von Collaboratrice familiare, der „Mithelfenden in der Familie".

nach Hausarbeiterinnen im Bereich der Reproduktion war vor allem die mangelhafte Versorgung vieler Bürger mit sozialen Dienstleistungen: Lediglich jeder 18. Person über 70 Jahre stand 1991 ein Platz in der Altenpflege zur Verfügung, die monatlichen Unterbringungskosten beliefen sich durchschnittlich auf mindestens 900.000 Lire und lagen knapp unter dem, was für eine Hausarbeiterin hätte aufgewendet werden müssen. Die Wartezeit auf einen Platz betrug – gemäß den Angaben der Stadtverwaltung im Jahre 1992 – etwa fünf bis sechs Monate. Die Situation im Bereich der Kindergartenplätze gestaltete sich ähnlich prekär.

3.2 Mitte der 90er Jahre

Mit der Umstrukturierung der Stadtverwaltung nach der Neuwahl des Bürgermeisters Formentini (Lega Lombarda) im Juni 1993 wurde die begonnene Wohnungspolitik für ImmigrantInnen nicht fortgesetzt. Die meisten Aufnahmezentren wurden geschlossen, dem *Centro Stranieri* wurde die Verwaltung der restlichen wenigen Bettplätze übertragen. Es kam zu erneuten Hausbesetzungen durch die Immigranten. Als im November 1996 die Via Pitteri (s.o.) aufgelöst wurde, besetzten 60 Immigranten die Kirche *San Bernadino alle Ossa* im Zentrum von Mailand und traten in Hungerstreik (Corriere della Sera, 14. November 1996).

Auch für die Immigrantinnen hat sich die Sozialpolitik geändert. Die Stadtverwaltung hat keine Unterbringungsmöglichkeiten für sie geschaffen. Und die kirchlichen Einrichtungen, die von Anfang an den Filter für die Verteilung von Notunterkünften darstellten, haben mittlerweile klare Prioritäten in der Auswahl der Immigrantinnen gesetzt. Die Möglichkeiten einer Unterkunft für Immigrantinnen ohne Kind wurden eingeschränkt, für schwangere Immigrantinnen und Immigrantinnen mit Kindern dagegen ausgebaut. Die Sozialarbeiterin des *„Centro Aiuto alla vita"* (Zentrum für werdende Mütter) faßt die neue Wohnpolitik für Immigrantinnen zusammen: „Die Plätze für Frauen ohne Kinder werden voraussichtlich nach und nach abgeschafft, da es zur Zeit eine starke Nachfrage nach Plätzen für Mütter mit kleinen Kindern gibt. Es gibt keine öffentlichen Ressourcen für Immigrantinnen ohne Kinder; es ist alles privat. Da wir eine Übereinkunft mit der Provinz Mailand haben, werden uns die Gäste inzwischen auch über die öffentlichen Einrichtungen vermittelt. Die Provinzverwaltung übernimmt die Pensionskosten für sie. Wir stehen also in direktem Kontakt mit den öffentlichen Dienstleistungseinrichtungen ('pronto intervento'). Wir nehmen auch ausländische Frauen ohne Aufenthaltsgenehmigung auf. Das hängt mit einem relativ neuen Gesetz zusammen, nach dem ab dem 7. Schwangerschaftsmonat auch Frauen ohne Aufenthaltsgenehmigung schutzwürdig sind. Die Immigrantin hat dann nur dadurch, daß sie Mutter wird, das Recht, hier für sechs Monate zu bleiben, damit sie sich um ihr Kind kümmern kann. Sobald sie aber von hier wieder weggeht, ist alles wie vorher: sie hat immer noch keine Papiere, sie muß, wie vorher, schwarz arbeiten."

Die Präsenz der ausländischen Frauen im Zentrum für werdende Mütter hat sich in den letzten zwei Jahren erhöht (1994 wurden 15 italienische Frauen und 31 ausländische Frauen aufgenommen; 1996 dagegen in den ersten 9 Monaten des Jahres: 6 italienische und 37 ausländische Frauen).[8] Die kirchlichen Aufnahmeheime bemühen sich auch heute weiter um eine spätere Vermittlung der Immigrantinnen an einen Arbeitgeber. Fast immer erfolgt eine Vermittlung in den Bereich der Reproduktionsarbeit, d.h. Hausarbeit, Altenpflege und Kinderbetreuung.

4. Räumliche Segregation

4.1 Anfang der 90er Jahre

Laut Melderegister betrug der Ausländeranteil an der Gesamtbevölkerung Mailands im Jahre 1992 durchschnittlich 3,6 Prozent. Er lag mit 6,9 Prozent im Zentrum am höchsten und fiel in keinem Stadtteil unter ein Prozent. Somit lebten die AusländerInnen relativ gleichmäßig über das gesamte Stadtgebiet verteilt, wobei die innerstädtischen Wohnviertel im Gegensatz zu den peripheren Gebieten den höchsten Anteil ausländischer Bevölkerung aufwiesen. Ethnische bzw. nationale „Segregation" – definiert als Umfang der ungleichen Verteilung von Bevölkerungsgruppen über städtische Teilgebiete – kam in Mailand zu diesem Zeitpunkt kaum vor. Es gab keine großräumige Ghetto- oder Slumbildung, und auf Stadtteilebene ließen sich nur geringe Ansätze zu einer Herausbildung von „ethnischen Teilgebieten" erkennen. Die einzige Ausnahme bildete die relativ konzentrierte Ansiedlung von Chinesen im Gebiet *Via Canonica – Via P. Sarpi – Via Bramante* (vgl. De la Pierre 1989, S. 75). Aus den Aufzeichnungen der katholischen Hilfsdienste ließ sich allerdings schließen, daß einzelne Häuser oder Wohnungen, die sich über das gesamte Stadtgebiet verstreut finden, gleichsam „verstreuten Ghettos" (*„ghetto diffuso"*, vgl. Caputo 1983) glichen.

Das aus den Statistiken konstruierte Bild der Wohnverteilung der ImmigrantInnen über das Stadtgebiet wird unscharf, sobald man die Aufzeichnungen von Hilfsorganisationen über die Wohnunterbringung hinzunimmt. Hiernach lebten 71 Prozent aller ImmigrantInnen in den peripheren Stadtteilen, nur 2 Prozent nannten das *„Centro Storico"* ihren Wohnort. Knapp 20 Prozent waren obdachlos, ein Zehntel der Hilfesuchenden war im Mailänder Hinterland ansässig.[9] Da diese Aufzeichnungen sich auch auf die Daten illegaler ImmigrantInnen stützen, kann davon ausgegangen werden, daß in den peripheren Gebieten Mailands faktisch

---

8 Die hier referierten Angaben wurden vom Zentrum „Centro Aiuto alla Vita" zusammengestellt. Über die wichtige Rolle der katholischen Kirche im Einwanderungskontext Italiens vgl. auch: Hillmann (1996) sowie Andall (1996).

9 Die Angaben beziehen sich auf die Auswertung des Datenarchivs des Hilfsdienstes für den Zeitraum 1987-1992.

weitaus mehr ImmigrantInnen wohnten als in den zentral gelegenen Stadtteilen. Außerdem waren mutmaßlich viele als Hausarbeiterin tätige Immigrantinnen bei ihren Arbeitgebern gemeldet, lebten aber *de facto* woanders. Vor allem die Nicht-EU-Immigrantinnen leben in den zentralen Gebieten Mailands, während die Immigranten eher relativ gleichmäßig über das Stadtgebiet verteilt wohnten. Diese geschlechtsspezifische Verteilung erklärt sich nur über die Eingliederung der ImmigrantInnen in den mailändischen Arbeitsmarkt: Da in den „besseren" Wohngebieten überdurchschnittlich viele Zuwanderinnen als 24-stündige Hausarbeiterinnen tätig waren, kam es hier statistisch zu einer erhöhten Konzentration. Die Immigranten waren eher in anderen Bereichen des Arbeitsmarktes tätig und wohnten nur selten bei ihren Arbeitgebern, daher erschienen sie auf der Karte auch gleichmäßiger über das Stadtgebiet verteilt.

4.2 Mitte der 90er Jahre

Mittlerweile hat sich der Anteil der ausländischen Bevölkerung in allen Stadtteilen erhöht. Sie sind ungleichmäßiger über das mailändische Stadtgebiet verteilt als noch vor fünf Jahren. Am höchsten liegt der Anteil der Einwanderer weiterhin im Innenstadtbereich (8,1 %) und in den nordöstlichen Stadtteilen (zwischen 5,8 und 5,5 % der Gesamtbevölkerung), am niedrigsten im Norden der Stadt (zwischen 1,8 und 2,4 %). Die Präsenz der ImmigrantInnen in den einzelnen Stadtteilen (*„zone di decentramento"*) zeigt in den Jahren 1994/1995 einen Trend zur Stabilisierung, d.h. die verschiedenen nationalen Gruppen weisen in diesen Jahren keinerlei nennenswerte Fluktuationen zwischen den verschiedenen Stadtteilen innerhalb des Stadtgebietes auf. In manchen Bezirken wurde eine Verringerung der marokkanischen Bevölkerung registriert (was auf die Schließung von Aufnahmezentren zurückzuführen sein könnte), in sechs Bezirken waren mehr chinesische Einwanderer gemeldet. Diese Zahlen deuten nicht auf weitere Segregationstendenzen hin.

Die geschlechtsspezifische Segregation der Nicht-EU-AusländerInnen nach Wohnbezirken Anfang der 90er Jahre besteht in abgeschwächter Form weiter. Die geschlechtsspezifische Segregation im Innenstadtbereich ist im Falle derjenigen Zuwanderungsgruppen, die sich auf das Arbeitsmarktsegment der personenbezogenen Dienstleistungen spezialisiert haben, sowohl räumlich als auch nach Nationalitäten gewichtet, nachweisbar. Dies trifft vor allem für diejenige nationalen Gruppen zu, die einen überdurchschnittlich hohen Frauenanteil haben. So leben zum Beispiel ein Drittel aller KapverdianerInnen, aber nur ein Viertel der Kapverdianer in der Innenstadt.

Größere Untersuchungen zur Situation der ausländischen Bevölkerung liegen für Mitte der 90er Jahre nicht vor. Gespräche mit Experten vor Ort legen jedoch die Vermutung nahe, daß sich für viele die prekäre Wohnsituation bzw. allgemein die Qualität des Wohnraumes, kaum gebessert hat. Vielmehr bestätigte sich der seit mehreren Jahren zu beobachtende Trend einiger nationaler Gruppen, die vorhandenen sozialen Netzwerke auszubauen und gemeinsam zu wohnen. Dies trifft besonders für Immigrantinnen zu, die als Hausarbeiterinnen tätig sind. Viele 24-stündig beschäftigte Hausarbeiterinnen teilen sich mit Kolleginnen eine gemeinsame Wohnung, die nur am Wochenende kollektiv bewohnt wird. Unter der Woche leben sie bei ihrem Arbeitgeber. Eine philippinische Hausarbeiterin sagt über ihre Wohnsituation: „Wir leben in diesem Haus mit etwa 30-35 Personen auf sechs Stockwerken. Der Inhaber ist ein Italiener, und er weiß, daß ein Großteil von uns ohne gültige Papiere hier ist. Wir zahlen sehr viel! Es ist sehr teuer. Wir zahlen 600.000 Lire nur für diesen kleinen Raum, den Keller und die Küche (+ einem kleinen Bad, FH). Deshalb schlafen wir sehr eng aufeinander, zur Zeit sind wir zu acht. Wir haben keine andere Wahl, wir sind Ausländer. In unserem Appartement leben nur Frauen, auf den anderen Stockwerken leben auch Pärchen. Für uns verheiratete Frauen würde es sich nicht geziemen, mit Männern zusammen zu leben."

5. Zusammenfassung

Die oben beschriebenen Merkmale der mailändischen Ausländerpolitik der frühen 90er Jahre (Vorläufigkeit, Angewiesensein auf ehrenamtliche Helfer und ein Umgang „all'italiana" mit der irregulären Einwanderung) haben sich Mitte der 90er Jahre nur zum Teil fortgesetzt. Der „offizielle" Akzent der Sozialpolitik liegt jedoch stärker auf der Integration des stabilen Kerns der Zuwanderung, den Familien.[10] Der steigende Anteil der ausländischen Kinder an der zugewanderten Bevölkerung, die 1995/1996 ermöglichte Legalisierung der irregulären ImmigrantInnen und die teilweise erfolgende Integration der ImmigrantInnen in Sozialwohnungsbauprogramme weisen in diese Richtung. Aufnahmezentren für Einwanderer wurden nach und nach geschlossen. Nicht-Regierungsorganisationen dagegen gehen von einer weiter bestehenden Marginalisierung bestimmter Einwanderungsgruppen aus. Diese äußert sich u.a. in einer kontinuierlich prekären Wohnsituationen. Die erstmalige Besetzung einer Kirche durch Immigranten im Herbst 1996 erfolgte unmittelbar nach der Räumung eines großen Aufnahmezentrums (CPA). Zwar wurden *case poplare*, Sozialwohnungen, an die EinwanderInnen vergeben, Kritiker machen jedoch auf die schlechte Qualität des an die ImmigrantInnen vergebenen Wohnbestandes aufmerksam. Lediglich die von Italienern nicht akzeptierten Wohnungen würden an die ImmigrantInnen vergeben. Irreguläre Zuwanderung ist weiterhin Teil der städtischen Realität geblieben und einige NGOs haben sich – unter öffentlicher Duldung – auf diese Klientel spezialisiert. Die Marginalität wurde im Laufe der 90er Jahre marginalisiert.

---

10 Dies entspricht der in der EU favorisierten doppelten Strategie der Integration der sich im Lande aufhaltenden ImmigrantInnen bei gleichzeitiger angestrebter Exklusion illegaler ImmigrantInnen und der Verhinderung weiterer Zuwanderung.

Die Anfang der 90er Jahre zu verzeichnende öffentliche und politische Nichtbeachtung der Immigrantinnen, die mit der Orientierung an einem 60er-Jahre-Stereotyp des Einwanderers und der „versteckten" Arbeit als Hausarbeiterin zusammenhängt, hat sich fortgesetzt. Das Rekurrieren auf private Lösungen bleibt Frauensache: die Stadtverwaltung hat keine Unterbringungsangebote für Immigrantinnen geschaffen. Die Verantwortlichkeit wurde weitgehend an kirchliche Einrichtungen, mit denen die Provinzverwaltung Abkommen unterhält, delegiert. In der Auswahl der Begründung der Schutzbedürftigkeit einer Immigrantin hat es Verschiebungen gegeben. Erst durch ihren Status als (werdende) Mutter werden für die Immigrantinnen Hilfen zugänglich, die Hilfsangebote für Migrantinnen „ohne Familienanhang" wurden reduziert. *De facto* verschärft sich also die Position der Immigrantin innerhalb der betriebenen Sozialpolitik in Richtung „private Lösung".

Die geschlechtsspezifische Integration der Immigranten und Immigrantinnen in den Arbeitsmarkt schlägt sich bis heute auch räumlich nieder. Die Anfang der 80er Jahre als „*ghetto diffuso*" beschriebene Ansiedlungsstruktur der ImmigrantInnen in Mailand hat sich weiter verfestigt. In den „besseren" Vierteln Mailands wohnen auch 1996 deutlich mehr Frauen als Männer aus den sog. Entwicklungsländern. Dies begründet sich durch deren Inkorporation in den Hausarbeitssektor, was eine Registrierung des Wohnortes beim Arbeitgeber bzw. der Arbeitgeberin nach sich zieht.

Literatur

Allievi, Stefano, 1993: Comunità locale, Società plurale – un'introduzione ai problemi dell'immigrazione, in: Stefano Allievi (Hrsg.), Milano Plurale, Mailand, S. 1-18.
Andall, Jacqueline, 1996: Catholic and State Constructions of Domestic Workers: The case of Cape Verdean Women in Rome in the 1970s. Manuskript, Ercomer Konferenz Utrecht.
Bonini, Damiano, Cristina Calzolari und Samia Kouider, 1993: Dieci anni di immigrazione. Un bilancio quantitativo e qualitativo, in: Stefano Allievi (Hrsg.), Milano Plurale, Mailand, S. 9-59.
Caputo, Paolo, 1983: Il ghetto diffuso, Mailand.
Comune di Milano, 1993: Centri di Prima Accoglienza. Analisi dei primi due anni di vita. Hektographiert, Mailand, 72 Seiten.
Comune di Milano, 1996: La seconda generazione – Aggiornamento sull' immigrazione 1996, hrsg. von Ufficio Stranieri, Mailand.
Corriere della Sera: Cresce l'esercito clandestino, 25.8.1995.
Corriere della Sera: Immigrati, trattativa fallita, 14.11.1996.
De la Pierre, Sergio, 1989: Le etnie a Milano. La parola agli extracommunitari. Hektographiert. Mailand.
Hillmann, Felicitas, 1996: Jenseits der Kontinente – Migrationsstrategien von Frauen nach Europa (Reihe: Stadt, Raum und Gesellschaft), Pfaffenweiler.
Hillmann, Felicitas und Thomas Krings, 1996: Einwanderer aus Entwicklungsländern nach Italien und ihre Integration in den informellen Arbeitsmarkt am Beispiel der 'domestica' und 'vu cumprà', in: Die Erde 127, S. 127-143.
IReR (Istituto Regionale di Ricerca della Lombardia), 1991: L'immigrazione extracommunitaria in Lombardia – il ruolo delle politiche regionalei, Mailand.

ISMU, 1996: Permessi di Soggiorno a Milano al 31. Marzo, 1995. Hektographiert, Mailand.
La Repubblica: Peruviani, colf e carcerieri, 6.10.1996.
La Repubblica: Storie di piccoli schiavi. Cronaca Milano, 18.6.1996.
Lodigiani, Rosangela, 1996: La rappresentazione dei rapporti intertnici nella stampa locale, in: Maurizio Ambrosini (Hrsg.), Immigrazione e società multietnica in Lombardia. Quaderni I.S.MU., Mailand, S. 93-115.
Lodigiani, Rosangela, 1996: La rappresentazione dei rapporti interetnici nella stampa locale, in: Immigrazione e società multietnica in Lombardia. Quaderni I.S.MU. 3, S. 93-115.
Mingione, Enzo, 1985: Marginale e povero: Il nuovo immigrato in Italia, in: Politica ed Economia.
Murer, Bruno, 1993a: L'immigrazione straniera in Italia e a Milano in cifre, Mailand, Hektographiert, 31 Seiten.
Murer, Bruno (Hrsg.), 1993b: Rapporto sull' immigrazione a Milano. Ms., Mailand, 31 Seiten.
Murer, Bruno (Hrsg.), 1995: Aggiornamento sull'immigrazione 1995. Comune di Milano. Hektographiert, Mailand.
Osservatorio del mercato del Lavoro di Milano, 1993: Rapporto sul Mercato del Lavoro nella Provincia di Milano. Anno 1993, Mailand.
Osservatorio di Milano sull' Immigrazione, 1996: Analisi dell'osservatorio di Milano sull'applicazione del decreto Dini a Milano e in Provincia. Hektographiert, Mailand.
SiCom (Servizi Statistici Comune di Milano), 1996: Popolazione anagrafica residente per nazionalità, sesso e zone di decentramento, risultanze al 31/12/1995, Mailand.
The Cariplo Foundation for Information and Studies on Multinethnicity, 1996: Migrations in Italy. The First Report 1995. Franco Angeli, Mailand.
Tognetti Bordogna, Mara, 1993: La specificità femminile: il lato in ombra. In: Stefano Allievi (Hrsg.), Milano Plurale, Mailand, S. 121-130.
Tosi, Antonio, 1993: Immigrati e senza casa, Mailand.
Tosi, Antonio und Allessandro Balducci, 1993: Politiche abitative, in: Immigrazione: Quali politiche pubbliche? Franco Angeli, Mailand, S. 97-132.
Zanfrini, Laura, 1992: Il ritratto della solidarità: le initiative del privato sociale. Quaderni I.S.MU., Mailand.

III. Wohnen und ethnische Segregation

Sako Musterd / Wim Ostendorf / Matthijs Breebaart

Muster und Wahrnehmung ethnischer Segregation in Westeuropa

1. Kommt das amerikanische „Schwarzen-Ghetto" nach Westeuropa?

Das Bild von Gewalt und Verzweiflung, in dem das amerikanische „Schwarzen-Ghetto" gezeichnet wird, gilt sowohl in den Vereinigten Staaten als auch in Europa als ein worst-case-Szenario. Konfrontiert mit wachsender sozialer Ungleichheit in den eigenen Städten, fürchten manche europäischen Beobachter ähnliche Erscheinungen auch in Europa, wenn noch nicht heute, so doch schon in nächster Zukunft. So wird nicht nur in den Niederlanden gedacht, wo besonders empfindlich reagiert wurde, sondern auch in Deutschland und in Belgien – hier spricht man von „amerikanischen Verhältnissen".

Einige Entwicklungen scheinen in die befürchtete Richtung zu weisen. So droht der europäische Wohlfahrtsstaat angesichts der Anpassung an die Marktgesetze und der Reduktion von Subventionen, Sozial- und medizinischen Leistungen bald dem amerikanischen zu gleichen. Auch die amerikanische Medien-Kultur sorgt für das ständige Einsickern von meist gewalttätigen oder bedrückenden Ghettobildern in die europäische Öffentlichkeit. So wie bei vielen Trends in Wissenschaft und Gesellschaft könnten die USA wieder einmal das Vorbild für das abgeben, was hier noch bevorsteht.

Andererseits sprechen einige Faktoren gegen eine unkritische Übertragung des Bildes vom „Schwarzen-Ghetto" nach Westeuropa. So hat sicher keine Zuwanderergruppe in Europa eine vergleichbare Geschichte wie die schwarze Bevölkerung in den USA, die unter einem sogar für Amerika beispiellosen Rassismus zu leiden hatte. Auch in Europa gibt es Rassismus, und auch andere Immigrantengruppen in den Vereinigten Staaten wurden nicht immer wie Gäste behandelt, doch ist das Beispiel der Schwarzen ein Sonderfall, dem daher besondere Aufmerksamkeit geschenkt wurde. Für die Erklärung der andauernden Armut unter Schwarzen führen Massey und Denton (1993, S. 7) vier sich gegenseitig verstärkende Faktoren an: Kultur, Rassismus, Sozialpolitik und Wirtschaft. Zu diesen vier Faktoren trete als entscheidender Punkt die Segregation, die die gegebenen negativen sozialen und ökonomischen Prozesse zusätzlich verschärfe.

Aus dem bisher Gesagten wird schon deutlich, daß sich in Europa keine identische Kopie des „Schwarzen-Ghettos" etablieren wird. Doch könnte im europäischen Kontext eine etwas gemilderte Version Realität werden, da auch hier soziale Probleme zunehmen. Daher muß eine entsprechende Untersuchung in Europa vor allem die Bedeutung von Segregationsprozessen klären. Studien für Vergleiche von amerikanischen und europäischen Städten liegen bereits vor. Obwohl sich dabei zeigt, daß die Segregation der amerikanischen schwarzen Bevölkerung weitaus höher ist als für irgendeine andere Zuwanderergruppe in Westeuropa, gibt es über die Konsequenzen dieses niedrigeren Segregationsniveaus unterschiedliche Meinungen.

Peach (1995) hält mit Verweis auf die geringere Segregation in britischen Städten eine Ghettoisierung wie in den USA gegenwärtig für unwahrscheinlich. Smith (1989, S. 17) interpretiert die gleichen Daten anders und hält es für wahrscheinlich, daß die Segregation in Großbritannien ein Ausdruck tief verwurzelter rassischer Ungleichheiten aufgrund sowohl politischer als auch sozialer und ökonomischer Ursachen ist. Beide Wissenschaftler stützen sich auf ein ähnliches Forschungsdesign und vergleichen britische mit US-amerikanischen Großstädten. Doch gibt es unseres Wissens bislang keine Vergleichsstudien, die ein besseres Verständnis der Mannigfaltigkeit von Segregationsmustern in europäischen mittelgroßen Städten vermitteln. Daher wenden wir uns in diesem Beitrag dem Vergleich von Segregation in Frankfurt am Main mit der in Brüssel, in Amsterdam und in Düsseldorf zu.[1]

Bevor wir unsere empirischen Daten vorstellen, sollen allgemeine Überlegungen über die Implikationen von Segregation für Schicksal und Zukunft von Zuwanderern in unseren Städte erläutert werden. Da die konzeptionelle Bedeutung der Segregationswirkung von sozialwissenschaftlicher Seite immer wieder betont wird, soll die europäische Dimension von Segregation untersucht und dabei gefragt werden, ob eine europäischen „Metapher" für die dortigen Verhältnisse angemessener ist als das Bild des amerikanischen „Schwarzen-Ghettos".

2. Integration und Segregation

Der ökonomische Restrukturierungsprozeß, der Umbau des Sozialstaats und die zunehmende Orientierung von Zuwanderern auf Städte (vgl. Musterd 1994) sind die Ursachen für relativen Konzentrationen von Immigranten in bestimmten Stadtgebieten. Manche dieser Bezirke werden mit Begriffen wie 'Niedergang' und 'sozialer Verfall' beschrieben, da die dortige Wohnbevölkerung gering qualifiziert ist und kaum Chancen auf dem Arbeitsmarkt hat. Daher wird angenommen, daß

---

[1] Der Beitrag beruht auf einem größeren internationalen Vergleich, der im Auftrag des niederländischen Innenministeriums durchgeführt wurde. Das Projekt wurde in den Jahren 1995/96 durchgeführt. Ziel war, einen anderen Analyserahmen gegenüber der schlichten Anwendung der amerikanischen Erfahrungen im Umgang mit ethnischer Segregation zu entwickeln. Im Herbst 1997 wird eine erweiterte Fassung des Berichts beim Verlag Kluwer Academic Publishers veröffentlicht.

die räumliche Segregation[2] mit einem Mangel an Integrationschancen in die Gesellschaft zusammenhänge; häufig scheint es eine direkte negative Korrelation zwischen Integration und Segregation zu geben. Da ein niedriges Niveau an räumlicher Segregation die Chance häufiger Kontakte aller Gesellschaftsmitglieder untereinander impliziere, begünstige es die soziale Integration.

Doch kann ein gewisses Segregationsniveau auch als Aktivposten angesehen werden, da es sich für die Überlebensstrategie von armen Neuzuwanderer günstig auswirken kann. Diese profitieren von der zeitlich begrenzten Einbindung in eine ethnische Gemeinde oder Kolonie (Boal 1976), wenn sie in ihrem Schutz die ersten Schritte im Aufnahmeland unternehmen können. Segregation sollte jedoch nicht nur als Strategie von Zuwanderern angesehen werden, sondern als universelle soziale Erscheinung. Viele Menschen suchen ein Zusammenleben mit sozial und kulturell mehr oder weniger ähnlichen Personen und segregieren sich dadurch von anderen, die ihrerseits keine freie Wahl bei ihrem Wohnstandort haben (Murdie 1994). So entsteht Segregation nicht notwendigerweise entlang ethnischer Grenzen – auch die Konzentration junger Leute mit einem ähnlichen Lebensstil in gewissen innerstädtischen Bezirken zeugt von einem solchen Verhalten; ähnlich verhält es sich bei der Konzentration von älteren Personen oder von wohlhabenden Immigrantengruppen in bestimmten Bezirken (wie beispielsweise der Japaner in Amsterdam).

Es scheint so, als würden die meisten Menschen ein gewisses Segregationsniveau durchaus akzeptieren, obwohl sie von der negativen und desintegrierenden Wirkung starker Segregation überzeugt sind. Es geht also um die Art der Segregation, denn Beverly Hills-'Ghettos' werden gewöhnlicherweise nicht als großes Problem angesehen. Sorgen macht es, wenn 'Bessergestellte' in dem Bemühen, ihre Situation zu verbessern, systematisch Schwächere mit nur geringen Chancen, zu denen insbesondere gering qualifizierte, arbeitslose Zuwanderer gehören, in bestimmten Gegenden zurücklassen. Die Kumulation von ökonomischer Schwäche, Perspektivlosigkeit und geringen Integrationschancen verhindert die Partizipation am gesellschaftlichen Leben und führt im Extremfall zu Phänomenen wie den amerikanischen „Schwarzen-Ghettos". Dazu kommt ein klarer Stigmatisierungseffekt, denn jeder, der in einem solchen Gebiet lebt, hat ungleich weniger Chancen, als wenn er woanders leben würde. Segregationsprozesse bedeuten daher auch, daß durch die Abwanderung von Chancenreicheren die Probleme der Zurückbleibenden verschärft werden.

---

2 Räumliche Segregation läßt sich in etwa definieren als „die Trennung der Lebensumstände ethnischer Gruppen von der Gesellschaft oder untereinander". Von einer Konzentration einer ethnischen Gruppe in einem Stadtbezirk ließe sich dann sprechen, wenn der Anteil dieser Gruppe an der Einwohnerzahl dieses Bezirkes über einem bestimmte Schwellenwert liegt; dabei kann es sich um einen fixen Wert, etwa 30 Prozent, handeln oder um einen relativ hohen Anteil dieser ethnischen Gruppe, gemessen an deren Gesamtzahl in der Stadtbevölkerung. Segregation von Konzentration sind also unterschiedliche Phänomene und müssen sich nicht notwendigerweise parallel entwickeln.

Zwar ist es theoretisch klar, daß ethnische und sozio-ökonomische Segregation gemeinsam auftreten, doch aufgrund der Datenlagen in Europa sind Wissenschaftler gezwungen, sich für die Untersuchung von einem der beiden Prozesse zu entscheiden. Ein impliziter Zusammenhang läßt sich aber dann aufzeigen, wenn eine bestimmte Immigrantengruppe (fast) vollständig mit einer hohen oder niedrigen Statusgruppe zusammenfällt. Zum Beispiel sind türkische Immigranten in Amsterdam zum größten Teil am unteren Ende der Statusleiter zu finden, während für japanische Zuwanderer das Gegenteil zutrifft. Diese Art des Indizienbeweises wird problematisch, wenn eine Zuwanderergruppe sozio-ökonomisch mehr oder weniger gleichmäßig differenziert ist. Brüssel liefert dafür ein Beispiel, da zu den Gastarbeiter aus den nördlichen Mittelmeerländern in den 80er Jahren relativ reiche Landsleute stießen, die als Europa-Beamte in der Stadt arbeiten. In diesem Artikel wird vor allem die Segregation aufgrund ethnischer Zugehörigkeiten untersucht, während sozio-ökonomische Kriterien erst in zweiter Linie beachtet werden.

3. Konzentrations- und Segregationsmuster

Dieser Beitrag referiert Teilergebnisse eines Forschungsprojektes, das vom holländischen Innenministerium in Auftrag gegeben wurde (vgl. Breebaart u.a. 1996). Es zielte auf einen Vergleich ethnischer Segregationsmuster in acht europäischen Großstadtgebieten, Paris, London, Brüssel, Amsterdam, Stockholm, Frankfurt am Main, Manchester und Düsseldorf, und einem in Kanada – Toronto. Außerdem wurden konkrete Maßnahmen lokaler und staatlicher Integrationspolitik untersucht.

Hier konzentrieren wir uns auf die Interpretation der empirischen Daten zu vier Städten: Frankfurt, Düsseldorf, Brüssel und Amsterdam. Es wurden lediglich westeuropäische Großstädte ausgewählt, um einige Merkmale konstant halten zu können; vergleichbar sind sie auch nach ihrer Größe sowie ihrer Funktion als Verwaltungszentren. Große Unterschiede weisen die vier Städte jedoch hinsichtlich ihrer Zuwanderungsgeschichte und der Art des sozialstaatlichen Rahmens auf. Dreierlei erwies sich bei der Untersuchung als hinderlich, was bei der Interpretation der Daten immer wieder erinnert werden sollte:

a) Die statistische Erfassung der Zuwanderergruppen erfolgt in einigen Ländern nach der Staatsbürgerschaft (Frankreich, Deutschland, Belgien), in anderen nach ethnischer Zugehörigkeit (die Niederlande).

b) Daten waren nur verfügbar ab ca. 10.000 Einwohnern pro statistischem Gebiet; unsere Berechnung richtete sich nach den bekannten Gebietsbezeichnungen.

c) Nur in Frankfurt, Düsseldorf und Amsterdam waren neue Statistiken einsehbar, während Brüssel nur mit den Daten der Zensusdaten von 1991 gearbeitet werden konnte.

3.1 Ergebnisse

In Amsterdam, Brüssel und Frankfurt sind ca. 30 Prozent der Bevölkerung Zuwanderer aus dem Ausland, in Düsseldorf sind es lediglich halb so viel. Der Anteil in Amsterdam wird wahrscheinlich überschätzt, da die dortigen Angaben alle ethnischen Minderheiten umfassen, einschließlich der Personen mit holländischer Staatsbürgerschaft, während es sich in den drei anderen Städten um die Kategorie 'Ausländer' handelt. Bei den deutschen Städten besteht ein gegenteiliges Problem darin, daß auch in der Stadt geborene Kinder von Ausländern als 'Ausländer' registriert werden. Die Amsterdamer Daten sind die jüngsten; für die drei anderen Städten lagen uns nur Angaben bis 1994 vor, der Zuwandereranteil müßte heute vermutlich höher veranschlagt werden.

Tabelle 1: Bevökerung und Anteil an Zuwanderern in vier westeuropäischen Städten

Stadt	Jahr	Bevölkerung	Anteil von Zuwanderern
Amsterdam	1995	722.350	32,0 %
Brüssel	1991	952.131	28,5 %
Frankfurt am Main	1994	658.815	28,3 %
Düsseldorf	1993	585.168	16,3 %

Der Anteil von Zuwanderern an der städtischen Gesamtbevölkerung wird in Bezug gesetzt zu deren Anteilen in einzelnen Stadtgebieten, um das dortige Segregationsniveau besser einschätzen zu können. So bedeutet ein hoher Zuwandereranteil in einem Stadtgebiet in Amsterdam wohl weniger als derselbe Anteil in Düsseldorf. Für die sozial-räumliche Beschreibung der Stadtgebiete wurden Segregationsindices und Karten benutzt. In Tabelle 2 werden die Segregationsindices für die vier Städte gezeigt, mit dem die Segregation der ausländischen Zuwanderer vom Rest der städtischen Einwohner gemessen wird.

Tabelle 2: Segregationsindices in vier europäischen Städten (Minoritäten im Verhältnis zum Rest der Bevölkerung)

	Amsterdam	Brüssel	Frankfurt am Main	Düsseldorf
alle Minderheiten	32	40	17	19
Karibische Einwanderer	35	*	*	*
Nordafrikaner	42	61	19	21
Südeuropäer	*	29	21	23

* zu kleine Minorität

Karte 1: Ethnische Minderheiten in Amsterdam, 1995

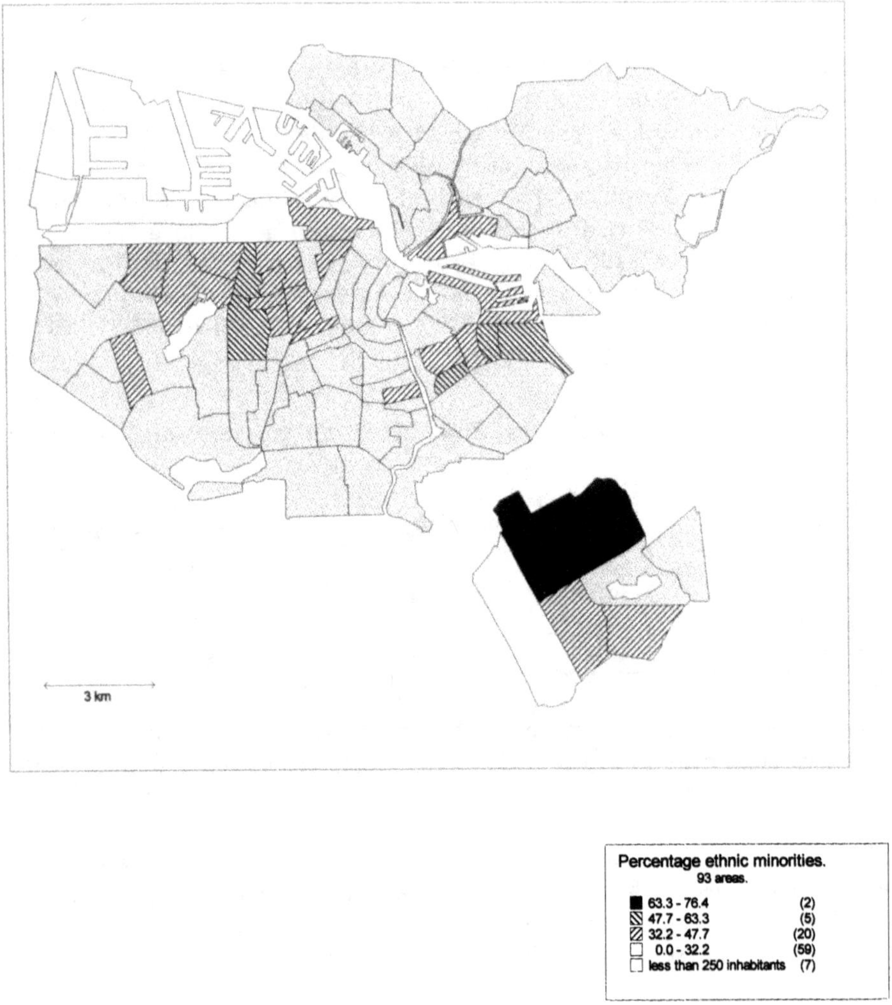

Percentage ethnic minorities.
93 areas.

- ■ 63.3 - 76.4 (2)
- ▧ 47.7 - 63.3 (5)
- ▨ 32.2 - 47.7 (20)
- ☐ 0.0 - 32.2 (59)
- ☐ less than 250 inhabitants (7)

Quelle: Amsterdamse Bureau voor Onderzoek en Statistik. Die Kategorie 'ethnische Minderheiten' beinhaltet Zuwanderer aus Surinam, Antillen, Türkei, Marokko, Südeuropa und aus nicht-industrialisierten Ländern; insgesamt machen sie 32,2 Prozent der Bevölkerung aus.

Muster und Wahrnehmung ethnischer Segregation in Westeuropa 299

Karte 2: Ausländer in der Stadtregion Brüssel, 1991

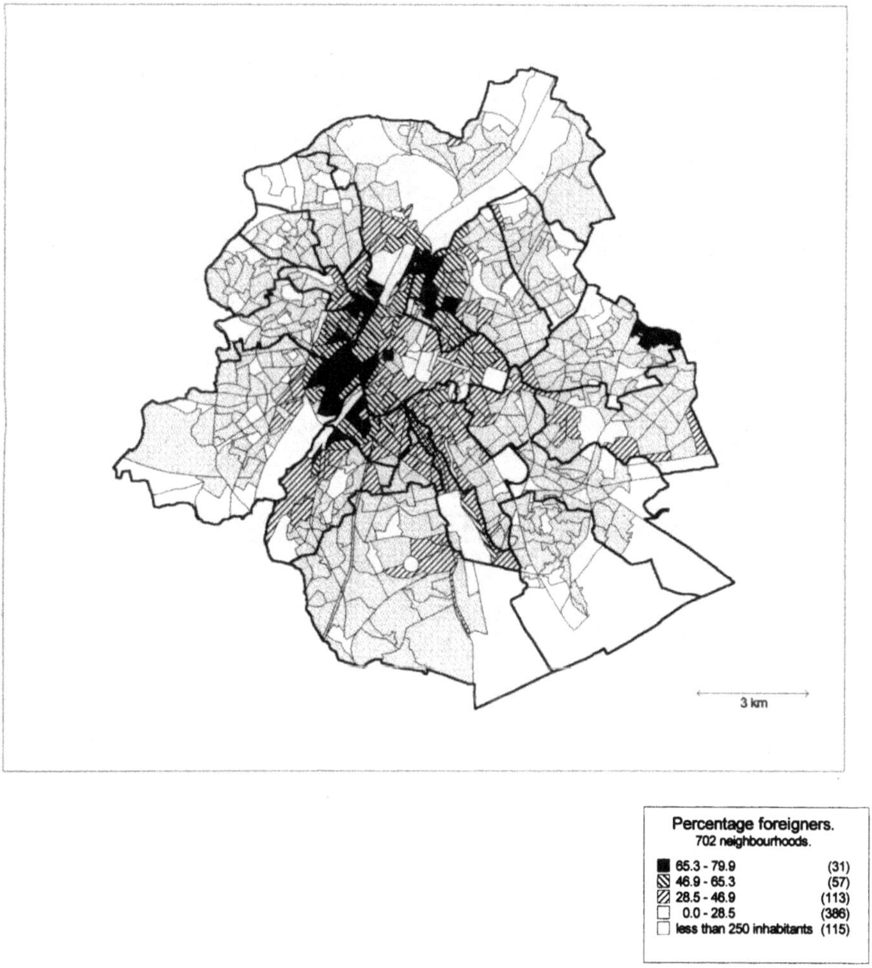

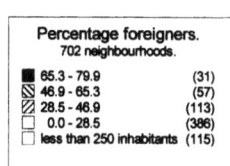

Percentage foreigners.
702 neighbourhoods.

■ 65.3 - 79.9 (31)
▨ 46.9 - 65.3 (57)
▧ 28.5 - 46.9 (113)
☐ 0.0 - 28.5 (386)
☐ less than 250 inhabitants (115)

Quelle: N.I.S. Zensus (1991); Ku Leuven maps; Ausländer bilden einen Anteil von 28,5 Prozent der Stadtregion Brüssel.

Karte 3: Ausländer in Frankfurt am Main, 1993

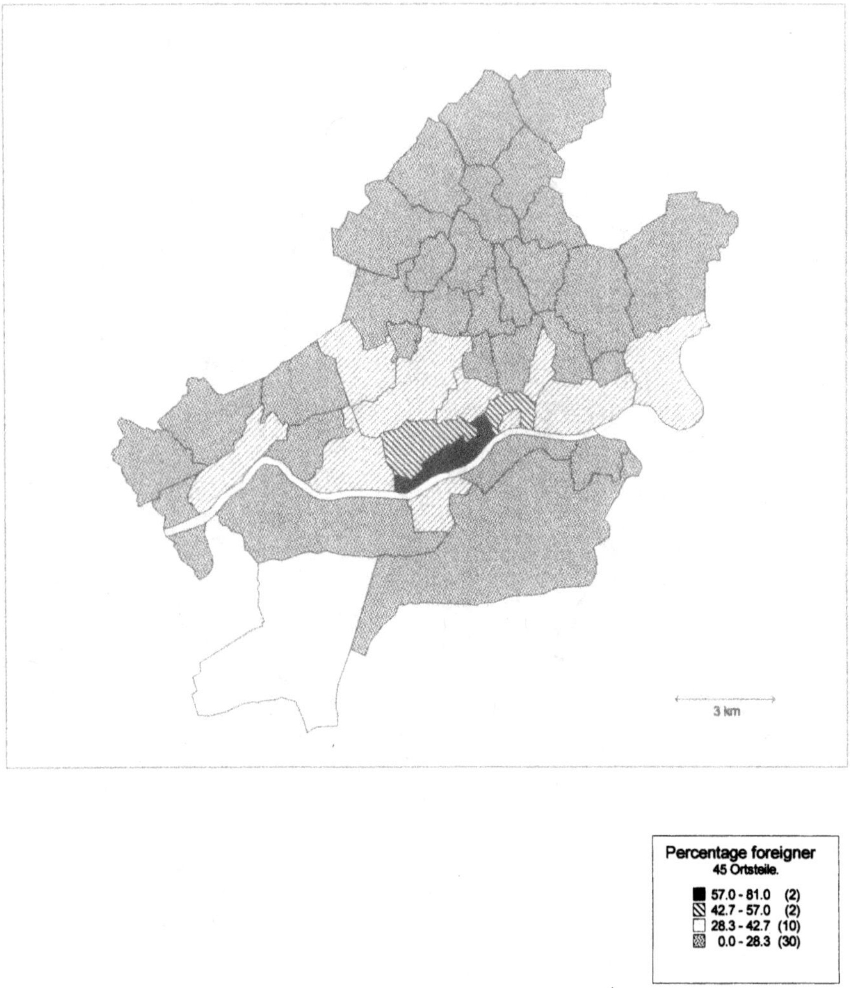

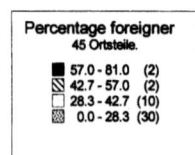

Percentage foreigner
45 Ortsteile.
■ 57.0 - 81.0 (2)
▨ 42.7 - 57.0 (2)
☐ 28.3 - 42.7 (10)
▩ 0.0 - 28.3 (30)

Quelle: Amt für Statistik und Einwohnerwesen, Stadt Frankfurt. Der Ausländeranteil an der Bevölkerung von Frankfurt beträgt 28,3 Prozent.

Karte 4: Ausländer in Düsseldorf, 1993

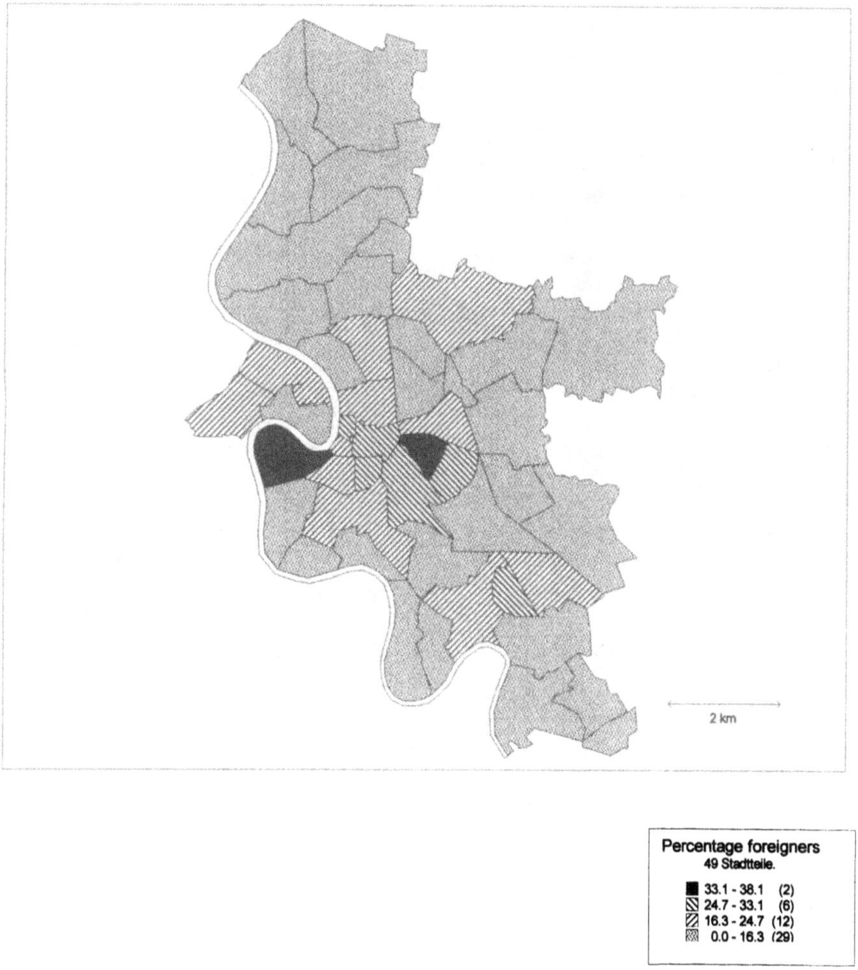

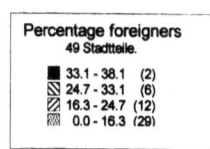

Quelle: Heinrich-Heine-Universität. Der Ausländeranteil an der Bevölkerung von Düsseldorf beträgt 16,3 Prozent.

Tabelle 2 zeigt den höchsten Wert für Segregation von nordafrikanischer Bevölkerung in Brüssel, einen Mittelwert dagegen in Amsterdam. Die zwei deutschen Städte weisen generell niedrige Segregationswerte auf, das heißt, die verschiedenen Zuwanderergruppen leben weniger segregiert vom Rest der Bevölkerung. Mit Blick auf Amsterdam ist anzumerken, daß der Segregationsgrad dort etwas niedriger ist als in anderen holländischen Städten wie beispielsweise Rotterdam. Die Positionierung von holländischen Städten in einer gesamteuropäischen Segregationsskala müßte danach eher im oberen Bereich erfolgen. Die deutschen

Beispiele bestätigen die Vermutung, daß es keine direkte Verbindung zwischen dem Anteil von Zuwanderern an der Gesamtbevölkerung und dem Segregationsverhalten gibt. So haben Frankfurt und Düsseldorf zwar unterschiedliche Zuwandereranteile, doch ist in beiden Städten der Segregationsindex vergleichsweise niedrig.

Die Ergebnisse der Segregationsskalen werden durch die Daten des Dissimilaritätsindexes (ID) bestätigt, mit dem die Segregation unter verschiedenen Zuwanderergruppen gemessen wird.

Tabelle 3: Werte des Dissimilaritätsindex (ohne Zuwanderer aus reichen Ländern)

Stadt	Herkunft der verglichenen Bevölkerungsgruppen	Wert (ID)
Amsterdam	Surinam/Antillen vs. Türkei/Marokko	43
Amsterdam	Türkei/Marokko vs. Niederlande	42
Brüssel	Südliches Mittelmeer vs. Belgien	65
Brüssel	Marrokko vs. Türkei	53
Frankfurt am Main	Türkei vs. Deutschland	27
Frankfurt am Main	Ex-Jugoslawien vs. Deutschland	26
Düsseldorf	Südliches Mittelmeer vs. Deutschland	28
Düsseldorf	Nördliches Mittelmeer vs. Deutschland	25
Düsseldorf	Nördliches vs. Südliches Mittelmeer	18

Brüssel hat den höchsten ID-Wert, und abermals sind die ID-Werte in Frankfurt und Düsseldorf relativ niedrig. In Brüssel und in Amsterdam wird also eine starke Separierung der verschiedenen Zuwanderer- bzw. „Ausländer"gruppen voneinander angezeigt. Während in Frankfurt Zuwanderer aus südlichen und nördlichen Mittelmeerländern gering segregiert sind (ID-Wert: 14), scheinen sie sich in Brüssel sehr voneinander abzuheben (ID-Wert: 42).

Obwohl uns die IS- und ID-Werte wichtige Informationen über die sozialräumliche Verteilung in Großstädten an die Hand geben, können weitergehende Fragen nur mit Hilfe von Karten beantwortet werden. Das betrifft die Lage der Stadtbezirke mit den höchsten Zuwandereranteilen oder die Bevölkerungszusammensetzung von deren Nachbarbezirken. Abbildung 1 bis 4 zeigen Karten, in denen einerseits die Wohngebiete der allgemeinen Bevölkerungskategorie „ethnische Minderheiten" bzw. „Ausländer" angegeben werden, andererseits die Bezirke, in denen eine Zuwanderergruppe mit signifikanten Segregationswerten und niedrigem Einkommen lebt.

Die zutagetretenden Muster deuten auf eine Vielfalt von Siedlungsgeschichten und Opportunitäten bei der Wohnstandortwahl. In Amsterdam leben ethnische Minderheiten vorwiegend außerhalb der Innenstadt. Es gibt einige Konzentrationen in innenstadtnahen Bezirken, die im 19. Jahrhundert erbaut wurden, doch liegen die Schwerpunkte deutlich in neuen Wohngebieten mit einem hohen Anteil an sozialem Wohnungsbau. Ein Vergleich der Amsterdamer Übersichtskarte mit der Karte, die die Wohnbezirke von Türken und Marokkanern zeigt, gibt implizit Aufschluß über die Wohngebiete der surinamesischen Bevölkerung. Diese tendieren zu Cluster-Bildungen im südöstlichen Teil der Stadt mit relativ hoher Segregation von türkischen und marokkanischen Zuwanderern (vgl. auch Tabelle 3).

Der Kontrast zwischen Amsterdam und Brüssel ist auffällig. Obwohl in Brüssel „Ausländer" über das ganze Stadtgebiet verteilt sind, herrscht die höchste Konzentration im Stadtzentrum. Dies gilt insbesondere für ausländische Bevölkerung mit niedrigem Einkommen, etwa für jene aus dem südlichen Mittelmeerraum. Auf dieses Muster nehmen zwei Faktoren Einfluß. Bei dem ersten handelt es sich darum, daß Zuwanderer mit niedrigem Einkommen in Brüssel auf den billigeren Teil des privaten Wohnungsmarktes angewiesen sind, der sich in einigen Bezirken aus dem 19. Jahrhundert konzentriert. Der zweite besteht in dem ausreichenden Wohnungsangebot in diesen Bezirken, wodurch die räumliche Segregation gefördert wird (Kesteloot 1994).

In Frankfurt gibt es höhere „Ausländer"-Anteile sowohl in der Innenstadt als auch in anderen Bezirken; tatsächlich leben in keinem Ortsteil weniger als 10 Prozent ausländischer Bevölkerung, auch wenn die höchsten Konzentrationen auf den Innenstadtbereich entfallen.[3] Bezeichnend ist der hohe Prozentsatz von Ausländern in den zwei zentralen Ortsbezirken Gutleutviertel und Bahnhofsviertel, während gleichzeitig der ID-Wert, also die Segregation unter der ausländischen Bevölkerung, niedrig ist. In Bezirken mit mehr als 80 Prozent Zuwandereranteil leben also sehr viele verschiedene ethnische Gruppen zusammen.

Die Karten von Düsseldorf zeigen ein ähnliches Bild wie in Frankfurt. Die Konzentrationen in einzelnen Stadtteilen haben niedrigere Werte (38,1 % in Hafen ist der Höchstwert) als in Frankfurt, doch steht das im Zusammenhang mit dem geringeren Anteil von Zuwanderern an der Gesamteinwohnerschaft von Düsseldorf. Unter der Zuwandererbevölkerung dieser Stadt ist der Anteil an Japanern bemerkenswert, die verglichen mit anderen ethnischen Gruppen sehr segregiert leben; ihr sozio-ökonomisches Profil und daraus folgend ihre Position auf dem Wohnungsmarkt hebt sich jedoch deutlich nach oben von der anderen ausländischen Bevölkerung ab. Zuwanderer aus nicht-industrialisierten Ländern leben dagegen überdurchschnittlich häufig in Haushalten mit niedrigem Einkommen, leiden unter Arbeitslosigkeit und wohnen in Bezirken, die durch entsprechende Problematiken gekennzeichnet sind.

Die sozial-räumliche Verteilung von ausländischen Zuwanderern und die Segregationsmuster in den dargestellten Städten erlauben einige (vorläufige) Schlußfolgerungen. Erstens scheint die Segregation in diesen europäischen Städten viel niedriger zu sein als in den meisten amerikanischen Städten, weshalb die „Ghetto"-Metapher zu ihrer Beschreibung nicht taugt. Zweitens gibt es in Europa sehr unterschiedliche Segregationsmuster, die insbesondere aus den spezifischen Stadt- und Migrationsgeschichten zu erklären sind. Drittens zeigt Amsterdam ein

---

3 Der hohe Prozentsatz von Ausländern im Bezirk Flughafen hat keine besondere Bedeutung für das Segregationsmuster, da dort lediglich 380 Personen leben.

mittleres Segregationsniveau verglichen mit Brüssel, Frankfurt und Düsseldorf. Das bedeutet, daß zwischen dem Umfang an sozialem Wohnungsbau und der räumlichen Segregation kein proportionaler Zusammenhang besteht; Amsterdam mit seinem sehr stark ausgebauten sozialen Wohnungsbau ist deutlicher segregiert als Frankfurt und Düsseldorf. Viertens läßt sich keine klare Beziehung zwischen dem Anteil an Zuwanderern an der Stadtbevölkerung und dem Segregationsniveau nachweisen.

3.2 Erklärung der Segregationsmuster

Aufgrund der Anlage des Forschungsprojektes können keine umfassenden Erklärungen für die unterschiedlichen Segregationsmuster gegeben werden. Allerdings lassen sich drei Einflußfaktoren isolieren.

Erstens scheinen sich die Unterschiede aus der jeweils besonderen Stadtgeschichte und den Stadtstrukturen zu ergeben. Die Konservierung der Kanalzone in Amsterdam und die kürzlich erfolgte Gentrification dieses Gebiets haben dazu geführt, daß die Innenstadt für Haushalte mit niedrigem Einkommen relativ unerreichbar geworden ist, also unter anderem für Zuwanderer. In Brüssel liegt der südöstliche Teil der Stadt in einer attraktiven Landschaft und hat daher ein höheres Wohnprestige als die anderen Stadtteile; die meisten Zuwanderer müssen sich daher in anderen Wohnbezirken nach geeignetem Wohnraum umsehen. Frankfurt und Düsseldorf sind, wie im übrigen auch die beiden anderen Städte, erheblich suburbanisiert, weshalb in den durch starke Abwanderung betroffenen Innenstadtbereichen Wohnraum für die Zuwandererbevölkerung erschwinglich wurde.

Zweitens ist die Migrationsgeschichte des Landes und der Stadt wichtig – in Verbindung mit dem Zeitpunkt der größten Zuwanderung und der damaligen sozio-ökonomischen Situation der Stadt. Neuzuwanderer mit nur geringen sozio-ökonomischen Chancen sammeln sich in den Bezirken mit niedrigem Prestige, wohingegen ältere Zuwanderergenerationen ihren zu Beginn niedrigen Status mit der Zeit verbessern konnten. Für Amsterdam läßt sich nachweisen, daß Neuzuwanderer nur in den unattraktivsten Außenbezirken unterkommen, während die Zuwanderer der 50er Jahre – zumindest nach ihrer Karriere auf dem Wohnungsmarkt – sich inzwischen integrieren konnten. In Brüssel hatten die Gastarbeiter der 60er Jahre einen weit geringeren sozio-ökonomischen Status als die Europa-Beamten, die seit den 80er Jahren in großer Zahl in die Stadt kommen, was sich deutlich im Profil ihrer jeweiligen Wohngebieten zeigt. Die Zuwanderer in die zwei deutschen Städten kommen nicht aus ehemaligen Kolonien, sondern sind hauptsächlich Gastarbeiter und jüngst auch Asylbewerber. Einen Sonderfall stellt sicher die japanische Bevölkerung in Düsseldorf dar, die zum großen Teil aus einer dem internationalen Wirtschaftssektor zuzuordnenden Managerschicht mit hohem Einkommen besteht.

Drittens ist Situation auf dem lokalen Wohnungsmarkt zu berücksichtigen. In

Städten mit großen Sozialwohnungsbestand können unter anderem Immigranten mit niedrigem Einkommen mit Wohnraum versorgt werden. Anzunehmen ist, daß hier, sofern das Angebot ausreichend ist, eine geringere Segregation entsteht als in Städten, in denen der private Sektor dominiert. Wo das der Fall ist wie in Brüssel, sind die Wahlmöglichkeiten für Zuwanderer äußerst gering.

Obwohl der Anteil an Immigranten in den untersuchten Städten (mit der Ausnahme Düsseldorf) nicht stark variiert, ähneln sich die Segregations- und räumlichen Verteilungsmuster nicht sehr stark. In den deutschen Städten lebt die Zuwandererbevölkerung relativ verstreut, Brüssel zeigt dagegen eine hohe Segregationsrate, dicht gefolgt von Amsterdam.

4. Segregationsmuster und politische Reaktionen

Die Furcht vor „amerikanischen Verhältnissen" provoziert politische Gegenmaßnahmen. Von zwei denkbaren politischen Reaktionen besteht die erste in aktiven Dispersions- bzw. Desegregationsmaßnahmen, die andere in einer kompensatorischen Sozialpolitik. Wir haben die politischen Strategien in zwei Dimensionen analysiert: unterschieden wurde, erstens, zwischen Politik auf staatlicher und auf lokaler Ebene, und, zweitens, zwischen generellen Politikstrategien und Partikularmaßnahmen nur für Zuwanderer bzw. Angehörige bestimmter ethnischer Gruppen, die in allen drei untersuchten Ländern verschieden sind.

In der einschlägigen Diskussion dominiert gewöhnlich die Annahme, daß eine verstreut wohnende Migrantenbevölkerung sich besser in die Gesellschaft integrieren kann und so am wirkungsvollsten die Entstehung ethnischer Ghettos verhindert werden kann (für den niederländischen Fall vgl. van Praag 1981). Die Durchsetzung von aktiven Dispersionsmaßnahmen erweist sich in der Praxis allerdings als prekär, da diese in Konflikt mit westeuropäischen Verfassungen und demokratischen Grundsätzen stehen.

In Belgien wurde bis Anfang 1995 eine aktive Dispersionspolitik verfolgt; so war es den Stadtbezirken unter bestimmten Bedingungen erlaubt, die Ansiedlung von nicht EU-Bürgern abzulehnen. Doch scheinen diese Regelungen nur geringe Wirkungen gehabt zu haben, da tatsächlich nur sechs der 19 Stadtbezirke von 19 davon Gebrauch machten (vgl. zu ähnlichen Erfahrungen in Berlin: Senatsverwaltung für Stadtentwicklung 1995).

Nur Frankfurt orientiert sich durchgehend an einer Dispersionspolitik, dem „Frankfurter Vertrag", der zwischen der Stadtverwaltung sowie großen öffentlichen und privaten Wohnungsbaugesellschaften unterzeichnet wurde. Der Kern dieses Vertrages besteht in einer Quotierung ethnischer Zuwanderer in jeden Stadtbezirk, womit eine Ghettobildung verhindert werden soll. Allerdings zeigen sich gegenteilige Effekte, denn in manchen Stadtbezirken leben bereits 60 Prozent und mehr Zuwanderer. Ein weiterer Zuzug von ausländischer Wohnbevölkerung ist unmöglich, auch wenn noch Wohnraum verfügbar wäre. Anderseits drohen in teuren Wohngegenden Leerständen, doch wird ein Zuzug von Immigranten von den dortigen – deutschen – Einwohnern abgelehnt.[4]

In Düsseldorf wurde in den 70er Jahren eine Dispersionspolitik diskutiert, doch wie in Amsterdam erstarb die Diskussion. Dispersionsmaßnahmen erscheinen als unnötig, außerdem wird die Aufrechterhaltung demokratischer Rechte wie Gleichbehandlung und die freie Wahl des Wohnstandorts betont.

Beispiele kompensatorischer Sozialpolitik, d.h. speziell für Zuwanderer konzipierte Programme, lassen sich für alle vier Städten beschreiben. Amsterdam hat in dieser Hinsicht in den Niederlanden eine Spitzenstellung; dort fällt das Ende der Diskussion über räumliche Dispersion mit dem Beginn der Debatte über Kompensationsmaßnahmen etwa um das Jahr 1978 zusammen. In den letzten Jahren wurde die Partikularpolitik zugunsten genereller Maßnahmen allerdings zurückgeschraubt. Insbesondere verglichen mit Amsterdam, verfolgt Brüssel kaum eine spezielle Politik gegenüber den Zuwanderern. Doch angesichts der Finanzkrise des belgischen Staates ist es fraglich, ob die beabsichtigten Initiativen genereller Sozialpolitik überhaupt verwirklicht werden können. Frankfurt und Düsseldorf setzen nur sehr begrenzt auf Partikularmaßnahmen.

5. Schlußfolgerungen

Die empirischen Daten liefern kein Bild eines klar umrissenen europäischen Typs ethnischer Segregation. Segregationsformen scheinen weder von der Größe der Stadt noch von den politischen Maßnahmen abzuhängen, da substantielle politische Kursänderungen keinen Wandel in den vorhandenen Segregationsmustern nach sich zogen. Wichtiger für Muster und Prozesse ethnischer Segregation scheinen die Zuwanderungsgeschichte, die Struktur des Wohnungsmarktes und der allgemeine sozialstaatliche Rahmen zu sein.

Der allmähliche Wandel von partikularen zu generellen Politikstrategien und die offenbar gleichzeitig erfolgende Reduktion staatlicher Interventionen könnte allerdings die Befürchtungen vor und die Debatten über „amerikanische Verhältnisse" wieder anheizen. Die Situation der Afro-Amerikaner scheint aber so singulär zu sein, daß für weitere Vergleichsstudien amerikanischer und europäischer Städte die Situation anderer ethnischer Zuwanderergruppen in Amerika einbezogen werden muß.

Übersetzung: Ingrid Oswald

---

4 Zum Beispiel gestaltete sich die Umwidmung von Gebäuden, die durch den Abzug des US-Militär frei wurden, sehr kontrovers.

Literatur

Boal, F.W., 1976: Ethnic residential segregation, in: D.T. Herbert und R. Johnston (Hrsg.), Social areas in cities, Vol. 1, London, S. 111-158.

Breebaart, M., S. Musterd und W. Ostendorf, 1996: Etnische segregatie en beleid; een internationale vergelijking, Amsterdam: AME.

Kesteloot, C., 1994: Three Levels of Socio-Spatial Polarization in Brussels, in: Built Environment, Vol. 20, No. 3, S. 204-217.

Kesteloot, C., 1995: The creation of socio-spatial marginalisation in Brussels: a tale of flexibility, geographical competition and guestworker neighbourhoods, in: D. Sadler (Hrsg.), Europe at the margins, London: John Wiley, S. 69-85.

Massey, D. and N. Denton, 1993: American Apartheid, Cambridge: Harvard University Press.

Murdie, R.A., 1994: Blacks in near ghetto neighbourhoods, in: Housing Studies, Vol. 9, Nr. 4, S. 435-457.

Musterd, S. and P. Muus, 1994: Immigration mismatches in labour, housing and space; Amsterdam als voorbeeld, in: Applied Geography, Vol. 15, Nr. 3, S. 279-296.

Peach, C., 1995: Does Britain have ghettos?, Oxford.

Praag, C. van, 1981: Allochtonen: huisvesting en spreiding. SCP Nr. 22, Rijswijk.

Senatsverwaltung für Stadtentwicklung, Umweltschutz und Technologie (Hrsg.), 1995: Migration. Berlin: Zuwanderung, gesellschaftliche Probleme, politische Ansätze, Berlin.

Smith, S., 1989: The politics of 'race' and residence, Cambridge: Polity Press.

Wacquant, L., 1993: Urban outcasts: stigma and division in the Black American Ghetto and the French Urban Periphery, in: International Journal of Urban and Regional Research, Vol. 17, Nr. 3, S. 366-383.

Margaret Byron

Karibische Zuwanderer auf dem britischen Wohnungsmarkt

1. Einführung

Neuzuwanderer brauchen Schutz, d.h. ein Dach über dem Kopf, doch die wohlfahrtsstaatliche Versorgung von Zuwanderern ist oft minimal, insbesondere dann, wenn diese nicht angeworben wurden und ihre Anwesenheit im Lande daher von staatlicher Seite ignoriert werden kann. Doch auch im Nachkriegsengland, als Zuwanderer zwar als Arbeitskräfte benötigt wurden, waren sie als Mitbewerber auf dem Wohnungsmarkt nicht willkommen, weshalb sie mit der Zeit eigene Strategien gegen die Ausbeutung durch Vermieter und Immobilienhändler entwickelten. Als besondere Ressourcen standen ihnen immer eigene soziale Netzwerke zur Verfügung, deren Funktionsweise sich allerdings seit der Nachkriegszeit erheblich verändert hat.

In dieser Arbeit sollen die spezifischen Strategien und Optionen karibischer Zuwanderer auf dem britischen Wohnungsmarkt während der letzten vier Jahrzehnte dargestellt werden. Da die meisten der hier diskutierten Aspekte auch für die anderen Zuwanderergruppen gelten, soll zunächst die theoretische Debatte über Wohnungsprobleme ethnischer Minderheiten umrissen werden; danach folgt in groben Zügen eine kurze Darstellung der karibischen Zuwanderung nach England nach dem Zweiten Weltkrieg, die den Kontext für die abschließend vorgestellte Fallstudie am Beispiel der Stadt Leicester abgibt.

2. Grundlinien der theoretischen Debatte

Die meisten Erklärungsansätze zum Problemkomplex Wohnungsmarkt im Nachkriegsengland und Zuwanderung aus den Neuen Commonwealth-Ländern und Pakistan (NCWP) prüfen das Verhältnis von „Wahl" und „Zwang" bei den ethnisch spezifischen Möglichkeiten bei der Wohnungssuche. Die zentrale Frage ist dabei, inwieweit einzelne ethnische Minderheiten aufgrund bestimmter kultureller Prädispositionen freiwillig in großer Nähe zueinander und segregiert von anderen ethnischen Gruppen siedeln, andererseits, inwieweit dieses Phänomen des segregierten Wohnens auf ethnische bzw. rassische Diskriminierung zurückgeführt werden kann (Jackson/Smith 1981).

Die Beziehungen zwischen sozialen und räumlichen Distanzen werden seit den 20er und 30er Jahren unter sozialökologischen und -geographischen Gesichtspunkten in der Stadtsoziologie diskutiert, als vor allem kulturell-voluntaristische Erklärungen für die Siedlungsmuster von ethnischen Minderheiten herangezogen wurden (vgl. Park 1926). Auch Peach (1975, S. 8) unterstreicht die Bedeutung des Raumansatzes für die Untersuchung sozialer Zusammenhänge, da von der Ausprägung der räumlichen Segregation zwischen einzelnen sozialen Gruppen auf die Tiefe der sozialen Spaltung zwischen ihnen geschlossen werden könne.

Daß ethnische Segregation selbstgewählt sei, wurde insbesondere in einer Untersuchung über pakistanische Zuwanderer in England hervorgehoben: unter Berücksichtigung ihrer ökonomischen Situation, ihrer Migrationsmotive und ihrer Vorliebe für Wohnen in eigenen Häusern statt in Mietwohnungen sei *„ihre Wahl freiwillig und rational und unabhängig davon, ob nun rassische Diskriminierung vorliegt oder nicht"* (Dahya 1974, S. 112) [Hervorhebg. durch die Autorin]. Dahya geht davon aus, daß Migrationsmotive und kulturelle Vorlieben wichtige kausale Faktoren für die Entstehung der spezifischen Siedlungsmuster der pakistanischen Zuwanderer waren, und argumentiert damit gegen Ansätze, die die Beschränkung von Zuwanderern auf bestimmte Gebiete mit schlechterem Wohnungsbestand ausschließlich auf Diskrimination zurückführen. Die, zumindest partielle, Bedeutung kultureller Präferenzen wird auch in anderen Arbeiten hervorgehoben (Desai 1963; Ballard/Ballard 1977; Khan 1977; Robinson 1984; 1986).

Andere Ansätze betonen dagegen die Beschränkungen, die von der Mehrheitsgesellschaft ausgehen. Gegen diese könnten sich ethnische Minderheiten aufgrund ihrer niedrigen sozialen Positionierung nicht durchsetzen und blieben daher von der Kontrolle über die Verteilungsmodalitäten von Wohnraum ausgeschlossen, weshalb bei der Entstehung von ethnischen Siedlungsmustern eher von „Zwang" gesprochen werden müsse (Cater/Jones 1979).

Ähnlich wird in Studien argumentiert, die in der Tradition von Weber und Marx die Bildung von „Wohnklassen" untersuchen, die durch das „System von Besitz und Verteilung" (re-) produziert werden. Die Eingliederung in verschiedene Wohnklassen, die sich insbesondere durch das Kriterium „Bildung von Wohnbesitz" voneinander unterscheiden, wird zum Beispiel in einer Studie von Rex und Moore (1976) beschrieben; als Variablen gelten ökonomische Stärke und Arbeitsmarktchancen von Zuwandererhaushalten, aber auch Rassendiskriminierung bei der Wohnungssuche. Von marxistischer Seite werden solche Ansätze kritisiert, da dem Besitz von Hauseigentum so viel Gewicht wie dem Besitz von Produktionsmitteln zugesprochen wird (Haddon 1970; Brown 1981). Die Veränderungen auf dem britischen Wohnungsmarkt seit Mitte der 60er Jahre können allerdings nicht mehr befriedigend mit der Wohnklassentheorie erklärt werden. Insbesondere haben sich die relativen Positionen verschiedener Kategorien von Hausbesitzern verschoben, seit in den 80er Jahren das sogenannte „Recht auf Kauf"-Gesetz in Kraft trat, durch das Bewohner von stadteigenen Häusern ihre Wohnung als Eigentum erwerben konnten. In einem späteren Artikel spricht daher Rex (1981) von der „neue Klasse" der selbstnutzenden Wohnungseigentümer in der Stadt, die er mit den Mietern in Wohnungsbaugesellschaften vergleicht.

Andere marxistische Ansätze untersuchen die relative Position von ethnischen Gruppen im kapitalistischen Produktionssystem, indem sie als bestimmte Klassen mit unterschiedlichen Zugangschancen zum Wohnungsmarkt aufgefaßt werden (Harvey 1973). Da die Gefahr bestünde, daß durch die Betonung der Rassenbeziehungen, wie in den sozial-räumlichen Ansätzen der Fall, die realen Lebensbedingungen mystifiziert werden (Brown 1981, S. 191), wird die fundamentale Rolle der Klassenspaltung für den unterschiedlichen Zugang zu Wohnraum hervorgehoben. Brown rekonzeptualisiert den Ansatz, mit dem das Verhältnis von Wahl und Zwang untersucht wird, indem er die durch das Gesellschaftssystem gegebene „strukturelle Determination" als Begrenzung versteht („Zwang"), innerhalb derer bestimmte Lösungen zur Wahl stehen. Obwohl das Modell einige konkrete Fälle zu erklären hilft, besteht doch die Gefahr, daß umfassende Entscheidungen von Migranten kausal aus den „determinierenden Strukturen" abgeleitet werden. Ein Beispiel dafür ist, daß Remigration lediglich als Reaktion auf den britischen Rassismus interpretiert wird (Brown 1981), ohne daß die zentrale Bedeutung berücksichtigt wird, die die Rückkehr für die meisten der karibischen Zuwanderer bei ihrer Migrationsplanung hat.

In späteren Arbeiten zur Wohnsituation ethnischer Minderheiten in Bedford (Sarre 1986; Sarre u.a. 1989) werden die beiden Elemente Zwang und Wahl in einer Strukturierungstheorie vereint, in der auf Ansätze von Giddens (1976; 1979; 1981; 1984), Bhaskar (1979) und Bourdieu (1977) zurückgegriffen wird und der Unterschied von Akteur- und Struktureinflüssen untersucht werden soll. „Agency", das soziale Handeln von Individuen, ist immer Teil einer übergeordneten sozialen Struktur und damit nicht „frei und kreativ"; andererseits wirken die Strukturen auch nicht nur mechanisch determinierend auf die Akteure ein, sondern ermöglichen ihnen auch die Erreichung ihrer Ziele (Sarre 1987, S. 74). Die Annahme einer solchen Interaktionsdynamik zwischen Akteur und Struktur hilft bei der Interpretation von ethnischen Siedlungsmustern, da dadurch nicht nur die strukturellen Begrenzungen subjektiver Vorstellungen und Strategien der Zuwanderer thematisiert werden können, sondern auch die Potentiale und Optionen – denn immerhin hängt der Bedarf an Arbeitskräften in den Zentren des globalen Wirtschaftssystems nicht vom individuellen Willen der Zuwanderer ab, sondern von den strukturellen Bedingungen (Byron 1994).

3. Die Wohnungsfrage und die farbige Bevölkerung im Nachkriegsengland

In einer jüngeren Publikation fordert Mullins (1991), daß das Verhältnis von Rasse und Wohnen auch in seiner historischen Dimension berücksichtigt werden müsse, da die farbige Bevölkerung auf dem Wohnungsmarkt immer fundamental benachteiligt war. Aus den Statistiken läßt sich dies jedoch nicht auf den ersten Blick erschließen. Einer Umfrage in den 60er Jahren zufolge waren 48 Prozent der farbigen Bevölkerung[1] selbstnutzende Wohnungseigentümer, 51 Prozent lebten in privaten Mietwohnungen und nur 1 Prozent in gemeindeeigenem Wohnraum. Der Unterschied zu den Wohnmustern der Gesamtbevölkerung wird vor allem in der letzten Kategorie deutlich: während 47 Prozent in ihren Eigentumswohnungen lebten und 26 Prozent in privaten Mietwohnungen, so doch immerhin 27 Prozent in Wohnungen des kommunalen Wohnungsbestands (Daniel 1968, S. 152), zu denen die Zuwanderer offensichtlich keinen Zugang gefunden hatten. 1974 hatten sich die Proportionen erheblich verändert, wie Tabelle 1 zeigt, da im Gegensatz zur asiatischen Bevölkerung die karibischen Zuwanderer als Mieter von kommunalen Wohnungen nun deutlich hervortreten. Innerhalb des nächsten Jahrzehntes verstärkte sich diese Tendenz erheblich (Brown 1984), während der Anteil der selbstnutzenden karibischen Wohnungseigentümer neun Prozentpunkte geringer wurde und ihr Anteil im privaten Mietsektor sogar nur noch 6 Prozent betrug.

Tabelle 1: Wohnmuster karibischer und asiatischer Zuwanderer sowie der Gesamtbevölkerung 1974, 1982 und 1991 (in %)

	Karibische Bevölkerung	Asiatische Bevölkerung	Gesamtbevölkerung
1974			
selbstnutzende Eigentümer	50	76	50
in kommunale Wohnungen	26	4	32
in Privatwohnungen	24	19	18
1982			
selbstnutzende Eigentümer	41	72	55
in kommunale Wohnungen	46	19	32
in Privatwohnungen	6	6	10
bei Wohnungsbaugesellschaft	8	2	2
1991			
selbstnutzende Eigentümer	48	77	66
in kommunale Wohnungen	36	11	22
in Privatwohnungen	7	9	9
bei Wohnungsbaugesellschaft	9	3	3

Quellen: Smith (1976, Tab. A50); Brown (1984, Tab. 29); OPCS, General Household Survey (1974; 1982); OPCS (1993); Zensusdaten von Großbritannien (1991).

---

1 Der Begriff „Farbige" wird in dem zitierten Bericht von 1968 für Zuwanderer aus Westindien und Asien verwendet, während später für die gleiche Bevölkerungsgruppe der Begriff „Schwarze" gebraucht wird. Dies entspricht der allgemein üblichen Verwendung der Begriffe, weshalb sich ihr die Autorin anschließt.

1974 glichen die Wohnmuster der karibischen Bevölkerung denen der Gesamtbevölkerung, doch 1982 war der Anteil der karibischen Bevölkerung als Mieter von kommunalen Wohnungen weit höher als der der Gesamtbevölkerung, während ihr Anteil als selbstnutzende Eigentümer relativ zurückgegangen war. Auch der Anteil der Mieter von Privatwohnungen war verglichen mit dem der Gesamtbevölkerung sehr stark gesunken, doch lebten schon damals 8 Prozent der karibischen Bevölkerung in Wohnungen von Wohnungsbaugesellschaften – ein viermal so hoher Prozentsatz als in der Gesamtbevölkerung.

In den 60er Jahren lebten die farbigen Zuwanderer konzentriert in der Innenstadt, und zwar vorwiegend in privat vermieteten Wohnungen in schlechtem Zustand (Daniel 1968). Diese Art von Wohnraum wurde später, insbesondere von asiatischen Zuwanderern, verstärkt als Eigentum erworben. Deren geringer damaliger Anteil an Mietern von kommunalen Wohnungen läßt vermuten, daß sie zu dieser Wohnungskategorie nur erschwert Zugang hatten. Bevor dieses Phänomen diskutiert wird, soll dargestellt werden, warum zu dieser Zeit der private Mietwohnungssektor so wichtig für die karibischen Zuwanderer war.

3.1 Farbige im privaten Mietsektor

Die karibischen Zuwanderer der Nachkriegszeit drängten auf den Wohnungsmarkt, als der private Mietsektor stark schrumpfte. Dieser Umstand, kombiniert mit ihrer marginalen ökonomischen Position als „Ersatz"-Arbeitskräfte im Niedriglohnbereich, benachteiligte sie als Mieter erheblich (Peach 1968). Der Privatsektor hatte sich seit 1918, als noch 90 Prozent aller Haushalte privat mieteten, äußerst verkleinert: 1981 waren es nur noch 13 Prozent (Allen/McDowell 1989, S. 13). Der stärkste Rückgang erfolgte in der Nachkriegszeit, als der öffentliche Wohnungsbau als ein Element des staatlichen Wohlfahrtsprogrammes breit gefördert wurde. Ein weiterer Grund war eine Veränderung in der Mietgesetzgebung zuungunsten der Position der Vermieter, die daher jede Chance nutzten, ihre Wohnungen den Mietern und später Lokalbehörden und Wohnungsgesellschaften zu verkaufen (Kemp 1987; Allen/McDowell 1989).

Nur sehr wenige karibische Zuwanderer waren unmittelbar nach ihrer Ankunft in England in der Lage, eine Wohnung zu kaufen, so daß sie Wohnraum mieten mußten. 1961 mieteten sich 74 Prozent von ihnen im Privatsektor ein (Smith 1989, S. 52), auch wenn ihnen der Zugang dorthin schwer gemacht wurde, und damalige Studien die verbreitete Diskriminierung belegen (Milner-Holland-Committee 1965). Da von staatlicher Seite mit dem „Race Relations"-Gesetz von 1968 nur formal interveniert wurde, entwickelten die ethnische Minderheiten Vermeidungsstrategien anstatt offener Gegenwehrmaßnahmen. Dies läßt sich auch daran ablesen, daß zum Beispiel die Möglichkeiten der Mietschutzgesetzgebung von farbigen Mietern seltener in Anspruch genommen wurde als von weißen, selbst wenn jene für ihre relativ schlechtere Unterkunft höhere Mieten zahlen mußten (Doling/ Davies 1983).

Auf dem privaten Mietsektor werden bis heute meist Wohnungen in Häusern angeboten, die vor dem Ersten Weltkrieg gebaut wurden, bei vielen von ihnen handelt es sich um Reihenhäuser in den innerstädtischen Bezirken (Smith 1989, S. 52). 1974 lebte fast die Hälfte der asiatischen und karibischen Haushalte in Häusern, die vor 1914 gebaut worden waren, und 86 Prozent von ihnen in Häusern mit Baudatum vor 1940, während das nur bei 24 bzw. 48 Prozent der weißen Haushalte der Fall war (Smith 1976, S. 230). 1982 lebten noch 35 der farbigen Haushalte in Gebäuden, die vor dem Ende des Ersten Weltkriegs, und 76 Prozent in Häusern, die vor dem Zweiten Weltkrieg erbaut worden waren (Brown 1984, S. 127).

Die Wohnheime in „zwielichtigen Gebieten" haben Rex und Moore (1967) in ihrem Bericht über den Bezirk Sparkbrook in Birmingham der 60er Jahre beschrieben. Der Begriff war von den Planungsbehörden der Stadt geprägt worden und galt für Wohngegenden, für die zwar allgemeine Abrißpläne galten, aber außerhalb der festgelegten Sanierungsgebiete lagen. Für die Durchschnittsfamilie waren die Wohnungen, die hier zum Kauf angeboten wurden, nicht attraktiv, doch ideal für Unternehmer, die während der Wohnungsknappheit die Räume einzeln und unter ungünstigen Bedingungen vermieten konnten. Als Folge davon wurde die Belegung von großen Wohnungen mit mehreren Familien charakteristisch für diese Gebiete.

Mit der Veränderung der Wohnungspolitik in den späten 60er Jahren wurden die Abrißpläne in der „Zwielicht-Zone" aufgegeben und statt dessen bestimmte Sanierungsgebiete („housing action areas", „general improvement areas") festgelegt. In diesen Gebieten wurde günstige städtische Hypotheken an potentielle Käufer vergeben, weshalb in der Folge vor allem Wohnungsgenossenschaften hier Besitz ankauften und sanierten. Deakin und Ungerson (1973) und später Rex (1981) interpretieren diese Vorgänge als Teil einer Strategie, mit der eine größere Ansiedlung von farbiger Bevölkerung verhindert werden sollte.

3.2 Farbige als selbstnutzende Eigentümer

Wie wichtig der Eigentumssektor für die farbige Bevölkerung ist, zeigt Tabelle 1, da schon 1974 die Hälfte der karibischen Haushalte selbstnutzende Eigentümer waren. Damit lag der Anteil so hoch wie in der Gesamtbevölkerung, obwohl die karibischen Zuwanderer sich erst eine relativ kurze Zeit im Land befanden, ihre Familien überdurchschnittlich groß und jung waren und sie eher zu den niedrigsten sozio-ökonomischen Klassen zählten, die insgesamt gesehen nur gering in der Kategorie der Wohnungseigentümer vertreten waren (Smith 1976).

Während zweier Jahrzehnte war Wohnungsbesitz unter karibischen Zuwanderern auf Reihenhäuser im Innenstadtbereich beschränkt. Daß sie überhaupt so früh in der Kategorie der Wohnungseigentümer erschienen, war das Ergebnis ihres Ausschlusses von anderen Wohnungsoptionen. Der Kauf eines Reihenhauses in der Innenstadt war für viele Familien die einzige Möglichkeit, den überfüllten Einzelzimmern zu entkommen, für die sie skrupellosen Vermietern horrende Mieten zahlen mußten. Bei diesen handelte es sich häufig ebenfalls um Zuwanderer, nicht selten sogar aus den gleichen Verwandtschaftskreisen, die die hohen Hypothekenraten nur durch diese Art der Vermietung an ihre Landsleute tilgen konnten (Smith 1976). Es ist belegt, daß farbige Käufer seltener Hypotheken erhielten als weiße und daß ein hoher Anteil an farbigen Eigentümern in der Innenstadt zu einem Wertverfall dieser Gebiete führte (CRE 1985; Burney 1967; Daniel 1968; Karn 1978; Stevens 1981; Karn u.a. 1986). Erst gegen Ende der 70er Jahre wuchs der, allerdings von Stadt zu Stadt sehr unterschiedliche, Anteil farbiger Bevölkerung in besseren Eigentumswohnungen in den Vororten (Lee 1977; Phillips 1981; Jones 1978; Robinson 1986; Ward 1987).

3.3 Farbige im kommunalen Wohnungsbau

Ironischerweise beginnt jede Diskussion über die Rolle des Staates bei der Unterbringung der farbigen Bevölkerung mit der Feststellung, daß diese bis in die 70er Jahre kaum im öffentlichen Wohnungssektor vertreten war (vgl. Tabelle 1), obwohl sie doch zu der Bevölkerungskategorie der unqualifizierten Arbeitskräfte gehört, die hauptsächlich im staatlichen bzw. kommunalen Wohnungssektor untergebracht ist.

Die Verteilung von öffentlichem Wohnraum war auf nationaler Ebene durch eine Wohnungsgesetzgebung geregelt, die auch die Grundlage für die lokale Verteilungspolitik abgab. Das entsprechende Gesetz von 1936 (§ 85, Abschnitt 2) sieht vor, daß die lokalen Behörden den Wohnraum in einem „vernünftigen" Maße an Familien verteilen, die vorher unter unhygienischen oder sonstigen schwierigen Bedingungen gelebt hatten. Bevorzugt wurden auch Personen aus Gebieten, die zum Abriß und/oder zur Sanierung vorgesehen waren. Obwohl die meisten der karibischen Haushalte diesen Anforderungen entsprachen (Burney 1967; Rex/Moore 1967; Rose u.a. 1969; Flett 1977), konnten sie offensichtlich nicht entsprechend Fuß fassen, wofür die im folgenden beschriebenen Gründe maßgeblich verantwortlich waren.

Bewerber für öffentlichen Wohnraum wurden in eine Warteliste eingetragen und dann nach den Kriterien Anzahl der Kinder pro Familie, Enge der Wohnung und Wartezeit ausgewählt. Außerdem führten die meisten Lokalbehörden das Kriterium der „Wohnberechtigung" ein, wonach Antragsteller bereits seit einer bestimmten Zeit als Einwohner und/oder Arbeitnehmer in dem Bezirk, in dem sie sich für Wohnraum bewarben, gemeldet sein mußten. Zwar war diese Regelung nicht eingeführt worden, um speziell farbige Zuwanderer auszuschließen, doch wurde diese Bevölkerungsgruppe überproportional stark davon betroffen, wie in diversen Studien hervorgehoben wurde (Rex/Moore 1967; Daniel 1968; Flett 1977; Smith 1977; Henderson/Karn 1987).

Ein Grund dafür war, daß viele Zuwanderer durch die schwer verständlichen Regelungen schon von vornherein abgeschreckt wurden (Flett 1977); zum anderen wurde ihnen der Zugang zum öffentlichen Wohnungsbau insbesondere dann erschwert, wenn sie zur Zeit der Bewerbung bereits selbstnutzende Eigentümer waren. Wohnungseigentümer wurden nicht bevorzugt berücksichtigt, egal, in welchem Zustand die betreffenden Häuser oder Wohnungen waren (Burney 1967; Cullingworth Committee 1969; Flett 1977; Henderson/Karn 1987). Die anderen Bewerber wurden nicht direkt ausgeschlossen, doch benachteiligte sie der Umstand, daß sie nur selten über relevante Informationen verfügten (Burney 1967; Cullingworth 1969). Die Zuwanderer hätten direkt auf die Möglichkeiten aufmerksam gemacht werden müssen, woran die Lokalbehörden jedoch zu wenig interessiert waren (Cullingworth 1969; Smith 1976).

Die Benachteiligung setzte sich auch später noch fort. Es zeigte sich, daß die farbigen Haushalte, denen es gelungen war, im staatlichen Wohnungssektor eine Wohnung zu erhalten, sich in schlecht ausgestatteten innerstädtischen Wohnblocks konzentrierten (Runnymede Trust 1975; Parker/Dugmore 1977/78). Ein Grund dafür war, daß sehr viele der dort Untergebrachten als Obdachlose in den Wartelisten geführt worden waren und deshalb grundsätzlich keine besseren Wohnungen erhielten (Burney 1967; Rex/Moore 1967; Smith/Whalley 1976; Parker/Dugmore 1977/78). Einer offiziellen Untersuchung im Londoner Stadtteil Hackney zufolge wurden farbigen Haushalten hinsichtlich Typ, Alter und Zustand von Gebäuden häufig die schlechtesten Wohnungen zugeteilt (CRE 1984). Die Konzentration der farbigen Bevölkerung in diesen Quartieren erhöhte sich noch, als immer mehr weiße Haushalte die innerstädtischen Bezirke verließen (Flett 1977; Smith/Whalley 1976; Parker/Dugmore 1977/78; Peach/Shah 1980). Außerdem hatte die Einführung der „Recht zum Kauf"-Regelung in den 80er Jahren zur Folge, daß nur noch die relativ schlechteren Wohnungen überhaupt zur Vergabe durch die Lokalbehörden zur Verfügung standen, da die besseren von den jeweiligen Besitzern, die nur selten karibische Zuwanderer waren, gekauft worden waren (Peach/Byron 1993; 1994).

Vor dem Hintergrund der allgemeinen Position der karibischen Zuwanderer auf dem britischen Wohnungsmarkt folgt nun eine Fallstudie über die Wohnungssituation von Zuwanderern von der Karibik-Insel Nevis, die nach dem Krieg nach Leicester zuwanderten.[2] Dargestellt werden typische Konflikte, die sich durch die strukturellen Beschränkungen auf dem Wohnungsmarkt und die Reaktionen und Ausweichstrategien der Zuwanderer ergeben. Individuelle Strategien von Migranten wurden einer „Situationsanalyse" nach Mitchell (1983; 1987) unterzogen; dabei

2 Insgesamt konnten in den Jahren 1988 bis 1990 113 nevisianische Haushalte, die in einem Schneeballverfahren ausgewählt wurden, mit einem geschlossenen Fragebogen befragt werden. Mit 15 von ihnen wurden danach Tiefeninterviews zu ihren Migrationserfahrungen geführt.

werden eine Reihe mutmaßlich miteinander verbundener Umstände über eine bestimmte Zeitspanne hin und innerhalb eines bestimmte Gebietes beobachtet. Als Ergebnis dieser Analyse läßt sich festhalten, daß die Strategien der Zuwanderer auf dem Wohnungsmarkt insbesondere vom Zeitpunkt der Zuwanderung abhängig sind.

4. Vom Inselnetzwerk zur Lokalbehörde: die Erfahrungen nevisianischer Zuwanderer auf dem Wohnungsmarkt von Leicester

4.1 Die Sammelunterkunft (1955-56)

Für diejenigen Zuwanderer, die den Anfang einer Migrationskette bilden, ist eine Unterkunft mit Verpflegung wichtig, um sich auf die Arbeitssuche konzentrieren zu können. In einigen europäischen Ländern, in denen während der Nachkriegszeit die Anwerbung von ausländischen Arbeitskräften eine wichtige Rolle spielte, wurden für Arbeitsmigranten Heime gebaut, wobei die Finanzierung teilweise vom Staat und teilweise von den konkret beteiligten Privatunternehmen getragen wurde (Jones/Johnson 1985; White 1984; Jones 1989). Dies traf in England jedoch nur in Ausnahmefällen zu (Burney 1967, S. 22), so daß die Zuwanderer selbst die Initiative ergriffen. Einige der ersten Immigranten aus der Karibik funktionierten ihre Häuser in inoffizielle Pensionen für Neuzuwanderer um, die allerdings auch von der zuständigen Sozialbehörde anerkannt wurden (Ramdin 1987, S. 190).

„Ich verbrachte ein paar Tage mit meiner Schwester in Finchley Central und dann ging ich nach St. Albans und wohnte bei einem Mann namens Nabby Clarke. Er war von Nevis. Damals hatten nur zwei karibische Zuwanderer Häuser in diesem Gebiet, und wir mußten alle dort wohnen. Manchmal war es so überfüllt, daß, wenn du zur Arbeit gingst, jemandem Platz machtest, der von der Nachtschicht kam. Das waren so die Bedingungen, unter denen wir damals lebten. Und wenn du dich an eine weiße Person wandtest, um nach einem Raum zu fragen, weil im Fenster ein Schild stand 'Zimmer zu vermieten', sagten sie bei deinem Anblick immer, daß es gerade vermietet worden sei. Es war einfach kein Zimmer zu kriegen!" (Interview mit einem Remigranten nach Nevis)

In Leicester waren solche Sammelunterkünfte die erste Basis für viele der karibischen Zuwanderer; sie wurden vom Bahnhof abgeholt und direkt in eine der Unterkünfte gebracht. Innerhalb zweier Monate zogen sie dann meist in eine Pension im Innenstadtbezirk Wycliffe (vgl. Abbildung 1), die für die Nevisianer während ihrer ersten Monate in der Stadt zu einer wichtigen Anlaufstelle wurde.

„... das Haus gehörte einem Engländer, Mr. X. Er betrieb das Geschäft zusammen mit seiner Frau. Wir nannten ihn den 'Alten'. Alle die Untermieter dort waren Männer: eines für Frauen war auf der Straße gegenüber. Es lebten dort ca. 10 Leute: drei bis vier pro Zimmer. Wenn du einen neuen Kameraden mitbrachtest, stellten sie einfach nur ein weiteres Bett in das Zimmer. Sie verlangten 2 Pfund und 5 Schilling pro Woche (das sind etwa 40 % des durchschnittlichen Lohns, M.B.), inklusive Frühstück und Abendessen. Samstag und Sonntag bekamen wir unsere Hauptmahlzeit mittags. Sechs Leute aus Nevis waren in diesem Haus: John, Peter, Gary, Winston, Cicil and Oral.

Karibische Zuwanderer auf dem britischen Wohnungsmarkt 317

John kam zuerst, alle anderen nach ihm. Ich blieb drei Monate dort. Wir vermißten das karibische Essen, und sie erlaubten uns niemals, Gäste mitzubringen. Wenn deine Freude dich besuchen kamen, mußtest du sie draußen auf der Straße treffen.
 Da ist etwas, was ich niemals vergessen werde. Ich stand eines Nachmittags am Fenster und schaute hinaus. Als der Alte über den Hof ging und hochschaute, sah er mich. Innerhalb von zwei Minuten kam er ins Zimmer gestürmt. 'Mach das nie mehr', sagte er. 'Was werden die Leute denken, wenn sie sehen, wie du aus einem meiner Zimmer schaust.' Sie wollten nicht, daß man uns sehen könnte in ihrem Haus." (Interview mit einem Nevisianer aus Leicester)

Die Nachkriegszeit war für viele Vermieter lukrativ, wenn auch der Wunsch nach Profiten durch die Vermietung an Zuwanderer oft mit den verbreiteten rassistischen Vorstellungen kollidierte. Obwohl Schwarze häufig mit offenem Rassismus konfrontiert wurden, konnten sie in dieser Etappe kaum auf andere Strategien

Abbildung 1: Stadtbezirke von Leicester

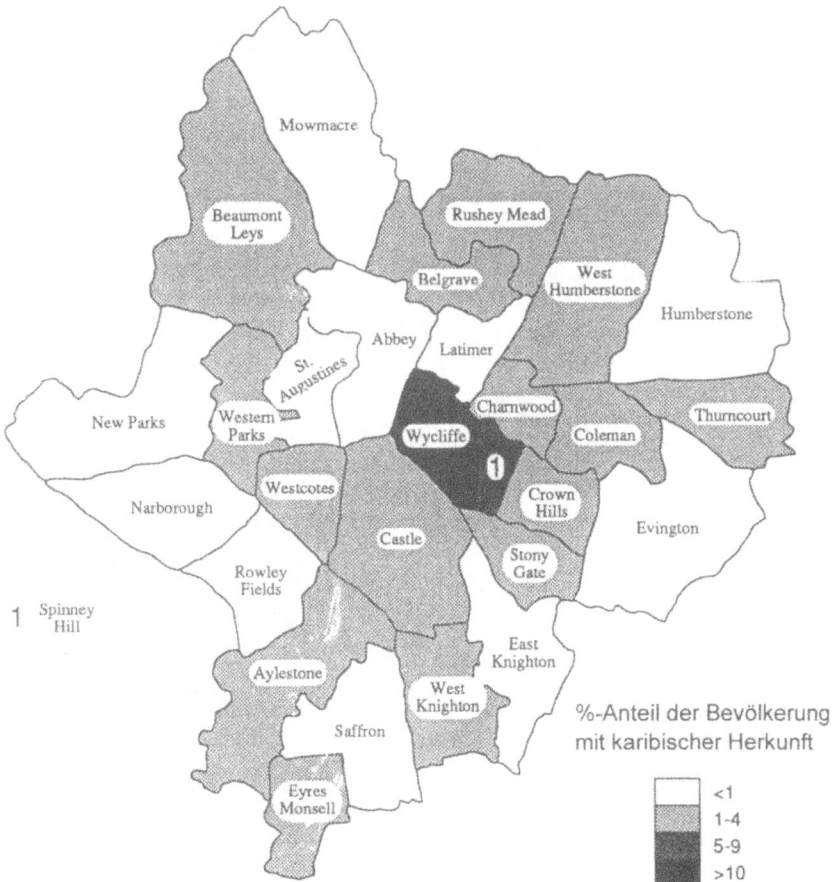

Quelle: Survey of Leicester (1983); Leicester City and County Councils (1984).

ausweichen, da einfach keine alternativen Unterkunftsmöglichkeiten verfügbar waren.

4.2 Gemeinschaftswohnungen und Zimmer in Heimen und Pensionen (1956-1970)

„Viele Schwarze, Inder, Pakistanis und andere Farbige, die in Leicester leben, bezahlen bis zu 2 bis 10 Pfund in der Woche für ein einzelnes Zimmer... Das erste, was ein Schwarzer machen muß, wenn er in diese Stadt kommt, ist Obdach zu finden. Unterkunft zu finden ist schwierig in dieser Stadt, selbst für Weiße. Für Farbige ist es hundertmal schwieriger." (Aus: Illustrated Leicester Chronicl, 28.6.1958, S. 1-3)

War erst eine Arbeitsstelle gefunden, hatte die Suche nach einer besseren Unterkunft Priorität, wo nicht nur ein Schlafsaal zur Verfügung stand, Selbstverpflegung und der Empfang von Besuch möglich waren. Letzteres war schon deshalb wichtig, um Neuzuwanderer aus der Karibik, bei denen es sich häufig um enge Freunde und Verwandte handelte, während der ersten Zeit unterzubringen. Unter den Migranten aus der Karibik waren sehr häufig junge Paare und Familien, die mehr als nur ein Einzelzimmer benötigten; größere billige Wohnungen wurden jedoch über Kontaktnetze der Vermieter selbst vergeben, zu denen den karibischen Zuwanderern in den späten 50er und frühen 60er Jahren der Zugang fehlte (Rex/Moore 1967, S. 37).

Obwohl es für Einzelpersonen leichter war, eine Unterkunft zu erhalten, als für Familien mit Kindern oder gar für Alleinerziehende, war doch die Mobilität unter allen karibischen Zuwanderern in dieser Phase sehr hoch, da ihnen entweder oft gekündigt wurde oder sie selbst, immer auf der Suche nach einer Verbesserung, häufig umzogen. Die InterviewpartnerInnen berichten von bis zu 9 Umzügen in dieser Phase, wobei nur 5 Prozent von ihnen unter zwei oder weniger Adressen gelebt hatten, was das unstete Leben in den Wohnheim-Gegenden wohl gut illustriert.

Bei den Unterkünften in den Stadtteilen Wycliffe und Spinney Hill handelte es sich fast ausschließlich um Reihenhäuser, von denen die in schlechtem Zustand zwischen 1945 und 1966 abgerissen wurden (Pritchard 1976, S. 129). Während der zwei Nachkriegsjahrzehnte, als die Wohnungsknappheit besonders groß war, wurden in vielen dieser Häuser Gemeinschaftswohnungen eingerichtet. Es handelte sich um zwei- und dreistöckige Gebäude mit bis zu sechs Räumen sowie Badezimmer und Küche, die ideal waren für die Belegung mit mehreren Familien (Pritchard 1976; Leicester City Council 1988). In Leicester wohnten häufig die Vermieter, meist Zuwanderer aus Osteuropa oder Indien, selbst im Haus und vermieteten die restlichen Räume. Zwei oder drei Jahre später, als auch karibische Zuwanderer Wohnraum kauften, vermieteten sie in Einzelfällen wiederum Zimmer, um ihre Hypotheken zurückzahlen zu können.

Viele der kleineren Reihenhäuser wurden auch in heimähnliche Unterkünfte (lodging houses) umgewandelt, in denen einzelne möblierte Zimmer vermietet wurden. Sie wechselten sich mit den größeren Häusern der Gemeinschaftswohnungen ab, wie sie weiter oben beschrieben sind, wodurch das Gebiet in eine kleinere Version der „Zwielichtzone" von Birmingham (Rex/Moore 1967) verwandelt wurde bzw. den Immigrantensiedlungen ähnelte, die bei Patterson (1963), Burney (1967) und Sarre u.a. (1989) dargestellt sind.

Zwischenresultat: Funktion und Folgen der Insel-Netzwerke

In dem hier beschriebenen Siedlungsgebiet gab es keine staatliche Hilfseinrichtung für Neuzuwanderer, die eine Wohnung suchten, so daß die meisten Zuwanderer das soziale Netzwerk ihrer bereits ansässigen Landsleute bzw. Verwandten nutzten. Da die ersten Zuwanderer sich in den Innenstadtbezirken Spinney Hill und Wycliffe niedergelassen hatten, wurde dieses Areal zu einem Zentrum, um das herum die Neuzuwanderer zum größten Teil zunächst blieben. Diejenigen, die Unterkunft außerhalb dieser Gebiete fanden, hatten sich an das Stadtinformationsbüro in Leicester gewandt, wo wöchentlich Listen über freien Wohnraum zum Verkauf angeboten wurden.

Die Bedeutung der Netzwerke für die Wohnungssuche kann nicht hoch genug eingeschätzt werden. Fast alle nevisianischen Zuwanderer nach Leicester waren bei ihrer Ankunft in der Stadt von einem Verwandten, Freund oder Bekannten empfangen und mit einer ersten Unterkunft versorgt worden. Die Person, die den Neuzuwanderer empfing, sorgte für anfängliche Unterkunft, entweder in dem Zimmer, das sie selbst gerade bewohnte, oder aber in einem anderen Zimmer, das schon im voraus für die erwartete Ankunft gemietet worden war. Ein Zuwanderer berichtete, daß er, als er in ein besseres Zimmer umziehen konnte, sein früheres Zimmer behielt und weiterhin die volle Miete zahlte, um einen in Bälde erwarteten Freund unterbringen zu können. Die Ausgaben waren beträchtlich, so daß er Schulden machen mußte, doch beschrieb er diese Aktion als etwas, „was jeder für die Seinen tun würde".

So war die anfängliche räumliche Wohnkonzentration der karibischen Zuwanderer durch die begrenzte Verfügbarkeit an Unterkünften sowie der rassistischen Ablehnung in Gang gesetzt und durch die Netzwerkbeziehungen verfestigt wor-

Tabelle 2: Lage des ersten Wohnorts nach der Ankunft in Leicester (in % der Zuwanderer)

Bezirk	1954-55	1956-57	1958-59	1960-61	1962-
Spinney Hill oder Wycliffe	7	11	21	32	17
Nachbarbezirke	1	0	2	1	6
Nichtbenachbarte Bezirke	2	0	0	0	0

Quelle: Feldforschung in Leicester (1988/90).

den (vgl. Tabelle 2). Die heute zu beobachtende Streuung der karibischen Wohngebiete wurde dadurch aufgeschoben.

4.3 Die Phase nach der möblierten Unterkunft seit 1970

Seit Mitte der 60er Jahre traten karibische Zuwanderer auch als selbstnutzende Eigentümer und in geringerem Umfang als Mieter im kommunalen Wohnungsbau auf. Die Gründe lagen einerseits darin, daß die Untermietsverhältnisse immer unzumutbarer wurden, zum anderen aber auch darin, daß der Zugang zu den anderen Sektoren des Wohnungsmarktes nicht mehr völlig verschlossen war.

Einzelzimmer wurden im Zuge der Konzentration des Privatsektors immer seltener und immer teurer vermietet, was für die größer werdenden jungen Familien zunehmend untragbar wurde. Da Wohnungen oder gar Häuser jedoch noch schwieriger zu mieten waren, bot sich eine Alternative lediglich außerhalb dieses Sektors. Diese kam vor allem auch deshalb zustande, da die staatliche Wohnungspolitik der späten 60er Jahre die Räumung der innerstädtischen Slums und die Versetzung ihrer Bevölkerung vorsah, weshalb bestimmte zentralgelegene Wohnbezirke zu Sanierungsgebieten erklärt wurden. Dadurch wurden staatliche Hypotheken erschwinglich, was sich insbesondere Wohnungsgenossenschaften zunutze machten, die anschließend für sichere Mietverhältnisse in den sanierten Wohnungen und Häusern sorgten. Zusätzlich gab es Sanierungszuschüsse, mit denen bis zu 90 Prozent der Kosten abgedeckt wurden (Rex 1981; Oc 1987). Auch der Zugang zum kommunalen Wohnungsbestand war den karibischen Zuwanderern nun möglich, da viele von ihnen inzwischen die Kriterien der Wohnberechtigung erfüllten und außerdem selbständig die notwendigen Informationen beibringen konnten.

a) Der kommunale Wohnungsbestand

Das Vordringen in den gemeindeeigenen Wohnungsbestand erfolgte in mehreren Etappen, da die karibischen Neuzuwanderer anfänglich erhebliche Zugangsschwierigkeiten hatten. In unserem Sample waren es nur 4 Prozent gewesen, die vor 1960 Wohnungen aus dem kommunalen Wohnungsbestand zugewiesen bekommen hatten. In zwoien dieser Fälle waren die Haushaltsvorstände bei den Streitkräften beschäftigt, weshalb sie bei der Wohnungszuteilung bevorzugt wurden (Leicester City Council minutes, Oct. 1952, S. 153). Als weitere Gründe für die Zuteilung galten Schwangerschaft und Obdachlosigkeit, in einem Fall hatten die Betroffenen während des Hausbesuchs eines Lehrers von den Möglichkeiten erfahren. Letzteres bestärkt die Vermutung, daß bei besserer Information karibische Zuwanderer auch schon früher Zugang zu den gemeindeeigenen Wohnungen bekommen hätten. Daher stieg der Anteil an karibischen Zuwanderern unter den Mietern kommunaler Wohnungen erst nach 1970 höher an (vgl. Tabelle 3).

Tabelle 3: Zuteilung von kommunalem Wohnraum an nevisianische Zuwanderer

Jahr	Anzahl der Haushalte
1955-60	1
1961-65	2
1966-70	7
1971-80	19

Quelle: Feldforschung (1988/90).

Die Wohnungen, die nach 1970 nevisianischen Haushalten zugeteilt wurden, fielen in drei Kategorien: speziell angefertigte Gebäude mit drei Zimmern in Vororten; speziell angefertigte Gebäude bzw. Wohnungen in der Innenstadt; eigens für den Zweck erworbene Häuser und Wohnungen in der Innenstadt. Fünf von den 8 Haushaltsvorständen, die in Häuser in einem Vorort einziehen konnten, waren bereits als Kinder nach England gekommen; sie fanden sich daher weit besser zurecht als Neuzuwanderer und konnten sich selbständig Information beschaffen. Daß dieser Aspekt zentral ist, zeigt sich auch daran, daß es sich bei über der Hälfte der in innerstädtische Gemeindewohnungen eingewiesenen nevisianischen Haushalte ebenfalls nicht um Neuzuwanderer handelte.

Das Bild wandelte sich abermals erheblich, als ab 1980 der Kauf städtischer Wohnungen aufgrund der „Recht zum Kauf"-Regelungen möglich wurde. Diejenigen Haushalte, die sich zu diesem Schritt entschlossen, konnten entweder Reihenhäuser, die zum Teil modernisiert worden waren, oder Doppelhaushälften erwerben. Aufgrund dieser Regelungen ging der Anteil von karibischen Zuwanderern, die Wohnraum bei der Gemeinde mieteten, signifikant zurück: in unserem Sample waren es immerhin 42 Prozent dieser Mietergruppe, die sich erfolgreich um den Kauf ihrer Wohnungen bewarben. Da sich die Besitzverhältnisse insbesondere in den Vororten veränderten, in denen die relativ besseren Wohnungen lagen, konzentrierte sich der kommunale Wohnungsbestand in der Folge vor allem in der Innenstadt, wo sich dann allerdings die schlechteren Wohnungen befanden. Da die Gesetzesgrundlage nicht örtlich beschränkt war, erfolgten diese Veränderungen auch auf nationaler Ebene, mit erheblichen Konsequenzen für Qualität und Lage von kommunalem Wohnraum, der späterhin für karibische Zuwanderer überhaupt noch zur Verfügung stand (Peach and Byron 1993; 1994). In der Innenstadt konzentrieren sich inzwischen vor allem jene karibischen Zuwanderer, die ihre Wohnung entweder nicht kaufen können oder aber dazu nicht bereit sind, weil sich diese in einem zu schlechten Zustand befinden.

Ein wichtiger Aspekt des Wohnungsproblems der karibischen Zuwanderer ist deren Vorstellung über Migrationsdauer und -zwecke. Einerseits wird der Erhalt adäquaten Wohnraums als Symbol einer erfolgreichen Migration angesehen, doch andererseits liegt darin oft nicht der Endzweck der Migration, sondern im Erwerb von Wohnraum in der Heimat. Interviews mit Remigranten in die Karibik (Byron 1994) haben gezeigt, daß viele Zuwanderer während ihres gesamten Aufenthaltes in England Mieter von billigen Gemeindewohnungen waren, um möglichst viel Geld in modernen Wohnraum in der Karibik zu investieren.

b) Wohnungsgenossenschaften

Gerade drei Prozent im Sample der nevisianischen Haushalte in Leicester waren Mieter bei Wohnungsgenossenschaften (vgl. Abbildung 2), während in England insgesamt karibische Haushalte in diesem Sektor überrepräsentiert sind (vgl. Tabelle 1). Letzteres ist die Folge davon, daß in den 50er Jahren, als Antwort auf die Ausschlußtendenzen in diesem Sektor, Farbige einige eigene Wohnungsgenossenschaften gründeten (Smith 1991). Diese Bewegung schwächte sich in den folgenden zwei Jahrzehnten ab, wird jedoch gegenwärtig wieder aktiviert, um gegen Rassismus, Diskriminierung und die Untätigkeit der Institutionen zur Wohnungsversorgung anzugehen (CRE 1989). Das positive Potential dieser Wohnungsgenossenschaften wird von mehreren Seiten hervorgehoben (Harrison 1990; Leicester Mercury, 28. Mai 1987).

Abbildung 2: Wohnformen nevisianischer Haushalte in Leicester

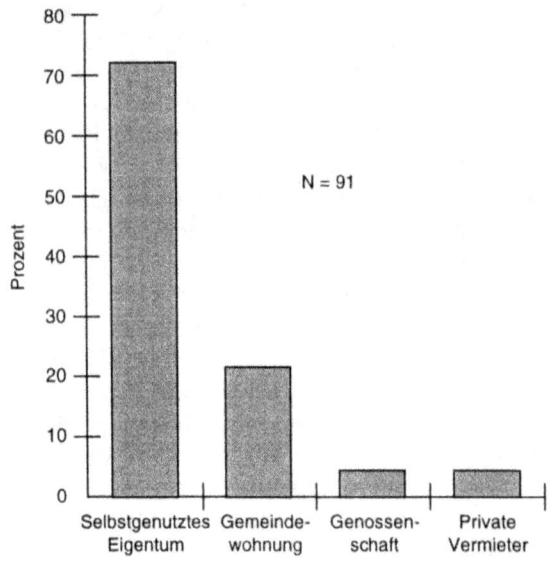

Quelle: Feldforschung (1988/90).

c) Selbstgenutztes Eigentum

Wie ausgeführt, war die Tatsache des bereits zu einem frühen Zeitpunkt erfolgten Erwerbs von selbstgenutztem Eigentum das Ergebnis mangelnder Alternativen. Obwohl viele der Nevisianer nur einen befristeten Aufenthalt in England ins Auge gefaßt hatten und ihnen daher Mietwohnungen als die bessere Option erschien,

Tabelle 4: Anzahl der Wohnungskäufe in bestimmten Zeiträumen

Zeitraum	Ersterwerb
bis 1960	6
1960-1965	16
1966-1970	14
1971-1980	18
nach 1980	12

Quelle: Feldforschung (1988/90).

wurden sie doch aufgrund der exorbitanten Mieten und der sehr unsicheren Mietverhältnisse zum Kauf von Wohnraum gedrängt. Dieser Prozeß begann in den 50er Jahren und verstärkte sich in den 60er Jahren (vgl. Tabelle 4) vor allem in Folge der veränderten Mietgesetzgebung, weshalb viele ehemalige Vermieter ihre Wohnungen lieber zum Verkauf anboten (Kemp 1987).

Die meisten der damaligen Käufer erwarben Eigentum in der Innenstadt, was sich jedoch ab Ende der 60er Jahre veränderte, nachdem auch der kommunale Sektor für die karibischen Zuwanderer zugänglich geworden war. Dadurch wurden die Zuwanderer nicht mehr in den Erwerb von, oft schlechtem, Eigentum gedrängt bzw. konnten durch das günstige Mietverhältnis Geld ansparen und zu einem späteren Zeitpunkt besseren Wohnraum – oft in den Außenbezirken – erwerben. Außerdem spielten die sich später eröffnenden Kaufmöglichkeiten von kommunalen Wohnungen eine wichtige Rolle.

In einigen Studien wird die anwachsende Zahl von selbstnutzenden farbigen Eigentümern in den Vororten belegt (Pritarch 1976; Lee 1977; Jones 1978; Phillips 1981), wenn auch aufgrund der anhaltenden Rassendiskriminierung dieser Prozeß nicht unkompliziert verlief. Die Interviews geben Aufschluß darüber, daß die Orientierung der karibischen Zuwanderer auf den Erwerb von Wohneigentum in den Vororten groß war, sie sich jedoch oft mit der zweiten, dritten oder vierten Wahl zufriedengeben mußten.

5. Schlußbemerkung

Am Beispiel des Wohnproblems von karibischen Zuwanderern nach England und der spezifischen Bewältigungsstrategien läßt sich gut die Wechselwirkung zwischen makrostrukturellen Zwängen und den Interaktionen auf der Mikroebene zeigen. Als Zwänge konnten u.a. die niedrige soziale Positionierung der Zuwanderer innerhalb der englischen Sozialstruktur und der Rassismus der Vermieter beschrieben werden. Dennoch sollten die Zuwanderer nicht nur als „ewige Opfer" dargestellt werden, wie es sehr häufig in der einschlägigen Literatur der Fall ist (vgl. Brown 1981).

Daher wurde im vorliegenden Artikel das Augenmerk auch auf die Handlungsspielräume der Zuwanderer gelenkt, auf ihre Strategien und deren Hintergründe, wofür die Ergebnisse einer empirischen Forschung über Zuwanderer von der Karibik-Insel Nevis nach Leicester genutzt wurden. Dabei zeigte sich, daß es kaum Anlaß für die Annahme gibt, daß die ausgeprägte Wohnkonzentration in den Nachkriegsjahren von den nevisianischen Zuwanderern frei gewählt worden war. Allerdings mußten sie sich aufgrund mangelnder Alternativen in den ersten Jahren nach ihrer Ankunft in England immer sehr stark auf das soziale Netzwerk verlassen, das bereits länger Ansässige, Neuzuwanderer sowie potentielle Migranten und Verwandte in der Heimat miteinander verband. Doch scheint räumliche Nähe kein essentielles Element eines sozialen Netzwerkes zu sein, da dessen Fortbestand durch die Zerstreuung der Wohnorte von karibischen Zuwanderern in den späteren Jahren nicht gefährdet wurde.

In theoretischer Hinsicht sollten also die Handlungsstrategien der Zuwanderer in bezug auf die Lösung des Wohnungsproblems stärker berücksichtigt werden. Das Verhältnis von Zwang und Wahl läßt sich in den Forschungsergebnisse deutlich nachzeichnen: so hat beispielsweise eine Entscheidung der Regierung, die „Recht-zum-Kauf"-Regelung, vielen Zuwanderern erst eine realistische Chance eröffnet, guten Wohnraum zu erwerben, wodurch andererseits die Optionen für diejenigen Zuwanderer, die solche Investitionen nicht leisten konnten oder von ihnen ausgeschlossen waren, deutlich eingeschränkt wurden. Außerdem konnte die große Bedeutung der sozialen Netzwerke für die Wohnraumbeschaffung während der Zeit nach der Ankunft in England gezeigt werden.

Übersetzung: Ingrid Oswald

Literatur

Allen, J. and L. McDowell, 1989: Landlords and property: social relations in the private sector, Cambridge: Cambridge University Press.
Anwar, M., 1979: The myth of return: Pakistanis in Britain, London: Heinemann.
Ballard, R. and C. Ballard, 1977: The Sikhs: the development of South Asian settlement in Britain, in J.L. Watson (ed.), Between two cultures, Oxford: Blackwell, pp. 21-56.
Bhaskar, R., 1977: The possibility of naturalism, Hassocks: Harvester.
Brown, K., 1981: Race, class and culture: towards a theorisation of the 'choice/constraint' concept, in: P. Jackson and S.J. Smith, Social interaction and ethnic segregation, London: Academic Press, pp. 185-203.
Burney, E., 1967: Housing on trial: a study of immigrants and local government, London: Oxford University Press for the Institute of Race Relations.
Byron, M., 1994: Post-war Caribbean migration to Britain, the unfinished cycle, Aldershot: Avebury.
Cater, J. and T. Jones, 1979: Ethnic residential space: the case of Asians in Bradford, in: Tijdschrift voor Economische en Sociale Geographie 70(2), pp. 86-97.
Commission for Racial Equality, 1984: Hackney housing investigated: summary of a formal investigation report, London: Commission for Racial Equality.
Commission for Racial Equality, 1985: Race and mortgage lending, London: Commission for Racial Equality.

Commission for Racial Equality, 1989: Race, housing and immigration: a guide, London: Commission for Racial Equality.
Commission for Racial Equality, 1990: 'Sorry it's gone': testing for racial discrimination in the private rented housing sector, London: Commission for Racial Equality.
Cullingworth Committee, 1969: Council housing: Purposes, procedures and priorities, London: HMSO.
Dahya, B., 1974: The nature of Pakistani ethnicity in industrial cities in Britain, in: A. Cohen (ed.), Urban ethnicity London: Tavistock, pp. 77-118.
Daniel, W.W., 1968: Racial discrimination in England, Harmondsworth: Penguin.
Deakin, N. and C. Ungerson, 1973: Beyond the ghetto: illusion of choice, in: D. Donnison and D. Eversley, London urban patterns: illusions of choice, London: Heinemann, pp. 215-247.
Desai, R.S., 1963: Indian immigrants in Britain, London: Oxford University Press.
Doling, J. and M. Davies, 1983: Ethnic minorities and the protection of the Rent Acts, in: New Community 3, pp. 487-495.
Engels, F., 1872: The housing question, reprinted in: K. Marx and F. Engels, Selected works in three volumes, London: Progress Publishers.
Eyles, J., 1979: Area based policies for the inner city: context, problems and prospects, in: D.T. Herbert and D.M. Smith, Social problems and the city: geographical perspectives, Oxford: Oxford University Press.
Flett, H., 1977: Council housing and the location of ethnic minorities, Bristol: SSRC.
Giddens, A., 1976: New rules of sociological method, London: Hutchinson.
Giddens, A., 1979: Central problems in social theory, London: Macmillan.
Giddens, A., 1981: A contemporary critique of historical materialism. Volume One: Power, property and the state, Basingstoke: Macmillan.
Giddens, A., 1984: The constitution of society: outline of the theory of structuration, Cambridge: Polity Press.
Haddon, R., 1970: A minority in a welfare state society: location of West Indians in London, in: New Atlantis 2(1), pp. 80-123.
Harrison, M.L., 1990: Differential incorporation, pluralism and state policies: the case of black-led housing associations in the post 1988 period. Draft paper for presentation to the conference of the E.S.R.C. Housing Study Group, 28/29 March, University of York.
Henderson, J. and V. Karn, 1987: Race, class and state housing: inequality and the allocation of public housing in Britain, Aldershot: Gower.
Hooks, B., 1991: Yearning: race gender and cultural politics, London: Turnaround.
Jackson, P. and S.J. Smith, 1981: Introduction, in: P. Jackson and S.J. Smith (eds.), Social interaction and ethnic segregation, London: Academic Press, pp. 1-17.
Jackson, P. and S.J. Smith, 1984: Exploring social geography, London: George Allen and Unwin.
Johnson, M., 1987: Housing as a process of racial discrimination, in: S. Smith and J. Mercer (eds.), New perspectives on race and housing in Britain, Glasgow: Centre for Housing Studies, University of Glasgow, pp. 159-178.
Jones, P.N., 1978: The distribution and diffusion of the coloured population of England and Wales 1961-1971, in: Transactions of the Institute of British Geographers 3(4), pp. 515-532.
Jones, P.C. and R.J. Johnson, 1985: Economic development, labour migration and urban social geography, in: Erkunde 39(1), pp. 12-18.
Jones, P.C., 1989: Aspects of the migrant housing experience: a study of workers' hostels in Lyon, in: P.E. Ogden and P.E. White, Migrants in modern France, London: Unwin Hyman, pp. 177-194.
Karn, V., 1978: The financing of owner occupation and its effect on ethnic minorities, in: New Community 6, pp. 49-65.
Karn, V., J. Kemeny and P. Williams, 1986: Low income home ownership in the inner city, in: P. Booth and T. Crook (eds.), Low cost home ownership, Aldershot: Gower, pp. 149-169.
Kemp, P., 1987: The ghost of Rachman, in: New Society 82 (6 November), pp. 13-15.

Kemp, P., 1989: 'The housing question', in: D. Herbert and D.M. Smith (eds.), Social problems and the city, Oxford: Oxford University Press, pp. 159-175.
Khan, V.S., 1977: Mirpuri villagers at home and in Bradford, in: J.L. Watson, Between two cultures, London: Tavistock, pp. 57-89.
Lawrence, D., 1974: Black migrants, white natives. A study of race relations in Nottingham, Cambridge, Cambridge University Press.
Lee, T., 1977: Race and residence: the concentration and dispersal of immigrants in London, Oxford: Clarendon.
Leicester City Council, 1988: Key facts about Leicester. No. 2. Housing, Leicester: Leicester City Council.
Milner Holland Committee, 1965: Report of the committee on housing in Greater London. Cmnd 2605, London: HMSO.
Mitchell, J.C., 1983: Case and situational analysis, in: Sociological Review 31, pp. 187-211.
Mitchell, J.C., 1987: Cities, societies and social perception, Oxford: Clarendon.
Mullins, B., 1991: The colour of money, London: Race and Housing Research Unit.
Oc, T., 1987: Ethnic minorities, scarce housing resources and urban renewal in Britain, in: W. van Vliet, H. Choldin, W. Michelson and D. Popenoe (eds.), Housing and neighbourhoods, New York: Greenwood, pp. 91-104.
Parker, J. and K. Dugmore, 1977/78: Race and allocation of public housing: a GLC Survey, in: New Community 6(1/2), pp. 27-40.
Patterson, S., 1963: Dark strangers: a study of West Indians in London, London: Tavistock.
Peach, C., 1968: West Indian migration to Britain: a social geography, Oxford University Press for the Institute of Race Relations, London.
Peach, C., 1975: Introduction: the spatial analysis of ethnicity and class, in: C. Peach (ed.), Urban social segregation, London: Longman, pp. 1-17.
Peach, C. and S. Shah, 1980: 'The contribution of council house allocation to West Indian desegregation in London, 1961-1971', in: Urban Studies 17, pp. 333-341.
Peach, C. and M. Byron, 1993: 'Caribbean tenants in council housing: 'Race', class and gender', in: New Community 19(3), pp. 407-423.
Peach, C. and M. Byron, 1994: 'Council house sales, residualisation and Afro-Caribbean tenants', in: Journal of Social Policy 23(3), pp. 363-383.
Phillips, D., 1981: The social and spatial segregation of Asians in Leicester, in: P. Jackson and S.J. Smith, Social interaction and ethnic segregation, London: Academic Press, pp. 101-121.
Pritchard, R.M., 1976: Housing and the spatial structure of the city: residential mobility and the housing market in an English city since the industrial revolution, Cambridge: Cambridge University Press.
Ramdin, R., 1987: The making of the black working class in Britain, Aldershot: Wildwood.
Rex, J. and R. Moore, 1967: Race, community and conflict: a study of Sparkbrook, London: Oxford University Press.
Rex, J., 1981: Urban segregation and inner city policy in Great Britain, in: C. Peach, V. Robinson and S.J. Smith (eds.), Ethnic segregation in cities, Athens, Ga.: University of Georgia Press, pp. 25-42.
Robinson, V., 1986: Transients, settlers and refugees, Oxford: Clarendon.
Robinson, V., 1984: Asians in Britain: a study in encapsulation and marginality, in: C.G. Clarke, D. Ley and C. Peach, Geography and ethnic pluralism, London: Allen and Unwin, pp. 231-257.
Rose, E.J.B., 1969: Colour and citizenship, Oxford: Oxford University Press.
Runnymede Trust, 1975: Race and council housing in London, London: Runnymede Trust.
Sarre, P., 1986: 'Choice and constraint in ethnic minority housing', in: Housing Studies 1(1), pp. 71-86.
Sarre, P., D. Phillips and R. Skellington, 1989: Ethnic minority housing: explanations and policies, Aldershot: Avebury.
Saunders, P., 1979: Urban politics, London: Hutchinson.
Smith, D.J., 1976: Racial disadvantage in Britain: the P.E.P. Report, Harmondsworth: Penguin.

Smith, D. and A. Whalley, 1976: Racial minorities in public housing, London: P.E.P.
Smith, S.J. and J. Mercer, 1987: New perspectives on race and housing in Britain: a prospectus, in: S. Smith and J. Mercer (eds.), New perspectives on race and housing in Britain, Glasgow: Centre for Housing Studies, University of Glasgow. pp. 1-30.
Smith, S.J., 1989: The politics of 'race' and residence, Cambridge: Polity Press.
Smith, S.J., 1991: 'Race' and housing in Britain: a review and research agenda. Paper prepared for the Joseph Rowntree Foundation 'Race' and Housing workshop, 4/5 April, University of York.
Stevens, L., V. Karn, E. Davison and A. Stanley, 1981: Ethnic minorities and building society lending in Leeds, Leeds: Leeds Community Relations Council.
Urry, J., 1982: Duality of structure: some critical issues, in: Theory, culture and society 1(2), pp. 100-106.
Ward, R., 1987: Race and access to housing, in: S.J. Smith and J. Mercer, New perspectives on race and housing in Britain, Glasgow: Centre for Housing Research.
White, P.E., 1984: The West European city, London: Longmans.

Viktor Voronkov

Die „Limitschiki": Zuwanderer in sowjetischen Städten

Konsequenzen sozialer Diskriminierung in der (post-) sowjetischen Gesellschaft

In den sowjetischen Großstädten lebte eine besondere soziale Gruppe, deren Angehörige, die „Limitschiki" (sprich: Limítschiki), ursprünglich nur die Absicht der durch Arbeit abgesicherten Zuwanderung in die Stadt gemeinsam hatten. Unter dem Einfluß offizieller und informeller Diskriminierung, wodurch diesen Zuwanderern soziale Integration nahezu unmöglich war, wurden mit der Zeit strikte soziale Grenzen zwischen ihnen und der eingesessenen Stadtbevölkerung gezogen, bildete sich eine eigene Gruppenidentität, entstand eine neue quasi-ethnische Gruppe.

Diese These wird im folgenden als Beitrag zur Diskussion über die Gestaltungsbedingungen von Ethnizität entwickelt. Eine weitere These ist, daß das Limitschiki-Phänomen keine Randerscheinung, sondern ein konstitutives Produkt der sowjetischen Gesellschaftsordnung war. Dies betrifft sowohl die Größenordnung dieser sozialen Erscheinung als auch ihre Genese innerhalb der sowjetischen Stadtplanung. Die sowjetischen Städte entwickelten sich durch Industrieansiedlungen, die extensiv und vor allem unter massivem Einsatz unqualifizierter Arbeitskräfte ausgebaut wurden. Da die Ansässigen die entsprechenden Arbeitsplätze ablehnten, wurden diese mit Arbeitsmigranten, den Limitschiki, besetzt, die in riesigen Wohnheim-Arealen untergebracht wurden. Die ständige Planerhöhung unter Beibehaltung der extensiven Industrieproduktion bewirkte einen kontinuierlichen Zufluß von Arbeitsmigranten sowie eine stete Ausweitung der Wohnheimgebiete, wodurch das typische sowjetische Stadtbild entstand.

Die sowjetische Variante der Modernisierung bedeutete vor allem Industrialisierung und Urbanisierung, die seit den 20er Jahren in einem ungeheuren Tempo und Ausmaß organisiert wurden; dies bedeutete aber auch die Einführung neuer Formen der sozialen Kontrolle und Überwachung, wodurch die sozialen Beziehungsmuster so nachhaltig verändert wurden, daß auch die post-sowjetische Gesellschaft noch von ihnen geprägt ist. Das rasante Wachstum der sowjetischen Städte, insbesondere in Rußland, wovon im folgenden die Rede sein wird, war ein Ausdruck der bewußt forcierten Umwandlung einer Agrar- in eine Industriegesellschaft und speiste sich immer aus der massenhaften Zuwanderung vom

Die „Limitschiki": Zuwanderer in sowjetischen Städten 329

Land und aus der Provinz. Noch rund eineinhalb Jahrzehnte nach der Revolution bestand die Bevölkerung der meisten russisch-sowjetischen Städte mehrheitlich aus Neuzuwanderern, was die Stadtverwaltungen vor immense Probleme betreffs Unterbringung und Aufbau einer geeigneten Infrastruktur stellte. Doch erst die soziale und rechtliche Unterscheidung von Eingesessenen und Neuzuwanderern, die ihre Wurzeln in den 30er Jahren hat, war die Ursache für die Entstehung eines besonderen „Gastarbeiter"-Status, aus dem sich seit den 50er Jahren allmählich das Limitschiki-Phänomen entwickelte.

Der Begriff „Limitschik" selbst bildete sich erst, nach einigen Zuwanderergenerationen und mit der Festigung der sozialen Abgrenzung, zu Beginn der 70er Jahre. Er leitet sich ab aus dem aus dem Englischen übernommenen Lehnwort „limit", was – international verständlich – „Limit", „Grenze" bedeutet, und wurde lange Zeit nur umgangssprachlich verwendet. Inzwischen findet er sich auch in Wörterbüchern und wird definiert als „Arbeiter, der von einem Unternehmen für begrenzte Zeit eingestellt wird" (Slovar' 1995, S. 339). Im Jargon der sowjetischen Großstädte war der Ausdruck negativ konnotiert und wandelte sich zum Schimpfwort, von dem sich eine ganze Reihe von pejorativen Bezeichnungen ableitet, wie „lima", „limita" oder „limitel'". Mit der Zeit wurde aus dem Begriff eine Sammelbezeichnung für alle Migranten, wenn auch ursprünglich ohne ethnische Bedeutung, da die meisten Zuwanderer aus dem eigenen Land kamen. Zunächst drückten die Großstädter, insbesondere die „gebürtigen Moskauer", mit der Bezeichnung ihre Überlegenheit und soziale Distanz gegenüber den Provinzlern aus (vgl. Elistratov 1994, S. 228), doch sukzessive wurde sie auf alle Fremde und „Ausländer" überhaupt angewendet.

Im folgenden sollen die Prozesse dargestellt werden, die innerhalb weniger Jahrzehnte eine neue soziale, wenn nicht ethnische Minderheit hervorgebracht haben. Damit soll erstens gezeigt werden, daß die sowjetische Gesellschaft bei weitem nicht so sozial nivelliert war, wie westliche Beobachter und Wissenschaftler sich das gerne vorstellen, und zweitens, welchen Anteil die sowjetische Stadtplanung daran hatte.

1. Das Paßsystem und die Wohnregistrierung als Kontrollinstrumente

In der Sowjetunion entstanden einige sehr spezifische Instrumente sozialer Kontrolle, mittels derer die soziale Struktur der Gesellschaft nachhaltig und – im Sinne der Machthaber – effektiv verändert wurde. Dazu zählten beispielsweise Maßnahmen direkter Gewalt, wie etwa die physische Vernichtung bestimmter sozialer Gruppen oder ethnische Minderheiten. Noch wirksamer war allerdings die Atmosphäre allgemeiner Angst vor möglichen Repressionen. Das führte unter anderem dazu, daß in der Aufbau- und Konsolidierungsphase der Sowjetunion die Angehörigen gefährdeter oder verfolgter sozialer Gruppen bzw. ethnischer Minderheiten sich bewußt gegen die Weitergabe ihrer gruppenspezifischen Wertvorstellungen und/oder Kulturpraktiken an die nächste Generation entschlossen, um diese vor weiterer Diskriminierung, wenn nicht gar Vernichtung zu schützen. So wurde etwa den Kindern in diesen Gruppen ihre tatsächliche soziale oder ethnische Herkunft so weit wie möglich vorenthalten, und man bemühte sich um die Konstruktion einer neuen Biographie. Aus diesem Grunde versuchten ehemalige Aristokraten, aus ihren Kindern Arbeiter zu machen und ließen sie entsprechende Massenberufe erlernen; sie selbst suchten sich Ehepartner unter Arbeitern und Bauern. Angehörige bestimmter ethnischer Gruppen wie Juden, aber auch Polen, Deutsche, Tschetschenen und andere, enthielten sich jeglicher Demonstration ihrer ethnischen Zugehörigkeit, legten ihren Kindern nahe, bi-„nationale" Ehen einzugehen, und versuchten überhaupt, ihre Kinder offiziell als Angehörige der jeweiligen „Titularnation"[1] registrieren zu lassen, damit sie dem Minderheitenstatus entkommen konnten.

Als effektivste und folgenreichste Instrumente sozialer Kontrolle, mit dem die soziale Struktur der Gesellschaft in erwünschter Weise manipuliert wurde, erwiesen sich das Paßregime und die sogenannte „Propiska", die Wohnregistrierung, die sich als neue Institutionen zu Beginn der 30er Jahre bereits etabliert hatten. Die Genehmigung, an einem konkreten Ort und in einer konkreten Wohnung zu leben, war an die Erteilung dieser Propiska gebunden; sie wurde in den Inlandspaß eingetragen, der das wichtigste Personaldokument war und der für jeglichen Kontakt mit den staatlichen Institutionen gebraucht wurde. Eine ordentliche Wohnregistrierung war sowohl für den Antritt einer Arbeitsstelle oder eine Eheschließung notwendig als auch für die Nutzung der sozialen Infrastruktur, also Schulen und Ausbildungsstätten sowie Institutionen der sozialen und medizinischen Versorgung. Ohne sie war nicht nur ein normales Leben unmöglich, es drohten sogar Deportation bzw. Bestrafung.

Die Mobilität der Bevölkerung wurde durch diese Regelungen zwar nicht völlig unterbunden, doch sollte sie in die gewünschte Richtung gelenkt werden. So wurden beispielsweise Migrationsströme in neue Industriezentren gelenkt, in denen noch Arbeitskräfte fehlten, andere, insbesondere in die rapide wachsenden großstädtischen Zentren, wurden abgebremst. Die Überwachung dieses Regimes oblag der Miliz, die sich häufig über Gesetze hinwegsetzte oder aber geheime Anweisungen durchführte und so in ihrem Wirken für die Bevölkerung völlig unberechenbar war. Im Ergebnis etablierte sich ein Willkürsystem, in dem die Niederlassung an einem konkreten Ort erlaubt oder verboten werden konnte, so daß ein sowjetischer Bürger faktisch weder Bewegungs- noch Niederlassungsfreiheit genoß – er sollte dort leben, wohin ihn der Staat verpflichtete.

Diese Praxis stand im krassen Gegensatz zu dem im Jahr 1922 eingeführten „Legitimationssystem", das sich am Beispiel der Bürgerrechte in den westeuropäischen Staaten orientierte und den Bürgern der Russischen Föderation per Ver-

---

1 Dabei handelte es sich um die namensgebende Ethnie der jeweiligen Sowjetrepublik, z.B. Armenier in Armenien, Esten in Estland bzw. – quantitativ am bedeutendsten – Russen in Rußland.

fassung die freie Bewegung auf dem gesamten Staatsgebiet gestattete. Dies war eine Zeit, in der Millionen von Bauern, die in den Revolutions- und Bürgerkriegswirren ihre Lebensgrundlage verloren hatten, in die entstehenden städtischen Agglomerationen abwanderten. Doch Ende der 20er Jahre endete diese Phase der Freiheit bereits wieder. Aufgrund der gewaltsamen Kollektivierung der Landwirtschaft und der darauf folgenden Hungersnöte auf dem Lande verstärkte sich die Landflucht noch, weshalb das neue Paßsystem zur Regulierung des Arbeitskräftebedarfs eingesetzt wurde. Letztlich diente es dazu, bestimmte Teilbevölkerungen an ihrem Wohnort, und ab den 40er Jahren, als auch der Arbeitsplatz nicht mehr frei gewählt werden konnte, an diesem festzuhalten. Diese verschärften Bestimmungen wurden erst im Jahr 1956 aufgehoben, galten also insbesondere für die Stalin-Ära.

Ein Paß war insofern nur in Kombination mit einer Wohnregistrierung ein vollgültiges Dokument, andererseits war mit seinem Besitz kein Recht auf den Erhalt einer Wohnregistrierung verbunden, über die die zuständige Milizstelle entschied. Tatsächlich wurden diese Regelungen immer wieder und aus den verschiedensten Gründen übertreten, doch drohten ernste Unannehmlichkeiten, wenn der Ort der Wohnregistrierung nicht mit dem faktischen Wohnort übereinstimmte, selbst wenn sich dieser in derselben Stadt wie der offizielle befand. Nicht erlaubte Arrangements mußten die Bürger daher streng geheimgehalten, nicht nur vor Behördenvertretern, sondern auch vor Nachbarn, weshalb bis heute keine Aussage über das Ausmaß solcher Praktiken gemacht werden kann. Daß es sich aber um ein Massenphänomen handelte, läßt sich gewissermaßen ex negativum, aus dem Umfang der Bestrafungen feststellen. Nach neueren Schätzungen wurden im gesamten Geltungszeitraum der Paß- und Meldebestimmungen wegen deren Übertretung zwischen 8 und 22 Millionen Menschen bestraft (Ljubarskij 1990, S. 67).

Eine gewisse Liberalisierung der Paßgesetzgebung, wie zum Beispiel die oben erwähnte Lockerung der Bindung an den Arbeitsplatz, erfolgte in der sogenannten „Tauwetter"-Periode, die den Beginn der Regierungszeit Chrustshows kennzeichnete. Im großen und ganzen blieb das Registrierungssystem als solches jedoch erhalten. Außerdem wurde in die Meldebestimmungen eine zusätzliche Regelung aufgenommen, demzufolge die Miliz sogar Wohnregistrierungen von nächsten Verwandten in eine schon vorhandene Wohnung ablehnen konnten. Es handelt sich dabei um die sogenannten „Hygiene"-Normen, nach denen jedem Bewohner eine bestimmte Wohnfläche zur Verfügung stehen mußte. Aufgrund des immensen Wohnraummangels in den Großstädten konnte daher sehr häufig mit der „Verletzung der Hygienenorm" argumentiert werden, was automatisch zur Ablehnung der Wohnregistrierung führte. Zwar sollte damit der Überfüllung von Wohnraum entgegengewirkt werden, doch den Betroffenen nutzten die Bestimmungen nichts, da die Verweigerung einer Propiska mit der Auflage verbunden war, die Stadt innerhalb von drei Tagen zu verlassen.

In den 60er Jahren wurde in den Großstädten das Paßregime wieder verschärft, in den größten von ihnen war nun die Registrierung von Neuzuwanderern völlig verboten. Diese Regelungen haben sich in den größten russischen Städten bis heute de facto erhalten, obwohl sie inzwischen als nicht verfassungsgemäß verboten sind. In Moskau wurden sie insofern sogar formal aufrechterhalten, als eine Wohnregistrierung von Zuwanderern – etwa nach dem Kauf einer Wohnung – zwar möglich, aber an die Zahlung eines Betrages gebunden ist, der dem Wert der Wohnung entspricht. Unter marktwirtschaftlichen Bedingungen ist heute ein Zuzug in die Stadt auch ohne Registrierung möglich geworden, da immer weniger Bereiche unmittelbar durch den Staat geregelt werden, doch haben sich dadurch andere Schwierigkeiten ergeben. Zum einen bieten sich die Vorteile nur zahlungskräftigen Zuwanderern; zum anderen zeigen sich nun wirksame Angriffsflächen für xenophobische Übergriffe: Bei den Personen, die anläßlich von Paßkontrollen auf der Straße ohne Meldegenehmigung angetroffen werden und daher der Stadt verwiesen werden können, handelt es sich sehr häufig um solche, die lediglich wegen ihres „nicht-slawischen" Äußeren überprüft wurden.

Insgesamt gesehen traf die Einführung des Paßsystems vor allem die ländliche Bevölkerung, die in der Frühzeit der Sowjetunion die überwältigende Mehrheit der Bevölkerung ausmachte und der lange Zeit ein Paß erst gar nicht ausgehändigt wurde. Ein Paß konnte in Ausnahmefällen mit Erlaubnis des Kolchos-Vorgesetzten beantragt werden, doch ohne Paß konnte sich niemand von seiner Kolchose entfernen, wodurch die Bauern wie zu Zeiten der Leibeigenschaft an ihren Wohnort gefesselt waren. Erst in den 70er Jahren wurde mit der allgemeinen Paßausgabe an die Landbevölkerung begonnen, die erst im Jahr 1981 (!) beendet war. Allein dieser Umstand beleuchtet die krassen Unterschiede zwischen den Lebensbedingungen auf dem Lande und in der Stadt, die, obwohl ihre Beseitigung eines der propagandistischen Hauptziele war, während der ganzen Sowjetperiode bestanden und auch gegenwärtig noch bestehen, selbst wenn sich die Rahmenbedingungen gänzlich geändert haben. Für Dorfbewohner, die ihr Leben nicht in der Kolchose verbringen wollten, in die sie zufälligerweise hineingeboren waren, gab es daher fast nur eine einzige Möglichkeit, sich aus ihrer Lage zu befreien – sie mußten der staatlichen Arbeitskräfteanwerbung auf die großen „Baustellen des Sozialismus" oder in die Großunternehmen in den städtischen Industriezentren folgen, die die Grundlage für das Limitschiki-Phänomen bildete.

2. Der Kampf zwischen Stadtverwaltungen und der Industrie

Der Ausbau und die – anfänglichen – Erfolge der sowjetischen Planwirtschaft beruhten vor allem auf extensivem Einsatz von Arbeitskräften, die zur Genüge vorhanden waren. Der Bedarf der Industrie an Arbeitskräften korrespondierte jedoch mit dem Bedürfnis der Landbevölkerung, ihren beschränkten Lebensbedingungen zu entkommen und in die Städte abzuwandern. Die forcierte Industrialisierung verursachte daher ein rapides Bevölkerungswachstum in den Städten, was jedoch mit den Vorstellungen von Stadtplanern und Stadtverwaltungen kollidierte, die diesen Prozessen gar nicht schnell genug folgen konnten. Die erste Verordnung zur Begrenzung der Bevölkerungszunahme in den Städten wurde 1931 vom ZK-Plenum der Kommunistischen Partei angenommen und betraf zunächst die vier größten Städte des Landes (ZK VKP(b) 1970, S. 554-557). In der Folge wurden ständig neue Maßnahmen ersonnen, um die Zuwanderung zu begrenzen, so daß die Anzahl der „regulierten Städte", in denen die Stadtverwaltungen die Zuwanderung streng kontrollierten, kontinuierlich anstieg. Das hypertrophe Wachstum der Städte wurde so zu einem der wichtigsten politischen Themen und regelmäßig Gegenstand der Diskussion auf den Parteitagen (vgl. Materialy 1966, S. 205; 1972, S. 279; 1977, S. 223; 1981, S. 138). Bis zu Beginn der 80er Jahre waren in die Liste der regulierten Städte rund 200 Städte aufgenommen; 49 von ihnen, bei denen es sich vor allem um die größten Industriezentren und Republikshauptstädte handelte, waren inzwischen schon vollständig „geschlossen", da dort die Eröffnung neuer Baustellen oder die Ansiedlung bzw. Vergrößerung von Industrieunternehmen überhaupt verboten war (Sobranie 1970, S. 128; 1971, S. 16).

Allerdings war die Effektivität solcher und ähnlicher Verordnungen nicht hoch, da die Stadtverwaltungen einen mächtigen Gegner hatten – die Industrieministerien. Deren Interesse und insbesondere das der Rüstungsindustrie bestand darin, ihre Standorte in den Großstädten mit bereits entwickelter industrieller und sozialer Infrastruktur auszubauen. Doch selbst, wenn die Unternehmen nicht vergrößert wurden, erforderte die spezifische Planungslogik mit ihrem ständigen Zwang zur Produktionserhöhung auf extensiver Basis die Schaffung neuer Arbeitsplätze.

Wegen dieser ständigen Nachfrage nach Arbeitskräften suchten die Industrieministerien nach Möglichkeiten zur Umgehung der künstlichen Begrenzung des Angebots, das sich durch die Zuzugsbeschränkungen der Stadtverwaltungen ergab. Der Kompromiß stellte sich dar als eine Reihe von „Ausnahmeregelungen", nach denen die wichtigsten Fabriken und Organisationen eine bestimmte Anzahl von Arbeitern anwerben durften. Ihre Anzahl – das „Limit" – wurde zwischen der Stadtverwaltung und den jeweiligen Unternehmen ausgehandelt; tatsächlich erhielten die Städte für jeden Kontraktarbeiter, Limitschik, einen bestimmten Geldbetrag, der für den Ausbau der Infrastruktur gedacht war, aber eigentlich als „Kopfgeld" zu interpretieren ist. Die planmäßige Regulierung des Städtewachstums wurde angesichts einer solchen Praxis natürlich zur Fiktion. So wanderten beispielsweise nach Moskau und Leningrad, für die eigentlich strenge Zuzugsbeschränkungen galten, seit Ende der 60er Jahre jährlich ca. 50.000 bis 70.000 Limitschiki zu; im Falle Moskau allein handelte es sich innerhalb der 15 Jahre zwischen 1972 und 1986 um mehr als 700.000 offizielle Arbeitsmigranten (Senjavskij 1995, S. 88). 75 Prozent aller im Bausektor beschäftigten Arbeiter und mindestens ein Viertel aller Beschäftigten in städtischen Unternehmen in Moskau waren bis Ende der 80er Jahre solche Limitschiki (Senjavskij 1995, S. 235).

Der Bedarf an neuen Kontraktarbeitern ließ während der Sowjetzeit niemals nach. Die Unternehmen warben gezielt Arbeitskräfte in der Provinz an, insbesondere für schwere, schmutzige und/oder gesundheitsschädliche Arbeiten, für die die Ansässigen nicht zu gewinnen waren. Die angeworbenen Arbeiter wurden mit einer befristeten Aufenthaltserlaubnis, die an die zugewiesene Arbeitsstelle gebunden war, versorgt und in nach Geschlechtern getrennten Wohnheimen untergebracht. Durch das strenge Arbeitsregime und die nicht minder strengeren Wohnheimregelungen war ihnen der Zugang zu den städtischen kulturellen Einrichtungen vollständig verwehrt. Obwohl die Arbeits- und Lebensbedingungen entsetzlich und die betreffenden Arbeiter im Prinzip Sklaven waren, gab es doch immer genügend Nachfrage, da den Limitschiki vertragsgemäß nach Beendigung einer bestimmten Arbeitsfrist eine eigene Wohnung samt Wohnberechtigung zustand, sie sich also gewissermaßen das Aufenthaltsrecht in den Städten erarbeiten konnten. Weil sich die Betroffenen jedoch gewöhnlich nach Vertragsende eine andere Arbeitsstelle mit besseren Arbeitsbedingungen suchten, ergab sich wieder neuer Bedarf nach Limitschiki.

Dieses Kontraktarbeitssystem wurde formal zu Beginn der 90er Jahren beendet, doch gibt es immer wieder Fälle, in denen Großunternehmen „Ausnahme"regelungen für die Anwerbung von Arbeitskräften erwirken wollen.

3. Die Stadt – Chance auf ein besseres Leben

Es mag erstaunen, daß der Zustrom vom Lande so unvermindert anhielt, doch sind bis heute die Lebensbedingungen in der Stadt so viel besser als auf dem Lande oder in der Provinz, daß allein die Vorstellung von einer städtischen Lebensweise für die Landbevölkerung höchst attraktiv ist. Die sowjetischen Großstädte waren auf Kosten des übrigen Landes entwickelt worden, weshalb Kleinstädte und ländliche Gebiete unter einem chronischen Ressourcenmangel und damit unter den Folgen der nur notdürftig ausgebauten Infrastruktur litten. Landleben bedeutete (und bedeutet) das Fehlen von Bildungs- und Ausbildungsstätten, kulturellen Einrichtungen sowie jeglicher Art von Bequemlichkeit und Alltagskomfort. All diese Möglichkeiten bestanden nur in den Städten, vor allem in den Großstädten, die jedoch schon allein aufgrund der Größe des Landes nur zu erreichen waren, wenn man das Dorf endgültig verließ. Denn auch Verkehrsverbindungen und Kommunikationsmittel standen, wenn überhaupt, nur auf einem so niedrigen Niveau zur Verfügung, daß ländliche Gebiete von der städtischen Zivilisation völlig abgeschnitten waren. Daher war die „Idiotie des Landlebens", wie Marx es ausgedrückt hatte und die durch den Sozialismus hätte überwunden werden sollen, bittere Realität für einen beträchtlichen Teil der sowjetischen Bevölkerung.

Allerdings waren die Städte nicht alle gleichermaßen attraktiv für die Zuwanderer vom Lande. Dies wurde insbesondere durch die sowjetische „Siedlungshierarchie" bestimmt, die sich aus einer komplizierten Kombination teilweise geheimer und sich häufig wandelnder Kriterien für Planungs- und Entwicklungsziele ergab. Je nachdem, welchen Rang eine Stadt in dieser Hierarchie innehatte, wurden Mittel für den Ausbau der Infrastruktur bereitgestellt, was sich direkt und indirekt auf die dortigen Lebensbedingungen auswirkte. Prioritäten ergaben sich allein aus der Größe der Städte, wodurch bestimmte, ansonsten vielleicht nicht getroffene Entscheidungen durchaus rational waren. Das Wachstum der Städte, erst einmal in Gang gesetzt, konnte deshalb nicht mehr wirksam abgebremst werden. Durch die administrativen Differenzierungsfaktoren wurden bereits bestehende Polarisierungs- bzw. Zentralisierungstendenzen, die von Moskau angeführt wurden, noch verstärkt, denn eine einmal erreichte Stadtgröße machte Investitionen notwendig, die wiederum die Stadt attraktiver machte und die Bevölkerungsanzahl anwachsen ließ und so fort.

Besonders privilegiert waren die Städte Moskau und Leningrad, deren Bewohner in allen Lebensbereichen Vorteile gegenüber den Bewohnern der anderen Landesteile hatten. Die meisten Zuwanderer versuchten, in eine dieser Städte zu gelangen, und sei es auf Umwegen oder über Zwischenschritte. Verbreitete Migrationsstrategien waren zum Beispiel fiktive Heiraten oder aber die etappenweise Annäherung vom Dorf über eine Kleinstadt bis hin zu einer Groß- oder gar Hauptstadt. Die Bewohner der Städte wiederum hielten an ihrem einmal erreichten Status fest, da sich die Regelungen zur Wohnregistrierung auch ihren Mobilitätswünschen entgegenstellten. Beispielsweise wurde die Propiska ungültig, wenn sich eine Person länger als ein halbes Jahr nicht an ihrem offiziellen Wohnort aufhielt, so daß Versetzungen in andere Landesteile unpopulär waren bzw. nur in Verbindung mit Rückkehr- und Registrierungs-Garantien ins Auge gefaßt wurden. Die gigantischen Unterschiede zwischen den Zentren und den Peripherien verstärkten sich durch diese Bildungs- und Qualifikationskonzentration noch mehr: Personen mit Fach- und Hochschulausbildung versuchten mit allen Mitteln, in Moskau oder Leningrad zu bleiben, während begabte Personen aus der Provinz von dort abgezogen wurden. Für das Gros der Bevölkerung waren allerdings die Unterschiede in der Warenverteilung, vor allem von Lebensmitteln, ausschlaggebend. Ausreichend oder gut versorgt waren lediglich die Großstädte, wohin nicht nur die Dorfbevölkerung, sondern auch Bewohner von kleineren und mittleren Städten regelmäßig zum Einkaufen fuhren, um bestimmte „Mangelwaren" zu erstehen. In der Provinz konnten dagegen oft nicht einmal die Elementarbedürfnisse befriedigt werden, was zu einem kaum lösbaren Problem wurde, als in den 80er Jahren selbst in Moskau und Leningrad ein Gutschein-System eingeführt wurde und bestimmte Lebensmittel und Gebrauchsgüter nur noch auf Marken erhältlich waren.

Das Großstadtleben, in dem die „sozialistische Lebensweise" beispielhaft gelebt werden konnte, fand seine positiven Darstellungen in allen Politik-, aber auch Kunstbereichen und wurde dadurch noch symbolisch erhöht. Die dortige Lebenspraxis war normbildend und galt für die ganze sowjetische Gesellschaft, so daß die sozialen Ungleichheiten zwischen Stadt und Land geleugnet werden mußten: Formal gleichwertige Arbeitsstellen oder formal gleiche Berufs- oder soziale Positionen hatten eben – je nachdem, wo sie sich befanden – unterschiedlichen Wert. Die sozialistische Gesellschaft kennzeichnete daher ein quasi-feudales sozialstrukturelles Element – die gewissermaßen allumfassende Bedeutung des Geburtsortes für die Gestaltung individueller Lebenschancen. Gebürtige Städter hatten unvergleichlich größere Chancen, eine gute bzw. höhere Ausbildung zu erhalten oder sozial aufzusteigen als im Dorf Geborene. Der durchsetzungsfähige, insbesondere jüngere Teil der Dorf- und Provinzbevölkerung setzte daher alles daran, sich die Chance auf Selbstverwirklichung in der Stadt nicht entgehen zu lassen. Die bestehenden sozialen Grenzen konnten aber nur mühevoll überwunden werden, da diese vom großstädtischen Establishment, auch wegen der Zugangskontrolle zu den Ressourcen, erfolgreich verteidigt wurden.

4. Die Limitschiki als ethnische Minderheit

Der folgenden Darstellung der Limitschiki als eine geschlossene soziale Gruppe, die sich aufgrund der besonderen historischen und sozialen Prozesse in eine „ethnische Minderheit" verwandelte, beruht auf einer Untersuchung, in deren Rahmen 1996 eine Reihe von narrativen Interviews durchgeführt wurde.

Für Zuwanderer aus den ländlichen Gebieten war die Integration in die großstädtische Gesellschaft ausgesprochen schwierig. Wegen des gewaltigen sozialen Unterschiedes zwischen Stadt- und Landbewohnern können sie durchaus als Angehörige verschiedener Kulturen gelten, auch wenn es sich sowohl bei den Zuwanderern vom Lande als auch den meisten Stadtbewohnern mehrheitlich um Russen handelte.[2] Deutlich waren nicht nur die Unterschiede hinsichtlich Ausbildung und beruflicher Qualifikation, sondern auch in der Ausbildung sozialer und kultureller Fertigkeiten. Die noch von traditionell-ländlichen Wertvorstellungen geprägten Zuwanderer vom Lande waren den modernen Stadtbewohnern fremd und wurden meist als „unkultiviert" empfunden. Verstärkt wurde das Gefühl der Fremdheit noch dadurch, daß die als Kontraktarbeiter angeworbenen Arbeitsmigranten, die Limitschiki, in betriebseigenen Wohnheimen lebten und so gut wie keinen Kontakt mit den Stadtbewohnern pflegen konnten, also gar keine Chance hatten, sich in das städtische Leben einzufinden.

Durch diese tiefgreifenden sozialen Unterschiede und die Isolierung vom

---

2 Daß Integrationsschwierigkeiten soziale und nicht ethnische Gründe haben, zeigte sich bei einer Untersuchung von sowjetischen Immigranten unterschiedlicher ethnischer Zugehörigkeit nach Berlin: Die „Rußlanddeutschen", die mehrheitlich aus den ländlichen Gebieten des ehemalig sowjetischen Mittelasien oder Sibiriens kommen, haben erheblich größere Integrationsprobleme als Sowjetimmigranten, die aus Großstädten zugewandert sind und meist jüdischer oder russischer, aber seltener deutscher ethnischer Zugehörigkeit sind. „Kulturelle Nähe" als Vergesellschaftsagens definiert sich daher sozial und nicht ethnisch (vgl. Oswald/Voronkov 1997).

Stadtleben entwickelten sich die Limitschiki zu einer besonderen, gewissermaßen „ethnischen" Gruppe, legt man, zugegebenermaßen konventionelle, Definitionen von Ethnizität zugrunde, wie sie beispielsweise von Narroll (1964) entwickelt wurden.[3] Danach zeichnet sich eine ethnische Gruppe dadurch aus, daß sie sich intern, also streng endogam, reproduziert (1), fundamentale kulturelle Kollektivwerte (2) und ein eigenes Kommunikations- und Interaktionsfeld (3) ausgebildet hat sowie über eine eigene Identität verfügt und von anderen als eine Gruppe mit eigener Identität wahrgenommen wird (4).

zu 1) Zwar liegen hierüber keine Statistiken vor, doch sowohl unsere Beobachtungen als auch die Analyse der Interviews geben Anlaß zur Annahme, daß Ehen zwischen Limitschiki und gebürtigen Städtern ziemlich selten waren, während Eheschließungen unter den Limitschiki die Norm darstellten. Eine indirekte Bestätigung dieser Vermutung stellt der Umstand dar, daß zu Sowjetzeiten häufig das Problem fehlender „Familienwohnheime" diskutiert wurde. Da die Limitschiki in getrennten Männer- und Frauenwohnheimen lebten, konnten neugegründete Familien nicht oder nur unter großen Schwierigkeiten untergebracht werden.

Da eine Integration in die Stadtbevölkerung nicht stattfand, aber ständig neue Limitschiki zuwanderten, wurde deren soziale und endogame Reproduktion geradezu erzwungen. Zwar unterschieden sich die bereits in der Stadt geborenen und aufgewachsenen Kinder der Zuwanderer, also die „zweite Generation", schon weniger stark von den ansässigen Stadtbewohnern als noch ihre Eltern, doch leiden auch sie noch unter der spezifischen Stigmatisierung und sind aufgrund ihrer besonderen Sozialisationserfahrungen für die Städter meist unschwer zu identifizieren.

zu 2) Wie schon erwähnt, unterschieden sich die Alltagskultur und die Wertorientierungen der Limitschiki – als Zuwanderer vom Lande – erheblich von der „modernen" städtischen Lebensweise. Die Städter konnten die Limitschiki unschwer an ihrem Äußeren erkennen – an ihrer Art, sich zu kleiden, an ihren Umgangsformen und Verhaltensweisen, an bestimmten sprachlichen Besonderheiten usw. Da sich Arbeit und Leben eines Limitschiks sehr stark von dem eines „normalen" Städters unterschieden, hoben sich seine Alltagsroutinen stark vom gewohnten Bild ab, so daß die Zuwanderer ihre Herkunft nicht geheimhalten konnten. Häufig wurden sie sogar daran erkannt, daß sie bestimmte, ihnen „städtisch" dünkende Verhaltensweisen kopierten, aber durch mangelnde Kenntnis und Übung eine unabsichtlich karikierende Wirkung erzielten. Zumindest in der ersten Generation reichte es zu nicht mehr als zu einer oberflächlichen Anwendung der Zeichen einer anderen Kultur, wogegen sich die „wirklich kultivierten" Städter abgrenzten. Tatsächlich zeichneten sich die Limitschiki nicht durch eine originär gemeinsame Kultur aus bzw. durch allen gemeinsame, inhaltlich bestimmbare Werte, da sie aus sehr unterschiedlichen Regionen mit eigenen Lokaltraditionen stammten. Da sie jedoch keinen Zugang zum städtischen Leben hatten, wurden

---

3 Narroll wurde deshalb gewählt, weil sich Barth (1969) in seiner grundlegenden Arbeit über ethnische Grenzziehung auf ihn explizit bezieht.

ihre Umgangsformen und Verhaltensweisen unisono als „nicht-städtisch" wahrgenommen, woraus sich sukzessive eine nicht mehr weiter differenzierte „Andersartigkeit" ergab. Es fand also eine Akkulturation statt, doch in einem abgeschlossenen Binnenraum und nicht in die städtische Umwelt.

zu 3) Wegen der beschriebenen sozialen Isolation und räumlichen Segregation waren Kommunikation und Interaktion auf einen übersehbaren Binnenraum beschränkt. Dadurch entstand ein besonderes Milieu mit eigenen „Gesetzen" und einer dichten Verflechtung von sich gegenseitig überlagernden sozialen Netzwerken, die sich jedoch kaum in die Stadt ausweiteten, sondern intern reproduziert wurden und ein ganz eigenes soziales Milieu schufen. Außerdem wurden in dieses Kommunikationsfeld und die sozialen Netzwerke ständig weitere Zuwanderer integriert, da sich weitverzweigte Migrationsketten bildeten, über die Verwandte und Bekannte aus den Heimatregionen in die Stadt gebracht wurden. Insbesondere dort, wo große Wohnheime an abgelegenen Orten entstanden waren, bildete sich aufgrund der Diskriminierung und Stigmatisierung ihrer Bewohner sowie der erzwungenen Segregation ghetto-artige Milieus, wodurch die bereits bestehenden sozialen Grenzen zwischen Limitschiki und Stadtbewohnern noch weiter verfestigt wurden.

Diese Grenzen wurden insbesondere von seiten der gebürtigen Städter verteidigt, die sich den Zuwanderern gegenüber hochmütig, wenn nicht sogar feindselig zeigten. Der gesellige Umgang mit Städtern, der Zugang zu städtischen „Szenen" und Kulturangeboten war den Limitschiki nahezu unmöglich, wobei sich offenbar die sogenannte „Intelligenzija" besonders negativ hervortat, die ihre Kultur und die Kultur überhaupt durch den Andrang der ungebildeten Zuwanderer bedroht sah.

Ein weiterer und wohl schwerwiegenderer Grund war, daß die Limitschiki als unwillkommene Konkurrenten im Kampf um das ewig knappe Angebot an Waren und Dienstleistungen galten, zumal ihnen nach Ablauf ihres Arbeitsvertrages eigene Wohnungen zustanden. Dieser Umstand rief nicht selten offene Feindseligkeit hervor, da beispielsweise in Leningrad die Mehrheit der Bevölkerung bis in die jüngste Zeit in sogenannten „Kommunalkas" lebte – Gemeinschaftswohnungen, in denen jedes Zimmer mit einer Familie belegt war. Der Erhalt einer abgeschlossenen Einzelwohnung pro Familie war, wenn überhaupt, erst nach Wartezeiten von 10 bis 15 Jahren möglich, während den Limitschiki bereits nach 3 bis 5, aber höchstens 10 Jahren eigene Wohnungen von den Unternehmen, in denen sie beschäftigt gewesen waren, zugewiesen wurden. Während sich die Zuwanderer also durch ein Leben unter Sklavenbedingungen in absehbarer Zeit eine Wohnung erarbeiten konnten, waren nicht wenige der, unter Umständen im gleichen Betrieb und neben ihnen arbeitenden, gebürtigen Städter zu einem Leben in engen Kommunalkas verdammt.

zu 4) Die Grenzen zwischen den Limitschiki und den gebürtigen Städtern wurden von beiden Seiten aus gefestigt. Das stigmatisierende Leben im „Ghetto" erzeugte eine besondere kollektive Identität, da individuelle Integrationsstrategien

Die „Limitschiki": Zuwanderer in sowjetischen Städten

nur zu Mißerfolg führen konnten und so die Entwicklung der eigenen „ethnischen" Netzwerke vorangetrieben wurde. Da diese interne Unterstützung jedoch notwendig war, entstanden seit der Perestrojka in den Zuwanderer-Milieus sogar formale Assoziationen wie etwa landsmannschaftliche Organisationen, die dem Muster der neuentstehenden ethnischen Gemeinden sehr ähneln. Ein Beispiel ist die bereits Ende der 80er Jahre gegründete „Pskover Gemeinde", deren Mitglieder ursprünglich aus der russischen Stadt Pskov (deutsch: Pleskau) stammen und zum Teil als Limitschiki in die Stadt kamen. Bezeichnenderweise ist die Gemeinde kollektives Mitglied der „Assoziation der nationalen (!) Gesellschaften" in St. Petersburg, wodurch die Einrichtung eine ethnische Konnotation bekommt, als handele es sich bei den Mitgliedern um „andere Russen".[4] Tatsächlich ist dieser „städtische Nationalismus" eine neue Erscheinung, da in der sowjetischen großstädtischen Gesellschaft traditionell-ethnische Unterscheidungen mehr auf dem Papier (zum Beispiel als Eintrag in den Paß) existierten denn als reales Unterscheidungsmerkmal.

Festzuhalten ist, daß die hier dargestellten Zuschreibungen sich als Urteile über soziale Gruppen verselbständigen konnten: Auch wenn einzelne Limitschiki sich im Laufe ihres Lebens bzw. ihre Kinder individuell von den Stigmata befreien konnten und in die städtische Gesellschaft aufgenommen wurden, löste sich die Gruppe als solche niemals auf. Dafür sorgte das sowjetische expansive Industrialisierungsprogramm, durch das ständiger Nachschub an Arbeitsmigranten in die Stadt kam und die Gruppe der Limitschiki auffüllte und sogar vergrößerte. Es handelt sich zwar um keine genetisch-biologische, sondern um eine soziale Reproduktion der Gruppe, was jedoch in den Augen der Städter keinen Unterschied machte. Auch wenn die Individuen mit der Zeit ausgetauscht wurden, so wurden die Ghettos am Rande der Städte doch immer wieder von neuem bevölkert – und die Betroffenen hatten alle die gleiche Herkunft, denn sie kamen „vom Dorf", was für den Stadtbewohner, wie bereits ausgeführt, eine der größtmöglichen sozialen und kulturellen Klüfte überhaupt bedeutete. In der Stadt war den Limitschiki ein sozialer Status zugewiesen, der ökonomisch und politisch klar definiert und von jedermann leicht erkennbar war. Ethnizität ist in diesem Sinne, wie Cohen (1974) ausführt, das Ergebnis politisierter bzw. politisch relevanter kultureller Unterschiede. Cohen illustrierte seine Ausführungen mit dem Beispiel der Wallstreet-Broker, die sich in der britischen Gesellschaft genauso klar abheben (und daher eine ethnische Gruppe bilden) wie Hausa-Händler in Yoruba-Städten oder, wie hier nun hinzugefügt werden soll, wie Limitschiki in sowjetischen Städten.

---

4 Dieser Fall ist kein Einzelfall in der heutigen russischen Gesellschaft, in der sich Russen, zum Beispiel Remigranten aus ehemaligen Sowjetrepubliken, im russischen Umfeld zu gesonderten Gruppierungen zusammenschließen. Da sie mit der ansässigen Bevölkerung um die gleichen Ressourcen konkurrieren, werden ihnen negative Eigenschaften zugeschrieben und sie zu „Fremden", tendenziell fremd-„ethnischen" Usurpatoren gemacht.

5. Die Zukunft des „Ghettos" unter Transformationsbedingungen

Die Zuwanderer, die als Kontraktarbeiter in die Stadt kamen, fielen sofort in leibeigenschaftsähnliche Abhängigkeit. Ihnen wurden die schwersten und gesundheitsschädlichsten Arbeiten zugewiesen, auch wurden sie oft direkt, bei der Bezahlung oder der Zuteilung sozialer Dienstleistungen, betrogen. Dabei waren sie faktisch rechtlos, da ihnen bei jedem Versuch des Widerstands die sofortige Entlassung drohte – und dies bedeutete nicht nur den Verlust der Arbeitsstelle, sondern auch das Ende aller Chancen auf ein Leben in der Stadt. Aus diesem Grunde entzogen sich die Limitschiki jeglicher Solidaritätsbekundungen mit anderen Arbeitern, wenn es zu Konflikten mit der Unternehmensleitung oder der Verwaltung kam, was sie unter ihren Kollegen verständlicherweise nicht beliebt machte und zu einer weiteren Abgrenzung beitrug.

In den Unternehmen waren die Limitschiki daher in sozialer Hinsicht mehrfach ausgegrenzt, im Ghetto waren sie zudem physisch gefangen. Das Ghetto waren die Wohnheime, von denen es allein in Leningrad mehr als tausend gab. Das Leben in ihnen war ausgesprochen hart, da dort oft die elementarsten Einrichtungen fehlten und von Annehmlichkeiten überhaupt nicht die Rede sein konnte.[5] Außerdem herrschte in den Wohnheimen völlige Willkür, denn von Verwaltungsseite konnten jegliche Rechte ungestraft verletzt werden, da die Bewohner nicht zu protestieren wagten. Üblich war ein Kontrollregime wie sonst nur in den Straflagern: „Sperrstunde" um 23 Uhr, strenge Besuchsregelungen, Trennung nach Geschlechtern, unangemeldete Zimmerkontrollen. Dazu kamen pauschale Verdächtigungen, die Bewohner wurden von vornherein kriminalisiert und damit weitere Überwachungen legitimiert. Zudem lagen die meisten dieser Ghettos, in der Nachbarschaft von Großunternehmen, in den Außenbezirken der Großstädte. Ein typisches Beispiel in Leningrad ist die Siedlung Gorbunki, die lediglich aus Wohnheimen einer Geflügelfabrik bestand und in der in den 70er und 80er Jahren ständig rund 11.000 Limitschiki lebten. Die Siedlung lag zwar nur einige Kilometer außerhalb der Stadt, doch gleichzeitig von ihr völlig abgeschnitten, da es weder Straßen noch Transportverbindungen für die Personenbeförderung dorthin gab.

Ein Leben unter solchen Bedingungen bedeutete automatisch, daß Kontakt mit den Stadtbewohnern kaum aufgenommen werden konnte; in anderen Worten, das Leben in diesem Ghetto bedeutete den „Entzug aller Trümpfe, die für die Teilnahme an den sozialen Spielen notwendig sind" (Bourdieu 1993, S. 49). Da-

---

5 Die sowjetischen Wohnheime waren immer ein Symbol für Schmutz, Grobheit, Unzivilisiertheit, Trunksucht u.a.m., was durch einen typischen Witz der Perestrojka-Zeit illustriert werden kann: „Gorbatschow ruft den Minister für die städtische Wirtschaft an: 'Genosse Minister, wir haben jetzt Glasnost und Demokratisierung; also wir haben im Politbüro entschieden, daß wir – um nicht gegenüber dem Westen abzufallen – alle Wohnheime in Bordelle umrüsten müssen. Wieviel Geld und Zeit brauchen Sie dafür?' – 'Zwei Minuten und zwei Kopeken', antwortet der Minister, 'um dort anzurufen und mitzuteilen, daß das alles jetzt legal ist.'"

durch setzte sich ein folgenschwerer Prozeß in Gang, denn die Effekte der Stigmatisierung bestehen darin, daß Menschen, die sich in ihrer Benachteiligung ähneln, dadurch einander noch ähnlicher werden, was sich auf ihre sämtlichen kulturellen Praktiken auswirkt. Die Limitschiki hatten nur sich und bildeten daher einen gemeinsamen Lebensstil aus – und entwickelten sich so zur größten diskriminierten Minderheit in der sozialistischen Stadt, was sich auch unter dem Einfluß der Reformpolitik der letzten Jahre nicht geändert hat. Tatsächlich handelt es sich bei den Limitschiki um eine soziale Gruppe, die als Folge des sozio-ökonomischen Wandels eindeutig als Transformationsverlierer zu bezeichnen ist. Zum einen kam es durch die Restrukturierung der Unternehmen zu Massenentlassungen, die sich zuerst auf die Schutzlosesten auswirkten; zum anderen kam unter dem Druck der Finanzkrise das Wohnungsbauprogramm der Unternehmen völlig zum Erliegen. Das hat zur Folge, daß alle diejenigen Limitschiki, die nicht bis Anfang der 90er Jahre noch eine Wohnung zugeteilt bekamen, gar keine Chance mehr auf den Erhalt eigenen Wohnraums haben, auch wenn dieser ihnen vertraglich zusteht. Auf die Lebensbedingungen in den Wohnheimen wirkte sich dies verheerend aus, da die Mittel zum Unterhalt fehlen und die Gebäude verfallen. Daher sind viele der Wohnheime, in St. Petersburg allein ca. 300, von den ursprünglichen Betreibern inzwischen aufgegeben worden (Smena, 17.10.1995). Manche der Bewohner sind zwischenzeitlich weggezogen, wenn auch über deren Schicksal nichts bekannt ist, doch die meisten sind aus Ermangelung an Alternativen geblieben und leben gegenwärtig unter unbeschreiblichen Bedingungen, da es oft nicht einmal Wasser und Heizung gibt. Eigentlich ist hier nur von einer Form der verschleierten Obdachlosigkeit zu sprechen.

Viele Unternehmen würden ihre Wohnheime gerne der Stadt überlassen, doch da dort ebenfalls das nötige Geld für den Unterhalt fehlt, besteht hierfür kaum Bereitschaft. Manche Wohnheime, die sich einem relativ besseren Zustand befinden, sollen verpachtet werden. Doch um zahlungskräftige Mieter dort einquartieren zu können, müßten die noch verbliebenen Limitschiki umgesetzt werden, was zu den oben beschriebenen Problemen führen würde. Es wurde inzwischen zwar eine Organisation zur Verteidigung der Rechte der Zuwanderer gegründet, doch ist ihre Lage weiterhin verzweifelt, und tatsächlich interessiert sich kaum jemand für ihr Schicksal. Den letzten Angaben zufolge gibt es in St. Petersburg 1.181 Wohnheime, doch wieviel Menschen dort genau leben, ist unbekannt. Schätzungen gehen von mindestens 600.000 Personen aus, doch könnte es sich auch um die doppelte Anzahl handeln, was, falls dies zuträfe, ein Viertel der Stadtbevölkerung ausmachen würde (Nevskoe vremja, 20.5.1995).

Der Wohnraummangel ist in den russischen Großstädten nach wie vor ein großes Problem, das durch die jüngsten Privatisierungsmaßnahmen nicht gelöst werden kann. Durch das Verfahren der kostenlosen Übereignung der Wohnungen an ihre derzeitigen Bewohner entziehen sich die Stadtverwaltungen der Verantwortung und wälzen sie auf die Bevölkerung ab. Gewinner dieser Aktion sind diejenigen, die über Wohnungen verfügen, die ausreichend groß für ihre Bedürfnisse und in gutem Zustand sind – zumindest kurzfristig, da die sukzessive Erhöhung der Wohnnebenkosten, die durch die Kürzung der staatlichen Subventionen notwendig geworden ist, die neuen Wohnungsbesitzer erheblich belastet. Verlierer sind diejenigen, die ihre Wohnung aus den verschiedensten Gründen nicht privatisieren wollen oder können; sie haben keinen Vorteil aus den Privatisierungsmaßnahmen und angesichts der derzeitigen Situation, in der das städtische Wohnungsbauprogramm fast völlig zum Erliegen gekommen ist, auch keine Chance auf die Zuteilung neuen Wohnraums. Noch aussichtsloser ist die Lage jedoch für diejenigen, die keinen Wohnraum haben, der ihnen rechtlich zusteht, weil sie dort ordnungsgemäß und unbefristet registriert sind – also die Limitschiki. Zwar hat sich die Situation insofern prinzipiell verändert, als heute neben der staatlichen Zuteilung ein Wohnungsmarkt im Entstehen ist, so daß Wohnraum auch gekauft oder gemietet werden kann. Doch gehören die Limitschiki in der Regel nicht zu denjenigen, die über die dafür notwendigen Mittel verfügen. Daher kommt zu der früheren rechtlichen Diskriminierung nun noch die ökonomische Benachteiligung.

Besonders betroffen sind von diesen Veränderungen, die zwar wahrgenommen und diskutiert, aber doch eher als „Nebenfolgen" der Transformation behandelt werden, die Wohnheim-Ghettos in den Außenbezirken. In der bereits erwähnten Siedlung Gorbunki wurde nach der Schließung der Geflügelfabrik auch die gesamte soziale Infrastruktur (Läden, Kindergärten usw.) aufgelöst, da die Stadt für ehemals betriebseigene Einrichtungen keine Verantwortung übernehmen will. Die Bewohner dieser Siedlung, inzwischen alle arbeitslos geworden, sind von der Stadt abgeschnitten, während sie nur in den seltensten Fällen in ihre Herkunftsgebiete zurückkehren können, da auch dort keine Arbeit für sie vorhanden ist. Der soziale Verfall äußert sich in Trunksucht, Raub und Schlägereien; das Milieu wird in der Öffentlichkeit kriminalisiert, zumal sich insbesondere für die Jugend tatsächlich ein „Ausweg" in der Bildung von Gangs eröffnet hat, die einen Teil des städtischen Wohlstands abschöpfen wollen (Nevskoe vremja, 20.6.1995).

Die Konflikte, die sich hier abzeichnen, werden gemeinhin nicht als „ethnische" wahrgenommen, da es sich bei den Limitschiks meistenteils um Russen handelt. Dennoch ist es der gleiche soziale Prozeß, der Kampf um die knappen Ressourcen in der sich transformierenden Gesellschaft, der sozial distinkte Gruppen aufeinanderprallen läßt, wie er einen Großteil der ethnischen Konflikte in den Grenz- und Randgebieten der sowjetischen Nachfolgestaaten kennzeichnet. Die Sowjetunion war Meisterin in der Erfindung von „ethnischen Gruppen" durch die willkürliche Abtrennung und politische Positionierung von Territorien oder die soziale Auf- und Abwertung großer sozialer Gruppen, wodurch kulturelle Repräsentationen unerwartet neue Bedeutung bekamen und zum Anlaß von sozialer Distinktion werden konnten.

Übersetzung: Ingrid Oswald

Literatur

Barth, F., 1969: Introduction, in: Ders. (Ed.), Ethnic Groups and Boundaries. The Social Organization of Culture Difference, Bergen-Oslo/London, S. 9-38.
Bourdieu, P., 1993: Sociologija politiki, Moskva.
Cohen, A., 1974: The Lesson of Ethnicity, in: Ders. (Ed.), Urban Ethnicity, London, S. ix-xxiv.
Elistratov, V., 1994: Slovar' moskovskogo argo, Moskva.
Ljubarskij, K., 1990: Propisannyj pasport, in: Strana i mir, S. 62-75.
Materialy, 1966: XXIII s"ezda KPCC, Moskva.
Materialy, 1972: XXIV s"ezda KPCC, Moskva.
Materialy, 1977: XXV s"ezda KPCC, Moskva.
Materialy, 1981: XXVI s"ezda KPCC, Moskva.
Narroll, R., 1964: Ethnic Unit Classification, in: Current Anthropology, Vol. 5, Nr. 4.
Oswald, I. und V. Voronkov, 1997: Die Bildung „ethnischer Codes", in: Dies. (Hrsg.), Post-sowjetische Ethnizitäten, Berlin (im Druck).
Senjavskij, A.S., 1995: Rossijskij gorod v 1960-e-80-e gody, Moskva.
Slovar', 1995: russkogo jazyka 1950-1980 gg, Sankt-Petersburg.
Sobranie, 1970: postanovlenij pravitel'stva SSSR, Nr. 16.
Sobranie, 1971: postanovlenij pravitel'stva RSFSR, Nr. 8.
ZK VKP(b), 1970: v rezoljucijach i rešenijach s"ezdov, konferencij i plenumov ZK. Bd. 4, Moskva.

IV. Symbolische Repräsentation

Gerdien Jonker

Die islamischen Gemeinden in Berlin zwischen Integration und Segregation[1]

Was ist anders an anderen Religionen? Der Religionssoziologe Joachim Matthes argumentiert, daß der Begriff „Religion" in akademischen Kontexten bislang vor allem zur „Selbstbezeichnung" diente (Matthes 1993). Der Begriff transportiert unhinterfragte Werte, die ein Erbe der Reformation sind und ausgehend von dem Gegensatz heilig/profan den religiösen Bereich als nicht-alltäglich darstellen. Daraus entwickelte sich ein Verständnis von Religion als Differenzkonzept, das immer genau vorgab, wie die Religiosität von anderen aussehen sollte hinsichtlich Ernsthaftigkeit, Zugehörigkeit und Intensität. In Verbindung mit evolutionstheoretischen Vorstellungen ergab sich daraus eine „konzeptuelle Jakobsleiter", die in drei Beurteilungsstrategien mündete: das religiöse Leben anderer war entweder „nicht seriös genug", „nicht 'echt' genug" oder die in Betracht kommende Gruppe „war noch nicht so weit". Matthes spricht in diesem Zusammenhang von „Nostrifizierung", also der Vereinnahmung anderer religiöser Realitäten, was die Gesellschaftsanalyse behindert habe.

Die deutsche Verfassung benutzt ein Konzept von Religion, das der Darstellung von Matthes sehr nahe kommt. Der Staat, so legte die Weimarer Reichsverfassung von 1919 in den Artikeln zu Glaubensfreiheit und dem Verhältnis von Staat und Kirche fest, sollte der Kirche wichtige soziale Aufgaben überlassen, die sie in Eigenverwaltung ausüben könne; das Verhältnis zu politischen Angelegenheiten blieb umstritten. Das 1949 verabschiedete deutsche Grundgesetz übernahm in Artikel 140GG die kirchenpolitischen Artikel der Weimarer Reichsverfassung in unveränderter Form, wobei die Gesetzgeber davon ausgingen, „daß Staat und Kirche es mit dem gleichen Volk zu tun haben" würden (Erler 1965, S. 101). Erst als in den 70er Jahren auch die in Deutschland lebenden Muslime die gesetzliche Anerkennung ihrer Religionsgemeinschaft – bisher vergeblich – anstrebten, wurde die Diskussion über das Verhältnis von Staat und Kirche aktualisiert. Bei der Zurückweisung spielen seit 30 Jahren die oben erwähnten Kriterien eine Rolle, was weitreichende Folgen für die Gestaltung des islamischen religiösen Lebens in Deutschland hatte. Wie in diesem Beitrag gezeigt werden soll, drängte die Konfrontation islamischer Vorstellungen mit deutschen Richtlinien die Muslime

---

[1] Ich danke Katherina Harms, Peter Heine, Yasemin Karakaşoğlu und Theresa Wobbe für ihre Bereitschaft, den Text zu lesen und mit mir zu diskutieren.

in die Isolation, da dadurch religiöse Fragen über das richtige Benehmen in einem nicht-islamischen Land zunehmend an Bedeutung gewannen.

In diesem Beitrag folgt einer allgemeinen Beschreibung islamischen Lebens in der Bundesrepublik die Darstellung der religiösen Gemeindebildung von Muslimen in Berlin, die das Resultat der konfligierenden gesetzlichen Rahmenbedingungen und islamischen Positionen ist.

1. Religion in Deutschland

Erst 1919 wurde das Recht des Staates zur besonderen Kirchenaufsicht ausgesetzt, doch die Scheidung von staatlichen und kirchlichen Aufgaben sollte eine „Trennung eigener Art" werden (Mikat 1964). Einerseits wurde der evangelischen Kirche die Selbständigkeit angeboten, anderseits durfte sie ihre früheren Rechte und Privilegien behalten, da sie als „Körperschaft" unter anderem das Recht auf Steuereinzug, das Recht auf Stiftungseigentum, das Recht auf Seelsorge in öffentlichen Anstalten, das Recht auf soziale Wohlfahrtspflege mit Unterstützung des Staates sowie das Recht zum Religionsunterricht an öffentlichen Schulen hatte (Art. 140 GG/Art. 137 V). Zwar brachten diese Rechte auch Pflichten mit sich, doch die Kirche übernahm mit der Betreuung wichtiger sozialer Aufgaben eine semi-staatliche Funktion. Auch die katholische Kirche, die bis dahin als Privatkirchengesellschaft ohne Rechtsfähigkeit gegolten hatte, bekam den Körperschaftsstatus angeboten. Die herkömmliche Verflechtung zwischen Staat und Kirche wurde hiermit nicht aufgehoben, sondern in eine „Unabhängigkeit unter christlichem Vorzeichen" umgestaltet (Obermayer 1977, S. 10).

Die neue Gesetzgebung hatte unvorhergesehene Folgen, da nun die Entscheidung, was als „Kirche" gelten sollte, zu einer Sache der Gerichte wurde. Recht auf Religionsfreiheit genossen alle, welchem Glauben auch immer sie anhingen, doch das Recht auf einen Status als Körperschaft und damit auf einen öffentlichen Platz in der Gesellschaft konnte nur durch eine rechtliche Entscheidung erworben und durch zusätzliche Landesverträge gesichert werden. Die jüdische Gemeinde zum Beispiel bekam 1919 zwar den Körperschaftsstatus angeboten, doch erst durch den Abschluß weiterer Verträge, 1971, konnte sich dieser gewissermaßen realisieren. Ebenso sahen sich Muslime, die seit den 60er Jahren zunehmend in Deutschland ansässig wurden, vor die Aufgabe gestellt, den Platz, den ihre religiösen Gemeinden ihres Erachtens im gesellschaftlichen Leben einnehmen sollten, über den Weg der Rechtsentscheidung zu erwirken.

1977 schritt die islamische Gemeinde Deutschlands in Schwetzingen zur Tat und beantragte den Status einer Körperschaft öffentlichen Rechts und damit die öffentliche Anerkennung des Islam als eine vor dem Gesetz gleichberechtigte Religion. Das Landesgericht Baden-Württemberg wies das Gesuch ab und bezog sich dabei auf organisatorische Richtlinien. Laut Verfassung soll eine Kirche durch „amtliche Strukturen", nämlich durch ihre Verfassung, ein Mindestmaß an innerer

Ordnung und durch die Zahl der Mitglieder „eine Gewähr der Dauer" bieten können (Erler 1965, S. 98). Auch wenn die islamische Gemeinde via Verfassung und aktuelle Mitgliederzahl vielleicht nicht hätte überzeugen können, so konnte der Islam doch sicher eine Gewähr auf Dauer bieten (Albrecht 1986, S. 82 ff.). Tatsache war, daß die islamischen Glaubensgemeinschaften, von einigen Ausnahmen abgesehen (s. Anlage: Süleymanli), hierarchische Strukturen ablehnen und von einer zwanglosen Teilnahme, ohne finanzielle und andere Verpflichtungen, ausgehen. Daß das christliche Verständnis einer Kirchenstruktur für die Beurteilung der islamischen Gemeinden der einzige Maßstab war, stieß auf Unverständnis.

Zwei Jahre später wurde ein zweiter Versuch in Köln unternommen, dieses Mal von einem Zusammenschluß verschiedener islamischer Gemeinden, die alle dem Dachverband der Süleymanli zugeordnet waren (vgl. Anlage). Nun beriefen sich die Antragsteller expliziert auf Art. 4 GG, der die Glaubensfreiheit und freie Religionsausübung garantiert. Auch dieses Mal wurde der Antrag abgewiesen, jetzt mit der Begründung, daß „nicht jedes Tun und Lassen (...) in den Schutzbereich der Religionsausübung" fällt (Johannsen 1986, S. 12). Die Entscheidung bezog sich auf ein inzwischen oft zitiertes Gutachten des DGB, das auf Zitaten aus Schulbüchern basierte und den Antragstellern rechtsradikale Aktivitäten unterstellte. Es wurde der Eindruck vermittelt, als präge der Islam das tägliche Leben seiner Anhänger auf eine Weise, die für das deutsche Religionsverständnis nicht akzeptabel sei. Wurde bei dem ersten Gerichtsurteil auf die organisatorischen Richtlinien des Grundgesetzes verwiesen, so schien das zweite Urteil sich auf eine bestimmte Idee, was denn „Religion" sei, zu stützen. Von den drei Beurteilungsmaßstäben über andere Religionen, die Matthes nennt, wurde offensichtlich die Bewertung „noch nicht weit genug" angewendet, um als Kirche und damit als Trägerin öffentlicher Aufgaben anerkannt zu werden (Loschelder 1986, S. 168).

Bis heute wird der Islam als Religionsgemeinschaft in der BRD nicht anerkannt. Zwar ist die Ausübung des Islam in Deutschland keine illegale Aktivität, doch die Organisationsform, worauf die religiösen Gemeinden gezwungenermaßen zurückgreifen müssen, ist die einer Privatkirchengesellschaft ohne Rechtsfähigkeit. Das schafft zwar im Vergleich zu den anerkannten Kirchen eine gewisse Freiheit. Dies führt jedoch nicht zu der gewünschten gesellschaftlichen Integration, die der Körperschaftsstatus ermöglichen würde. Zudem scheint das religiöse Gedankengut einiger dieser Gruppen dem Verfassungsschutz Anlaß zur gezielten Beobachtung zu bieten. Die Beziehung zwischen den islamischen Gemeinden und ihrem deutschen Umfeld wird dadurch noch weiter in eine Schieflage gebracht.

2. Die islamischen Positionen

Der religiösen Überlieferung zufolge stand am Anfang eine Auswanderung. Als die ersten Gläubigen in Mekka von ihren Gegnern zunehmend bedrängt wurden, fragten einige den Propheten Mohammed, ob sie nach Abessinien auswandern könnten. In Abessinien sei es möglich, als gläubiger Muslim zu leben und seinen Pflichten nachzukommen, ohne mit den Regeln und Lebensstilen der nicht-muslimischen Abessinier in Konflikt zu geraten. Daher wanderte ein Teil der Gläubigen aus, und nicht viel später, als die Schwierigkeiten der Muslime in Mekka unerträglich wurden, entschloß sich auch Mohammed zum Verlassen der Stadt. Dies war die *hijra*, die Migration nach Medina, mit der der islamische Kalender beginnt.

Immer dann, wenn es um Fragen des richtigen Alltagsverhalten und der Ausübung islamischer Pflichten im nicht-islamischen Ausland geht, können Muslime sich daher auf eine besondere Tradition beziehen (El Doi 1987; El Fadl 1994; Johannsen 1986). Aus der Interpretation dieser Entscheidungen, der Migration nach Abessinien und der nach Medina, entstanden zwei einander ausschließende juristische Lehrmeinungen. Die erste Position findet ihren Ausdruck in einem frühen *hadith*,[2] der besagt, „wer mit einem Ungläubigen verkehrt und mit ihm zusammenlebt, der wird wie er". Daher soll jeder Gläubige, der sich solch einer Gefahr ausgesetzt sieht, das nicht-islamische Rechtsgebiet *(dar-al-harb)* verlassen und islamisches Rechtsgebiet *(dar-al-Islam)* aufsuchen. Der anderen, diametral entgegengesetzten Position zufolge können Muslime unter Nicht-Muslimen gar eine größere religiöse Erfüllung erreichen; sie gelten dann als Boten des Islam, deren bloße Anwesenheit das fremde Land schon in einen *dar-al-Islam* verwandeln könne (El Fadl 1994, S. 150; Johannsen 1986, S. 20). Wortwörtlich bedeuten die beiden arabischen Begriffe *dar-al-harb* und *dar-al-Islam* „Feindesland" bzw. „Land des Friedens". Zwar kann die Fremde sowohl feindlich als auch friedlich erscheinen, doch bezeichnen die Begriffe in erster Linie einen juristischen Sachverhalt und umreißen den rechtlichen Rahmen, innerhalb dessen ein gläubiger Mensch im nicht-islamischen Ausland sein Leben einrichten soll.

Zwischen diese beiden unversöhnlichen Positionen schob sich im Laufe der islamischen Geschichte eine große Zahl differenzierter Aussagen zu konkreten Situationen und Anlässen. Als beispielsweise das islamische Spanien christlich wurde oder einige islamische Länder unter mongolische Herrschaft kamen, suchten Muslime, die trotz ihrer schwierigen Lage weiterhin in diesen Gebieten leben wollten, Rat bei islamischen Juristen. Es ging dabei nicht nur um Religionsausübung und richtiges Verhalten, sondern auch um Steuer und Wehrpflicht, also letztlich um die Frage, ob Muslime zur ökonomischen und militärischen Macht der „Ungläubigen" beitragen sollten. Die Rechtsschulen waren sich hier nie einig. Während die einen das Leben in und sogar den Handel mit nicht-islamischen Ländern strikt ablehnten, war die Haltung von anderen eher von Pragmatismus bestimmt, so daß sie zu Kompromiß- und Anpassungsfähigkeit rieten. Da über den Grad der Anpassung gestritten wurde, schien es ein Weg, die nicht-islamische Welt, soweit sie sich redlich und verhandlungsbereit zeige, durch Verträge einzubinden und zu einem „Land des Vertrags" *(dar-al-ahd)* zu machen (El Fadl 1994, S. 172 ff.). Muslime, die in den 60er und 70er Jahren dieses Jahrhunderts nach Westeuropa auswanderten und nach und nach die Schwierigkeiten realisierten,

2 Einer der überlieferten Aussprüche Mohammeds.

die mit einem solchen Schritt verbunden waren, konnten sich also an drei verschiedenen Rechtspositionen orientieren. Die religiöse Vielfalt, die heute in einer Stadt wie Berlin anzutreffen ist, ist unter anderem auch ein Resultat dieser Wahl. Das richtige Verhalten von Muslimen in nicht-islamischen Ländern wurde also nie festgeschrieben, doch gibt es wichtige Unterschiede zwischen einer positiven Gesetzgebung und dem islamischen Recht. Während jenes eine genaue Beschreibung bietet, die bindend ist und durch Verbote und Gebote bekräftigt wird, beruht das islamische Gesetz *(shariah)* auf „göttlicher Offenbarung"[3] (Berque 1944, S. 63 ff.), dessen Korpus aus einer historischen Sammlung von Aussagen, Gutachten und Rechtsanwendungen besteht, die sich auf diese Offenbarung berufen und in ihrer Anwendung mit dem jüdischen Gesetz, der *halacha*, vergleichbar sind. Letztlich bleibt es jeder Generation und jeder einzelnen Gruppe überlassen, wie sie die Verbindung zwischen Offenbarung, den Erfahrungen früherer Generationen und ihrer eigenen historischen Situation herstellen. Jeder Gläubige betrachtet freilich diese „Anstrengung auf dem Weg Gottes" *(djihad)* als die Essenz seines Glaubens (Peters 1996).

3. Religiöses Leben in der Bundesrepublik Deutschland

Zwischen 1994 und 1996 führte ich eine Untersuchung über die islamischen Gemeinden in Berlin durch, in deren Rahmen ich mit Gemeindevorstehern, religiösen Führern, Gläubigen und Rechtsgelehrten unter anderem über den Umgang mit dem Tod in einem nicht-islamischen Land sprach. Dabei wurde ich mit den Auswirkungen der deutschen Gesetzeslage auf die islamische Diskussion zum Leben in einem nicht-islamischem Rechtsgebiet *(dar-al-harb)* konfrontiert. Die islamischen Rechtspositionen, die die Gläubigen zu einer Wahl zwischen Integration und Segregation zwangen, hatten ihre Spuren bei dem Problem der Totenbestattung hinterlassen (Jonker 1996a; 1996b). Die gesetzlich bedingte Ausgangslage hatte allerdings auch zu theologischen Überlegungen geführt, die sich heute in einer Vielfalt von religiösen Organisationen und einem Spektrum von religiösen Lebensführungen niederschlägt. Im folgenden werden zunächst die Motive und Hintergründe dargestellt, die in der Migration zur Bildung eines „Marktes von religiösen Anbietern" geführt haben. Anschließend soll ein erster Versuch gemacht werden, die Bandbreite der Positionen hinsichtlich Integration versus Segregation zu umreißen und deren Folgen für die religiöse Lebensführung und das städtische Zusammenleben zu skizzieren.

Die Mehrheit der in den 60er und 70er Jahren in islamischen Ländern angeworbenen Arbeitsmigranten in der Bundesrepublik kam aus der Türkei, doch sind unter den muslimischen Zuwanderern auch Flüchtlinge und Studenten aus dem Iran, dem Irak, aus Palästina, Ägypten oder dem Libanon; seit 1992 handelt es sich bei Neuzuwanderern um bosnische Flüchtlinge aus dem ehemaligen Jugosla-

3 *Koran* = „Offenbarung Gottes"; *sunna* = „Leben des Propheten".

wien. Dies bedeutet, daß die meisten der Zuwanderer aus sozialistischen bzw. säkularisierten Ländern kommen, in denen Muslim zu sein in erster Linie bedeutet, von einer islamischen Familie abzustammen und einen islamischen Namen zu tragen (Turan 1991, S. 39). Ihre Identität war zunächst meist nicht explizit religiös orientiert, was sich jedoch durch die Notwendigkeit des Zurechtfindens in einer fremden, nicht-islamischen Umgebung änderte. Die religiösen selbstorganisierten Einrichtungen trugen zur kollektiven Abgrenzung gegen die Umwelt und zur Klärung des Eigenen bei; auch rituelle Handlungen zu Geburt, Beschneidung, Heirat und Tod wurden nun in das religiöse Zentrum transferiert (Jonker 1997). Wieviele der Zuwanderer allerdings am religiösen Gemeindeleben teilnehmen, ist nicht bekannt; je nach politischer Orientierung schwanken die Schätzungen zwischen einer halben bis zwei Millionen Personen.

Heute leben ca. 2,5 Millionen Muslime in der Bundesrepublik, 89 Prozent von ihnen sind türkischer Nationalität; Bosnier stellen mit ca. 300.000 Personen die zweitgrößte Gruppe. Als diese Männer und Frauen in die Bundesrepublik kamen, organisierten sie sich in Selbsthilfegruppen, um Kontakt zu unterhalten, ihren Kindern die eigene Sprache und Kultur zu vermitteln und gemeinsam zu beten. Aus diesen Anfängen erwuchs eine große Anzahl privater Organisationen, Vereinigungen und Selbsthilfezentren; Fabrikhallen und leerstehende Läden wurden in Gebetsräume umgewandelt. In den Selbsthilfezentren, die sich in den Städten über mehrere Hinterhöfe erstrecken können, konzentrieren sich soziale und religiöse Dienstleistungen: Gebetsräume, Friseure, Kaffeehäuser, Läden, Armenküchen, Kindergärten, Frauentreffs, Sammelstellen, Bibliotheken, Lehrhäuser und Koranschulen, Logierunterkünfte für Reisende, Schulen und Ausbildungsstätten sowie Leichenhallen.

Das zentrale Moment des religiösen Lebens ist für alle Muslimen die alltägliche Lebensführung.[4] In der europäischen Diaspora ist dies um so wichtiger, als es nun gilt, die Offenbarung im eigenen Leben zu verwirklichen – und zwar inmitten einer Welt, die diese spezifische religiöse Tradition nicht nur nicht kennt, sondern auch Religion als Handlungsanleitung nicht mehr anerkennt. Religiöse Lebensführung betrifft nicht nur die religiösen Pflichten, sondern auch Fragen der Kindererziehung, des Alkoholverbots, der ehelichen Treue, des Verhältnisses zwischen Männern und Frauen, der Barttracht oder der Verschleierung, „eben all solche Dinge, deren soziale Tragweite untergeordnet ist, jedoch als Symbole 'ethnischer' Zugehörigkeit ein Zusammenhörigkeitsgefühl erzeugen" (Weber 1972, S. 239). Für Muslime in islamischen Ländern kann der Auftrag, die Offenbarung in der Diesseitigkeit zu leben, sich auf alle Terrains des sozialen und politischen Lebens erstrecken. Für Muslime, die in einem nicht-islamischen Land leben, dreht sich die zentrale Frage jedoch um die Art und Weise des Verhaltens gegenüber der

---

4 Die deutsche Islamwissenschaft prägte dafür den Begriff „Orthopraxie", um den Gegensatz zur christlichen Orthodoxie zu betonen. Hier wurde dem Weberschen Begriff der „alltäglichen Lebensführung" der Vorzug gegeben (vgl. Weber 1972, S. 234 ff.; Weber 1988, S. 17-207; Tyrell 1992).

nicht-islamischen Außenwelt. Es geht daher wie in der jüdischen Diaspora vor allem um Identitätssicherung, wobei die Entscheidung maßgeblich ist, ob man in der Migration Kompromisse machen oder aber sich von der Welt der „Ungläubigen" fernhalten soll. Angesichts dieses Dilemmas sind religiöse Mobilisierung und Standortbestimmung der religiösen Gemeinden entscheidend.

Über die türkisch-islamischen Organisationen liegt inzwischen reichhaltige Literatur vor. Als Gründungsmotive solcher Assoziationen werden verschiedene nicht-religiöse Faktoren genannt, etwa gemeinsame Sprache und Herkunft, die Betonung nationaler, ethnischer oder landsmannschaftlicher Zugehörigkeit, politische und soziale Gründe oder gemeinsame Leidenserfahrung. Inwieweit dabei sozial- oder berufsstrukturelle Gründe eine Rolle spielen, ist bislang noch nicht beantwortet. Die türkisch-islamischen Organisationen, die Anfang der 70er Jahre als erste Fuß in der Bundesrepublik faßten, waren damals in der Türkei verboten. Seit der Gründer des modernen türkischen Staates, Kemal Atatürk, in den 20er Jahren den Staat quasi zum Verwalter des (sunnitischen) Islam gemacht hatte, wurden alle Bewegungen, die sich diesem Entschluß entgegenstellten, in den Untergrund getrieben. Das galt sowohl für die sunnitischen *Süleymanli*, die Anhänger der *Milli Görüsh (AMGT)*, die *Nurcu* als auch für die *Aleviten* (vgl. Anlage), für die alle der Schritt in die Migration eine Chance war, um die verbotene religiöse Identität sicherzustellen. Dies brachte wiederum eine relative Offenheit für die neue Situation in der Migration mit sich.

Bis Anfang der 80er Jahre hatte sich in der Bundesrepublik eine große türkisch-islamische Gemeinde gebildet, die von den in der Türkei unterdrückten religiösen Bewegungen dominiert wurde und politischen Widerstand gegen das laizistische Regime in der Türkei formierte. Erst da verstand das türkische Präsidium für Religionsangelegenheiten, welche politisch-religiösen Entwicklungen sich bei ihren Landsleuten in der Migration vollzogen hatten. Es wurden Beamte für religiöse Angelegenheiten (DITIB) nach Deutschland entsandt, um durch die Etablierung von Konkurrenz-Organisationen den Terrainverlust auszugleichen (vgl. Anlage). Dank des religiösen „Tauwetters", das der 1993 verstorbene Ministerpräsident Özal in der Türkei eingeleitet hatte, sind jedoch die Gräben zwischen den Staats- und den ehemaligen Untergrundorganisationen in der BRD heute nicht mehr so tief wie Anfang der 80er Jahre (Seufert/Weyland 1994). Zudem wurde mit dem jüngsten politischen Sieg der „Partei des rechten Weges" in der Türkei auch für die AMGT-Mitglieder in Deutschland eine politische Kursänderung eingeläutet, deren Folgen sich erst abzuzeichnen beginnen. Von Zusammenarbeit zwischen den einzelnen Organisationen kann jedoch nicht die Rede sein, die Beziehungen untereinander sind eher von Konkurrenz geprägt. Heute haben die meisten türkisch-islamischen Organisationen ein eigenes Landeshauptquartier in Köln-Ehrenfeld, von wo aus auch die belgischen und niederländischen Einrichtungen geleitet werden.

Neben diesen großen türkischen Dachverbänden, die von ihrer politischen Geschichte in der Türkei geprägt sind, gibt es Gruppen – wie etwa die Bosnier –, für deren Zusammenhalt eine gemeinsame Leidenserfahrung entscheidend ist. Das Gemeindeleben wird geprägt von den Erinnerungen an die Flucht, von der aktuellen politischen Situation, vom Asylverfahren sowie von Abschiebungen. Doch auch für die älteste islamische Organisation Deutschlands, die „Geistige Verwaltung der Muslim-Flüchtlinge in der Bundesrepublik Deutschland e.V.", waren Kriegserfahrungen wichtig gewesen. Muslimische Kriegsteilnehmer aus der Sowjetunion bildeten nach dem Zweiten Weltkrieg einen Interessenverein, dessen Sitz sich noch immer in München befindet. Der Zusammenhalt hat sich bis in die dritte und vierte Generation erhalten, auch wenn nach Auskunft des heutigen Vorsitzenden 70 Prozent der Mitglieder inzwischen zu deutschen Staatsbürgern geworden sind und sich die Organisation daher als „fast integriert" betrachtet.[5]

Zusammenfassend läßt sich sagen, daß religiöse und nicht-religiöse Faktoren für die Formierung der unzähligen Gruppen, Verbände und Organisationen, die heute die islamische Landschaft in der Bundesrepublik gestalten, bestimmend gewesen sind. Man spricht inzwischen von ca. 2.500 lokalen religiösen Vereinigungen, die sich überwiegend einem der ca. 10 Dachverbände angegliedert haben, mit diesen aber nicht zwangsläufig identisch sind (Karakaşğlu/Nonnemann 1996). In diesen Vereinigungen werden außerdem bestimmte Lebenszyklen-Riten – etwa zu Geburt und Heirat – durchgeführt, die früher im Heimatland nicht als explizit religiöse wahrgenommen worden waren. So ist in der Migration etwas entstanden, was vom Islam in den Herkunftsländern abweicht: Um religiös tätig zu werden, aber auch um die Lebenszyklen angemessen zu praktizieren, müssen Muslime sich hier einer Organisation anschließen (Schiffauer 1993, S. 471). Spezifische Ansichten zur islamischen Lebensführung und damit zur Integrationsfähigkeit bzw. Segregationspflicht bestimmen die Atmosphäre der einzelnen Zentren, was zu einer zweiten Neuschöpfung von Tradition geführt hat: Viele Gläubige beten an unterschiedlichen Orten und schließen sich, manchmal nur für eine Weile, derjenigen Organisation an, die sie am meisten anspricht oder wo die eigenen Ansichten am besten zur Geltung gebracht werden, was die Dynamik dieses religiösen Marktes ausmacht. Vergleicht man diese Entwicklung mit dem Angebot des religiösen Marktes in den USA, dem ein zentrifugaler Effekt nachgesagt wird, dann ist auch in Deutschland zu erwarten, daß sich das Gesicht der islamischen Vereinigungen in Zukunft noch einmal wandeln wird (Warner 1993, S. 1058 ff.).

4. Die religiöse Topographie in Berlin

1987 führte die damalige Ausländerbeauftragte des Senats von Berlin eine Erhebung unter den Islamischen Gemeinden („Moscheenvereine") in Berlin durch mit dem Ziel, deren dringendste Unterbringungs- und sanitäre Probleme zu lösen (Bericht 1987). Von den 33 in diesem Bericht aufgeführten Selbsthilfezentren be-

5 So der jetzige Imam Ibrahimovic in einem Brief vom 7.8.1995.

fanden sich 16 in Fabriketagen, 11 in Läden und Ladenwohnungen, zwei in Wohnräumen und zwei in Kellern. Der Berichterstatter hatte nur zwei eigenständige Gebäude finden können, die die baulichen Merkmale einer Moschee aufwiesen: die 1924 von islamischen Diplomaten in Wilmersdorf erbaute Moschee an der Briennerstraße und das als Moschee umfunktionierte Gebäude auf dem türkischen Friedhof am Columbiadamm. Alle Zentren klagten über Platzmangel, und 16 von ihnen befanden sich in einem mittelmäßigen bis sehr schlechten baulichen Zustand.

In zehn Jahren hat sich die religiöse Landschaft erheblich geändert. Die islamische Bevölkerung in Berlin ist inzwischen von 140.000 auf ca. 200.000 Personen angewachsen, nicht zuletzt durch den Zuzug bosnischer Flüchtlinge (Statistisches Bundesamt Wiesbaden, Sommer 1996). Eigenen Erhebungen zufolge existierten im November 1996 53 Selbsthilfezentren in Berlin.[6] Die meisten Gebetsräume befinden sich in den alten Arbeitervierteln im Westteil der Stadt und zwar 13 in Kreuzberg (1987: 10), 13 in Neukölln (1987: 5) und 8 in Wedding (1987: 7). 14 Selbsthilfezentren liegen ebenfalls im westlichen Teil, in Schöneberg, Tiergarten, Charlottenburg, Wilmersdorf und Steglitz (1987: 10), im Berliner Norden gibt es 5 Gebetsräume in Spandau und Reinickendorf (1987: 1).

Von den 23 Berliner Bezirken haben also nur zehn eine islamische Wohnbevölkerung, die dicht genug ist, um das Bedürfnis entstehen zu lassen, Gebetsräume und soziale Infrastrukturen im Viertel aufzubauen. Dabei handelt es sich um dieselben Bezirke wie 1987, während in den östlichen Bezirke bislang noch kein islamisches Selbsthilfezentrum geplant ist, wie eine Umfrage im November 1996 ergab. Damals wurde seitens der islamischen Gemeinden die Möglichkeit dazu negativ eingeschätzt,[7] auch lagen weder den Bezirksämtern entsprechende Anfragen für Baugenehmigungen oder Raumvergabe vor, noch hatten sich kulturelle Kontakte zwischen islamischen Organisationen und den Bezirken ergeben. Die religiöse und soziale Infrastruktur in den westlichen Bezirken hat sich allerdings in den vergangenen Jahren erheblich verbessert.

Von den 53 Selbsthilfezentren sind 35 türkischen Dachverbänden angeschlossen: 15 der DITIB (1987: 13), 8 der Süleymanli (1987: 3), 9 der AMGT (1987: 11) und 3 der Nurcu (1987: 0). Die übrigen Zentren sind zum Teil anderen Sprach-

---

6 Lage und Anzahl der Gebetsräume waren nur von den organisierenden Vereinen selbst zu erfahren, da die meisten Räume privat eingerichtet worden sind. Die Bezirksämter spielen lediglich eine Rolle bei der Beantragung von Baugenehmigungen oder falls vom Bezirk Räume gemietet werden. Die Vereine können nur Auskunft über sich selbst geben, doch ist die Auskunftsbereitschaft nach Erfahrungen mit dem Verfassungsschutz gering. Von offizieller Seite, von DITIB zum Beispiel, erfuhr ich, daß ihr 14 Gebetsräume zugeordnet sind, über die anderen türkischen Vereine hat sie jedoch keine Kenntnis. Noch schwieriger war die Informationsbeschaffung bei den kleinen ethnischen Gruppen und Sprachgemeinschaften. Die Lage der Kosovo-Albaner, der Sandjak-Muslime, der türkischen Schiiten, der Muslime aus Sri Lanka, der deutschen Konvertiten oder der afrikanischen Muslime, um nur einige zu nennen, konnte über zufällige Kontakte ermittelt werden.
7 Wie es ein Sprecher der AMGT ausdrückte: „Der Osten bleibt der Osten. Man ist dort doppelt Ausländer. Unsere Geschäftsleute fahren hin, aber abends fahren sie wieder zurück."

gruppen zuzuordnen, darunter 1 bosnisches, 2 albanische, 2 indische, 2 pakistanisch-englische, 1 deutsches und 2 arabische. Zum anderen Teil sind sie abweichenden Strömungen des Islam gewidmet, beispielsweise den pakistanischen Ahmadiyya, den türkischen Schiiten, den alevitischen Ehli Beyt, den Sufi und einigen türkisch-nationalistischen Splittergruppen wie „Kaplan" oder die „Grauen Wölfe".

Die kleinsten dieser Zentren umfassen nur einen Wasch- und einen Gebetsraum. Die meisten größeren verfügen daneben noch über eine Küche und einen Eß- bzw. Versammlungsraum sowie einen Friseur. Die Hauptquartiere von DITIB und der AMGT, beide in Kreuzberg, erstrecken sich jeweils über mehrere Hinterhöfe und beherbergen eine breite Skala von sozialen Einrichtungen, darunter eine Bibliothek, einen Kindergarten, einen Jugendtreff und bis 1996 eine Sammelstelle für bosnische Flüchtlinge. Alle Zentren haben ein religiöses Lehrangebot, insbesondere für Jugendliche, das von Koranschulen über Lehrhäuser für Erwachsene bis zu Ausbildungsstätten für Religionslehrer und -lehrerinnen reicht. Beinahe überall haben sich in den oder in der Nähe der Selbsthilfezentren Kaffeehäuser, Gemüseläden und muslimische Fleischer angesiedelt.

Das 1995 neueröffnete Zentrum der Süleymanli in Spandau schließlich wußte die sozialen, geschäftlichen und religiösen Infrastrukturen architektonisch miteinander zu verknüpfen: Innerhalb der Mauern eines alten Fabrikgeländes entstand auf dessen Trümmern eine große Moschee, die einer Auflage des Spandauer Bezirksamts zufolge nicht von außen als solche erkennbar sein darf und daher hinter einer Reihe vorgelagerter Wohnungen und Ausbildungsräume „versteckt" wurde. Unter der Moschee wurde ein Restaurant errichtet, und in den Kellern der vorgelagerten Wohnungen befinden sich auf der linken Seite Waschräume und ein Friseur für Männer mit einem Zugang zum Gebetsraum, auf der rechten Seite Waschräume, ein Kindergarten und ein Veranstaltungsraum für Frauen ebenfalls mit Zugang zum Gebetsraum. Außerdem gibt es diverse Läden und Kaffeehäuser sowie unter dem Vorhof eine Leichenhalle mit einer dazugehörenden Einrichtung für die rituellen Waschungen. Auf diese Weise entstand ein Zentrum, in dem alle Facetten türkischen Lebens miteinander verknüpft sind – Religiöses mit Geselligem, Kulturelles mit Geschäftlichem. Es ist den Besuchern ein Refugium, wo die eigene Sprache, Geschichte und Religion gepflegt und an die nächste Generation weitergegeben werden können. Damit sind hier soziale und religiöse Funktionen eine Fusion eingegangen, die seit dem Niedergang des Osmanischen Reiches in der Türkei nicht mehr üblich war.

5. Integration versus Segregation

Die Auflagen des Spandauer Bezirksamts, wonach das neue Selbsthilfezentrum nicht als religiöse Institution (Moschee) sichtbar werden durfte, stehen nicht allein. Es wurde schon darauf hingewiesen, daß die Entscheidung der deutschen Gerichte, den Muslimen den Körperschaftsstatus vorzuenthalten, eine Signalwirkung in Richtung Segregation zur Folge hatte. Die zahlreichen Zentren islamischen Lebens in Berlin, die in den letzten 25 Jahren entstanden sind, können den öffentlichen Raum nicht mitprägen; die Moscheen Berlins bleiben, mit einer Ausnahme, unsichtbar. Ein Schild an der Wand oder in einem Torbogen ist alles, was von der Straße her ihre Anwesenheit verrät; tatsächlich sind es nur die türkischen Gemüseläden, die auf die Nähe eines Gebetsraumes hinweisen. Auch auf der Ebene der gesellschaftlichen Kommunikation gibt es bis heute kaum Kanäle, mit deren Hilfe ein kontinuierlicher Gedankenaustausch zwischen nicht-islamischen (deutschen) und islamischen Gruppen möglich wäre, obwohl Kirchen und politische Parteien inzwischen Arbeitsgruppen für diese Zwecke eingerichtet haben. In Berlin wurde eine Annäherung bislang unter Hinweis auf die deutsche Gesetzeslage verhindert. Die Suche nach Lösungen für den religiösen Unterricht in Schulen, für die öffentliche Anerkennung islamischer hoher Feiertage oder die Möglichkeit, eigenen Begräbnisgrund zu erwerben, ist damit blockiert. Dazu kommt eine Rechtslage, der zufolge auch in der Migration geborene Kinder noch immer den Status von Ausländern haben. Das betrifft inzwischen bereits die „dritte Generation", wodurch die Abdrängung der Muslime ins soziale Abseits Kontur bekommt.

Dieser Realität wird auf islamischer Seite mit einer ambivalenten Haltung begegnet: soll die Bundesrepublik nun als „Land des Friedens" *(dar-al-Islam)*, als „nicht-islamisches Territorium" *(dar-al-harb)* oder als ein vertragsfähiges Land *(dar-al-ahd)* angesehen werden? Jeder Muslim muß sich, wie mir von meinen Gesprächspartnern wiederholt gesagt wurde, etwas absondern, um in der Migration die religiös bestimmte Lebensführung verwirklichen zu können. Das Maß der Absonderung ist jedoch eine Frage des Ermessens. Dieses bestimmt für den muslimischen Besucher die Atmosphäre der einzelnen Zentren und für den Außenstehenden die soziale Distanz oder Kontaktfreudigkeit, mit der er empfangen wird.

Zwar sind Türken, Albaner und Bosnier, Syrier, Palästinenser und Libanesen früher alle Untertanen des Osmanischen Reiches gewesen und rechnen sich deswegen heute noch häufig der Rechtsschule der Hanifiten zu, die sich stets durch eine gewisse Pragmatik und Kompromißbereitschaft auszeichnete. Solange das tägliche Gebet möglich war, der Schutz der Muslime garantiert und die islamischen Rechtsgelehrten ihr Amt ausüben konnten, neigten Juristen der hanifitischen Schule dazu, ein fremdes Gebiet als *dar-al-Islam* gelten zu lassen, womit dem einzelnen das Knüpfen von Geschäftskontakten und Freundschaften und damit eine soziale Integration möglich wurde (El Fadl 1994, S. 162; Johannsen 1986, S. 20). Allerdings betrachtet kaum jemand die Bundesrepublik Deutschland als islamisches Rechtsgebiet, doch die Frage, ob sie als „Land des Vertrages" gelten könne, wurde von meinen Gesprächspartnern sehr unterschiedlich beurteilt. Insbesondere nach den Angriffen auf türkische Zuwanderer in den Jahren 1991 bis 1993 wurde auch dieser Status angezweifelt oder zumindest neu überdacht, weshalb sich bei vielen Gläubige in den letzten fünf Jahren ein Wandel vollzog. Dem richtigen Verhalten, das den Kern der islamischen Lebensführung ausmacht, wird ein immer höheres Gewicht eingeräumt. Die Einhaltung der Gebetszeiten, der Essens- und der Fastenvorschriften, die Muslime von Nicht-Muslimen unterscheiden, aber auch die äußeren Zeichen wie Barttracht und Schleier werden nun zum zentralen Thema und somit gewissermaßen zum Aushängeschild der kulturellen Differenz. Vor allem in der jüngeren Generation hat die Beachtung der Sittlichkeitsgebote, z.B. die Verschleierung, deutlich zugenommen.

Die Bandbreite der islamischen Positionen zu Integration, Kompromißbereitschaft und Segregation soll im folgenden anhand von vier Beispielen dargestellt werden. Es handelt sich dabei um Vereinigungen derselben nationalen Zugehörigkeit und, mit einer Ausnahme, auch um Vertreter derselben Rechtsschule, so daß die Unterschiedlichkeit der Interpretation besonders deutlich wird.

Die DITIB

Solange DITIB, als Organisation des türkischen Staates, den Aufenthalt der türkischen Zuwanderer in der Bundesrepublik als eine vorübergehende Phase betrachtete, war die Frage des richtigen Verhaltens in einem fremden Land nicht von besonderem Interesse gewesen. Dennoch hatte sie verschiedene Male einen Antrag auf Erhalt des Körperschaftsstatus gestellt. Nach Auffassung der bundesdeutschen Gerichte müßte für diesen Zweck jedoch zunächst, via Zusammenschluß mit allen anderen islamischen Organisationen, eine einheitliche, hierarchisch strukturierte Institution gebildet werden. Eine solche Forderung stößt auf Unverständnis, da eine Kooperation mit den in der Türkei bislang verbotenen Untergrundorganisationen unmöglich ist.

Aufgrund der formalen deutsch-türkischen Beziehungen wird die Bundesrepublik als „Land des Vertrags" angesehen; die Beamten sprechen allerdings kaum deutsch, werden alle fünf Jahre ausgetauscht und knüpfen kaum Beziehungen zu bundesdeutschen Institutionen, die sich mit der Integration türkischer Zuwanderer befassen. Anlaß für eine nähere Befassung mit dem Problem ergaben sich aus den Auseinandersetzungen um Bestattungen auf nicht-islamischem Boden. Die meisten Gläubigen wollen nicht in deutscher („feindlicher") Erde begraben werden, so daß Verstorbene in die Türkei geschickt und dort bestattet werden, was weitreichende Konsequenzen für die Verwurzelung der Gemeinde in der Bundesrepublik hat.

Die AMGT

Die AMGT Anhänger erkennen keine hierarchischen Strukturen an, was für den sunnitischen Islam insgesamt gilt. Den AMGT Gemeinden gelingt es, der grundsätzlichen Egalität aller Gläubigen eine Kontur zu geben: Jeder ist im Glauben gleich und hat dieselbe Verantwortung zu tragen, weshalb der Imam lediglich als Vorbeter gilt, als Gleicher unter Gleichen, nach dem Beispiel Mohammeds. Aus diesem Grund wenden sich vor allem Jugendliche, insbesondere aus der „dritten Generation" der Organisation zu. Anziehend wirken die Appelle an die Eigenverantwortung für eine konsequente islamische Lebensführung und an den Intellekt, der durch Studieren und Diskutieren gefördert wird. Die jüngere Generation übt allerdings Kritik an der älteren, die sich nach der Tradition überwiegend im Alter der Religion zuwandte. Für die Jungen gehört das Beten jetzt schon zum Alltag. Allerdings kritisiert der Imam auch die große Freiheit in der religiösen Interpretation, die, vor allem unter Integrationsdruck, zur Beliebigkeit führen könne: „Der Islam ist wie ein Staubsauger. Überall, wohin er kommt, nimmt er Elemente auf. Jetzt, wo wir in Deutschland sind, werden wir auch wohl noch christliche Elemente aufnehmen!"

Dafür, daß die Bundesrepublik als „Land des Vertrags" gelten könne, werden bislang wenig Anzeichen erkannt, doch wird der Kontakt mit Nicht-Muslimen nicht entmutigt. Im Gegenteil wird Deutschland als Missionsgebiet betrachtet, das zum *dar-al-Islam* werden könnte. Allerdings schreibt die Kleidungsordnung Frauen das große Kopftuch und den Überwurf vor, und manche Gläubige greifen von allein zu dem alles bedeckenden schwarzen Schleier. Hiermit sind den Möglichkeiten der Kommunikation mit der nicht-islamischen Außenwelt enge Grenzen gesetzt.

Die Süleymanli

Um seiner Gemeinde mit gutem Beispiel voranzugehen, hat der erste Imam und Führer der Süleymanli die deutsche Staatsbürgerschaft angenommen; er besuchte zudem wiederholt islamische Gemeinden in Kanada und den USA, um ein Bild über die mögliche Zukunft der Süleymanli in der Bundesrepublik zu bekommen. Seiner Meinung nach wird die türkische Sprache unter den Zuwanderern späterer Generationen allmählich verloren gehen, was zwar schade, jedoch nicht das Wichtigste sei; wichtig sei nur der Erhalt der religiösen Identität. Daher ist die religiöse Lehre eine zentrale Angelegenheit, wenn auch der Glaube eine Sache der Innerlichkeit bleibe. Der Imam ist überzeugt davon, daß Kontakte mit Nicht-Muslimen, selbst „nackte Frauen am Badestrand", einen Gläubigen nicht korrumpieren können. Dennoch – oder gerade deshalb – fällt Deutschland in die Kategorie der „nicht-islamischem Territorien" *(dar-al-harb)*, in denen Muslime eine religiöse Minderheit sind. Die Gemeinden müssen sich neue adäquate Wege suchen, um die religiöse Identität zu sichern. Daher sind die Süleymanli bereit, ihre Organisation nach dem Vorbild der europäischen Kirchen aufzubauen und zu „modernisieren". Hiermit ist vor allem die Integration des religiösen Lebens in dem normalen Alltag gemeint, wie dies auch Katholiken und Protestanten ehemals getan hätten. Als angestrebte Aktivitäten werden genannt: Gebetsräume in Schulen und Krankenhäusern, Mitverantwortung im sozialen Bereich, Seelsorge in Gefängnis und Armee, Religionsunterricht an Schulen.

Die türkischen Schiiten

Die schiitische Gemeinde, die sich hauptsächlich von Bergbauern aus Azerbajdshan herleitet, die 1918 aufgrund von Grenzveränderungen unter türkische Herrschaft kamen, hat bereits mehrere Migrationen hinter sich und verfügt damit über ein für die Türkei nicht ungewöhnliches Schicksal. Ihr religiöses Verständnis verbindet die azerbajdshanische Sprache, die Erinnerung an ihre Vertreibung mit der Liturgie des Märtyrer Hüsseyn. In den 60er Jahren zogen die damaligen Gemeindemitglieder vollständig in die Istanbuler Slums, um von dort nach und nach in die Bundesrepublik zu emigrieren. Auswanderung und Anpassung sind daher die Hauptthemen ihrer theologischen Reflexion, und dennoch waren nicht alle Probleme, die das Leben in Deutschland mit sich bringen würde, vorauszusehen gewesen. Wichtige Problemfelder sind die Angemessenheit der Kleidung, des Benehmens, der Ernährung, der Erziehung – also sämtliche Alltagsfragen. Der Umgang mit Nicht-Muslimen gehört zu den wichtigsten Problemen und bedarf einer genauen religiösen Antwort, die dem Imam zufolge in zwei Koranversen geregelt wird. Falls „die Christen" den Islam bestreiten, muß er verteidigt werden, wie Mohammed ihn verteidigt hat. Falls sie sich jedoch freundschaftlich zeigen, ermöglicht dies Handel und Wirtschaft, auch den Dialog. Auch wenn der Imam keine Auskunft darüber gibt, was konkret für die Bundesrepublik gelten soll, scheint sich die jüngere Generation ein Urteil gebildet zu haben. Vor allem in Deutschland geborene junge Frauen haben sich für *Cilbab* und *Carcaf*, den schwarzen Schleier und Mantel, entschieden und vollziehen damit den symbolischen Bruch mit der deutschen Gesellschaft. Mehr als andere islamische Gemeinden greift diese kleine Gruppe zum Mittel der sozialen Schließung, um Würde und Identität zu erhalten.

6. Schlußbemerkung

Nicht allen islamischen Einwanderern hat sich das Dilemma der Integration in den oben beschriebenen Formen gestellt. Die Aleviten, die in diesem Beitrag kaum zur Sprache gekommen sind, kennen einen verinnerlichten Islam, den man als säkularisiert bezeichnen könnte. Der Islam, so diese Religionsgruppe, enthält vor allem einen inneren Sinn, dessen Geheimnis entschlüsselt und in Gemeinschaft verwirklicht werden soll. Eine Formalisierung der alltäglichen Lebensführung mit Hilfe von Kleidung, Verhalten und Essen, aber auch durch Gebete und Fastenzeiten lehnen sie daher ab. Die Aleviten wurden in der Türkei häufig verfolgt und viele sind ausgewandert. In der Bundesrepublik machen sie 30 Prozent der islamischen

Bevölkerung aus. Die gesetzliche und formelle Ausgrenzung der muslimischen Einwanderer bildet auch für sie ein Problem. Sie wird jedoch nicht mit einer Formalisierung der alltäglichen Lebensführung beantwortet, weil Aleviten eine solche religiöse Tradition der Äußerlichkeit nicht kennen.

Für die sunnitische Mehrheit der islamischen Migranten bringt das Leben auf nicht-islamischem Territorium jedoch Rechtsprobleme mit sich, die das Bedürfnis nach religiösen Antworten und religiöser Organisation wecken. Die Auseinandersetzung mit der deutschen Gesetzeslage hat dem Prozeß der religiösen Einbindung einen ganz eigenen Akzent gegeben, so daß zumindest ein Teil der muslimischen Bevölkerung in Deutschland sich erneut ihrem religiösen Erbe zugewandt hat. Allem Anschein nach wird dieser Prozeß insbesondere von der heranwachsenden „dritten Generation" thematisiert und konturiert.

Migration ist eine Erfahrung, die viele Zuwanderer veranlaßt, eine religiöse Einbindung zu suchen. Dem amerikanischen Religionssoziologen Stephen Warner zufolge ist der Prozeß in den USA „an accepted mode", um kulturelle Eigenheiten zum Ausdruck zu bringen und trotzdem einen Platz in der Gesellschaft zu erlangen. Dabei spielt die Generationenfolge eine wichtige Rolle: Ist der Rückzug in die religiöse Gemeinschaft für die erste Generation noch „a remembrance of Zion in the midst of Babylon", so hat für die zweite Generation das Englisch schon die Heimatsprache verdrängt: „Conducting worship in English is one of the classical paths by which America transmutes ethnicity into religion." (Warner 1993, S. 1062 f.) Die augenblickliche Entwicklung in der BRD scheint jedoch in eine andere Richtung zu gehen.

Die deutsche Kirchengesetzgebung datiert aus einer Zeit, in der von der Identität von Staats- und Kirchenvolk ausgegangen wurde und die Frage nach dem „Anderen" an anderen Religionen nicht aktuell war. Diese behindert die islamischen Gemeinden bei ihren Integrationsversuchen. Die erste Zuwanderergeneration beantwortet dieses Dilemma mit einer in der islamischen Rechtstradition gegründeten Diskussion über Anpassung versus Abschließung. Die Kinder gehen auf dem eingeschlagenen Weg der Eltern weiter, verschärfen aber die Kontraste, indem sie die alltägliche Lebensführung in den Mittelpunkt stellen. Für die religiöse Vielfalt, die heute das islamische Gesicht Berlins bestimmt, ist deshalb eine Änderung oder Neuauslegung der Rechtslage dringend zu wünschen.

Literatur

Alfred, Albrecht, 1986: Religionspolitische Aufgaben angesichts der Präsenz des Islam in der Bundesrepublik Deutschland, in: Heiner Marré und Johannes Stüting (Hrsg.), Essener Gespräche zum Thema Staat und Kirche (20), Münster: Aschendorf, S. 82-116.
Bericht, 1987: über die räumliche Situation der islamischen Gemeinden in Berlin. Interner Bericht der Ausländerbeauftragten des Senats von Berlin.
Berque, Jacques, 1944: Essai sur la méthode juridique Maghrébine, Rabat.

El Doi, Abdur Rahman, 1987: Duties and Responsibilities of Muslims in Non-Muslim States: A Point of View, in: Journal of the Institute of Muslim Minority Affairs, Nr. 8/1, S. 47-53.

El Fadl, Ahmad, 1994: Islamic Law and Muslim Minorities: The juristic Discourse on Muslim Minorities from the Second/Eighth to the Eleventh/Seventeenth Centuries, in: Islamic Law and Society, Nr. 1/2, S. 141-187.

Erler, Adelbert, 1965: Kirchenrecht. Ein Studienbuch, München/Berlin: Beck.

Johanssen, Baber, 1986: Staat, Recht und Religion im sunnitischen Islam – Können Muslime einen religionsneutralen Staat akzeptieren?, in: Heiner Marré und Johannes Stüting (Hrsg.), Essener Gespräche zum Thema Staat und Kirche (20). Münster: Aschendorf, S. 12-55.

Jonker, Gerdien, 1996a: The Knife's Edge: Muslim Burial in the Diaspora, in: Mortality, Vol. 1/1, S. 27-43.

Jonker, Gerdien, 1996b: Die Totenklage in der Migration: interkonfessionelle Bewertungen einer traditionsreichen Praxis, in: Gerhard Höpp und Gerdien Jonker (Hrsg.), In fremder Erde: Zur Geschichte und Gegenwart der islamischen Bestattung in Deutschland. Schriftenreihe Moderner Orient, Arbeitshefte Nr. 11, Berlin: Das Arabische Buch, S. 131-147.

Jonker, Gerdien, 1997: Death, Gender and Memory: Remembering Death as a Migrant, in: David Field, Jenny Hockey and Neil Small (Eds.), Death, Gender and Ethnicity, London: Routledge, S. 187-201.

Karakaşoğlu, Yasemin and Gerd Nonnemann, 1996: Muslims in Germany, in: Gerd Nonnemann u.a. (Eds.), Muslim Communities in the New Europe, Reading: Garnet Publ., S. 241-265.

Loschelder, Wolfgang, 1986: Der Islam und die religionsrechtliche Ordnung des Grundgesetzes, in: Heiner Marré und Johannes Stüting (Hrsg.): Essener Gespräche zum Thema Staat und Kirche (20), Münster: Aschendorf, S. 149-174.

Matthes, Joachim, 1993: Was ist anders an anderen Religionen? Anmerkungen zur zentristischen Organisation des religionssoziologischen Denkens, in: Kölner Zeitschrift für Soziologie und Sozialpsychologie, Sonderheft 33: Religion und Kultur, S. 16-33.

Mikat, Paul, 1964: Das Verhältnis von Kirche und Staat in der Bundesrepublik. Schriftenreihe der juristischen Gesellschaft Berlin, Nr. 14, Berlin: de Gruyter.

Obermayer, Klaus, 1977: Staat und Religion. Bekenntnisneutralität zwischen Traditionalismus und Nihilismus. Schriftenreihe der juristischen Gesellschaft Berlin, Nr. 53, Berlin: de Gruyter.

Peters, Rudolph, 1996: Jihad in Classical and Modern Islam, Princeton: Marcus Wiener publ.

Schiffauer, Werner, 1993: Der Weg zum Gottesstaat. Die fundamentalistischen Gemeinden türkischer Arbeitsmigranten in der Bundesrepublik, in: Historische Anthropologie, Nr. 3, S. 468-484.

Seufert, Günter and Petra Weyland, 1994: National Events and the Struggle for the Fixing of Meaning: A Comparison of the Symbolic Dimensions of the Funeral Service for Atatürk and Özal, in: New Perspectives on Turkey, Nr. 11, S. 71-98.

Turan, Ilter, 1991: Religion and Political Culture in Turkey, in: R.L. Tapper (Ed.), Islam and Modern Turkey. Religion, Politics and Literature in a Secular State, London: Tauris.

Tyrell, Hartmann, 1992: Das „Religiöse" in Max Webers Religionssoziologie, in: Saeculum, Nr. 43, S. 172-230.

Warner, Stephen, 1993: Work in Progress toward a New Paradigm for the Sociological Study of Religion in the United States, in: The American Journal of Sociology, Nr. 98, S. 1044-1093.

Weber, Max, 1972 (1921): Wirtschaft und Gesellschaft. Grundriß der verstehenden Soziologie, Tübingen: JCB Mohr.

Weber, Max 1988, (1920): Gesammelte Aufsätze zur Religionssoziologie I, Tübingen.

Die islamischen Gemeinden in Berlin 363

Regionalstudien zu islamischen Verbänden und Organisationen

Berlin, 1992: Weltreligionen in Berlin (Publikation der Ausländerbeauftragten des Senats).
Berlin, 1995: Der Islam und die Muslime (Publikation der Ausländerbeauftragten des Senats).
Bremen, 1995: Wir sind ja keine Gäste mehr: Religiöse Einrichtungen Bremer Muslime (Publikation der Bremischen Evangelischen Kirche).
Hessen, 1995: Islamische Organisationen der türkischen, marokkanischen, tunesischen und bosnischen Minderheiten in Hessen (Publikation des Hessischen Ministeriums für Umwelt, Energie, Jugend, Familie und Gesundheit – Büro für Einwanderer).
München, 1996: Muslime in München (Publikation des AusländerInnenbeauftragten der Landeshauptstadt München).

Anlage
Kleines Glossar der türkisch-islamischen Organisationen

DITIB
Dabei handelt es sich um die deutsche Abteilung des türkischen Staatsdirektoriums für Religionsangelegenheiten, das einen modernen und „aufgeklärten" Islam befürwortet, da im modernen türkischen Staat die Religion offiziell zur Privatsache erklärt wurde. Allerdings behält sich der Staat vor, in Religionsangelegenheiten einzugreifen; sowohl der Moscheenbau als auch die Ausbildung von Geistlichen werden vom Staat finanziert und sind somit Staatsmonopol. In allen DITIB-Moscheen wird am Freitag dieselbe Predigt gehalten und für das türkische Staatsoberhaupt gebetet. In der Bundesrepublik existieren 14 Generalkonsulate, denen 750 Vereine unterstehen.

AMGT (Milli Görüsh)
Diese Organisation ist „modernistisch" in dem Sinne, daß sie zum Fundament von Islam, Koran und Sunna zurückkehrt und die islamische Tradition, die auch den Volksglauben umfaßt, als überflüssigen Ballast beiseite schieben möchte. Eine Zeitlang strebte sie die Errichtung eines Gottesstaats in der Türkei an. Die Bewegung im Mutterland, Milli Görüsh, schlug in der Zusammenarbeit mit der Refah-Partei einen realistischeren und konsensfähigen Kurs ein und brachte es 1996 zur Regierungskoalition. In der Bundesrepublik Deutschland sind der AMGT 472 Gemeindezentren angeschlossen. Der rechte Rand wurde eine Zeitlang von der Kaplan-Bewegung (ICCB) gebildet, die sich jedoch 1983 abspaltete und nach wie vor die Errichtung eines Gottesstaats anstrebt. Der linke Rand (Ali Bulac u.a.) sucht nach Wegen, um Islam und Demokratie mit einander in Einklang zu bringen.

Die Süleymanli
sind als die „Korankursbewegung" bekannt geworden. Ihre Stärke liegt in der religiösen Bildung; so gehörte es lange Zeit zu ihren Zielen, in jedem Hotelzimmer einen Koran auslegen zu können. Die Süleymanli entstammen einer der mystischen Traditionen des Osmanischen Reiches, wovon man Spuren in ihrer Gemeindeorganisation findet: Sie sind streng hierarchisch organisiert und gründen ihre Lehrtätigkeit auf ein exklusives Lehrer-Schüler Verhältnis. Im Unterschied zu der AMGT betrachten sie die Tradition, auch die des Volksglaubens, als eine wichtige Voraussetzung für den Zusammenhalt der Gemeinde. Die Errichtung eines Gottesstaats in der Türkei sehen sie als das höchste anzustrebende Ziel an, doch in der BRD, wo 303 Gemeinden der Bewegung angeschlossen sind, streben sie

inzwischen das Modell einer „europäischen Kirche" an. Hierunter verstehen sie eine hierarchische Organisation, wie sie vom deutschen Gesetz vorgeschrieben wird.

Die Nurcu
wollen den Islam mit den Erkenntnissen der modernen Naturwissenschaft verbinden. Nurcu-Anhänger sind ein wenig weltfremd und von Mystik angetan. Die Bewegung findet großen Anklang unter Studenten.

Die Schiiten
spalteten sich gleich zu Beginn der islamischen Geschichte vom sunnitischen Hauptstrom ab und entwickelten nach und nach eine eigene Rechtstradition. Anlaß des Religionsstreits war die Frage der Nachfolge des Propheten. Der Kern des schiitischen Andersseins liegt denn auch in der mythischen Erzählung vom Tode Hüsseyns, der als Enkel Mohammeds einen Erbanspruch gegenüber dessen Nachfolger erhoben hatte. Das jährliche Gedenken seines Märtyrertodes bildet den Höhepunkt des liturgischen Jahres; in ihm findet das Leid der Unterdrückten und Entrechteten seinen Ausdruck. Die schiitische Tradition enthält Züge, die sich leicht aktualisieren und unter Umständen auch revolutionieren lassen. In der BRD sind sie kaum vertreten.

Die Aleviten
betrachten ihren Glauben, der mystische Elemente und schamanistische Elemente der vor-islamischen Turkvölker enthält, als persönliche innere Angelegenheit. Der Nachdruck, mit dem orthodoxe Gläubige das richtige islamische Benehmen in den Mittelpunkt stellen, kennen sie nicht. Da sie das tägliche Gebet, das Fasten und die Pilgerfahrt stets als überflüssige Aspekte des Glaubens betrachteten, statt dessen gemeinsam musizierten und tanzten, wurden sie sowohl im Osmanischen Reich als auch im modernen türkischen Staat immer wieder verfolgt. Deshalb wanderten viele von ihnen aus. In der BRD stellen sie schätzungsweise 30 Prozent der türkischen Zuwanderer.

Nikola Tietze

Moslemische Handlungsstrategien bei jungen Erwachsenen

Ein Vergleich zwischen einer deutschen und einer französischen Stadt

1. Einleitung

Der Islam als Thema öffentlicher Auseinandersetzung hat zur Zeit in Westeuropa eine gewisse Hochkonjunktur. Er wird vornehmlich in seiner politischen Ideologisierung wahrgenommen und mit Extremismus oder Fundamentalismus und so mit Bildern von Terrorismus und Archaismus verbunden. Damit gilt der Islam im allgemeinen auch als Hindernis für die Integration von Immigranten, die sich als Moslems bezeichnen. Als das absolut Andere im Gegensatz zu Vorstellungen von Republik und Demokratie der christlich-jüdischen bzw. im Falle des französischen Laïzismus antiklerikalen Tradition scheint es unmöglich, diese kulturelle Dimension in die abendländischen Gesellschaften zu integrieren. Durch die Arbeitsimmigration der 60er und 70er Jahre und die darauf folgende Familienzusammenführung ist jedoch in den westeuropäischen Großstädten eine Generation junger Moslems herangewachsen, die ein Teil dieser Gesellschaften geworden ist (vgl. Leggewie 1993; Bastenier 1994-1995). Diese Jugendlichen studieren, machen eine Ausbildung und kämpfen um die Integration in den Arbeitsmarkt. Häufig leben sie in Stadtteilen, in denen soziale und wirtschaftliche Probleme kumulieren. Es handelt sich nicht um Terroristen oder „hinterwäldlerische", in Aberglaube und Traditionen verfangene Männer und Frauen, sondern um junge Menschen mit einem modernen Konsumverhalten, die zum Beispiel in Deutschland und in Frankreich ihr Leben in einer schwierigen wirtschaftlichen und von sozialer Diskrimination gekennzeichneten Situation führen.

Wer sind diese Moslems, die den deutschen oder den französischen Nicht-Moslems so fern zu sein scheinen und ihnen doch so ähnlich sind? Dieser Frage soll im folgenden anhand von Ergebnissen einer empirischen, qualitativen Untersuchung in einem von sozialen und wirtschaftlichen Problemen gezeichneten Bezirk einer deutschen und einer französischen Stadt nachgegangen werden.[1]

---

1 Es handelt sich hier um ein Viertel einer Stadt im Pariser Vorstadtgürtel, Argenteuil, und einem Stadtteil des Bezirks Hamburg-Harburg, Wilhelmsburg. Narrative Interviews und Notizen aus der teilnehmenden Beobachtung bilden die Grundlage für diesen Artikel. Das Material wurde in einem Zeitraum von Ende 1994 bis zum Sommer 1996 zusammengetragen.

Junge Männer zwischen 20 und 30 Jahren aus Zuwandererfamilien bilden den zentralen Untersuchungskorpus. In Deutschland handelt es sich vor allem um Personen, deren Familien aus der Türkei zugewandert sind und sich dem sunnitischen Islam zuordnen; in einigen Fällen sind sie in alevitischen Familien sozialisiert worden. In Frankreich wurden junge Männer nordafrikanischer Herkunft und sunnitischer Glaubensrichtung befragt. Frauen mit moslemischer Identität sind in der Darstellung nicht berücksichtigt; selbst wenn die im folgenden diskutierte Typologie auch weitgehend auf Frauen zutrifft, so unterscheidet sich ihr Subjektivierungsprozeß doch in entscheidenden Punkten (vgl. Gaspard/Khosrokhavar 1995).

Im Mittelpunkt der Analyse stehen nicht islamwissenschaftliche Kategorien, sondern die subjektiven Definitionen moslemischer Religiosität durch die sozialen Akteure. Es geht darum, die verschiedenen Sinnkonstruktionen über eine Identifizierung mit dem Islam zu erfassen, um daran anschließend die Bedeutungen einer solchen Konstruktion für das individuelle soziale Handeln in der deutschen und der französischen Öffentlichkeit untersuchen zu können. Die moslemische Identifikation wird dabei nicht im Zusammenhang mit Integrationsdefiziten erfaßt, sondern im Gegenteil als eine Folge des abgeschlossenen Eingliederungsprozesses (Bielefeld 1988; Tribalat 1995).

Die französische und die deutsche Gesellschaft befinden sich wie alle anderen westeuropäischen Länder in einem Transformationsprozeß, so daß die Zugehörigkeit zu einem ökonomischen oder sozialen Milieu keine Identifikation mit einer bestimmten sozio-kulturellen Gruppe erlaubt. In postindustriellen Gesellschaften steht das Individuum vor einer Auswahl verschiedener Handlungslogiken und -strategien, die keinen a priori festgelegten identifikatorischen Wert besitzen. „Die Zusammensetzungen von Aktionslogiken, die die Erfahrungen organisieren, besitzen kein Zentrum, sie beruhen auf keiner einzelnen und fundamentalen Logik" (Dubet 1994, S. 92[2]). In dieser Hinsicht befinden sich die Immigranten, d.h. zumindest ihre in einer solchen post-industriellen Gesellschaft sozialisierten Kinder genau in derselben Situation wie ihre Altersgenossen, deren Großeltern und Urgroßeltern schon Deutsche und Franzosen waren. Es gibt daher genau so wenig „eine Immigrantenkultur" wie es „eine Arbeiterkultur" gibt. Der soziale Akteur aus einer zugewanderten Familie ist wie alle anderen Gesellschaftsmitglieder mit einer Vielzahl von Handlungslogiken konfrontiert, woraus sich Subjektivität und Reflexivität ergeben müssen (vgl. Dubet 1994, S. 105), um die Sinnkonstruktionen im alltäglichen Handeln zu ermöglichen. Folglich entstehen auch unterschiedliche religiöse Ausdrucksformen, die kaum auf einen „türkischen" oder „nordafrikanischen" Islam reduziert werden können. Im ersten Teil dieses Aufsatzes sollen daher idealtypisch die möglichen moslemischen Selbstdefinitionen dargestellt werden.

---

2 Die Übersetzung des Zitats aus dem Französischen ist wie alle weiteren französischen Originaltexte von der Autorin vorgenommen worden.

Sind die traditionellen Gesinnungsmilieus in der Großstadt weitgehend aufgelöst und zwar in besonderem Maße für sozial und wirtschaftlich benachteiligte Bevölkerungsgruppen, so steht die räumliche Segregation mehr und mehr im Vordergrund als Differenzierungs- und Identifikationsmittel sozialer Akteure. Die Hypothese ist, daß gerade in benachteiligten, von Ausgrenzung bedrohten und meistens von vielen Zuwanderern bewohnten Stadtteilen die Referenz auf die lokale Einheit entscheidend für den Subjektivierungsprozeß wird. Dieser Lokalismus beruht dabei nicht nur auf der erinnerten Geschichte und dem gelebten Alltag in dem Stadtteil, sondern ist zumindest in gleichem Maße das Ergebnis der Mediatisierung dieser Stadtviertel bzw. ihrer sozialen Probleme und die Folge der politischen, sozialpädagogischen oder auch polizeilichen Sondermaßnahmen. Es handelt sich nicht zwangsläufig um eine Identifikation mit historischen oder verwaltungspolitischen Einheiten, sondern der Bezugspunkt kann einen einzelnen oder mehrere Wohnblöcke oder ein architektonisch identifizierbares Gebiet in dem Viertel darstellen. Die lokale Identifizierung basiert also auf einer Konstruktion aus individuellen Erfahrungen der Bewohner und aus Bildern, die ihnen täglich von ihnen selbst vorgehalten werden. In einer so konstruierten sozialen Bezugswelt wird die Mehrheit der jungen Moslems aus Zuwandererfamilien sozialisiert. Damit wird für sie wie für die anderen Bewohner benachteiligter Stadtteile die räumliche Einheit zu einer zentralen Erfahrungswelt ihres Subjektivierungsprozesses und damit für ihre Identifikation mit dem Islam. Ausgehend davon steht in dem zweiten Teil des Aufsatzes die Frage im Mittelpunkt, wie sich diese jungen Erwachsenen als moslemische Akteure in die deutsche bzw. französische Öffentlichkeit integrieren.

Trotz vergleichbarer Typen von Selbstdefinitionen der Moslems in beiden Ländern bilden sich in den deutschen und französischen Stadtteilen unterschiedliche religiöse und kulturelle Praktiken des Islams heraus, die kaum aus den kulturellen Unterschieden zwischen den Herkunftsländern der Zuwanderer herrühren. Die Unterschiede sind vielmehr begründet durch die verschiedenen Einwanderungspolitiken, durch den jeweiligen Platz der Religion im allgemeinen und durch sich voneinander differenzierende historische Erfahrungen mit dem Islam in den beiden Ländern. Aber in beiden Fällen sind die Großstädte die sozialen Räume, in denen die Existenz und die Entwicklung eines „westeuropäischen Islams" sichtbar werden (de Galembert 1995). Am deutlichsten wird dies an dem Bau der „Moscheekathedralen", um die vielerorts erbittert gestritten wird. Dem aufmerksamen Spaziergänger oder Einkäufer in einem „türkischen" Gemüseladen wird auch nicht das abendliche Ende der Fastenzeit während des Ramadans entgehen. Und keinem Großstadtbewohner bleibt durch die Kleidung einiger Moslems die religiöse Überzeugung seiner Mitbürger verborgen.

2. Die Religion im Subjektivierungsprozeß und als eine Voraussetzung sozialen Handelns

Eine idealtypische Beschreibung deutscher und französischer Moslems in benachteiligten Stadtvierteln benötigt zunächst einmal die Bestimmung dessen, was mit Religion bzw. dem Religiösen gemeint ist. Die französische Religionssoziologin Danièle Hervieu-Léger (1993) definiert das Religiöse als die Einschreibung des Individuums in eine Ahnenreihe von Gläubigen – „la lignée croyante": „Das Prinzip jeder religiösen Überzeugung ist der Glaube in die Kontinuität der Ahnenreihe von Gläubigen". Damit ist die Religion ein Subjektivitätsprinzip, das soziale Kategorien überschreitet und gleichzeitig das Prinzip der Erinnerung und Überlieferung einschließt.[3] Der Islam stellt also eine Möglichkeit für das Individuum dar, soziale Herrschaftsbeziehungen zu transzendieren bzw. eine Verbindung zwischen dem ihm Vorausgegangenen und seiner Gegenwart herzustellen. Dadurch besitzt die Religion ihren sinnstiftenden Charakter für die Gegenwart des Individuums und ihre Bedeutung für die individuelle Projektion in die Zukunft.

Es gilt als selbstverständlich, daß in säkularisierten Gesellschaften die religiöse Identifikation eine individuelle Entscheidung darstellt. Das trifft auch auf die Moslems der zweiten Generation der Arbeitsimmigration zu. Der Islam ist für sie genau so wenig in eine unveränderbare soziale, kulturelle und politische Realität integriert wie das Christentum für moderne Protestanten oder Katholiken. So wie die Auflösung der industriegesellschaftlichen Gesinnungsmilieus zu heterogenen, instabilen Identitäten führt, bewirkt die Säkularisierung den Zerfall fester, durch religiöse Autoritäten geleiteter Gruppen. Diese beiden gesellschaftlichen Entwicklungsprozesse ergänzen sich bei dem Entstehen der unterschiedlichen konstruierten Ausdrucksformen moslemischer Religiosität junger Männer.

Jeder, der sich – wie auch immer – in die Ahnenreihe des Islams einschreibt, wird in diesem Artikel als ein Moslem verstanden. Es geht nicht darum, theologisch zu beurteilen, inwieweit die Person nach den Dogmen des Islams handelt, sondern darum, in welcher Form und aus welchen Erfahrungen heraus er sich auf die religiösen Dogmen beruft. Um die verschiedenen Formen der Verwendung der Religion im Subjektivierungsprozeß bzw. in der individuellen Selbstbeschreibung idealtypisch kategorisieren zu können, wird auf die vier generellen Idealtypen der Weberschen Handlungstheorie zurückgegriffen:

1. Dem zweckrationalen Handlungstyp gemäß wird die Religion zu einer Ideologie, d.h. zu einem Ideensystem mit sozialpolitischen Zielen umgeformt. Da-

---

3 Diese Dimension der Erinnerung und Überlieferung der Ahnenreihe der Gläubigen begründet den Unterschied der Religion zur Sakralität. Ein Fußballverein oder eine Musikgruppe können für einige Menschen durchaus eine sakrale Bedeutung haben, aber sie können nicht zu einer Religion werden, weil beiden die Dimension der Erinnerung und Überlieferung des Glaubens fehlt.

durch wird die religiöse Identifikation, in diesem Falle die moslemische, zu einer Verpflichtung, die Welt zu verändern. Max Weber nennt den Virtuosen dieses religiösen Handlungsprinzips den Reformer oder den Revolutionär.
2. Dem wertrationalen Handlungstyp gemäß wird die Religion zur Grundlage einer Ethik, die den Alltag systematisiert und diszipliniert. Eine solche Religiosität stellt die persönliche Perfektionierung in den Vordergrund, nicht die Veränderung der Welt. Das Subjekt konstruiert mittels einer Gesinnungsethik und weniger mittels religiöser Verbote und Gesetze einen Sinn für seinen Lebenslauf und seine sozialen Handlungen.
3. Dem emotionalen bzw. affektuellen Handlungstyp gemäß interveniert die Religion in das soziale Handeln in Form einer sakralen Beziehung bzw. in Form eines Glaubens. In diesem Falle fehlt eine Intellektualisierung der Religion, wie sie mehr oder weniger ausgeprägt bei den vorangegangenen Typen vorhanden ist. Je nachdem, wie ausgeprägt ein solcher „Gesinnungsglaube" ist, werden irrationale Elemente in das soziale Handeln integriert.
4. Dem traditionalen Handlungstyp gemäß wird die Religion als Gewohnheit gelebt. Sie ist vollkommen in die Lebenswelt (Habermas 1988, S. 182 ff.) integriert und wird kaum oder gar nicht explizit benannt. Religiosität wird daher weniger aus dem Inneren heraus entwickelt, sondern scheint von etwas Äußerem abhängig zu sein. Eine solche Religiosität drückt sich vornehmlich durch die Teilnahme an Riten und religiösen Zeremonien aus. Max Weber spricht in diesem Fall von „Anstaltsfrömmigkeit" (Weber 1972, S. 322). Da dieser Begriff im Kontext des Islam wegen der fehlenden religiösen Institutionalisierung unangebracht ist, scheint jedoch der Terminus „Ritualfrömmigkeit" hier zutreffender.

Ein Subjektivierungsprozeß durch moslemische Identifikation vollzieht sich niemals in einem neutralen Raum, abgetrennt von sozialen Erfahrungen des Alltags und anderen Identifizierungsmöglichkeiten. Deshalb muß er in den Zusammenhang mit den Verarbeitungsformen dieser Erfahrungen gestellt werden, für die das Erleben der räumlichen Segregation – wie oben gezeigt – ausschlaggebend ist. Gleichzeitig ist die Referenz auf eine „kulturelle Erinnerung" in der Analyse unerläßlich. Indem das Individuum sich in ein Feld kultureller Erinnerung integriert, schreibt es sich einer Geschichte zu und gibt damit seinem persönlichen Leben einen Sinn. In einem Lebensweg bzw. einer Familiengeschichte, die durch das Erleben von Differenz geprägt sind, erhält diese Erinnerung eine spezifische sinnstiftende Bedeutung. Die religiöse Identifikation junger Moslems aus Zuwandererfamilien zeichnet sich gerade durch diesen Zusammenhang von Religion und kulturellem Gedächtnis aus. Er unterscheidet diese Personen von gleichaltrigen, zum Islam konvertierten oder von gleichaltrigen, in einer islamischen Gesellschaft lebenden Personen. Hier liegt auch die Differenz zu einem Moslem begründet, der als Asylbewerber oder aus professionalen Gründen nach Deutschland oder Frankreich kam.

3. Kategorien junger Moslems in Deutschland und in Frankreich

Integriert man die idealtypischen Formen des Religiösen im Subjektivierungsprozeß in den Kontext der Verarbeitungsformen lokaler Erfahrung und der Konstruktionen von kulturellen Erinnerungsfeldern, lassen sich folgende individuelle Idealtypen herausarbeiten:

Der konfliktuelle Akteur

In diesem Falle steht eine deutlich erlebte Marginalisierung und Stigmatisierung als Bewohner einer „Vorstadt" und/oder als „Ausländer" bzw. „Immigré" am Anfang einer Ideologisierung des Islam. Dabei wird die persönliche Erfahrung intellektualisiert und aus dem lokalen Kontext herausgehoben. Der Akteur bleibt nicht bei einer Beschreibung der sozialen Probleme seines Stadtteils bzw. der individuellen Diskriminierung, sondern betreibt davon ausgehend Gesellschaftskritik. So kritisiert Hakim aus Argenteuil den „europäischen Individualismus", der eine wirkliche Solidarität unter den Jugendlichen seines Stadtteils gegen die soziale Misere und damit eine Veränderung der Situation verhindere. Der Islam hingegen ermöglicht in seinen Augen die Konstitution einer „wirklichen Gruppe, Gemeinschaft auf der Basis gemeinsamer Ideen". Der Akteur macht aus der Religion eine Ideologie für soziale Gerechtigkeit und gesellschaftlichen Wandel; er konstruiert über seine moslemische Identifikation eine Herrschaftsbeziehung, in der er sich auf die Seite der Unterdrückten oder der Unterprivilegierten stellt, und zwar auf die Seite aller unterdrückten Moslems in Palästina, in Bosnien, Tschetschenien und den französischen bzw. deutschen Vorstädten. Auch Oktay aus Wilhelmsburg, der in einer der islamischen Gruppierungen vor Ort, Milli Görüs,[4] engagiert ist, erklärt den Zulauf der Gemeinde mit folgenden Worten: *„Hier in Deutschland werden wir unterdrückt. Wenn man z.B. beim Arzt wartet und eigentlich dran ist, dann kommt ein Deutscher vorher dran, obwohl er später gekommen ist. Genau so im Bus, die Leute gucken uns komisch an."* Die verschiedenen Dogmen des Islam treten vor dem ideologischen Imperativ in den Hintergrund. Das Einhalten gewisser Verbote – der Genuß von Alkohol oder das Verspeisens von nicht-geschächtetem Fleisch – und die Teilnahme an bestimmten Ritualen – das Freitagsgebet oder der Ramadan – sind eher Zeichen der ideologischen Zugehörigkeit als ein Ausdruck für eine sinnliche Lebensführung.

---

4 Milli Görüs, d.h. Avrupa Milli Görüs Teskilatri (AMGT), ist eine der großen islamischen Dachverbände in Deutschland. Sie steht organisatorisch der türkischen Refah-Partei nahe. Daher werden ihre Mitglieder auch oft nach dem derzeitigen türkischen Ministerpräsidenten und Parteipräsidenten von Refah die „Erbakancis" genannt. Für genauere Informationen zu Struktur und Ideologie dieser Vereinigung vgl. Binswanger/Sipahioglu (1988); Binswanger (1990); Mihçiyazgan (1990); Gür (1993).

Ein solcher Subjektivierungsprozeß über die Ideologisierung des Islam hat die Konstitution einer ideellen kulturellen Erinnerungsgruppe zur Folge. Sie beruht auf der idealisierten Vergangenheit eines ethnisierten Islam (arabisch oder türkisch) mit klaren sozialpolitischen Forderungen. Es kann sich dabei sowohl um die Idealisierung bestimmter Leistungen des Osmanischen Reiches als auch um die Heraushebung des zivilisatorischen Fortschritts dank der Eroberung und Missionierung Nordafrikas und Spaniens durch die Araber handeln. Die Generation der Eltern des konfliktuellen Akteurs ist genau so aus dieser Erinnerungsgruppe ausgeschlossen wie der Nicht-Moslem. So bemerkt Oktay aus Wilhelmsburg: „*Ja, ich bin hier geboren. Ich kenne die Türkei nur aus dem Urlaub (...) Aber ich wollte noch sagen, früher, da wußte ich nicht, was das heißt, Moslem zu sein. Meine Eltern konnten das nicht so erklären. Die kamen von Dörfern in der Türkei und konnten nicht lesen und nicht schreiben. Die wissen nicht, was im Koran wirklich steht, das sind ihre Traditionen (...) Ich wußte nur, ich bin ein Moslem, mehr nicht. Jetzt wollen die jungen Leute es wissen. Sie lesen Bücher und studieren den Koran. Deshalb praktizieren sie ihren Glauben."*

Die Einschreibung in eine Erinnerungsgruppe, geprägt von politischen und kulturellen Leistungen in der Vergangenheit, ermöglicht dem Subjekt, sowohl die alltäglichen Probleme und Diskriminierungen als auch den Bruch mit der in ihren Augen gescheiterten Generation der Eltern zu überwinden. Gleichzeitig wird die Erinnerungsgruppe ein ideologisches Instrument, indem die Idealisierung der Vergangenheit der gerechten und starken Araber oder Osmanen den eigenen gegenwärtigen Forderungen eine konkrete Form gibt.

Der ethische Akteur

Im Falle einer ethischen Verwendung des Islam wird die soziale Marginalisierung und Diskriminierung im Alltag auf einer individuellen Ebene gelebt. Die gesellschaftskritische Abstrahierung und die „Internationalisierung" des persönlichen Problems, wie sie von dem konfliktuellen Akteur vorgenommen werden, sind bei diesem Typ der moslemischen Identifikation nicht zu finden. Die soziale Umwelt erscheint dem Individuum vielmehr so destrukturiert, daß es sein Leiden und seinen Mißerfolg kaum in Form einer globalen sozialen Kritik formulieren kann. Bevor z.B. Karim aus Argenteuil zum Islam gefunden hatte, gab es für ihn nur einen Wunsch: „*Eine Zeit, da hatte ich echt die Schnauze voll. Mit 17, 18 Jahren da wollte ich nur weg, weit weg, nach Lateinamerika, raus hier.*" Nicht die Veränderung der Gesellschaft, sondern der Wunsch, als Individuum seine Lage zu verbessern, werden prägend für diesen Subjektivierungsprozeß. Eine Verbesserung der eigenen Situation bedeutet, sich von der Langeweile des „Rumhängens" (Dubet 1987) zu befreien, dem Alkohol- und Drogenkonsum zu entgehen und den Streß der mehr oder weniger legalen „Geschäfte" zu verlassen. Durch die Identifikation mit dem Islam wird es diesem Subjekt möglich, sich selbst anzunehmen, und sich als Akteur in einer unsicheren Umwelt zu konstituieren. In dieser Hinsicht beschreibt

Husseïn aus Argenteuil das Verhältnis zu seinen alten Freunden aus dem Stadtteil: „*Vorher gab es kein Vertrauen. Immer hattest du etwas zu verstecken: Entweder du hattest eine Freundin, aber nur zwei oder drei Kumpel durften das wissen. Oder da gab es ein Ding zu drehen, und kein anderer durfte davon wissen, damit das klappt. Es gab nie Vertrauen. Jetzt, wo wir da raus sind, ist es etwas anderes: Sie [die Freunde, NT] können mit uns reden. Vorher gab es nur Fußball, oder wie geht's, nicht mehr.*" Die Strukturierung des eigenen Lebensweges in ein „Vorher" und ein „Nachher" ist charakterisierend für die Diskurse aller jungen Männer. Sie zeigt deutlich die individuelle Entscheidung, die dem Praktizieren des Islam zugrunde liegt. Es handelt sich also in keinem Fall um einen traditionellen und damit selbstverständlichen Islam, sondern um eine individuelle religiöse Überzeugung, die in säkularisierten Gesellschaften vom Subjekt erarbeitet und konstruiert wird. Im Falle Husseïns strukturiert der Islam den Alltag, gibt Normen und Werte vor, legt Grenzen und Verantwortungen fest. Dadurch begründet er einen Sinn in einer sozialen Realität, in der alles möglich und doch nichts erreichbar ist.

Die Integration in eine kulturelle Erinnerungsgruppe hat in einer solchen individuellen Perspektive der islamischen Identifikation eine Sinnkonstruktion für den persönlichen Lebensweg zum Ziel. Nicht über die idealisierte, weit entfernte Vergangenheit, sondern durch die Rekonstruktion einer Beziehung zu den Eltern erarbeitet sich das Subjekt Erinnerungsfiguren einer kulturellen Gruppe. „*Jetzt [seitdem der Islam gelebt wird, NT] können wir mit den Alten [der Generation der Eltern, NT] reden. Vorher gab es kein Vertrauen. Wenn du einen dicken Kopf hast und solche Augen, weil du getrunken hast oder ich weiß nicht was hast, dann kannst du nicht mit ihnen reden. Sie merken das doch. Auch wenn sie nichts sagen, sie wissen es. Jetzt kann ich mit ihnen reden, über die Sachen, die sie beschäftigen. (...) Das ist es, wir haben jetzt das Vertrauen, einen Zugang. Sie können jetzt mit uns reden.*" (Karim aus Argenteuil) Die islamische Identifikation schlägt eine Brücke zu der Generation der Eltern und vertieft nicht den Bruch wie bei dem konfliktuellen Akteur.

Man ist Moslem, weil man aus einer aus Algerien oder aus der Türkei eingewanderten Familie kommt. Damit ethnisiert man einerseits den Islam gegenüber den anderen, d.h. den Deutschen und Franzosen, andererseits individualisiert man gleichzeitig die Religion gegenüber den Eltern. Dadurch befreit man sie innerhalb der kulturellen Erinnerungsgruppe von einer nationalen oder ethnischen Besetzung. Man ist nicht mehr ein marokkanischer, algerischer oder türkischer Moslem, sondern einfach Moslem. Ein solcher Islam dient nicht der Konstruktion eines „Wir" im Gegensatz zu einem „Ihr", sondern er konstituiert ein „Ich" und integriert sich damit in eine Pluralität von individuellen Identifikationen. Karim aus Argenteuil ist durch einen gläubigen Christen, einem Arbeitskollegen, zum praktizierenden Moslem geworden. Die soziale Ethik und die Persönlichkeit dieses Mannes haben ihn überzeugt, das religiöse Modell hat er jedoch seiner Lebenswelt entnommen, weil es in ihr einen Sinn zu konstruieren galt.

Für den einen ethischen Akteur wird die Integration in eine solche Erinnerungsgruppe über den Glauben möglich, der andere vollzieht hingegen eine komplette Intellektualisierung der moslemischen Religion; so z.B. Ali aus Wilhelmsburg, der sich seinem, ihm so fremd gewordenen Vater nähert, indem er die Geschichte des Alevitentums in der Türkei und seine spezifischen religiösen Rituale, Regeln und Feste studiert. Dabei entwickelt er seine persönliche Ethik, mit der er u.a. sein Engagement im Stadtteil begründet, aus der Philosophie des alevitischen Islam. Das Subjekt erarbeitet sich also eine kulturelle moslemische Identifikation, die seine Normen und Werte begründet, sich aber von den Dogmen distanziert. Deshalb findet man unter den ethischen Akteuren den liberalsten Umgang mit den religiösen Verboten des Islam. Sie können Alkohol trinken oder Schweinefleisch essen und sich trotzdem als Moslems bezeichnen.

Der integralistische Akteur

Im Falle des integralistischen Akteurs läßt sich eine mehr oder weniger große Verzweiflung an der individuellen sozialen Situation beobachten. Seine Erfahrungen im Alltag verhindern eine positive Konstruktion als Akteur in der Gesellschaft. Fouad aus Argenteuil arbeitet als ungelernter Arbeiter in einer Firma, die Farben herstellt. Er lebt mit Frau und zwei Töchtern in der Wohnung seiner Eltern, einem Appartement in einer Hochhaussiedlung, und beklagt die Kleinkriminalität und den Drogenkonsum in seiner Wohngegend. Seine Alltagserfahrungen lassen ihn das baldige Ende der Welt sehen: *"Das Ende der Welt ist nahe. Das steht schon so geschrieben, wenn die Menschen Hochhäuser bauen, dann nähert sich das Ende der Welt."* Hier erlaubt die Religion dem Individuum, sich in einer anderen als der sozialen Welt eine Subjektivität zu verschaffen. Das Subjekt kann so die negativen Erfahrungen durch den Glauben transzendieren, der von nun an vollständig sein Verhalten und seine sozialen Handlungen determiniert – daher die Benennung „integralistischer Akteur". So will Fouad sein Auto abstoßen, das er sich gegen die islamischen Regeln auf Kredit gekauft hat. Seinen Arbeitsplatz, der sowieso durch eine Kündigung bedroht ist, will er aufgeben, um mit „Glaubensbrüdern" ein moslemisches Unternehmen zu gründen. Aber nicht nur soziales Scheitern, sondern auch ein relativer gesellschaftlicher Erfolg, z.B. hinsichtlich der Bildung, kann in gewissen Fällen zu Entfremdung und Verzweiflung an der sozialen Realität führen. Murad aus Wilhelmsburg hat als einer der wenigen „Türken" seines Jahrgangs Abitur gemacht und studiert Elektrotechnik. Er fühlt sich nun seinen alten Freunden im Fußballverein und im örtlichen Haus der Jugend entfremdet. An der Universität findet er keinen neuen Freundeskreis, weil *„die Leute einfach zu anders [sind]"*. Seine moslemische Identifikation wird für ihn zur Erklärung und gleichzeitig zur Folge seines „Andersseins", für das er nur einen Platz in der örtlichen Milli Görüs-Gemeinde findet. Sie wird für diesen Akteur zur bestimmenden sozialen Realität.

Ein universeller, kein ethnisierter Islam, wird zur entscheidenden Referenz der kulturellen Erinnerungsgruppe. Es handelt sich somit um eine Erinnerung, die offen für jeden mit demselben Glauben und derselben integralistischen Lebensführung ist. Dadurch ist bei einem solchen Akteur ein gewisser Proselytismus zu beobachten, der bei den oben beschriebenen Akteuren vollkommen fehlt. Betont Fouad die Anzahl der zum Islam konvertierten Franzosen als Zeichen für den nahenden Weltuntergang, so unterstreicht Murad die Zahl der Deutschen, die zum Freitagsgebet in der Moschee erscheinen. In diesem Falle ermöglicht der Islam kaum die Rekonstruktion einer familiären Geschichte. Fouad und Murad berichten von dem Unverständnis ihrer Eltern wegen der jeweiligen moslemischen Identifikationen. Die Erinnerungsgruppe des integralistischen Akteurs bezieht sich auf das goldene Zeitalter des Propheten und die Geschichte moslemischer Theologen und ihrer Schriften.

Der „de-religionisierte" Akteur

Dieser letzte Typ hat eine „de-religionisierte" Form moslemischer Identifikation ausgebildet. Der Islam wird als Teil der Lebenswelt verstanden, die in ihrer Gesamtheit thematisiert wird. In der Verarbeitung der lokalen Erfahrungen erhält die Religion in Form von kulturellen Elementen ihre Bedeutung. Die negativen Erfahrungen von Diskriminierung und sozialer Marginalisierung werden über die Konstruktion einer lokalen Kultur überwunden, in der der Islam ein Teil ist. Entweder werden hierfür die sozialen und wirtschaftlichen Erfahrungen als Bewohner eines benachteiligten Stadtteils politisiert oder eine sozio-kulturelle Gruppe im Wohnviertel wird zum zentralen Element der kulturellen und politischen Identifikation. Da also die Lebenswelt mit kulturellen islamischen Elementen und nicht die Religion als solche den Angelpunkt des Subjektivierungsprozesses darstellt, wird dieser Idealtyp der „de-religionisierte" Akteur genannt. Der Virtuose dieses Idealtyps ist der französische „Banlieusard" oder der „deutsche Türke" bzw. der „deutsche Ausländer". Diese Differenzierung in einen spezifisch deutschen bzw. französischen Akteur ist notwendig und macht deutlich, daß im Falle der „de-religionisierten" Identifizierung mit dem Islam der Einfluß der deutschen bzw. französischen Öffentlichkeit auf die moslemische Ausdrucksform besonders groß ist. Das Bild, das die jeweilige Öffentlichkeit dem Subjekt entgegenhält, wird entscheidend für die Konstitution des sozialen Akteurs. Damit sei nicht unterstellt, daß bei den anderen Idealtypen ein solches Bild keine Rolle spielt. Aber in diesem Fall wird es zentral für den Subjektivierungsprozeß.

Ein französischer Banlieusard ist ein Moslem, weil er in der Vorstadt (einer „Cité") lebt. Mit dieser Identifikation geht einerseits die Referenz auf die Geschichte der nordafrikanischen Immigration und andererseits die öffentliche Dokumentierung des „Andersseins" einher. Es handelt sich dabei um die Verkehrung der urbanen und ökonomischen Marginalisierung in eine Kultur des „Andersseins". Der Subjektivierungsprozeß verläuft im französischen Fall also nach dem Motto „Ihr schließt uns aus und deswegen werden wir zu dem, was Ihr nicht wollt!:

nämlich moslemische Vorstadtbewohner". Kader belegt die Selbstverständlichkeit des Islams in dieser Vorstadtkultur mit dem Beispiel des einzigen „Franzosen" in der Fußballmannschaft, der während des Ramadan wie alle seine Mannschaftskollegen fastet.

Für einen „deutschen Türken" sind der Islam und die türkische Staatsangehörigkeit bzw. Kultur synonym. „*Also, das ist ja automatisch, wenn du Türke bist, dann bist du auch Moslem mit der Geburt. (...) Es gibt Leute, die das trennen. Ich glaube auch, daß man das unterscheiden kann. Aber für mich persönlich ist eine solche Antwort schwierig.*" (Osman aus Wilhelmsburg) Es ist das Bild „des Türken" in Deutschland, das die jungen Männer aus immigrierten Familien zu Türken macht. Ertekin, der sich u.a. auch als Moslem versteht und sich selbst als Faschisten bezeichnet, antwortet auf die Frage nach der Bestimmung eines Türken nach einigen Überlegungen: „*Nein, Du kannst keine Türkin werden (...) Also für die türkische Männer (...) ein Türke ist ein Mann, ein richtiger Mann. Also, der hat so eine Art, Frauen anzumachen, weißt Du!*" Auf die Bitte nach einer Erläuterung für diese Verbindung von Machismus und nationaler Identifikation berichtet Ertekin, daß er diese Idee durch die Bemerkung einer deutschen Frau in der Discothek bekommen habe. Der Islam gehört in diesem spezifischen Fall, so widersprüchlich das auch sein mag, wie der Machismus zu den Merkmalen des „deutschen Türken".

Bei dieser „de-religionisierten", moslemischen Identifikation werden die Achtung bestimmter Verbote bzw. die Einhaltung von Festen zu einem Differenzierungsmittel gegenüber den „anderen". Dabei lassen sich originelle Konstruktionen im Umgang mit den religiösen Geboten nicht verkennen. So antwortet Osman auf die Frage, warum er heute abend keinen alkoholischen Cocktail trinke: „*Heute ist Donnerstag abend und morgen Freitag, da trinke ich keinen Alkohol!*" Eine persönliche Regel, die ihn nicht daran hindert, am Freitag abend auszugehen, um einige „Frauen aufzureißen".

Die kulturelle Erinnerungsgruppe des lebensweltlichen Akteurs ist zwar vom Islam geprägt, jedoch stellen andere Elemente, wie die Geschichte der Arbeitsimmigration oder die lokale Geschichte des Lebens im Stadtteil, die zentralen Referenzen dar. Diese lokale Geschichte kann z.B. als zentrale Referenz eine Auseinandersetzung zwischen Jugendlichen des Stadtteils und der Polizei haben, wie es in Argenteuil der Fall ist. In Wilhelmsburg sind u.a. die Erinnerung an eine Jugendgang, die zu Ende der 80er Jahre in die Hamburger Schlagzeilen geraten ist, oder aber der Protest gegen die Installierung einer Mülldeponie entscheidend für die lokale Identifizierung als Protest gegen die Hamburger „Reichen".

4. Moslemische Handlungsstrategien in der deutschen und französischen Öffentlichkeit

Angesichts dieser unterschiedlichen Verwendungen der moslemischen Identifikation in den individuellen Subjektivierungsprozessen stellt sich die Frage nach der

Beziehung zur Gesellschaft, die die verschiedenen Individuen als soziale Akteure aufbauen. Mit welchen Handlungsstrategien treten die idealtypisch beschriebenen Moslems in die deutsche und französische Öffentlichkeit? Es ist selbstverständlich, daß die jeweilige Gesellschaft als das soziale Gegenüber der Handelnden entscheidend die Strategien der jungen Moslems beeinflußt.

Die bundesrepublikanische und die französische Gesellschaft sind durch ihre historischen Entwicklungen und ihre Konstruktionen von Staatsangehörigkeit und Nation, die jeweils entscheidend den Platz der Religion in der Öffentlichkeit bestimmt haben, voneinander zu differenzieren (Dumont 1991; Heckmann 1992; Brubaker 1994; Bielefeld 1995). Die harte, zum Teil leidenschaftliche Auseinandersetzung um den Islam in Frankreich ist unverständlich, wenn man sich nicht die Bedeutung der Laïzität für die Konzeption der Republik vor Augen hält (Bauberot 1990; William 1994-1995; Coq 1995). Jeder öffentliche Ausdruck religiöser Überzeugung stellt in dieser Gesellschaft die Öffentlichkeitsstrukturen in Frage. Wenn der Islam in diesem Zusammenhang besonders kritisch im Vergleich zu den anderen Religionen beobachtet wird, so liegt dies in der kolonialen Vergangenheit Frankreichs begründet. Jeder französische Moslem, der seine religiöse Identität öffentlich dokumentiert und einklagt, rührt an einen wunden, kaum aufgearbeiteten Aspekt der französischen Geschichte.

In der Bundesrepublik hingegen ist die Trennung von Staat und Kirche kein Gründungselement des Gesellschaftsmodells. Obwohl eine solche Trennung in einer spezifisch deutschen Form besteht (Schilling 1988), rührt die „Veröffentlichung" religiöser Überzeugung kaum an ein Tabu, und die christlichen Kirchen gehören – wie Gewerkschaft, Parteien etc. – zu den gesellschaftlichen Institutionen. Der deutsche Moslem ist jedoch im Gegensatz zu seinem französischen Glaubensbruder mit einem Staatsangehörigkeitsrecht und gleichzeitig mit einem gesellschaftlichen Bild konfrontiert, die ihn zu einem Ausländer machen. Entweder muß man ihm helfen, d.h. man begegnet ihm mit sozialpädagogischer Fürsorge, oder man schließt ihn aus, d.h. er muß sich als Opfer von Ausländerfeindlichkeit sehen. In keinem Fall ist er gleichberechtigter Staatsbürger.

In Frankreich und Deutschland stellt somit die Integration der durch Zuwanderung moslemischer Bevölkerungsgruppen entstandenen kulturellen und religiösen Komponente ein Problem dar, das eine Auseinandersetzung mit grundlegenden Elementen der Gesellschaftskonzeptionen hervorruft. Steht dabei in der französischen Gesellschaft der Islam als solcher im Mittelpunkt, so ist der Islam in der bundesrepublikanischen Gesellschaft ein Teil der Diskussion über das Verhältnis von „In- und Ausländern". Diese Unterschiede der Öffentlichkeitskonstruktionen gehen in die zwischen den beiden Ländern zu differenzierenden Handlungsstrategien junger Moslems ein. Sie sind in den beiden Ländern mit unterschiedlichen, ja gegensätzlichen öffentlichen Normen und Werten konfrontiert, obwohl ihre sozialen und wirtschaftlichen Situationen vergleichbar sind. Bei dieser Parallele ist jedoch zu berücksichtigen, daß die wirtschaftliche Situation in Frankreich im allgemeinen schlechter als in der Bundesrepublik ist. Vergleicht man die

Aussagen der jungen Männer zu diesem Thema, so drücken die Franzosen in stärkerer Form ihr Leiden und ihre Hoffnungslosigkeit angesichts der ökonomischen Lage aus als die Deutschen.

Der konfliktuelle Akteur

Ausgehend von der Ideologisierung und der Konstruktion einer Herrschaftsbeziehung zwischen Moslems als den Beherrschten und Nicht-Moslems als den Herrschenden muß ein solcher Akteur ein konfliktuelles Verhältnis zur Gesamtgesellschaft aufbauen. So erklärt Hakim aus Argenteuil: *„Wir, wir denken, daß man jetzt etwas verändern muß. (...) Die Franzosen mit einer religiösen Überzeugung, also die Urfranzosen, ich meine die Franzosen christlicher Kultur müssen endlich aufhören, sich wie die zu verhalten, die den richtigen Weg kennen. In Wahrheit, seid Ihr dagegen, daß wir ein Körnchen beitragen können. (...) Wer? Welche höhere Kraft kann ihm [dem anderen, NT] diese Arroganz uns gegenüber geben? (...) Haben Sie schon einmal einen Schwachen gleichberechtigt mit einem Starken gesehen? Nein! Deshalb gibt es zwei verschiedene Welten. (...) Ich suche nicht nach einer Anerkennung mit allen Mitteln, ich kann nur sagen, daß der Typ mich akzeptiert, ich lade ihn ein, mich zu respektieren und zu akzeptieren, daß ich mit ihm auf einer gleichberechtigten Ebene spreche."*

Wenn sich eine solche Forderung nach Partikularität in die gesellschaftliche Konzeption integrieren läßt, wird der konfliktuelle Akteur zu einem konkurrierenden Akteur in der Gesellschaft, so wie Oktay aus Wilhelmsburg von Milli Görüs. Er geht zu Podiumsdiskussionen, in denen die Probleme seines Stadtteils diskutiert werden. Ob es um eine Müllverbrennungsanlage oder um Rassismus geht, Oktay ergreift das Wort – und zwar als Moslem, dem es um die Belange „seiner Brüder und Schwestern" aus der islamischen Gemeinde geht. Die kulturalistische Konzeption des Islams bzw. des gesellschaftlichen Platzes für Minderheiten und die Tradition legitimer, partikularer Interessenvertretung im Namen der Religion ermöglichen dem konfliktuellen Akteur in der Bundesrepublik, sich als Konkurrent auf lokaler Ebene zu konstituieren. Letztlich verhindert jedoch der Ausländerstatus bzw. das Bild des Moslems als Ausländer den Einzug in die nationale Öffentlichkeit. Jedoch hat das Subjekt gerade in der Konstitution als konfliktueller moslemischer Akteur (und nicht als türkischer Akteur) die Möglichkeit, das asymmetrische Inländer-/Ausländerverhältnis zu überwinden. Die Selbstdefinition als Moslem ermöglicht es ihm, sich in eine gleichberechtigte, religiöse Opposition zum Christentum zu bringen. Diese Strategie hat auf der Ebene des Stadtteils durchaus Erfolg. Die lokalen Gruppen des nationalen Dachverbandes Milli Görüs sind im Vergleich zu den anderen Organisationen[5]) sicher die erfolgreichsten in Deutschland (vgl. Mihçiyazgan 1990). Die besondere Anziehungskraft dieser Gruppe auf junge Menschen beschreibt u.a. folgende Aussage

---

5 Wie etwa Diyanet Isleri Türk-Islam Birligi, Avrupa Islam Kültür Merkezleri Birligi oder die Süleymancis, der Verband der islamischen Vereine oder auch die Tebligcis.

von Yilmaz aus Wilhelmsburg: „*Die Dianet-Moschee ist gut für die Alten, die wegen Atatürk nicht mehr gläubig waren. Das ist gut für sie. Aber das ist zu weich, ein zu softer Islam. Bei Milli Görüs ist es besser. Die sagen ehrlich, was sie denken. Sie wissen, daß man Politik und Religion nicht trennen kann*".

In dem Falle, in dem die Forderung nach gleichberechtigter Differenz in der Öffentlichkeit auf Widerspruch mit der gesellschaftlichen Konzeption stößt, wird der konfliktuelle Akteur zu einem Reformer oder Revolutionär im Sinne Max Webers. Wenn Hakim aus Argenteuil einen Verein für Schularbeitenhilfe in seinem Stadtteil gründet und dabei seine moslemische Motivation „veröffentlicht", stellt er zwangsläufig gewisse öffentliche Strukturen in Frage und ruft den Konflikt mit den lokalen staatlichen Autoritäten hervor. Solche lokalen Erfahrungen lassen den Islam für den Akteur zu einem gesellschaftlichen Gegenmodell werden. Ist bei einer solchen Entwicklung der moslemischen Identifikation der Eintritt des Akteurs in die Öffentlichkeit blockiert und wird er in die soziale Isolierung gedrängt, so kann eine Lösung für ihn in Gewalt bestehen. „*Sie stellen ihn [den Moslem, NT] mit dem Rücken an die Wand, er wird am Ende seinen (...) der Knall, er wird auf Sie schießen!*" (Hakim aus Argenteuil). Hakim, dessen Name wie alle in diesem Aufsatz verändert wurde, wurde einige Zeit nach dem Interview im Zusammenhang mit den Bombenanschlägen im Sommer 1995 in Paris in Untersuchungshaft genommen. Im Rahmen der Terroristenfahndungen war er ca. drei Monate im Gefängnis, ohne daß ihm irgend etwas nachgewiesen werden konnte. Damit soll nicht gesagt werden, daß alle konfliktuellen moslemischen Akteure in Frankreich zu Terroristen werden. Für eine solche persönliche Entwicklung müssen weitere subjektive Prozesse der Verzweiflung zusammenkommen (vgl. Wieviorka 1988; 1995). Doch besteht die Gefahr, daß die französische Gesellschaft ihre eigenen islamistischen Terroristen produziert.[6]

Der ethische Akteur

Der ethische Akteur baut kein oppositionelles Verhältnis zur Gesellschaft auf; im Gegenteil ermöglicht es ihm seine religiöse Identifikation, sich in die Gesellschaft zu integrieren. So erklärt Hussein aus Argenteuil: „*Wenn es ein Problem gibt, dann erfinden die Leute solche Worte wie Exklusion und Integration. Das nennt man Aktualität! Aber was heißt das eigentlich wirklich? Integration zum Beispiel, sie reden von einem Integrationsproblem für uns. Aber wie willst du einen Millimeter in einen Millimeter integrieren? Oder integriere mal eine Kugel in eine Kugel? Du hast zwei gleiche Dinge, wie und warum willst du sie integrieren? Was soll in was integriert werden?*" In der

---

6 Der Fall des als Bombenleger Verdächtigten Khaled Kelkal aus einem Vorort von Lyon, der bei den Fahndungen von der Polizei erschossen wurde, belegt im übrigen einen anderen Weg als den des konfliktuellen moslemischen Akteurs in den Terrorismus (vgl. auch das Interview mit Dietmar Loch in Le Monde vom 7.10.1995). So scheint dieser junge Mann eher durch ein kleinkriminelles Milieu zum Handlanger einer algerischen Terrorgruppe geworden zu sein.

deutschen und der französischen Gesellschaft eröffnet sich diesem Akteur ein Handlungsspielraum, der in Frankreich im Namen der individuellen Persönlichkeitsentwicklung akzeptiert und öffentlich anerkannt ist. Sobald die islamische Ethik einen Glauben impliziert, wird er von dem Individuum in der Öffentlichkeit verschwiegen bzw. von den öffentlichen Repräsentanten verdrängt; denn er kann die erwünschte Integration behindern. Der Glaube findet nur in der Rekonstruktion der Beziehung mit den „Alten", der ersten Generation, seinen Ausdruck.

In der deutschen Öffentlichkeit findet die islamische Ethik als kulturalistischer Aspekt einer Minderheit ihren Platz. Der ethische Akteur kann jedoch in diesem gesellschaftlichen Kontext in den Typ des konfliktuellen, konkurrierenden Akteurs übergehen, der im Namen der „multikulturellen Gesellschaft" seinen Platz in der Öffentlichkeit einklagt. Im Zusammenhang mit dieser Forderung wird der Islam häufig vollkommen zu einer Kultur „intellektualisiert".

Der integralistische Akteur

Für den integralistischen Akteur tritt die reale Gesellschaft in den Hintergrund bzw. muß überwunden werden, um die Ideale des Islams erreichen zu können. Zwei unterschiedliche Formen externer Beziehungen zur Gesamtgesellschaft sind die Folge. Der eine integralistische Akteur wird gleichgültig gegenüber der sozialen Realität und nähert sich in dieser Hinsicht dem Weberschen kontemplativen Akteur. Der andere integriert sich in eine Parallelgesellschaft,[7] die dem Gläubigen ein Leben ohne Widersprüche garantiert. Beide Formen des Verhältnisses zur Gesellschaft sind für den deutschen und französischen Integralisten möglich, da er weder in der einen noch in der anderen Öffentlichkeit einen Platz für seinen Glauben findet. Der Unterschied zwischen den beiden Öffentlichkeitsstrukturen besteht jedoch darin, daß der Franzose mit einer solchen moslemischen Identifikation sich eher in einem einsamen, außersozialen Bereich zwischen Mystik und Todesphantasien bewegt, der Deutsche hingegen in einer strukturierten und umfassenden Parallelgesellschaft seinen Platz findet.

Fouad aus Argenteuil bereitet sich in Gedanken auf das Ende der Welt vor. Seine unendlich detaillierten Ausführungen über die grausamen Bestrafungen Gottes erscheinen wie die Projektion einer Revolte gegen seine soziale Situation in eine Welt nach dem Tod. Gleichzeitig versucht dieser Akteur, einen sozialen Raum zu konstituieren, der seinem integralistischen Ansatz gerecht wird und seinen Gedanken zum Ende der Welt einen Ausdruck verleihen kann. Um seinesgleichen in der sozialen Welt zu erkennen und gleichzeitig vor Bedrohungen schützen zu können, hat er einen geheimen Code ausgegeben. In der Öffentlichkeit

---

7 Unter dem Begriff „Parallelgesellschaft" ist ein sozialer Kontext zu verstehen, in dem das Individuum sein soziales Leben vollständig – vom Einkauf, über die Arbeit bis hin zu Freizeitaktivitäten – verbringen kann, ohne daß es auf die gesamtgesellschaftlichen Strukturen zurückgreifen muß.

tritt er als moslemischer Straßenprediger auf. Dies läßt darauf schließen, daß Fouad der internationalen Organisation „Tabligh" nahesteht, die in Frankreich wie in anderen Ländern mittels Wanderprediger die „verlorenen" Glaubensbrüder auf den „rechten islamischen Weg" zurückbringen will. Ein solcher integralistischer Akteur trägt für jeden, nicht nur für den französischen, öffentlichen Repräsentanten psychopathologische Züge und verschwindet damit als Dialogpartner. Fouad ist sicher ein extremes Beispiel, aber kein Einzelfall. Nicht immer müssen der Tod, die Hölle und die Bestrafungen Gottes im Mittelpunkt einer solchen Identifikation stehen. Ein Ausstieg aus der sozialen Realität kann auch wie bei Karim aus Straßburg mit der unendlichen Liebe Allahs und dem Versagen der Menschen begründet werden. In beiden Fällen wird das Individuum zu einem „fou de dieu" („einem Verrückten nach Gott"), eine von den französischen Medien mit Vorliebe gebrauchte Bezeichnung, die der Unberechenbarkeit und Lächerlichkeit dieser Akteure Ausdruck verleihen soll.

Murad aus Wilhelmsburg hingegen hat in den Strukturen von Milli Görüs nicht nur die Möglichkeit gefunden, sein theologisches Wissen durch die Diskussion mit anderen zu vergrößern, sondern er kann auch an einem Computerkurs teilnehmen oder besondere Kampfsportarten erlernen. Der Integralist findet in diesem Falle einen sozialen Raum, der ihn in seinem Ansatz bestärkt und gleichzeitig vor psychopathologischer Einsamkeit schützt. Dadurch wird es ihm wiederum möglich, den Schritt zurück in die gesellschaftliche Realität zu machen. In einem deutschen Stadtviertel können solche Parallelgesellschaften zu öffentlichen Verhandlungsforen werden, wenn nicht angesichts ihrer Stärke zu einer ernsthaften Konkurrenz für die Angebote der städtischen und anderen öffentlichen Einrichtungen.

Der „de-religionisierte" Akteur

Wie im Falle des konfliktuellen Akteurs kann die Erinnerungsgruppe bei diesem Akteur zu einem ideologischen Mittel in der Beziehung zur Gesamtgesellschaft werden. Die Konfliktualität, die dieser Akteur im öffentlichen Raum hervorrufen kann, ist nicht auf der Basis des Religiösen konstruiert, sondern auf der spezifischen lokalen Erfahrung von Benachteiligung und ihrer Politisierung. Weil dieser Akteur in Deutschland seine Diskriminierung in ethnischen Kategorien erfaßt und durch die kulturalistische Wahrnehmung in der Öffentlichkeit gleichzeitig auf diese Kategorien festgelegt wird, konstituiert er sich als Türke, für den die moslemische Identifikation eine implizite Selbstverständlichkeit ist. Ein solches „Türkentum", das bis zu einer Identifikation mit den türkischen Nationalisten (z.B. mit den Grauen Wölfen) gehen kann, stellt u.a. einen Ausweg aus dem identifikatorischen Dilemma dieser jungen Menschen dar. Osman aus Wilhelmsburg, der sich über Lektüre ein fundiertes Wissen über die Türkei angeeignet hat, erklärt die Notwendigkeit eines gesunden Nationalismus für jedes Individuum, weil der Mensch sonst keine Ideale mehr habe. In anderen Fällen und in einer weniger ausgeprägten Form wird dieser Akteur zum deutschen „Ausländer", der sich im Namen aller Immigranten politisiert. In Wilhelmsburg ist zum Beispiel von jungen Stadtteilbewohnern ein Verein gegründet worden, mit dem in diesem Sinne eine „Immigrantenkultur" gefördert werden soll. Das heißt nicht, daß die Kategorien der urbanen Segregation hier abwesend sind. Sie gehen vielmehr in der Konstitution als „deutscher Türke" auf, der – ganz selbstverständlich – in einem benachteiligten Stadtteil lebt. Osman erklärt die schlechte Reputation seines Wohnortes daher so: „Die anderen denken, hier [in Wilhelmsburg, NT] ist nur Raub und Diebstahl und so. (...) Die sagen das auch, weil sie meinen, hier wohnen zu viele Ausländer. Das ist für die Deutschen dasselbe: Ausländer und Kriminalität." Mehmet fügt dem hinzu: „Aber wir sind eben alle Wilhelmsburger, also wenn wir von außen angegriffen werden, dann sind wir Wilhelmsburger. Ich bin eigentlich auch stolz, Wilhelmsburger zu sein, schon weil es alle anderen hier schlecht finden und dagegen sind."

Findet der „de-religionisierte" Akteur in der Bundesrepublik auf der lokalen Ebene einen Handlungsspielraum, so bleibt ihm die nationale Öffentlichkeit verbaut. Er befindet sich in einem merkwürdigen öffentlichen Niemandsland, in dem er sich als „deutscher Türke" oder „deutscher Ausländer" einrichtet. Wird diese widersprüchliche Identifikation unerträglich, dann kann dieser Akteur in eine integralistische Parallelgesellschaft gehen, um so die Spannungen aufzulösen. Ein solcher Integralismus kann sich auch in der Identifikation mit den türkischen Faschisten ausdrücken, was in Frankreich undenkbar ist. Es gibt keine algerischen oder marokkanischen Faschisten unter den Jugendlichen zugewanderter Familien. In der französischen Öffentlichkeit, in der ethnische Kategorien weitgehend tabuisiert sind, begreift der „de-religionisierte" Akteur seine Benachteiligung in den Kategorien urbaner Segregation. Kader aus Argenteuil z.B. politisiert und kulturalisiert seine sozialen und wirtschaftlichen Erfahrungen als Bewohner einer Vorstadt. Er konstruiert eine Herrschaftsbeziehung zwischen „denen aus der Stadt", den Privilegierten, und „denen aus der Vorstadt", den Beherrschten mit ihrer eigenen Kultur des Raps, des Tanzes etc. Deshalb tritt ein solcher Akteur in der Öffentlichkeit als Banlieusard auf, der aus seinem Vorstadtleben eine Kultur und eine politische Forderung macht. In dem Maße, in dem er seine spezifische nationale und religiöse Identifikation in den Hintergrund stellt, wird er zu einem legitimen und privilegierten Gegenüber der öffentlichen Repräsentanten. Die gute Zusammenarbeit zwischen diesem lebensweltlichen Akteur und den lokalen Autoritäten, aber auch die nationale Anerkennung des aus dieser Vorstadtkultur entstandenen Hip-Hop durch Medien und Politik zeugen davon.

5. Schlußbetrachtungen

Die idealtypische Kategorisierung der moslemischen Ausdrucksformen junger Männer ermöglicht die Beschreibung der Vielfältigkeit möglicher Identifizierungen mit dem Islam. Dabei bleibt die Frage offen, inwieweit die realen Akteure sich zwischen den Idealtypen hin- und herbewegen. Denn gerade in der Mobilität und der ständig möglichen Rekomposition der Identifikationsformen drückt sich die Säkularisierung und Modernität der jungen Männer im Gegensatz zu traditionellen Moslems aus. Die soziale Realität des Islam in Deutschland und Frankreich befindet sich daher in einer ständigen Entwicklung, deren Dynamik entscheidend von der sozialen Lage der Akteure und von dem Bild, das man ihnen entgegenhält, abhängt.

Die verschiedenen moslemischen Ausdrucksformen im öffentlichen Raum in der Bundesrepublik und in Frankreich machen die Hinfälligkeit der Warnungen vor dem Islam in beiden Gesellschaften deutlich. Es gibt keinen homogenen Islam, der solidarisch mit den Ländern der islamischen Welt die westeuropäischen Gesellschaften in Frage stellt und bedroht. Eine Pluralität von moslemischen Identifikationen und Handlungsstrategien hat sich in den benachteiligten Stadtvierteln Deutschlands und Frankreichs entwickelt, und zwar als Produkt der sozialen, wirtschaftlichen und kulturellen Lage, in der sich diese jungen Moslems befinden. Wenn der Islam in Frankreich häufiger als in Deutschland in einer politisierten Form als Kritik an der Gesellschaft auftritt, so liegen die Gründe zu einem großen Teil in der herausragenden Bedeutung der Laizität im öffentlichen Raum und der ökonomischen Situation der Akteure, die sich im allgemeinen in einer schlechteren Lage als ihre deutschen Glaubensgenossen befinden. Sicherlich erfahren alle deutschen und französischen moslemischen Organisationen finanzielle und personelle Unterstützung aus den islamischen Ländern, die dadurch einen Einfluß auf die Entwicklungen des Islam in Westeuropa nehmen wollen und auch nehmen (vgl. u.a. Binswanger 1990; Kepel 1994). Ebenso lassen die politischen Entwicklungen in den Herkunftsländern, wie z.B. in der Türkei und in Algerien, die verschiedenen religiösen Ausdrucksformen der Moslems in Westeuropa nicht unberührt. Diese Beispiele belegen, wie weit nicht nur die technische und die wirtschaftliche Entwicklung, sondern auch die Arbeitsimmigration der 60er und 70er Jahre die nationalen Grenzen aufgeweicht haben. Doch trotz dieser Internationalisierung der Fragestellung und trotz aller Homogenisierungsbestrebungen der großen deutschen und französischen islamischen Dachverbände bleibt bis auf weiteres der westeuropäische Islam heterogen, weil er ein Produkt der säkularisierten, postindustriellen und pluralistischen Gesellschaften ist.

In Deutschland strukturiert sich das öffentliche Bild des Islam weitgehend durch die verschiedenen nationalen Organisationen. Jede Moschee in einem Stadtteil ist einem der Dachverbände zuzurechnen. In manchen Vierteln, wie z.B. Wilhelmsburg, ist geradezu ein religiöser Markt entstanden, auf dem die verschiedenen moslemischen Gemeinden konkurrieren. Diese Tatsache hat jedoch noch lange nicht die Homogenität einer jeden Gruppe zur Folge. Die verschiedenen Idealtypen moslemischer Akteure durchziehen sämtliche Gruppierungen. So findet man bei Milli Görüs, der attraktivsten Gemeinde für junge Moslems (vgl. Mihçiyazgan 1990), sowohl den konfliktuellen Akteur als auch den integralistische Akteur.

Selbst ein „de-religionisierter" Akteur wie Yilmaz aus Wilhelmsburg, dessen Berufswunsch Polizist oder Beamter des Bundesgrenzschutzes ist, bezeichnet die Milli Görüs-Gemeinde als die seine, weil *„die Leute dort wirklich engagiert [sind]"*. Eine reine Organisations- und Textanalyse der Veröffentlichungen von Milli Görüs ergäbe sicherlich ein weniger pluralistisches und tolerantes Bild der Gruppierung, deren antisemitische und antidemokratische Positionen nicht verharmlost werden dürfen (vgl. Binswanger 1990). Wird ihre soziale Zusammensetzung in der Analyse vernachlässigt, besteht jedoch die Gefahr, in den islamischen Dachverbänden ausschließlich fundamentalistische oder islamistische Propaganda- und Ausbildungsgruppen zu sehen. Damit wird man der Realität vieler junger Moslems nicht gerecht und macht sie fälschlicherweise zu Feinden der demokratischen Ordnung oder zu potentiellen Terroristen, die sie bisher nicht sind.

In Frankreich, wo es wie in Deutschland auf nationaler Ebene große Dachverbände gibt,[8] orientiert man sich im islamischen Alltag an lokalen Persönlichkeiten oder Moscheen, die kaum an einen dieser Dachverbände angebunden sind, sondern höchstens mit der einen oder anderen Gruppe sympathisieren (vgl. Kepel 1994; Césari 1994). Organisatorische Stärke und ideologische Durchsetzungskraft der Gruppierungen sind in Frankreich bei weitem schwächer als in Deutschland. Der Konkurrenzkampf zwischen ihnen um politische Anerkennung ist in den meisten Fällen weit von der Realität der moslemischen Akteure, egal welcher idealtypischen Ausprägung, entfernt.

Die Heterogenität des deutschen bzw. französischen Islam darf jedoch auch nicht dazu verleiten, dem Islam in Westeuropa den Platz einer „Nischenkultur" ohne weitere gesellschaftliche Bedeutung zuweisen zu wollen. In diesem Falle könnten die Moslems in weitaus radikalerer Form ihre Zugehörigkeit zur Gesellschaft einklagen. Die pluralen Ausdrucksformen moslemischer Identifikationen, die in den deutschen und französischen Großstädten sichtbar werden, bedeuten mehr als die pittoreske Vervielfältigung urbaner westeuropäischer Zentren. Sie stellen diese Gesellschaften vor eine Herausforderung kulturellen und politischen Wandels, der mit dem Streit um die Höhe von Minaretten beginnen kann. Es müssen aber ganz andere, weniger sichtbare Bereiche, wie die Repräsentation der Konfessionen in öffentlichen Institutionen, die Konzeptionen für den Religionsunterricht, die öffentliche Handhabung und Berücksichtigung religiöser Feste, das Essen in öffentlichen Kantinen etc., diskutiert werden, um diese neuen kulturellen und religiösen Dimensionen in die deutsche und französische Öffentlichkeit integrieren zu können. Dabei kann es sicherlich nicht darum gehen, alles beliebige im Namen der religiösen Anerkennung der Moslems zu akzeptieren oder demjenigen zuzustimmen, der am lautesten und radikalsten seine religiöse Überzeugung einklagt. Doch darf der Islam zu keinem neuen Feindbild werden, das die deutsche oder die französische Gesellschaft aus Mangel an traditionellen Werten und wirt-

---

8 Es sind in diesem Zusammenhang u.a. die Fédération Nationale des Muselmans de France (FNMF), die Union des Organisations islamiques de France (UOIF) und die Pariser Moschee (La mosquée de Paris) zu nennen.

schaftlichem Aufschwung zusammenhalten soll. Ob man es befürwortet oder ablehnt, der Islam ist ein Teil der westeuropäischen Realität geworden. Und dies werden die moslemischen Akteure den Rest der Gesellschaft mehr und mehr wissen lassen.

Literatur

Assmann, Jan, 1988: Kollektives Gedächtnis und kulturelle Identität, in: Ders. und Tonio Hölscher (Hrsg.), Kultur und Gedächtnis, Frankfurt a.M.: Suhrkamp, S. 9-19.
Bastenier, Albert, 1994-1995: L'islam s'intègre dans l'espace européen, in: Projet 240, S. 25-35.
Bauberot, Jean, 1990: Vers un nouveau pacte laïque?, Paris: Seuil.
Bielefeld, Ulrich, 1988: Inländische Ausländer. Zum gesellschaftlichen Bewußtsein türkischer Jugendlicher in der Bundesrepublik, Frankfurt a.M.: Campus.
Bielefeld, Ulrich, 1991: Das Eigene und das Fremde. Neuer Rassismus in der Alten Welt?, Hamburg: Junius.
Bielefeld, Ulrich, 1992: Nationalismus und Minderheitenlogik, in: Mittelweg 36, S. 28-46.
Bielefeld, Ulrich, 1995: Das Wie der nationalen Konstruktion. Vom „Culte du Moi" zum „Culte de Nous" bei Fichte und Barrès, in: Mittelweg 36, Nr. 4, S. 15-31.
Binswanger, Karl und Fethi Sipahioglu, 1988: Türkisch-islamische Vereine als Faktor deutsch-türkischer Koexistenz, Benediktbeuren: Rieß.
Binswanger, Karl, 1990: Islamischer Fundamentalismus in der Bundesrepublik: Entwicklung – Bestandsaufnahme – Ausblick; Ökonomische Basis der Fundamentalisten; Fundamentalisten-Filz, in: Bahman Nirumand (Hrsg.), Im Namen Allahs, Islamische Gruppen und der Fundamentalismus in der Bundesrepublik, Köln: Dreisam Verlag.
Brubaker, Roger, 1994: Staats-Bürger. Frankreich und Deutschland im historischen Vergleich, Hamburg: Junius.
Césari, Jocelyne, 1994: Etre musulman en France. Associations, militants et mosquées, Paris/Aix-en-Provence: Karthala-Ireman.
Coq, Guy, 1995: Laïcité et République, le lien nécessaire, Paris: Editions du Félin.
Dubet, François, 1987: La galère: jeunes en survie, Paris: Fayard.
Dubet, François, 1994: Sociologie de l'expérience, Paris: Seuil.
Dumont, Louis, 1991: L'idéologie allemande. France – Allemagne et retour, Paris: Gallimard.
Galembert, Claire de, 1995: De l'inscription de l'islam dans l'espace urbain, in: Les Annales de la Recherche Urbaine, Nr. 68-69, S. 178-188.
Gaspard, Françoise und Farhad Khosrokhavar, 1995: Le foulard et la République, Paris: La Découverte.
Gür, Metin, 1993: Türkisch-islamische Vereinigungen in der Bundesrepublik Deutschland, Frankfurt a.M.: Brandes u. Apsel.
Habermas, Jürgen, 1988: Theorie des kommunikativen Handelns. 2. Band, Frankfurt a.M.: Suhrkamp.
Heckmann, Friedrich, 1992: Ethnische Minderheiten, Volk und Nation. Soziologie interethnischer Beziehungen, Stuttgart: Enke.
Hervieu-Léger, Danièle, 1993: La religion pour mémoire, Paris, cerf.
Kepel, Gilles, 1994: A l'ouest d'Allah, Paris: Seuil.
Leggewie, Claus (1993): Alhambra – Der Islam im Westen, Reinbek bei Hamburg: Rowohlt.
Le Monde, 1995: Le témoignage retrouvé de Khaled Kelkal, vom 7.10., S. 1, 9, 10-12, 14.
Mihçiyazgan, Ursula, 1990: Moscheen türkischer Muslime in Hamburg. Dokumentation zur Herausbildung religiöser Institutionen türkischer Migranten, Hamburg: Behörde für Arbeit, Gesundheit und Soziales.
Schilling, Heinz, 1988: Reformation und Konfessionalisierung in Deutschland und die neuere deutsche Geschichte, in: Gegenwartskunde, Sonderheft 5, S. 107-125.

Siegele, Anna, 1990: Die Einführung eines islamischen Religionsunterrichts an deutschen Schulen, Frankfurt a.M.: Verlag für Interkulturelle Kommunikation.
Tribalat, Michèle, 1995: Faire France. Une enquête sur les immigrés et leurs enfants, Paris: La Découverte.
Weber, Max, 1972: Wirtschaft und Gesellschaft, 5. Aufl., Tübingen: Mohr (Siebeck).
Wieviorka, Michel, 1988: Sociétés et terrorisme, Paris: Fayard.
William, Jean-Paul, 1994-1995: La laïcité culturelle, patrimoine commun à l'Europe?, in: Projet 240, S. 7-15.

Stephan Beetz / Tsypylma Darieva

„Ich heiratete nicht nur den Mann, sondern auch das Land"

Heiratsmigrantinnen aus der ehemaligen Sowjetunion in Berlin

1. Migration und Heirat

Mit den rasanten politischen Veränderungen nach 1989 erlebte Berlin eine intensive Zuwanderung aus der ehemaligen Sowjetunion. Zum breiten „russischen" Immigrantenspektrum zählt auch die Gruppe der eingeheirateten russisch-sprachigen Frauen. Im vorliegenden Artikel werden die Prozesse familiärer und beruflicher Mobilität und das Bewegen in der großstädtischen Öffentlichkeit als Vergesellschaftungsformen dieser inzwischen bedeutenden Zuwanderergruppe dargestellt.

Vor dem Prozeß der Heiratsmigration selbst müssen die betreffenden Frauen eine zweifache Entscheidung treffen: Heiraten und Migrieren, wobei beide Handlungen Ziele an sich bedeuten oder als Mittel zur Erreichung anderer Ziele fungieren können. Die Institution der Ehe hat eine strikte juristisch und sozial verankerte Struktur, die eine emotionale Partnerschaft verstetigen soll. Daher muß eine durch Heirat ausgelöste Migration, und dies sei als erste These formuliert, keinen Bruch in der Biographie bzw. für individuelle Lebensentwürfe markieren.

Die Frauen treffen mit der Heirat eine Entscheidung, die sich von den üblichen kollektiven Handlungsmustern der familienorganisierten Migrationsformen durch die individualisierende Wirkung abhebt und auch in der Konsequenz individuell bewältigt werden muß. Die zweite These betrifft daher die hohe Kompetenz der Frauen in den hier besprochenen Lebensbereichen Familie, Beruf und Öffentlichkeit, in denen sie nicht als Opfer, wie häufig in der einschlägigen Literatur dargestellt, sondern als Akteurinnen auftreten, die den Verlauf des Migrationsprozesses bewußt mitgestalten.

Die frauenspezifische Migrationsforschung (vgl. Morokvasic 1987; Hillmann 1996; Ley 1979; agisra 1990; Runge 1993; Scheibler 1992; 1993; Simon 1985; Gómez Tutor 1995) vernachlässigte bisher das Phänomen der bi-nationalen Ehen, sofern diese nicht – über den Heirats- oder Arbeitsmarkt – organisiert worden, sondern aus persönlichem Interesse zustandegekommen waren, während in Studien zu interkulturellen Partnerschaften der Migrationsaspekt nicht berücksichtigt wird. Dieser Arbeit liegt dagegen ein breites Verständnis von Heiratsmigration zugrunde, mit dem sowohl „normale" Liebesgeschichten als auch „Zweckehen" thematisiert werden können. Es wird der Begriff der „bi-nationalen Ehe" verwendet, weil er gegenüber anderen Termini wie „Ehe mit Ausländern" oder „gemischte Ehe" zumindest auf der verbalen Ebene beide Partner als gleichberechtigt darstellt und nicht von vornherein negativ konnotiert werden kann (vgl. IAF 1991, S. 47 ff.). Der Artikel basiert auf der Auswertung von Statistiken sowie auf 25 mehrstündigen offenen Leitfadeninterviews mit Heiratsmigrantinnen und Expertengesprächen in Beratungs- und Sozialarbeitsstellen sowie den Ausländerbehörden, die zwischen April 1995 und Oktober 1996 geführt wurden. Die befragten Frauen leben in Berlin bzw. der näheren Umgebung und sind gleichmäßig auf die Altersspanne von 25 bis 58 Jahre verteilt. Die Aufenthaltsdauer in Deutschland schwankt zwischen dreißig Jahren und wenigen Monaten, ein deutlicher Schwerpunkt liegt allerdings bei den Einwanderinnen nach 1989. Ein Großteil der Migrantinnen besitzt einen sowjetischen Hochschulabschluß, Herkunftsorte sind sowohl die beiden Zentren Leningrad/St.Petersburg und Moskau als auch verschiedene periphere Regionen.

2. Heirat als frauenspezifischer Migrationsweg

Die individuelle und freiwillige Heiratsmigrationen erweist sich als die älteste und kontinuierlichste Form der Zuwanderung aus der Sowjetunion. Dieses Immigrationstor ist weder ethnisch, konfessionell noch politisch eingeschränkt und läßt sich daher mit vielerlei Arten von Lebensperspektiven und Handlungsoptionen verbinden, von denen einige im folgenden vorgestellt werden.

1. Migration als hingenommenes Schicksal

Frau H. ist 40 Jahre alt und stammt aus dem Nordkaukasus. Ihren deutschen Mann – „Er hatte etwas von einem Kosaken." – lernte sie Anfang der 80er Jahre während des Studiums kennen. Sie seien lange Zeit nur Freunde gewesen und hatten ursprünglich weder die Absicht gehabt, zusammen zu sein noch im Ausland zu leben. Aus einem Aufenthalt in Deutschland, der nur als ein vorübergehender geplant war, wurde eine Emigration, als ihr Mann ein Stellenangebot an einer DDR-Hochschule annahm und die Schwiegereltern bereits eine perfekt eingerichtete Wohnung anbieten konnten. Zwei Kinder wurden geboren; Frau H. fand keinen beruflichen Einstieg, sondern lediglich Jobs als Fremdenführerin, nachdem sie aufgrund ihrer Sprachschwierigkeiten die Arbeit an ihrer Dissertation abgebrochen hatte. Erst als sie ihrem Mann mit der Rückkehr in die Sowjetunion drohte, besorgte er ihr eine ihrer Qualifikation angemessene Stelle; diese verlor sie 1990 und arbeitet seither in Umschulungs- und ABM-Stellen. Seit der Perestrojka ist Frau H. nebenberuflich in Kultur- und Hilfseinrichtungen für russische Zuwanderer beschäftigt. Während sie sich zunehmend von diesen ausgenutzt fühlt, da sie ganz andere Interessen zu verfolgen scheinen als sie selbst, hat sich für sie der Stellenwert ihrer Familie erhöht: „Früher hatte ich mir meine Freiheiten genommen, ich dachte, ich muß auch mein Leben hier haben, du [der Mann] hast ja deine Eltern, deine Heimat, deine Sprache, aber dann habe ich gemerkt, daß es für die eigene Familie ein bißchen gefährlich ist." (Int. 4)

2. Heirat als genutzte Chance

Frau S. ist 25 Jahre alt und kommt aus einer Moskauer Ingenieurfamilie. Sie selbst ist Diplom-Germanistin. Während eines Praktikums in Berlin lernte sie 1994 in einer Discothek einen jungen Mann kennen. „Am nächsten Abend lud er mich ins Kino ein, und ich war schockiert, daß ich für Eis und Kaffee selbst zahlen mußte." Nach dem Praktikum kehrte Frau S. nach Moskau zurück, wo dieser junge Mann sie auch besuchte, ohne ihr allerdings einen Heiratsantrag zu machen. Daher stellte sie ihn vor eine Entscheidung – da sie bald das Studium beendet haben werde, müßte sie sich eine Arbeit suchen, was entweder Trennung oder Heirat bedeuten würde. Die Hochzeit fand dann „ohne Romantik, wie eine halbe Flucht", bereits in Berlin, statt. Zuerst hatte sie keine Arbeitserlaubnis, doch nun ist sie im Besitz eines Dreijahresvisums und arbeitet als Sekretärin in einem Ost-West-Marketingbüro, wo osteuropäische Zuwanderer eine kaufmännische Ausbildung erhalten. Diesen Arbeitsplatz fand sie über eine Stellenanzeige in der Zeitung. Konkretere Pläne und ihre kreativen Ideen hat sie aufgegeben und wartet nun, daß ihr „Mann mit dem Studium fertig [wird] und einen guten Job findet. Manchmal habe ich ein Bedürfnis, mir eine imaginäre Hintertür aufzumachen; früher hatte ich immer ein Rückticket nach Moskau." Frau S. hält sich von russischen Zuwanderern in Berlin fern, da es schwierig sei, „zwischen zwei Kulturen zu leben". Ihr Mann hat neben seinem Studium zwei Jobs; sie selbst arbeitet tagsüber, abends kocht, bügelt und wäscht sie: „also, wir führen ein ruhiges Leben." (Int. 18)

3. Heirat als Instrument zur Migration

Frau N. ist 26 Jahre alt, kommt aus einer sowjetischen Beamtenfamilie und studierte vier Semester an der Leningrader Universität Afrikanistik. Sie ist mit einem Deutschen verheiratet, hat drei Töchter und lebt bereits seit sechs Jahren in West-Berlin. Seit 1995 besitzt Frau N. die deutsche Staatsangehörigkeit. „Als ich noch Schülerin war, wußte ich, daß ich aus dem 'Sovok'[1] weg will und suchte Kontakte zu Ausländern. Einen Ausländer zu heiraten, ist dafür der beste Weg." 1988 lernte sie schwedische Touristen kennen und besuchte sie in Stockholm. „Dort traf ich eine Russin, die mit einem Schweden verheiratet war. Ich bat sie, mir zu helfen,

---

1 In der russischen Umgangssprache ist „Sovok", was eigentlich „Schaufel" bedeutet, eine geringschätzige Bezeichnung für die Sowjetunion.

auch einen Mann zu finden – was zunächst keinen Erfolg hatte. Nach einem dreimonatigen Aufenthalt in Schweden kam ich zurück nach Leningrad; ich war unglücklich." Mit Hilfe einer Freundin lernte Frau N. per Brief ihren zukünftigen Ehemann kennen und reiste gezielt auf dessen Einladung nach West-Berlin. Frau N. blieb in Berlin, die Liebesgeschichte bzw. der „glückliche Zufall" fand seine Fortsetzung in einer Schwangerschaft. Frau N.s Mann ist 19 Jahre älter und arbeitet bei der BVG [Berliner Verkehrsgesellschaft]. Die erste Zeit in Berlin fiel Frau N. schwer. „Ich war wie wild, konnte nichts Konkretes entscheiden. (...) Der alltägliche Haushalt war für mich eine Katastrophe. Ich wußte nicht, was ich kochen sollte!" Erst seit drei Jahren lebt sie „bewußt" in Berlin. Zur Zeit arbeitet Frau N. halbtags als Verkäuferin in einer Hotelboutique, möchte aber gerne eine ganze Stelle, um „eine gute Rente zu bekommen". Ihre Prioritäten sind klar: „Die Frau muß einen Ehemann haben, der auch für sie verantwortlich ist, sogar materiell. Der Platz einer Frau ist neben dem Mann. Die Familie hat eine entscheidende Bedeutung für Menschen. Das ist etwas für die Ewigkeit, für lange Zeit, und ich versuche dafür alles bestens zu machen. Das kann patriarchalisch klingen. Aber so ist es." (Int. 22)

Trotz unterschiedlichster Motivationen und Perspektiven werden Heirat und Migration meist als Chance für einen Neubeginn begriffen, wie die Interviews zeigen. Oft standen die betroffenen Frauen vor der Migration vor wichtigen Entscheidungen in ihrer Lebensplanung: nach einer Scheidung oder dem Abschluß des Studium, weshalb sie von der instabilen Situation in ihrer Heimat besonders betroffen waren: „Das war 1991. Nach dem Universitätsabschluß konnte ich keinen Job finden. Wir heirateten gleich." (Int. 17) Doch selbst bei Berufstätigkeit kann der gewohnte Lebensstandard oft nicht aufrecht erhalten werden, so daß ein Neuanfang im Ausland erfolgversprechender erscheint.

Zu einem enormen Anstieg an bi-nationalen Eheschließungen kam es nach dem Fall des „Eisernen Vorhangs", als die politische und mentale Trennung aufgehoben schien und das Interesse an vorher unzugänglichen Ländern und Menschen zunahm. Die sichersten Migrationspfade für einen dauerhaften Aufenthalt in Deutschland bieten sich Frauen über eine Heirat, sofern sie nicht über einen Status als Spätaussiedlerin oder Kontingentflüchtling bzw. als deren Ehepartnerin verfügen. Viele Frauen experimentieren auch mit anderen Migrationswegen, was jedoch meist bedeutet, daß sie mit einem Touristenvisum einreisen und nur irregulär arbeiten können. Zwar bieten sich hier als Erwerbsmöglichkeiten einfache Hilfstätigkeiten, doch führen solche Wege häufig in die Prostitution. Die einzelnen Migrationspfade lassen sich in vielen Fällen nicht deutlich voneinander abgrenzen,[2] was allerdings nicht im Vordergrund dieser Arbeit stehen soll.

---

2 So wurde in den Experteninterviews wiederholt darauf hingewiesen, daß in bei einfachen Aushilfstätigkeiten in Haushalten oft „sexuelle Dienstleistungen" erwartet werden, aber auch Ehemänner ihre Frauen zur Prostitution drängen, um das Familieneinkommen zu erhöhen.

Die zunehmende Bedeutung dieser Migrantinnengruppe läßt sich indirekt aus den einschlägigen Statistiken ablesen. Von den in Berlin gemeldeten Personen mit einer Staatsbürgerschaft der sowjetischen Nachfolgestaaten waren 1995 53,1 Prozent Frauen, während der Frauenanteil an der ausländischen Wohnbevölkerung insgesamt lediglich 45 Prozent beträgt. Lebten 1991 5.676 Frauen aus der ehemaligen Sowjetunion in Berlin, so waren es 1995 bereits 12.034,[3] von denen die meisten aus dem Baltikum und der Russischen Förderation kommen. Zwischen 1991 und 1993, als sowohl die demographisch ausgewogene Zuwanderung der sowjetischen Juden als auch die männlich dominierte Zuwanderung per Asylbegehren ihren Höhepunkt erreichten, ging der Frauenanteil leicht zurück. In den Jahren 1994 und 1995 stieg er wieder an und weist somit auf frauenspezifische Migrationswege hin. Während sich im Laufe des Jahres 1995 die weibliche Wohnbevölkerung mit Staatsbürgerschaft sowjetischer Nachfolgestaaten um 18,3 Prozent erhöhte, stieg die männliche nur um 12,8 Prozent.

Auch die Mobilitätsdynamik hat sich seit 1994 erheblich verschoben. Während die Zuzüge von Frauen bis zum Jahr 1993 etwa viermal so hoch waren wie die Fortzüge, nahmen diese in den letzten beiden Jahren erheblich zu, wodurch sich die frauenspezifische Mobilität der der Männer schrittweise annähert. Andere Migrationswege neben der Heiratsmigration scheinen also verstärkt wahrgenommen zu werden, doch bleibt die Heiratsmigration ein frauenspezifischer Migrationsweg. Die Eheschließungen zwischen deutschen Männern und Frauen aus der ehemaligen Sowjetunion haben sich allein in den letzten zwei Jahren mehr als verdoppelt und machen inzwischen in Berlin ein Fünftel aller bi-nationalen Eheschließungen deutscher Männer aus – 1993 waren es nur 10 Prozent.[4] Allerdings liegt die tatsächliche Zahl der Heiratsmigrantinnen wesentlich höher, da ein großer Teil der Ehen, wenn auch in abnehmendem Maße, in den Herkunftsländern geschlossen wird. Dafür spielen finanzielle Gründe, geringere bürokratische Hürden und die nicht unwesentliche Frage eines weniger aufwendigen Scheidungsverfahrens eine große Rolle. Leider liegen keine statistischen Angaben zu Eheschließungen zwischen Deutschen und sowjetischen Ehepartnern in der DDR vor (Stach/Hussain 1994, S. 9).

Heiratsmigrantinnen aus der ehemaligen Sowjetunion lassen sich folgendermaßen klassifizieren, wobei als Parameter die unterschiedlichen Rahmenbedingungen des Kennenlernes, die Migrationswege sowie einige sozialstrukturelle Merkmale dienen:[5]

---

3 Einwohnermeldedaten des Statistischen Landesamtes Berlin und eigene Berechnungen.
4 Nach Daten der Ausländerbeauftragten des Senats Berlin (1995).
5 Die Bezugsgrößen sind nicht ganz identisch, da bi-nationale Ehen natürlich auch ohne Migration entstehen, vor allem in einer Großstadt wie Berlin; auch die in Berlin lebenden russisch-sprachigen Kontingentflüchtlinge, die in bi-kulturellen Ehen leben, fallen automatisch in diese Kategorie der bi-nationalen Paare, auch wenn die Zuwanderung nicht wegen der Heirat erfolgte.

1. Sowjetische Armeeangehörige, die während ihrer Stationierung in der DDR einen deutschen Partner kennenlernten, obwohl der Kontakt zu Deutschen auf privater Ebene eigentlich untersagt war. Für die Eheschließung mußte das Ende der Dienstzeit abgewartet bzw. der Dienst quittiert werden.
2. Frauen, die über private Netzwerke in Deutschland, meistens aus bereits emigrierten Freunden und Familienangehörigen bestehend, ihren Ehepartner kennengelernt haben. Liegt ein direkte Vermittlung vor, muß diese als Dienstleistung auch honoriert werden. Erfolgt das Kennenlernen spontan und ungeplant, so wird die Migrationsentscheidung häufig durch die Zeitbegrenzung des Touristenvisums beschleunigt.
3. Studentinnen, die ihre späteren Ehemänner als (DDR)-deutsche Studenten an einer sowjetischen Hochschule kennengelernt haben. Diese Variante spielte vor allem in den Jahren vor 1989 eine überaus wichtige Rolle. Die Migrantinnen sind in diesen Fällen meist überdurchschnittlich qualifiziert, und häufig zeigt sich schon in der Studienrichtung (z.B. Sprachstudien) ein Interesse an anderen Kulturen.
4. Frauen mit einer befristeten Aufenthaltserlaubnis, die nach deren Ablauf zwischenzeitlich entstandene persönliche Beziehungen verstetigen und institutionalisieren wollen; dabei handelt es sich etwa um Wissenschaftlerinnen, Studentinnen oder Au-pair-Mädchen, aber auch um Asylbewerberinnen.
5. Ehefrauen von Montagearbeitern aus der DDR, die im Rahmen betrieblicher Vereinbarungen oder politischer Aktionsprogramme in der Sowjetunion, insbesondere im Uralgebiet, arbeiteten und dort heirateten. Als 1992/93 ein Großteil der Firmenverträge auslief, kehrten sie mit ihrer inzwischen gegründeten Familie nach Deutschland zurück. Da diese Frauen nicht aus den Großstadtzentren stammen und selten über eine höhere Bildung verfügen, werden sie von den anderen Heiratsmigrantinnen oft als „anders" beschrieben.
6. Frauen, die auf eigene Initiative, weitgehend ohne die Hilfe sozialer Netzwerke, während kürzerer Reisen oder längerer Aufenthalte im Ausland ihren späteren Ehemann kennenlernten. Solche „Reisen zum Kennenlernen" via Polen und der Tschechoslowakei wurden seit Ende der 80er Jahre möglich, zumal bis 1991 die Regelung galt, daß deutsche Touristen in Moskau und St. Petersburg Einladungen für sowjetische BürgerInnen beantragen konnten. Auch die Heiratsvermittlung, speziell zwischen westlichen Männern und osteuropäischen Frauen, hat sich in den Jahren nach dem Zusammenbruch des realsozialistischen Systems als gewinnbringend erwiesen (Krüger 1995).

3. Familienzentrierung im Migrationsprozeß

3.1 Erwartungen an den „Intermann"

Viele Interviewpartnerinnen schildern ihre Verheiratung als selbstverständliche Lebensaufgabe. Im sowjetischen Wertesystem galt die Kernfamilie als „Urzelle der Gesellschaft", wobei die Eheschließung die Funktion hatte, „statuslose" Personen in gleichberechtigte, vollkommene Mitglieder der Gesellschaft zu verwandeln. Wie bereits in den geschilderten Fallbeispielen deutlich wurde, wird dabei auch oft die patriarchalische Position des Mannes hingenommen (Int. 7). Zwar wird weitgehend davon ausgegangen, daß sich die Funktion der Ehe unter Modernisierungsbedingungen wandelt und statt auf Versorgung und Existenzsicherung mehr Wert auf „persönliche" Motive wie Sympathie und sexuelle Attraktivität gelegt wird. In vielen unserer Interviews wird jedoch deutlich, daß für die Migrantinnen die traditionellen Aufgaben der Familie in der Existenzsicherung und der Bemühung um sozialen Aufstieg bestehen, die ökonomischen und pragmatischen Aspekte also nicht in den Hintergrund getreten sind. „Mit der Zeit ist auch die Liebe zu meinem Mann gekommen. Ich versuche, die Dinge objektiv zu betrachten. Wenn ich aus meinem Fenster im Schlafzimmer schaue und den Fernsehturm sehe, dann bin ich glücklich." (Int. 13) Statusfragen erweisen sich häufig als wichtiger als ästhetische: es geht darum, einen „Ehemann" zu haben, nicht etwa einen besonders „männlichen".

Die Verheiratung mit einem Westeuropäer, was früher eine seltene Ausnahme war, wird seit den 80er Jahren vor allem in den (ehemals) sowjetischen Großstädten sehr positiv bewertet und ist mit einem außergewöhnlichen Prestige verbunden. Die Überbewertung des kapitalistischen Lebensstandards und der Wunsch, daran teilzuhaben, entwickeln sich dabei parallel zur Konstruktion idealisierter Bilder von familienorientierten Männern, die den Frauen Verantwortung abnehmen. „Die deutschen Männer sind irgendwie weicher, für die Familie meine ich; unsere Männer sind mehr männlich, kann man sagen, der Freundschaftskreis ist ihnen wichtiger als die Familie." (Int. 4) Komplementär dazu scheinen viele deutsche Männer nach wie vor von Frauen vor allem Häuslichkeit, Familienbezogenheit, Gefühlsbetonung und Schönheit zu erwarten – Rollenerwartungen, die sie durch die einheimischen Frauen nicht unbedingt erfüllt sehen, so daß die Frauen aus Osteuropa hier durchaus in eine „Marktlücke" stoßen. Erwartungen an eine russische Frau schwanken zwischen dem Bild des „zärtlichen häuslichen Weibchens" und dem der „emanzipierten sowjetischen Frau"; knüpfen insgesamt jedoch an einen eher traditionellen Wertebestand an. An dieser Stelle sei allerdings angemerkt, daß Begriffe wie Modernisierung oder Traditionalität zunächst mit Vorsicht zu gebrauchen sind, da sie kaum inhaltlich zu bestimmen sind bzw. entsprechende Verhaltensorientierungen zwischen Herkunfts- und Zielgesellschaft sich überschneiden oder sogar widersprechen können.

Die Bereitschaft, einen Ausländer – z.B. einen Deutschen – zu heiraten, bedeutet nicht unbedingt eine Migrationsabsicht. Um einen „Intermann" zu finden, so eine Titulierung in der in Berlin erscheinenden russischen Zeitung „Nowaja Berlinskaja Gaseta", lassen sich in Berlin bereits ansässige russisch-sprachige Frauen sogar in Heiratskartotheken in der Ukraine oder in Rußland eintragen, um vielleicht dort einen deutschen Ehemann zu finden. Dahinter steht die Annahme, daß deutsche Männer, die ins Ausland reisen, einen vergleichsweise hohen Lebensstandard haben, denn „nicht jeder kann sich eine Reise nach Rußland leisten; und meistens sind das Geschäftsreisen, d.h. der Mann ist berufstätig. Diese Männer sind Romantiker. Sie sind durch die russische Rätselseele berückt, alle Frauen sind für sie Dostojevski-Heldinnen. Die Männer sind bereit, Frauen sich selbst gegenüber geistig höher zu positionieren und vollbringen viele gute Taten für ihre Gattin und das Land: sie kaufen Wohnungen für die Schwiegereltern, organisieren humanitäre Hilfe für Krankenhäuser und laden Freundinnen der Ehepartnerin nach Deutschland ein" (Int. 10).

Die Faktoren „Zufall" und „Ich-habe-nie-gedacht-einen-Deutschen-zu-heiraten" wurden von den Befragten in besonderem Maße betont und zur Erklärung ihres Aufenthaltes in Berlin herangezogen. Die erste Begegnung mit dem späteren Ehemann fand meist in klassischen öffentlichen Räume statt: Läden, Disco, Jogakurs, Buchhandlung, Universität; auch Parties und Familienfeiern werden genannt, doch immer handelt es sich um Orte, an denen solche Zufälle möglich sind und die anwesenden Personen aufgrund eines bestimmten gemeinsamen Interesses gleichberechtigt zu sein scheinen.

Die Interviews machen deutlich, daß gewisse biographische Voraussetzungen die Partnerwahl günstig beeinflussen, wie etwa ein bestimmtes berufliches Milieu (Sprachstudium) oder der Umstand, daß die Ehemänner in der Sowjetunion gearbeitet oder studiert haben und so das Land ihrer Frau auch als „heimatliches Territorium" begreifen können. Dies wird auch durch Bemerkungen wie „Ich bin so etwas wie ein Andenken aus dieser Zeit." oder „Mein Mann ist kein typischer Deutscher." bekräftigt. Zwar scheint eine ähnliche soziale Herkunft die Eheschließung zu erleichtern, doch durch die Kontextveränderung nach der Migration nach Deutschland verschieben sich die Maßstäbe. Die Frauen antizipieren häufig erhebliche Mobilitätsgewinne – ein freies, selbständiges Leben, Unabhängigkeit von den Eltern, den Abstand zu alkoholabhängigen Ex-Ehemännern, Teilhabe an der modernen Konsumgesellschaft –, die jedoch meist enttäuscht werden. Eine unschöne Erfahrung ist meist die strukturelle, alltägliche Abhängigkeit vom Ehepartner, die rechtlich, ökonomisch, sprachlich und sozial verankert ist. Darauf folgt oft eine Distanzierung gegenüber der neuen Umgebung, um die Enttäuschung zu kompensieren, was aber als Gegenreaktion ebenfalls Distanzierung zur Folge hat. Einige Aspekte in Deutschland üblicher Familienbeziehungen, etwa die Führung getrennter Bankkonten, bereiten nicht wenigen der Migrantinnen Probleme, die sie als „Kulturschock" beschreiben. Die ungewohnte individualisierte Lebensweise selbst von Ehepartnern – von Götz (1996, S. 30) auf den Punkt gebracht:

„Das ist dein Leben, das ist mein Leben, und hier haben wir gemeinsame Interessen." – kann schnell zu familiären Spannungen führen.

Die Wertmaßstäbe der neuen Familie werden vor allem durch die konkrete Umgebung, also durch die Einwanderungsgesellschaft bestimmt, wodurch die Position der Ehemänner gestärkt wird, was auch als ein Motiv für deren Partnerwahl gelten kann. „Insgesamt fällt also auf, daß Männer relativ häufig Frauen heiraten, deren Herkunftsländer durch wirtschaftliche Probleme, Strukturumbrüche, unvollständige Modernisierung gekennzeichnet sind." (Beck-Gensheim 1995, S. 169) Die meisten Frauen sind auf umfangreiche Unterstützungsleistungen durch den Partner angewiesen und müssen sich in den meisten Alltagsfragen sehr stark auf ihn verlassen. Die sich daraus ergebenden psychischen und sozialen Abhängigkeiten können zwar bis zu einem gewissen Grade durch ein ausgeprägt weibliches Rollenverständnis aufgefangen werden, nicht selten aber kommt es dadurch zu einem eklatanten Widerspruch zu bisherigen biographischen Erfahrungen, da sich die Frauen durchaus auch als selbständig erlebt haben. Von den Ehemännern werden die Abhängigkeitsverhältnisse häufig stark generalisiert, so daß sie auf eine zwar verzögerte, aber doch selbstbewußte Entwicklung ihrer Frauen mit großer Verunsicherung reagieren.

3.2 Die Heirat selbst: Emigration statt einer Zeremonie

Im Vergleich zur Hochzeit selbst, von der nur die formale Seite erwähnt wird, da sie ihren Sinn als Übergangsritus verloren hat (vgl. Scheibler 1992, S. 79), wird die Phase des Kennenlernens in den Interviews sehr ausführlich dargestellt. Die Migrantinnen befürchten, daß die von ihrer Herkunftsgesellschaft durchaus akzeptierten Heiratsmotive (z.B. finanzielle Gründe, soziale Absicherung) von der deutschen Gesellschaft eher negativ bewertet werden. Um einer Stigmatisierung als Wirtschaftsflüchtlinge zu entgehen, um sich selbst von diesen abzugrenzen und auch, um den Eltern die Heirat mit einem Ausländer verständlich zu machen, wird die Kennenlernphase im Nachhinein stark romantisiert. Versprechungen des Mannes über das Leben in Deutschland, sehr ausdauerndes und intensives Werben, längeres Zögern der Frau – dies sind die Topoi der Geschichte der „Verführung", auch wenn im Laufe der Interviews die pragmatische Seite der Heirat ebenfalls angesprochen wird.

Werden offen ökonomische Begründungen auch strikt abgelehnt, so stellt der soziale und ökonomische Wandel in der ehemaligen Sowjetunion doch den Hintergrund der Migrationsentscheidung dar. Eine Interviewpartnerin arbeitete 1992 als Au-pair-Mädchen in Berlin, „als die Sowjetunion, meine Heimat zusammenbrach. Das war ein großer Schock für mich. Im Winter erhielt ich einen Brief von meiner Mutter: 'Wie gut daß Du nicht hier bist. Wir haben jetzt freie Preise, absolutes Chaos und Unordnung.' Ich war sehr bedrückt, dann habe ich im Januar meinen N. getroffen. Er brachte Wärme, etwas Vertrautes und Verständnis."

(Int. 13) Ein solcher Ehepartner verspricht weitgehende Stabilität, eine gesicherte Zukunft und emotionale Nähe, was in einem Interview mit dem Bild der „Arche" ausgedrückt wurde (Int. 1). Die Frauen können sich auf ein solches Gefühlsbild um so mehr einlassen, als es ihrer oben beschriebenen Grundeinstellung zur Ehe nur entgegenkommt.

Für bi-nationale Partnerschaften besteht in der Regel nicht die Möglichkeit einer eheähnlichen Lebensgemeinschaft, weshalb die Heirat bei den deutsch-russischen Paaren relativ schnell nach dem Kennenlernen und oft ohne vorheriges Zusammenleben erfolgt. Vor der Eheschließung sind die Paare auf gelegentliche Besuchsreisen und Telephonate angewiesen, der längste Aufenthalt in Deutschland dient oft bereits den Vorbereitungen zur Eheschließung. Dadurch wird ein Lebensereignis, das üblicherweise stark an emotionale Riten gebunden ist, durch eine bürokratische Ritualität, die Gänge zum Standesamt, Ausländerbehörde und allerlei anderen Verwaltungsstellen, ersetzt. Wenn die Ehen in Deutschland geschlossen werden, dann wird bereits die Hochzeit vom Lebensmittelpunkt des Mannes bestimmt, wodurch den Frauen ein wichtiges Element ihrer Verheiratung verlorengeht: der demonstrative und öffentliche Charakter der Zeremonien im eigenen sozialen Milieu. „Unsere Hochzeit war ohne Romantik" steht als Zusammenfassung für einen Akt der Eheschließung, der vom Migrationsprozeß überlagert wird. In den Interviews werden die matrimonialen „rites de passage" wie sie selbst in der Sowjetunion staatlich gefördert wurden – aufwendige Hochzeiten, Teilnahme der weiteren Verwandtschaft –, nicht erwähnt, die vollzogenen Zeremonien als „nicht normal" bezeichnet, was nur durch eine besonders positiv bewertete Migration kompensiert werden kann.

Obwohl die Heiratsmigrantinnen in zweifacher Weise ihren Status verändern, werden die Erwartungen an Trennungs- und Aufnahmeriten nicht erfüllt. Die Eheschließung stellt bereits die erste Etappe der Integration in die deutsche Gesellschaft dar und keine Zwischenphase im Sinne der „rites de passage". Die bürokratische Ritualität ermöglicht den Eintritt in die deutsche Gesellschaft, erleichtert ihn aber nicht, wie es Übergangszeremonien zum Ziel haben. Sie dient der rechtlichen Fixierung der Ehe als „ewige" Lebensgemeinschaft, die Selbstzweck sein soll und nicht anderen Zwecken, beispielsweise dem Erwerb eines Aufenthaltstitels, untergeordnet werden darf. Indizien wie „aufenthaltsbeendende Maßnahmen", ein großer Altersunterschied oder mangelnde Deutschkenntnisse, dienen den Behörden dazu, den Heiratszweck in Frage zu stellen, was häufig in abschreckende Verwaltungsprozeduren mündet (Inci 1985, S. 72). Um sogenannte „Scheinehen" zu verhindern, werden Kriterien wie eine gemeinsame Wohnung, ein gesicherter Lebensunterhalt und der Bestand der ehelichen Lebensgemeinschaft geprüft; nichteheliche Lebensgemeinschaften werden ausländerrechtlich nicht anerkannt. Unter diesen Bedingungen sind die Heiratsmigrantinnen einem enormen Handlungs- und Rechtfertigungsdruck hinsichtlich ihrer Eheschließung ausgesetzt. Einerseits wird in den Interviews fast immer über negative Erfahrungen mit den Behörden geklagt, andererseits artikuliert sich eine deutliche Abgrenzung gegen Frauen, die ihre Ehe nicht zum Zwecke der Familiengründung eingegangen sind. Nur wenige Interviewpartnerinnen bekennen sich offen zur Instrumentalisierung ihrer Ehe. Im Gegenteil wird ein differenziertes Spektrum an Gründen, Zwecken und Motiven angesprochen, das mit dem vorhandenen rechtlichen Instrumentarium nur sehr begrenzt bewältigt werden kann. Exemplarisch seien zwei Fälle genannt: bei dem ersten handelt es sich um eine Scheinehe, die eine Frau einging, um mit ihrer Freundin zusammenleben zu können, im zweiten entstand aus einer nur auf dem Papier bestehenden Ehe mit der Zeit eine feste Paarbeziehung.

3.3 Heirat und Ehe zwischen Privatheit und staatlicher Aufsicht

Die sowjetischen Frauen legen besonderen Wert auf Liebe, Privatheit und Fürsorge in einer Ehe, während sie die rechtlichen Regelungen und abstrakt normativen Anforderungen eher vernachlässigen, obwohl diese für die Gewährleistung des Aufenthaltes in Deutschland die grundlegendsten und in der Anfangsphase prekärsten Voraussetzungen sind. Nur in wenigen Fällen findet vor der Heirat eine Auseinandersetzung mit der Ehe als rechtlicher Institution statt, zumal den Heiratsmigrantinnen das deutsche Rechtssystem unbekannt ist; so schließen sie auch häufig ohne rechtlichen Beistand Eheverträge ab. Die Ehe bietet den weitgehendsten Ausweisungsschutz, da der Schutz von Kindern und Familie im deutschen Grundgesetz verankert ist und als solcher Vorrang vor anderen staatlichen Belangen hat. Allerdings läßt sich daraus kein automatisches Aufenthaltsrecht ableiten, dieses ist im Gegenteil durch eine Vielzahl von Verwaltungsvorschriften geregelt (Inci 1985, S. 45).

Als Barriere gegen Zweckehen wird zunächst nur eine auf drei Jahre befristete, erst danach eine unbefristete Aufenthaltserlaubnis erteilt. Liegen die entsprechenden Voraussetzungen[6] vor, können HeiratsmigrantInnen schneller, d.h. nach fünf Jahren, eine Aufenthaltsberechtigung als sichersten Ausweisungsschutz erhalten bzw. auch die deutsche Staatsbürgerschaft beantragen. Die an die eheliche Gemeinschaft gebundene Aufenthaltserlaubnis wird allerdings nachträglich zeitlich eingeschränkt bzw. nicht mehr verlängert, wenn die Ehe vor Ablauf von drei Jahren gelöst wird. Falls dem ausländischen Ehepartner das Sorgerecht für ein gemeinsames Kind zugesprochen wurde, kann ein Bleiberecht in Deutschland trotz der Scheidung gewährt werden. Große Probleme ergeben sich vor allem für Frauen, die unter ehelicher Gewalt leiden. Auch wenn ab dem 1.1.1997 Ausnahmeregelungen für Härtefälle gelten sollen, so zieht normalerweise schon das Getrenntleben vor Ablauf der Dreijahresfrist die Kürzung der Aufenthaltserlaubnis nach sich. Selbst mißhandelte Frauen, die in einem Frauenhaus leben, können

---

6 Dies sind: einfache Deutschkenntnisse, gesicherter Lebensunterhalt, ausreichender Wohnraum, keine erheblichen Straftaten und mindestens 60 Monatsbeiträge zur Rentenversicherung.

bereits abgeschoben werden, da der Aufenthaltsort nicht mehr mit der Wohnadresse des Ehepartners übereinstimmt; die Abschiebung kann noch vor der Scheidung erfolgen.

Doch nicht nur in Problemfällen ergeben sich Schwierigkeiten. So veränderten sich etwa für Personen, die in die DDR immigriert waren, 1990 die ausländerrechtlichen Regelungen, so daß die Unsicherheiten während einer Übergangszeit zunahmen. Auf jeden Fall bleibt die Abhängigkeit vom deutschen Ehepartner lange Zeit bestehen, und die staatlichen Kontrollen über etwas, das als Privatsache angesehen wird, werden unterschätzt.

4. Einstiege in die Erwerbsarbeit

4.1 Berufliche Vorstellungen und Realitäten

Die berufliche Tätigkeit ist neben der Familienzentrierung eine wichtige Vergesellschaftungsstrategie der Heiratsmigrantinnen aus der ehemaligen Sowjetunion, wobei beide Lebensvorstellungen ursprünglich nicht miteinander konkurrierten, sich aber inzwischen aus vielerlei Gründen oft auseinanderdividierten. Das Sozialisationsmuster der sowjetischen Frauen zielte, stärker als für deutsche erwerbstätige Frauen (vgl. Krüger 1995), auf die umfassende, auch finanzielle Verantwortung für die Familie. Der Mythos der engagiert berufstätigen Frau verband sich mit dem der zärtlichen Mutter, liebenden Gattin, fürsorglichen Hausfrau und glücklichen sowjetischen Frau. Deren berufliche Emanzipation beruhte auf der ökonomischen Notwendigkeit, die die Familien- und Berufsrollen gleichzeitig verband und trennte, denn mit dem Betreten der Wohnung endete häufig die Anerkennung beruflicher Leistungen, außerdem waren die Frauen einer ständigen Mehrfachbelastung ausgesetzt. Vielleicht gerade deshalb scheint sich die sowjetische Art der Emanzipation allerdings nicht nachhaltig durchgesetzt zu haben. In der post-sowjetischen Gesellschaft sind Tendenzen einer „Ent-emanzipation" zu beobachten, die vor allem die jüngere Generation betreffen. „Alle Mädchen versuchen, einen 'guten' Mann zu finden, damit sie nicht zur Arbeit brauchen. Sie sehen ihre Mütter, die mit vierzig schon völlig eingefallen und abgearbeitet sind, und wollen nicht genauso enden. Ein Mann, der Geld hat und alles regelt, wäre die Lösung." (Wagner 1990) Tatsächlich ist in den Interviews kaum davon die Rede, daß die Migration vorrangig als Sprungbrett für eine berufliche Weiterentwicklung angesehen wurde. Im Gegenteil rückt die berufliche Karriere des Ehemannes, als Garant ihrer persönlichen Subsistenzsicherung, in den Vordergrund. „Sonst warte ich, daß mein Mann mit seinem Diplom fertig ist und einen guten Job findet. Dann kann ich etwas für meinen Grips machen." (Int. 18) Das Einkommen der eigenen Erwerbstätigkeit wird oft nur als Zuverdienst oder als „seelische Unterstützung" betrachtet.

Die meisten Heiratsmigrantinnen aus der ehemaligen Sowjetunion verfügen auf den ersten Blick über gute Chancen, da sie meistens über eine qualifizierte Ausbildung, zu einem erheblichen Teil über einen Fachhochschul- oder Universitätsabschluß verfügen. Hinzu kommen die auf dem Arbeitsmarkt verwertbaren Ressourcen wie langjährige Berufserfahrung, ein nicht zu hohes Lebensalter und soziale Kompetenzen wie großstädtische Umgangsformen.[7] Die sofortige Erteilung einer besonderen Arbeitserlaubnis sichert eine Arbeitsaufnahme ohne berufliche oder betriebliche Einschränkungen, und Berlin als Drehscheibe zwischen Ost und West bietet ihnen reiche Beschäftigungsmöglichkeiten.

Die Realität sieht meist anders aus. Sehr viele der Heiratsmigrantinnen üben „frauenspezifische" Dienstleistungen aus, für die keine besondere Qualifikation nötig ist: Reinigungs- und Pflegejobs, Verkaufstätigkeiten, Aushilfe in privaten Haushalten. Sie füllen damit eine Bedarfslücke auf, da in Deutschland ein großer Teil solcher Dienst- und Pflegeleistungen durch die Familie oder in unterbezahlten Jobs erbracht wird, und sind ein Beispiel für das Phänomen der „osteuropäischen Akademikerin im westeuropäischen Haushalt" (Friese 1994, S. 417). Zwar stieg die Zahl der sozialversicherungspflichtig beschäftigten Migrantinnen aus der ehemaligen Sowjetunion, doch trotz hoher Erwerbsbereitschaft liegt die Erwerbsquote der Migrantinnen insgesamt relativ niedrig. Die Gründe dafür sind zum einen die hohen Zugangsbarrieren zum Arbeitsmarkt, weshalb viele der Frauen in irreguläre Beschäftigungen ausweichen, zum anderen in einem spezifischen Motivationswandel, über den im folgenden die Rede sein wird.

4.2 Berufs- und Qualifikationsstrategien

Die Migration bedeutet für viele der befragten Frauen einen deutlichen Bruch in der Berufsbiographie, wobei sich ein starker Unterschied zwischen den einzelnen Migrantinnengruppen abzeichnet. Für die vor 1989 in die DDR Eingewanderten ist die Erwerbsarbeit das zentrale Integrationsinstrument in die deutsche Gesellschaft, während die später migrierten Frauen vor allem in der ersten Ehephase die Berufstätigkeit hinter die Familienbelange zurückstellen, was dem gewandelten post-sowjetischen Rollenverständnis entspricht. „Ich glaube, 90 Prozent der russischen Ehefrauen sitzen zu Hause. Sie verdienen kein Geld und machen die ganze Hausarbeit kostenlos. Die Russinnen würden nie sagen: 'Die Wohnung ist sauber – macht 15,– DM, und das Essen gekocht – macht 30,– DM.'" (Int. 18)

Sowohl finanzielle Probleme als auch der Mangel an sozialen Kontakten bringen auch diese Frauen später häufig dazu, sich beruflich zu betätigen. Doch im Vergleich zur Erwerbsbeteiligung deutscher Frauen, die über eine entsprechende Qualifikation verfügen, beruht das Arrangement von Erwerbstätigkeit und Familie für diese Heiratsmigrantinnen viel stärker auf traditionellen Rollenzuweisungen.

---

7 Diese ausgesprochen typische Verbindung von Ausbildungsprofil und Großstadtherkunft gilt zwar für einen Großteil der Migrantinnen; Zuwanderinnen aus der sowjetischen Provinz sind jedoch meist nur gering qualifiziert.

Problematisch ist dabei, daß die Migrantinnen dieses Arrangement kaum selbst gestalten können, sei es, daß sie selbst zu sehr in dem traditionellen Frauenbild verfangen sind, sei es, daß sie ihren bisherigen Beruf wegen fehlender formaler Anerkennung, Qualifikationsverlust und/oder sprachlicher Probleme nicht ausüben können. Diejenigen unter ihnen, die noch stark den sowjetischen „Bildungsauftrag" verinnerlicht haben, versuchen ihre Qualifikation den neuen Anforderungen anzupassen, doch ist der Zugang zu Fortbildungs- bzw. Umschulungsmaßnahmen begrenzt und wird im Zuge des „Sozialabbaus" noch weiter eingeschränkt werden. Die berufliche Umorientierung erfolgt vor allem in soziale, bürotechnische und kaufmännische Berufe sowie in Bereiche, in denen formale Abschlüsse eine geringere Rolle spielen. Doch obwohl viele der Interviewpartnerinnen eine Tätigkeit ausüben, die unter ihrer beruflichen Qualifikation liegt, wird dies nicht in jedem Fall als sozialer Abstieg interpretiert, da sich die Frauen im Vergleich zu den Bedingungen in der Sowjetunion dennoch einen höheren Lebensstandard leisten können. „Ich habe keine Pläne. Als Sekretärin zu arbeiten, ist nicht schlecht, etwas Stabiles und Einfaches. Nur wenn ich an meine alten Bestrebungen und Ideen denke, bin ich nicht besonders zufrieden." (Int. 18) Einige tragen sich, trotz massiver Mobilitätsbarrieren, mit dem Gedanken an einen beruflichen (Wieder-) Einstieg, wodurch auch mehr als ein finanzieller Zuverdienst erreicht werden soll. „Ich habe immer mehr das Gefühl, daß das Leben drängt und ich es gestalten muß, ich muß mich beeilen. In meinem [Leben] ist vieles nicht verwirklicht." (Int. 1) Nicht selten tritt dann sukzessive die Familienorientierung in den Hintergrund, was jedoch zu innerfamiliären Konflikten führen kann.

Hin und wieder können auch die sowjetischen Berufserfahrungen sowie die russischen Sprachkenntnisse gewinnbringend eingebracht werden, also Fähigkeiten, die innerhalb der „sowjetischen" sozialen Netzwerke und der russischen ökonomischen Nischen in Berlin zu „ethnischen Ressourcen" werden. Obwohl die sowjetisch-russische „Community" sozial sehr heterogen ist, existiert doch eine Infrastruktur, die prinzipiell von allen genutzt werden kann, so daß Beziehungspflege von vielen als notwendige Voraussetzung für den Zugang zum Arbeitsmarkt angesehen wird. Sowjetische berufliche Nischen gab es bereits in der DDR, und zwar im Bereich der akademischen Geisteswissenschaften, die sich jedoch mit der Wende aufgelöst haben. Neue ökonomische Nischen sind entstanden im Handel und im professionellen Dienstleistungsbereich: Kleingewerbe, Laden- und Export-Import-Handel, Gaststätten, Übersetzungs- und Dolmetschertätigkeiten sowie Kultur und Tourismus. Ein zweiter großer Bereich sind soziale Dienste, die speziell für Zuwanderer aus der ehemaligen Sowjetunion eingerichtet wurden, sei es von Zuwanderer-, sei es von deutscher Seite, für die spezifische Berufsqualifikationen gefragt sind. Die Aufnahmekapazität sowohl der Netzwerke als auch der „sowjet"-spezifischen Infrastruktur ist natürlich begrenzt, zudem sind die Grenzen zwischen freundschaftlicher Hilfe und bezahlter Dienstleistung gerade für Frauen schwierig abzustecken, solange sie sich nicht zu einer Vollerwerbstätigkeit entschlossen haben. „Also es geht nicht darum, Kontakte anzuknüpfen, um Kultur, um Zusammensein, sondern um Beschäftigung; aber es ist einfach keine Basis für einen Beruf, es ist eben Freizeit – und zuviele wollen daraus Kapital schlagen." (Int. 4) Manche der Frauen sprechen sich daher von vornherein gegen eine Arbeit in diesen Bereichen aus, da sie in ihnen „nationalistisch geschlossene Inseln" sehen.

5. Das Leben in der Großstadt

Das neue Leben in Berlin strukturiert sich jedoch nicht nur durch Familie und Beruf, sondern auch über die Möglichkeiten, die die Großstadt bietet. Berlin wird von den Interviewpartnerinnen als „Chaos" in der ansonsten auf Ordnung und Sicherheit bedachten deutschen Gesellschaft erlebt, dem durch zwei typische Ordnungsversuche begegnet wird: der eine besteht in der Betonung des offiziellen Berlinbilds, das die Innenstadtbezirke hervorhebt, der andere in der Wahrnehmung persönlicher Kontakte, wodurch weit entfernte Areale der Stadt miteinander verbunden werden.

Einerseits bevorzugen die Heiratsmigrantinnen in der Stadtlandschaft also vor allem bekannte Touristenziele – Nikolaiviertel, Unter den Linden, Kurfürstendamm, Charlottenburg und die Parkanlagen von Potsdam. Diese Orte kennt jeder, sie verlangen keine spezifischen Stadtkenntnisse, charakterisieren jedoch zugleich den geringen städtischen Aktionsraum der Migrantinnen. Bei diesem Spazierengehen an bekannten Orten handelt es sich einerseits um eine traditionelle Freizeitgestaltung von Sowjetbürgern, die in der Emigration beibehalten wird, andererseits auch um eine Fortsetzung des „Unterwegsseins", das ihre derzeitige Lebenssituation symbolisiert und durch die häufige Frequentierung von „Nicht-Orten" und Transiträumen wie Flughäfen, Bahnhöfen und Autobahnen noch verstärkt wird. Auch im Alltag werden gerne sichtbare und großdimensionierte Einrichtungen aufgesucht; das Einkaufen erfolgt typischerweise in den großen Kaufhäusern Berlins (Kaufhaus des Westens, Kaufhof am Alexanderplatz), und bei Kulturangeboten wird auf das klassische Repertoire von Oper, Ballett und Museen geachtet, während Kinos, Kneipen oder Kiezkultur den Migrantinnen weitgehend fremd bleiben. Insgesamt zeigen die „mental maps" der Migrantinnen vor allem anonyme Orte, die keine sozialen Beziehungen voraussetzen. Die Frauen treten in der Menge als eine von vielen auf, die in ihrer städtischen Anonymität sozial gleich sind und keine spezifische Identität aufweisen müssen.

Andererseits unterscheiden sich die Großstadterfahrungen aus der Sowjetunion von denen in Berlin, so daß die Migrantinnen nur geringe Erfahrungen und Routinen mitbringen, um sich in der Öffentlichkeit zu bewegen, etwa eine Gaststätte zu besuchen. Treffpunkte sind daher eher die Wohnungen des Freundeskreises, wodurch kaum Kontakt zu Deutschen hergestellt werden kann. Dadurch verstärkt sich allerdings der Eindruck von Gleichgültigkeit und Oberflächlichkeit in sozialen Beziehungen, was den Deutschen gerne angelastet wird. Zwar wird dadurch der Aufbruch in die städtische Öffentlichkeit, in die Anonymität ermöglicht, doch wird diese auch als Abweisung der eigenen Person verstanden, wodurch sich die Kontaktbarrieren noch erhöhen. „Die Deutschen nehmen mich nicht als Person wahr." (...) „Die Erwartungen erfüllen sich nicht. Ich lege nicht mehr so viel Wert darauf, verstanden zu werden. Ich kann von den Deutschen dies und das lernen, aber ich bin kritischer und eigenständiger geworden." (Int. 18)

Insgesamt ist Berlin als Zuwanderungsziel außerordentlich interessant, da vertraute „real-sozialistische" Strukturen und Baukonstruktionen mit den erwünschten Einrichtungen des „goldenen Westens" auf einem Areal vereint sind, weshalb sich die Migrantinnen hier schneller einleben können als in anderen deutschen Städten. Dazu trägt auch die starke Präsenz russischer Infrastruktureinrichtungen bei; die russische „Gemeinde" schafft in Berlin ständig neue öffentliche Orte bzw. reaktiviert alte Institutionen. Hilfseinrichtungen und informelle Netzwerke sichern zudem einen zumindest halb-öffentlichen Raum mit einem vergleichsweise breiten Kulturveranstaltungs-, Beratungs- und Selbsthilfeangebot.

6. Die kulturelle Doppelbindung als Ressource

Mit der Heirat ins Ausland beginnt für die meisten Frauen ein Pendeln zwischen Herkunftsland und Deutschland. „Ich fahre noch mit meinem alten Koffer. Ich bin ständig auf der Reise. Hin und her." (Int. 19) Durch die ständige Bewegung zwischen unterschiedlichen Gesellschaften bringen sie sich auch leicht in marginale Positionen, was in Formulierungen wie „auf zwei Stühlen sitzen" oder „ich sitze auf einem Stuhl, bin aber noch auf der Reise" deutlich wird. Die zweifache Verbundenheit kann unter Umständen in beiden Ländern den erwünschten sozialen Aufstieg behindern, doch andererseits wird die Rückkehroption von den Frauen als symbolischer Notnagel und exklusive Ressource angesehen.

Die Doppelbindung bedeutet, daß verwandtschaftliche Beziehungen gepflegt und gewisse Handlungsspielräume erhalten werden, und zeigt sich auch in formal-rechtlicher Hinsicht. Viele russische Frauen legen sich einen Doppelfamiliennamen zu und zögern, die deutsche Staatsangehörigkeit anzunehmen, da sie dadurch ihre „imaginäre Hintertüre" zuschlagen. Auch andere pragmatische Gründe können für den Erhalt der alten Staatsbürgerschaft sprechen, wie der Unterhalt einer Wohnung am früheren Wohnort oder Vorteile bei der Visabeschaffung, während die Vorteile der deutschen Staatsbürgerschaft auf der Hand liegen. Gründe wie ethnische Identitäts- oder Loyalitätskonflikte wurden in den Interviews in diesem Zusammenhang jedoch nicht thematisiert.

Die Zwischenstellung hängt nicht zuletzt von der Bindung an die Herkunftsfamilie ab. „Die Bindung und das Heimweh bleiben, solange deine Eltern noch leben." (Int. 22) Die Eltern des Ehepartners verkörpern häufig die Anspruchshaltung der deutschen Gesellschaft, weshalb sich engere Kontakte eher zu Geschwistern und deren Ehepartnern ergeben. Die Problematisierung kultureller Identität beginnt nicht bei der älteren, sondern bei der eigenen Generation und wird insbesondere bei der Erziehung der Kinder virulent, wobei häufig die Herkunft als das „Echte" und die Assimilation in die deutsche Gesellschaft als „Heuchelei" angesehen wird. Solche Distanzierungen finden in vielerlei Zuschreibungen ihren Ausdruck, wobei es sich zum größten Teil um bekannte Stereotypisierungen des „typisch Deutschen" und des „typisch Russischen" handelt. Das „russische Chaos" wird gegenüber deutschen Sicherheitsvorstellungen positiv umgewertet, und die Abgrenzung gegen andere Immigranten basiert vor allem auf dem Hinweis auf die eigene nicht-ökonomische Motivation.

Die Emigrationssituation zwingt die Frauen zu Reflexion und Problematisierung ihrer Identität. Die den Immigrantinnen „neue Welt" bietet neue Handlungsalternativen und Perspektiven, nicht nur Einschränkungen, was ja auch vor der Migrationsentscheidung antizipiert worden war. Dabei werden nicht nur geschlechtsspezifische und soziale Rollen, sondern auch kulturelle und ethnische Wahrnehmungsmuster auf den neuen sozialen Kontext zugeschnitten werden. Durch die Außenwahrnehmung werden sie vor allem auf die Zuschreibungen „Migrantin" und „Russin" festgelegt, wobei die ethnische Zuordnung sehr zwiespältig erfahren wird. „Wir sind hier wie ewige Touristen. Die Frage: Gefällt es dir bei uns? Und wie ist es in Rußland? (...) Ich mag eine typische Frage der Deutschen nicht: Kochst du russisch? Was heißt russisch? Wir waren alle Sowjetmenschen und hatten eine allgemeine sowjetische Küche." (Int. 19) Doch wird das Russische in manchen Fällen auch besonders betont und mitunter als Anpassungsstrategie genutzt wie etwa im Fall einer Pianistin, die gegenwärtig in einem russischen Restaurant russische Volkslieder singt. So wie in diesem Fall kam es bei einigen Frauen, die bereits in den 60er und 70er Jahren in die DDR geheiratet hatten, zu einer Wiederbelebung des Russischen. Obwohl sie sich als gut integriert bezeichnen, hat die Wendesituation und der Zerfall der Sowjetunion sie dazu angeregt, die ethnische Facette ihrer Identität zu aktivieren. Die großstädtische Nachfrage nach folklorisierenden Kulturangeboten scheint zudem eine identitätsstiftende und ökonomische Ressource für Immigranten darzustellen. „Ich bin hier mehr Russin geworden. Ich dachte nicht, daß ich in einem Emigrantencafé singen würde." (Int. 16) Während eines solchen Prozesses kann jedoch die biographischkonkrete Existenz in den Hintergrund treten zugunsten einer standardisierten Kulturvorstellung; die Ethnisierung bewirkt damit eine „kontrafaktische" Vergesellschaftung (Bukow 1993, S. 8) nach dem Muster: „Ich trinke jetzt prinzipiell nur noch russischen Wodka."

Zwar könnte die doppelte Bindung eine exklusive Ressource darstellen, da sie die Chance zur Vermittlungsarbeit zwischen Ost und West bietet, doch überwiegen die Barrieren in vielen Fällen. „Zwischen zwei Kulturen zu leben ist schwierig, und zwischen zwei Stühlen zu sitzen, ist nicht normal. Wozu ist das Russische gut, wenn du morgen sowieso ins Büro mußt, ohne dabei Russin zu sein?" (Int. 18)

Gerade die Konfrontation mit den einheitlichen ethnischen Zuschreibungen im Alltag kann ein dauerhaftes Gefühl der Ausgrenzung verursachen.

7. Heiratsmigration und Migrationsheirat

Die Untersuchung nahm explizit Bezug auf die in den letzten Jahren erhobene Forderung, frauenspezifische Migrationsformen stärker zu beachten. Tatsächlich hat die Bedeutung der Migration von Frauen aus der ehemaligen Sowjetunion zugenommen, wobei die Verknüpfung von Heirat und Migration ein sehr breites Spektrum von Lebensentwürfen aufweist, welche die Frauen aktiv und eigenverantwortlich strukturieren. Zwar ist die Migration zunächst an ein fest institutionalisiertes System gebunden, doch wird dies durch die Mobilitätsleistungen selbst verändert, da dadurch ein Individualisierungsprozeß in Gang gesetzt und das Selbstbild der Migrantinnen in Familie, Beruf und Öffentlichkeit nachhaltig beeinflußt wird.

Die Heirat bedeutet für die Frauen hinsichtlich ihrer Lebensstrategie Ausweg und meistens zugleich sozialen Aufstieg, womit ein zentraler Aspekt dieser Migrationsverläufe deutlich wird: Die Integration in die deutsche Gesellschaft wird vor allem mittels Konzentration auf die Familie angestrebt, womit einerseits den sozialen Erwartungen an Heiratsmigration entsprochen, zugleich jedoch ein erhebliches Konfliktpotential mitgeliefert wird. In der gegenwärtigen Umbruchsituation betont ein Teil der Frauen daher eher emanzipative Vorstellungen, wie sie auch unter gut ausgebildeten Frauen in westlichen Gesellschaften verbreitet sind, ein anderer Teil orientiert sich dagegen an einem traditionellen Rollenbild und aktiviert Vorstellungen von osteuropäischer „rätselhafter Weiblichkeit". Die Ehe als Institution scheint daher mit zu vielen Ansprüchen belastet, doch ist sie jenseits der ethnischen Migrationstore die einzige realistische Option. „Der Ehemann war der Ehemann, die Mutter, die Freundin, der Liebhaber. Das war zu viel für ihn, deshalb kam die Entfremdungsphase zwischen uns. Nun brauche ich auch meine Einsamkeit, meine Bucht, wo ich mich nicht einsam fühle. Einige fragen mich: 'Sind sie hier oder dort?' Ich antworte: 'Ich bin im Zug, denn ich fahre noch.' Ich habe immer noch meinen alten Koffer, den ich brauche, aber ich sitze fest auf einem Stuhl, meinem Berliner Stuhl." (Int. 19)

Literatur

agisra (Hrsg.), 1990: Frauenhandel und Prostitutionstourismus, Hamburg.
Ausländerbeauftragte des Senats Berlin (Hrsg.), 1993: Ehen zwischen Deutschen und Ausländern. Internationales Ehe- und Familienrecht, Berlin.
Ausländerbeauftragte des Senats Berlin (Hrsg.), 1995: Bericht zur Integrations- und Ausländerpolitik. Fortschreibung 1995, Berlin.

Beck-Gensheim, E., 1995: Mobilitätsleistungen und Mobilitätsbarrieren von Frauen. Perspektiven der Arbeitsmarktentwicklung im neuen Europa, in: Berliner Journal für Soziologie, Nr. 2, S. 163-172.
Berger, P. und S. Hradil, (Hrsg.), 1990: Lebenslagen, Lebensläufe, Lebensstile. Sonderband Soziale Welt, Göttingen.
Buba, H.-P. u.a., 1984: Gemischt-nationale Ehen in der Bundesrepublik Deutschland, in: Zeitschrift für Bevölkerungswissenschaft, Nr. 10, S. 421-448.
Bukow, W.-D., 1993: Mitbürger aus der Fremde. Soziogenese ethnischer Minoritäten, Opladen.
FrauenMedienBüro (Hrsg.), 1995: Ein Zuhause finden in Berlin. Begegnungen mit ausländischen Frauen und Ausländerinnen, Berlin.
Friese, M., 1994: Soziale Ungleichheit, Bildung, Geschlecht, Ethnizität, in: Von der Arbeitsgesellschaft zur Bildungsgesellschaft, Bremen, S. 406-432.
Götz, N., 1996: Die Liebe in verschiedenen Sprachen, in: Neues Leben, Nr. 3, S. 29-30.
Gömez Tutor, C., 1995: Bi-kulturelle Ehen in Deutschland: Pädagogische Perspektiven und Maßnahmen, Frankfurt a.M.
Häußermann, H., 1995: Die Stadt und die Stadtsoziologie. Urbane Lebensweise und die Integration des Fremden, in: Berliner Journal für Soziologie, Nr. 1, S. 89-98.
Hillmann, F., 1995: Jenseits der Kontinente. Migrationsstrategien von Frauen nach Europa, Pfaffenweiler.
Hoffmann-Nowotny, H.-J., 1970: Migration. Ein Beitrag zu einer soziologischen Erklärung, Stuttgart.
Hummel, D., 1993: Lohnende Geschäfte: Frauenhandel mit Osteuropäerinnen und der EG-Binnenmarkt, in: Beiträge zur feministischen Theorie und Praxis, Nr. 34, S. 59-68.
IAF (Hrsg.), 1986: Mein Partner oder meine Partnerin kommt aus einem anderen Land. Wegweiser für die Selbsthilfe, Frankfurt a.M.
Kleiber, I. und E. Gömüsay, 1990: Fremdgängerinnen. Zur Geschichte bi-nationaler Ehen in Berlin von der Weimarer Republik bis in die Anfänge der Bundesrepublik, Bremen.
Krüger, A., 1995: Dienstleistungen, Demut und Devisen. Prostitution, Frauenhandel und Heiratsmigration: neue Realitäten in Osteuropa?, in: agisra (Hrsg.), Zwischen Flucht und Arbeit, Hamburg, S. 45-57.
Krüger, H., 1995: Geschlechtsspezifische Modernisierung im ehepartnerlichen Lebenslauf, in: W. Glatzer und H.-H. Noll (Hrsg.), Getrennt vereint. Lebensverhältnisse in Deutschland seit der Wiedervereinigung, Frankfurt a.M./New York.
Ley, K., 1979: Frauen in der Emigration. Eine soziologische Untersuchung der Lebens- und Arbeitsbedingungen italienischer Frauen in der Schweiz, Berlin.
Lohauß, P., 1995: Moderne Identität und Gesellschaft, Opladen.
Morokvasic, M., 1987: Jugoslawische Frauen, die Emigration und danach, Basel.
Nesteren, I., 1985: Voreingenommenheit der Bürokratie gegenüber bi-nationalen Eheschließungen, Frankfurt a.M.
Richmond, A., 1988: Sociological theories of international migration. The case of refugees, in: Current sociology, Nr. 36/2, S. 6-25.
Scheibler, P., 1992: Bi-nationale Ehen. Zur Lebenssituation europäischer Paare in Deutschland, Weinheim.
Scheibler, P., 1993: Bi-nationale Familienkultur zwischen Anspruch und Wirklichkeit, in: Informationsdienst zur Ausländerarbeit, Nr. 4, S. 81-86.
Schiffauer, W., 1995: Drei Metropolen – und Berlin. Zur Logik kultureller Strömungen, in: Unterschiede – über Kulturkämpfe. Merkur, Sonderheft Nr. 558/559, S. 836-850.
Simon, M., 1985: Deutsch-koreanische Familien. Ein Beitrag zum Studium kultureller Mischehen, Münster.
Spee, C. und G. Schmid, 1995: Beschäftigungsdynamik in Ballungsregionen. Entwicklung und Struktur des Berliner Arbeitsmarkt im Ballungsraumvergleich 1977-94. Paper des Wissenschaftszentrums zu Berlin, I/95-208, Berlin.
Stach, A. und S. Hussain, 1994: Ausländer in der DDR. Ein Rückblick. Publikation der Ausländerbeauftragten des Senats, Berlin.

Statistisches Bundesamt, 1995: Bevölkerung und Erwerbstätigkeit. Fachserie 1, Reihe 1, Wiesbaden.
Strauß, A., 1974: Spiegel und Masken. Die Suche nach Identität, Frankfurt a.M.
Treibel, A., 1990: Migration in modernen Gesellschaften, München.
Velling, J., 1996: Die Migranten der 90er Jahre und ihre Integration in den deutschen Arbeitsmarkt, in: L. Clausen (Hrsg.), Gesellschaften im Umbruch. 27. Kongreß der Deutschen Gesellschaft für Soziologie, Frankfurt a.M./New York, S. 377-394.
Wagner, M., 1990: Lebensverläufe und sozialer Wandel, in: Kölner Zeitschrift für Soziologie und Sozialpsychologie, Sonderheft Nr. 31, S. 212-238.
Weber, C., 1994a: Frauenhandel – frauenspezifische Migrationsstrategie, in: agisra-Rundbriefe, Nr. 9.
Weber, C., 1994b: Osteuropäische Frauen und Mädchen im Rhein-Main-Gebiet, in: agisra-Rundbriefe, Nr. 11.
Wießmeir, B., 1992: Das Fremde als Lebensidee. Bi-kulturelle Ehen in Berlin, Berlin.
Witte, E. und W. Lehmann, 1982: Ein Funktionsmodell von Ehe und Partnerschaft, in: Gruppendynamik, Nr. 23, S. 59-76.

V. Politik

Fiona McKenzie

Australien: Auswirkung der jüngsten Zuwanderung auf die Lokale Politik

1. Einführung

Seit der ersten europäischen Ansiedlung 1788 hat Australien viele Einwanderungswellen aus Übersee erlebt. Im 19. Jahrhundert war es das Gold, das riesige Zuwandererscharen angezogen hatte, während die größte Einwanderung in diesem Jahrhundert nach dem Zweiten Weltkrieg erfolgte, als Australien seinen Arbeitskräftemangel beheben und die Verteidigungsfähigkeit erhöhen wollte. Während der zwei Jahrhunderte europäischer Besiedlung wurde Australien urbanisiert, entstanden aus den ursprünglichen Kolonialhafenorten wichtige Großstädte. Da in den Hauptstädten meist mehr als die Hälfte der Bevölkerung der jeweiligen Einzelstaaten lebt, zieht es Zuwanderer in diese Städte, insbesondere in die beiden größten, Sydney und Melbourne. Dort bestehen die meisten Arbeitsmöglichkeiten und sind viele Zuwanderergemeinden und Hilfseinrichtungen angesiedelt.

Melbourne war der wichtigste Zielort in den Jahrzehnten nach dem Zweiten Weltkrieg, wurde aber in den 80er Jahren von Sydney abgelöst und geriet seitdem in das Zentrum der Debatten über Folgen und Kosten der Zuwanderung. Gleichzeitig zeigten sich andere Probleme: steigende Immobilienpreise, Umweltverschmutzung und Kostenanstieg zur Unterhaltung der Infrastruktur. Die Diskussion über Stadtplanung, städtisches Wachstum, Arbeitslosigkeit und andere Folgen der Rezession verwob sich allmählich mit der über Zuwanderung. Wegen der räumlichen Konzentration von Zuwanderern in einigen Teilen der Stadt wurden Art und Langlebigkeit ethnischer Enklaven und Aspekte sozialer Integration problematisiert.

Dieser Artikel ist in drei Teile gegliedert: der erste gibt einige geographische und demographische Hintergrundinformationen; im zweiten werden gegenwärtige politische Initiativen zur Integration von Zuwanderern in die australische Gesellschaft dargestellt; zuletzt folgt eine Zusammenfassung der laufenden Debatte zur Zuwanderung und einschlägiger Forschungsergebnisse. Die Darstellung erfolgt am Fallbeispiel Sydney.

2. Der geographische und demographische Kontext

2.1 Bevölkerungswachstum

Die geschätzte Gesamtbevölkerung von Australien umfaßte im Juni 1995 18.054.000 Personen. Das Wachstum in dem Jahr vor diesem Stichtag betrug 1,21 Prozent (Shu u.a. 1996, S. xiii), wozu die Zuwanderung erheblich beigetragen hatte.

Abbildung 1: Immigration und Bevölkerungszunahme zwischen 1975 und 1994

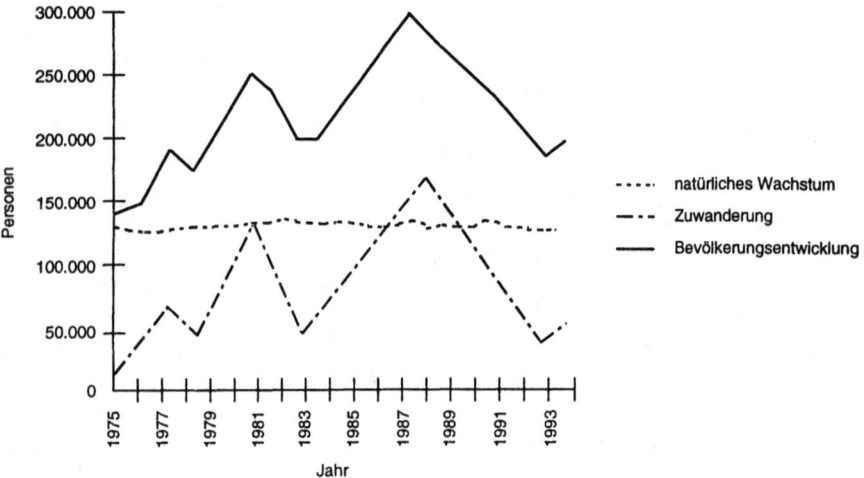

Quelle: Shu u.a. (1996, S. 2).

Australien ist eines der fünf Länder der Erde, das eine offizielle Einwanderungspolitik betreibt[1]; diese sieht eine jährliche Aufnahme von Zuwanderern aus Übersee vor. Eine dauerhafte Zuwanderung nach Australien wird durch das Migration-Programm und das „Humanitarian"-Programm geregelt. Die zwei wichtigsten Elemente des ersteren sind „Familie" und „Qualifikation"; dadurch wird die Familienzusammenführung, insbesondere für Ehepartner und nahe Verwandte, ermöglicht und professionell oder allgemein Gutausgebildete zur Einwanderung ermutigt. Das „Humanitarian"-Programm befaßt sich mit Flüchtlingen und Asylsuchenden.

Sobald Zuwanderer offiziell als Einwohner des Landes (permanent residents) anerkannt sind, haben sie einen Anspruch auf die meisten Dienstleistungen und Rechte, die auch den anderen Mitgliedern der australischen Gesellschaft zustehen.

---

1 Die anderen Länder sind: Kanada, Israel, Neuseeland und die Vereinigten Staaten von Amerika.

Abbildung 2: Zuwanderungszahlen der wichtigsten* zuwanderungsberechtigten Gruppen innerhalb eines Jahres bis Juni 1995

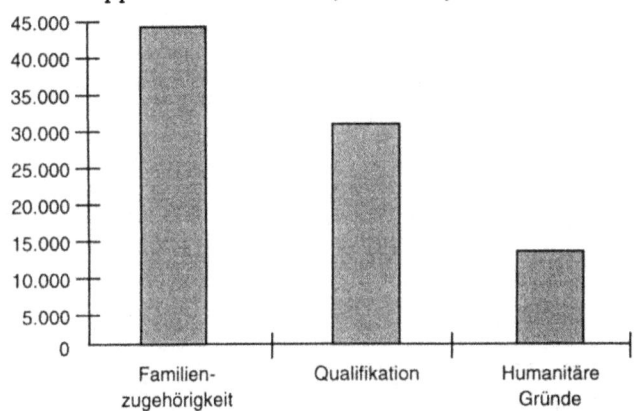

* Das Migrations-Programm beinhaltet noch eine „besondere Zuwanderungsberechtigung", die hier nicht ausgewiesen ist. Im hier angegebenen Zeitraum betrug die Quote 1.600 Personen.

Quelle: DIMA (1996a).

Im Anwartszeitraum werden sie dazu ermutigt, die australische Staatsbürgerschaft anzunehmen.

2.2 Ethnische Zusammensetzung

Australien wird als „Einwanderungsland" betrachtet, da ein großer Prozentsatz der Bevölkerung in Übersee geboren wurde. Tabelle 1 zeigt die territoriale Herkunft der australischen Bevölkerung insgesamt und der Bewohner von Städten mit mehr als einer Million Einwohnern. Daraus ist ersichtlich, daß 1991 mehr als 22 Prozent aller Einwohner Australiens in Übersee geboren wurden, wobei der Prozentsatz für die größten Städte sogar noch höher liegt. Mit rund 30 Prozent in Übersee geborener Bevölkerung sind Sydney, aber auch Melbourne und Perth ausgewiesen, doch ist in Sydney deren absolute Zahl mit über einer Million am höchsten. Sydney und Melbourne stechen hervor durch einen hohen Anteil nicht-englisch-sprachiger Zuwanderer, die etwa 21 Prozent der Stadtbevölkerung ausmachen; in Australien insgesamt macht diese Zuwanderergruppe nur ca. 13 Prozent aus. Die Unterscheidung zwischen Zuwanderern mit englisch-sprachigem (ESB) und nicht-englischsprachigem (NESB) Hintergrund ist wichtig, da die Forschung für die letzteren einen höheren Bedarf an Niederlassungsbeihilfen und größere Schwierigkeiten beim Zugang zum australischen Arbeitsmarkt gezeigt hat.

Tabelle 1: Bevölkerungszusammensetzung der größten Städte Australiens
(Zensusdaten von 1991)

	Gesamt-bevölkerung	aus Übersee		aus nicht-englisch-sprachigen Ländern*	
		Anzahl	% der Gesamt-bevölkerung	Anzahl	% der Gesamt-bevölkerung
Australien	16.850.540	3.755.554	22.3	2.184.360	13.0
Sydney	3.455.734	1.056.733	30.5	736.160	21.3
Melbourne	2.996.697	892.436	29.7	640.837	21.4
Brisbane	1.307.298	268.052	20.5	118.020	9.0
Perth	1.130.773	381.757	33.8	162.507	14.4
Adelaide	1.017.983	266.865	26.2	132.269	13.0

* Nicht-englisch-sprachige Länder sind alle Länder außer Neuseeland, Großbritannien, Kanada, den USA und Südafrika.
Quelle: BIR Statistics Section (1993a; 1993b).

Tabelle 2 zeigt, mit Stichtag im Juni 1995, die zehn wichtigsten Herkunftsländer der australischen Bevölkerung. Die größte Gruppe der nicht in Australien Geborenen stellen mit einem Anteil von ca. 7 Prozent an der Gesamtbevölkerung Zuwanderer aus Großbritannien und Irland. In den anderen aufgeführten Ländern sind jeweils weniger als zwei Prozent der Gesamtbevölkerung geboren. Dies schließt jedoch nicht aus, daß einige dieser ethnischen Gruppen in manchen Städten bedeutende Anteile ausmachen und lokale communities gebildet haben.

Diese Daten illustrieren die Zuwanderung in der Zeit nach dem Zweiten Weltkrieg. Während dieser Zeit fand eine signifikante Verschiebung statt: während die Zuwanderung aus Europa abnahm, nahm die aus asiatischen Regionen zu, wie aus Tabelle 3 ersichtlich ist. Zwar ist Großbritannien nach wie vor das wichtigste Herkunftsland, doch während 1964/65 mehr als 50 Prozent aller Zuwanderer von dort kamen, waren es 30 Jahre später nur noch 12 Prozent. Eine wichtige Rolle spielten in den 60er Jahren noch südeuropäische Länder wie Griechenland, Italien und Malta, die in den 90er Jahren in die Liste der zehn wichtigsten Herkunftsländer gar nicht mehr aufgenommen wurden. Sie wurden von Ländern wie Vietnam, Hongkong und den Philippinen abgelöst. Das einzige südeuropäische Land, das in den 90er Jahre als Herkunftsland noch eine Rolle spielt, ist das ehemalige Jugoslawien; die meisten Zuwanderer von dort wurden über das „Humanitarian"-Programm, also als Flüchtlinge und Asylbewerber, aufgenommen.

Australien: Auswirkung der jüngsten Zuwanderung auf die Lokale Politik   413

Tabelle 2: Die zehn wichtigsten Herkunftsländer der australischen Bevölkerung im Juni 1995

Rang	Geburtsland	Anzahl der Personen	% der australischen Gesamtbevölkerung
1	Australien	13.931.672	77.17
2	Großbritannien u. Irland	1.210.853	6.71
3	Neuseeland	290.101	1.61
4	Italien	261.436	1.45
5	Ehem. Jugoslawien	179.755	1.00
6	Vietnam	146.557	0.81
7	Griechenland	144.734	0.80
8	Deutschland	118.680	0.66
9	Niederlande	97.717	0.54
10	China	92.677	0.51

Quelle: BIMPR (1996 – ERP).

Tabelle 3: Die zehn wichtigsten Herkunftsländer von Zuwanderern nach Australien – 1964-65 und 1994-95

	1964-65		1994-95	
Rang	Geburtsland	% der Zuwanderung	Geburtsland	% der Zuwanderung
1	GB & Irland	53.3	Großbritannien	12.2
2	Griechenland	12.1	Neuseeland	12.0
3	Italien	7.4	Ehem. Jugoslawien	7.6
4	Malta	4.2	Vietnam	5.8
5	Jugoslawien	3.8	Hong Kong	4.7
6	Deutschland	2.5	Phillipinen	4.7
7	Niederlande	1.5	Indien	4.5
8	Neuseeland	1.4	China	4.2
9	USA	1.2	Südafrika	3.2
10	Ägypten	1.1	Ehem. UDSSR und baltische Staaten	2.9

Quelle: BIMPR (1996).

2.3 Die räumliche Verteilung der Zuwanderer

Die Entscheidung für bestimmte Ansiedlungsziele in Australien treffen die Zuwanderer unter dem Einfluß einiger allgemeiner Faktoren (Hugo 1995, S. 17-19):

- Vorhandensein von Beschäftigungs- und Wohnmöglichkeiten;
- bereits am Zielort lebende Familienmitglieder und/oder Personen derselben ethnischen Zugehörigkeit;

- Verteilung von Sprachgruppen;
- soziale und strukturelle Gegebenheiten der Zielregion;
- die Optionen des Einwanderungsstatus (via Migrations- oder „Humanitarian"-Programm).

Im australischen Kontext ist besonders der letzte Faktor wichtig, wie die unterschiedlichen Niederlassungsmuster zeigen. Beispielsweise führt die Zuwanderung via Familienzusammenführung zu räumlichen Konzentrationen (Birrell 1990); Flüchtlinge suchen die Nähe von Personen mit gleichem Hintergrund oder versuchen, sich in Regionen niederzulassen, in denen besondere Hilfseinrichtungen existieren. Dagegen hängt die Wohnortwahl von qualifizierten (Arbeits-)migranten, die ihre Zuwanderung selbständig organisierten, eher von der Verteilung der Beschäftigungsmöglichkeiten ab.

In einer Studie (Tonkin 1993) wurden detailliert die ursprünglichen Wohnortentscheidungen von Zuwanderern untersucht, wofür eine Pilotumfrage für den Langzeit-Survey von Immigranten nach Australien (LSIA) des Ministeriums für Immigration und Multikulturelle Angelegenheiten analysiert wurde. Die Analyse zeigte vor allem die Bedeutung von Familie und Freunden am Zielort, was selbst für Immigranten mit primär ökonomischen Migrationsmotiven zutraf. Für Städte wie Sydney und Melbourne, die über einen langen Zeitraum eine große Anzahl von Immigranten aufgenommen haben, kann die Existenz etablierter ethnischer Gemeinden eine wichtige Bedeutung für den Zuzug weiterer Immigranten haben. Andere Faktoren, die vor allem die Attraktivität der Stadt Sydney belegen, sind (Murphy 1995b, S. 45):

- ihre relative Größe, verglichen mit anderen australischen Städten;
- der Umstand, daß sie ein traditionelles Zuwanderungsziel ist;
- ihre wachsende Bedeutung als internationale Stadt.

Doch ist auch offensichtlich, daß sich die Siedlungsziele von Neuzuwanderern, je nach Herkunftsregion, während der letzten Jahrzehnte verändert haben. Zum Beispiel stellten in Melbourne und Sydney griechische und italienische Zuwanderer einen großen Teil der Gesamtzuwanderung während der ersten Jahrzehnte nach dem Zweiten Weltkrieg. Während sie anfänglich zur Niederlassung in den innerstädtischen Bezirken tendierten, zogen sie nach etwa zehn Jahren in die Vororte, während Neuzuwanderer aus Griechenland, Italien und anderen Ländern ihren Platz in der Innenstadt einnahmen (Jupp 1988, S. 520, 627). Dieses Muster der Konzentration mit anschließender Zerstreuung wird von Maher und Whitelaw (1995, S. 63) erklärt: Neuzuwanderer, die sich noch wenig in ihrer neuen Umgebung auskennen, siedeln in „ethnischen Nachbarschaften", die sich um soziale Netzwerke und wichtige Dienstleistungseinrichtungen herum bilden. Mit Anstieg sozialer und professioneller Kompetenz können die Immigranten die Gebiete ethnischer Konzentration wieder verlassen.

3. Wohnungspolitik für Zuwanderer

3.1 Die Regierungsstruktur in Australien

Das australische System hat drei Regierungsebenen: föderal, staatlich und lokal. Die unterschiedlichen Zuständigkeiten und Finanzverhältnisse dieser drei Ebenen bestimmen sowohl die allgemeinen Richtlinien der Einwanderungspolitik als auch die konkreten Angebote an Dienstleistungen für Zuwanderer. Die Bundesregierung hat die größten Steuereinnahmen, von denen ein Teil an die Staaten verteilt wird und auch einige lokale Einrichtungen finanziert werden. Die Staaten haben ebenfalls Steuereinnahmen und auch die Lokalbehörden erheben Abgaben, doch sind beide Ebenen nicht in der Lage, ohne Bundeshilfe ein umfassendes Angebot an Einrichtungen für Zuwanderer zu unterhalten. Insbesondere die lokalen Behörden sind daher auf Finanz- und Strukturhilfe angewiesen, was im folgenden dargestellt werden soll.

3.2 Der Einfluß der Bundespolitik auf lokale Versorgungsstrukturen

Bundeshilfen für Einrichtungen auf lokaler Ebene betreffen Dolmetscher- und Übersetzungsdienste, den Englischunterricht, Beihilfen für Gemeindeeinrichtungen für Zuwanderer und die befristete Wohnungsversorgung für Flüchtlinge und Asylbewerber.

Der Englischunterricht wird, da Englisch die offizielle Amts- und Unterrichtssprache in Australien ist, in einer Reihe von Unterrichtsprogrammen für nicht-englisch-sprachige Zuwanderer von der Bundesregierung in Kooperation mit den Staatsregierungen organisiert. Neuzuwanderer, deren Englischkenntnisse als ungenügend eingestuft werden, haben Anrecht auf 510 Unterrichtsstunden. Die Zuwanderer müssen sich innerhalb von drei Monaten nach Ankunft registrieren lassen, eine permanente Aufenthaltsbewilligung beantragt haben und innerhalb eines Jahres mit dem Unterricht beginnen. Erwachsene Flüchtlinge, Asylbewerber, aber auch einige Zuwanderer aufgrund von Familienzusammenführung werden kostenlos unterrichtet, während die anderen Zuwanderer zu den Kosten beitragen müssen. Auch informeller Unterricht durch Hauslehrer auf freiwilliger Basis wird erteilt (DIMA 1996c).

Außerdem hat das Bundesministerium für Beschäftigung, Erziehung, Unterrichts- und Jugendangelegenheiten (DDETYA) kostenlose Sonderkurse eingerichtet, die sich an besondere Problemgruppen mit ungenügenden Englischkenntnissen wenden: Arbeitslose, bestimmte Berufs- oder ethnische Gruppen, Alleinerziehende (DIMA 1996b).

Dolmetscher- und Übersetzungsdienste (TIS) werden vom Ministerium für Immigration und Multikulturelle Angelegenheiten (DIMA) unterhalten. Diese beinhalten auch einen telephonischen Dolmetscherservice rund um die Uhr, einen Dolmetscher-Schnellservice und einen Übersetzungsdienst (DIMA 1996c).

Gemeindebeihilfen für Zuwanderer durch das DIMA können eine Reihe von Organisationen beziehen, die sich auf Zuwanderungsprobleme auf lokaler Ebene spezialisiert haben. Die lokalen Gemeinden können ihren Bedarf selbst einschätzen und bei der Bundesregierung direkt Unterstützung beantragen.

Mögliche Beihilfen sind (DIMA 1996d):

1. Unterstützung von *Migrant Resource Centres*. Es handelt sich hierbei um autonome Körperschaften mit dem Ziel, den Zuwanderern Information, Ansprech- und Beratungsdienste zur Verfügung zu stellen. Auch können sie als Basis für kulturelle und soziale Aktivitäten ethnischer Gemeinden dienen.
2. Über ein Sonderprogramm *(Grant-in-Aid Scheme)* können Organisationen bis zu drei Jahren Fachkräfte und professionelle Hilfskräfte für die Arbeit mit Zuwanderern einstellen.
3. Das *Migrant Access Projects Scheme* soll die Koordination zwischen verschiedenen Hilfsorganisationen verbessern und die Anschaffung von Infrastruktur ermöglichen.
4. Die *Community Relations Agenda* unterstützt Projekte, die sich für eine Verbesserung der ethnischen Beziehungen in ihrer Gemeinde einsetzen.
5. Das *Immigration Advisory Services Scheme* unterhält Beratungsstellen für Zuwanderer.

Hinsichtlich der Wohnungsversorgung ist der australische Wohnungsmarkt deutlich anders als der europäische organisiert, da vor allem der private Sektor entwickelt ist. Laut einer Umfrage (Australian Housing Service) sind 70 Prozent aller australischen Wohnungen Eigentum oder werden von privaten Eigentümern gemietet. 28 Prozent aller Wohnungen sind Mietwohnungen, die zum größten Teil in Privatbesitz sind; nur sechs Prozent aller Haushalte sind Mieter staatlicher Wohnungen (ABS 1996, S. 537).

Die Wohnungsbeihilfen für Zuwanderer sind, verglichen mit der sonstigen Unterstützung, relativ gering. Gegenwärtig haben nur Flüchtlinge Anspruch auf Beihilfen oder Versorgung, während früher noch die meisten Zuwanderer Wohnraum angeboten bekamen. Von besonderer Bedeutung waren die Wohnheime der Bundesregierung, außerdem gab es Subventionen für Wohnraum und Serviceeinrichtungen vor Ort für Immigranten und Flüchtlinge. Viele der Zuwanderer der Nachkriegszeit waren noch in den Genuß von Zuwanderungsangeboten („assisted package") gekommen, doch wurde diese Form der Unterstützung 1982 eingestellt (Jordens 1995, Kap. 3-4). Die Wohnheime wurden während der 80er Jahre geschlossen, zum Teil wegen sinkenden Bedarfs, zum Teil aber auch, weil heute andere Wohnformen als die riesigen Wohnheimblöcke – zum Beispiel „village-style"-Siedlungen – für die Unterbringung von Neuzuwanderern angemessen erscheinen (DIEA 1983, S. 73; DIEA 1986, S. 99).

Australien: Auswirkung der jüngsten Zuwanderung auf die Lokale Politik 417

3.3 Die Politik der Staatsregierungen

Australien ist in sechs Staaten (New South Wales, Victoria, Queensland, South Australia, Western Australia und Tasmania) und zwei Regionen (Northern Territory und Australian Capital Territory) aufgeteilt. Jede Einheit hat ein eigenes Parlament, eigene Ministerien und jeweils eigene Ministerialbehörden für ethnische Angelegenheiten, denen in fast allen Fällen ein Minister oder ein Behördenleiter im Range eines Ministers vorsteht. In der Hierarchie der Staatsbürokratie sind diese Stellen für ethnische Angelegenheiten ziemlich hoch angesiedelt (IPR 1996).

Die staatliche Politik wird am besten an einzelnen Fallbeispielen illustriert. Im Staat New South Wales, dem Staat mit der höchsten Zuwanderungsrate und der größten Stadt, Sydney, werden der dortigen Kommission für Ethnische Angelegenheiten folgende Aufgaben zugewiesen:

- die Angehörigen aller ethnischer Gruppen zur Partizipation am sozialen, ökonomischen und kulturellen Leben der Gemeinde zu ermutigen;
- die Einheit aller ethnischen Gruppen als einzelne Sozietäten zu unterstützen, was die Anerkennung ihrer unterschiedlichen kulturellen Identitäten voraussetzt;
- die Kooperation aller Körperschaften zu unterstützen, die sich mit ethnischen Angelegenheiten befassen.

Die Arbeit der Kommission betrifft die Bereiche Gemeindepolitik, Ausbildung, Teilnahme an öffentlichen Anhörungen, Beihilfen, Sprachdienste und Öffentlichkeitsarbeit (NSW Government 1993, S. 6). Jedes Jahr werden von allen Regierungsstellen Berichte eingereicht, in denen die Strategien zur Zuwanderungspolitik und zu ethnischen Fragen umrissen sind (NSW Government 1994). In einem „Grundsatzkatalogs" ist festgelegt, daß:

- allen Bewohnern von New South Wales die größtmöglichen Chancen zur Teilnahme am öffentlichen Lebens eröffnet werden sollen;
- alle Einwohner und öffentlichen Einrichtungen zu Respekt und Anpassung an die unterschiedlichen Kulturen, Sprachen und Religionen innerhalb des australischen rechtlichen und institutionellen Rahmens, in dem Englisch die Amtssprache ist, angehalten sind;
- allen Einwohnern die Nutzung und Teilnahme an relevanten staatlichen Hilfs- und Unterrichtsprogrammen zu ermöglichen ist;
- alle öffentlichen Institutionen die sprachlichen und kulturellen Besonderheiten der Bevölkerung als wertvolle Ressourcen zu schützen haben, um sie für die Entwicklung des Staates nutzen zu können (ECA NSW 1995, S. 13).

3.4 Die Rolle der Lokalbehörden

Die Lokalbehörden haben weniger Spielraum für die (finanzielle) Unterstützung von Einrichtungen für Zuwanderer als die Bundes- und Staatsregierungen. Doch da die ethnische Zusammensetzung der einzelnen Regionen sehr unterschiedlich ist, fällt der Bedarf von Ort zu Ort verschieden aus. Manche Städte beschäftigen einen Beamten für ethnische Angelegenheiten und unterhalten eine Reihe von Informationsdiensten für Zuwanderer, was häufig von übergeordneten Regierungsstellen finanziert wird. Dies gilt auch für die *Migrant Resource*-Zentren auf lokaler Ebene und für eine Vielzahl von ethnischen Gemeindeprojekten, für die Beihilfen bei der Bundesregierung beantragt werden können (Munro 1989).

Ein Bereich, für den die Lokalbehörden verantwortlich sind, ist die Umsetzung der Regelungen zur Land- und Raumnutzung. Dies ist wichtig, weil auf dieser Ebene eher eine Vermittlung zwischen allgemeinen Strategien und spezifischen Bedarfen aus den ethnischen Gemeinden erfolgen kann. Wie aus einer Studie über westliche Stadtbezirke von Sydney (Watson/McGillivray 1995) hervorgeht, betrifft dies die Punkte: Raumbedarf für die Errichtung von Gebetsräumen; Nutzung von Wohngebäuden für die Heimarbeit; Bedarf an unüblichen Wohnungsdesigns für Großfamilien. In Fairfield, einem Stadtbezirk von Sydney, wurde eine Vermittlungsstelle für entsprechende Probleme eingerichtet; abgelehnte Ersuche von Zuwanderern werden auf ihre rechtliche Zulässigkeit überprüft (Watson/McGillivray 1995, S. 176). In konkreten Konfliktfällen wird ein Ausgleich zwischen den Interessen der Zuwanderer und den Planungsstandards gesucht. Beispielsweise können strikte Nutzungsregeln gelockert werden, um – bei entsprechender Berücksichtigung von Lärm- und Umweltschutzvorschriften – Heimarbeit in Wohngebäuden zu ermöglichen, was besonders für in der Bekleidungsindustrie beschäftigte asiatische Zuwanderer von Bedeutung ist (Watson/McGillivray 1995, S. 169).

4. *Die öffentliche Debatte zur Zuwanderung*

4.1 Im Brennpunkt der Debatte: Sydney

Wie schon in der Einführung erwähnt, konzentrierte sich die einschlägige Debatte in den 80er Jahren auf Sydney, wobei es sowohl um die Folgen und Kosten der Zuwanderung ging als auch um Umwelt- und Infrastrukturprobleme. Relevant für den Aspekt Zuwanderung sind die Punkte: erhöhte Nachfrage nach Infrastruktur und Dienstleistungen durch die Zuwanderung; Umwelteinwirkungen durch die wanderungsbedingte Bevölkerungszunahme; sozio-ökonomische Integrationsprobleme. Letzterer Punkt wird bereits seit Jahrzehnten diskutiert, während die Infrastruktur- und Umweltprobleme noch nicht lange thematisiert werden.

4.2 Debatten zu Zuwanderung und Infrastruktur

Die Debatte zur Infrastruktur betrifft sowohl die physische (Straßen, Wasseranschluß, Kanalisation) als auch die soziale Seite (Wohnraum, Schulen, Krankenhäuser). Da der Bevölkerungszuwachs in Australien zum großen Teil auf Zuwanderung beruht, haben sich Aspekte der Stadtplanung und zuwanderungsbedingter Siedlungsmuster in der Diskussion miteinander verwoben. Befürworter einer geringeren Zuwanderung argumentieren, die bestehende Infrastruktur würde entweder kein weiteres Bevölkerungswachstum mehr vertragen oder aber qualitativ verfallen. Der Beitrag an der Unterhaltung der Infrastruktur, den die Zuwanderer beispielsweise per Steuerabgaben leisten, wird dabei ignoriert. Überhaupt wird meist die Komplexität der Situation verkannt, da zum Beispiel Faktoren wie die Erhöhung von Wasserverbrauch und Autoverkehr, die vermehrte Nachfrage nach größeren Grundstücken und eine Zunahme der Haushaltsgründungen nicht den Neuzuwanderern anzulasten sind.

Wachsende Sorge bereitet seit den frühen 90er Jahren das Phänomen der „Wucherungen" im Umkreis der australischen Großstädte, die sowohl die Umwelt als auch die bestehende Infrastruktur – diese vor allem finanziell – erheblich belasten (House of Representatives 1992, S. 1). In Sydney kumulieren die Probleme: Kürzungen von Staatskrediten und Bundesgehältern; wachsende Unterhaltungskosten der veraltenden Infrastruktur; gesteigerte öffentliche Nachfrage nach besserer Umweltqualität (beispielsweise nach moderner Kanalisation anstatt der Abwassereinleitung in den Ozean); rapide Zunahme von Sozialleistungen; politische Durchsetzungsschwierigkeiten bei der Erhebung neuer Abgaben und Steuern (Birrell/Tonkin 1992, S. 18).

Da diese Probleme nicht kurzfristig lösbar sind, kehren sie in der öffentlichen Debatte regelmäßig wieder. Im Mai 1995 beherrschte der Premierminister von New South Wales, Bob Carr, die Debatte, indem er den Hinweis auf die städtischen Probleme mit dem auf die unverhältnismäßig hohe Aufnahmerate von Zuwanderern in Sydney verband. Allerdings wurde ihm entgegengehalten, daß die Zuwanderungsrate in Sydney zum damaligen Zeitpunkt tatsächlich geringer war als im australischen Durchschnitt und daß die Ressourcennutzung nicht nur ein demographisches, sondern auch ein Managementproblem sei, weshalb an den Defiziten der Stadtplanung sowie der Bau- und Umweltverordnungen angesetzt werden müsse (Murphy 1995).

Sydney erlebte in den 80er Jahren einen starken Anstieg der Wohnungspreise, was ebenfalls in die Debatte einfloß. In einschlägigen Untersuchungen (Burnley/Murphy 1994) wurde allerdings gezeigt, daß der Preisanstieg, wenn überhaupt, nur geringfügig aufgehalten werden könnte, wenn die Aufnahmeraten entscheidend gesenkt würden. Offenbar verursacht die Zuwanderung tatsächlich einen Teil der Preiserhöhung, allerdings in den oberen Preiskategorien des Wohnungsmarktes. Zum Teil liegt das an einem starken negativen Binnenwanderungssaldo, das heißt, die Abwanderung aus Sydney schwächt die Effekte der Zuwanderung aus Übersee weithin ab.

Ein anderer wichtiger Faktor für die steigenden Wohnkosten ist die wachsende internationale Bedeutung von Sydney seit den 80er Jahren. Dadurch erfolgte ein Anstieg an Investitionen aus dem Ausland und der Nachfrage nach erstklassigen Immobilien; auch der Bauboom in der Mitte der 80er Jahre hatte signifikante Folgen für den Wohnungsmarkt (Daly/Stimson 1992), wodurch die Zuwanderung nur als einer von vielen Faktoren erscheint.

Ein anderes Problem für die Stadtplanung besteht in der Prognose zukünftiger Zuwanderung. Die jedes Jahr neu beschlossenen Aufnahmeraten variierten während des letzten Jahrzehnts zwischen 145.316 Personen im Jahr 1988/89 (Höchststand) und 69.768 im Jahr 1993/94 (DIMA 1996e). Aufgrund dieser starken Schwankungen ändert sich natürlich auch die Nachfrage nach besonderen Dienstleistungen von Jahr zu Jahr (Murphy 1995a, S. 13), wodurch sich ein Konflikt zwischen den Zielen der Bundesregierung nach flexiblen Aufnahmemodalitäten und den Aufgaben der anderen Regierungsebenen ergibt, die aktiv in die Planung und Bereitstellung von Dienstleistungen einbezogen sind.

4.3 Zuwanderung und Umweltprobleme

Die letzten zwei Jahrzehnten gehörten der Problematisierung von Umweltfragen. Trotz der relativ geringen Bevölkerungsdichte in Australien hat die europäische Besiedlung die Umwelt stark beeinflußt – insbesondere durch Verschmutzung, Landverwüstung und Ausrottung von Tierarten. Eine Reihe von Umweltgruppen widmet sich seit längerem dem Schutz der einzigartigen australischen Ökologie, wobei immer wieder das Bevölkerungs- und damit das Zuwanderungswachstum problematisiert werden (vgl. z.B.: Day/Rowland 1988). Daher wurde auch immer wieder die Forderung nach einer Begrenzung der Zuwanderung laut.

Auch in den Umweltdebatten stand wieder Sydney im Brennpunkt (Murphy u.a. 1990, S. 6; Murphy 1995a). Unter typisch städtischen Umweltproblemen wie Luft- und Wasserverschmutzung, Verkehrsstaus, Lärmbelästigung und Zersiedlung leidet Sydney mehr als die meisten anderen australischen Städte. Doch lassen sie sich, wie Untersuchungen ergeben, nicht eindeutig oder direkt auf die Zuwanderung zurückführen (vgl. Clarke u.a. 1990; Fincher 1991; Dovers u.a. 1992). So sind auch andere Faktoren zu berücksichtigen: die Zersiedlung ergibt sich beispielsweise infolge veränderter individueller Wohnpräferenzen; die Zunahme der Haushaltsgründungen ist eine Folge abnehmender Haushaltsgrößen; durch versteckte Zuschüsse werden die Grundstückpreise am Stadtrand und durch die Veränderung der Beschäftigungsstruktur der Verkehr beeinflußt. Dies bedeutet, daß Verkehrsstaus und Luftverschmutzung als Folge des zunehmenden individuellen Autoverkehrs und des Investitionsrückgangs in das öffentliche Transportsystem ein Symptom von Wohlstand und Mobilität sind, und die bloße Bevölkerungszunahme nur einen Faktor unter anderen darstellt. Dies zeigt auch ein Blick auf langsam wachsende australischen Städte wie Adelaide oder Hobart, die dennoch vergleichbare Umweltprobleme haben. Diese resultieren sowohl aus dem Wandel der Siedlungs- und Mobilitätsmuster als auch aus dem Zuwanderungsdruck.

Als Folge einer parlamentarischen Untersuchung zur Bevölkerungskapazität von Australien wurde 1994 eine entsprechende Studie durchgeführt, in der die Ansichten für und wider eine Zuwanderungsbegrenzung abgewogen wurden (Representatives 1994). Obwohl die meisten Beitragenden für die Studie ein Bevölkerungsmaximum zwischen 17 und 23 Millionen befürworteten, sprach sich das zuständige Komitee gegen die Festlegung einer Obergrenze aus und verwarf auch die These, die Bevölkerungsdichte nähere sich bereits einem Maximalwert.

Ein letzter Punkt betrifft die Umwelt- und Infrastrukturbelastung durch den anwachsenden Tourismus, der von mancher Seite schwerwiegender als die Zunahme von Dauersiedlern angesehen wird (Dovers u.a. 1992, S. 50). Als ein Beispiel wird immer wieder die Vergrößerung des Sydneyer Flughafens angeführt, die ausschließlich für den Transport von Touristen notwendig geworden war, aber die Vororte der Stadt einer großen Belastung durch Lärm und Verkehrsaufkommen aussetzt.

4.4 Sozio-ökonomische Integration

Der Integrationsgrad der Zuwanderer in die Gemeinde läßt sich an drei Indikatoren ablesen: dem Umfang sozial-räumlicher Konzentration und Segregation; dem ökonomischen Status der Immigranten; der Existenz ethnischer Konflikte.

Ethnische sozial-räumliche Konzentrationen, die unter Umständen ethnische Konflikte befürchten lassen, gibt es in Sydney in den westlichen Stadtgebieten (vgl. Abbildung 3), beispielsweise im äußeren westlichen Stadtbezirk Fairfield. Die Zensusdaten von 1991 belegen, daß über die Hälfte (52,6 Prozent) der Einwohner von Fairfield in Übersee, und zwar in 96 verschiedenen Ländern, geboren wurde. Unter ihnen stellten die in Vietnam Geborenen damals die größte Gruppe mit 11 Prozent.

Die Konzentration von Indochinesen in Fairfield begann in den späten 70er Jahren und läßt sich auf die Belegung von drei Wohnheimen der Regierung zurückführen. Zwar wurden diese inzwischen geschlossen, doch ist das Gebiet nach wie vor, aufgrund der Möglichkeiten zur Familienzusammenführung, ein wichtiges Ziel für Neuzuwanderer. Doch offenbar besteht auch eine erhebliche Binnenwanderung aus anderen Bezirken Sydneys in dieses Gebiet (Burnley 1989; Birrell 1993, S. 28). Der Grund ist die Existenz spezifischer Einrichtungen und Gemeindeorganisationen für Vietnamesen, die weitere Zuwanderer vietnamesischer Herkunft anziehen, weshalb schon die Frage einer eventuell drohenden „Ghettoisierung" aufgeworfen wurde.

Abbildung 3: Räumliche Konzentrationen der in Übersee Geborenen in Sydney nach dem Zensus von 1991

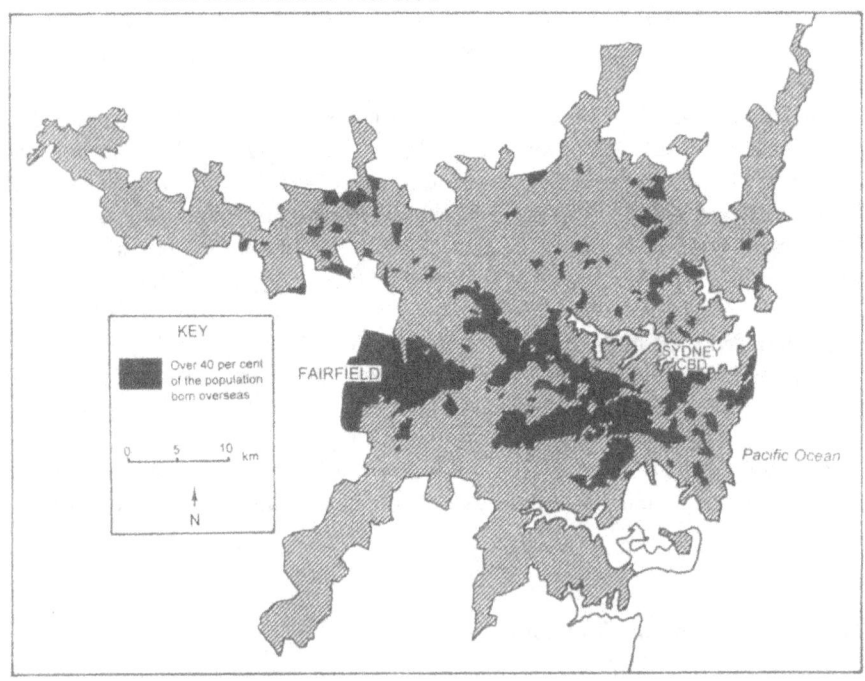

Quelle: ABS (1993, S. 22 f.).

Jupp u.a. (1990) haben eine der aussagekräftigsten Studien über ethnische Konzentration in Australien vorgelegt, in der ausführlich auf Sydney und Melbourne eingegangen wird. Ihr zufolge gibt es in Australien kaum die Gefahr von „Ghetto"-Bildungen, zumindest nicht in dem Sinne, wie der Begriff üblicherweise verstanden wird als „ein Bezirk mit vielfältigen sozialen Problemen, bewohnt vor allem von einer besonderen ethnischen Gruppe oder einigen Gruppen, die gewöhnlich von der Mehrheitsbevölkerung gering geschätzt werden" (ebd., S. 72). Ähnliche Befunde ergab die Studie von Burnley (1989) über Vietnamesen in West-Sydney, auch wenn eine verstärkte ethnische Konzentration durch „Anschluß"-, also Kettenmigration belegt wird. Autoren wie Birrell (1990; 1993) interpretieren die gleichen Erscheinungen allerdings gegenteilig und betonen die Möglichkeit von Ghettobildungen insbesondere in Sydney.

In einer Studie zu vietnamesischen Zuwanderern in West-Sydney wird darauf hingewiesen, wie wichtig die ethnische „Sichtbarkeit" für die Wahrnehmung von ethnischer Konzentration ist (Dunn 1993). Die Elemente asiatischer Kultur im Stadtbild durch die Anhäufung spezifischer Läden, Dienstleistungs- und Gemeindeeinrichtungen ergäben eine starke Anziehung für Zuwanderer vietnamesischer Herkunft nicht nur aus Sydney, sondern auch aus nahegelegenen Regionen wie

Newcastle und Wollongong. Dunn zufolge ist der asiatische „Aktionsraum" in Sydney größer als die aktuelle Siedlungskonzentration von asiatischen Zuwanderern, doch hat sich letztere in der Wahrnehmung festgesetzt (Dunn 1993, S. 239). Die Eingliederung der Zuwanderer in den Arbeitsmarkt war bis vor zwei Jahrzehnten weitgehend unproblematisch. Die Neuzuwanderer nach dem Zweiten Weltkrieg verfügten über sehr unterschiedliche Berufsqualifikationen, dementsprechend variierten die Einkommenserwartungen. In diesem Punkt unterscheidet sich die australische Zuwanderung erheblich von der Gastarbeiter-Migration in manche europäische Staaten, die häufig weder sozial-räumlich noch ökonomisch erfolgreich integriert werden konnten. Auch wurde in Australien – anders als in Europa – die Abwanderung von Arbeitskräften aus ländlichen Gegenden nicht unterstützt; der Bedarf an Arbeitskräften wurde statt dessen zu einem großen Teil aus der Zuwanderung aus Übersee gedeckt, was nach dem Zweiten Weltkrieg auch von der Regierung unterstützt wurde (Tait/Gibson 1987, S. 5).

Durch die Rezession der 80er und 90er Jahre wurde jedoch die Debatte über die Aufnahmefähigkeit der australischen Wirtschaft angeheizt. Die Chancen für Neuzuwanderer haben sich drastisch verschlechtert, was sich an den Arbeitslosenraten bestimmter ethnischer Gruppen ablesen läßt (Burnley 1989, S. 152). So ist in Sydney die Arbeitslosigkeit unter Vietnamesen und Libanesen beispielsweise besonders hoch, weshalb nun die sozialen Folgen diskutiert werden, falls sich Muster struktureller Benachteiligung in bestimmten Stadtgebieten festsetzen. Viviani u.a. (1993) interpretieren in ihrer Studie über Indochinesen in Australien die Situation positiver: Die hohen Arbeitslosenraten in den indochinesischen Quartieren seien durch deren Neuheit bedingt; die fraglichen Zuwanderergemeinden seien hinsichtlich ihrer Alters-, Geschlechts- und Ausbildungsstruktur ungünstig zusammengesetzt, was sich durch die ständige Neuzuwanderung immer wieder reproduzieren und so die Arbeitslosenrate stetig in die Höhe treiben würde. Nach fünf bis 10 Jahren würden diese hohen Raten jedoch sinken (Viviani u.a. 1993, S. xv).

Diese Einschätzung stimmt mit Studien überein, die zwar einen beträchtlichen Unterschied zwischen Zuwanderern und in Australien Geborenen zu Beginn des Arbeitslebens, aber nach einer gewissen Zeit einen Ausgleich feststellen (Ackland/Williams 1992; Brooks/Williams 1995). Wird zudem der Leistungserfolg von Zuwandererkindern, also der zweiten Generation, berücksichtigt, wird die hohe ökonomische Integration deutlich. Birrell und Khoo (1995) konnten zeigen, daß die Ausbildungsleistungen der „zweiten Generation" die der in Australien Geborenen häufig sogar übertreffen. Diese zuletzt genannte Studie bezieht sich allerdings vor allem auf Kinder europäischer Herkunft, entsprechende Untersuchungen über Kinder von asiatischen Zuwanderern fehlen hingegen noch. Diese Zuwanderergruppen halten sich jedoch noch nicht lange genug in ausreichender Zahl in Australien auf, als daß bereits eine zweite Generation in den Arbeitsmarkt integriert sein müßte.

Wenig problematisch scheint die soziale Integration vonstatten zu gehen; verglichen mit anderen Einwanderungsländern sind soziale Spannungen gering, selbst nach der Ablösung der europäischen durch die vorwiegend asiatische Zuwanderung. Da eine Untersuchung im Jahr 1991 kaum Anhaltspunkte für rassistische Gewalt gegen Zuwanderer gefunden hatte, wurde geschlossen, daß – im Vergleich – „Australien eine nicht gewalttätige, sozial integrierte Nation" sei (HREOC 1991, S. 175).

Auch für Sydney gibt es entsprechende Studien. Dunn (1993) analysierte in einer Studie zur Sozialintegration im Stadtteil Fairfield 20 Interviews mit vietnamesischen Zuwanderern. Diese äußerten ein starkes Verlangen nach Partizipation und Integration, was jedoch vor allem durch Sprachschwierigkeiten konterkariert wird – ein Problem, das insbesondere Neuzuwanderer und ältere Personen betrifft.

5. Zusammenfassung

Angesichts der großen Bedeutung von Zuwanderung für Australien wurden, insbesondere am Fallbeispiel Sydney, einige typische Problemlagen sowie die darauf Bezug nehmende öffentliche Diskussion dargestellt. In dem Einwanderungsland sind alle Regierungs- und Verwaltungsebenen mit einer systematischen Integrationsarbeit aller Zuwanderer befaßt. Tatsächlich scheint in Australien die Schaffung einer multikulturellen Gesellschaft mit relativ geringen sozialen Konflikten weitgehend gelungen zu sein.

Übersetzung: Ingrid Oswald

Literatur

Ackland, R. and L. Williams, 1992: Immigrants and the Australian Labour Market: the Experience of Three Recessions, AGPS, Canberra.
Australian Bureau of Statistics (ABS), 1993: Sydney. A Social Atlas, Census of Population and Housing 1991, ABS, Canberra.
Australian Bureau of Statistics (ABS), 1996: Yearbook Australia 1996, ABS catalogue no. 1301.0, ABS, Canberra.
Australian Delegate to the OECD, 1996: Trends in international migration. Continuous reporting system on migration, (SOPEMI), draft annual report.
Birrell, R., 1990: The Chains that Bind: Family Reunion Migration to Australia in the 1980s, AGPS, Canberra.
Birrell, R., 1993: Ethnic concentrations: the Vietnamese experience, in: People and Place, vol. 1, no. 3, pp. 26-32.
Birrell, R. and S.E. Khoo, 1995: The Second Generation in Australia: Educational and Occupational Characteristics, BIMPR Statistical Report no. 14, AGPS, Canberra.
Birrell, R. and S. Tonkin, 1992: Constraints and opportunities for urban growth: Sydney & Perth compared, consultants report for National Population Council, Population Issues and Australia's Future, Environment, Economy and Society, AGPS, Canberra.
Brooks, C. and L. Williams, 1995: Immigrants and the Labour Market: the 1990-94 Recession and Recovery in Perspective, AGPS, Canberra.

Bureau of Immigration Research (BIR) Statistics Section, 1993a: Birthplace and Related Data from the 1991 Census Basic Community Profiles, AGPS, Canberra.
Bureau of Immigration Research (BIR) Statistics Section, 1993b: Birthplace and Language Spoken. Counts for Australian Major Cities from the 1991 Census, AGPS, Canberra.
Bureau of Immigration, Multicultural and Population Research (BIMPR) Statistics Section, 1996: Statistical Focus. Estimated Resident Population. 30 June 1995, BIMPR, Canberra.
Burnley, I. and P. Murphy, 1994: Immigration, Housing Costs and Population Dynamics in Sydney, AGPS, Canberra.
Burnley, I.H., 1989: Settlement dimensions of the Vietnam-born population in metropolitan Sydney, in: Australian Geographical Studies, vol. 27, no. 2, pp. 129-154.
Clarke, H.R., A.H. Chisholm, G.W. Edwards and J.O.S. Kennedy, 1990: Immigration, Population Growth and the Environment, AGPS, Canberra.
Daly, M.T. and R.J. Stimson, 1992: Sydney: Australia's gateway and financial capital, in: E.J. Blakely and R.J. Stimson (eds.), New Cities of the Pacific Rim, Institute of Urban and Regional Development, University of California at Berkeley.
Day, L.H. and D.T. Rowland (eds), 1988: How Many More Australians. The Resource and Environmental Conflicts, Longman Cheshire, Melbourne.
Department of Immigration and Ethnic Affairs (DIEA), 1983: Review '83. Review of Activities to 30 June 1983, AGPS, Canberra.
Department of Immigration and Ethnic Affairs (DIEA), 1986: Review '86. Review of Activities to 30 June 1986, AGPS, Canberra.
Department of Immigration and Multicultural Affairs (DIMA), 1996a: Fact Sheet 2. Migration and Humanitarian Programs, produced by Public Affairs, Information and Publishing Section, DIMA, Canberra, revised 16 May 1996.
Department of Immigration and Multicultural Affairs (DIMA), 1996b: Fact Sheet 11. English Language Tuition for Adult Migrants, produced by Public Affairs, Information and Publishing Section, DIMA, Canberra, revised 20 March 1996.
Department of Immigration and Multicultural Affairs (DIMA), 1996c: Fact Sheet 8. Translation and Interpreting Service (TIS), produced by Public Affairs, Information and Publishing Section, DIMA, Canberra, revised 20 March 1996.
Department of Immigration and Multicultural Affairs (DIMA), 1996d: Fact Sheet 13. Grants for Migrant Community Services, produced by Public Affairs, Information and Publishing Section, DIMA, Canberra, revised 20 March 1996.
Department of Immigration and Multicultural Affairs (DIMA), 1996e: Fact Sheet 1. Immigration – the Background, produced by Public Affairs, Information and Publishing Section, DIMA, Canberra, revised 11 March 1996.
Dovers, S., T. Norton, I. Hughes and L. Day, 1992: Population Growth and Australian Regional Environments, AGPS, Canberra.
Dunn, K.M., 1993: The Vietnamese concentration in Cabramatta: site of avoidance and deprivation, or island of adjustment and participation?, in: Australian Geographical Studies, vol. 31, no. 2, pp. 228-245.
Ethnic Affairs Commission of New South Wales (EAC NSW), 1995: Annual Report 1994-1995.
Fincher, R., 1991: Immigration, Urban Infrastructure and the Environment, AGPS, Canberra.
Holton, M., 1994: Social aspects of immigration, in: M. Wooden, R. Holton, G. Hugo and J. Sloan (eds.), Australian Immigration: A Survey of the Issues, second edition, AGPS, Canberra.
House of Representatives Standing Committee for Long Term Strategies, 1992: Patterns of Urban Settlement: Consolidating the Future? AGPS, Canberra.
House of Representatives Standing Committee on Long Term Strategies, 1994: Australia's Population 'Carrying Capacity', One Nation – Two Ecologies, AGPS, Canberra.
Hugo, G., 1995: Understanding Where Immigrants Live, AGPS, Canberra.
Human Rights and Equal Opportunity Commission (HREOC), 1991: National Inquiry into Racist Violence in Australia, AGPS, Canberra.

International Public Relations Pty. Ltd. (IPR), 1996: The Governments of Australia. The People and the Departments.
Jordens, A., 1995: Redefining Australians. Immigration, Citizenship and National Identity, Hale and Ironmonger, Sydney.
Jupp, J. (ed.), 1988: The Australian People. An Encyclopedia of the Nation, its People and Their Origins, Angus and Robertson publishers, Sydney.
Jupp, J., A. McRobbie and B. York, 1990: Metropolitan Ghettos and Ethnic Concentrations, published for the Office of Multicultural Affairs by the Centre for Multicultural Studies, University of Wollongong, Australia.
Maher, C. and J. Whitelaw, 1995: Internal Migration in Australia, 1986-1991: Residential Mobility & Urban Development, AGPS, Canberra.
Munro, A., 1989: The role of local government in a multicultural society, in: J. Jupp (ed.), The Challenge of Diversity. Policy Options for a Multicultural Australia, AGPS, Canberra.
Murphy, P., 1995a: Impacts of immigration on Sydney, in: BIMPR Bulletin, Issue no. 15. November.
Murphy, P., 1995b: Immigrant arrivals in Australia. Sydney and the other cities, in: Urban Futures, no. 18, pp. 42-46.
Murphy, P.A., I.H. Burnley, H.R. Harding, D. Wiesner and V. Young, 1990: Impact of Immigration on Urban Infrastructure, AGPS, Canberra.
New South Wales Government, 1993: Programs for People with Non English Speaking Backgrounds. Statement by Michael Photios, Minister for Multicultural and Ethnic Affairs and Minister Assisting the Minister for Justice, 1993-94 New South Wales Budget.
New South Wales Government, 1994: NSW Government Agencies Statements of Intent 1994. Charter of Principles for a Culturally Diverse Society, Sydney.
Shu, J. et al., 1996: Australia's Population Trends and Prospects 1995, AGPS, Canberra.
Tait, D. and K. Gibson, 1987: Economic and ethnic restructuring. An analysis of migrant labour in Sydney, in: Journal of Intercultural Studies, vol. 8, no. 1, pp. 1-26.
Tonkin, S., 1993: Initial Location Decisions of Immigrants Results from the Longitudinal Survey of Immigrants to Australia (LSIA) Pilot, AGPS, Canberra.
Viviani, N., J. Coughlan and T. Rowland, 1993: Indochinese in Australia: The Issues of Unemployment and Residential Concentration, AGPS, Canberra.
Watson, S. and A. McGillivray, 1995: Planning in a multicultural environment: a challenge for the nineties, in: P. Troy (ed.), Australian Cities. Issues, Strategies and Policies for Urban Australia in the 1990s, Cambridge: Cambridge University Press.

Ute Angelika Lehrer / John Friedmann

Migration, Lokalität und Zivilgesellschaft: Immigrationspolitik in Los Angeles*

„'Do you realize what you're saying? Immigrants are the lifeblood of this country – we're a nation of immigrants and neither of us would be standing here today if it wasn't'."
(Delaney Moosbacher, in: T. Coraghessan Boyle 1995, S. 101)

„And what was it all about? Work, that was all. The right to work, to have a job, earn your daily bread and a roof over your head. He [an undocumented immigrant, d.V.] was a criminal for daring to want it, daring to risk everything for the basic human necessities."
(T. Coraghessan Boyle 1995, S. 200)

Diskussionen über Einwanderungspolitik werden meistens auf der nationalen und internationalen Ebene geführt. Doch Migranten und Migrantinnen kommen an spezifische Orte und tragen durch ihre Alltagspraxen zur Transformation von Kultur und Identität der urbanen Regionen bei. Städte, wie etwa Los Angeles, Berlin, Frankfurt und Toronto verzeichnen dabei einen überproportionalen Zuwachs von Ausländern und Ausländerinnen. Es stellt sich daher die Frage, wie Städte auf diese massive Zuwanderung reagieren. Braucht es eine lokale Immigrationspolitik, eine Politik, die sich mit den Bedürfnissen der Immigranten und Immigratinnen in konstruktiver Weise auseinandersetzt? Und wenn ja, welchem Modell soll diese Politik folgen? Dem Modell von Los Angeles, in dem der „lokale Staat" den Hauptteil der Betreuung und der Interessensvertretung von Zugewanderten an gemeinschaftliche Organisationen abtritt und in dem der Zivilgesellschaft eine relativ bedeutende Rolle zukommt, oder dem Modell von Frankfurt am Main, das mit dem Amt für Multikulturelle Angelegenheiten eine offizielle Position zu Ausländerfragen bezieht und eine aktive Zuwandererpolitik betreibt? Die Stärke von Los Angeles liegt in den sogenannten *community-based organizations*. Darüber soll in diesem Beitrag berichtet werden.

* Die diesem Beitrag zugrundeliegende Forschung wurde finanziell unterstützt vom *Center for German and European Studies*, UC Berkeley, sowie vom *Academic Senate*, UCLA. Wir möchten uns bei unseren zahlreichen InterviewpartnerInnen sowie bei Liette Gilbert, Michael Dear und Roger Keil bedanken.

1. Immigration und lokales Handeln

> „Any significant reduction in immigration could cause the collapse of inner city housing markets, even the wholesale abandonment of many communities. It would also deal a severe blow to a regional economy [in Southern California, d.V.] that historically has prospered from a large reservoir of low-wage labor."
>
> (Michael Dear 1996a)

Die meisten Studien über internationale Migration konzentrieren sich auf die nationalstaatliche Ebene (vgl. Castles/Miller 1993; Cornelius/Martin/Hollifield 1994; Weidenfeld 1994). Besonderes Augenmerk genießen dabei Themen wie Beschränkung der Einwanderungszahlen von ImmigrantInnen, Kosten und Nutzen der Einwanderung sowie Abbau der Sozialleistungen (vgl. Vernez 1994; Steinmann/Ulrich 1994). Die städtische Perspektive ist dabei fast ganz außer acht gelassen. Doch es ist vor allem die lokale Ebene, auf der sich die ausländische Migration bemerkbar macht und die Regierungen zum Handeln antreibt (vgl. Vernez 1993). In einer Zeit, in der sowohl der lokale als auch der Nationalstaat vor neuen globalen Herausforderungen stehen, wird es daher zunehmend wichtig, Immigration nicht nur von einem nationalen, sondern auch von einem lokalen Gesichtspunkt zu untersuchen. Das Bedürfnis nach einer lokalspezifischen Betrachtungsweise von Einwanderungsgruppen wird dadurch unterstützt, daß die Kategorie „Immigrant/Immigrantin" eine heterogene Gruppe bezeichnet und daß deren statistische Erhebung nicht zweifelsfrei ist (vgl. Assembly Office of Research 1994).

Wir beginnen unsere Fallstudie Los Angeles mit einem Überblick über die nationale Einwanderungspolitik in den USA. Wir argumentieren, daß nationale Immigrationspolitiken oftmals im Zusammenhang mit lokalen Bedingungen stehen und daß diese Politiken ihrerseits Rückwirkungen auf die lokalen Gegebenheiten haben. Dann beschreiben wir, wie die Großregion Los Angeles *(Los Angeles County)* sich in den letzten beiden Dekaden in bezug auf ethnische Komposition verändert hat. Im Hauptteil des Artikels gehen wir Ansätzen zur lokalen Immigrations- und Immigrantenpolitik nach. Wir stellen sowohl einige lokalstaatliche Einrichtungen als auch eine Anzahl von ausgewählten *community-based organizations* insbesondere zweier Koalitionen vor.[1] Wir schließen unseren Beitrag mit einigen Überlegungen zu Regulierung und Koordinierung von lokaler Immigrationspolitik durch CBOs in Los Angeles.

---

1 Eine Übersetzung des Begriffs *community-based organization* ins Deutsche haben wir aufgrund der institutionellen, politischen und soziokulturellen Eigenart dieses Terminus ganz bewußt vermieden; wir werden die *community-based organizations* im folgenden CBOs nennen.

2. Immigrationspolitik auf nationaler und bundesstaatlicher Ebene

„Undocumented immigrants have a right to equal protection
under the 14th Amendment."
(Rudolph W. Giuliani, Bürgermeister von New York City 1996)

Einwanderung in urbane Regionen der USA ist in den 1980er und 1990er Jahren aus drei Gründen zu einem umstrittenen Thema geworden: (1) wegen ihrer Quantität, (2) wegen ihrer Qualität und (3) wegen der ökonomischen Auswirkungen (vgl. Martin/Midgley 1994). Nicht nur die schiere Zahl von Neuankömmlingen, sondern auch der Unterschied zwischen MigrantInnen und den bereits Ansässigen bezüglich ethnischer Abstammung sowie schulischer und beruflicher Ausbildung verändern das demographische Profil von Regionen und Städten. Zwei Drittel der ungefähr zwanzig Millionen Menschen, die nicht in den USA geboren sind, konzentrieren sich auf fünf Staaten (Kalifornien, New York, Florida, Texas und Illinois) und dort meist auf die metropolitanen Regionen (vgl. Vernez 1993). Die meisten von ihnen sind legal eingewandert, einige sind politische Flüchtlinge, und nur ungefähr fünfzehn Prozent halten sich in den USA illegal auf (Martin/ Midgley 1994, S. 5). Obwohl die lokalen Regierungen keine Kontrolle über die Anzahl von Neuankömmlingen haben, mußten sie sie bis vor kurzem per Bundesgesetz mit sozialen Dienstleistungen unterstützen – dies völlig unabhängig vom Immigrationsstatus der jeweiligen Person (zur Auswirkung der *Welfare Reform Act* und der *Illegal Immigration Reform and Immigrant Responsibility Act*, beide im Herbst 1996 verabschiedet, weiter unten). Hinzu kommt, daß in den USA das *jus solis* herrscht: wer im Lande geboren ist, ist damit auch automatisch StaatsbürgerIn der USA – unabhängig vom rechtlichen Status der Eltern.

Ein guter Teil der amerikanischen Ökonomie ist auf ausländische Arbeitskräfte angewiesen (vgl. Borjas 1990; McCarthy/Valdez 1986; Portes/Böröcz 1989). Waren es in den vierziger und fünfziger Jahren SaisonarbeiterInnen aus Mexiko, die unter einem Sonderabkommen zwischen den beiden Staaten, dem sogenannten *Bracero Program*, ins Land gebracht wurden und in der Landwirtschaft tätig waren, sind es heute mehrheitlich undokumentierte ArbeiterInnen, die in den Textilfabriken, als Küchen- und Putzpersonal und als Gärtner arbeiten. Gemäß J. Johnson stimmen in Kalifornien die Perioden mit relativ hoher Anzahl von undokumentierten ArbeitnehmerInnen mit jenen mit einem steigenden Beschäftigungsgrad überein. Die undokumentierte Einwanderung nach Kalifornien erreichte Ende der achtziger Jahre ihren Höhepunkt und muß im Zusammenhang mit der *Immigration Reform and Control Act* von 1986 gelesen werden (Johnson in Dear 1996b, S. 35). Sie beträgt etwa 300.000 Personen pro Jahr; damit halten sich gegenwärtig mehr als 4 Millionen Personen illegal in den USA auf. Im Gegensatz zur gängigen Auffassung schleicht ein Großteil dieser Menschen jedoch nicht bei Nacht und Nebel über die Grenze; mehr als die Hälfte (sechs von zehn) reisen als Touristen, StudentInnen oder

Geschäftsleute ein und bleiben im Land, nachdem ihr Visum abgelaufen ist (vgl. National Immigration Forum 1994). Darunter befinden sich auch viele Menschen aus sogenannten entwickelten Ländern wie etwa Kanada, der Schweiz und Deutschland.

Seit 1875 unterliegt die Regulierung der Einwanderung in die USA ausschließlich dem Kongreß; die landesweite Einwanderungspolitik wird damit vom Parlament bestimmt. Gemäß Dittgen (1995, S. 347-354) kann sie grob in vier Phasen eingeteilt werden: die Ära der offenen Tür, die Ära der Regulation (ab 1870), die Ära der Restriktion (1917-1964) und die Ära der Liberalisierung (ab den sechziger Jahren). Innerhalb der letztgenannten Phase haben mindestens vier bedeutende Verschiebungen stattgefunden, die direkte und indirekte Auswirkungen auf die ethnische Zusammensetzung der Neuankömmlinge hatten und haben. Die erste Verschiebung der nationalen Einwanderungspolitik war das Gesetz zur Familienzusammenführung von 1965, welche eine Absage an die vormals praktizierte ethnozentrische Quotenregelung darstellt. Dieses Gesetz führte vor allem zu einer Zunahme von Einwanderungsgruppen aus Asien und Lateinamerika. Die zweite Verschiebung stellt eine klare Trennung der Immigrations- von der Asylgesetzgebung dar: Unter dem sogenannten *Refugee Act* von 1980 beschloß die Bundesregierung, die einzelnen Bundesstaaten nur noch beschränkt für die geleistete medizinische und soziale Betreuung von Flüchtlingen zu entschädigen sowie direkte Geldzuschüsse an die 1,4 Millionen Flüchtlinge zeitlich von ursprünglich 36 Monaten auf 8 Monate zu reduzieren. Unter dieser neuen Regelung mußte ganz besonders der Bundesstaat Kalifornien fiskalisch leiden, denn er beherbergte mit etwa 50 Prozent den höchsten Anteil an Flüchtlingen. Die dritte Verschiebung kam mit der *Immigration Reform and Control Act (IRCA)* von 1986 und hatte zum Ziel, die illegale Immigration nach den USA zu verringern. Dies sollte in erster Linie durch die Bestrafung von Arbeitgebern erfolgen. Im Zuge dieser Resolution wurde auch eine Amnestie für 2,7 Millionen undokumentierte Personen erlassen, die sich seit mindestens 1982 in den USA aufgehalten hatten; der größere Anteil davon kam aus dem benachbarten Mexiko. Die vierte Verschiebung, die *Immigration Act (IMMACT)* von 1990, erhöhte die Zahl der legalen Einwanderer auf 700.000 Menschen pro Jahr und hatte zum Ziel, hochqualifizierte ImmigrantInnen ins Land zu lassen. Einher gingen jedoch auch verschärfte Maßnahmen zur Eindämmung von illegaler Einwanderung.

Seither ist unter dem allgemeinen Druck der Rezession und angeführt von einer konservativen Mehrheit im Kongreß der Ruf nach mehr Restriktionen laut geworden (vgl. U.S. Immigration Policy: Restoring Credibility 1994). Wir wollen dies als eine neue, eine fünfte Phase, die Ära der selektiven Einwanderung, charakterisieren: Während einerseits die Einwanderungsbestimmungen für ökonomisch potente ImmigrantInnen gelockert werden, wird andererseits die Schraube für ImmigrantInnen mit relativ geringer Ausbildung angezogen. Im September 1996 sind gleich zwei Gesetze in Kraft getreten, die eine härtere Gangart gegenüber legaler und illegaler Einwanderung einfordern: die *Welfare Reform Act* und die

Migration, Lokalität und Zivilgesellschaft

Illegal Immigration Reform and Immigrant Responsibility Act. Ganz besonders betroffen sind davon die undokumentierten ImmigrantInnen, die nur noch in äußersten Notfällen auf staatliche Hilfeleistungen werden zählen können. Doch auch das Anrecht der legalen Immigranten und Immigrantinnen auf eine ganze Reihe von staatlich getragenen Programmen – von Essensmarken über finanzielle Zuschüsse bis hin zur Altersversorgung – ist beträchtlich beschnitten und teilweise ganz gestrichen worden (vgl. Immigrant Policy News 1996, Heft 7).

Diese beiden Gesetze hatten ihren „Vorläufer" in der *Proposition 187*, eine Gesetzesvorlage, die im Herbst 1994 der Bevölkerung Kaliforniens zur Abstimmung vorlag. Der zentrale Punkt darin war, den Anspruch auf Bildung und Gesundheitsversorgung für undokumentierte ImmigrantInnen zu unterbinden. Die Bevölkerung Kaliforniens, insbesondere jene in der Region Los Angeles, fand in den undokumentierten ImmigrantInnen aus Mexiko und Zentralamerika einen Sündenbock für das von der Rezession stark betroffene Land (vgl. Lehrer 1994; Davis 1995). Fachleute und im Gemeindewesen Arbeitende sehen die Proposition 187 als einen äußerst markanten Einschnitt in der Einwanderungsgeschichte der USA und bestätigen, daß die Auswirkungen davon auf allen Ebenen spürbar sind.

Zwar ist die Proposition 187 bis heute noch nicht rechtskräftig, da die Vorlage möglicherweise gegen die Verfassung der Vereinigten Staaten von Amerika verstößt und dies als Ausgangspunkt von den Gegnern der Proposition 187 benutzt wurde, um einen Rechtsstreit auf Bundesebene auszufechten. Doch mit dem *Welfare Reform*-Gesetz, welches eigentlich nichts anderes als eine bundesweite Variante der Proposition 187 darstellt, kann die kalifornische Regierung – trotz des noch anhängigen Rechtsstreits – ein Gesetz praktizieren, das ähnliche Ziele verfolgt: Undokumentierte ImmigrantInnen in Kalifornien verlieren dabei ihr Anrecht auf etwa ein Dutzend bundesstaatlich finanzierter Programme – darunter Krebsfrüherkennung, höhere Schulbildung und Aushändigung der Berufslizenzen (McDonnell/Ellis 1996, S. A1). Eine weitere Auswirkung der Proposition 187 ist die Zunahme von Einbürgerungsverfahren in Kalifornien: Seit der Abstimmung haben sich die Anträge für die Staatsbürgerschaft verzehnfacht (aufgrund der Annahme des *Welfare Reform*-Gesetzes sind bundesweit mit ähnlichen Zunahmen zu rechnen). Diese neuesten Entwicklungen in der Gesetzgebung bedeuten ein erhöhtes Maß an Mehrarbeit für die lokal ansässigen CBOs in der Betreuung und im Rechtsbeistand der verschiedenen Einwanderungsgruppen. Doch bevor wir uns näher mit der Rolle der CBOs beschäftigen können, wollen wir unser Augenmerk auf die ethnische Zusammensetzung der Bevölkerung in der Großregion Los Angeles richten.

3. Die Großregion Los Angeles und Immigration

> „I returned [to Los Angeles] in 'seventy-four, and my wife and I found we had come home to a very different city than the one we had left. – And then there were the mini-malls. – Add to that fact that half the stores in these malls had signs not just in languages but even in alphabets I'd never seen before. I don't just mean Spanish, but Korean, Armenian, Thai, Urdu, you name it."
> (Bill Boyarsky, in: Rieff 1991, S. 139)

Los Angeles ist eine „transnationale Stadt": sie ist zwar Teil eines Landes und unterliegt deshalb den jeweiligen Gesetzen dieser Nation, doch zur selben Zeit gehört sie einem globalen Netzwerk kapitalistischer Akkumulation an. Gerade weil sie Sitz von globalen Finanzinstitutionen und Geschäftsniederlassungen ist, lockt sie auch eine große Anzahl von ausländischen MigrantInnen an. Dies führt zu einer Zunahme der kulturellen Vielfalt, die die kosmopolitane Stadt ausmachen. Diese kulturelle Vielfalt wird, wenn es darum geht, die Vorreiterrolle und die internationale Rolle von Los Angeles zu betonen, als eine der erstrebenswerten Tugenden angesehen:

„Genauso wie New York, London und Paris Symbole der letzten Jahrhunderte waren, so wird Los Angeles DIE Stadt des einundzwanzigsten Jahrhunderts, (...) ein Mosaik, in der jede Farbe eigenständig, lebendig und wichtig für das Ganze ist, (...) eine *community*, die Diversität begrüßt und unterstützt und die stärker wird, in dem sie die besten Teile dieser Diversität annimmt." (The Final Report of the Los Angeles 2000 Committee; zitiert nach Waldinger 1996; Übersetzung: d.V.)

Doch die Begrüßung einer kulturellen Vielfalt kann auch in ihr Gegenteil umschlagen und als eine Bedrohung der dominanten Kultur empfunden werden: an klare Grenzen stößt die Zelebrierung der Multikulturalität zum Beispiel bei der Transformation des städtischen und suburbanen Raumes durch Alltagspraxen wie etwa Straßenverkauf (vgl. Sirola 1994) oder durch eine veränderte bauliche Umwelt (vgl. Horton 1995).

Die Großregion Los Angeles, das *Los Angeles County*, besteht aus 88 eigenständigen Städten. Seit den siebziger Jahren hat sie einen steilen Anstieg der nicht in Amerika Geborenen erlebt: waren es vor zwanzig Jahren noch etwa 10 Prozent der Gesamtbevölkerung, ist diese Zahl in den neunziger Jahren auf über 25 Prozent angestiegen und hat damit das historische Hoch der letzten Jahrhundertwende übertroffen. Davon stammen etwa 61 Prozent aus lateinamerikanischen Ländern (insbesondere aus Mexiko) und etwa 27 Prozent aus dem asiatischen und pazifischen Raum (Dear 1996b, S. 4-35). Damit hat sich die ethnische Komposition in der Großregion Los Angeles verschoben.

Die Volkszählungen von 1980 und 1990, in denen jeweils die (fragwürdigen) Kategorien *non-Hispanic whites, non-Hispanic blacks, Asian and Pacific Islanders* und *people of Hispanic origin* unterschieden wurden, haben ergeben, daß die Gesamtbevölkerung von *Los Angeles County* innerhalb von 10 Jahren um 18,5 Prozent auf beinahe neun Millionen Menschen angewachsen ist. In diesem Zeitraum hat die „weiße" Bevölkerung um 330.000 Menschen abgenommen; in gewissen Teilen jedoch (zum Beispiel in *Hollywood, Westwood, Glendale*) fand aufgrund von Einwanderung von russischen Juden und Jüdinnen, IranerInnen und ArmenierInnen eine Zunahme statt (vgl. Bozorgmehr/Der-Martirosian/Sabagh 1996). Die afrikanisch-amerikanische Bevölkerung, die sich ab 1915 vorwiegend in *South Central Los Angeles* niedergelassen hatte, hat ebenso einen merklichen Rückgang der Zuwachsrate im Verlauf der 80er Jahre erlebt.

Die Bevölkerung hispanischer Abstammung hat im *Los Angeles County* von 1980 bis 1990 um 62 Prozent zugenommen. Damit ist ihre Gesamtzahl auf 3,35 Millionen Menschen angestiegen, was gut ein Drittel der Gesamtbevölkerung darstellt. Die Zunahme ist sowohl auf Immigration als auch auf die hohe Geburtenrate der hispanischen Bevölkerung zurückzuführen. Geographisch verteilt sich diese Bevölkerung über große Teile der Region, wobei die höchste Konzentration (teilweise bis nahe zu 100 %) in *East Los Angeles* und *Boyle Heights* ist. Menschen mexikanischer Abstammung lassen sich vorwiegend in der Nähe von Industrieanlagen, die entlang der Eisenbahnlinien liegen, nieder. ImmigrantInnen aus Zentralamerika hingegen zeigen eine Tendenz, sich südwestlich der Innenstadt anzusiedeln. Dies ist unter anderem darauf zurückzuführen, daß sie als Putztrupps nachts die Bürotürme der Innenstadt reinigen oder in den nahegelegenen Möbel- und Kleiderfabriken arbeiten (vgl. Valle/Torres 1993). Bereits seit den siebziger Jahren läßt sich auch eine enorme Zunahme von Menschen aus Mexiko und Zentralamerika in den industriellen Vorstädten *Bell, Bell Gardens* und *Cudahy* entlang des *L.A. Rivers* feststellen. Aufgrund des freiwerdenden Wohnraums durch Wegzug der afrikanisch-amerikanischen Bevölkerung (u.a. in suburbane Gebiete) werden heute weite Teile von *South Central Los Angeles* mehr und mehr zum Wohnort der hispanischen Bevölkerung (Turner/Allen 1991).

Eine sprunghaften Zunahme der asiatischen und pazifischen Bevölkerung von 110 Prozent ist im Zeitraum von 1980 zu 1990 zu beobachten. Diese Bevölkerungsgruppe hat sich aufgrund ihrer ökonomischen und ethnischen Disparität weiträumig niedergelassen (vgl. auch Ong/Azores 1994; Light/Bonacich 1988). Doch es muß betont werden, daß es sich hier um eine Volkszählungskategorie handelt, die in der Realität Einwanderungsgruppen aus den verschiedensten Ländern subsumiert: aus Japan, Vietnam, Taiwan, Korea, China, Tailand, Samoa, den Philippinen usw. Alle diese Gruppen haben ihre „eigenen Kulturen, sozialen Netzwerke und Migrationswege – [mit ihren jeweiligen] distinktiven Niederlassungsmustern" (Turner/Allen 1991). Das führt zum Beispiel zu einer hohen Konzentration von Menschen aus Kambodscha in *Long Beach*, aus den Philippinen in *West Long Beach*, aus Japan in *Gardena*. Außerdem gibt es Teile in *Los Angeles County*, deren Anteil an asiatischer Bevölkerung über 50 Prozent beträgt. Interessant ist dabei, daß, abgesehen von *Chinatown* und *Koreatown*, sich die meisten der Gebiete im suburbanen Umfeld von Los Angeles befinden. Das bedeutendste Beispiel ist *Monterey Park* (Horton 1995), welches mit 57 Prozent asiatischer Bevölkerung den höchsten entsprechenden Anteil in einer eigenständigen Stadt in ganz *Los Angeles County* aufweist.

4. Lokale Immigrationspolitik: Community based organizations und lokalstaatliche Einrichtungen in Los Angeles

> „The main problem is one Sheriff Deputy and his racism against the day laborers. – What have we done to stop this situation? Nothing. Because of our fear to confront him. – However, now that we have CHIRLA's support, we will demonstrate that we are not scared anymore. By organizing ourselves, we will be able to keep our corner and continue seeking work to feed our families. Also, by getting organized, we will be respected as what we are, human beings, and we can stop racism against day laborers."
> (Armando Padilla, Tagelöhner 1996)

> „We need more staff and funding."
> (Lee Bycel, Präsident, Commission of Human Relations 1996)

Lokale Immigrationspolitik in Los Angeles wird hauptsächlich von CBOs betrieben; nur zu einem geringeren Teil spielen staatliche Einrichtungen eine Rolle. Anders als in Deutschland, wo öffentliche Fördermittel den Hauptbestandteil an direkter und indirekter Subvention von Organisationen ausmachen, sind die CBOs in den USA auch auf die finanzielle Hilfe von nicht-staatlichen Institutionen und Privatpersonen angewiesen. Das Verhältnis zwischen staatlicher Subvention und zivilgesellschaftlicher Unterstützung ist in der Regel wesentlich deutlicher auf seiten letzterer. Bei der folgenden Beschreibung verschiedener Ansätze einer Immigrations- und Immigrantenpolitik in Los Angeles gehen wir zunächst auf einige wenige lokalstaatliche Einrichtungen ein, gefolgt von einer Diskussion der Rolle der CBOs, um schließlich auf einige Organisationen und Koalitionen etwas detaillierter einzugehen.

4.1 Lokalstaatliche Einrichtungen

Der lokale Staat in Los Angeles betreibt eine relativ schwache aktive Immigrations- und Immigrantenpolitik. Im Gegensatz zu Städten wie Chicago, New York City und San Francisco besitzt Los Angeles kein eigenes Büro, das die Interessen der ImmigrantInnen vertritt. Als einer der Geldgeber für gewisse Dienstleistungen der CBOs (zum Beispiel Englisch-Programme) nimmt der lokale Staat jedoch indirekt Einfluß. Außerdem hat er einige wenige Anlaufstationen für Immigran-

Migration, Lokalität und Zivilgesellschaft

tInnen eingerichtet und betreibt sowohl auf städtischer als auch regionaler Ebene *Departments for Human Relations*, welche sich mit zwischenethnischen Konflikten beschäftigen. Das Los Angeles *County Department for Human Relations* geht bis ins Jahr 1944 zurück und ist damit eine der ältesten Einrichtungen dieser Art in den USA. Der Anlaß zur Gründung waren sowohl die *zoot suit* Unruhen von 1942, bei welchem das Militär wahllos gegen mexikanisch aussehende Jugendliche vorging, als auch die zunehmenden Attacken gegen Neuankömmlinge aus den Südstaaten und dem Südwesten der USA.

Das Amt sieht seine primäre Aufgabe in der Verbesserung der Beziehungen und der Schaffung einer friedlichen Koexistenz zwischen Gruppen verschiedener ethnischer, religiöser und nationaler Herkunft, Geschlechtszugehörigkeit und sexueller Ausrichtung und arbeitet gegen Stigmatisierung aufgrund von Alter oder Behinderung. Einige der dafür speziell eingerichteten Arbeitsgruppen sind: *Commission on the Status of Women* (1975 gegründet), *American Indian Task Force* (1978), *Network Against Hate Crime* (1984), *Media Image Coalition* (1988), *Black Korean Alliance* (1986), *Latino Black Roundtable* (1986). Die beiden letztgenannten Arbeitsgruppen, obwohl sie in der Folge der Unruhen in 1992 aufgelöst wurden, haben den „Grundstein zur Entwicklung von breiteren, interethnischen Formationen gelegt, die sich mit den Ursachen der interethnischen Konflikte direkt auseinandersetzen" (MultiCultural Collaborative 1996, S. 24).

Derzeit entspricht das jährliche Betriebsbudget des Amtes 0,008 Prozent des Gesamtbudgets des County's – was etwa einer Million Dollar gleichkommt. Innerhalb der letzten zwei Dekaden mußte das Personal von über 60 Angestellten auf 14 reduziert werden. Bei einer wachsenden und zunehmend diversifizierten Bevölkerung von mehr als 9 Millionen Menschen heißt dies, daß die Arbeit zur Verbesserung der zwischenmenschlichen Beziehungen dem Bedarf kaum nachkommen kann. Neben dem alljährlichen Bericht über *hate crime* sowie dem Schwerpunkt auf Schulung gegen Vorurteile und Diskriminierung ist das Amt daher dazu übergegangen, seine Energie in die Entwicklung von Konfliktmanagement zwischen Gruppen *(intergroup conflict management capacity)* zu investieren.

Einige staatlich betriebene Anlaufstellen für ImmigrantInnen und AsylantInnen sind direkt vor Ort eingerichtet worden. Das *Los Angeles County Department of Public Social Services* hat 1978 westlich der Innenstadt ein asiatisch-pazifisches Regionalzentrum aufgrund der dortigen regionalen Konzentration von Flüchtlingen und ihrer Vielzahl von Sprachen und Kulturen eingerichtet. Es zentralisiert die Belange der chinesisch, japanisch, koreanisch und einige der philippinischen Dialekte sprechenden Bevölkerung (Department of Public Social Services 1994, S. 47). Ein weiteres regional angesiedeltes Servicezentrum in LA County, das *Bureau of Special Operations*, befindet sich in der *City of Industry*. Obwohl die Bedürfnisse von Asylsuchenden und ImmigrantInnen ähnlich sind, muß zwischen diesen beiden Gruppen insofern unterschieden werden, als ihre rechtliche Situation verschieden ist. Generell kann gesagt werden, daß sowohl der nationale als auch der lokale Staat sich in unterstützender Weise mehr der Asylsuchenden als der ImmigrantInnen annimmt.

4.2 Community-based organizations (CBOs) in Los Angeles

Die direkte Betreuung und die Fürsprachepolitik für ImmigrantInnen wird in Los Angeles vor allem von den CBOs betrieben. CBOs sind in Los Angeles „zahlreich, gut organisiert, effektiv und sehr innovativ" (Hopkins 1995, S. 39). Dies geht aus einer Studie hervor, bei welcher über sechzig CBOs systematisch nach ihrer Struktur, ihrer Funktion und ihrem politischen Auftrag untersucht wurden. Hopkins hat fünf Faktoren identifiziert, die positiv dazu beitragen, daß Los Angeles als Nährboden für innovative CBOs gelten kann: (1) die zunehmende Multikulturalität von Los Angeles; (2) die generelle Bewegung weg von Ein-Punkt-Themen hin zu übergreifenden, integrierten Programmen (als Strategie zur Nachbarschaftsentwicklung); (3) die Zunahme des sogenannten informellen Sektors; (4) die zunehmende Bereitschaft für *Public-Private-Partnerships*; und (5) die Krisen, die Los Angeles in den letzten Jahren erlebt hat (von Umweltkatastrophen wie Erdbeben, Feuersbrünsten und starken Regenfällen bis hin zu den Unruhen von 1992). Drei Gründe jedoch tragen nach Hopkins dazu bei, daß die erfolgreiche Entwicklung von CBOs in Los Angeles erschwert und manchmal unterbunden wird: (1) der Schritt von kleinen, informellen Gruppen hin zu etablierten *not-for-profits* Organisationen mit institutionalisierten Bürokratien; (2) das Fehlen einer breiten philanthropischen Gemeinschaft; und schließlich (3) die Mängel in der kontinuierlichen Interaktion oder Kommunikation zwischen den verschiedenen CBOs (Hopkins 1995, S. 47). Dies ist allerdings im Falle der von uns untersuchten CBOs zu relativieren. Wir konnten zwar auch feststellen, daß die Interessen der einzelnen Gruppen im Vordergrund standen, doch ebenso war ein allgemeines Bewußtsein über die Ursachen von Rassismus und über die interethnischen Ungleichheiten bezüglich ökonomischen Vorankommens zu konstatieren. Im beschränkten Maß gab es daher nicht nur Kommunikation und Solidarität, sondern auch gemeinsame Aktionen. Der Anlaß war jedoch meist durch die Tagespolitik bestimmt: zu nennen ist der gemeinsame Kampf gegen die Proposition 187 sowie gegen die Proposition 209 (die Abschaffung der *Affirmative Action*; diese Initiative wurde im November 1996 vom kalifornischen Volk angenommen). Hopkins beschäftigt sich mit der *community* vor allem in einem territorialen Verständnis. Wir hingegen gebrauchen den *community*-Begriff in seiner zweiten Bedeutung: eine Gemeinschaft auf der Basis ähnlicher Interessen. Die primäre Ursache zur Gründung der von uns untersuchten CBOs ist in einer spezifischen Problemlage zu suchen, d.h. es sind in erster Linie politische, ökonomische, soziale und kulturelle Bedingungen und erst in zweiter Linie territoriale Gegebenheiten. In diesem Verständnis sind die CBOs zu allererst Interessensvertretungen spezifischer ethnischer Gruppen. Da es jedoch, wie wir im vorhergehenden Abschnitt gezeigt haben, durchaus zu einer geogra-

Migration, Lokalität und Zivilgesellschaft 437

phischen Konzentration von diesen Gruppen in einzelnen Stadtteilen kommt, und da sich dementsprechend viele der CBOs auch direkt vor Ort ihres entsprechenden Klientels niederlassen (so befindet sich etwa das *Korean Youth and Culture Center* in *Koreatown*), sind viele der CBOs auch territorial in die jeweilige Nachbarschaft eingebunden.

Für die in den 80er Jahren vor dem Bürgerkrieg in El Salvador geflüchtete Bevölkerung gibt es in Los Angeles zwei CBOs: *CARECEN* und *El Rescate*. Die letztere Organisation hat ihren Sitz im Zentrum von Los Angeles *(East Pico)*, wo auch eine räumliche Konzentration von salvadorianischen ImmigrantInnen besteht. Neben ihren politischen Aktivitäten rund um den etwas unsicheren Status der in Los Angeles lebenden Salvadorianer und Salvadorianerinnen (sie wurden nicht als Flüchtlinge anerkannt, konnten aber bis 1992 unter einem Sonderstatus im Land bleiben, und in der Folge ist es ihnen aufgrund des *American Baptist Church Agreement* rechtlich ermöglicht worden, politisches Asyl zu beantragen), betreibt El Rescate ein Obdachlosenzentrum, eine Klinik sowie Schulungsprogramme für das Erlernen der englischen Sprache. Die Finanzierung dieser Organisation erfolgt vor allem über Stiftungen. Zukunftspläne bestehen für eine Genossenschaftsbank, eine Partnerschaft zwischen salvadorianischen und nicht-salvadorianischen Unternehmen sowie ein Kulturzentrum.

Das *Korean Youth & Community Center* wurde 1975 ursprünglich als Drogenhilfprogramm für koreanische Jugendliche ins Leben gerufen und hat sich über die letzten zwanzig Jahre hinweg zu einer Organisation von etwa 39 Voll- und Teilzeitangestellten bei einem Budget von 2,5 Millionen Dollar entwickelt. Die Finanzierung teilt sich in etwa folgendermaßen auf: ein sehr hoher Betrag (60 %) stammt aus öffentlichen Gelder von Bund, Staat und Region, 25 Prozent werden durch *fund raising* erzielt und lediglich 15 Prozent kommen von Stiftungen. Eines der Zukunftsprojekte ist es, sich mit Unternehmen zusammenzuschließen, um unabhängig von staatlichen Geldern und Stiftungen zu werden. Die Organisation kümmert sich nicht nur um die koreanische Jugend, sondern steht auch jenen Jugendlichen anderer Ethnizitäten offen, die in der Nachbarschaft des von ihr kürzlich neu gebauten Zentrums in *Koreatown* lebt.

Ebenso in einem eigens errichteten Neubau ist das *Little Tokyo Center*, das seit 1981 existiert. Es bietet eine zweisprachige Information über Immigrationsfragen an, übersetzt Dokumente, betreibt einen 24stündigen Telefonhilfedienst und kümmert sich um die Gesundheit der japanischen Bevölkerung. Das jährliche Betriebsbudget beträgt etwa 1 Millionen Dollar, derzeit sind ca. 40 Personen vollzeitlich angestellt.

Das *Asian Pacific American Legal Center of Southern California* wurde 1983 gegründet und hat zum Ziel, der asiatisch-pazifisch-amerikanischen Bevölkerung Rechtsbeistand zu leisten, das Wissen über zivilrechtliche Angelegenheiten durch Seminare und Broschüren zu fördern sowie die Zusammenarbeit mit den Medien zu verbessern. Mit einem Jahresbudget von 1,5 Millionen Dollar sind 28 Personen vollzeitlich beschäftigt.

Verallgemeinernd kann gesagt werden, daß die Mehrheit der CBOs eine Art Service-Station für die Belange ihrer jeweiligen ethnischen Klientel sind: vom Angebot von Englischkursen über kurz- oder langfristige Unterbringung bis hin zur rechtlichen Beihilfe und zum Ausfüllen von Formularen zur Erlangung der Staatsbürgerschaft. Erst in zweiter Linie sind sie daran interessiert, die lokale und nationale Immigrationspolitik mitzubestimmen.

Die meisten Organisationen haben eine professionelle Leitung und verfügen über Büros mit Sitzungszimmern und dergleichen. Doch ein beträchtlicher Anteil der Arbeit basiert auf Freiwilligenarbeit. Die Finanzierung der CBOs erfolgt durch Stiftungen, staatliche Zuschüsse und Geldsammlungen. Problematisch ist die Finanzierung der CBOs vor allem deshalb, weil das wachsende Bedürfnis an Mitteln immer weniger mit dem Vorhandenen abgedeckt werden kann. Deshalb haben in den letzten Jahren viele der Organisationen eine Person angestellt, die sich vorwiegend dem Anträgeschreiben an Stiftungen widmet; außerdem soll durch einfallsreiche Aktionen versucht werden, großzügige Spenden zu erhalten. Ein weiteres Problem ist jenes der Abhängigkeit: Die Gelder einiger Stiftungen sind an Klauseln gebunden, die einen Einsatz für politische Arbeit erschweren. Doch weit unpolitischer erscheinen jene CBOs, die vom Lokalstaat für ihre geleisteten sozialen Dienste Geld erhalten. Koalitionen von verschiedenen CBOs, ergänzt mit teilweise lokalstaatlichen Institutionen, repräsentieren die interessantesten Ansätze zur lokalen Immigrations- und Immigrantenpolitik. Besonders hervorzuheben sind hier die *Coalition for Humane Immigrant Rights of Los Angeles (CHIRLA)* sowie das *MultiCultural Collaborative*.

Die *Coalition for Humane Immigrant Rights of Los Angeles (CHIRLA)* wurde 1986 gegründet und ist eine Reaktion auf das im selben Jahr verabschiedete nationale Einwanderungsgesetz. Als Dachorganisation von mehr als 125 verschiedenen Interessensgruppen – so zum Beispiel des *Asian Pacific American Legal Center (APALC)*, des *Central American Resource Center (CARECEN)*, des *Los Angeles Gay and Lesbian Community Service Center*, des *Proyecto Pastoral at Dolores Mission*, dem *Jewish Family Service* und dem *Mexican American Legal Defense and Educational Fund (MALDEF)* – und ihren Vertretern aus Latein- und Zentralamerika, aus Asien und dem pazifischen Raum, aus Zentral- und Osteuropa stellt sie nach ihrem amtierenden Direktor Luke Williams so etwas wie die „lokalen Vereinigten Nationen" dar – wobei die hispanisch sprechenden Gruppen den Ton angeben.

Ziel dieser Dachorganisation ist es, „die Menschen- und Zivilrechte der ImmigrantInnen und Flüchtlinge in Los Angeles zu stärken sowie zu positiven, zwischenmenschlichen Beziehungen beizutragen" (CHIRLA, o.J.). Ihre Aufgabe sieht CHIRLA vor allem darin, Themen, die im Interesse von ImmigrantInnen sind, zu fördern und die Diskussion über eine lokale Immigrationspolitik zu koordinieren. Die politische Ausrichtung von CHIRLA wird in erster Linie durch die einzelnen Mitgliederorganisationen bestimmt, die ihr Wissen und ihre Ideen über Immigration und eine multiethnische Gesellschaft in die Dachorganisation direkt einbringen. Vier Hauptthemen stehen im Vordergrund: die Koordination von Dienstleistungen an die verschiedenen Einwanderungsgruppen, die Sensibilisierung und Schulung von PolitikerInnen und Verwaltung bezüglich Immigrationsthemen, der Einsatz und Ausbau eines weitreichenden Referenzsystems und schließlich eine Übereinstimmung bei Themen, die sich allgemein um Los Angeles drehen.

Das jährliche Betriebsbudget liegt bei 450.000 Dollar pro Jahr; das Geld kommt hauptsächlich von Stiftungen und zu einem geringeren Teil von Mitgliederbeiträgen. Angestellt sind sieben Personen vollzeitlich, zwei bis drei teilzeitlich sowie eine ganze Reihe unbezahlter PraktikantInnen. Außerdem kann CHIRLA auch auf die Hilfe zahlreicher Ehrenamtlicher zählen, die sich in Arbeitsgruppen und bei speziellen Aktionen engagieren. Im nachfolgenden wollen wir einige der Arbeitsgruppen und Kommissionen von CHIRLA vorstellen.

Das *Citizenship Committee* unterhält Kontakte zur nationalen Einwanderungsbehörde *(Immigration and Naturalization Service, INS)*, was zur Verbesserung der Dienstleistungen des INS geführt hat. Des weiteren dient dieses Komitee als Plattform zum Gedankenaustausch zwischen mehr als einem Dutzend CBOs, die sich direkt mit Einbürgerungsverfahren beschäftigen. Bei den Sitzungen wird über gemeinsame Strategien entschieden sowie technische und schulische Unterstützung zur Bewältigung der aufgrund der Proposition 187 dramatisch angestiegenen Einbürgerungsverfahren geboten. Das *Legal Services Committee* engagiert sich für eine faire Durchsetzung der Einwanderungsgesetze.

Das *Day Laborer Organizing Project* entwickelt Strategien, um auf die Probleme der Tagelöhner, die meist vor Baumarktläden auf schlecht bezahlte Arbeit warten und sich dabei den Belästigungen durch die Polizei, das Sicherheitspersonals und einigen AnwohnerInnen aussetzen müssen, zu reagieren. Konkrete Maßnahmen im Interesse der Tagelöhner hat CHIRLA zusammen mit dem MultiCultural Collaborative und der Commission on Human Relations des County of Los Angeles im Falle von *Ladera Heights* unternommen, und hat dazu beigetragen, die angespannte Situation zwischen Wachpersonal und Polizei auf der einen Seite und den Tagelöhnern auf der anderen Seite zu beheben. Dieses Beispiel kann als Modell für Konfliktlösungen zwischen diversen Gruppen herhalten. Des weiteren gibt es seit Frühjahr 1996 eine unregelmäßig erscheinende, von CHIRLA herausgegebene Zeitschrift, *Jornaleros al Día*, die von den Tagelöhnern geschrieben ist und direkt über ihre Situation berichtet.

Das *Domestic Workers Project (Dignidad Para Domesticas)* kümmert sich um die in fremden Haushalten tätigen Frauen, die durch ihre Isolation zu den am stärksten ausgebeuteten Arbeitskräften gehören. Das Projekt orientiert Hausbedienstete über ihre Rechte und über Verhandlungsstrategien mit ihren ArbeitgeberInnen. Außerdem enthält es ein innovatives Programm für Führungsqualitäten *(leadership program)*, in dem die Hausbediensteten lernen, für ihre Interessen einzustehen, die Schaffung von Arbeitsgesetzen zu propagieren und ihr Umfeld für Gerechtigkeit am Arbeitsplatz zu sensibilisieren.

Die *Community Response Task Force* wurde als sogenannter heißer Draht für die spanisch sprechende Bevölkerung aufgrund der Abstimmung über die Proposition 187 eingerichtet. Nach der Abstimmung gingen bis zu tausend Anrufe pro Tag bei CHIRLA ein, und insgesamt haben etwa 400 Menschen über *hate speech* berichtet. Um Konfusion und Frustration bei den ImmigrantInnen zu vermindern, wurden von dieser Arbeitsgruppe schriftlich zusammengestellte Informationen verteilt und ausgewählte Leute über die rechtliche Situation orientiert, so daß sie diese Information zurück in ihre Schulen, Kirchengemeinden und dergleichen tragen konnten.

Die *Accion Pro Immigrante* ist ein Zusammenschluß von etwa 40 Individuen, die im Zusammenhang mit der Proposition 187 über Diskriminierung, *hate speech* und Bedrohungen an CHIRLA berichtet hatten. Diese Arbeitsgruppe hat eine Kampagne, *Immigrant Campaign for Civil Rights*, lanciert, die die Bevölkerung aufruft, sowohl über rassistische Taten zu berichten als auch dagegen anzukämpfen. Weitere Arbeitsgruppen sind *Community Outreach and Education* (Information über neueste Verschiebungen im Einwanderungsgesetz), *CHIRLA Media Work* (u.a. um aktiv etwas gegen die einseitige Berichterstattung über ImmigrantInnen zu unternehmen), *Service Coordination* (um Verbindungen zwischen Serviceanbietern, CBOs und staatlichen Einrichtungen herzustellen) sowie *Training and Technical Assistance* (in Zusammenarbeit mit Anwälten, WissenschaftlerInnen und Experten aus den Nachbarschaften).

Eine weitere wichtige Dachorganisation für interethnische Konfliktlösungen und Minderheitenpolitiken ist das *MultiCultural Collaborative*, das als Folge der Unruhen von 1992 im selben Jahr gegründet wurde. Der Unterschied zwischen CHIRLA und MultiCultural Collaborative ist jener, daß die erstgenannte Koalition sich vor allem um die Interessen von ImmigrantInnen kümmert, während die zweite eher als eine Antwort auf interethnische Konflikte zu verstehen ist. Der Zusammenschluß im MultiCultural Collaborative vereinigt etwa ein Dutzend CBOs und Bürgerrechtsgruppen, die die afrikanisch-amerikanische, die asiatisch-pazifische sowie die lateinamerikanische Bevölkerung von Los Angeles repräsentieren. Neben diesen Vollmitgliedern nehmen – ex officio – je eine Person von der städtischen wie auch von der *County Human Relations Commission* Funktionen wahr. Voll angestellt sind vier Personen. Das Betriebsbudget beträgt etwa 200.000 Dollar und das Geld kommt fast ausschließlich von der Irvine Foundation, der Ford Foundation und der Rockefeller Foundation.

Das Hauptziel des MultiCultural Collaborative ist „to build a working coalition of individual, community, and institutional leaders that would commit to working collectively across racial lines to advance human relations programs and infrastructure in the context of social and economic justice" (MultiCultural Collaborative 1996, S. 3). Seine Funktion als Verfechter für Gleichheit aller ethnischen Gruppen und ihrer Kooperation untereinander sowie für Demokratie im ökonomischen und gesellschaftlichen Leben will es durch zwei sich ergänzende Strategien ausüben: zum einen versucht das MultiCultural Collaborative direkten Einfluß auf die Politikgestaltung zu nehmen; zum anderen sollen die bestehenden Gruppen

Migration, Lokalität und Zivilgesellschaft

dazu motiviert werden, gegen die Wurzeln interethnischer Konflikte – ökonomische und soziale Ungleichheiten – gemeinsam aufzutreten. Konkret heißt dies, daß interethnische Führungsrollen *(leadership skills)* gelernt werden sollen, daß CBOs für kollektive Aktionen direkt angegangen werden und daß Institutionen und Entscheidungsträger *(decision-makers)* für umfassende Projekte sensibilisiert werden.

Die Arbeitsbereiche des MultiCultural Collaborative teilen sich ein in die Bereiche Schulung, ökonomische Entwicklung und Medienarbeit. Darin finden folgende Initiativen statt: Gemeinsam mit anderen Organisationen *(Achievement Council, California Tomorrow)* und verschiedenen CBOs *(Watts/Century Latino Organization, Watts Labor Community Action Committee, Central American Resource Center, Search to Involve Philipino Americans)* entwickelte das MultiCultural Collaborative die *Community-School* Initiative, die mit Hilfe von Seminaren und speziellen Schulungen für Eltern und Organisatoren *(Organizers)* eine gemeinsame Basis zu Fragen der Gerechtigkeit und Diversität im schulischen und nachbarschaftlichen Bereich aufbauen soll. In Partnerschaft mit der *Coalition of Neighborhood Developers* und dem *New Majority Task Force* unterhält das MultiCultural Collaborative ein allmonatlich stattfindendes Forum zu Fragen der ökonomischen Entwicklung. Außerdem hat es einen speziellen Bericht zu Regionalentwicklungsstrategien und deren Einwirkung auf ethnische Nachbarschaften sowie interethnische Beziehungen erstellen lassen (Grigsby/Wolff 1995). Ein vom MultiCultural Collaborative sehr forciert betriebener Bereich ist die Medienarbeit. Das *Media & Communication project* will sowohl auf die Medienberichterstattung als auch auf die Politikgestaltung Einfluß nehmen. Des weiteren sollen CBOs und andere progressive Organisationen im Umgang mit Medien geschult werden. Ein weiteres Arbeitsfeld des MultiCultural Collaborative ist das *Community Conflict Resolution Network*. In Zusammenarbeit mit etwa zehn lokalen Schlichtungsstellen *(dispute settlement groups)* versucht es, Modelle zur Schlichtung von interethnischen Konflikten von Gruppen untereinander zu entwickeln.

5. Regulierung und Koordinierung lokaler Immigrationspolitik

> „Without bridging the gap between institutions, established leadership, civic organizations and grassroots communities, the prospect of improving relations in the city is unlikely."
> (MultiCultural Collaborative 1996, S. 4)

Die CBOs weisen folgende Charakteristika auf: Direkthilfe, Insider-Wissen, flexible Strukturen und Fürsprache. Die Direkthilfe an Bedürftige kann durch die CBOs kostengünstiger erbracht werden als durch den lokalen Staat, da ein Teil ihrer Betreuung und Beratung in Form von freiwilliger Arbeit geleistet wird. Ein weiterer Faktor ist das Insider-Wissen der bei den CBOs Arbeitenden: in der Regel kann von einem hohen Maß an gegenseitigem kulturellen Verständnis zwischen Hilfesuchenden und Hilfeanbietenden ausgegangen werden; zusätzlich sind Sprachkurse für Angestellte meist überflüssig, da ein hoher Prozentsatz von ihnen die jeweilige Sprache beherrscht. Die flexible Struktur der CBOs paßt sich relativ einfach der sich permanent ändernden Situation der ethnischen Komposition in Los Angeles an. Jedoch muß hier auch auf die Gefahr hingewiesen werden, daß es nicht alle ethnischen Gruppen gleichermaßen gut verstehen, sich selbst in CBOs zu organisieren. Die Rolle des Fürsprechers ist auf lokalpolitischer Ebene von ganz entscheidender Funktion; dies gilt ganz besonders für Vermittler zwischen unterschiedlichen Fronten, aber auch für Verfechter der Rechte von ImmigrantInnen.

Die CBOs sind also wichtige soziale Einrichtungen, die den Bedürfnissen der jeweiligen ethnischen Gruppe mit einer Palette von Dienstleistungen (Englischkurse, Hilfe bei Ausfüllen von Anträgen, etc.) entsprechen. Sie vertreten nicht nur die Interessen von Neuzuzüglern, sondern auch von bereits Seßhaften. Um kein falsches Bild zu erwecken, wollen wir hier nochmals betonen, daß die meisten CBOs nicht mehr – aber auch nicht weniger – als Dienstleistungsunternehmen für spezielle ethnische Gruppen sind. Doch ihre Aktivitäten können durchaus zur Verbesserung von zwischenethnischen Angelegenheiten und zur Forcierung einer lokalpolitischen Einwanderungspolitik beitragen. Insgesamt läßt sich sagen, daß CBOs, die sich mit Immigration auseinandersetzen, in Los Angeles relativ gut vertreten sind. Ebenso gibt es interessante Ansätze zu Koalitionsbildungen – besonders hervorzuheben sind CHIRLA und das MultiCultural Collaborative. Außerdem ist die Arbeit der städtischen und vor allem der regionalen Human Relation Commission ein wichtiger – wenn auch nur kleiner – Beitrag in der lokalstaatlichen Auseinandersetzung mit dem Thema Immigration.

6. Vergleich mit deutschen Städten

Trotz der grundsätzlichen Unterschiede zwischen dem deutschen und dem amerikanischen Nationalstaat, zwischen Grundgesetz und *constitution*, glauben wir, daß einiges von der lokalen Einwanderungspolitik in Los Angeles, in der die Zivilgesellschaft eine relativ aktive Rolle übernimmt, gelernt werden kann. Mit gewisser Vorsicht sollten sich durchaus einige der oben genannten Aspekte der in Los Angeles praktizierten Einwanderungspolitik in den deutschen Kontext übertragen lassen. Deshalb wollen wir abschließend einige Bemerkungen zum Vergleich mit der deutschen Situation machen. Aus einem Vergleich der lokalen Politik gegenüber Zuwanderern lassen sich einige Verallgemeinerungen ziehen (und damit auch auf andere Fälle übertragen) – zunächst zu den Gemeinsamkeiten:

– Das Erlangen der Staatsangehörigkeit im Zuwandererland bedeutet nicht, daß die eingewanderte Person automatisch vor rassistischen Anfeindungen oder gar Übergriffen sicher ist.

Migration, Lokalität und Zivilgesellschaft

- Soziale Integration, Assimilation, multikulturelle Gesellschaft sind alles debattierbare Begriffe, die sich vielleicht nie ganz klären werden. Dennoch ist das Miteinanderleben verschiedener kultureller und ethnischer Gruppen innerhalb von Städten eine Tatsache, die in einem globalen Zeitalter wie dem unsrigen nicht zu ändern ist. Daher ist eine Lokalpolitik, die dieses Miteinanderleben zu unterstützen und zu erleichtern versucht – insbesondere um rechtsextremistische Tendenzen zu unterbinden – unumgänglich.

- ImmigrantInnen, deren positiver wirtschaftlicher und kultureller Beitrag nicht mehr bestritten werden kann, bedürfen kurzfristig der besonderen Hilfe, um sich in ihrer neuen Heimat zurechtzufinden. Das ist ein weiterer Grund für eine ausgewogene soziale Immigrationspolitik in urbanen Regionen.

Doch was sind nun die Unterschiede? Die Städte gehören zwei unterschiedlichen politischen Kulturen an: Frankfurt gehört zu einer Tradition, in welcher der Staat (national und kommunal) eine dominante, regelnde Präsenz hat. Selbst wenn Frankfurt mit dem Amt für Multikulturelle Angelegenheiten eher die Ausnahme innerhalb der politischen Landschaft Deutschlands darstellt, so gibt es doch mit den in manchen Städten Deutschlands institutionalisierten Kommunalen Ausländervertretungen und speziell eingerichteten Ämtern für Ausländerfragen mehrere Ansätze, in der der lokale Staat eine aktive Immigrationspolitik fördert (vgl. Aspen Institute Berlin 1994). Anders in Amerika, wo die Zivilgesellschaft – wie Alexis de Tocqueville bereits vor mehr als hundertfünfzig Jahren darstellte – eine wichtige Rolle spielt. Besonders in den sozialen Diensten ist ein Engagement von weltlichen und kirchlichen Organisationen vorhanden, welches die staatlichen Aktivitäten in diesem Bereich eher in den Hintergrund treten läßt. Daher wird auch ein bedeutender Teil der Ausländerbetreuung und -politik von nichtstaatlichen Organisationen getragen. Ein weiterer Hauptunterschied zu Deutschland ist die größere Autonomie, die zivilgesellschaftliche Instanzen in den USA genießen. Teilweise beruht dies auch auf der Bundesverfassung, die allen Menschen – egal, ob sie sich legal oder illegal in den USA aufhalten – gewisse Bürgerrechte zuspricht. Es handelt sich also bei der amerikanischen Zivilgesellschaft um ein facettenreiches Gebilde, in der ethnische und andere Teilgesellschaften sich miteinander sowie mit Staat und Markt artikulieren. Entscheidend ist, daß Neuankömmlingen geholfen wird, sowohl Fuß in dieser Gesellschaft zu fassen als auch, trotz all ihrer „Andersartigkeit", von dieser Gesellschaft akzeptiert zu werden. Diese „Andersartigkeit" stellt jedoch keine starre Kategorie dar, sondern verändert sich über die Zeit hinweg: mexikanische Kinder der zweiten und dritten Generation sind mehr „integriert" als ihre Eltern und Großeltern es waren. Weil wir es hier mit einer konstant sich verändernden „Andersartigkeit" zu tun haben, folgt daraus, daß sich auch die Zivilgesellschaft permanent verändert.

Literatur

1994: U.S. Immigration Policy: Restoring Credibility. A Report to Congress.
1996: Immigrant Policy News 3, no. 7.
Assembly Office of Research, 1994: Summary Report: Assembly Select Committee on Statewide Immigration Impact, Sacramento: Assembly Office of Research.
Borjas, George J., 1990: Friends or Strangers: The Impact of Immigrants on the American Economy, New York: Basic Books.
Boyle, T. Coraghessan, 1995: The Tortilla Curtain, New York: Penguin Books.
Bozorgmehr, Mehdi, Claudia Der-Martirosian and George Sabagh, 1996: Middle Easterners: A New Kind of Immigrant, in: Roger Waldinger and Mehdi Bozorgmehr (Eds.), Ethnic Los Angeles, Thousand Oaks/London/New Delhi: Sage.
Bycel, Lee, 1996: memorandum to the supervisors, in: Commission on Human Relations, Annual Report, 1995-96, Los Angeles.
Castels, Stephen and Mark J. Miller, 1994: The Age of Migration: International Population Movements in the Modern World, New York: The Guilford Press.
Cornelius, Wayne A., Philip L. Martin and James F. Hollifield, 1994: Controlling Immigration: A Global Perspective, Stanford: Stanford University Press.
County of Los Angeles, 1996: Commission on Human Relations, Annual Report, 1995-96, Los Angeles.
Davis, Mike, 1995: The Social Origins of the Referendum, in: NACLA, Report on the Americas 29, S. 24-28.
Dear, Michael, 1996a: „Tear Down Our Own Berlin Wall.", in: Los Angeles Times (Los Angeles), M7, 8. Dezember.
Dear, Michael (Ed.), 1996b: Atlas of Southern California, Los Angeles: Southern California Studies Center, University of Southern California.
Department of Public Social Services, 1994: Fact Sheets, Industry, CA: Los Angeles County Department of Public Social Services.
Dittgen, Herbert, 1995: „Die Reformen in der Einwanderungs- und Flüchtlingspolitik in den achtziger Jahren", in: Amerikastudien – American Studies 40, S. 345-366.
Giuliani, Rudolph W., 1996: Welfare Reform and Constitutional Concerns, in: Immigrant Policy News 3, no. 6, o.S.
Grigsby, Gene and Goetz Wolff, 1995: Making Economic Development Work in Los Angeles' Low-Income Communities, Los Angeles: MultiCultural Collaborative.
Hamilton, Nora and Norma Stoltz Chinchilla (Eds.), o.J.: Central Americans in California: Transnational Communities, Economies and Cultures, Center for Multiethnic and Transnational Studies, University of Southern California, Tagung, 12. Mai 1995, Los Angeles: Center for Multiethnic and Transnational Studies.
Hopkins, Elwood, 1995: At the Cutting Edge: A Portrait of Innovative Grassroots Organizations in Los Angeles, in: Critical Planning 2, S. 39-59.
Horton, John, 1995: The Politics of Diversity: Immigration, Resistance, and Change in Monterey Park, California/Philadelphia: Temple University Press.
Keil, Roger, 1993: Weltstadt – Stadt der Welt: Internationalisierung und lokale Politik in Los Angeles, Münster: Westfälisches Dampfboot.
Lehrer, Ute, 1994: El Norte am Wendepunkt: Verschärfte Bedingungen für illegale Einwanderung und eine neue soziale Bewegung in Kalifornien, in: Kommune, vol. 12, Heft 12, S. 18-19.
Light, Ivan and Edna Bonacich, 1988: Immigrant Entrepreneurs: Koreans in Los Angeles 1965-1982, Berkeley/Los Angeles/Oxford: University of California Press.
Martin, Philip and Elizabeth Midgley, 1994: Immigration to the United States: Journey to an Uncertain Destination, in: Population Bulletin 19.
McCarthy, Kevin and R. Burciaga Valdez, 1986: Current and Future Effects of Mexican Immigration in California, Santa Monica: RAND.
McDonnell, Patrick J. and Virginia Ellis, 1996: Welfare Law Will Allow Wilson to Cut Immigrant Aid, in: Los Angeles Times (Los Angeles), 2. November, S. A1, A16.

MultiCultural Collaborative, 1996: MultiCultural Collaborative: Background, Mission, Structure, Programmatic Initiatives, Los Angeles.

MultiCultural Collaborative, 1996: Race, Power and Promise in Los Angeles: An Assessment of Responses to Human Relations Conflict, Los Angeles: MultiCultural Collaborative.

Ong, Paul and Tania Azores, 1994: Asian Immigrants in Los Angeles, in: Paul Ong, Edna Bonacich and Lucie Cheng (Eds.), The New Asian Immigration in Los Angeles and Global Restructuring, Philadelphia: Temple University Press.

Padilla, Armando, 1996: To All Day Laborers Who Congregate at Home Base in City of Industry, in: Jornaleros al Día, Heft 1, S. 4.

Portes, Alejandro and József Böröcz, 1989: Contemporary Immigration: Theoretical Perspectives on Its Determinats and Modes of Incorporation, in: International Migration Review 23, Heft 3, S. 606-630.

Sachs, Steffen (Ed.), 1994: Integration of Ethnic Minorities in Metropolitan Areas: Berlin and Los Angeles, Tagungsbericht, 7. September, Berlin: Aspen Institute Berlin.

Sassen, Saskia, 1996: Migranten, Siedler, Flüchtlinge: Von der Massenauswanderung zur Festung Europa, Frankfurt a.M.: Fischer.

Sirola, Paula, 1992: Beyond Survival: Latino Immigrant Street Vendors in the Los Angeles Informal Sector, Konferenzpapier, XVII International Congress of the Latin American Studies Association, Los Angeles, California, September.

Steinmann, Gunter and Ralf E. Ulrich (Eds.), 1994: The Economic Consequences of Immigration to Germany, Heidelberg: Physica Verlag.

Turner, Eugene and James P. Allen, 1981: An Atlas of Population Patterns in Metropolitan Los Angeles and Orange Counties 1990, Northridge: California State University.

Valle, Victor and Rodolfo D. Torres, 1993: Latinos in a „Post-Industrial" Disorder: Politics in a Changing City, in: Socialist Review 23, Heft 4, S. 1-28.

Vernez, George, 1993: Needed: A Federal Role in Helping Communities Cope with Immigration, in: James B. Steinberg, David W. Lyon and Mary E. Vaiana (Eds.), Urban America, Santa Monica: RAND Corporation, S. 281-306.

Vernez, George, 1994: Comparison of Immigration and Refugee Policy Regimes Among Major Western Nations: A Documented Briefing. DRU-757-FF/CC, Santa Monica: The Rand Corporation.

Waldinger, Roger, 1996: Conclusion: Ethnicity and Opportunity in the Plural City, in: Roger Waldinger and Mehdi Bozorgmehr, Ethnic Los Angeles, Thousand Oaks/London/New Delhi: Sage.

Weidenfeld, Werner (Hrsg.), 1994: Das Europäische Einwanderungskonzept: Strategien und Optionen für Europa, Gütersloh: Verlag Bertelsmann Stiftung.

Dietmar Loch

Bürgerschaft in der Banlieue?

Jugendliche maghrebinischer Herkunft in Frankreich

1. Partizipation von Einwanderern in Frankreich

Mit der Industrialisierung der französischen Städte kam es bereits Ende des 19. Jahrhunderts zur ersten großen Welle der Zuwanderung von Arbeitsmigranten nach Frankreich. Diese vorwiegend südeuropäischen Einwanderer wurden über den Arbeitsmarkt in die nationale Industriegesellschaft integriert, in den „Schmelztiegel" Frankreich assimiliert und erhielten mit der Einbürgerung die rechtlich uneingeschränkte Möglichkeit zur politischen Partizipation (Noiriel 1988). Nach dem Anspruch des republikanischen Integrationsmodells, das in der Öffentlichkeit keine kulturelle Differenz toleriert, galt der Einwanderer in Frankreich nie als Mitglied seiner Herkunftsgemeinschaft, sondern als Sozialbürger und politisches Individuum (Citoyen). So partizipierte er bis in die 70er Jahre idealtypisch gesehen als akkulturierter Arbeiter, Gewerkschaftsmitglied und Mitglied der Kommunistischen Partei an den Arbeitskämpfen in den fordistisch geprägten „roten Vorstädten" der nationalen Industriegesellschaft. Unter diese französische Sichtweise fielen auch die Maghrebiner als postkoloniale Minderheit.

Die einstigen „roten Vorstädte" sind heute jedoch auf dem Weg der Segregation (Dubet/Lapeyronnie 1994). Die „Banlieue" ist mit ihren Gewaltausbrüchen zum Krisensymptom der post-fordistischen, nationalstaatlich verfaßten Gesellschaft geworden und verdeutlicht am französischen Fall die Krise der europäischen Stadt. Immer mehr stellt sich die Frage nach sozialer Integration und politischer Partizipation, d.h. der gesellschaftlichen Teilhabe der in den Vorstädten lebenden, ethnisch äußerst heterogen zusammengesetzten Bevölkerung. Dabei stehen die sozial marginalisierten, aber akkulturierten Jugendlichen maghrebinischer Herkunft – die sogenannten „Beurs"[1] – als Teil einer neuen ökonomisch, kulturell und politisch ausgegrenzten städtischen Unterschicht im Mittelpunkt.

---

1 Der Begriff „Beur"/„Beurette" ist im „verlan" (l'envers)-Sprachspiel der Vorstädte aus der Verkürzung und Umkehrung von „arabe"/„reub"/„Beur" entstanden. Er war vor allem in den 80er Jahren gebräuchlich. Die korrekte Bezeichnung für die „zweite" bzw. inzwischen „dritte Generation" dieser Einwandererjugend, deren Eltern aus Nordafrika nach Frankreich kamen und die in ihrer Mehrheit infolge des „jus soli" die französische

Bürgerschaft in der Banlieue?

Am Beispiel dieser Jugendlichen lassen sich mit dem politischen Begriff „citizenship" (van Steenbergen 1994) die verschiedenen Dimensionen bürgerschaftlicher Teilhabe verdeutlichen. Dabei ist „political citizenship" nicht nur als Recht auf politische Beteiligung an Entscheidungsprozessen zu verstehen, sondern impliziert außerdem die Frage, welche Möglichkeiten es für die Anerkennung und Teilhabe von benachteiligten Gruppen am öffentlichen Leben gibt. Mit dem „Sozialabbau" auch in Frankreich und der Verarmung in den Vorstädten muß ebenso nach „social citizenship" (Marshall 1950), womit die ökonomischen Grundlagen der Demokratie angesprochen sind, gefragt werden. Schließlich hat mit der internationalen Migration und der Retraditionalisierung von Lebenswelten die „cultural citizenship" zunehmend an Bedeutung gewonnen. Diese drei Dimensionen lassen sich auf die demokratietheoretische Frage zuspitzen, über welche Möglichkeiten bürgerschaftlicher Partizipation die Jugendlichen maghrebinischer Herkunft als sich „re-ethnisierende" und ökonomisch deprivierte Gruppe der städtischen Unterschicht in Frankreich verfügen (vgl. auch: Brink 1995; Paugam 1996; Wieviorka 1993; 1996).

Die entsprechenden Beteiligungsformen lassen sich nicht auf die rechtliche Dimension reduzieren. Denn obwohl die sozial marginalisierten „Beurs" mehrheitlich mit der französischen Staatsbürgerschaft die vollen politischen Rechte besitzen (Legalität), fühlen sie sich politisch nicht repräsentiert. Als Gegenreaktion sind seit Beginn der 80er Jahre im Kontext einer ethnisch-kulturellen Ressourcenmobilisierung neue Formen politischer Teilhabe entstanden: die sogenannte „Beurs-Bewegung", der Zusammenschluß zu Vereinen und die Mobilisierung um den Islam. Diese Beteiligungsformen stellen die Frage nach der Legitimität politischer Partizipation. Im folgenden werden die verschiedenen Mobilisierungsetappen der maghrebinischen Zuwanderer[2] am Beispiel des städtischen Großraums von Lyon dargestellt (vgl. auch: Loch 1993; 1994; 1995).

2. Vom „travailleur immigré" zur städtischen Minderheit

Die Zuwanderung aus dem Maghreb nach Frankreich setzte bereits zu Beginn des Jahrhunderts ein. Dabei unterschieden sich die Migrationen aus den drei nordafrikanischen Kolonien von Anfang an (Ruf 1995); so waren etwa in der Nachkriegszeit vor allem bei den algerischen Einwanderern, die wie die Marokkaner und Tunesier mit der Anwerbung von Arbeitskräften nach Frankreich kamen, infolge des Algerienkrieges die Bindungen zum Herkunftsland besonders

---

Staatsangehörigkeit besitzen, ist „Franzosen maghrebinischer Herkunft und muslimischer Zugehörigkeit". Die Mehrheit dieser akkulturierten Franzosen ist sozial, d.h. ökonomisch integriert. Ungefähr ein Drittel von ihnen zählt zur marginalisierten Vorstadtbevölkerung.

2 Für die maghrebinische Einwanderung können folgende Mobilisierungsressourcen genannt werden: die soziale Lage, die ethnische Herkunft, die religiöse Zugehörigkeit und das post-koloniale Gedächtnis (Césari 1994, S. 110).

stark ausgeprägt. Die Gesamtheit der Maghrebiner hatte bis in die 70er Jahre kein Interesse daran, sich in Frankreich dauerhaft niederzulassen, weshalb sie sich an der politischen Situation ihres Herkunftslandes orientierte. In Frankreich gab es zudem nur wenige Partizipationsmöglichkeiten. Sie reduzierten sich als Sozialbürgerschaft auf die Betriebe und die Gewerkschaften, weshalb bei der „ersten Generation" der maghrebinischen Nachkriegsmigranten der Syndikalismus im Mittelpunkt politischer Aktivität stand. Diese Partizipation, mit der die soziale Lage thematisiert wurde, ging mit den Vorstellungen der Aufnahmegesellschaft vom Einwanderer als „travailleur immigré" einher. So waren auch im industriellen Ballungsraum von Lyon – der Wiege der Arbeiterbewegung in Frankreich – Nordafrikaner an gewerkschaftlichen Aktionen in der Automobil- und petrochemischen Industrie beteiligt. Autonome Forderungen von Einwanderern wurden nur selten formuliert. Wenn es in den Kommunen des Großraums Lyon zu Protesten kam, entzündeten sie sich wie in anderen französischen Städten an der miserablen Wohnungssituation in den Ausländerwohnheimen (Wihtol de Wenden 1988, S. 218-275).

Die Partizipation in der Arbeitswelt blieb jedoch mit dem „Rückkehrmythos" und der politischen Orientierung am Maghreb verbunden. Erst mit der Niederlassung in Frankreich seit den 70er Jahren wurde die Frage nach der Teilhabe am gesellschaftlichen Leben im „Aufnahmeland" relevant. Doch fordern die Maghrebiner, bei denen es u.a. infolge der Kolonisierung nur eine sehr schwache und äußerst zersplitterte Community-Bildung gibt und die Mobilisierung viel später als bei anderen ethnischen Gruppen in Frankreich einsetzte, bis heute nur zögernd Teilhaberechte ein. Sie leben vielmehr zurückgezogen in den Vorstädten. Zudem gibt es mit der juristischen Trennung zwischen französischem Staatsbürger und „Ausländer" (étranger) nur wenige politische Partizipationsmöglichkeiten. Die Einführung eines kommunalen Ausländerwahlrechts wurde nur vorübergehend Anfang der 80er Jahre diskutiert. Erfahrungen mit Ausländerbeiräten, die nicht der französischen Logik politischer Inklusion entsprechen, sind nur in wenigen Städten Frankreichs wie z.B. in Amiens gemacht worden; in der Agglomeration von Lyon, die sich aus 55 Kommunen zusammensetzt, gab es in den 80er Jahren nur ein einziges Beispiel dafür. Viel wichtiger für die Einwanderer ist das Recht auf Vereinsgründung, das 1981 nach dem Machtantritt der Linken in Frankreich eingeführt worden war. So kam es in den 80er Jahren boomartig zur Gründung von Vereinen, die sich nach Kriterien wie Nationalität, dörfliche Herkunft oder religiöse Zugehörigkeit zusammenschlossen (Wihtol de Wenden 1992a). Viele von ihnen sind als lokale Vereinigungen in den Vorstädten entstanden, wo sich die Mehrzahl der Einwanderer niederließ, da sie infolge der *gentrification* die innerstädtischen Wohngebieten verlassen mußten. In der Banlieue bezogen sie die freigewordenen Wohnungen, die im Zuge der demographischen, der Arbeitsmarkt- und der Stadtentwicklung von den Mittelschichten verlassen worden waren. Im Großraum der Stadt Lyon, die ihr Image als „Eurocity" pflegt, hat sich dadurch die traditionelle West-Ost-Spaltung vertieft. In den Trabantenstädten der

Bürgerschaft in der Banlieue? 449

östlichen Peripherie lebt heute die Mehrzahl der Einwanderer und der Maghrebiner. Viele von ihnen sind arbeitslos und auf eine sich pauperisierende Lebenswelt zurückgeworfen. Im Vereinsspektrum sind die Moscheevereinigungen sehr wichtig geworden, obwohl bei den Maghrebinern in Frankreich ein „stiller Islam" dominiert, der in seiner Diversität sehr traditional und volkstümlich geprägt ist (Etienne 1990). Dieser Islam wurde lange Zeit privat in den Kellerräumen der Hochhäuser praktiziert. Inzwischen wird über die Moscheevereine die Errichtung von Gebetssälen und kleinen Moscheen gefordert. Zwar gab es in manchen Kommunen spektakuläre Ereignisse wie den Abriß eines Gebetsraums in Charvieu-Chavagneux, 1989 in der Nähe Lyons. Doch ist heute der Widerstand nicht mehr so heftig, den Bürgermeister gegen die Errichtung von Gebetsräumen, muslimischen Grabfeldern oder auch öffentlichen Räumen für das Schächten äußern; solche Fragen werden nunmehr pragmatisch geregelt (Le Monde 21.06.1996, S. 6). So ist die Religion bei den Maghrebinern zur wichtigsten Mobilisierungsressource geworden, bei der es nicht nur um die Anerkennung des Islam geht, sondern gerade in Frankreich, wo kulturelle Differenz und Religion bisher zur Privatsphäre gehörten, auch um die Anerkennung des Minderheitenstatus im öffentlichen Raum. Die symbolische und offizielle Anerkennung des Islam in der städtischen Öffentlichkeit ist in Lyon mit der Einweihung der Moschee 1994 besonders deutlich geworden. Dennoch hat es 15 Jahre gebraucht, um dieses Projekt zu realisieren. Dem gingen Konflikte und ein Zusammenwirken zwischen dem Rat der Stadt Lyon, einem Verein zur Moscheegründung, der sich aus muslimischen und zum Islam konvertierten Honoratioren zusammensetzte, und einigen Vorstadtvereinen der betroffenen Muslime voraus (Battegay 1995). Widerstand gab es vor allem durch einen mit der Front National in Verbindung stehenden Anwohnerverein, der den Bau der Moschee verhindern wollte. Die Niederlassung der maghrebinischen Einwanderer ist der französischen Bevölkerung aber nicht erst bewußt geworden, als der Islam die Kellerräume verließ, sondern bereits Anfang der 80er Jahre, als die „zweite Generation" in der Öffentlichkeit von sich reden machte.

3. „Beurs" zwischen lokaler, nationaler und transnationaler Zugehörigkeit

3.1 Vom Stadtviertel zur nationalen Bewegung: Die Entstehung der „Beurgeoisie"

Am sichtbarsten wurden die Probleme der maghrebinischen Zuwanderer im Wohnviertel „Les Minguettes" der Lyoneser Vorstadt Vénissieux, wo die ersten Verfolgungsjagden zwischen der Einwandererjugend und der Polizei, die sogenannten „Rodeos" stattfanden. Rassistische Attentate auf Jugendliche maghrebinischer Herkunft und Diskriminierungen durch die Polizei hatten auf die Einwandererjugend mobilisierend gewirkt. So wurden seit 1981 in den Stadtvierteln auch bei der inter-ethnisch zusammengesetzten Vorstadtjugend Vereine gegründet, bei denen zumeist die „Beurs" in der Mehrheit waren. Vénissieux war diejenige Vorstadt, von der 1983 der „Marsch für Gleichheit und gegen Rassismus" ausging. Dieser Protestmarsch wäre ohne die maßgebliche Unterstützung von Christian Delorme, einem linksliberalen Priester der Diözese Lyon, nicht möglich gewesen. Die wichtigste Ressource für die daraus entstehende „Beurs-Bewegung" (Lapeyronnie 1987; Jazouli 1992) war die Erfahrung der ethnischen Diskriminierung gewesen, die durch die ersten Erfolge der rechts-extremen Front National verstärkt wurde, der 1983 der politische Durchbruch gelang. Die „Beurs-Bewegung" entwickelte sich zu einer Antirassismus- und Bürgerrechtsbewegung, mit der die politische Zugehörigkeit der Zuwanderer zu Frankreich ausgedrückt werden sollte. Dabei gab es mit Blick auf die angelsächsische „local citizenship" auch Überlegungen zu einer „nouvelle citoyenneté", d.h. einer auf Seßhaftigkeit und aktive Teilnahme gründenden politischen Partizipation, bei der die Einbürgerung nicht vorausgesetzt wird. In Lyon wurde die Vereinigung „Jeunes Arabes de Lyon et Banlieue" (JALB) gegründet, die gegenüber der von Harlem Désir angeführten nationalen Vereinigung SOS-Racisme ihre Lyoneser Unabhängigkeit und damit den stadtspezifischen Kontext behielten. Die JALB machten dabei mit unkonventionellen Aktionsformen wie Hungerstreiks gegen die Abschiebung von jungen Nordafrikanern auf sich aufmerksam und betrieben eine Antidiskriminierungspolitik.

Die „Beurs-Bewegung" formulierte anfangs zwar die Forderung nach einem multikulturellen „Recht auf Verschiedenheit", die jedoch bald wieder durch die nach dem Recht auf individuelle Gleichstellung ersetzt wurde, wobei betont wurde, daß es sich bei der Banlieue-Problematik vor allem um soziale Probleme (Schule, Arbeitsmarkt etc.) handle. Dabei wurde die ursprünglich lokal initiierte Bewegung von den Meinungsführern der nationalen Organisationen wie SOS-Racisme zunehmend monopolisiert und mediatisiert. Während SOS-Racisme in streitbarer Bewegungs- und Bürgerrechtshaltung noch für die Einwandererjugend sprach, rief die Gegenorganisation „France Plus" die jungen Franzosen und Französinnen maghrebinischer Herkunft dazu auf, sich ungeachtet der ethnischen Herkunft als Citoyen an Wahlen zu beteiligen und sich auf Wahllisten der französischen Parteien setzen zu lassen.

In den 80er Jahren fand bei der in Frankreich sozialisierten und im Gegensatz zu den maghrebinischen Eltern stimmberechtigten „zweiten Generation" der „Zugang zur Politik" über Wahlen statt. Die Präferenz lag eindeutig bei den linken Parteien (Leveau 1989). Diese elektorale Partizipation vollzog sich auf nationaler Ebene. Die Integration ins politische System und die nationale Identifikation zeigten sich zudem darin, daß die Mehrzahl der Meinungsführer von SOS-Racisme Funktionen im Umkreis der Sozialistischen Partei und von François Mitterrand erhielten. Doch auch auf kommunaler Ebene kam es zu dieser Integration ins politische System. Über 400 Gemeinderäte maghrebinischer Herkunft, die sich zumeist an SOS-Racisme und France Plus orientierten, zogen bei den Kommunalwahlen von 1989 in die Rathäuser ein. Ein Beispiel dafür ist Vaulx-en-Velin, eine andere Vorstadt des Großraums Lyon, die von einem reform-kommunistischen Bürgermeister regiert wird und in der inzwischen an die 30 Prozent der aktiven Wählerschaft für die rechts-populistische Front National stimmen. In dieser Vorstadt wurde 1989 eine Französin maghrebinischer Herkunft über die Liste der dortigen Linksunion in den Gemeinderat gewählt; gleichzeitig arbeitete sie in der Stadtverwaltung, die sie zur Anlaufstelle für Einwanderer machte. An ihrem Diskurs läßt sich das republikanisch-laizistische Selbstverständnis der „Beurs-Bewegung" zeigen, das im Sinne der republikanischen Tradition auch eine Politik positiver Diskriminierung ablehnt:

„Ich bin nicht gewählt worden, um die Einwanderer zu vertreten, damit darüber kein Mißverständnis entsteht. Ich bin nicht gewählt worden, um nur über Probleme der Einwanderung zu reden. Ich empfange jeden, ich behandle die Fragen von allen, die zu mir kommen. Und dies um so mehr, als ich selbst aus der Einwanderung komme. Daher kenne ich die Probleme sehr gut. Ich würde sagen, daß ich sie viel besser als meine Kollegen kenne, da ich sie tagtäglich erlebe. Auch ich komme aus diesen Stadtvierteln hier. Daher habe ich eine andere Sichtweise und kann sagen: Vorsicht, laßt die Finger davon, sonst gibt es Rückschläge, und die sind anders als ihr Euch das vorstellt, denn ich habe diese Situationen erlebt. Doch in Vaulx-en-Velin gibt es eine Reflexion über diese Fragen, eine Synergie in der Reflexion, um diese Fragen voranzutreiben. Wir reden sehr viel darüber, der Bürgermeister setzt sich dafür ein. Auch wenn wir nicht immer gleicher Meinung sind, ist er doch sehr offen für diese Fragen und plädiert dabei weiterhin für eine Politik individueller Gleichstellung. Auch ich sage: Wir müssen die Leute anerkennen wie sie sind, wir brauchen keine Politik mit spezifischen Maßnahmen." (Aus einem Interview im Sommer 1992)

Ein weiteres interessantes Beispiel für die an Wahlen orientierte Partizipation und die nationale Identifikation ist die Leitfigur der „Jeunes Arabes de Lyon et Banlieue", Djida Tazdaït, die 1989 über die Liste der französischen Grünen (Les Verts) als Abgeordnete ins Europäische Parlament gewählt wurde. Wenn sie dabei die Verbindung zu ihrem Stadtviertel von Lyon behielt und in der ersten Hälfte der 90er Jahre noch eine gewisse Legitimation durch die Bewegung hatte, entsprach dies nicht mehr der Situation der anderen Meinungsführer der „Beurs-Bewegung".

Mit deren sozialem Aufstieg ist eine „Beurgeoisie" entstanden (Leveau/Wihtol de Wenden 1998), nicht nur in politischer Hinsicht. Unternehmensgründungen und Künstlerkarrieren sind andere Belege dafür, daß sich mit dem individuellen sozialen Aufstieg eine Kluft zwischen den Eliten, die nunmehr in die Mittelschicht aufgestiegen sind und die Vorstadt verlassen haben, und den in den Vorstädten verbliebenen marginalisierten Jugendlichen öffnete. Die Enttäuschung über die „Beurs-Bewegung" hat zu einem Legitimationsverlust für die damit verbundene politische Repräsentation geführt. Hier läßt sich ein Vergleich mit der Entwicklung in den Vereinigten Staaten nach dem Ende der Bürgerrechtsbewegung ziehen. Denn nach dem Scheitern der „Beurs-Bewegung" kann man in Frankreich wie in den USA eine Aufspaltung beobachten: Einerseits existieren weiterhin Antirassismus- und Bürgerrechtsorganisationen, die von Aktivisten aus der Mittelschicht geleitet werden; andererseits gibt es eine Ethnisierung und Radikalisierung einer sich zurückziehenden „Basis" in der sich „ghettoisierenden" Banlieue.

3.2 Zurück zur lokalen Ebene: „Social citizenship" und kulturell-religiöse Identität

Die oben beschriebene soziale Kluft wurde in den gewalttätigen Jugendunruhen deutlich, die Anfang der 90er Jahre die französische Öffentlichkeit aufrüttelten und die Angst vor einer „Ghettoisierung à l'américaine" entstehen ließen. Besonders frappierend waren die Jugendunruhen von Vaulx-en-Velin, da diese Vorstadt jahrelang als Musterbeispiel einer gelungenen Stadtpolitik gegolten hatte. Die französischen „riots" zeigten die kulturellen, sozialen und politischen Dimensionen der Ausgrenzung (Lapeyronnie 1993, S. 261 ff.), denn Fremdenfeindlichkeit und Rassismus, die sich in Frankreich vor allem gegen die post-kolonialen Minderheiten richten, waren ein Grund dafür, daß die Einwandererjugend maghrebinischer Herkunft an der Spitze der Unruhen stand und ihrem Verlangen nach Würde, Gerechtigkeit und Anerkennung Nachdruck verlieh. Armut und mangelnder Zugang zu Konsum und Kultur erklären die Jugendunruhen in sozialer Hinsicht, doch fanden sie nicht in den ärmsten und den aufgegebenen Wohnvierteln statt, wie das Beispiel von Vaulx-en-Velin verdeutlicht. Dort gab es bereits keine politische Repräsentation der städtischen Unterschicht mehr.

Insofern kann die Mobilisierungsressource Gewalt auch als politische Gewalt gedeutet werden, die hier das Fehlen eines politisch institutionalisierten Konflikts in den zerfallenden Vorstädten und gleichzeitig die verzweifelte Suche der revoltierenden Vorstadtjugend nach Integration über den direkten Konflikt mit der Polizei deutlich macht. Erst die Jugendunruhen hatten – wie zehn Jahre zuvor die „Rodeos" in Les Minguettes – der Öffentlichkeit die verdrängte, inzwischen aber verschärfte Banlieue-Misere vor Augen geführt.

Daß die Vorstadtjugend ohne politische Eliten über Ressourcen verfügt, mittels derer das Verlangen nach Anerkennung und Partizipation öffentlich wird, zeigt sich auch in anderen, „positiveren" urbanen Praktiken wie vor allem der Hip-Hop-Bewegung (Bazin 1995). Im Großraum Lyon sind die Konsum- und Stadtzentren die Treffpunkte der aus den Vorstädten kommenden „Rappeurs", „Zoulous" und „Taggeurs" verschiedenster ethnischer Herkunft, darunter die „Beurs". Im Dickicht der Stadt entstehen spontane, schnell wieder zerfallende Assoziationen individualisierter Jugendlicher. Spezifische kulturelle Codes, die den vorstädtischen Lebenswelten entspringen, setzen die Probleme der „underclass" kreativ in Schrift, Tanz und Sprache um. Durch die „Besetzung" des Stadtzentrums und des öffentlichen Raums, mitunter vor den Verwaltungs- und Regierungsgebäuden, wird die Legitimität des „exclu" eingefordert, was in Parolen wie „Jetzt sind wir dran, wir rappen... vor den Stadträten" (Milliot 1994, S. 3) eine politische Dimension bekommt. Doch entsteht auch eine Repräsentation über politische Eliten?

Bürgerschaft in der Banlieue? 453

In den Kommunen gibt es weiterhin eine Interessenvertretung über Stadträte aus der „Beurs-Bewegung", die auf den kommunalen Listen der französischen Parteien plaziert sind. So hat sich mit der Akkulturation eine Anpassung an das sich fragmentierende Parteiensystem vollzogen (Geisser 1995), bei der allerdings das – von „France-Plus" unterstützte – ethno-zentristische Wahlverhalten der Jugendlichen maghrebinischer Herkunft gefördert wird (Kalfaoui 1995). Gleichzeitig zeigt sich jedoch auch bei den „Beurs" die allgemeine Krise der politischen Repräsentation (Perrineau 1994) in der Distanz zu den herkömmlichen Parteien und, vor allem in den Vorstädten, in einer hohen Wahlenthaltungsquote. So bleibt die Einschreibung der „Beurs" in die Wahllisten niedrig, und die gewählten Gemeinderäte maghrebinischer Herkunft werden, sofern sie überhaupt länger als eine Legislaturperiode in den Vorstädten bleiben, von den Jugendlichen als „Arabes de service", die mit der politischen Klasse zusammenarbeiten, abgelehnt. Eine politische Öffentlichkeit entsteht in den Vorstädten eher dadurch, daß die „wiedergefundene" Ethnizität und die Religion der Einwandererjugend von der privaten in die öffentliche Sphäre driften und Herkunftsmerkmale zur Mobilisierungsressource werden. Wie wirkt sich dies auf neue Organisationsformen und die Repräsentation über neue politische Eliten aus?

Die Wahlenthaltung verrät einerseits die Deprivation, andererseits aber auch die anderen Vorstellungen über lokale Demokratie und politische Partizipation. So sind die Vereine (associations) zur wichtigsten Form politischer Teilhabe in den Vorstädten geworden. Mit der mediatisierten „Beurs-Bewegung" war das stadtviertelbezogene Vereinsleben während der 80er Jahre in Vergessenheit geraten, doch seit Anfang der 90er Jahre gibt es eine gewisse Renaissance, die örtlich sehr differiert, wenn man z.B. im Großraum Lyon Vénissieux mit Vaulx-en-Velin vergleicht. Während in Vénissieux infolge der frühen Erfahrungen mit dem „Marsch für Gleichheit und gegen Rassismus" viele Vereinigungen entstanden sind und sich inzwischen eine lokale politische Konfliktkultur entwickelt hat, gab es in Vaulx-en-Velin bis zu den Jugendunruhen von 1990 fast keine Vereine. Auch wenn die in den 90er Jahren neu gegründeten Vereine nach kurzer Zeit oft wieder zerfallen, sind sie im Vergleich zu den kurzfristigen Assoziationen der Kulturszene doch dauerhafter. Bei vielen Vereinen haben sich Jugendliche aus der bereits „dritten Generation" zusammengeschlossen, die im Gegensatz zu den Meinungsführern der „Beurs-Bewegung" viel stärker in ihrem Stadtviertel verwurzelt sind. Sie interessieren sich nicht für das „Alltagsgeschäft" der Politik, für die „politique politicienne". Weit wichtiger als der Rechts-Links-Gegensatz sind ihnen die „konkreten" Alltagsprobleme in der Banlieue: Stützunterricht gegen Schulversagen, Kampf gegen Kriminalität und Drogenkonsum, Hilfe bei der Arbeitssuche, Alphabetisierungskurse für Frauen und Freizeitgestaltung sind ihre sozialen Handlungsfelder (Wihtol de Wenden 1992a, S. 40). Sie betreiben Geburtshilfe für eine „social citizenship".

Nur wenige dieser Vereine dringen in die politische Sphäre vor. Sie werden von Meinungsführern geleitet, die in den Vorstädten aufgewachsen sind und sich z.T. in den 80er Jahren in der „Beurs-Bewegung" engagiert haben. Insofern gibt es eine gewisse personelle Kontinuität. Doch treten unter ihnen auch neue „kulturelle Vermittler" auf, die aus dem Maghreb kommen und seit längerer Zeit in Frankreich leben. Sie zählen zur Mittelschicht, vertreten zumeist einen säkularisierten Islam und haben Berufe wie Sozialarbeiter oder Lehrer. Durch ihre Tätigkeit sind sie mit den Problemen in den Vorstädten vertraut, auch wenn sie nicht in ihnen leben. Bei Konflikten versuchen sie, sich zwischen die Jugendlichen und die Institutionen zu stellen. Über die Mobilisierung ethnisch-kultureller Ressourcen erzeugen sie in populistischer Weise Gruppensolidaritäten, damit gegenüber den Behörden und der Stadtregierung eine Gegenmacht entsteht. In diesem Kontext sind diese sich professionalisierenden Meinungsführer, die mit ihrer Mediation einen individuellen Aufstieg verbinden, auch bei Ereignissen wie der „Rushdie-Affäre", den „Kopftuch-Affären" von 1989 und 1994 oder dem Golfkrieg in Erscheinung getreten (Wihtol de Wenden 1992b).

a) Laizistische Vereine in der Krise

Auf dem „französischen Markt kommunitärer Eliten" (Geisser 1995, S. 34 ff.) können Meinungsführer streng laizistisch orientiert sein, wie das Beispiel eines Vereins in Vaulx-en-Velin zeigt. Der Tod eines Jugendlichen im Stadtviertel Mas du Taureau, in dessen Folge dort Jugendunruhen ausbrachen, hatte zu einer vorübergehenden Mobilisierung und zu einer Gründungswelle von Vereinen geführt. Die staatlichen Behörden und die Stadtregierung unterstützten dies, um Ansprechpersonen zu bekommen und weitere Gewalt verhindern zu können. Die Vereine dagegen hatten, als „löschende Brandstifter", mit der in der Kommune grassierenden Angst vor neuen Unruhen ein Druckmittel bei Verhandlungen mit dem Bürgermeister in der Hand. Von diesen Vereinen blieb einer übrig; er trägt den programmatischen Namen „Agora". Die Biographien seiner Meinungsführer reichen zurück zur Bürgerrechtsbewegung, d.h. zum Lyoneser Spezifikum der JALB. Diese Parallele zeigte sich anfangs der 90er Jahre z.B. in den politischen Affinitäten einiger Vereinsmitglieder von „Agora" für die französischen Grünen.

Während der Staat über den „Sozialen Hilfsfond für Einwanderer" (FAS)[3] „Agora" finanziell unterstützte, wurde die Entwicklung dieses Vereins von der Stadtregierung als Ansatz einer Gegenmacht kritisch beobachtet. So war das Verhältnis zwischen Bürgermeister und Verein über lange Jahre sehr angespannt (Jazouli 1995, S. 68-80). Agora unterstützte zunächst in der anti-rassistisch-bürgerrechtlichen Tradition der JALB die Gerichtsverhandlung zum Tod des Jugendlichen, der in einem Konflikt mit der Polizei ums Leben kam und dessen Tod die Existenz des Vereins moralisch legitimierte. Es folgten Verhandlungen mit der Stadtregierung über den Erhalt eines Raums, was letztlich eine Frage der Aner-

---

3 Der 1958 während des Algerienkrieges gegründete „Fonds d'Action Sociale pour les travailleurs immigrés et leurs familles" (FAS) ist die einzige staatliche Institution in Frankreich, die ausschließlich für die, auch finanzielle, Förderung von Einwanderern zuständig ist.

kennung war. Langsam zeichneten sich neben dem bürgerrechtlich-juristischen Engagement auch Aktivitäten im Bereich der Schule, der Jobvermittlung und der Freizeitgestaltung ab, da die Präsenz der staatlichen Institutionen im Stadtviertel Mas du Taureau nachgelassen hatte. Dies führte jedoch zu Konkurrenz und Konflikten mit den verbliebenen Institutionen, vor allem mit dem dortigen Jugendzentrum, da „Agora" davon überzeugt war, daß sie besser als die Institutionen war. Das Jugendzentrum als symbolischer Ort des Konflikts ist mittlerweile abgerissen worden.

„Agora" beschränkt sich aber nicht auf soziale Aktivitäten. Bis heute geht es dem Verein darum, seinen programmatischen Namen in die Tat umzusetzen, d.h. für lokale Demokratie einzutreten und sich dafür politische Legitimität zu verschaffen. Während „Agora" der Stadtregierung kommunalpolitischen Klientelismus vorwirft, hält der Bürgermeister der Vereinigung vor, die Gruppeninteressen einiger Bewohner des Stadtviertels Mas du Taureau mit dem universalen Interesse der Kommune gleichstellen zu wollen. Gegen die Repräsentation partikularer Interessen sträuben sich die Vertreter der Lokalpolitik, denen zufolge die Verbindung der Individuen mit der Lokalmacht über die etablierten intermediären Instanzen, also Gemeinderäte und Parteien, ausreicht. Daher existiert nicht nur in Vaulx-en-Velin eine Angst vor Community-Bildung, die sich ethnisch „einfärben" könnte, auch wenn auf der Vereinsseite von einer inter-ethnischen Gemeinschaftsbildung die Rede ist:

„Das Ziel, ja sogar das Wesen von 'Agora' entspricht der ethnischen Diversität des Quartiers. In diesem Wohnviertel gibt es Spanier, Portugiesen, Leute maghrebinischer Herkunft, Leute aus Schwarzafrika und 'echte' Franzosen. Alle sind hier. Und genau das ist es, was wir wollen. Wir wollen keine ethnischen Gemeinschaften, die keinen Sinn für uns ergeben. Es geht uns um soziale Gemeinschaften. Wir hängen an gemeinsamen Werten. Wir sind über gemeinsame Lebensumstände miteinander verbunden. Und das ist eine soziale und nicht eine ethnische Dimension. Die ethnische Dimension, was soll das bedeuten? Wir fordern doch nicht die Unabhängigkeit des Mas du Taureau. Das entspräche nicht dem Problem. Man muß die soziale Dimension sehen. Wenn man sich ein wenig umschaut, was in anderen Ländern passiert, z.B. in den Vereinigten Staaten, dann kann man nur von einer großen Niederlage reden." (Aus einem Interview mit dem Meinungsführer von „Agora" im Sommer 1992)

Doch auch das Verlangen nach der Legitimität lebensweltlicher Vergemeinschaftung wird von der Stadtverwaltung abgelehnt, weshalb sich das Verhältnis zu ihr seit 1992 verschlechtert hat. Gleichzeitig ist mit der Einsetzung einer neuen Delegierten des „Sozialen Hilfsfonds für Einwanderer", die „Agora" für eine radikale Gruppe hält, die staatliche Finanzierungsquelle versiegt, und der im Stadtviertel aufgewachsene Meinungsführer, der sich als einer der wenigen über ein Studium auf dem Weg des sozialen Aufstiegs befindet, ist nicht mehr so oft hier anzutreffen. Schließlich gibt es innerhalb des Vereins verschiedene Strömungen, für die die Haltung zum Islam im Mittelpunkt steht. Trotz all dieser Widerstände ist es in Vaulx-en-Velin durch die quartiersübergreifende Zusammenarbeit diverser Vereine und der maßgeblichen Rolle von „Agora" gelungen, bei den Kommunalwahlen von 1995 eine eigene, milieuspezifische Wahlliste unter der Bezeichnung „Für Vaulx-en-Velin" („Le choix vaudais") aufzustellen. Sie konnte 7,2 Prozent der Stimmen erlangen, was für die Bewohner des Stadtviertels eine neue Erfahrung war:

„Die Aufstellung einer gemeinsamen Liste mit einem politischen Programm ist etwas völlig Neues hier, denn dieses Programm verlangte von uns, die Differenzen zwischen den einzelnen Vereinen zu begraben. So mußten wir bei diesem Projekt für die gesamte Stadt ein Programm aufstellen, das glaubwürdig war. Wir mußten Vorschläge zur Finanzpolitik, zum Arbeitsmarkt, zur lokalen Ökonomie, zur Stadtentwicklung, zur Erziehung, zu den Schulproblemen und zur öffentlichen Sicherheit machen. Das hat uns gezwungen, hart zu arbeiten, uns Rechenschaft abzulegen und uns selbst dabei auszubilden." (Aus einem Interview mit dem Meinungsführer von „Agora" im Juni 1996)

Bei den Wahlkampfthemen standen die Schulprobleme und die Arbeitslosigkeit an oberster Stelle, die von der Stadtpolitik vorrangig behandelt werden sollten. Es ging also um „social citizenship", aber auch um lokale Demokratie, da Konsultationsmöglichkeiten bei der Entscheidung über städtische Prestigeprojekte (zum Beispiel die Errichtung eines Planetariums!) in Vaulx-en-Velin und die Förderung des Vereinswesens eingeklagt wurden. Um kulturelle Partikularität handelte es sich insofern, als durch die Listenaufstellung die Anerkennung der Lebenswelt zum Thema wurde, d.h. die Forderung der frühen 80er Jahre – „Recht auf (ethnische) Verschiedenheit" – in ihrer kulturellen Banlieue-Variante wiederkehrte. Deutlich wurde dies darin, daß die Liste Angst verursachte, da mehrere Einwandererjugendliche mit ihr nominiert wurden.

„Uns wurden viele Steine in den Weg geworfen, bis wir diese Liste aufgestellt hatten. Denn diese Liste hat Angst gemacht, da viele Jugendliche und viele Personen aus der Einwanderung kandidierten. Nicht daß wir uns einfach aufstellen ließen, hat Angst gemacht, sondern die Tatsache, daß wir öffentlich in Erscheinung traten. Und dann noch mit dem Anspruch, die öffentlichen Angelegenheiten in die Hand zu nehmen, und mit dem klaren Ziel, daß diese öffentlichen Angelegenheiten auch ein Teil unserer eigenen Geschichte sind. Wir haben dazu beigetragen, unsere Eltern haben dazu beigetragen, und wir werden auch in Zukunft dazu beitragen. Aber bisher sind wir von den öffentlichen Angelegenheiten ausgeschlossen worden. (...) Und unser Auftritt in der Öffentlichkeit war von dem Moment an noch störender, als wir sagten, daß wir, unser Engagement, sich politisch weder rechts noch links einordnen ließen. Das hat sie also noch mehr rausgebracht. Denn die linken Parteien hier hofften, daß wir irgendwann mit ihnen reden würden, daß sich das ganz automatisch ergeben würde, daß dies eben normal sei. Natürlich denken wir, da wir aus der Einwanderung kommen, politisch eher links als rechts. (...) Und wir hatten unseren Wahlkampf nur durch Weitersagen geführt. Wir konnten uns keinen Wahlkampf mit solchen Mitteln leisten, die die klassischen politischen Parteien haben. Außerdem bestand ein weiteres Hemmnis darin, daß nur wenige unter uns eine politische Erfahrung im engeren Sinne hatten. So gab der Wahlkampf vielen von uns die Möglichkeit, Erfahrungen zu sammeln und sich mit neuen Dingen auseinanderzusetzen, z.B. damit, wie man in einem Wahllokal hilft. Viele sind sich erst dadurch darüber bewußt geworden, wie eine Wahl überhaupt abläuft und wie die Dinge, die unser Leben und unsere Zukunft betreffen, beschaffen sind. Das war das Wesentliche für uns. Das Wesentliche für uns war, daß sich so viele wie möglich von uns mit den öffentlichen Angelegenheiten, mit dem Politischen vertraut gemacht habe." (Aus dem Interview vom Juni 1996)

Bürgerschaft in der Banlieue? 457

Trotz dieses Keims lokaler politischer Assoziation, bei der die Vereine sich professionalisieren, befinden sich die laizistisch-bürgerrechtlichen Vereine in Frankreich insgesamt in einer Krise (Jazouli 1995, S. 363 ff.; Wihtol de Wenden 1997). Dies zeigt sich u.a. darin, daß die Jugendlichen immer seltener diesen staatlich subventionierten Vereinen beitreten, da sie nicht von Institutionen abhängig werden wollen. Zwar bleiben die laizistisch-bürgerrechtlichen Vereine mit der kulturellen Differenzierung in den Vorstädten erhalten. Doch entwickeln sich entlang einer neuen Spaltungslinie auch islamische und islamistische Vereine, deren Gedankengut auch innerhalb der laizistischen Vereine zu Auseinandersetzungen führt. Die islamischen Vereine mobilisieren mittels religiöser Ressourcen die Vorstadtjugend. Doch welches Verhältnis haben die Jugendlichen maghrebinischer Herkunft zum Islam?

b) „Neo-kommunitärer" Islam à la français

Mit der Akkulturation hat im Vergleich zur Elterngeneration die Bedeutung der Religion bei den Jugendlichen maghrebinischer Herkunft stark abgenommen. Dies läßt sich am Beispiel der Jugendlichen algerischer Herkunft zeigen, deren Anteil an Nicht-Gläubigen und Nicht-Praktizierenden fast ebenso hoch ist wie bei der „franco-französischen" Jugend, so daß man von einem gewissen Desinteresse an der Religion, d.h. dem Islam sprechen kann. Dieses Desinteresse betrifft jedoch nicht Alltagspraktiken wie die Einhaltung des Ramadan oder der Ernährungsverbote, was allerdings auch als Verbundenheit mit der elterlichen Herkunftskultur interpretiert werden kann (Tribalat 1995, S. 91 ff.). Dabei bleibt der Islam in der Privatsphäre, womit die Entwicklung eines französischen, säkularisierten Islam verstärkt wird.

Doch bei einem Teil der jungen Franzosen muslimischer Zugehörigkeit ist eine Islamisierung[4] zu beobachten (Césari 1995a, S. 21 ff.; Kepel 1996; Khosrokhavar 1996). Bei dieser Islamisierung muß zwischen denjenigen jungen französischen Muslima und Muslimen, die sozial integriert sind, und den marginalisierten Jugendlichen unterschieden werden. Denn bei den sozial integrierten Jugendlichen geht es um eine Individualisierung ohne Assimilation, was sich am deutlichsten bei den jungen Muslima zeigt. Das Tragen des Kopftuchs symbolisiert sowohl ein Bedürfnis nach Unabhängigkeit gegenüber der elterlich-familialen Tradition als auch die Weigerung, sich einer kulturell differenzierenden und sich in einer Wertekrise befindenden Gesellschaft zu assimilieren (vgl. auch: Gaspard/Khosrokhavar 1995).

Dagegen resultiert die Islamisierung bei dem „unteren Drittel" der Jugendlichen maghrebinischer Herkunft vor allem aus den Erfahrungen sozialer Desintegration (Dubet 1987), von Ausgrenzung und ethnisch-kultureller Diskriminie-

---
4 Zumeist wird der Begriff „Re-islamisierung" benutzt. Doch ist er insofern irreführend, als die Jugendlichen maghrebinischer Herkunft sich akkulturiert, „laizisiert" und vom Islam der Eltern bereits entfernt hatten. Daher erscheint mir der Begriff „Islamisierung" geeigneter.

rung. Dies kann über biographische Brüche zu einer „Rekonstruktion" der Identität über den Islam führen. Verstärkt wird diese Islamisierung durch die Enttäuschung über die geringen Erfolge der „Beurs-Bewegung". Zudem lassen die Erfolge der Front National die Jugendlichen in den Vorstädten nicht gleichgültig, obwohl sie ansonsten politisch desinteressiert sind bzw. sich nur für ihr eigenes Quartier interessieren. Ein weiterer Grund für die Islamisierung liegt schließlich in der Einsicht der Jugendlichen, daß Gewalt im Konflikt mit dem Staat nur zur Selbstzerstörung führt, der Rückzug in eine eigene Welt dagegen eine Befreiung impliziert.

Auch unter den Meinungsführern der „Beurs", von denen viele ihre marxistischen und „tiers-mondistischen" Ideen der 70er und 80er Jahre aufgegeben haben, orientieren sich heute einige am Islam. Doch um welchen Islam handelt es sich und inwiefern kommt es dabei zu einer religiösen Mobilisierung und zu einer politischen Partizipation auf kommunaler Ebene?

Bei der Islamisierung lassen sich zwei Strömungen unterscheiden: die „neokommunitäre" Strömung islamischer Gruppen und Vereine (Khosrokhavar 1996, S. 151) und die islamistische Strömung eines radikalen, politischen Islam.[5] Zwar haben die islamistischen Gruppen, die wie die algerische „Islamische Heilsfront" (FIS) Ableger aus muslimischen Gesellschaften in Frankreich sind, einen gewissen Einfluß, doch ist dieser weit geringer, als in der Öffentlichkeit und in den Medien dargestellt wird. Während die Vereine des politischen Islamismus anti-westlich sind, eine theokratische Gesellschaft anstreben und z.T. selbst terroristische Praktiken üben, sind die islamischen Gruppen und Vereine in Frankreich in den kulturellen und politischen Kontext der französischen Vorstädte eingebettet und Teil einer säkularisierten Gesellschaft.

In der „neo-kommunitären" Strömung ist ein unübersichtliches Spektrum von Vereinen und Gruppen vereinigt (Césari 1995b), von denen die meisten über nationale Vereinigungen in Frankreich organisiert sind. Darunter zählen u.a. die fundamentalistische Bruderschaft „Jama'at al-Tabligh" (Foi et Pratique), die „Nationale Föderation der Muslime Frankreichs" (FNMF) und vor allem die „Union der islamischen Organisationen Frankreichs" (UOIF), die an die 200 islamischen Vereine um sich gruppiert. Manchen dieser Organisationen ist es gelungen, lokale Vereine in einigen Vorstädten von Paris, Lille und Lyon zu bilden. Sie bieten Hausaufgabenhilfe, Arabischunterricht und Koranlektüre an und versuchen dabei, islamisierte Räume zu schaffen. Die Anführer dieser Gruppen sind zumeist maghrebinische Studenten aus der Mittelschicht. Nur einige sind in den Vorstädten aufgewachsen.

Da diese islamischen Vereine in ihren politisch-religiösen Bezügen und ihren Aktionsmethoden sehr verschieden sind, sollen im folgenden zwei konkrete Beispiele aus dem Großraum Lyon vorgestellt werden. Während in Vaulx-en-Velin die Vereinsbildung um den Islam (noch) relativ schwach ist, haben in den Vor-

---

5 Hier wird zumeist die Unterscheidung zwischen „association islamique" und „islamiste" getroffen.

Bürgerschaft in der Banlieue?

städten Rillieux-la-Pape und Vénissieux zwei islamische Vereine in den 90er Jahren an Einfluß gewonnen. In der Kommune Rillieux-la-Pape handelt es sich um eine Vereinigung,[6] die sozio-edukative Aktivitäten geschickt mit religiösem Proselytentum verbindet (Barou 1995). Einerseits kämpft sie gegen Delinquenz und Drogenkonsum und organisiert einen Stützunterricht, bei dem die Jugendlichen eng von Tutoren, in einigen Fällen sogar in Internaten betreut werden. Gleichzeitig haben die Predigen des Vereinsvorsitzenden, der Mitglied einer Sufi-Bruderschaft ist und einen magischen Personenkult um sich verbreitet, starken Einfluß auf die Jugendlichen. Als Gefängnisgeistlicher für junge Muslime in Lyon hat er zudem eine wichtige Funktion außerhalb des Stadtviertels. Dieser Vereinigung, die sich zwischen die Bevölkerung im Wohnviertel und die Stadtverwaltung stellt, ist es gelungen, das Wohnviertel in autoritärer Weise zu kontrollieren, da die Einwohner zum Kontakt mit ihr gezwungen sind, wenn sie bestimmte Vergünstigungen oder Dienstleistungen in Anspruch nehmen wollen. In gewisser Weise hat der Vorsitzende dieses Vereins das in Frankreich klientelistisch geprägte lokale politische System imitiert, indem er selbst Klientelbeziehungen zum Wohnviertel knüpfte. Bis zum Wechsel der Stadtregierung bei den Kommunalwahlen von 1995 gab es eine Zusammenarbeit zwischen dieser islamisch-pietistischen Vereinigung und dem konservativen Bürgermeister; die Stadtregierung war sogar bereit gewesen, einige Mitglieder des Vereins aus das Budget des kommunalen Jugendamts zu bezahlen, da sie so den sozialen Frieden gewahrt sah. Die Vereinigung konnte ihren Einfluß ausüben, und dem religiösen Meinungsführer reichte es aus, von der Stadtverwaltung als Notabler anerkannt zu werden. Mittels solcher Arrangements wurde die Kommunalpolitik entscheidend beeinflußt, ohne daß eine Wahlliste aufgestellt wurde. Während diese – für französische Vorstadtverhältnisse sehr spezifische – Vereinigung sich mit der Kontrolle des Wohnviertels, der pietistischen Religionsausübung sowie der erzwungenen Anerkennung auf kommunaler Ebene zufriedengab und darüber hinaus keine politischen Ziele verfolgte, sieht es in Vénissieux anders aus.

Vénissieux blickt auf eine lange Geschichte der Vereinsbewegung zurück. Von dieser Vorstadt ging 1982 der „Marsch für Gleichheit und gegen Rassismus" aus, und im Wohnviertel Les Minguettes begann Ende der 80er Jahre auch der Islamisierungsprozeß im Großraum Lyon (Kepel 1996, S. 328 ff.). Zur einflußreichsten Vereinigung hat sich dabei die 1987 gegründete „Union der Jungen Muslime" (UJM)[7] entwickelt, die von dem „Vakuum" profitieren konnte, das durch die Krise der Bürgerrechtsbewegung und die Schwächung der JALB entstanden war. Die Meinungsführer dieser „association islamique" interessieren sich im Gegensatz zur älteren Generation nicht für die Errichtung der Moschee in Lyon, die den Islam ihrer Väter symbolisiert, sondern setzen auf Selbstorganisation und Mobilisierung der Gemeinschaft im Wohnviertel und bis 1994 auf die Organisation von

---

6 Sie trägt die neutrale Bezeichnung „Vereinigung für Jugend und gegenseitige Hilfe" („Groupement Pour la Jeunesse et l'Entraide", GPJE).
7 „Union des Jeunes Musulmans".

großen Kongressen der muslimischen Jugend. Zwar wird auch die UJM mehrheitlich von nicht in den Vorstädten aufgewachsenen Studenten geleitet, doch zeichnet sie sich dadurch aus, daß ehemalige „Beurs"-Meinungsführer Mitglied sind, von denen einige in den 80er Jahren maßgeblich an der Bürgerrechtsbewegung in Les Minguettes beteiligt waren und eine trotzkistische Vergangenheit haben (Le Monde 17.11.1992, S. 12). Dies ist eines der Indizien dafür, daß die UJM sehr stark mit dem lokalen Lyoneser Kontext verbunden und im Rahmen der Vorstadtprobleme von Venissieux entstanden ist.

Wie andere Vereine in den verarmenden Stadtvierteln, wo die staatlichen Institutionen nur schwach präsent sind, bietet auch die „Union der Jungen Muslime" Stützunterricht und Freizeitgestaltung an, außerdem finanzielle Unterstützung für verschuldete Familien und Jobvermittlungen. Sie befaßt sich also wie die laizistischen Vereine mit den Armutsproblemen, doch scheint sie wirksamer Ressourcen mobilisieren zu können, da die Angebote wie Koranlektüre und Arabischunterricht sowie die Bekehrungsaktivitäten im Wohnviertel und im Freizeitbereich identitätsstiftend wirken und außerordentlich attraktiv sind. Den Jugendlichen eröffnet sich hier die Möglichkeit, die Erfahrungen mit Diskriminierung und dem Wohnviertel, in dem sie sich eingesperrt fühlen, zu transzendieren: für sie bedeutet die Universalität des Islam Leben in einer Gemeinschaft, die keinen mehr ausschließt, auch wenn damit der Bezug zur sozialen Realität unterbrochen ist. Die Identität als Muslime hat die frühere Identität der Arbeiterjugendlichen aus der „roten Vorstadt" abgelöst. Die religiöse Dimension verdrängt die ökonomischen Probleme, die mit der Identität scheinbar nichts mehr zu tun haben und im Alltag lediglich pragmatisch „auszuhandeln" sind.

Über die Mobilisierung im Wohnviertel hinaus sind die Meinungsführer bestrebt, die enge Quartierlogik zu durchbrechen. So ist die Lyoneser Öffentlichkeit auf die „Union der Jungen Muslime" aufmerksam geworden, als sie in der ersten Hälfte der 90er Jahre auf mehreren verbotenen Demonstrationen kopftuchtragende Muslima in den Schulen der Region Rhône-Alpes unterstützte. Die UJM verlangte zudem das Verbot von Salman Rushdies „Satanischen Versen". Von 1992 bis 1994 veranstaltete die Vereinigung in Vénissieux öffentlichkeitswirksame Kongresse, um die muslimische Jugend Südostfrankreichs in einer Massenbewegung zu sammeln, während heute der Schwerpunkt darauf liegt, über Kleingruppenarbeit und den Anstoß zur Gründung neuer Vereine im Wohnviertel die spirituell-religiöse Reflexion anzuregen und die Kenntnis des Islams zu vertiefen, wozu auch Seminare organisiert werden. Beispielsweise wurde im Sommer 1996 Tariq Ramadan, der Enkel des Gründers der ägyptischen „Muslimbrüder", eingeladen. Seine erste Einreise 1995 nach Frankreich aus der Schweiz, deren Staatsbürgerschaft er hat, war mit der Begründung des Islamismusverdachts von den französischen Behörden zunächst untersagt, dann aber doch ermöglicht worden. Der inoffizielle und nicht haltbare Grund für das Einreiseverbot war diplomatischer Druck des ägyptischen Staates gewesen, dessen Menschenrechtssituation Tariq Ramadan kritisiert (Le Nouvel Observateur, 22.-28.02.1996, S. 8).

Die Orientierung der „Union der Jungen Muslime" an den „Muslimbrüdern" zeigt ihre Verbindungen zur „Union der islamischen Organisationen Frankreichs", obwohl die Lyoneser Muslime ihre Eigenständigkeit bewahren. Der katholische Priester Christian Delorme, ein Kenner der Lyoneser „Szene", der seit dem Marsch von Les Minguettes die Einwandererjugend des Großraums Lyon begleitet, sich heute für einen interreligiösen Dialog einsetzt und auf das Interesse der UJM hinweist, mit christlichen Gruppen gemeinsam gegen die Ausgrenzung in den Vorstädten vorzugehen (Delorme 1995, S. 658), schätzt die Vereinigung folgendermaßen ein:

„Sie äußern ein Bedürfnis nach Orthodoxie. Denn sie haben das Gefühl, daß der Islam ihrer Eltern ein zu volkstümlicher Islam, ein Islam mit zu vielen heidnischen, kabylischen Praktiken und daher ein abergläubischer Islam ist. So sind sie fest entschlossen, zu den Quellen des Islam zurückzukehren. Daher sage ich oft, daß es eine protestantische Seite bei diesem Islam gibt, d.h. die Muslime der UJM sind gewissermaßen muslimische Calvinisten. Doch diese Rückkehr zu den Quellen macht mir immer etwas Angst. Das ist das eine Charakteristikum. Das andere Charakteristikum besteht darin, daß einige von ihnen als Jugendliche von revolutionären Ideen geprägt waren, d.h. ihr Islam ist auch Träger sozialer Forderungen, was z.B. den Respekt der Menschenwürde, das Recht auf Arbeit oder das Recht auf Wohnung betrifft. Diesbezüglich stehen sie in der Tradition der revolutionären französischen Linken, d.h. der Trotzkisten. Diese Mischung ist immer überraschend, denn einerseits ist die UJM, was ihre sozialen und ökonomischen Gerechtigkeitsvorstellungen betrifft, fortschrittlich, andererseits aber, was z.B. das Familienrecht betrifft, ist sie als Organisation orthodoxer Muslime ziemlich reaktionär." (Interview mit Christian Delorme im Juni 1996)

Welche Vorstellung vom Verhältnis von Religion und Politik hat die UJM? Nach der Auffassung eines Redners auf dem 1994 veranstalteten Kongreß in Vénissieux (Kepel 1996, S. 331) lassen sich Islam und Politik nicht voneinander trennen, weshalb die Strategie dieser Vereinigung darin besteht, zunächst eine Gemeinschaft aufzubauen, um dann bei Verhandlungen mit den Stadträten einen Rückhalt zu haben. Es gelte, so der Redner, denjenigen Kandidaten zu unterstützen, der den Muslimen am meisten verspreche und auf ihre Interessen bzw. Identitäten eingehen würde. Auf den politischen Rechts-Links-Gegensatz komme es nicht mehr an. Zur tatsächlichen (partei)politischen Orientierung bei der UJM meint Delorme jedoch:

„Es läßt sich sehr gut zeigen, daß die Muslime der UJM trotz allem die Linke bevorzugen. Sie vertrauen eher den Kommunisten als den rechten Parteien. Denn die Rechte verbinden sie mit Maßnahmen und Reglementierungen gegen die Einwanderer. Den Sozialisten vertrauen sie nicht, da die Sozialisten ihnen religiösen Obskurantismus vorhalten. Die einzigen, mit denen sie umgehen und verhandeln können, sind die Kommunisten, selbst wenn sie keine Kommunisten sind, da der Kommunismus bekanntlich mit Atheismus gleichzusetzen ist. Dies trifft in besonderem Maß auf Vénissieux zu." (Aus dem Interview vom Juni 1996)

Zu beantworten bleibt, was die Verhandlungen dieser Kommune gebracht haben, welche Forderungen aufgestellt wurden und welche Partizipation es in den letzten Jahren gegeben hat. Die UJM strebt (noch?) nicht danach, sich direkt ins politische Geschehen einzumischen, nicht zuletzt deshalb, weil sie von der französischen

Gesellschaft zu sehr enttäuscht worden ist. Droht also eine kommunitär-autoritäre Abkehr von der Gesellschaft oder kündigt sich doch eine längerfristige Strategie der politischen Einmischung an? Zunächst scheint es um die Anerkennung als sozialer Akteur im Stadtviertel und um den Erhalt von Vereinsräumen zu gehen. So hat die Stadtregierung eine Festhalle für die Abhaltung der Kongresse zur Verfügung gestellt, und wenn die UJM sich als Gemeinschaft mit der Stadtregierung arrangiert, sieht die Stadtregierung, die die Haltung der UJM im „Kampf gegen den Kolonialismus" und gegen die Ausgrenzung teilweise teilt, ihrerseits den sozialen Frieden gewahrt. Zudem ist sie gezwungen, sich mit den islamischen Vereinen in der Kommune auseinanderzusetzen.

Dagegen hat der Staat in Gestalt des „Sozialen Hilfsfonds für Einwanderer" (FAS) den Kontakt zur UJM abgebrochen. Es wird der Vorwurf des „Integrismus"[8] erhoben, wobei der Kern des Dissenses die Laizität ist. Die Meinungsführer der UJM behaupten, die Laizität zu respektieren und nur eine Reform derselben anzustreben. Gab es anfangs noch eine finanzielle Unterstützung des islamischen Vereins durch den FAS und die Institutionen der Stadtpolitik, da die UJM befriedend wirkte und sich der Drogenkonsum bei den Jugendlichen reduzierte, sind die Subventionen mittlerweile gestrichen. Die neu eingesetzte Delegierte des FAS, die aus der Schulverwaltung – dem Herzen des republikanischen Integrationsmodells – kommt, beschwört die Gefahr für die Laizität und warnt vor einem radikalen Islam:

„Es war die 'Union der Jungen Muslime', die die 'Kopftuchaffären' anzettelte. Ich glaube, man muß sich klar dafür aussprechen, daß jegliches Zeichen von Proselytismus aus der französischen Schule verbannt werden muß. Ob es jüdisch, christlich oder muslimisch ist. Ich glaube, daß wir uns zu einem Zeitpunkt, zu dem die Laizität neu definiert werden muß und es darum geht, eine neue Religion zu akzeptieren, in einer religiösen Eskalation in Frankreich befinden. Jeder legt noch etwas dazu. Wir befinden uns in einer Eskalation der Integristen aller Religionen. Was uns bedroht, ist eher ein Religionskrieg als die republikanische Laizität. In Stadtvierteln wie Vénissieux haben wir es mit den radikalsten und intolerantesten Kräften der Religion zu tun. Daher ist es wichtig, zu sagen: Vorsicht, laßt uns die Eskalation zurückdrehen. Hundert Jahre lang hatten wir einen Religionsfrieden, laßt uns nicht in die Zeit davor zurückfallen, gerade dann, wenn es unvermeidbar ist, daß sich jede Religion neu positioniert. Für mich ist die 'Union der Jungen Muslime' eine infiltrierte politische Bewegung. Ich glaube, daß es sich hier um eine gefährliche Bewegung handelt. Es geht um einen gefährlichen Proselytismus, um die Entwicklung eines sehr, sehr radikalen Islam." (Interview mit der Delegierten des Fonds d'Action Sociale (FAS), Rhône-Alpes, im Juni 1996)

Zwar muß einerseits die Gefahr des „Integrismus" für die Demokratie gesehen werden, doch andererseits die Provokation, die Vereine wie der UJM für den französischen Staat darstellen, da das religiös-kommunitäre Lobbying à l'anglaise das „farbenblinde" republikanische Integrationsmodell mit seiner laizistischen (katholischen) „Staatsreligion" in Frage stellt. So hat die Islamisierung bei den staatlichen Institutionen zu einem reflexartigen Beharren auf das französische

---

8 Der Begriff „Fundamentalismus" ist in Frankreich nicht gebräuchlich; zumeist wird der Begriff „intégrisme" benutzt.

Integrationsmodell geführt, was ihnen den Gegenvorwurf des „republikanischen Integrismus" eingebracht hat. Bleibt man im städtischen Kontext von Vénissieux, so wird kulturellen Vermittlern wie Christian Delorme von staatlicher Seite politische Naivität vorgeworfen, während Kenner des Milieus den staatlichen Institutionen wie den FAS eine völlige Unkenntnis des Terrains bescheinigen.

Während die „neo-kommunitäre" Strömung der Islamisierung, d.h. der Pietismus in Rillieux-la-Pape und die Suche nach einer gemeinschaftlichen Identität bei der UJM trotz ihres Bezugs auf „externe" islamische Quellen aus der französischen Innenperspektive einer säkularisierten Gesellschaft zu verstehen ist, herrscht über einen möglichen transnationalen Einfluß des politischen Islam auf die Einwandererjugend muslimischer Zugehörigkeit weniger Klarheit.

4. Algerien in den Vorstädten Frankreichs?

Mit dem Souveränitätsverlust des Nationalstaats im Kontext von Globalisierungsprozessen hat nicht nur die Bedeutung der städtisch-regionalen Ebene, sondern auch die transnationale Dimension zugenommen. Dies wird allgemein im politischen Selbstverständnis der sozial integrierten und akkulturierten „Beurs" deutlich, die sich wie die „franco-französische" Jugend auch als „Europäer" und „Weltbürger" begreifen (Muxel 1994, S. 258 ff.). Mit Blick auf die kulturelle Zugehörigkeit zum Mittelmeerraum kommt es bei den Jugendlichen maghrebinischer Herkunft aber auch zu einer Revitalisierung des „kollektiven Gedächtnisses". Sie zeigt sich z.B. in der franco-arabischen Musik des „rai" oder im „Beur-Roman", in den zunehmend Elemente einer „gekreuzten Kultur" eindringen. Die Orientierung am Mittelmeerraum wird auch bei den „kulturellen Vermittlern" deutlich, die nicht nur auf lokaler Ebene, sondern als transnationale Akteure in einem neuen franco-maghrebinischen Raum auf Nichtregierungsebene interkulturelle Brücken zwischen gesellschaftlichen Gruppen in Frankreich und dem Maghreb schlagen. Inwiefern jedoch bei den sozial marginalisierten „Beurs" von einer „post-kolonialen Mobilisierung" zu sprechen ist, die analog zur Islamisierung der Maghreb-Staaten die Vorstädte „infiltrieren" kann, läßt sich am algerischen Beispiel verfolgen.

Seit der Islamisierung Algeriens geistert das Bild einer „Intifada in der Banlieue" durch die französische Öffentlichkeit. Doch ist hier äußerste Differenzierung geboten. Ein erster Testfall für eine mögliche Beeinflussung „von außen" war zunächst der Golf-Krieg gewesen, doch hat eine Untersuchung gezeigt, daß der Einfluß auf das Verhalten der Einwandererjugend gering war (Schnapper 1993); in den Vorstädten kam es weder zu einer Bewegung gegen den Staat noch gegen die jüdische Bevölkerung in Frankreich. Die Orientierung der „Beurs" ist aber mehr nach Algerien als in den Mittleren Osten gerichtet. Als es daher 1994 im französisch-algerischen Kontext mehrere Affären (v.a. die Entführung eines Verkehrsflugzeugs) mit algerischen Islamisten gab und es zu Waffenfunden kam, schienen die Befürchtungen bestätigt, daß der Islamismus immer mehr nach Frankreich vordringen würde. Dennoch sind islamistische Zugehörigkeiten nicht sehr stark ausgeprägt. Meinungsumfragen zufolge würde eine Bewegung wie die der „Islamischen Heilsfront" (FIS), die sich seit 1990 in Frankreich organisiert und ihre Netze ausbaut (Khelladi 1995; Kepel 1996, S. 306 ff.), von 7 bis 9 Prozent der in Frankreich lebenden Muslime unterstützt werden (Belaïd 1995, S. 446). Prägender ist vielmehr die Angst der algerischen Elterngeneration, daß sich mit dem Anwachsen des Islamismus das Trauma des Algerienkrieges und der „Razzien" gegen Algerier in Frankreich wiederholen könnte. Insofern gibt es sogar einen Widerstand gegen eine – ohnehin bisher nicht vorhandene – algerische Community-Bildung in Frankreich, da sie von den Islamisten manipuliert werden könnte. Was die Einwandererjugendlichen in der Banlieue betrifft, interessieren sie sich zwar für die vergleichbare Situation der marginalisierten Jugendlichen in Algerien. In seltenen Fällen kommt es sogar zu spontanen Hilfsaktionen, bei denen sich einzelne „Beurs" kurzfristig zusammenschließen, um Geld, Kleider und Schulmaterial für algerische Dörfer zu sammeln. Damit ist jedoch keine Einbindung in islamistische Organisationen verbunden. Der Islamisierungsprozeß vollzieht sich weiterhin in den islamischen Vereinen in Frankreich und entzieht sich damit der Kontrolle islamistischer oder gar terroristischer Gruppen. Die Islamisierung hat ihre eigene „franco-muslimische" Logik.

Verstärkt wurde das Bedrohungssyndrom durch die terroristischen Anschläge, die im Sommer 1995 und 1996 von den nicht von der „Islamischen Heilsfront" kontrollierten „Bewaffneten Islamischen Gruppen" (GIA) in Frankreich verübt wurden. Ein Wendepunkt dieses „post-kolonialen Terrorismus" (Wieviorka 1995) war, als fünf Jahre nach den Jugendunruhen von Vaulx-en-Velin ein junger, in dieser Vorstadt aufgewachsener Algerier, dessen Biographie den Weg der Islamisierung als Folge sozialer Ausgrenzung und ethnisch-kultureller Diskriminierung zeigte, von der Polizei erschossen wurde (Loch 1995). Wenn die Sozialisation dieses Jugendlichen in vielfacher Hinsicht repräsentativ für die lebensweltlichen Erfahrungen der marginalisierten Einwandererjugend aus Vaulx-en-Velin war, handelte es sich bei diesem Jugendlichen aufgrund seiner Radikalisierung doch um einen Ausnahmefall, denn der Zulauf zu islamistisch-terroristischen Gruppen und Exilgruppen militanter Eliten ist bisher ein Randphänomen geblieben (Khosrokhavar 1996, S. 139). Allerdings ist bei diesem Fall zu bedenken, daß der Jugendlich zunächst ein „ganz normaler" Vorstadtjugendlicher mit guten Schulleistungen war, der erst später in die Delinquenz abrutschte. Tatsächlich wirkte die „Union der Jungen Muslime" in diesem Fall mäßigend, so daß sie als ein Schutz gegen die Ausweitung des Terrorismus angesehen werden kann, indem sie die Jugendlichen von einem völligen Bruch mit der Gesellschaft abhalten können. Das Beispiel dieses Jugendlichen hat schließlich gezeigt, daß die akkulturierten, islamisierten und radikalisierten Jugendlichen maghrebinischer Herkunft bei solchen Aktionen nicht nur vom Leitbild algerischer Islamisten beeinflußt sind, sondern sich in ihrem Handeln auch an Malcom X und den amerikanischen Ghettos orientieren.

5. Eine neue politische Kultur im städtischen Raum

Inhalte und Formen der politischen Beteiligung und der Mobilisierung der Maghrebiner sowie der Jugendlichen maghrebinischer Herkunft sind zeitlich und räumlich sehr verschieden. Während in der fordistischen Stadt der nordafrikanische „travailleur immigré" nur als Sozialbürger partizipierte, ist der akkulturierten „zweiten Generation" nach einer vorübergehenden Besinnung auf ihre Ethnizität in der Antirassismus- und Bürgerrechtsbewegung der staatsbürgerliche, d.h. individuelle „Zugang zur Politik" als Citoyen gelungen. Doch mit der Ausgrenzung in der postfordistischen Stadt und der gleichzeitigen Retraditionalisierung der Lebenswelt wird heute vor allem in den Vorstädten die Krise der „citoyenneté" deutlich, in deren Mittelpunkt die Einwandererjugend steht. Sie manifestiert sich zum einen in der fehlenden „social citizenship", zum anderen in der mangelnden Anerkennung ethnisch-kultureller Verschiedenheit. Von den Vereinen werden daher – lokal und transnational – ethnisch-kulturelle und religiöse Ressourcen mobilisiert, um sich über Gemeinschaftsbildung ökonomisch selbst zu organisieren und über einen kollektiven Verhandlungsrückhalt die politische Teilhabe und die Anerkennung in der städtischen Gesellschaft einzufordern.

Bisher ist die politische Inklusion in Frankreich immer individualistisch-republikanisch (Freiheit, Brüderlichkeit) und sozio-ökonomisch (Gleichheit) begründet gewesen (Schnapper 1996, S. 23 ff.). Da die marginalisierte Einwandererjugend nun von einer „social citizenship" nicht mehr viel zu erwarten hat, nimmt mit der Ethnisierung der sozialen Beziehungen die Bedeutung der „cultural citizenship" um so mehr zu. Sie erfordert jedoch die Anerkennung der ethnisch-kulturellen und der religiösen Dimension, die in Frankreich bisher der Privatsphäre zugeordnet waren. Da Minderheiten in Frankreich nie über ihre ethnische oder kulturelle Herkunft, sondern höchstens über ihre Religion Anerkennung finden konnten, profilieren sich diese vorrangig als religiöse Gemeinschaften.

Da es den ethnisch-kulturellen Minderheiten in politisch-rechtlicher Hinsicht um die Reform der Laizität und einen neuen Sozialvertrag geht, der die ökonomische Ungleichheit und die kulturelle Differenz thematisiert, liegt das Problem politischer Legitimität in der französischen politischen Kultur, in der ethnisch-kulturelle Gruppen in der Öffentlichkeit nicht anerkannt werden, sondern das direkte Verhältnis zwischen Individuum (Citoyen) und Staat maßgeblich ist. Eine lokale politische Kultur und eine Demokratie, die im Sinne der angelsächsischen citizenship Gruppenlagen berücksichtigen würde, wäre normativ gesehen ein Bruch mit der republikanischen Tradition. Doch hat es in Frankreich in der politischen Praxis immer einen pragmatischen Umgang mit ethnischer Differenz gegeben, der sich in Zukunft auch auf die kulturell-lebensweltliche Differenz der städtischen Unterschicht beziehen könnte.

Im Umgang mit dieser Differenz zeichnet sich allerdings ein Spannungsfeld ab. Denn einerseits geht es angesichts der Radikalisierung sozialer Gruppen in den Vorstädten um die Abwehr demokratiegefährdender islamistischer und – in Gestalt der Front National – rechtsextrem-populistischer Kräfte und Bewegungen, andererseits ist aber auch das radikal „farbenblinde", republikanische Integrationsmodell gefordert, Differenz anzuerkennen. In einer „Eurocity" wie Lyon dürfte die Öffnung der Agora, d.h. des lokalen politischen Raums, für Minderheiten zum Zwecke der Auseinandersetzung mit dem „neo-kommunitären" Islam demokratiefördernder sein als der zu beobachtende ängstliche Rückzug des Staates auf einen „republikanischen Integrismus" à la français. Denn gerade die urbane Kultur der akkulturierten „Beurs", die als Franzosen in ihrem generationsspezifischen Bruch mit Algerien fest im sozio-professionellen und lokalen Kontext der Vorstädte verwurzelt sind (Leveau 1994), eröffnet die Chance, daß eine neue politische Kultur im städtischen Raum entsteht.

Literatur

Barou, Jacques, 1995: Un danger islamiste existe-t-il en France?, in: Hommes & Migrations, Janvier, S. 41-46.
Battegay, Alain, 1995: Mosquée de Lyon: La construction d'un symbole, in: Hommes & Migrations, Nr. 1186, S. 26-30.
Bazin, Hugues, 1995: La culture hip-hop, Paris.
Belaïd, Lakhdar, 1995: Crise algérienne: la (non-) réaction des Algériens vivant en France, in: Etudes, Nr. 4, S. 439-450.
Body-Gendrot, Sophie, 1993: Ville et violence, Paris.
Bouamama, Saïd, 1994: Dix ans de marche des Beurs. Chronique d'un mouvement avorté, Paris.
Brink, Bert van den, 1995: Die politisch-philosophische Debatte über die demokratische Bürgergesellschaft, in: Ders. und Willem van Reijen (Hrsg.), Bürgergesellschaft, Recht und Demokratie, Frankfurt a.M., S. 7-29.
Césari, Jocelyne, 1994: De l'immigré au minoritaire: les Maghrébins de France, in: Revue Européenne des Migrations Internationales, Vol. 10, Nr. 1, S. 109-126.
Césari, Jocelyne, 1995a: L'islam en Europe, Paris.
Césari, Jocelyne, 1995b: Etre musulman en France, Paris.
Delorme, Christian, 1995: Chrétiens et musulmans en France, in: Etudes, Nr. 5, S. 649-660.
Dubet, François, 1987: La galère: jeunes en survie, Paris.
Dubet, François, 1989: Immigration. Qu'en savons-nous?, Paris.
Dubet, François und Didier Lapeyronnie, 1992: Les quartiers d'exil, Paris.
Dubet, François und Didier Lapeyronnie, 1994: Im Aus der Vorstädte, Stuttgart.
Etienne, Bruno (Hrsg.), 1990: L'Islam en France. Islam, Etat et Société, Paris.
Garnier, Jean-Pierre, 1996: Des barbares dans la cité. De la tyrannie du marché à la violence urbaine, Paris.
Gaspard, Françoise und Farhad Khosrokhavar, 1995: Le foulard et la République, Paris.
Geisser, Vincent, 1995: Des opérateurs symboliques d'intégration, in: Migration. A European Journal of International Migration and Ethnic Relations, Nr. 27, S. 15-44.
Jazouli, Adil, 1992: Les années banlieues, Paris.
Jazouli, Adil, 1995: Une saison en banlieue. Courants et prospectives dans les quartiers populaires, Paris.
Kelfaoui, Schérazade, 1995: Le comportement électoral des Français d'origine maghrébine à Saint-Denis, in: Jean-Paul Brunet (Hrsg.), Immigration, vie politique et populisme en banlieue parisienne (XIXe-XXe siècles), Paris, S. 363-378.
Kepel, Gilles, 1994: A l'Ouest d'Allah, Paris.

Kepel, Gilles, 1996: Allah im Westen. Die Demokratie und die islamische Herausforderung, München/Zürich.
Khelladi, Aïssa, 1995: Les réseaux internationaux du FIS, in: Hommes & Migrations, Nr. 1183, S. 47-49.
Khosrokhavar, Farhad, 1996: L'universel abstrait, le politique et la construction de l'islamisme comme forme d'altérité, in: Michel Wieviorka (Hrsg.), Une société fragmentée? Le multiculturalisme en débat, Paris, S. 113-151.
Lapeyronnie, Didier, 1987: Assimilation, mobilisation et action collective chez les jeunes de la seconde génération de l'immigration maghrébine, in: Revue française de sociologie, XXVIII, S. 287-318.
Lapeyronnie, Didier, 1993: L'individu et les minorités. La France et la Grande-Bretagne face à leurs immigrés, Paris.
Leveau, Rémy und Werner Ruf (Hrsg.), 1991: Migration und Staat. Inner- und intergesellschaftliche Prozesse am Beispiel von Algerien, Türkei, Deutschland und Frankreich, Münster.
Leveau, Rémy, 1994: Les Beurs dans la Cité, in: Vingtième Siècle, Nr. 44, S. 65-71.
Leveau, Rémy und Catherine Wihtol de Wenden, 1998: La beurgeoisie, Paris.
Loch, Dietmar, 1993: Jugend, gesellschaftliche Ausgrenzung und Ethnizität in der Banlieue. Das Beispiel Vaulx-en-Velin, in: Frankreich-Jahrbuch 1993, Opladen, S. 99-115.
Loch, Dietmar, 1994: Kommunale Minderheitenpolitik in Frankreich, in: Mechtild Jansen und Sigrid Baringhorst (Hrsg.), Politik der Multikultur. Vergleichende Perspektiven zu Einwanderung und Integration, Baden-Baden, S. 155-167.
Loch, Dietmar, 1995: „Ich habe einfach meinen Platz nicht gefunden." Das triste Leben in den Vorstädten. Ein Gespräch mit dem jungen Franco-Maghrebiner Khaled Kelkal, der von der französischen Polizei erschossen wurde, in: Frankfurter Rundschau (Dokumentation), 12.10.1995, S. 20.
Loch, Dietmar, 1996: Politische Partizipation der Maghrebiner in Frankreich. Zur Interaktion zwischen Minderheiten und Staat, in: Wilhelm Heitmeyer und Rainer Dollase, Die bedrängte Toleranz, Frankfurt a.M., S. 179-199.
Loch, Dietmar, 1997: Soziale Ausgrenzung und Anerkennungskonflikte in Frankreich und Deutschland. Vergleichende Reflexionen zu sozial benachteiligten Stadtvierteln, in: Otto Backes, Rainer Dollase und Wilhelm Heitmeyer (Hrsg.), Integrationskrise der Städte, Frankfurt a.M.
Marshall, Thomas Humphrey, 1950: „Citizenship and Social Class", in: Citizenship and Social Class and other Essays, Cambridge.
Milliot, Virginie, 1994: La construction par le vide, in: Migrations Etudes, Septembre.
Muxel, Anne, 1994: Jeunes des années quatre-vingt-dix: à la recherche d'une politique „sans étiquette", in: Pascal Perrineau (Hrsg.), L'Engagement politique. Déclin et mutation, Paris, S. 239-265.
Noiriel, Gérard, 1988: Le Creuset français. Histoire de l' immigration XIXe-XX siècles, Paris.
Paugam, Serge (Hrsg.), 1996: L'exclusion, l'état des savoirs, Paris.
Perrineau, Pascal (Hrsg.), 1994: L'Engagement politique. Déclin ou mutation?, Paris.
Rey, Henri, 1996: La peur des banlieues, Paris.
Ruf, Werner, 1995: Nordafrikanische Migration – Das neue Sicherheitsrisiko für Europa?, in: Wuqûf. Beiträge zur Entwicklung von Staat und Gesellschaft in Nordafrika, Bd. 9, S. 207-221.
Schnapper, Dominique, 1993: La citoyenneté à l'épreuve. Les musulmans pendant la guerre du Golfe, in: Revue française de sciences politiques, Nr. 2, S. 187-208.
Schnapper, Dominique, 1996: Intégration et exclusion dans les sociétés modernes, in: Serge Paugam (Hrsg.), L'exclusion, l'état des savoirs, Paris, S. 23-31.
Steenbergen, Bart van, 1994: The Condition of Citizenship: an Introduction, in: Ders. (Hrsg.), The Condition of Citizenship, London, S. 1-9.
Tribalat, Michèle, 1995: Faire France. Une grande enquête sur les immigrés et leurs enfants, Paris.

Wieviorka, Michel, 1993: La démocratie à l'épreuve. Nationalisme, populisme, ethnicité, Paris.
Wieviorka, Michel, 1995: Face au terrorisme, Paris.
Wieviorka, Michel (Hrsg.), 1996: Une société fragmentée? Le multiculturalisme en débat, Paris.
Wihtol de Wenden, Catherine, 1988: Les immigrés et la politique. Cent cinquante ans d'évolution, Paris.
Wihtol de Wenden, Catherine, 1992a: Les associations „beur" et immigrées, leurs leaders, leurs stratégies, in: Regards sur l'actualité, Février, S. 31-44.
Wihtol de Wenden, Catherine, 1992b: Les intermédiaires culturels de l'immigration maghrébine, in: Regards sur l'actualité, Décembre, S. 45-53.
Wihtol de Wenden, Catherine, 1994: Immigrants as Political Actors in France, in: West European Politics, April, S. 91-109.
Wihtol de Wenden, Catherine, 1997: Kommunalpolitik. Französische Erfahrungen, in: Otto Backes, Rainer Dollase und Wilhelm Heitmeyer (Hrsg.), Integrationskrise der Städte, Frankfurt a.M. (im Erscheinen).

Verzeichnis der Autorinnen und Autoren

Stephan Beetz, Soziologe, Humboldt-Universität zu Berlin

Matthijs Breebaart, Geograph, Universität Amsterdam

Margaret Byron, Geographin, King's College London

Tsypylma Darieva, Ethnologin, Humboldt-Universität zu Berlin

Kylza Estrella, Medizinerin, London

Heinz Fassmann, Geograph, Technische Universität München

John Friedmann, Stadtplaner, University of California, Los Angeles

Andreas Goldberg, Ethnologe, Zentrum für Türkeistudien, Essen

Kristóf Gosztonyi, Ethnologe, Freie Universität Berlin

Gerhard Hatz, Geograph, Universität Wien

Hartmut Häußermann, Soziologe, Humboldt-Universität zu Berlin

Felicitas Hillmann, Geographin, Wissenschaftszentrum für Sozialforschung, Berlin

Christiane Hintermann, Geographin, Österreichische Akademie der Wissenschaften, Wien

Gerdien Jonker, Religionswissenschaftlerin, Humboldt-Universität zu Berlin

Bill Jordan, Sozialwissenschaftler, University of Exeter

Andreas Kapphan, Geograph, Humboldt-Universität zu Berlin

Ute Angelika Lehrer, Politikwissenschaftlerin, Toronto

Dietmar Loch, Politikwissenschaftler, Institut für interdisziplinäre Konflikt- und Gewaltforschung, Universität Bielefeld

Fiona McKenzie, Sozialwissenschaftlerin, Department of Immigration and Multicultural Affairs, Melbourne

Gila Menahem, Sozialwissenschaftlerin, Universität Tel Aviv

Frauke Miera, Politikwissenschaftlerin, Wissenschaftszentrum für Sozialforschung, Berlin

Sako Mustard, Geograph, Universität Amsterdam

Wim Ostendorf, Geograph, Universität Amsterdam

Ingrid Oswald, Soziologin, Otto-von-Guericke-Universität Magdeburg

Edith Pichler, Politikwissenschaftlerin, Humboldt-Universität zu Berlin

Hedwig Rudolph, Volkswirtin, Wissenschaftszentrum für Sozialforschung, Berlin

Rosemarie Sackmann, Sozialwissenschaftlerin, Universität Bremen

Faruk Şen, Betriebswirt, Zentrum für Türkeistudien, Essen

Walter Siebel, Soziologe, Carl-von Ossietzky-Universität, Oldenburg

Nikola Tietze, Politikwissenschaftlerin, Centre d'Analyse et d'Intervention Sociologique an der Ecole des Hautes Etudes en Sciences Sociales, Paris

Dita Vogel, Volkswirtin, Zentrum für Sozialpolitik, Universität Bremen

Viktor Voronkov, Soziologe, Centre for Independent Studies, St. Petersburg

GPSR Compliance
The European Union's (EU) General Product Safety Regulation (GPSR) is a set of rules that requires consumer products to be safe and our obligations to ensure this.

If you have any concerns about our products, you can contact us on

ProductSafety@springernature.com

In case Publisher is established outside the EU, the EU authorized representative is:

Springer Nature Customer Service Center GmbH
Europaplatz 3
69115 Heidelberg, Germany

www.ingramcontent.com/pod-product-compliance
Lightning Source LLC
LaVergne TN
LVHW010252260326
834688LV00044B/1240